闽西革命根据地史

（第二版）

蒋伯英 | 著

海峡出版发行集团 THE STRAITS PUBLISHING & DISTRIBUTING GROUP | 福建人民出版社 FUJIAN PEOPLE'S PUBLISHING HOUSE

图书在版编目（CIP）数据

闽西革命根据地史 / 蒋伯英著．——2 版．-- 福州：福建人民出版社，2019．5

ISBN 978-7-211-08151-6

Ⅰ．①闽…　Ⅱ．①蒋…　Ⅲ．①革命根据地—史料—福建　Ⅳ．①K295．7

中国版本图书馆 CIP 数据核字（2019）第 085308 号

闽西革命根据地史（第二版）
MINXI GEMING GENJUDI SHI

作　　者：蒋伯英
责任编辑：韩腾飞
出版发行：福建人民出版社　　**电　　话**：0591-87533169（发行部）
网　　址：http://www.fjpph.com　　**电子邮箱**：fjpph7211@126.com
地　　址：福州市东水路 76 号　　**邮政编码**：350001
经　　销：福建新华发行（集团）有限责任公司
印　　刷：福州万达印刷有限公司
地　　址：福州市仓山区金山橘园洲工业园台江园 17 栋
开　　本：700 毫米×1000 毫米　1/16
插　　页：2
印　　张：31．25
字　　数：419 千字
版　　次：2019 年 5 月第 2 版　　2019 年 5 月第 1 次印刷
书　　号：ISBN 978-7-211-08151-6
定　　价：58．00 元

闽西革命根据地广大人民，在
党领导下，进行不断的革命斗争，
为中国革命胜利 作出了重大的
贡献！

罗明

一九八六年十二月于广州

《闽西革命根据地史》以其丰富而翔实的史料、較系统而准确的论述，向人们展示了半个世纪以前，在中國共产党领导下，闽西苏区土地革命战争的历史画卷。

这部历史是無數先烈英勇奋斗，前赴后继，用鲜血凝成的。作爲一个幸存者，我永远怀念爲中國革命而献身的英雄们。他们的英名和业绩将永垂青史。

伍洪祥　一九八七年二月

1988 年版序

闽西革命根据地是土地革命战争时期中国共产党在南方建立较早而比较巩固的红色区域，后来又与赣西南苏区联结成为中央苏区。1927 年大革命失败以后，邓子恢、张鼎丞等遵照八七会议精神，在农村积聚力量，领导著名的闽西暴动，开始了创建闽西革命根据地的斗争。1929 年，毛泽东、朱德率领红四军入闽，不仅在军事上给了闽西土地革命以巨大的推动，巩固和拓展了红色区域，而且他们把这些实践上升为科学的革命理论，丰富了毛泽东思想的理论宝库。

土地革命战争的十年，在整个历史进程中是短暂的，但闽西苏区的人民群众在中国共产党领导下，却创造了数千年以来未能成就的伟大业绩。他们彻底推翻了封建统治阶级及其赖以生存的一切政治经济的基础，在一百多万人口的区域里建立了人民革命政权，击败了国民党军队一次又一次的“围剿”，捍卫了土地革命的胜利果实。红军长征以后，闽西又是南方八省坚持三年游击战争主要的一块游击根据地，闽西党组织领导红军游击队和老苏区人民克服了难以想象的困难，保存和发展了革命力量。

闽西土地革命战争的历史，是土地革命战争史的一个重要组成部分。在这一部分的历史上，人民群众及其领袖们创造了对于中国革命有着重要意义的经验。例如，中共闽西第一次代表大会制订的土地法和南阳会议决议关于“抽多补少、抽肥补瘦”的决定，无论在当时或以后，对于我国的土地政策都有着重要影响。尤其是毛泽东思想形成的 20 年代后期和 30 年代前期，毛泽东与他的战友们率领红军转战于湘赣边界和赣南、闽西，开辟和发展农村革命根据地。通过这些具体的革命实践，毛泽东站在夺取全国革命胜利的历史高度，艰苦探索，在上杭古田写成了著名的古田会议决议和《星星之火，可以燎原》，解决了建立一支人民军队和中国革命道路等重大理论问题。同时，发生在闽西苏区的反对所谓“罗明路线”和肃清“社会民主党”运动等“左”倾错误给革命造成的危害，从另一个方面为我们提供了历史的借鉴。

我国土地革命战争的历史，主要是党在各地创造和发展农村革命根据地的历史。因此，对各个革命根据地历史的研究，最近几年在史学界引起了广泛的重视。前些年，我曾专程到闽西，在龙岩地区长汀、古田等地的考察，进一步加深了我对闽西革命根据地历史的了解，也期望有人能将这些丰富而生动的史实写成专著。

使人高兴的是，蒋伯英同志在他的《邓子恢传》出版之后，又完成了这部《闽西革命根据地史》。由于本书的作者对中国革命史和闽西苏区的历史作了多年的研究，因而相信这部著作将以其丰富的史料与严谨的论述，受到中国革命史学习与研究的同志们的欢迎。

胡　华

1986 年 10 月

目　录

绪　论 …………………………………………………………………………… (1)
第一章　土地革命战争前闽西的政治经济 ……………………… (23)
　一　军阀统治 ……………………………………………………………… (23)
　二　闽西的觉醒与建立共产党组织 …………………………… (29)
　三　国民党“清党”反共 …………………………………………… (36)
第二章　闽西苏维埃运动的兴起 ……………………………………… (42)
　一　南昌起义军入闽 ………………………………………………… (42)
　二　八七会议的传达与武装斗争初起 ……………………… (45)
　三　闽西暴动 ……………………………………………………………… (48)
　四　创立溪南苏维埃区域 ………………………………………… (61)
　五　转变斗争策略 ……………………………………………………… (65)
第三章　红四军入闽与创建中央苏区的战略决策 ………… (69)
　一　红四军首次入闽 ………………………………………………… (69)
　二　在长汀十七天 ……………………………………………………… (77)
　三　“中国革命历史的转折点” ……………………………… (83)
第四章　红四军第二次入闽与闽西苏区的创立 …………… (92)
　一　前委瑞金会议与“闽西六县游击计划” …………… (92)
　二　红四军二次入闽与陈国辉的覆灭 ……………………… (98)
　三　闽西苏区初步形成及各项建设 ……………………………(107)

第五章　闽西苏区在斗争中巩固 …………………………… (114)
一　中共闽西第一次代表大会及土地革命政纲 ………… (114)
二　击破三省“会剿” …………………………………… (127)
三　攻占“铁上杭”与闽西苏区的拓展 …………………… (141)
四　闽西特委第一次扩大会议与土地政纲的修订 ……… (150)
第六章　古田会议前后 ……………………………………… (160)
一　红四军七大与中央九月来信 ………………………… (160)
二　红四军出击东江 ……………………………………… (171)
三　古田会议的准备与召开 ……………………………… (182)
四　中国革命道路理论的初步形成 ……………………… (196)
第七章　闽西苏区在巩固中发展 …………………………… (203)
一　打破第二次三省“会剿”·闽西苏维埃政府成立 ……… (203)
二　发展中的苏区组织建设 ……………………………… (212)
三　“剪刀问题”与粮食调剂政策 ………………………… (215)
四　农村合作经济的初创 ………………………………… (222)
五　创建农村革命根据地金融事业 ……………………… (227)
第八章　一九三〇年的挫折 ………………………………… (233)
一　闽西红十二军出击东江受挫 ………………………… (233)
二　贯彻李立三“左”倾冒险错误 ………………………… (237)
三　红二十一军再次出击东江与苏区的损失 …………… (241)
四　富农政策的“左”倾与南阳会议 ……………………… (249)
五　抵制与纠正李立三“左”倾错误 ……………………… (260)
第九章　闽粤赣特区成立与反“围剿”战争 ………………… (267)
一　成立闽粤赣特区 ……………………………………… (267)
二　第一次反“围剿” ……………………………………… (272)
三　第二次反“围剿” ……………………………………… (278)
四　第三次反“围剿” ……………………………………… (284)

五　傅柏翠叛变及其危害 …………………………… (291)
第十章　王明“左”倾错误祸及闽西 ……………… (306)
一　王明“左”倾教条主义的贯彻 ……………… (306)
二　土地革命发生偏差 ……………………………… (309)
三　肃清“社会民主党”事件 ……………………… (314)
四　纠正错误的肃反斗争 …………………………… (325)
第十一章　闽西苏区的复兴与强盛 ………………… (330)
一　开辟闽西北与克复杭武之战 ………………… (330)
二　中共闽粤赣苏区第二次代表大会 …………… (335)
三　福建省苏维埃政府成立 ……………………… (342)
四　中央红军东进漳龙 …………………………… (349)
五　第四次反“围剿” ……………………………… (355)
六　苏区经济建设 ………………………………… (362)
第十二章　反对“罗明路线”·查田运动 ………… (371)
一　罗明对王明“左”倾错误的抵制 …………… (371)
二　对罗明及其支持者的错误批判 ……………… (377)
三　批判的蔓延与升级 …………………………… (383)
四　查田运动 ……………………………………… (391)
五　中共福建省第三次代表大会 ………………… (397)
第十三章　第五次反“围剿”的失败与中央红军长征 ……… (408)
一　彭德怀率东方军入闽 ………………………… (408)
二　福建事变失败与蒋军强化第五次“围剿” …… (413)
三　松毛岭战役·温坊战斗 ……………………… (418)
四　松毛岭战役·松毛岭战斗 …………………… (423)
五　红军长征与闽西革命根据地失陷 …………… (428)
第十四章　三年游击战争 …………………………… (434)
一　开辟新战场 …………………………………… (434)

二 反“清剿”斗争 …………………………………………………… (441)
三 建立抗日反蒋统一战线 ……………………………………………… (450)
四 闽西南地区实现第二次国共合作 …………………………………… (458)
闽西革命根据地重要史实年表 ……………………………………………… (470)
1988年版后记 ……………………………………………………………… (490)
后记 ……………………………………………………………………… (492)

绪　论

学术界关于闽西革命根据地的研究，起步较晚。新中国成立以后的最初 20 年，除了邓子恢、张鼎丞等老一辈革命家所写的回忆录和一些党史工作者整理的史料、文化工作者写的革命故事等，很少见到学术研究的论著。改革开放以后，特别是 1979 年纪念红四军入闽和古田会议 50 周年前后，关于这方面的研究开始成为中共党史研究的热点之一，公开或内部出版了几本这方面的著作，发表了一批论文。有代表性的如：厦门大学历史系所写《闽西革命根据地》(1978 年，上海人民出版社，7 万多字)，蒋伯英、蓝荣田著《闽西革命根据地史话》(1979 年，龙岩，内部印行，12 万字)，龙岩地委党史征集研究委员会著《闽西革命根据地史》(1987 年，华夏出版社，20 万字)，蒋伯英著《闽西革命根据地史》(1988 年，福建人民出版社，28 万字)。

在此以后，随着改革开放的深入发展与学术界的思想解放，以及各地党史研究机构的成立，中共党史和革命根据地研究蔚然成风。在后来二三十年，全国各地，特别是北京、江西、福建等地党史学界，对于中央苏区以及相关的赣南、闽西苏区研究十分广泛和深入。研究领域涉及苏区政治、军事、经济、文化、社会、人物等各个方面，触及了一系列深层次的问题。

由于工作的原因，我经历并参与了这一过程的许多学术活动与研究，对于闽西革命根据地历史相关的一些学术问题也积累了自己的认识与观点。值此我 30 多年前所著《闽西革命根据地史》修订再版的机会，将本书涉及的几个问题略作阐述，以求探讨。

一 关于闽西革命根据地的历史分期诸问题

曾有同志问，闽西革命根据地上下限与各阶段的历史分期如何？三年游击战争时期可否划入根据地史之内？闽西苏区在 1931 年之后已与赣南苏区相连接而形成中央革命根据地，单独将其分出写成专史是否科学？闽西苏区与闽粤赣苏区的关系如何？等等。对于这种种问题，我在研究与写作的过程中都曾有所思考，形成了一些初步的观点。

1. 我认为，革命根据地形成的主要标志是红色政权的建立，拥有一支能够抵御敌军的革命武装，在红色区域内实行土地革命。由此，我认为 1928 年 3 月至 6 月中共领导的龙岩后田暴动、平和长乐暴动、上杭蛟洋暴动、永定暴动以及 9 月中旬建立永定溪南苏维埃政府，即为闽西革命根据地之始，尽管这块红色区域存在 3 个多月以后由于主客观条件的不成熟而转入低潮，但这只是闽西红色区域形成与发展过程中一个短暂的间歇。不到半年之后，闽西革命根据地更加蓬勃地发展起来。当然，这一时期只是闽西革命根据地的初创时期，直至 1930 年 3 月闽西苏维埃政府成立，才标志着闽西革命根据地的完备并进入发展的时期。关于闽西革命根据地结束的时限，可以延至 1935 年 4 月，其标志为福建省委、福建省苏维埃政府、福建军区等领导机构在闽赣边境被国民党军追击而解体，主要领导人相继牺牲。

2. 三年游击战争时期的闽西游击区，严格地说，已不再属于工农武装割据的革命根据地即苏维埃区域的命题范围，而应称之为游击根据地。因为很明显，在此期间闽西各级红色政权已不复存在，一身兼备党、政、军领导职能的闽西南军政委员会在性质上也不能等同于苏维埃政权。游击区内虽然还有数百万亩土地保存在贫苦农民手中，但整个区域已基本上为国民党所统治，中共各级组织和红军游击队被迫转入偏僻山区或秘密活动。但由于游击区的范围均属原闽西中央苏区，党和红军游击队紧紧依靠老苏区群众继续着顽强不屈的游击战争并获了很大发展，直至抗战爆发，国民党当局承认其合法并结成国共合作抗日的统一战线。因此，闽西游击区应被视为闽西苏区的继续，构成为闽西土地革命战争不可缺少的组成部分。因此，这一段三年游击战争史可称为闽西革命根据地后史，研究与撰述闽西革命根据地史，可以把这一部分的内容包括在其中。

3. 闽西革命根据地从创立到消亡的7年多时间，可以划分为初创时期、形成时期、巩固发展时期和军事失败时期四个阶段。这四个阶段的起讫及主要内容大致可以作如下的划分：

第一阶段为闽西革命根据地的初创时期，时间从1927年秋南昌起义军入闽和党的八七会议精神传达到闽西，至1929年3月红四军入闽。从现存文献史料看，南昌起义部队入闽，主要是向闽西党组织灌输了武装反抗国民党和实行土地革命这一重要思想，对于建立农村革命根据地的观念则尚不明确。不久以后，八七会议精神及中共中央、南方局关于在闽粤边境发动农民暴动、开展土地革命和“成立工农革命政权”的指示相继于1927年10月前后传达到闽西，明确地提出了创造红色政权的任务。从此开始，闽西各县党组织着手布置和发动农民武装暴动、创立工农革命政权的斗争，从而揭开了创建闽西革命根据地的帷幕。这一阶段的斗争以创立永定溪南苏维埃区域为最高潮，此后由于主客观条件的不成熟而于1928年冬转入低潮。

从1929年3月红四军入闽至1930年3月闽西苏维埃政府成立，是闽西苏区的形成时期。在这个时期内，由于闽西原已存在良好的党和群众基础，人民群众对于苏维埃政权有了初步的认识，又由于红四军这支当时全国最为强大的正规红军入闽，更由于毛泽东、朱德在指挥红四军到达闽西以后在理论和实践上都创造了一系列正确的方针与策略，使得党和红军在很短时间内摧毁了闽西的国民党武装及封建统治，创建了遍及六七个县、人口达80多万的闽西革命根据地。

闽西苏区的第三阶段即巩固发展时期，可以从闽西苏维埃政府成立到1933年5月初第四次反“围剿”胜利为止。在这一时期，闽西苏区不仅在军事上连续打破了国民党的军事“围剿”和经济封锁，而且苏区内部自身的政权建设、经济文化建设、人民武装建设及土地革命诸方面，都是最为发展的时期。虽然在这一时期内，闽西苏区先后因李立三、王明“左”倾错误而受到许多挫折，但从历史发展的全过程来考察，这一时期仍不失为闽西苏区的全盛时期。

第四次反“围剿”胜利以后至1935年4月，由于王明“左”倾错误统治下的党中央机关迁入中央苏区，加紧推行其“左”倾方针和政策，其中尤以加剧错误的肃反运动、反对所谓“罗明路线”、加紧查田运动以及第五次反“围剿”中的军事冒险主义为甚，使闽西苏区在政治、经济、军事等方面都受到了极大的危害。另外，国民党在这期间发动的第五次“围剿”，强化了对苏区的军事进攻和经济封锁。由于这种种因素，闽西苏区终于由盛而衰，直至完全丧失。这就是闽西革命根据地史上的第四个阶段，即军事失败时期。这样划分，不知是否妥当，还望识者指正。

4. 关于闽西苏区与中央苏区的关系，我认为既是一个整体，又有其相对独立的内涵。在闽西苏区的初创时期和正式形成的时期，完全是作为一个完备的赤色割据的形态而独立存在的。1930年6月，闽西苏区与赣南苏区初步贯通，1931年1月以后，这两块苏区统归由项英负责成立的苏区中央局领导，中央革命根据地实际上已经初步形成。只是在此前后，赣南、闽西之间的联系时断时续，并不稳固，至1931年秋第三次反“围剿”胜利以后才完全巩固，并不断地向外扩展壮大。因此必须肯定，中央革命根据地是由赣南、闽西、闽赣（包括闽北）等几块原来分割的苏区逐渐发展、先后联结形成而壮大起来的。但是无论在中央苏区形成之前或其后，闽西苏区在党的组织、政权和武装系统方面，都是一个相对独立的完整体系，与中央苏区全局性的历史发展既有联系又有其不同的特点，例如闽西苏区的查田运动、“肃清社会民主党”、反对“罗明路线”、历次反“围剿”等重大历史事件，构成具有鲜明特色的历史内涵。如果闽西革命根据地的历史起讫只是从1927年秋写到1931年1月苏区中央局成立以前，或者到第三次反“围剿”胜利，显然是不完整的，闽西苏区的全部内容与特点就难于充分地阐述。但是这并不意味着中央苏区形成以后，闽西是游离于中央苏区之外的一块孤立的红色区域，我想任何一个稍为了解一点中央苏区史的人都不会这样看。

我之所以强调闽西苏区同中央苏区之间既相联系、又有区别的着眼点在于说明，闽西革命根据地的全部历史是一部由小到大、逐步发展并与赣南等其他邻近苏区相连接而统一成为强大的中央苏区的完整历史。这种历史不应当是割裂的，而是上下承接、相互呼应的。也就是说，中央苏区史应当包含有闽西苏区的内容，而闽西苏区又有其鲜明的特点而形成自己的历史。

5. 关于闽西苏区与闽粤赣苏区之间的关系，我在本书第九章中阐明了自己的观点。我认为，早在 1929 年，红四军前委、闽西特委和福建省委就已经多次提出开辟并打通闽粤赣三省边区红色区域的计划，并且付诸行动取得了一定的成效。1930 年，中共中央又确定将此三块尚未贯通的红色区域成立闽粤赣特区，目的在于扩大三区域使之成为连成一片的革命根据地，随后又成立了以邓发为书记的闽粤赣特委以取代闽西特委和东江特委，建立了闽粤赣特区苏维埃政府筹备委员会，以便在三区域连成一片条件成熟时建立一个统一的苏维埃政府。

但后来的事实表明，由于主客观条件的限制，这一计划未能实现，三块红色区域的党、政、军领导并未统一，赣西南特委和不久以后恢复的东江特委都未归属闽粤赣特委（后改称闽粤赣省委、福建省委）。因此，闽粤赣特委只是在名义上冠以三省标志，而实际上只是取代了闽西特委而领导闽西苏区的各级党组织，其政权机关先为闽西苏维埃政府，1932 年 3 月改为福建省苏维埃政府。这两个党、政机关所领导的地区同为闽西苏维埃区域。所以可以认为，计划中的横贯三省边区的闽粤赣特区并未形成，而以闽粤赣特委（省委）名义领导的苏区，实际上只是闽西苏区（一度包含有粤东边境饶平、大埔少部分地区），并不管辖东江苏区和赣西南苏区。

二 把握闽西革命根据地历史的重点及其特色

农村革命根据地的创立与发展，都离不开武装斗争、政权建设和土地革命这些基本内容，这是根据地发展规律的共性。但是，各块根据地由于主客观条件、政治地理环境、形势变化等种种差异，又都存在着各不相同的特性。因此，在研究和编写闽西革命根据地史的过程中，只有在把握共性的同时，充分注意闽西苏区最富特色的方面，才能更加透彻地揭示“这一块”根据地最具本质的规律及与众不同的个性。同时，尽可能在论述方式上有所进取，充分调动史料服务于历史内容的阐发，使之丰满充实，客观可信。本着这一指导思想，我在编写闽西革命根据地史的过程中，着重注意下列几个问题：

1. 在内容铺排及重点把握方面，并没有对苏区历史的各个方面平均使用笔墨，在充分注意反映闽西苏区在土地革命、武装斗争、政权建设等一般规律的前提下，注重于突出闽西苏区别具特色或者在全国土地革命战争史上有影响的问题，以某些重大历史事件和理论问题为核心，展开深化和广泛的论述，例如闽西暴动与苏维埃运动兴起、红四军入闽与古田会议的召开、毛泽东在创建闽西苏区时期的实践与理论、历次反“围剿”战争等。其中相对地更为突出的是武装斗争方面的内容。因为我感受到，一部苏维埃根据地的历史，很大程度上就是一部“围剿”与反“围剿”的历史。从苏维埃政权诞生的第一天开始，直至苏区沦陷，国民党军无时不在对苏区进行不同规模的军事“围剿”，战略战术之变幻，手段之毒辣阴狠，无所不用其极。闽西苏区军民为了保卫红色政权和土地革命果实，展开了英勇的斗争，为苏区的创立与发展写下了别具特色的壮丽篇章。

2. 在重视上述一些富于闽西苏区特点内容的同时，苏区经济与其他根据地建设的内容也是不可忽视的方面，因为这些内容是任何一个苏维埃区域所共有的、必不可少的工作，不同的只是成就的大小和具体方针策略的差异。但在当时军事政治环境极为艰苦的情况下，经济文化等项建设不可能像和平时期那样得以长足充分的展开，加以苏区存在的时间不很长久，因此苏区的这类内部建设主要是战时体制下的一个方面，在整个苏区历史上所占的比重应有一个确当的位置。

正因为农村革命根据地的战时建设明显地不同于正常的国家建设，往往表现为政策的不稳定，建设规模比较小，国民经济的布局不平衡或者在许多方面为服从于前方军需而优先发展军事经济。这在当时是完全必要的，也是正常的。因此，论述根据地建设在分寸把握上确是一个比较困难的问题。目前所见已出版的一些革命根据地史，一般都把经济和苏区的各项建设集中于苏区发展的后期，单立章节来叙述，似乎成了一种比较固定的模式。这样处理或许既可以突出苏区建设，又可以解决上述苏区战时体制下建设方面存在的不足而引起的叙述上的困难。

我试图用另外一种方式来处理这个问题。因为我感觉到，苏区经济等各项建设的方针政策与成就在初创、发展与衰落的不同阶段上存在着明显的变化，如果将其分列于各个阶段上介绍，或许更能体现苏区历史发展的规律。因此，我把这方面的内容依照闽西苏区发展的历史，分别在初步形成时期单列一节、巩固发展时期又列一节，然后在第四次反"围剿"胜利之后再列一节作相对集中的概括。这三节内容大致反映了闽西苏区在其发展的各个阶段上的建设状况。关于经济建设、土地革命等方面受到"左"倾错误影响的内容，比较集中于李立三、王明两次"左"倾错误对苏区危害的章节中加以叙述。我以为这样处理，能够把苏区建设事业与当时阶段上的政治军事形势更加密切地联系在一起，或许更加有助于读者对革命根据地发展规律的理解。从目录上看似乎并不突出和集中，但在内容上却仍占相当比例，约占全书1/10。

3. 李立三、王明两次"左"倾错误曾经给闽西苏区造成了严重的危害。尤其是错误的肃反运动和反对所谓"罗明路线"，不仅在中央苏区史上，而且在全党的历史上都是相当突出的典型事例。史学界对于这方面的历史问题过去研究得不很充分，甚至视其为禁区。我认为作为一本以马克思主义观点为指导原则的历史著作，必须遵循辩证唯物主义和历史唯物主义，无须回避革命历史上曾经遭受的重大挫折，关键是如何正确地面对历史并客观地加以反映。因此，我在处理两次“左”倾错误对苏区的危害方面，既不回避过去被视为“禁区”的问题，实事求是地反映历史的客观面貌；又注意掌握分寸，不过分渲染革命进程中的失误。我想，只要能够准确客观地阐述清楚这些历史问题，并实事求是地分析造成失误的历史教训，就能够更加丰富革命历史上不可缺少的这部分宝贵的精神财富。

4. 在编写的体例与方式上，注重于实证性的记叙与论述。早在 20 世纪 50 年代，史学界就已开始对闽西革命根据地历史的研究，近些年来又有了很大的进展。但也应看到研究的不足，主要的问题是研究深度还不够，有些观点尚欠准确。存在这种问题的主要原因除了我们研究人员自身的知识水平和理论修养不足以外，很重要的一点是未能深入地开掘和研究史料，尤其是对现存已经十分丰富的史料缺乏仔细的研究和分析论证。事实上，关于闽西苏区的历史材料已相当充足（当然也还有许多可以进一步收集的史料），这些史料为我们研究新课题、考辨某些重要史实提供了很好的条件。我认为，历史研究工作者必须崇尚首先求“实”，然后求“是”的学风，很难想象一个史学工作者在尚不了解历史全貌，又未把握历史发展线索和大量基本史实的情况下，能够引发出正确的结论。为此，我在编写闽西革命根据地史的过程中，在这方面尽了努力，能否达到所希望的效果，有待读者判定。

在注重实证性的研究和论述方面，我主要从以下三点入手。第一，大量运用第一手历史资料，特别是那些被长期湮没或“秘藏”的档案文献；对于回忆录与口述史料持慎重态度，在研究过程中可以作为重要的参考依据，在引用时尽可能选择经过多方面核对的第一当事者的亲身回忆材料。对档案文献已能证实的问题，一般不再使用回忆材料为依据。第二，为把历史写得更加准确丰满并富于多角度的视觉效果，在必要的地方充分利用旧政权档案史料和报刊史料。第三，尽量避免过多的主观叙述和缺乏史料依据的空泛议论，力求运用真实可信的史料客观反映历史原貌，并由此引发出必然的结论或上升为理论层次的阐释，即所谓以史带论，寓论于史。第四，遇有史学界存在不同观点的问题，或对某一史实存在着多种不同史料的记载，而这些问题在目前尚难明辨是非又不能不写入史书的，就采用二说并存或在页下加注对各种观点和史料作简要的介绍，以使读者了解这一问题的研究状况。例如永定暴动以后，关于溪南苏维埃政府制订的土地政策有多种不同但都很有价值的记载。如当时主持其事的邓子恢、张鼎丞在中华人民共和国成立以后反复多次的回忆，还有 1928 年 8 月 22 日中共闽西特委的一份报告。两者的记载在一些主要政策上有较大差异，但前者写得较为完整，后者虽不很完整但凭笔者判断似更为准确。为此，我在正文中利用了前者的材料，又在页下注释中引述了后者的内容。又如 1935 年国民党军对闽西游击区几期"清剿"的起讫时间和次数有三种不同记载，一是 1937 年方方到延安后向党中央的报告，二是张鼎丞在《中国共产党创建闽西革命根据地》中的记述，三是 1935 年《福建民报》根据国民党方面材料的报道，孰是孰非，难于判定。所以，我在正文中采用方方的报告加以叙述，另在页下录注了后面两种不同的记载以供研究者参考。

三　关于闽西革命根据地史几个问题的观点

1. 闽西南地区最早的革命武装斗争始于 1927 年冬到 1928 年初。

许多论著在论述八七会议以后福建最早的农民暴动武装斗争，一般都举 1928 年 3 月的龙岩后田暴动或平和暴动为例。这两次暴动固然在组织和规模上都颇具影响，但除了主动的实行武装反抗国民党、组织了初具规模的游击部队以外，都未能建立红色政权和实行土地革命，斗争均以失败告终。事实上，中共闽南临时特委及新成立的福建临时省委在得到八七会议以后的党中央关于举行农民暴动、实行土地革命的指示以后，即向各县党组织作了传达和布置。

闽西南各地党组织经过组织发动，从1927年冬开始，领导刚刚组建起来的农民武装举行了多次小规模的武装斗争。其中比较突出的有1927年12月31日惠安县党组织在涂岭领导武装的农会会员与国民党海军的斗争；1928年2月前后，永定县委在全县恢复30多个乡农会、建立有200多支枪的农民武装“铁血团”的基础上与国民党军展开武装斗争，并夺取保安队武器，与国民党军1个团作激烈的战斗；1928年2月24日，漳州林乡农民武装150人与国民党军作战获胜并拘捕捐棍；1928年2月间平和县长乐一带各乡农会购置武器、拘捕土劣并与地主武装保安队作武装斗争。上述历次斗争，虽然同样没有实行土地革命和建立红色政权，规模也较小，但就按照八七会议精神举行武装斗争这一意义说，都早于龙岩后田与平和暴动。

2. 永定暴动之后在割据区域立即实行土地革命的意见分别由邓子恢和福建临时省委提出。

1928年3月至6月，闽西南党组织先后领导举行了龙岩后田、平和、长乐、上杭蛟洋三次农民武装暴动，但因暴动很快失败而未能实行土地革命，也未建立苏维埃政权。同年6月29日至7月上旬由永定县委举行的永定暴动，由于组织严密、指挥得当，暴动取得了局部的成功。因此，建立红色政权和立即实行土地革命，是保持并发展暴动成果的首要任务。但是永定县委因忙于调动武装与国民党军作战，并未注意到这一至关重要的问题。

这时，担任中共上杭县委宣传部长的邓子恢赶到，发现了这一问题，向永定县委建议“立即进行土地革命，烧田契，废租废债，没收地主财粮分给穷人”①。7月10日，永定县委向省委报告他们的工作计划是：“预备在各乡建设苏维埃，实行抗租，一方面集中队伍到各处游击，断绝城内粮食。”我们注意到，这项计划只提及抗租而未提及土地革命。

7月10日，中共福建临时省委致信即将成立的闽西特委，第一次明

---

① 邓子恢、张鼎丞：《闽西暴动与红十二军》，蒋伯英主编《邓子恢闽西文稿》，龙岩学院中央苏区研究院编印，2016年内部版，第91页。

确地指示在暴动以后的占领区域“完成土地革命和建立苏维埃政权”，并派省委常委王海萍携带这一指示前往永定。7 月 25 日，临时省委再次致信闽西特委和永定县委，指示“在已经割据各乡，马上没收土地，分配土地，建立乡或区苏维埃”。此后，从 8 月至 9 月，闽西特委和永定县委在溪南地区领导建立了区乡各级红色政权，并且开展土地的没收与分配工作。

3. 中共中央纠正了福建临时省委关于以永定暴动为发端，立即实现闽西以至闽南割据局面的急进计划。

1927 年底至 1928 年 7 月闽西南地区相继爆发的农民武装起义，特别是永定暴动的局部胜利，加以当时瞿秋白“左”倾盲动主义的影响，使得福建临时省委对于时局与主客观条件的估量发生偏差，先后在 1928 年 7 月 10 日《为永定暴动给中央的报告（一）》、7 月 25 日《关于闽西秋暴工作方针》和《致闽西特委并转永定县委信》、8 月 10 日《为永定暴动给中央的报告（二）》中，一再过分强调了国民党统治力量的薄弱与革命主观力量的强大，多次向中央报告或向有关各县党组织提出以永定为中心，造成闽西各县总的割据局面，进而向漳州发展，由一县至数县的割据，夺取漳州，造成闽南割据局面的计划。这一计划显然反映了“左”倾盲动主义的色彩，在指导思想上且不说忽视了国民党统治力量的相对强大，在主观条件方面至少忽视了如下三点不利因素：第一，党的组织刚刚才恢复，基础尚不稳固；第二，以往历次武装斗争与起义都因主观力量的不足及敌人的强大而告失败，群众斗争情绪尚未完全恢复；第三，缺乏一支强大的正规红军。

福建临时省委的上述指导思想与计划，在 8 月 10 日以前占有主导的地位。但在 8 月 1 日，由于中央巡视员郑超麟的到达并召集省委常委会传达了党中央 8 月 8 日指示信之后，临时省委基本纠正了上述偏向。中共中央 8 月 8 日给福建临时省委的指示信虽然存在片面强调城市工作的倾向，但对福建农村武装斗争的开展作了较为客观和冷静的分析，批评了过去农民暴动中的“左”倾偏向，指出目前闽西农民运动应着重“发动农民最迫切的经济斗争，如抗债抗捐等”。通过这些斗争进一步发动和组织群众，并向群众宣传党的土地革命、武装斗争和建立苏维埃政权的主张。① 8月11日，福建临时省委常委会议接受了郑超麟传达的中央指示精神，分析了永定暴动一个月以来的形势，认为闽西南各县斗争发展不平衡，原来以为永定邻近各县有力量援助并响应永定和实现永定全县割据的估量均不能实现，省委过去提出的“以永定暴动为发端，立即实现闽西的割据局面，并向闽南发展”的方针，是“过重估量了暴动的条件”。根据这一分析，省委在同一天向闽西特委和永定、上杭、龙岩、平和四县委发出指示信，指示在当前应“深入并扩大我们的暴动工作，切实准备闽西割据的条件，布置闽西割据的前途”，以便将来条件成熟时实现闽西的割据。②

4. 在正确估量形势并听取党的六大精神传达后，闽西特委决定停止大规模游击并转变永定暴动后的斗争策略。

永定暴动之后，新成立的中共闽西特委于1928年7月中旬决定在永定暴动的基础上乘胜前进，调集永定、上杭、龙岩3县武装向外出击，开辟新的割据区域。这一决定，反映了特委对形势与主观力量的估量过于乐观和革命的急躁情绪。在经过了3个多月的实践之后，闽西特委总结了经验教训，改变了这一策略。这主要是因为：(1) 王海萍、傅柏翠率领的永、杭、岩3县武装从7月下旬至8月上旬向周围地区作战迭遭失利，特别是攻打龙岩城和永定坎市等重要战斗受挫，农军士气大减；(2) 永、杭、岩各县暴动区域相继受到国民党军摧残，革命武装较为弱小而难御其敌，被迫分散或隐匿山区；(3) 永定溪南苏区和金丰等暴动区域更受国民党的军事包围与打击，部分群众产生妥协调和情绪。闽西特委在正确分析了上述不利因素之后，认为目前开展广泛的游击战争，

---

① 《中共中央给福建临时省委信》（1928年8月8日），福建省委党校馆藏资料（1—0281）。

② 《中共福建临时省委给闽西特委转永定、上杭、龙岩、平和县委指示信》（1928年8月11日），中共龙岩地委党史资料征集研究委会员、龙岩地区行政公署文物管理委员会编《闽西革命史文献资料》第1辑，1981年内部版，第256、259页。

在主观和客观条件方面均不齐备，乃于 1928 年 11 月上旬变更原来的斗争策略，决定暂时收缩力量，停止向周围地区出击，各县武装分散回原地作发动工作，特委机关也暂时从溪南赤色割据区域撤离，避免更大的损失。一个星期以后，出席党的第六次全国代表大会的福建省委候补书记罗明到达永定溪南，向闽西特委传达六大精神，分析了闽西和永定暴动以后的形势，肯定了闽西特委变更的斗争策略，并且根据六大精神更进一步地确定了今后的工作方针，这就是——“夺取群众，准备游击战争，同时发动小斗争，并扩大党的宣传，巩固民众组织”，加紧准备第二次更大规模的武装斗争。①

5. 红四军第二次入闽从瑞金出发的时间当为 1929 年 5 月 17 日，前委瑞金会议的时间似须进一步考订。

关于红四军这次行动由瑞金出发的时间，尚未从历史文献和回忆材料中见到确切的记载。以往一些论著认定为 1929 年 5 月 19 日从瑞金出发，可能根据如下两方面的材料：一是毛泽东 1930 年 1 月 5 日在给林彪的信中有“去年五月十八日晚上瑞金的会议席上”② 之说，表明红四军前委 5 月 18 日尚在瑞金；二是各种调查访问回忆录以及国民党方面的材料均能佐证红四军由赣入闽后于 5 月 20 日渡过汀江。按照以上两种材料提供的日期推算，红四军由瑞金出发的时间只能是 5 月 19 日。

但是我所见到的另外一些史料表明，红四军很可能于 5 月 17 日离开瑞金。材料之一 1929 年 7 月 13 日《闽西代表大会主席团向省委报告》说：“红军第四军自五月十七日由瑞金向闽西工作，到现在差不多二月了。”③ 明确指证红四军出发日期为 5 月 17 日。而毛泽东主席指导了闽西

---

① 《中共闽西特委报告——闽西特委及各县工作情况》（1928 年 11 月 21 日），中共龙岩地委党史资料征集研究委会员、龙岩地区行政公署文物管理委员会编《闽西革命史文献资料》第 1 辑，1981 年内部版，第 312—313 页。

② 《毛泽东给林彪的信》（1930 年 1 月 5 日），中央档案馆编《中共中央文件选集》第 6 册，中共中央党校出版社 1989 年版，第 553 页。

③ 中央档案馆、福建省档案馆编《福建革命历史文件汇集》甲 8 册，1986 年内部版，第 53 页。

代表大会，大会主席团这份报告理应得到毛泽东认可。材料之二是国民党方面1929年5月31日从南昌发给《新晨报》的特约通讯《朱毛逃窜详情》称：江西国民党军分三路追剿红军，其第一路李文彬部5月15日由宁都出发，17日下午抵瑞金附近黄柏圩，再分作两路包抄瑞金城内之红四军。红军即向福建长汀楼子坝退去，19日在长汀四都与李文彬部发生战斗。20日中午，李部追至汀江边时，红军已经渡过汀江。这份材料也明确指出了红四军在5月17日撤出瑞金，19日已进抵长汀四都的详细情况。

以上两份史料都成文于红四军第二次入闽行动之后不久，比较可信。因此，红四军由瑞金出发的时间似应判定为5月17日。这一结论如果能够成立，那么毛泽东在给林彪信中所提5月18日晚上前委在瑞金召开的会议日期和具体地点，就须作进一步的考订。

6. 龙岩县革命委员会成立于1929年6月21日。

龙岩县革命委员会是1929年红四军入闽以后，继长汀、永定在闽西指导建立的第三个县级红色政权。关于龙岩县革命委员会成立的时间，以往的论著均根据回忆材料认定为红四军第二次攻占龙岩的第三天即6月5日，或者不作具体说明。但现在看来，这一认定未必可靠。龙岩县革委会成立的时间应该是红四军第三次攻占龙岩以后的第三天，即6月21日。关于这个日期的依据是发表在1929年7月15日出版的《烈火》第10期上的《闽西工农斗争的形势》一文。这篇通讯明确而具体地记述了如下的情景："全龙岩的群众们更于六月二十一日开群众大会，虽是大雨淋漓，然到会者近二万人。当时组织革命委员会，推举邓子恢等起来负责领导全县的斗争。"这篇通讯发表于龙岩县革委会成立大会之后20多天，文章详述了大会情况及在此前后的闽西形势，是迄今为止关于龙岩县革委会成立情况最权威的一份史料。

7. 毛泽东等3人出席中共闽西第一次代表大会到达上杭蛟洋的时间为1929年7月9日。

关于毛泽东到达上杭蛟洋出席中共闽西"一大"的时间，回忆录和一些论著有的写作7月中旬，有的没有明确的肯定。这次大会之后有一份没有标明成文时间和作者的《中共闽西第一次代表大会情形》作了如下的记述：7 月 10 日，各县代表已到，7 月 11 日开幕，“后因前委出席大会代表毛泽东同志之指示，从事各项调查，费去一礼拜之久”。这份材料提示，毛泽东已于 7 月 11 日以前到达，只是没有更加明确地指出毛泽东到达的日期。新近发表的 1929 年 7 月 13 日《闽西代表大会主席团向省委报告》对此却有更进一步的记述：“到会代表已于十日晚前共到五十四人。前委已派三同志前往参加，已于八日由岩动身，九号到蛟洋”①。这是大会主席团在各县代表和前委代表抵达蛟洋之后三四天写出的报告，其准确程度不容置疑。报告中虽未列出三位到达蛟洋的前委代表的姓名，但如果与前述《中共闽西第一次代表大会情形》一文及其他有关回忆材料作对照分析，其中一人肯定为毛泽东。其他人是调任中共闽西特委秘书长的江华和闽西特委组织科长蔡协民。

8. 中共闽西特委第一次扩大会议召开于 1929 年 10 月 15 日至 18 日，地点在上杭城。

闽西特委第一次扩大会议是一个重要的会议，讨论了闽西“一大”因为应付“会剿”而未能讨论的组织、宣传、职工等问题，分析了形势并确定了今后的任务。以往有的论著把这次会议的时间认定为 11 月 2 日，可能是依据现存此次会议通过的第十三、十四、十五号决议分别署以 11 月 2 日和 11 月 5 日，而闽西特委这时已移驻上杭白砂（或苏家坡），因此也就认为会议的地点是在苏家坡。实际上，这次会议的时间是 1929 年 10 月 15 日至 18 日，地点在上杭城。我的这一结论的依据如下。第一，参加这次会议的福建省委巡视员谢运康（汉秋）在同年 10 月 25 日即会后一个星期给省委报告会议的情况说：“特委早就决定于本月十五日开扩大会，恰好我于大会之前两天到。”② 第二，11 月 2 日闽西特委第

① 中央档案馆、福建省档案馆编《福建革命历史文件汇集》甲 8 册，1986 年内部版，第 55 页。

② 《巡视员谢运康给中共福建省委的报告》（1929 年 10 月 25 日），中共龙岩地委党史资料征集研究委会员、龙岩地区行政公署文物管理委员会编《闽西革命史文献资料》第 2 辑，1982 年内部版，第 264 页。

13号通告也明确说，特委于“十月中旬召集执委扩大会”，省委巡视员参加了会议，“大会于十八日结束”。[①] 综合以上两份材料，可以肯定，谢运康于10月13日到达特委，15日到18日出席特委第一次扩大会议。那么大会各种决议为何署以11月2日和11月5日呢？这是因为会议期间正值红四军接受中央指示忙于为出击东江做准备，闽西特委也在为应付敌人进攻而迁离上杭，来不及完成决议的修订。对此，谢运康在上述报告中也有提及：“扩大会的情形决议案及通告本来要交这次交通带来，但因数天来机关迁移，且应付全部（局），赶不出来，下次交通可带来。”[②] 这就说明了会议文件成文时间迟于扩大会议的原因，以及会议地点是在特委机关迁移之前的上杭。

9. 1929年10月红四军出击东江的行动基本执行了中央及周恩来的指示，虽然失败，但应当客观地分析其主客观原因。

关于这个问题，史学界有不同的意见。我以为有三个方面的情况需要阐明：

第一，关于红四军出击东江的动因，一是同年9月间张发奎、俞作柏等的反蒋军阀混战给红四军入粤提供了一个有利的契机；二是中共中央和福建省委根据这一有利形势下令红四军入粤发展更为广阔的革命区域；三是红四军前委和闽西特委在接到中央命令以前就计划在适当的时机出击东江，以便打通闽西与东江两块赤色区域的联系，而以上军阀混战及中央命令两个因素促成了前委将这一计划付诸行动。迄今所见关于此次行动的档案史料中，中央和福建省委、四军前委、闽西特委的意见是一致的，尚未见到当时有关组织和个人对此加以阻止的记载。曾有同志认为毛泽东反对此项行动，但目前所见到的红四军前委出发之前2天即10月18日给中央和福建省委的报告说：“毛同志久病，现虽起床，尚

① 中共龙岩地委党史资料征集研究委会员、龙岩地区行政公署文物管理委员会编《闽西革命史文献资料》第2辑，1982年内部版，第284页。

② 中共龙岩地委党史资料征集研究委会员、龙岩地区行政公署文物管理委员会编《闽西革命史文献资料》第2辑，1982年内部版，第264页。

不能行走，此次去东江，当不能出发，负责同志更觉困难”①。要求中央派员指示。这份报告不能说明毛泽东的具体意见，只能说明毛泽东之所以不能去东江，是健康的原因。

第二，前委于出击途中抵达广东松源，前往上海党中央汇报工作的陈毅也于10月22日抵松源回到前委机关。陈毅身上携有根据周恩来意见起草的中央致红四军前委的信即九月来信，信中除对形势及红四军的工作等方面有详细的分析与指示，对四军进军东江的行动指示甚详，提出了在敌情发生五种变化即“军阀混战开始爆发之际”“两广军阀混战爆发东江空虚时”“两广军阀混战成相持局面而且蔓延及于全国”“蒋系军队失败”“军阀战争结束较快或蒋系军队得胜”的情况下，红军所应采取的不同作战方略。② 九月来信是史学界公认的一份极为重要的指示信，尚未见到对此指示信包括其中有关红四军在东江行动方针内容的批评之见。而事实上，在陈毅携带此信到达并一直随军行动的过程中，未曾见到有关陈毅阻止红四军在东江的行动的记载，且陈毅自到达之日起，参与和领导了红四军出击东江的全过程。红四军基本上遵循着九月来信中的行动方针展开活动。

第三，虽然对这次行动的起因及行动方针难以有所指责，但不能不认为，红四军在出击东江的行动中遇到了挫折，其主要的挫折是军事上的失败以及军内思想混乱及士气低落。造成这种挫折的因素是多方面的，客观上是军阀混战结束敌情发生急剧变化而致红军应付不及，更为重要的是主观方面的因素，主要是军事指挥失察、轻敌强攻和各纵队行动失调，红军缺乏政治中心以及思想政治工作的削弱，而其中有些问题早在此以前就已存在。总之，不能用简单的结论来概括这次军事行动的因果关系及失败的复杂因素。

---

① 中共龙岩地委党史资料征集研究委会员、龙岩地区行政公署文物管理委员会编《闽西革命史文献资料》第2辑，1982年内部版，第258页。

② 《中共中央给红四军前委的指示信》（1929年9月28日），《周恩来选集》上卷，人民出版社1980年版，第42页。

10. 红四军前委在古田会议以后的行动计划，系根据敌情不断调整，并非一开始就确定向赣南发展。毛泽东撤离古田的时间当为 1930 年 1 月 9 日。

古田会议之后，红四军为打破敌人的“会剿”而离开闽西转入赣南活动，以往有些论著和回忆录认为这是毛泽东、朱德在古田作出的决定。但是笔者在对一些史料作进一步的研究以后认为，红四军前委在古田会议召开之前的计划是一面在古田召开会议，一面休整，寻找敌人的弱点相机出击，以达到发展闽西苏区并打通与赣南、东江苏区的联系，并计划在古田会议之后以第二纵队牵制小池之敌，其余三个纵队经由姑田、白沙包抄敌之后方龙岩城。但是在古田会议结束以后，红军的给养发生困难，于是前委变更计划，决定由朱德率领第一、三、四纵队开赴连城，着重解决粮饷问题。

1930 年 1 月 5 日，朱德率领的三个纵队由古田到达连城庙前时获悉国民党军开始发动进攻，并在率部到达连城之后与留在古田的毛泽东及其率领的第二纵队失去了联络，原来打算留在闽西的第四纵队也不能返回，于是再次变更计划，三个纵队一起向赣南转移以打破敌人“会剿”、发展赣南苏区（以往一些回忆材料认为是毛泽东在古田决定第四纵队开赴江西）。但是由于联络中断，留在古田的毛泽东对朱德这一临时改变的计划尚不了解，仍按原计划于 1 月 5 日指挥第二纵队在小池袭击来犯之敌。此后，闽西特委又于 1 月 10 日向省委报告，前委于 1 月 9 日召开会议讨论应敌计划，决定仍按原计划开赴龙岩梅村以与朱德取得联络，“如敌军紧迫，即取间道回赣以解闽西之围；如赣道不通，即退入赤色区域以与敌作坚决的斗争，打破敌人的一面，再行计议”①。这一计划，与此时正由连城向赣南出发的朱德的计划不谋而合。同一天，毛泽东率二纵队由古田向梅村行动，途中获悉朱德的行动情况，乃改向清流、归化、宁化方向，开赴赣南与朱德会合。根据以上分析所得结论，以往关于这

① 《中共闽西特委报告第五号——当前形势与工作策略》（1930 年 1 月 10 日），中央档案馆、福建省档案馆编《福建革命历史文件汇编》甲 8 册，1986 年内部版，第 160 页。

方面问题的回忆与判断似须修改，一般认为毛泽东于1930年1月5日离开古田的日期也应改为1月9日更为相宜。

11. 从1930年1月开始，中共福建省委在指导思想上滋长起来的“左”倾偏向对闽西苏区的工作产生影响。

1929年，红四军入闽之后创建闽西苏区、指导苏区建设的各项方针政策是正确的，福建省委在此一年内对闽西的各种指示也基本上是正确的，闽西苏区因此而获得了迅速的发展。但自1929年下半年至1930年上半年党内存在的若干“左”倾思想和政策又有了某些发展，这些“左”倾思想对闽西苏区也产生了影响。较早的一个例证是1930年1月8日福建省委给闽西特委及四军前委的指示信。这封信有其正确的方面，但也反映了党内业已滋长的“左”倾偏向，主要表现为片面强调城市中心，农民斗争必须由城市工人领导，以及在土地政策上批评特委和四军前委过去的正确方针为“富农路线”。这些“左”倾错误的直接后果是，导致了随后于2月下旬召开的闽西特委第二次扩大会议关于土地、工人运动等方面的决议作出同样错误的决定，特别是改变了土地政策方面原来关于“没收一切地主土豪及福会公堂等土地”“自耕农土地不没收”等正确方针，另行规定没收一切土地，从而发生偏向。此后，1930年2月召开的福建省第二次党代会以及中央的一些通告、指示，更进一步地显示出“左”倾错误的指导思想，从而在具体方针上强行要求闽西红军不顾主客观条件的限制而出击东江，在土地方针上号召发动所谓“反富农”斗争，使一些本来正确的苏区建设的方针政策滑向“左”倾，为同年下半年进一步贯彻李立三的“左”倾冒险主义造就了一定的思想和理论基础。

12. 王明“左”倾冒险主义于1931年2月至3月逐步贯彻到闽西苏区。

1931年1月的六届四中全会形成了以王明为代表的“左”倾冒险主义对党中央的统治。此后，王明“左”倾错误于2月初传达到福建，并在其后的不到2个月内陆续在闽西苏区传达贯彻。以往一些回忆和论著，一般认为中央代表团于4月间到达闽西虎岗召开会议贯彻了王明路线。

现在从其他一些材料的分析来看，这一记述并不准确。笔者认为，王明“左”倾错误在闽西传达主要有三次。第一次是1931年2月4日福建省委常委会议之后，这个会议完全接受了王明路线并作出决议，省委在会议之后即派张竹荣、卢肇西专程赴闽西苏区传达四中全会精神和省委常委会议决议。第二次是2月下旬邓发主持的中共闽粤赣特委第一次扩大会议，会议虽然尚未得到六届四中全会的正式文件，但会议决议明确地指出，会议根据“国际路线”检查和布置今后的工作，决议的内容也反映了四中全会的精神。在此前后，共青团闽西特委也于2月间召开扩大会议以及与东江特委的联席会议，“开始传达四中全会路线”，作出相应的决议。第三次是中央派出的四中全会代表团于3月15日到达永定虎岗，全面传达贯彻王明路线。于是，共青团闽西特委和中共闽粤赣特委常委先后于3月22日、24日召开扩大会议，按照王明路线对过去工作进行检讨，进一步贯彻四中全会精神。从此，王明“左”倾冒险主义在闽西苏区全面实施推行。

13. 中共闽粤赣省第二次代表大会召开的时间应为1932年3月初。

关于这次会议的确切日期，至今没有见到明确的记载。但是由于这是一次重要的会议，有必要考订清楚。1931年11月上旬，中央苏区第一次党代会（即赣南会议）在瑞金召开。众所周知，这是一次在“左”倾错误指导下的会议。会后，中共闽粤赣省委即于12月5日发出宣传提纲准备召开党代表大会加以贯彻，并于12月28日为大会准备了福建省第一次代表大会《党的建设问题决议草案》《苏维埃工作决议草案》。这两个草案实际就是后来署以1932年3月17日、19日的中共闽粤赣苏区第二次全省代表大会《党的建设问题的决议》和《苏维埃工作决议》两个正式决议的蓝本，所以很容易使人误认为这两种决议分别出自1931年12月28日和1932年3月中旬两次不同的会议。实际上，原定于1931年12月召开的闽粤赣省第二次党代会并未如期召开，同年12月16日永定县委第25号通知说：“全闽西党大会，决定延期到1月×日举行”。但翌年1月5日，省委常委李明光在《准备党大会》一文中又说，党代会决定于

2 月 7 日举行。然而，会期又再推迟，延至 3 月初才得以召开。

我之认为会期是 3 月初，除了以上几个材料说明党代会时间一再延期以外，还有三个材料可以佐证。一是 2 月 19 日苏区中央局《致闽粤赣省委并转省代表大会信》，这封信要求即将召开的省党代会总结 1930 年 12 月党代会（即闽粤赣特区第一次党代会）以来的工作，贯彻瑞金的中央苏区第一次党代会任务，并派任弼时代表中央局前往福建出席。这一内容表明即将召开的是闽粤赣省第二次党代会。二是 3 月 5 日闽粤赣省委《接受中央局最近的政治决议》说，任弼时已经在省党代会上传达了中央政治局决议，大会对这一精神已一致接受。这个文件表明闽粤赣省第二次党代会已于 3 月 5 日或者以前结束。三是张鼎丞在《中国共产党创建闽西革命根据地》中写道："一九三二年三月，召开闽西党第二次代表大会，总结闽西斗争的经验教训。"① 综合分析上述三种史料，只能得出一个结论，即闽粤赣省第二次党代会在 1932 年 3 月1日至 3 月 5 日之间召开。

14. 关于反对所谓"罗明路线"的起因，应当追溯其更为广阔的背景和渊源。邓、毛、谢、古的声明书更加鲜明地维护了毛泽东的思想路线，反映了与王明"左"倾错误更为深刻的原则分歧。

关于 1933 年 2 月由王明"左"倾错误的领导在中央苏区发起的反对所谓"罗明路线"这一论题，许多论著及历史当事者有过许多论述，其中关于发动这一错误的批判运动的起因，大多侧重于两点，即罗明于 1932 年冬在长汀听取了毛泽东的教诲之后在闽西苏区各级党组织加以传达贯彻，以及 1933 年 1 月下旬罗明给闽粤赣省委的两封信。我以为，这两点可以视作这场错误的批判运动的近因或导火线，另外还存在着更为广阔和深刻的缘由，主要的有如下几个方面：第一，王明"左"倾错误在闽西苏区贯彻以后，由于闽西的主要领导干部和广大群众对于毛泽东的正确方针有着深刻的体验，因而在实际工作中对"左"倾错误作了某

---

① 张鼎丞：《中国共产党创建闽西革命根据地》，福建人民出版社 1982 年版，第 55 页。

些抵制。第二，宁都会议前后，由于毛泽东与“左”倾错误的分歧愈益尖锐，而闽西苏区在第三次反“围剿”以及即将展开的第四次反“围剿”工作中坚持毛泽东的战略战术，在客观上支持了毛泽东的主张，因而为“左”倾错误的领导所不容。为此，瑞金中央政府于1932年9月、10月先后派项英、邓发到长汀，严令福建省苏维埃政府改变工作方针，实行“全线出击”。第三，随着王明“左”倾错误对毛泽东及其正确方针的排斥，而罗明等闽西苏区广大干部依然坚持，因此“左”倾错误的领导者发动一场错误的批判运动以扫清其障碍也就势所难免。

另外，我还认为，罗明和连城县委书记杨文仲等提出的意见书，固然在原则上坚持了毛泽东的正确主张，但更多的是结合福建实际，侧重于在具体的工作方针和军事策略上提出与“左”倾错误相悖的意见。而当这场错误的批判运动发展到整个中央苏区，在江西展开反对以邓小平、毛泽覃、谢唯俊、古柏为代表的所谓“江西罗明路线”时，邓、毛、谢、古面对错误批判和强令检讨，在他们向省委提出的二次声明书中，更进一步地从中国革命全局的高度阐释了自己的见解。第一，指出中国现时的苏维埃运动和革命战争，还只是土地革命阶段，尚未进到以反帝为主的阶段；第二，在中国革命道路问题上主张首先在农村建立革命根据地，反对“城市中心论”；第三，在土地政策上坚持“抽多补少、抽肥补瘦”的原则；第四，鲜明地批评“左”倾错误脱离中国实际的教条主义，指出中国农村的苏维埃区域里面实行了马克思主义，而在城市的洋房子里却产生了“左”倾冒险主义。这些观点，更加鲜明地维护了毛泽东的思想路线，在更深的层次上批判了“左”倾冒险主义。

关于闽西革命根据地史的研究与编写，是一个广泛而精深的命题。以上只是笔者根据自己从事这一领域研究工作中经常接触到的几个主要问题，谈一点粗浅的体会，远远不能达到完整与准确地阐释这一命题的要求。其中有些见解或有偏颇，或存谬误，势在难免。

第一章　土地革命战争前闽西的政治经济

一　军阀统治

位于福建省西南部的闽西地区，当时包括龙岩、上杭、永定、长汀、连城、武平、宁化、清流、归化、漳平、宁洋等 11 个县,[①] 西接赣南，南邻粤东。境内山岭耸峙，丘陵起伏，人民勤劳，物产丰富，但是由于封建统治与帝国主义掠夺，闽西地区交通闭塞，贫穷荒僻。

1911 年，席卷全国的辛亥革命运动，曾经给人民带来希望和生机。但随着袁世凯复辟，军阀割据和帝国主义势力不断扩张，灾难深重的中国依然没有获得光明和解放。1913 年，皖系军阀势力向南方扩展，原北洋海军旅长李厚基入主福建，从而开始了北洋军阀在福建长达 14 年的封建统治。

军阀统治的必然结果是割据称雄，混战杀伐。自李厚基入闽以后，战祸不绝，民生涂炭。1918 年，粤军陈炯明入据闽西、闽南地区。李厚基举兵拒陈，首开南北军阀之战，战火绵延将近两年。1922 年，北洋军阀各派为争夺福建统治权，皖系段祺瑞策动驱李战争。李厚基兵败，徐树铮和王永泉相继夺取福建统治权。翌年，直系军阀孙传芳、周荫人率部入闽，企图以武力控制全闽，又开战端。

周荫人担任福建督理期间，其主力有 3 个陆军师，另外还有被收编

① 这其中龙岩县为今新罗区，永定县为今永定区，归化县为今明溪县，漳平县为今漳平市，宁洋县今分属漳平、龙岩和永定。

的民军，土匪郭凤鸣、卢兴邦部以及杨树庄的海军陆战队等杂牌军。驻扎在闽西各县的是李凤翔部陆军第三师，编有曹万顺之第五旅和杜起云之第六旅；陆军第一师张毅之一部亦驻守龙岩。

北洋军阀内部派系林立，互相倾轧。张毅是安徽人，虽属正统北洋系，但与周荫人矛盾重重，在漳州、龙岩扩充势力，称霸一方。而李凤翔亦非周荫人嫡系，“周之命不能指挥李部”。因此李凤翔、曹万顺、杜起云趁机大肆搜刮，招编安徽、山东的土匪和被广东革命政府击溃的陈炯明残部，不断扩充在闽西的势力。北洋军阀内部，以及北洋军阀与其他各大小军阀之间，在闽西攻城略地，连年混战。从 1922 年到 1925 年间，大小军阀混战竟达 30 多次。军阀统治之下中国的黑暗腐败，足见一斑。

各地军阀为了筹集军饷，中饱私囊，在其统治的地盘内，卖官鬻爵，县长、区长、营长、警长都标价出售。其中以李凤翔统治下的闽西最为严重。据记载，买一个县知事（县长）官衔，“自三、四千元至万元不等，且必数月一易”①。于是，那些富豪巨贾竞相买官卖官，在任内敲骨吸髓，鱼肉百姓。因而每换一任县长，就增收一次田赋捐税，“闽人处此环境之下，困苦颠连，转徙流亡，黠者窜为盗匪，愚者坐以待毙”②。

各派军阀连年混战，奸淫杀掠，极军阀统治所有之惨劫。地主豪绅则大量兼并土地，催租逼债，巧取豪夺，尽封建剥削之能事。闽西的土地 80%以上集中在地主手里，农民交纳的田租占全年收获量的绝大部分，“各县最低为百分之六十，长汀百分之七十，连城南乡高至百分之八十”。高利贷盘剥也十分惊人，利息“龙岩每月二分为最低，连城武平长汀，

① 王楷：《北洋军阀统治下福建军事政治概况》，国民革命军总司令部政治部 1926 年 7 月 8 日印行，中共龙岩地委党史资料征集领导小组、龙岩地区行政公署文物管理委员会编《闽西革命史文献资料》第 1 辑，1981 年内部版，第 100 页。

② 王楷：《北洋军阀统治下福建军事政治概况》，国民革命军总司令部政治部 1926 年 7 月 8 日印行，中共龙岩地委党史资料征集领导小组、龙岩地区行政公署文物管理委员会编《闽西革命史文献资料》第 1 辑，1981 年内部版，第 101 页。

均三分，上杭，永定均二分半，最高利息各县有到十二分的”[①]。

除此以外，农民还要负担各种无偿劳役和捐税。闽西南地区的捐税五花八门，在汀属各县“有所谓殷富捐、义务捐、房屋捐、牲口捐、军械借款捐、军用赔偿捐、种烟田亩捐，种种名目无月〔休〕无之〔止〕，百般诛求，任意酷勒，迨名目用尽，竟有以不敷捐为名者，可痛恨复可刺笑。至其居心之残忍，手段之酷烈，尤令人不寒而慄〔栗〕”[②]。各种捐税当中，农民最感沉重的是田赋。盘踞在龙岩一带的军阀张毅，1925年搜括各项捐税共达250多万元，其中田赋比重最大，竟已预征到1930年。这些民脂民膏，绝大部分充作军费，教育支出不过三四万元，实业与地方建设几乎等于零。

统治汀属八县的军阀李凤翔更为凶残，“军队之狠毒，既为全省各部冠，故其搜括〔刮〕苛刻，亦最为残忍”[③]。1925年夏，李凤翔在上杭召开有各县豪绅代表参加的“地方善后会议”，会上曾宣称每年征集款项为182万元。会后又发出布告，对闽西人民的痛苦生活虚以抚慰，声称“断不致再有额外捐款名目，向地方索需也”[④]。但是布告墨迹未干，李凤翔即于同年秋至翌年上半年不足一年之内，七次下令勒索捐税，总计达230多万元，田赋预征至1931年。[⑤]

汀属各县如此，龙岩民众同样苦不堪言。1923年，赣南军阀赖世璜

① 《中共闽西第一次代表大会之政治决议案》（1929年7月），中央档案馆编《中共中央文件选集》第5册，中共中央党校出版社1990年版，第703页。

② 《福建汀州人之呼吁》（1926年5月1日），中共龙岩地委党史资料征集领导小组、龙岩地区行政公署文物管理委员会编《闽西革命史文献资料》第1辑，1981年内部版，第72页。

③ 王楷：《北洋军阀统治下福建军事政治概况》，国民革命军总司令部政治部1926年7月8日印行，中共龙岩地委党史资料征集领导小组、龙岩地区行政公署文物管理委员会编《闽西革命史文献资料》第1辑，1981年内部版，第98页。

④ 《李凤翔之善后会议》，《岩声》1925年第24期。

⑤ 参见王楷：《北洋军阀统治下福建军事政治概况》，国民革命军总司令部政治部1926年7月8日印行，中共龙岩地委党史资料征集领导小组、龙岩地区行政公署文物管理委员会编《闽西革命史文献资料》第1辑，1981年内部版，第98—99页。

师入踞龙岩之后，与当地豪绅相互勾结，“开放烟赌，纷立卡局，苛佃杂捐，析及秋毫”。甚至农民入城挑出之粪便肥料，“亦每担抽厘半毫”。①

赖世璜的暴虐引起群众强烈不满，尤其是勒逼农民种植鸦片，强征烟苗捐，攫取不义之财，各界群起反对。许多小学生结队上街，游行演讲。军阀竟出动武装，围捕无辜稚童。赖世璜的凶残与贪婪，激起民众愤慨，各地群众秘密联络，酝酿驱赣斗争。在民众压力之下，赖世璜虽然被迫取消了烟苗捐，但又强行勒索烟款 5 万元，连同预征至 1926 年的田赋钱粮，总计在一年内掠夺了 20 多万元。

在此期间，南北军阀在龙岩劫掠焚杀，令人发指。1923 年 7 月，闽粤边防督办李烈钧部之苏世安师攻打上杭不克，遂于 7 月 7 日在龙岩大池、石牌肆行抢劫，第二天复劫掠南阳坝、船巷等处。7 月 10 日，全师由上杭返龙岩，“沿途大掠而下，公然卖所掠物于西南门，长官不敢过问”。7 月 21 日，李烈钧到龙岩，向县署及商人勒索巨款而去。其部属则以拉夫为名，到处鸣枪示威，破扉抢掠。7 月 24 日上午，“驻南门外天后宫之某连，首先发难，城中响应，枪声隆隆，大抢商铺……城厢内外被劫一空”②。1924 年 8 月 31 日，赣军赖世璜部又血洗龙岩适中，逢人便杀，见屋即烧，被焚大楼 30 余座，数十人惨死在屠刀之下。

在如此黑暗的军阀统治下，闽西“匪军遍地暴敛横生，农辍于耕，工失于肆、商罢于市、百业凋零，金融纷乱”③。大批破产农民为生计所迫，或漂洋过海，流落异邦；或啸聚山野，结为绿林流寇。地主豪门则趁机组织武装民团，名为“自卫”乡土，实则势力滥觞，负踞一隅，残害民众，各争雄长。例如永定之陈荣光，长汀之郭凤鸣、卢新铭，龙岩之黄月波，武平之钟绍葵，连城之华仰侨，等等，都是在这种历史条件

① 《龙岩被兵之惨状》，《岩声》1923 年第 1 期。

② 《龙岩被兵之惨状》，《岩声》1923 年第 1 期。

③ 王楷：《北洋军阀统治下福建军事政治概况》，国民革命军总司令部政治部 1926 年 7 月 8 日印行，中共龙岩地委党史资料征集领导小组、龙岩地区行政公署文物管理委员会编《闽西革命史文献资料》第 1 辑，1981 年内部版，第 92 页。

下称霸一方的土著军阀，给闽西人民带来了无穷的灾难。

帝国主义列强对中国的掠夺，是半封建半殖民地中国的主要特征，与封建军阀的统治同样残酷，所不同的只是方法与手段。1840 年鸦片战争以后，帝国主义瓜分中国的恶浪汹汹而来，由沿海而内地，由平原而山区，他们在各处设教堂、建洋行、办医院、开学校，掠取经济资源，推行文化侵略，毒害中国人民。

无孔不入的帝国主义侵略势力，同样渗透到了偏僻的闽西山区。早在清光绪九年（1883 年），美国牧师山雅谷就在龙岩开设教堂；清光绪二十一年（1895 年），法国传教士安武郎也来龙岩开设教堂。北洋军阀统治时期，帝国主义入侵有增无减。仅 1919 年，美国、日本就相继派遣大批人员渗入闽西，在龙岩虎岭山强占地盘，建立所谓“爱华”医院；派矿师“考察”，拍摄照片，测绘地图，盗窃资源情报。据 20 世纪 20 年代的统计，各帝国主义国家在福建开办的教会学校，数量为全国之首。仅上杭县，就有教堂 30 多个，教会办的中小学、女子学校 8 所。美国牧师卫英士在上杭东门外圈占大片土地，兴建私人别墅美华园，开办美华中学、美华小学和幼儿园。即使是在闽西最边远的武平县城，他们也开设了 2 所教堂、1 所施药所（即医院）和 1 所圣家学校。他们凭借这些文化机构和“慈善”事业，掠夺和侵吞中国人民的财产土地，实施文化侵略，毒害麻醉人民的精神思想。当时一些进步青年出于爱国热情，深入社会调查，揭露了武平县圣家学校的劣迹，指出其“教员之滥竽充数，课程之旧陋，设备之缺乏，虽不能震古烁今，总算是数一数二的了。这也难怪，他们的校主，原不是存心要使武平的教育普及、文化进步的，不过想借此多造几个慈善的招牌，使更多数的中华国民无条件的变成他们的顺民罢了”①。

① 谢剑声：《基督教侵略福建之调查——武平》（1925 年 12 月 11 日），《集师学生》第 3 期，中共龙岩地委党史资料征集领导小组、龙岩地区行政公署文物管理委员会编《闽西革命史文献资料》第 1 辑，1981 年内部版，第 43 页。

帝国主义侵略势力勾结军阀官僚，控制地方政权，共同残害民众，用贱买、租骗、强占等手段，霸占大量土地房产。仅上杭县城，被他们强占的土地竟占全城面积的1/6。这些遍及城乡的帝国主义侵略机构及洋人洋教，如此贪得无厌地掠夺中国，却处处受到封建统治阶级的庇护。人民群众稍敢触犯，轻则罚款鞭笞，重则坐牢杀头。

但是，中华民族的儿女并不曾因此而屈服，反帝反封建的革命浪潮，一次比一次猛烈地冲击着封建王朝腐朽的墙基。正如毛泽东所指出的："帝国主义和中国封建主义相结合，把中国变为半殖民地和殖民地的过程，也就是中国人民反抗帝国主义及其走狗的过程。"① 一百多年来，闽西人民同全国各地人民一样，掀起了一次次向帝国主义、封建主义作殊死搏斗的革命风暴。

19世纪50年代，太平天国起义军进兵闽西，占领长汀、武平。闽西各地穷苦农民揭竿而起，投入了太平军的战斗行列。清同治三年（1864年），在中外反动势力夹攻下，天京陷落。太平天国侍王李世贤、康王汪海洋领导突围南进的一支义军，继续征战在闽粤边境达两年半之久。

太平天国的革命声雷在世界的东方消失了，但是中国人民反帝反封建的浪涛却愈加汹涌。富有革命传统的闽西人民，在这以后一直没有停止过斗争。1894年，长汀哥老会首领矮伯公率领饥民起义，破仓分粮；1900年，汀州群众发动反洋教斗争，捣毁帝国主义者的教堂；1911年，龙岩西山社农民领袖翁矮古、林秀率领上杭、龙岩、永定农民起义，占领西湖岩，围攻龙岩城，反抗官府压迫。

当然，这一次又一次威震闽西山河的农民起义，由于革命条件的不足和自身的缺陷，最后都遭到封建统治阶级的血腥镇压而失败了。只是到了五四运动和中国共产党成立之后，马克思主义开始在闽西传播，闽西的革命斗争才走上了胜利的道路。

---

① 《毛泽东选集》第2卷，人民出版社1991年版，第632页。

二　闽西的觉醒与建立共产党组织

黑沉沉的中国大地，东方欲晓。俄国十月革命的隆隆炮声震撼世界，把马克思列宁主义播向这三千年文明古国，唤起了中华民族的觉醒。1919 年 5 月 4 日，北京爆发了反帝反封建的五四运动，展示了中国新世纪的曙光。通过各种渠道，五四运动的浪潮冲击着僻处一隅的闽西城乡，各种新思想、新潮流不可遏制地在青年一代中广泛传播。爱国青年和进步知识分子纷纷结社聚会，创办刊物，鼓吹革命。

1921 年，邓子恢①、陈少微②、章独奇、林仙亭、张觉觉（后叛变）等一批进步青年，在龙岩白土组织奇山书社，实行“青年自修的读书运动”，“先从改造个人做起，而后及于改造社会”。③ 奇山书社成立以后，吸引了大批青年知识分子，社员发展至 200 余人。他们在一起阅读《新青年》《向导》和《共产党宣言》等革命书刊，研讨时局，寻求社会改造的良方。他们在经历了对于康梁的社会改良主义、孙中山的资产阶级革命民主主义、欧美的无政府主义及其他各种思潮的崇拜、探索和彷徨之后，逐渐找到了革命的真理，开始向往马克思关于科学社会主义的理论和俄国十月革命的实践。

为了交流读书心得，切磋思想，奇山书社创办了油印刊物《读书录》，第二期改名为《同声》。为了扩大影响，他们又改刊名为《岩声》，于 1923 年 9 月 1 日在厦门铅印公开发行，远销 12 个省 30 多个县市以及

---

① 邓子恢（1896—1972），1926 年加入中国共产党，历任中共闽西特委书记、闽西苏维埃政府主席、红十二军政委、中华苏维埃共和国中央政府财政部部长、新四军政治部主任、中共淮北区党委书记、华中分局书记兼华中军区政委、中共中央华中局第三书记，全国解放以后曾任中共中央中南局第二书记、中共中央农村工作部部长、国务院副总理、政协全国委员会副主席。

② 陈少微（1902—1941），又名陈明，1926 年加入中国共产党，曾任中共闽南特委书记、福建临时省委书记、八路军一一五师政治部宣传部部长、山东省战时工作委员会副主任兼秘书长，1941 年冬在山东反“扫荡”战斗中牺牲。

③ 张觉觉：《本报之过去现在及将来》，《岩声》1923 年第 1 期。

东南亚地区。《岩声》在发刊的第一期就开诚布公地表明了刊物的宗旨：“本报最会〔伟〕大之使命乃在：改造旧社会，宣传新文化。”其责任是：“在事实方面，作实际的调查，把有关于地方之事，为之宣达披露，以促起多数民众的注意，而便于讨论研究和改良。在理论方面，为新文化运动取各种最新学说，实为吾岩社会所急需者，为之宣传鼓动，以刷新知识阶级的思想”①。

《岩声》经常刊登关于闽西政治、经济和阶级压迫的调查报告，揭露社会黑暗现实，唤起民众觉醒。其矛头直指军阀、官僚和帝国主义。《岩声》创刊伊始，正值军阀赖世璜逼种鸦片。《岩声》不畏强暴，挺身疾呼，连续发表《勒种烟苗之恶毒》《请看种鸦片的毒害》等战斗檄文，号召民众组织起来，联络潮州、汀州、粤桂、江西等处岩侨一致行动，通电揭露此种罪恶。由于龙岩各界民众一致谴责和《岩声》所造成的舆论压力，赖世璜被迫撤销了这项计划。此后，《岩声》又继续以大量篇幅抨击军阀统治的残暴，指出：“自民六〔1917 年〕以来。粤闽构衅。南北交绥。净土沦为战区。良民惨罗〔罹〕锋镝”，“一年来之脂膏。均被吸于军队。元气之伤。于今益甚”。② 这种犀利而泼辣的揭露，表明了《岩声》的勇气和战斗力，对于统治阶级无疑是沉重的打击。

《岩声》一贯倡导反帝斗争。到了北伐战争前夕，这种不妥协的反对帝国主义的斗争精神表现得更为突出。1926 年，为了纪念五卅运动一周年，《岩声》第 39 期发表了以龙川书社名义撰写的《“五卅”周年纪念告全岩民众》，控诉一年前帝国主义在上海屠杀中国人民的罪行，愤怒地指出：“帝国主义、军阀、买办阶级，狼狈为奸地来扑噬我们，扑噬我们中国。……此仇可以不报吗？帝国主义、军阀、买办阶级，可以不打倒吗？

---

① 《岩声宣言》，《岩声》1923 年第 1 期，中共龙岩地委党史资料征集研究委会员、龙岩地区行政公署文物管理委员会编《闽西革命史文献资料》第 1 辑，1981 年内部版，第 22 页。

② 子珍：《龙岩一年鉴略》，《岩声》1923 年第 3 期，中共龙岩地委党史资料征集研究委会员、龙岩地区行政公署文物管理委员会编《闽西革命史文献资料》第 1 辑，1981 年内部版，第 27—28 页。

帝国主义一天不打倒，则彼加在我们身上的锁链一日不得脱落，我们一日得不到真正的自由平等与幸福。……怎样能够打倒帝国主义、军阀、买办阶级呢？这就须我们联合起来国民革命——作内而打倒军阀、买办阶级，外而打倒帝国主义的国民革命。"①

邓子恢是《岩声》的总发行者及主要撰稿人。虽然他当时为生活所迫往来于赣南、闽西之间，帮助堂兄经商，但仍不断地在《岩声》上发表文章，其内容广泛，涉及破除迷信、妇女解放、披露军阀统治黑幕、揭示阶级压迫与阶级斗争的道理、倡导武装革命等。他在 1926 年 2 月 1 日出版的《岩声》第 32 期中撰文尖锐地揭露："食盐专卖，鸦片入境，公路舞弊，花会承包，种种过去和现在的事实，在在都可以看出军队、官僚、绅士、资本家、土豪、流亡〔氓〕，上下勾结，交互为利的线索"。他指出，一切被压迫阶级在这层层罗网之下，恐怖地生活着，挣扎着。他大声疾呼，号召被压迫人民"一齐觉悟起来，一齐武装起来"，夺取统治阶级的政权，"一面解除他们横暴的武装，一面改革他们作恶的制度，把我们的社会，渐渐朝着和平快乐的方向走去"。②

《岩声》及其主持者和撰稿人邓子恢、陈明等，正是通过对这些与人民群众生活密切相关的具体事实的分析，深刻地阐明了闽西人民遭受剥削与压迫的根源及其争取解放的道理。这对闽西的北洋军阀统治者无疑是沉重的打击，而对于一代青年与被压迫民众，则给予了鼓舞与启示。

《岩声》创刊一年之后，在厦门集美学校读书的李觉民等一批闽西籍学生，又创办了《新龙岩季刊》。这批学生与邓子恢他们一样，在五四运动新潮流的影响下，阅读《向导》《中国青年》《独秀演讲录》等书刊，逐渐接受了革命思想。其中李觉民等已经与共青团中央取得联系，正在

---

① 龙川书社：《"五卅"周年纪念告全岩民众》（1926 年 6 月 15 日），中共龙岩地委党史资料征集研究委会员、龙岩地区行政公署文物管理委员会编《闽西革命史文献资料》第 1 辑，1981 年内部版，第 88 页。

② 邓子恢：《龙岩被压迫阶级的现状及其出路》（1925 年 12 月 15 日），中共龙岩地委党史资料征集研究委会员、龙岩地区行政公署文物管理委员会编《闽西革命史文献资料》第 1 辑，1981 年内部版，第 46 页。

积极筹建共青团组织。因此，《新龙岩季刊》一开始就显示了鲜明的革命性与顽强的战斗性，宣称不问官僚、乡绅或者乞丐、流民，不问某党某派，凡是“合理的，光明的，我们都竭力颂扬他，帮助他；不公道的，鬼昧的，老实不客气，装上炮弹，猛力攻击”①。

毫无疑问，《新龙岩季刊》“竭力颂扬”的是被压迫阶级及其革命事业，“猛力攻击”的正是现存社会及其统治者。刊物的主持人李觉民在第一期出版时明确阐述了这一观点，他认为“现在的社会，还成什么社会！军阀、官僚、资本家都明目张胆的作威作福摧残民众”，希望“被压迫的”弟兄们团结起来，组成联合战线。他鲜明地指出，“我们非振刷精神来奋斗不可！非革命不可！对于现在封建式的社会制度，尤其非下攻击不可！”号召“打倒现在的封建社会！推翻一切罪恶！”②

与龙岩毗邻的上杭县，也很早就开始传播马克思主义。1925 年，邱织云③、罗大准等青年知识分子组织了“上杭青年读书会”，订阅《向导》《中国青年》等革命刊物，创办《幻灯》《虹痕》，宣传新思想、新文化。

广州革命政府成立以后，旅居广州的汀属各县进步学生受到广东革命声势的鼓舞，组织了汀雷社，并于 1926 年 3 月在广州创刊《汀雷》，响亮地提出：“汀州也是中国的一部分，应用解决全国的革命方法以解决汀州。……汀州的革命应与全国的革命同时进取，全国的军阀官僚劣绅土豪打倒了，汀州的军阀官僚劣绅土豪也没有没打倒的道理”④。

---

① 《新龙岩季刊宣言》（1924 年 5 月），中共龙岩地委党史资料征集领导小组、龙岩地区行政公署文物管理委员会编《闽西革命史文献资料》第 1 辑，1981 年内部版，第 36 页。

② 李觉民：《为新龙岩季刊出版的说话》（1924 年 5 月），中共龙岩地委党史资料征集领导小组、龙岩地区行政公署文物管理委员会编《闽西革命史文献资料》第 1 辑，1981 年内部版，第 35 页。

③ 邱织云，1909 年出生，1927 年加入中国共产党，曾任红一军团政治部宣传科科长、红八团政委，1935 年 9 月在漳平梅营战斗中牺牲。

④ 谢秉琼：《发刊词》（1926 年 3 月 25 日），中共龙岩地委党史资料征集领导小组、龙岩地区行政公署文物管理委员会编《闽西革命史文献资料》第 1 辑，1981 年内部版，第 49—50 页。

随着大革命前进的步伐，闽西革命青年的思想已经大大地发展了。他们不再似四五年以前苦于为争取人民解放而上下求索无门、左右彷徨无主，他们的思想已经同中国革命的脉搏一起跳动。这从《汀雷》发表的大量言论中可以获得明证。该刊第一期就宣称："本刊系适应时势需要而产生……所采的言论，悉为现时代的新知识新思想，革〔其〕介绍的方针，悉本革命的真谛及其精神，引着吾汀人一齐站在革命联合战线上，和一切军阀及帝国主义者奋斗，达到打倒的成功，永享平等自由的幸福"①。

《汀雷》最突出的宗旨是反帝反封建，对于军阀统治与帝国主义掠夺怀着深刻的仇恨，一再呼吁闽西民众彻底认识他们给中国人民造成的祸害，清算他们的罪孽。号召家乡民众组织学生军、农团军和工团军，"因为农工及学生群众，才是革命的主力军，才是打倒帝国主义者的先锋队呵！"②

《汀雷》还以许多篇幅分析中国各阶级状况，引导人们团结真正的朋友，反对仇视革命的敌人。1926年5月1日出版的《汀雷》第3期，发表了署名邹纯的《国民革命中之真正的敌友》，指出在四亿中国人口中间，买办资产阶级和大地主、军阀、官僚只是极少数，他们是"极端之反革命派，为民族革命中之死敌"；另有约四百万人口的中产阶级，动摇于革命与反革命之间；而占人口绝大部分的无产阶级、半无产阶级（包括贫农、手工业工人、半自耕农等）是革命的主力和依靠力量；还有大约一亿多人口的小资产阶级，其中的大部分同情革命，是团结和争取的对象。根据这一分析，文章认为："一切勾通帝国主义之大资产阶级中的军阀、官僚、买办阶级、大地主、反动派知识阶级，乃是我们真正之敌人（其人数约有一百万）；一切小资产阶级，半无产阶级，乃是我们真正

① 罩金：《本刊的使命与希望》（1926年3月25日），中共龙岩地委党史资料征集领导小组、龙岩地区行政公署文物管理委员会编《闽西革命史文献资料》第1辑，1981年内部版，第52页。

② 童宝藩：《汀州人民应怎样去反抗帝国主义者的侵略》（1926年5月1日），中共龙岩地委党史资料征集领导小组、龙岩地区行政公署文物管理委员会编《闽西革命史文献资料》第1辑，1981年内部版，第75—76页。

之朋友（其人数约有三万万九千五百万）。”[①] 这篇文章在对各阶级的成分与革命态度的分析方面，体现了马克思主义阶级斗争学说的基本观点，虽然也存在有不够准确的部分，但出于投入革命潮流不久的闽西山区知识青年之手，已是很大的进步。

从五四运动到北伐战争前夕的六七年间，闽西各县涌现出来的一批进步青年，以及他们所创办的各种刊物，表明马克思主义与新文化、新思想终于冲决了数千年的封建腐朽意识及帝国主义势力，在闽西广泛地传播开来，造就了一代具有革命思想的先进分子，从而为建立闽西中国共产党组织奠定了思想基础和组织基础。

闽西最早的一批共产党人都是当地的青年知识分子。他们大多是在厦门、广州等地求学期间开拓了思路，接受了马克思主义，并在外地加入中国共产党，于 1926 年至 1927 年间相继受党组织派遣回乡，从事革命活动，建立和发展闽西党组织。

这些党员大致来自厦门、广州和其他地区等三个方面。来自厦门的有林心尧[②]、阮山[③]、卢肇西[④]、陈正、曾牧村、吴仰文、陈国华、谢宝萱、蓝为仁等。他们都是闽西贫苦农民子弟，在厦门集美学校读书或工作期间加入共产党组织后陆续返回闽西开展工作。来自广州的主要是广州农民运动讲习所学员，第五届闽西籍学员有赖玉珊、赖秋实，他们于

---

① 邹纯：《国民革命中之真正的敌友（节录）》（1926 年 5 月 1 日），中共龙岩地委党史资料征集领导小组、龙岩地区行政公署文物管理委员会编《闽西革命史文献资料》第 1 辑，1981 年内部版，第 83 页。

② 林心尧，1905 年出生于永定高陂，1926 年加入中国共产党，曾任中共上杭县支部书记、汀属八县政治监察署秘书和社会运动人员养成所筹委会主任，1927 年“四一二”政变期间被捕，同年 5 月 9 日牺牲于武平。

③ 阮山，1888 年出生于永定湖雷，1926 年在厦门加入中国共产党，曾任中共厦门干事会书记、中共永定县支部书记、永定县苏维埃政府主席、闽西工农银行筹备处主任、中央工农民主政府教育部秘书长，1934 年 10 月牺牲于长汀。

④ 卢肇西，1904 年出生于永定陈东，1926 年在厦门加入中国共产党，1928 年与张鼎丞等一起领导永定暴动，历任红军第五十六团党代表、红四军四纵队政治部主任，1931 年 5 月牺牲。

1925年底结业后回永定家乡工作；第六届闽西籍学员有郭滴人[①]、朱积垒[②]、李联星、陈庆隆、胡永东、王奎福、温加福、朱文昭（后叛变）等人，他们在1926年结业以后随同北伐军回到闽西。从其他地区派回闽西工作的主要有：邓子恢，1926年底在江西崇义入党，1927年7月回到龙岩；张鼎丞[③]，1926年在广东大埔任教，1927年大革命失败处于低潮时毅然加入中国共产党，并被派回永定工作；张赤男[④]，参加广州起义负伤以后回到长汀从事革命活动。

这一大批生气勃勃、充满战斗活力的青年共产党人相继到达闽西后立即着手建立党的组织。1926年4月，中共厦门特别支部干事会成立，不久干事会书记阮山和林心尧先后回到永定。阮山到达家乡湖雷乡以后，与先期返乡的赖玉珊、赖秋实、熊一鸥等建立了中共永定支部，由阮山任书记。这是闽西第一个中国共产党组织。

1926年10月，北伐军东路军由粤东进军闽西，朱积垒、郭滴人等受中共汕头地委派遣，以国民党中央农民部特派员的身份随军入闽，利用北伐战争节节胜利的有利形势，积极开展活动，发展党员，于同年冬至1927年初，先后成立了中共上杭支部（温加福为书记，1928年1月成立上杭临时县委）、中共龙岩县支部（陈庆隆为书记，1927年11月成立龙

① 郭滴人，龙岩湖洋人，1906年出生，1926年在广州农讲所加入中国共产党，1928年与邓子恢等领导龙岩后田暴动，历任龙岩县苏维埃政府主席、中共闽西特委书记、福建省苏维埃政府政治保卫局局长、中共陕北省委宣传部部长，1936年11月病逝于陕北。

② 朱积垒，1905年出生于平和九峰，1926年在广州农讲所加入中国共产党，1928年领导平和暴动，历任中共平和县委书记、平和县农民协会委员长，1929年牺牲于广东大埔。

③ 张鼎丞（1898—1981），出生于永定金砂，1927年5月在广东大埔加入中国共产党，1928年参与领导永定暴动，历任永定县革命委员会主席、中共闽西特委军委书记、福建省委委员、闽西苏维埃政府主席、福建省苏维埃政府主席、新四军第二支队司令员、华中军区司令员，中华人民共和国成立以后历任福建省委书记兼省人民政府主席、中央组织部第一副部长、最高人民检察院检察长、全国人大常委会副委员长等职。

④ 张赤男，1906年出生于长汀宣城，1926年参加北伐军，1927年在武汉加入中国共产党，同年12月参加广州起义，历任红四军第三纵队政委、红十二师政委，1932年在江西新城战斗中牺牲。

岩临时县委)、中共平和县支部（朱积垒为书记，1927 年 12 月成立平和临时县委)、中共永定金丰支部（1927 年 10 月成立永定临时县委)。随后，长汀县和连城县也于 1927 年至 1928 年相继建立了党的组织。

闽西各县党组织的建立并领导人民开展斗争，表明闽西的革命者已经从宣传鼓吹革命的书斋走向社会，同工农群众斗争相结合，以革命的理论指导革命的实践，从而开拓了闽西人民革命运动的崭新局面。

三　国民党“清党”反共

1926 年夏天，北伐战争的革命声雷，隆隆滚动在九巍山下，大革命的滚滚烽烟，燃烧在三湘四水、赣江两岸。7 月 9 日，国民革命军 10 万余人分三路从广东出师北伐。其西路在攻占长沙之后直逼湖北，10 月 10 日攻取武昌。中路进军江西，11 月夺取南昌。东路军经粤东向福建、浙江挺进，于 10 月上旬抵达闽粤边境之大埔、蕉岭一线。时为苏、浙、皖、闽、赣“五省联防总司令”的孙传芳，感到局势的发展对他在东南各省的防线构成了严重的威胁，于是急令福建督理周荫人加强闽西防卫力量，并向正在北上的东路北伐军出击，以挽救颓局。

根据这一部署，周荫人将其司令部迁至龙岩，坐镇指挥，下令张毅之第一师集中于平和、云霄，向广东饶平开进；李凤翔之第三师从武平、上杭一线出发，南下蕉岭、平远；李俊之第二十四旅及李宝珩支队集中永定，向大埔出击；余部留驻闽西为总预备队。周荫人的这种部署，目的是以攻为守，扭转东线战场上的被动局面。但是，孙传芳和周荫人这一最后的努力，已成强弩之末，难以挽救其全线崩溃的败局。

10 月 7 日，东路北伐军司令部下达总攻击令，国民革命军第一军从广东大埔、饶平直趋永定、平和。军阀李凤翔部杜起云、曹万顺两个旅为形势所迫，于 10 月 8 日在广东蕉岭宣布倒戈，通电加入北伐军，编为国民革命军第十七军，立即掉转枪口向周荫人之四十七团、四十八团攻击。周荫人部猝不及防，仓皇逃奔龙岩，随后又经漳平、永安逃往南平。

10 月 10 日，北伐军占领永定，17 日乘胜夺取龙岩。10 月 29 日，国民革命军第十四军第二师由赣入闽，与新编成的第十七军第一师曹万顺部协同作战，攻占长汀，进而向清流、永安方向追击。

至此，被北洋军阀统治了十多年的闽西终于获得解放。郭滴人、朱积垒等从广州农讲所毕业的闽西籍学员，随同北伐军返回自己的家乡，以国民党中央农民部特派员的合法身份，宣传共产党的主张和孙中山的三大政策，积极开展活动，建立中国共产党组织，发展和巩固闽西地区的国共合作。

1926 年底至 1927 年初，以共产党员和左派为骨干的闽西各县国民党县党部先后成立。1927 年 1 月，在上杭成立了汀属政治监察署，以共产党员谢秉琼为监察员，林心尧为秘书；2 月间，又在龙岩成立岩平宁政治监察署，由共产党员张旭高担任监察员。为了尽快培养农民运动的骨干，监察署先后在龙岩和上杭开设了岩平宁政治监察署宣传人员养成所和汀属八县社会运动人员养成所，由共产党员阮山、林心尧、陈庆隆等干部兼任养成所的负责人和教员。他们按照毛泽东主办的第六届广州农民运动讲习所的一套教学内容和方法，在很短时间内培养了一大批革命干部。

为了实施社会改革，实现中国共产党在国共合作时期的政治主张，汀属政治监察署和岩平宁政治监察署分别召集各县民众代表开会，共同讨论政治、经济、文化等各项改革工作，决定实行“二五减租”、取消苛捐杂税、发展工会农会等项措施。

在此前后，郭滴人在龙岩湖邦、后田，朱积垒在平和上坪，张鼎丞在永定金砂等地农村组织农民协会，深入发动群众斗争。在短短几个月时间内，闽西广大农村在党的领导下掀起了农民革命运动。农民们依靠农会至高无上的权力，在乡间捉土豪劣绅游街，杀猪出谷，结队游行，把一切封建宗法观念统统打倒在地。不仅如此，斗争的锋芒立刻指向帝国主义侵略势力。大批工农群众和青年学生涌上街头演讲和示威。上杭县城的民众自动集合起来，砸碎了天主教堂的屋顶，并派出许多宣传队到各个教堂去宣传演讲。这一切，正如毛泽东在 1927 年 3 月所指出的：

"很短的时间内，将有几万万农民从中国中部、南部和北部各省起来，其势如暴风骤雨，迅猛异常，无论什么大的力量都将压抑不住。他们将冲决一切束缚他们的罗网，朝着解放的路上迅跑。一切帝国主义、军阀、贪官污吏、土豪劣绅，都将被他们葬入坟墓。"① 千百年来饱受压迫和凌辱的闽西贫苦群众，都感到从未有过的痛快。

闽西党组织领导下的一系列斗争，引起了地主豪绅、帝国主义及国民党右派的极端仇视。他们密谋勾结，伺机反动，并且把发泄反革命仇恨的希望寄托在原北洋军阀投降革命之后留驻在上杭的曹万顺部。但是他们的阴谋很快被察觉了，从而激起了人民的愤怒。上杭党组织及时动员农民协会、工会及一部分同情革命的地方军队，于 1927 年 3 月间将曹万顺部的两个营围困在上杭城内。曹万顺部慑于众怒难犯，弃城逃跑。人们冲进县城，捉住了丘信孚、郑辅仁等 19 个罪大恶极的土豪劣绅，押上大街示众。然而，由于当时闽西的党组织并未掌握有自己的武装，也就没有可能给予反动派以必要的打击和制裁。

正当北伐战争节节胜利，第一次国内革命战争成功在望的关键时刻，潜伏在革命营垒里以蒋介石为代表的大地主大资产阶级与帝国主义相勾结，阴谋背叛革命，发动反革命政变。又由于共产党内形成了以陈独秀为代表的右倾机会主义错误，自动地放弃了革命的领导权，特别是放弃了武装斗争的领导权，以致国民党反动派气焰日益嚣张。

从 1927 年 3 月上旬开始，省会福州的国民党右派，组织和收买一批暴徒，不断袭击殴打福州学联会、省党部的工作人员，捣毁学联会会所，胁迫福建最高当局福建临时政治会议撤销徐琛、马式材、李培桐、潘谷公等一批共产党员和国民党左派的职务。4 月 3 日，福州国民党右派首先发难，策动政变，在南校场举行所谓"拥蒋护党"大会，成立了由国民党右派骨干方声涛、谭曙卿、林寿昌、黄展云等组成的"福建各界拥蒋

① 毛泽东：《湖南农民运动考察报告》，《毛泽东选集》第 1 卷，人民出版社 1991 年版，第 13 页。

护党运动执行委员会”，公开叛变革命，宣布“清党”反共纲领，提出“肃清跨党分子”“拥护蒋总司令”等口号，公然主张惩办国民党左派领袖徐谦、邓演达及共产党重要领导人陈独秀、李大钊、恽代英，改组福建省党部筹备处。会上，新编第一军第二师第五团第一营党代表方毅威登台驳斥国民党右派，当即被捆绑游街，并被枪杀抛尸闽江。第二天，方尔灏、郑尚衡等共产党员和国民党左派相继被捕遭杀害，凡共产党和国民党左派领导的机关团体一律被宣布解散或改组。4 月 8 日，“拥蒋护党执行委员会”下令全省各地通缉共产党员和国民党左派。4 月 12 日，蒋介石在上海发动了震惊中外的反革命政变。于是，福建的形势急转直下，全省笼罩着严重的白色恐怖。

龙岩和上杭是当时闽西的两个政治中心，但由于交通闭塞，福州“四三”政变以后“拥蒋护党执行委员会”关于捕杀共产党员与国民党左派的通令未能立即传达到闽西，加以闽西的共产党组织的群众基础比较雄厚，各县国民党党部大多为共产党员和国民党左派所掌握，因此国民党右派不敢贸然下手。4 月 13 日，中共龙岩县支部获悉上海“四一二”政变消息，立即召开紧急会议，决定首先将岩平宁宣传人员养成所全体学员武装起来，防备反动派的突然袭击。与此同时，龙岩国民党右派首领杜连茹（代理县长）也在加紧策划反共事变，形势十分紧张。

4 月 15 日清晨，中共龙岩县支部觉察到形势变异，为预防不测，将县党部和农民协会人员集中于政治监察署；已经武装起来的宣传人员、养成所学员由教官林一株指挥，布置在门口及周围警戒。上午八九点钟，国民党右派纠集县城的一部分教师、学生和流氓打手，召开“拥蒋护党”大会，随即示威游行。他们首先捣毁了龙岩县国民党党部，殴打县党部工作人员；随即又呼喊着反革命口号蜂拥前往岩平宁政治监察署寻衅闹事。他们发现监察署内外早有警备，不敢靠近，只在大门外起哄吵骂。双方剑拔弩张，气氛极为紧张。当地驻军罗步月营闻讯，应张旭高、陈庆隆之召立即派部前往解围，一场风波暂告平息。

中共龙岩支部分析了这一事件，认为杜连茹在其力量并不强大的情况下敢于向革命势力挑起事端，表明他已经获悉福州与上海相继发生反革命政变的情况；而驻军罗步月营之所以能在紧急时刻应调前来解围，有可能尚未得到“清党”反共的指令。如果形势继续恶化，罗步月部必将依附于反动派，参与对革命的镇压。据此，中共龙岩县支部决定，党的组织和已经公开的党员立即转入附近农村，发动农民斗争。由于共产党的骨干力量转移，国民党县党部和岩平宁政治监察署随之无形解散。

不久，“福建拥蒋护党执行委员会”关于通缉共产党员与国民党左派的命令下达，杜连茹与当地驻军罗步月、黄月波部立即勾结起来，实行“清党”反共，逮捕陈国华、谢国鑫、朱文昭、魏武、倪天长、廖长泰等6人，① 下令通缉郭滴人、邓子恢等13人。县工会、农民协会也被查封解散。

与此同时，上杭国民党右派与豪绅地主相互勾结，用巨款贿赂、策动当地驻军蓝玉田部参谋长、黄埔系孙文主义学会成员刘炳坤，阴谋实行反共政变。

5月7日，刘炳坤下令禁止集会游行，图谋寻找机会发动政变。但国民党县党部左派对这种预兆没有引起警惕，尚未意识到形势的严重。当天下午，县党部仍按原定计划发动群众捉拿反动豪绅丘信孚、华彭年等戴高帽游街。晚上，县总工会召开工人大会，准备夺取县公安局的枪支，以防不测。然而，上杭县总工会这一计划还没有来得及执行，刘炳坤已经先行下手，调动了一个营兵力和全城警察，于当晚九时许分别包围了汀属政治监察署、县党部、县总工会、县农民协会和汀属八县社会运动人员养成所。

---

① 参见龙岩市委党史资料征集研究委员会：《龙岩人民革命史》，厦门大学出版社1989年版，第26页。另据林鸿伟（林仙亭）回忆，“龙岩县党部抓去林仙亭、林公麟两人，拘禁监狱；随后倪天长、廖志谦又被捕；再过些时，谢国鑫、朱文昭又自漳平押解来岩下狱。这就是后来被释放的六人”。详见林鸿伟：《创办〈岩声〉报的一些情况》（1965年1月25日），存古田会议纪念馆。

这一突然事变，使上杭革命运动受到严重损失。县党部执行委员张楷、总工会负责人周继英、农民协会负责人包究生等一批共产党员和国民党左派当即被捕，惨遭杀害。5 月 8 日，汀属八县社会运动人员养成所被强行封闭解散，一部分师生被捕。中共上杭支部书记林心尧在事变发生时转移到武平，但被敌人跟踪追捕，5 月 9 日在武平壮烈牺牲。

事变发生之后，上杭县共产党组织在闽南特委负责人罗明主持下召开紧急会议，决定在白色恐怖严重的情况下把党的组织和党员转移到农村，恢复党的组织活动，开展秘密斗争。至此，闽西革命运动的第一次高潮与全国形势一样，由于国民党反动派的背叛而趋于低落。自此以后，闽西各地党组织在农村坚持斗争，积聚和发展力量，以待形势好转展开新的革命斗争。

第二章　闽西苏维埃运动的兴起

一　南昌起义军入闽

1927 年 8 月 1 日，周恩来、朱德、贺龙、叶挺、刘伯承等领导了震撼中外的南昌起义，宣告中国共产党从此开始了独立领导武装斗争和创建工农红军的时期。8 月上旬，起义军从南昌出发，随后取道赣南入闽，南下粤东潮汕。南昌起义军入闽，给了闽西党组织和人民以莫大的鼓舞和影响。

9 月 5 日，贺龙率领起义部队第二十军由瑞金开抵长汀，“在长汀停了二日，在上杭停了三日”，其余各部随之陆续入闽。[①] 叶挺率第十一军复于 9 月 10 日抵达汀州，为追赶先头部队加速前行，于 9 月 14 日到达广东大埔。[②] 部队在当地党组织和进步群众的协助下，派出宣传队到各处演讲，张贴标语和布告，宣传中国共产党的主张，鼓动农民抗缴租税，没收大地主土地，实行耕者有其田；号召惩办土豪劣绅，打倒叛变革命的蒋介石。

开始，起义军通过商会筹集军费。但是被豪绅所把持的长汀商会欺上瞒下，一方面允诺 3 天内缴款 6 万元，一方面却把主要负担摊派给自

---

① 刘伯承：《南昌暴动始末记（摘要）》（1927 年），中央档案馆编《南昌起义（资料选辑）》，中共中央党校出版社 1981 年版，第 95—96 页。

② 参见卢权、禤倩红：《叶挺》，广东人民出版社 2006 年版，第 29 页。叶挺：《南昌暴动至潮汕的失败（摘要）》（1927 年），中央档案馆编《南昌起义（资料选辑）》，中共中央党校出版社 1981 年版，第 83 页。

耕农和小杂货店，因此 3 天内仅得 2 万余元。于是革命委员会采取断然措施，逮捕了一批土豪劣绅，镇压了段雪文、丘秀章等首恶，对豪绅巨贾实行没收财产与罚款，并发还贫苦工农被商会摊派的钱额。仅 2 天，就筹得款项 4 万余元。①

起义军在长汀的实际行动，使长汀民众初步认识了共产党及其领导下的人民武装的政策主张。人们经过当地党组织的发动，组织起来主动协助、支持起义军的活动。突出的例子是，福音医院院长傅连暲在获悉部队有大批伤病员急待救治的情况后，主动邀集汀州医务界同人临时组成合组医院，增设简易病房，抢救和治愈了 300 多名伤病员。其中陈赓在会昌战斗中受了重伤，伤口感染严重，经过傅连暲精心治疗得以康复，免除了截肢之苦。

起义军在长汀稍作休整，前敌委员会书记周恩来对二十军作了部分整顿，派徐特立等一批党员干部去做政治工作，加强党对部队的领导。9 月上旬，起义军分批离开长汀继续南下，向上杭进发。

上杭是汀江上游重镇。从上杭以下，江面宽阔，至广东境内改称韩江，直达广东潮汕。起义军占领上杭，钳制了通往广东韩江流域的水陆枢纽。驻守上杭的民军蓝玉田部慑于起义大军的军威，不战而逃。与此同时，中共闽南特委在漳州获悉南昌起义军入闽的消息，立刻准备组织福建革命委员会，号召群众响应，并派特委负责人罗明日夜兼程赶赴上杭迎接起义军。

罗明与中共上杭支部领导了“奋斗社”等革命团体和群众，欢欣鼓舞地迎接起义军入城。起义军与在长汀一样，在上杭召开各种群众大会和军民联欢会，宣传党的方针政策。上杭各界倾城而出，参加示威游行和集会，盛况空前。彭湃、恽代英、郭沫若等起义军领导人分别登台演讲，慷慨激昂，给予上杭民众以极大鼓舞与深刻的影响。

恽代英在群众集会上一边挥动双手，一边高声向群众宣讲：“革命！

① 参见中国社会科学院现代革命史研究室编《南昌起义资料》，人民出版社 1979 年版，第 95—96 页。

革命！这两个字大家叫喊得震天响。但究竟什么叫做革命呢？这就是要牺牲自己，打倒敌人，开展武装暴动。”他进而指出：“蒋介石、汪精卫屠杀工农，背叛革命，他们就是革命的敌人。我们大家要联合起来打倒他们。”① 会场内外群情激奋，一致声讨国民党反动派的罪行。愤怒的群众随即逮捕了在上杭反革命政变前后表现特别反动的巨憝丘寿康等三人，将他们游街示众，予以严厉惩处。

周恩来和朱德等在上杭会见了罗明及闽西各县党组织的部分领导人，向他们介绍了南昌起义的伟大意义和经过，指出当前应当领导人民开展武装斗争，实行土地革命。周恩来还告诉他们，起义军计划打到潮汕一带去，和海陆丰的农民斗争汇合起来，在那里建立革命政权和根据地。周恩来还要求闽西各地党组织协助起义军做好四项工作：（一）搞好交通运输；（二）筹集粮饷；（三）协助警戒和搜集情报；（四）收容安置伤病员。② 周恩来又决定留下一批武器，以便闽西党组织开展武装斗争。

南昌起义军南下，连续击败沿途敌军的拦截堵击顺利进入闽西的行动，震撼了南京和福建的国民党新军阀。坐镇南京的李宗仁电令从长汀、上杭、建宁、清流等地撤退的国民党军队迅速向连城、龙岩、永定一线集结，以图阻止起义军入粤。国民党福建军政当局也急调海军陆战队及陆军各一部，分三批赶赴闽西防堵。

前敌委员会早已做好了应付敌人的准备，在各路追堵的敌军尚未进入闽西之前，率领起义军继续南进。9 月中旬，起义军一部分从陆路一部分由汀江水路兼程出发。上杭南门汀江码头帆樯如林，几十条民船满载起义军指战员和武器辎重顺流而下，向潮汕进发。

南昌起义军入闽，打击了闽西的反动势力。起义军的具体行动和斗争纲领，向闽西人民展示了武装夺取政权的前途。周恩来、朱德等起义军领导人关于开展武装斗争与土地革命的指示，以及留给闽西党组织的

① 《傅柏翠在上杭的谈话记录》（1978 年 8 月），未刊稿。

② 参见罗明：《回忆闽西党的战斗历程和福建人民的斗争》（1977 年 1 月 26 日在龙岩座谈会上的发言），未刊稿。

一批武器，大大地促进与推动了即将开展的闽西土地革命战争。

二 八七会议的传达与武装斗争初起

1927 年 8 月 7 日，中国共产党中央委员会在汉口召开紧急会议。会议坚决批判和纠正了陈独秀右倾机会主义错误，确定了实行土地革命和武装起义推翻国民党反动统治的总方针。这次会议的精神，引导了闽西土地革命斗争和苏维埃运动的兴起。

八七会议刚结束，党中央立刻向中共闽南特委发出指示信，指出："闽省工作应据中央紧急之议决确定自己工作之方向"，"我们工作的中心问题是如何组织农民，如何武装农民，使他们能够自己起来用暴动的方式夺取政权"。中央指示信吸取了大革命失败的教训，强调农民运动必须由无产阶级领导，"一定要 C. P. 能积极地果决地领导农民斗争，如减租、抗租、抗税、打倒劣绅土豪、没收大地主土地"。同时，中央要求闽南特委立刻派最优秀的干部到与广东接近的闽西各县，"组织农民暴动，参加土匪民团工作，以与广东将起之农民暴动打成一片"①。

9 月间，中共中央南方局又命令闽南特委领导农民武装暴动，在有农运基础的地方首先发动斗争。② 南昌起义部队在潮汕失败后，南方局再次指示闽南特委及所辖闽西南各县党组织，一方面开展抗租抗税，"建设工农兵政权"，一方面杀土豪劣绅，烧毁田契借约，"以引起农民革命之勇气"；同时各县应尽可能地秘密组织工农革命军，"以为农民暴动之中心"。③

① 《中共中央致闽北闽南临委信——对军阀战争的态度与发动农民斗争》（1927 年 8 月 7 日），中共龙岩地委党史资料征集领导小组、龙岩地区行政公署文物管理委员会编《闽西革命史文献资料》第 1 辑，1981 年内部版，第 125 页。

② 参见《中共中央致闽北闽南两特委信》（1927 年 12 月 1 日），中共龙岩地委党史资料征集领导小组、龙岩地区行政公署文物管理委员会编《闽西革命史文献资料》第 1 辑，1981 年内部版，第 132 页。

③ 《中共中央南方局致闽南各县市委函》（1927 年），《中央通讯》1927 年第 9、10 期。

对上述指示，中共闽南特委认为，闽西南地区党和群众有较好的基础，农民运动颇为发展，但是农民武装尚未编成，敌人力量相当强大，因而实施武装暴动的条件尚不具备。在这种情况下，特委决定，一方面深入宣传中央的新方针，一方面利用秋收季节发动减租和反抗烟苗捐的斗争。斗争的方式由和平请愿或武装示威，直至最后武力解决。①

中共中央对于中共闽南特委的这一部署并不完全同意，认为南昌起义军虽然已在潮汕失败，但广东农民暴动的形势仍在发展，闽南特委应当领导所辖各县立即举行暴动与之响应。10月15日，中共中央指示闽南特委：当此广东暴动发展的时候，应马上派人到农村去，领导农民抗租抗捐和反抗烟苗捐，没收土地分配给农民，“发展一个广大的农民暴动，与叶挺退往闽南的军队相联络，占据几个县城，在闽南形成一个暴动的中心势力，然后发展到其他各处去”。中央还指出，“在暴动中应毫不顾惜的没收地主土地，杀土豪劣绅，杀政府官吏，杀一切反革命派与乎〔及〕抢枪、筹款等工作，尽量施行红色恐怖”②。同时，必须建立工农革命军，暴动成功之后即行成立工农革命政权。中央的这些指示在一般原则上坚持和贯彻了八七会议精神，但反映了某些急躁和盲动的情绪。这对以后的闽西暴动带来了若干不良的影响。

中共闽南特委在收到八七会议决议以及上述中央和南方局关于贯彻八七会议精神的指示以后，马上派陈祖康（后叛变）前往闽西上杭、龙岩等地传达。罗明在上杭收到闽南特委转来的八七会议文件和关于举行农民暴动的指示后，当即与闽西各县负责同志“加紧在闽西进行武装斗争、土地革命、建立政权的工作”③。

---

① 参见《中共闽南特委明祥报告》（1927年10月10日），中共龙岩地委党史资料征集领导小组、龙岩地区行政公署文物管理委员会编《闽西革命史文献资料》第1辑，1981年内部版，第127—128页。

② 《中共中央致福建省信——关于农民暴动及组织临时省委问题》（1927年10月15日），中共龙岩地委党史资料征集领导小组、龙岩地区行政公署文物管理委员会编《闽西革命史文献资料》第1辑，1981年内部版，第129页。

③ 罗明：《回忆闽西党的战斗历程和福建人民的斗争》（1977年1月26日在龙岩座谈会上的发言），未刊稿。

从此，闽西各县党组织相继贯彻八七会议精神，领导农民暴动，燃起了武装反抗国民党反动统治的烈火。从 1927 年冬至 1928 年 2 月，各地农民武装起义此起彼伏，形成了闽西土地革命战争时期农民运动的第一个浪潮。

1927 年 11 月，中共龙岩临时县委听取了陈祖康关于八七会议精神的传达后，立刻对武装暴动作了布置，同时在秘密农会中宣传土地革命，发展农民入党。同月，龙岩县城四五千名群众在郭滴人等领导下，公开进行反抗军阀陈国辉的斗争，捣毁和焚烧了军阀豪绅林尚轩、王梓兰、林树宏等人的房子。其后，龙岩县委在农村发动群众，领导抗捐减租的斗争。至 12 月初，这些斗争遍及全县大部分乡村，有 130 多个乡建立了农民协会。[①] 通过这些斗争，壮大了党的队伍，扩大了党的影响，全县党员由原来的十多人发展到四五十人，“各乡区的农民运动，都在我们手里，农协也慢慢地巩固起来”[②]。

1927 年 12 月，中共平和临时县委成立之后，根据群众的要求，率领 600 多农民汇集于国民党县公署，抗议蔡廷锴部强迫拉夫。特别是长乐乡的农民斗争尤为激烈。当蔡部过境时，长乐乡农民团结一致，拒绝强派挑夫，反抗借机拘捕勒索。同时，热烈开展减租运动，组织农民协会，入会农民很快达到 1000 余人。附近各乡在长乐乡斗争胜利的鼓舞下，先后起来恢复农会，准备反抗土豪劣绅，反抗捐税。在此基础上，长乐乡一带各乡农会于 1928 年农历正月间奋起驱逐了县署警卫队，拘捕土豪劣绅，购备机枪，与地主武装保安队展开了斗争。平和县的这些斗争，形成了以长乐乡为中心的农民运动，全县党员很快由 20 人发展至 120 多人。[③]

---

① 参见《福建政治现状及目前工作大纲》（1927 年 12 月 4 日），中共龙岩地委党史资料征集领导小组、龙岩地区行政公署文物管理委员会编《闽西革命史文献资料》第 1 辑，1981 年内部版，第 134 页。

② 《中共福建临时省委给中央的报告（节录）——各地组织及斗争情形》（1928 年 1 月 28 日），中共龙岩地委党史资料征集领导小组、龙岩地区行政公署文物管理委员会编《闽西革命史文献资料》第 1 辑，1981 年内部版，第 162 页。

③ 参见中共福建临时省委：《福建目前政治状况及党的工作方针》（1928 年 2 月），中央档案馆、福建省档案馆编《福建革命历史文件汇集》甲 2 册，1984 年内部版，第 125 页。

永定县农民在张鼎丞、阮山、卢肇西等领导下，也于1927年冬发动了反抗驻军勒索3万元捐款的斗争，并在农历年关成功地领导了城区附近群众抗交冠婚、丧祭、屠宰捐。仅金砂一个乡，党组织在两三小时内召集600多人，到县公署向反动当局进行公开的斗争。在此前后，金砂乡还建立了200余名农民武装的“铁血团”，准备开展武装斗争。至1928年1月，全县有30多个乡建立了农会，会员达2000余人。党员由12人增至230多人。①

此后不久，永定县龙门乡农民武装与地主保安队发生激战，20名农军战士将保安队缴械。接着，敌人派出一个团的重兵，相持4小时后，农军不支而撤退。这次战斗，虽然由于敌人兵力增强而使农军受挫，但充分显示了武装起来的农民在党的领导下与敌人进行不屈斗争的决心。

上述这些斗争表明，闽西各县党组织贯彻八七会议精神，坚决地领导人民群众，武装反抗国民党的反动统治与屠杀政策，开拓了一个崭新的时期。这些斗争虽然规模不大，斗争目的还只限于减租抗租、反抗烟苗捐和反对国民党军队拉夫，尚未进展到工农武装割据的阶段，但从实行武装斗争这一意义上说，在闽西是前所未有的。闽西党组织通过这些斗争，一方面迅速恢复和壮大自身力量，一方面发展农会，建立农民武装，宣传党的土地革命主张，逐步提高农民对于土地革命和武装斗争的认识，从而为后来的创建苏维埃区域、开展工农武装割据的斗争奠定了广泛的群众基础。

三 闽西暴动

1927年12月5日，中共闽南特委和闽北特委根据中央决定，合并成立中共福建临时省委，陈明任省委书记。临时省委分析了当时的形势，认为闽西一带农民运动的急剧进展，象征着民众革命情绪的高涨，指出

① 参见中共福建临时省委：《福建目前政治状况及党的工作方针》（1928年2月），中央档案馆、福建省档案馆编《福建革命历史文件汇集》甲2册，1984年内部版，第125页。

目前党的主要口号是苏维埃，主要任务是领导工人农民举行武装暴动，实行土地革命。据此，临时省委确定全省划为四个暴动区域。闽西的龙岩、永定、平和为第一暴动区，在率先举行暴动之后，即向漳州、厦门发展。为了贯彻和实施这一决定，临时省委派罗明到闽西各县巡视；派谢汉秋①到平和，帮助建立平和临时县委；派罗怀盛②到龙岩担任县委书记。

福建临时省委成立不久，各地农民武装斗争的消息频传，工农革命运动汹涌激荡。1928年元旦前后，临时省委接连致信中共中央，认为闽西南地区农民革命情绪十分高涨，军阀统治势力十分薄弱，这一地区必将在最短期间内举行暴动，希望中央予以重视和指导。但是中央根据福建敌我力量悬殊的实际情况，为了更有把握地发动农民暴动，并不完全同意临时省委的分析，并于1月8日和2月16日两次复函，认为目前这些斗争“只不过是由和平请愿转变到激烈斗争的序幕”，认为革命的主观力量还比较单薄，举行农民武装暴动的时机尚不成熟。③ 中央指示福建应着重加强城市工作，同时领导农民由日常斗争逐步转向武装暴动。

显然，临时省委和中央的这些分析和主张都有其正确和不足的方面，但总的精神都是要发动农民暴动，问题是在于时机的选择。1928年初春，闽西各县的阶级矛盾进一步激化，农民运动逐渐由小规模的武装冲突发展为一触即发的武装暴动。从3月初开始，龙岩、平和、上杭、永定等县农民协会在党的领导下与军阀豪绅展开激烈斗争，爆发了一次比一次激烈的、震撼全省以至南方各省的武装暴动，从而把农民运动推进到一个创建苏维埃区域的阶段。

---

① 谢汉秋，又名谢景德，龙岩适中人，1903年出生，1926年加入中国共产党，曾任福建省委常委、组织部部长，1930年冬病逝于厦门。

② 罗怀盛，龙岩龙门人，1908年出生，1927年加入中国共产党，曾任龙岩县委书记，1928年12月20日在漳州被捕牺牲。

③ 参见《中共中央致福建临委信（二）——对闽省农民暴动的意见》（1928年1月8日），中共龙岩地委党史资料征集领导小组、龙岩地区行政公署文物管理委员会编《闽西革命史文献资料》第1辑，1981年内部版，第146页。

龙岩后田暴动

这一阶段的农民暴动首先爆发于龙岩后田。后田是龙岩县党和群众基础比较好的乡村。1927 年 4 月 15 日龙岩发生反革命事变以后，中共龙岩县委机关就设在后田，县委书记是罗怀盛，组织部部长郭滴人，宣传部部长邓子恢，军事部部长陈品三。县委在后田一带乡村领导秘密农会开展二五减租和抗捐抗粮斗争，打击豪绅地主的封建统治，取得了不少的胜利。

党的八七会议精神传达到闽西以后，龙岩县委积极准备开展武装斗争。为了培养和训练武装骨干，后田党支部在村旁火星祠堂开设了青年国术馆，以教习拳术为名训练武装斗争的技术。随着斗争的深入，地主豪绅愈加仇视革命。他们在后田也拉拢了一些地痞流氓和一部分落后的农民，组织“老人会”，设立“老人拳术馆”，对抗和破坏农会的活动。

1928 年春节过后，粮食涨价。后田农会决定禁粮出境，以平抑粮价，保障群众生活。3 月 4 日，后田农会进一步向地主豪绅索回钱据田契，废除租债。地主拒绝交出，并唆使走狗陈北瑞等殴打农会会员，打伤 2 人。

地主的蛮横与暴行激起群众愤慨，乡中民众纷纷要求惩办凶手，索回契据。地主豪绅非但不接受群众要求，反而进一步指使陈北瑞等伺机暗杀农会负责人。这样一来，农会与豪绅地主的矛盾进一步尖锐，形势顿显紧张。龙岩县委和后田党支部根据形势的发展，决定赶在敌人下手之前严惩陈北瑞，趁势发起暴动。

当天晚上，暴动指挥部挑选了 20 多名在青年国术馆受过训的农会会员，由农会负责人陈锦辉带领，埋伏在火星祠堂附近，待机行动。8 点多钟，陈北瑞从一个地主家里醉醺醺地出来，当他路过火星祠堂向老人拳术馆走去时，陈锦辉看准机会开枪射击，随即又冲上去处决了他。老人拳术馆的反动分子听到枪声和农会会员的呐喊声，纷纷夺路奔逃。暴动指挥部随即集合队伍，缴获反动派所有的武器，“计缴枪四支、鸟枪十余支、刀器三十余把”①。

县委连夜召开群众大会，向大家揭露地主豪绅的阴谋，宣布陈北瑞的罪状；当场查明田契借约并予以焚毁；“宣布从此旧债不还，田租不交，田地由农民分配”②。第二天，农会又收缴了地主豪绅的粮食，同时限令地主豪绅交出全部拖欠的公偿账款，分配给贫苦农民。

3 月 7 日晚上，龙岩县委在后田召开农民联欢会，到会男女 400 余人，公开宣传党的土地革命主张，号召全县农民响应后田暴动。在此前后，后田附近的郑邦、龙聚坊、邓厝、孟头等乡村的农会闻风而动，收缴当地地主豪绅的武器及田契债据，在暴动区域实行赤色戒严。

后田暴动的枪声震动了闽西，“全岩民众的革命高潮，更加澎湃起来，到处都有跃跃欲动之势。……而一切豪绅便大起恐慌，而谋扑灭革命势力”③。3 月 9 日凌晨，驻龙岩之国民党福建省防军混成第一旅陈国辉部，派出一个团分三路包抄后田，拂晓时分进至后田桥头。龙岩县委接到警报，即由罗怀盛、陈品三、陈锦辉率领 100 多名农军迎敌，战斗相持 2 小时，农军因寡不敌众，分两路撤到东坑和西坑。但退到西坑的农军再次受到敌军包围袭击，农民党员陈军雄、张国民等三人当场被捕，他们宁死不屈，高呼“农民解放万岁”而英勇牺牲。④ 陈国辉部占领后田一带乡村以后大肆焚掠抢劫，抓捕无辜乡民 60 余人，群众的财产损失达 10 万余元。

---

① 《龙岩最近斗争的经过》（1928 年 4 月 10 日），中共龙岩地委党史资料征集领导小组、龙岩地区行政公署文物管理委员会编《闽西革命史文献资料》第 1 辑，1981 年内部版，第 195 页。

② 《邓子恢自述》，人民出版社 2007 年版，第 61 页。

③ 《龙岩最近斗争的经过》（1928 年 4 月 10 日），中共龙岩地委党史资料征集领导小组、龙岩地区行政公署文物管理委员会编《闽西革命史文献资料》第 1 辑，1981 年内部版，第 195 页。

④ 参见《龙岩最近斗争的经过》（1928 年 4 月 10 日），中共龙岩地委党史资料征集领导小组、龙岩地区行政公署文物管理委员会编《闽西革命史文献资料》第 1 辑，1981 年内部版，第 195 页。

战斗失利以后，邓子恢与罗怀盛、陈品三等率领突围出来的农军，撤退到邻县永定境内孔夫大排公学。邓子恢等对这支农民武装进行了一个月左右的整训，编成了闽西第一支游击队。随后，邓子恢于4月初前往漳州，向福建临时省委报告了暴动经过。① 省委对龙岩后田暴动极为重视，多次向中央作了报告，并在4月10日出版的《省委通讯》第4期中向全省报道了这次暴动的经过，总结了经验教训，指出后田暴动“表现上虽然失败，实际我们已得到很大的胜利了，所以这策略是对的，不过执行时工作上有缺点耳”。

平和暴动

八七会议精神传达以后，平和成立了临时县委。县委积极贯彻中央的指示，“发展农会及党的组织，扩大党的宣传，并准备武装”②，积极布置武装暴动。平和县群众由于受大革命的影响较深，又因为接近广东饶平、大埔，“时受广东革命潮流的影响，对我们党及土地革命也有大略的认识”③。因此经过党的宣传发动，群众斗争情绪极高，先后成立了5个党支部，有1000多户农民加入了农会。这些党和农会的组织，大多分布在县城九峰镇周围农村的第一区，形成了由东、西、北三面包围县城的态势。

---

① 关于邓子恢赴省委的时间，依据的是邓子恢的两个回忆材料。一是邓子恢在《龙岩人民革命斗争回忆录》中写道：“我从四月间就离开龙岩到省委，省委分配我到上杭蛟洋工作。”（《邓子恢自述》，人民出版社2007年版，第64页。）二是1963年3月20日邓子恢在给上杭县委党史办的复信中说：“1928年4月初我奉省委之命到蛟洋工作。”据此，邓子恢赴省委的时间应是1928年4月初。

② 《中共福建临时省委三月份工作报告——平和暴动总结及永定漳州农运情况》（1928年4月），中央档案馆、福建省档案馆编《福建革命历史文件汇集》甲2册，1984年内部版，第207页。

③ 《中共福建临时省委三月份工作报告——平和暴动总结及永定漳州农运情况》（1928年4月），中央档案馆、福建省档案馆编《福建革命历史文件汇集》甲2册，1984年内部版，第206页。

从1927年冬开始，平和临时县委领导群众不断开展斗争。尤其是长乐乡农会提出减租三成获得胜利，鼓舞了附近乡村的群众。根据这种情况，县委决定以第一区为中心，继续发展农会，领导反抗捐税斗争，然后把斗争推向全县。

1928年1月29日，县委确定于2月11日在县城中学召开第一区农民代表会议，发动抗捐抗税。不料事泄，各乡农民代表200多人在赴会途中遭到敌人袭击，5人被捕，其余代表被迫退回。

各乡代表受此打击，激愤异常。县委乃于2月12日在长乐乡召开各乡代表会议，议决全体武装与豪绅对抗，成立工农革命军一个团，以朱积垒为团长；农民自卫军按照赤卫队组织法，分路设立指挥；同时宣布废弃青天白日旗，改用红旗为革命标志，断绝交通，捕捉反动派及土豪劣绅。

县委分析了当时形势与主客观力量，认为群众“受广东革命的影响，对土地已有迫切的需要”，“反抗情绪很高，多数要求武装暴动”；而敌人只有保安队一百五六十人和警备队二三十人，如果农军起来暴动，在广东大埔、饶平农民武装的支援下，可以取得胜利。根据这一估量，平和县委决定举行暴动，建立苏维埃政权，实行分配土地。[①]

2月24日，平和临时县委向省委报告了准备举行暴动的决定，要求省委立刻派遣得力干部指导，代购枪支弹药，并请漳州附近各县党组织发动群众斗争，尽量牵制驻漳州之敌张贞独立第四师的兵力，援助平和暴动。与此同时，平和临时县委派专人前往邻近之饶平、大埔县委联络，请他们各派数十名武装人员参战，增强暴动的战斗力。

平和临时县委的暴动计划是：长乐乡农军进攻敌人集中的西北门，其余各乡及大埔农军进攻东门、南门；另以一路兵力埋伏于南门外，袭击从城内溃逃之敌。作战的目标是暂时占领县城，发动各乡农民参加斗

① 参见《中共福建临时省委三月份工作报告——平和暴动总结及永定漳州农运情况》(1928年4月)，中央档案馆、福建省档案馆编《福建革命历史文件汇集》甲2册，1984年内部版，第208—209页。

争。这一计划，得到了饶平、大埔县委的赞同。[①] 平和临时县委原定于2月28日（农历二月初八）举事，“因为经验缺乏，准备未周，同时又需借助外力，故中间曾经几度变更（计划）”[②]，最后才确定于3月8日举行暴动。

3月8日凌晨，数千农民在朱积垒指挥下，冒着大雨按计划分路向县城进发。早上6时，暴动主力长乐乡农军500余人组成5个大队，首先向西北门发起进攻，敌人仓促应战，双方相持甚久。进攻东门的农军未能及时赶到，听到西北门已经打响，即在10多里以外一边急速前进一边发射枪炮助威，及至赶到，城内驻军及土豪劣绅都已从南门逃脱。

各路农军攻入县城，打开监狱，放出被抓同志和群众20多人，烧毁了县公署、县教育局和三四户劣绅的房屋。占领县城以后，因为朱积垒右手负伤，临时不能指挥，加以火药被雨水淋湿而失效，大大减弱了农军的战斗力。两三个小时以后，敌人从西、南两个方向向城内农军反扑。农军由于指挥失当以及缺乏作战经验，匆忙由北门退出，返回长乐乡集中。在半天多的作战中，农军与敌人双方各伤亡10多人。[③]

平和暴动发生之后，驻漳州之敌张贞派出一部分兵力镇压。3月13日，张部一个营进占九峰，3月16日伙同地主武装进攻长乐乡。农民自卫军百余人奋起抵抗，激战数小时引退。敌人占领长乐乡后，屠杀无辜，焚烧民房，摧残周围各乡村民众。中共平和临时县委根据敌我双方的情况，估计敌人将进一步进迫暴动区域，原定建立苏维埃政权和实行土地

---

① 参见《中共平和临时县委给省委的报告（二）》（1928年3月15日），中共龙岩地委党史资料征集领导小组、龙岩地区行政公署文物管理委员会编《闽西革命史文献资料》第1辑，1981年内部版，第175—176页。

② 《中共平和临时县委给省委的报告（二）》（1928年3月15日），中共龙岩地委党史资料征集领导小组、龙岩地区行政公署文物管理委员会编《闽西革命史文献资料》第1辑，1981年内部版，第175页。

③ 参见《中共平和临时县委给省委的报告（二）》（1928年3月15日），中共龙岩地委党史资料征集领导小组、龙岩地区行政公署文物管理委员会编《闽西革命史文献资料》第1辑，1981年内部版，第176页。

革命的计划暂时不能实现，乃决定与饶平、大埔县委联络，集中三县武装于平和，在山区开展游击战争，同时派专人赶赴永定县委，请调永定武装支援平和的斗争。

中共福建临时省委对平和暴动极为重视，在得到平和县委准备暴动的报告后，于3月12日起草了《为平和暴动告工农兵民众》，指出“平和暴动已经宣布了反动国民党军阀的死刑，是全福建暴动的先声，是福建空前的壮举，是全福建工农兵自求解放的信号”，号召全省工农兵群众“赶快起来，继续平和暴动解放自己”。[①] 3月15日，临时省委从各方面证实平和暴动已经爆发，一方面派李任予、刘端生赶赴平和，传达省委指示，打通与省委的交通；一方面立刻向中央发出报告，要求中央加强指导。

平和暴动失败以后，中共中央和福建临时省委及时总结了经验和教训，认为这次暴动虽然失败，影响却很大，“证明共产党的基础已在福建工农群众当中建立起来”[②]，给了反动派以很大的打击。同时指出，平和县目前主观力量还比较薄弱，“在短期内还不能实现总暴动夺取全县的政权”；应当以长乐一带乡村为中心，发动群众性的游击战争，向周围农村发展，创造割据区域，“渐渐造成全县总暴动的局面”。[③]

上杭蛟洋暴动

蛟洋是上杭县北部的一个大乡村，与龙岩、连城交界，距离三个县

---

① 《中国共产党福建省委、共青团福建省委为平和暴动告工农兵众》（1928年3月12日），中共龙岩地委党史资料征集领导小组、龙岩地区行政公署文物管理委员会编《闽西革命史文献资料》第1辑，1981年内部版，第172页。

② 《中共福建临时省委关于平和暴动宣传大纲》（1928年3月15日），中共漳州市委党史研究室、中共平和县委党史工作委员会编《平和暴动》，中共党史出版社1993年版，第96页。

③ 《中共福建省委致平和县委信（二）》（1928年6月），中共龙岩地委党史资料征集领导小组、龙岩地区行政公署文物管理委员会编《闽西革命史文献资料》第1辑，1981年内部版，第202页。

城都在百里左右。早在1926年冬，蛟洋乡在大革命潮流的激荡下成立了农会。同时，共产党员傅柏翠在农会中发展党员，建立党的组织。1928午3月，中共上杭县委在蛟洋成立了北四区区委，由罗寿春为书记，领导以蛟洋为中心的北四区20多个乡村的农民运动。

1927年冬，八七会议精神传达以后，蛟洋党组织和农会确定工作的中心是发动土地革命，准备武装斗争。为了进一步发动群众，壮大革命势力，区委决定从领导农民日常斗争入手，提出了“二五减租”的口号，向地主索回当年已交的租谷的二成至三成。农民们从斗争中获得了实际的利益，看到了团结斗争的力量，纷纷加入农会，农民协会实际成了乡村的人民政权。

为了进一步扩大斗争，准备武装暴动，蛟洋党组织和农会建立了农民自卫军，由林一株、蓝为仁、蓝鸿祥等分别领导进行政治教育与军事训练。同时，农会下令禁止粮食出境，抗纳国民党政府及反动军队的苛捐杂税或饷款。经过这些斗争，群众的革命情绪高涨，党的土地革命的主张深入人心，农民运动迅速由蛟洋扩展到整个北四区、北五区、北三区以及邻县连城境内一部分村庄大约3万人口的地区。

1928年春，北四区的农民革命运动进一步发展，实际上形成了初步割据的局面。这些斗争使得豪绅地主极为惊慌，引起了国民党当局与当地驻军福建省防军第二混成旅郭凤鸣部的憎恨。郭凤鸣与土豪劣绅勾结起来，不断对北四区农会施加压力，强行勒捐派款，扬言“武力剿办”，企图迫使农会屈服。4月间，邓子恢奉省委命令，从漳州到达上杭担任县委宣传部长，代表县委前往蛟洋指导农民运动。但是在关于是否举行武装暴动和实行土地分配问题上，邓子恢与傅柏翠产生了分歧。

邓子恢看到蛟洋的农民斗争情绪高涨，建议举行暴动，实行土地分配。“上杭县委也来信指示要进行土改。但傅柏翠拒不执行”。傅柏翠的理由是，其他地方的农民斗争尚未发动起来，如果“蛟洋单独土改会引起反动派摧残，导致斗争失败”；认为县委应当加紧发动其他地区的工作，等到时机成熟时举行总暴动。邓子恢则指出了各个地区斗争发展不平衡的规律，“任何地方都不可能一齐总暴动（尤其在革命低潮时期），而必须在条件成熟的地方首先发难，而后影响并推动其他地区发展”。邓子恢还认为目前蛟洋虽未实行土地分配，但上杭的反动派早已准备派兵清乡，“与其坐等敌兵到来，不如先下手为强”[①]。

傅柏翠仍然不同意邓子恢的意见。傅伯翠甚至认为邓子恢“可能受瞿秋白路线”和“彭湃同志在东江激烈斗争的影响”，一到蛟洋“就煽动农民迅速起来暴动，由小斗争发展成大斗争，由杀猪进而杀人，不计条件，不管成败”。另外，傅柏翠反对土地分配给农民，“主张土地由农民集体耕种”，实行“共耕”。[②]

邓子恢则批评傅柏翠在政治路线上“犯了机会主义的错误”，所提出的“共耕”即“公田”和“共家制度”，“显然是超时代不顾社会进化阶级的主张，是违反党六次大会政治路线的主张”[③]。但是由于傅柏翠坚持自己的意见，不愿意发动蛟洋农民武装暴动实行土地革命，邓子恢在蛟洋工作了一个月左右，于5月初旬返回上杭县委。

这期间，郭凤鸣加紧压迫蛟洋农民运动。5月间，国民党上杭县政府发出最后通牒，限令北四区农会立即解散，交出“共产分子”，否则严加“剿办”。北四区农会在党的领导下表示坚决反抗，扩充农民自卫军，准备实行武装自卫。“自卫军中自愿报名参加敢死队的有八百余人，他们歃血立誓，表示愿意牺牲，奋斗到底。”[④]

郭凤鸣看到农会坚不屈服，决定武力镇压。6月25日清晨，郭凤鸣部钟铭清团和罗藻补充团各一部300余人，在当地豪绅民团的配合下，分两路向蛟洋进犯。2000余名农民自卫军在中共上杭县委和北四区委领

---

① 邓子恢、张鼎丞：《闽西暴动与红十二军》，中共福建省委党史资料征集编写委员会编《福建党史资料》第3辑，1984年内部版，第27页。

② 参见《傅柏翠同志谈闽西早期革命斗争的一些情况》，福建省博物馆记录整理，1978年，未刊稿。

③ 邓子恢：《致柏翠同志的信》（1930年4月27日），蒋伯英主编《邓子恢闽西文稿（1916—1956）》，中共党史出版社2016年版，第198页。

④ 傅柏翠：《蛟洋暴动前后》，《党史资料与研究》1983年第1期。

导下，由上杭县委书记郭伯屏（后叛变）和傅柏翠指挥，奋起抵抗，举行暴动。当敌人逼近村口时，埋伏在黄泥岗和塘下圩后山上的农民自卫军点燃土炮轰击，与之展开激战。战不多时，敌人一个排长中弹倒地，自卫军趁势反击，打退了敌人的攻势。但由于自卫军使用的大多是土铳土炮，填装火药缓慢，火力不继。敌人凭着精良的武器和充足的弹药，再次向农民自卫军冲击。战斗不到半小时，自卫军终因火力不足，被迫向山区转移。

郭凤鸣部占领蛟洋以后，大肆劫掠，三天内烧毁民房七八十座，民间财物和粮食牲畜被洗劫一空。各乡村的群众被迫抛弃家园，上山暂避。被打散的农会骨干和武装人员重新在山区集结起来，组成一支 100 多人的队伍，活动在与连城交界的乡村，打击地主民团，开展游击战争。[①]这支队伍，后来成为闽西主力红军的基干队伍之一。

蛟洋农民武装本是闽西地区中共领导下最为强大的一支队伍，但是由于未能把握时机以致仓促应战，致暴动遭受重大打击。不久以后，福建省委巡视员赴闽西考察，在所写的报告中指出："此次蛟洋的斗争，假如我们能坚决的去领导，扩大起来，是不会失败的。此次蛟洋的失败，对闽西的前途（有）莫大的影响，这实是革命的莫大罪过，而这个责任是柏翠同志应负的。"[②]

永定暴动

1928 年 6 月 29 日，中共永定县委领导了以金砂乡为中心的全县大暴动，实行土地革命，建立苏维埃政权，把闽西暴动推向了高潮。

永定县是闽西党和群众基础比较好的山区。大革命失败后不久，特

---

① 参见傅柏翠：《蛟洋暴动前后》，《党史资料与研究》1983 年第 1 期。

② 《滨字五号报告——永定、龙岩及上杭蛟洋斗争情形》（1928 年 7 月 26 日），中共龙岩地委党史资料征集领导小组、龙岩地区行政公署文物管理委员会编《闽西革命史文献资料》第 1 辑，1981 年内部版，第 240 页。

别是党的八七会议精神传达以后，永定的农民革命运动迅速发展。至1928年3月，全县已经有30多个乡恢复了农会，入会者2500多户。同时，党在农会中秘密组织了农民武装“铁血团”，拥有枪支200余。党的组织也有较大发展，在永定县委领导下，先后建立了9个支部，有党员200多人。① 至同年5月初，党员数又迅速发展至700余人，仅溪南区就有300多名党员。② 永定的革命力量，在当时的闽西各县中最为强大。

1928年初，中共永定县委先后领导溪南、湖雷等地农会开展反抗捐税、打击贪官污吏和捕杀土豪劣绅的斗争，群众革命情绪极为高涨。3月间，福建临时省委根据这一形势，指示永定县委在有党和农会组织的地方，“应积极领导农民进行日常的零星的斗争，在这斗争中发展群众及党的组织，扩大和深入党的宣传，并应计划和准备逐步扩大汇成大规模的斗争，而至在不久的将来创造出暴动的局面”③。

永定县委遵照这些指示，成功地发动了广泛的群众斗争。驻守永定的各部团匪为了镇压这些斗争，经常开赴农民运动激烈的乡村骚扰，但也时时受到农民自卫军的打击。3月，团匪陈国华部在永定东乡之陈东一带受到农军严重打击后，从此不敢再到乡间活动。于是，驻漳州之张贞独立第四师又派江湘率一个支队（含四个步兵连、一个炮兵连、一个机枪连）进驻永定，勾结地方豪绅成立所谓“清匪委员会”，进一步策划镇压农民革命斗争。

江湘支队一开始就把注意力集中于东乡，向东乡各村庄农会进攻。但东乡各地农会早有准备，宣布戒严，严阵以待。江湘支队被迫与农会讲和。与此同时，溪南各乡村在张鼎丞等领导下掀起了平谷运动。这一斗争迅速扩展，30多个乡村起来响应。于是反动派又把目标转向附城各

---

① 参见《中共福建临时省委三月份工作报告》（1928年4月），中央档案馆、福建省档案馆编《福建革命历史文件汇集》甲2册，1984年内部版，第223—224页。

② 参见《赵亦松关于永定工作概况报告》（1928年7月29日），中央档案馆、福建省档案馆编《福建革命历史文件汇集》甲3册，1984年内部版，第133页。

③ 《中共福建临时省委三月份工作报告》（1928年4月），中央档案馆、福建省档案馆编《福建革命历史文件汇集》甲2册，1984年内部版，第201页。

乡，全力压迫溪南农民运动。6月2日晚上，江湘率领所部100余人，包围和袭击中共溪南区委的驻地金砂公学，逮捕了区委委员和进步教师6人。敌人的暴行激起了溪南群众的愤慨，东溪、金砂、西溪等乡村的农民立刻组织起来，断绝通往县城的交通，登山抵抗，形成了割据局面。

中共永定县委认为群众斗争情绪高涨，暴动的时机已经成熟，立即召开党的代表会议，研究了金砂、金丰、湖雷等地形势和武装斗争的准备情况，成立了以张鼎丞为总指挥的暴动指挥部，制定了暴动计划。县委决定采取声东击西的策略，首先在东乡湖雷一带发起暴动，溪南和城郊一带乡村则按兵不动。待敌人出动镇压东乡暴动时，溪南农军再乘虚袭击县城，营救狱中难友。

6月29日，阮山、熊振声等按照暴动计划，率领湖雷农军举行暴动，收缴地主武装的枪支，逮捕并处决了土豪劣绅11人，一举击溃了保安队。随后，星夜开赴陈东、岐岭各乡村，与卢肇西等率领的暴动队伍会合。6月30日，阮山、卢肇西率领东乡暴动队伍500余人乘胜进击，7月1日攻占下洋，7月2日夺取古洋，7月4日占领上下峰。短短几天，农民暴动的风暴席卷永定东部数十个乡村，沉重地打击了封建统治阶级。

湖雷和陈东一带暴动发起之后，驻守县城的江湘支队果然出动200余兵力，于6月30日急驰湖雷等地镇压，城内守军仅剩100余人。张鼎丞与县委的同志按照预定计划，率领早已跃跃欲试的1000余人的暴动队伍，从溪南金砂出发，分三路向县城开进。7月1日凌晨4时，张鼎丞下令各路农军发起攻击。经过激烈的交战，金砂农军首先突破北门，其余各路也相继攻入城内，一举击溃守敌。但是由于农军缺乏训练，作战经验不足，未能及时杀伤和瓦解敌军，以致在敌人重新组织力量反扑的时候失却了战斗的主动权。战至上午9时，农军撤至城外，随即会合从各乡赶来的暴动队伍，将敌军紧紧围困在城内。

永定暴动的影响波及全县，参战农军达数千人，在闽西南各县激起了剧烈的震动。特别是过去农民运动比较发展的地区更是受到鼓舞，闻讯而动。“龙岩、上杭、平和的农民都继续响应，为数不下四千人。他们要决心杀尽反动派，实行土地革命，建设工农兵苏维埃政权”①。这一消息传到厦门，中共福建临时省委为之振奋，立刻报告中央，并于 7 月 10 日与团省委联合发出宣言：“号召全省的工农兵群众，一致起来拥护这个光荣的永定工农暴动的胜利。并扩大这个胜利，整个的推翻豪绅资产阶级在福建的统治，建设工农兵代表会的政权！”② 两天以后，省委又向全省发出通告，介绍永定暴动的情况和经验，高度评价了这次暴动，指出：“永定农民暴动已成整个闽西暴动的开始，也就是福建总暴动的先声，最后的胜利一定是我们的！”③

四　创立溪南苏维埃区域

永定暴动发生之后，中共上杭县委决定响应，立即派邓子恢赶往永定找张鼎丞，了解攻城情况及研究协同作战事宜。邓子恢在途中看到一队队从县城撤返溪南的农军，军容整齐，士气高昂。同时了解到这些暴动区域尚未开展土地革命。他根据八七会议及后田、蛟洋暴动的经验教训，向永定县委建议“赶快在乡下肃清反革命分子，收缴反革命武装，立即进行土地革命，烧田契，废租废债，没收地主财粮分给穷人”④。

永定县委接受了邓子恢的建议。7 月 10 日，永定县委向省委报告了他们的计划：“现在预备在各乡建设苏维埃，实行抗租。一方面集中队伍

---

① 《中共福建临时省委通告第二十四号——永定暴动的原因、经过及今后的任务》（1928 年 7 月 12 日），中央档案馆、福建省档案馆编《福建革命历史文件汇集》甲 3 册，1984 年内部版，第 51 页。

② 《中共福建省委号召全省工农兵拥护永定暴动宣言》（1928 年 7 月 10 日），中央档案馆、福建省档案馆编《福建革命历史文件汇集》甲 3 册，1984 年内部版，第 49 页。

③ 《中共福建临时省委通告第二十四号——永定暴动的原因、经过及今后工作任务》（1928 年 7 月 12 日），中央档案馆、福建省档案馆编《福建革命历史文件汇集》甲 3 册，1984 年内部版，第 51 页。

④ 邓子恢、张鼎丞：《闽西暴动与红十二军》，蒋伯英主编《邓子恢闽西文稿（1956—1971）》，2016 年内部版，第 91 页。

到各处游击，断绝城内粮食。”[①] 按照这一计划，永定县委首先集中暴动武装，组织一个营，由张鼎丞为营长，邓子恢为党代表。这支闽西第一支红军部队组成以后，三个连分别开往三个地区，发动群众，没收地主的粮食财产，分配给贫苦农民。

与此同时，中共福建临时省委对永定暴动极为关注。7 月 9 日，省委根据厦门各家报纸关于永定农军攻城的报道，断定永定暴动已经发动，立刻召集第十一次常委会议，研究永定暴动发生以后的形势与工作方针。为了保证和发展闽西的胜利，省委决定由上杭、永定、平和、龙岩四个县委各派代表二人，在永定成立中共闽西特别委员会，“其任务为规划该数县工作的联系，以期在斗争中能收得四县互相配合，互相声援的效果”[②]。第二天，省委又向即将成立的中共闽西特委发出七点指示，其中主要的内容：一、马上成立闽西暴动委员会，负责领导闽西地区的农民暴动；二、立刻将各县农军统一编制为红军，永定编三个团，上杭一个团，龙岩与平和各一个营，统归军事委员会指挥；三、在占领地区应即召开各级群众代表大会，选举成立乡、区、县或数县的苏维埃政权；四、以上各项工作，目的在于“完成土地革命和建立苏维埃的政权”[③]。为了帮助和指导闽西的斗争，省委派省委常委兼宣传部部长王海萍[④]前往永定，并抽调一批军事人员加强闽西的武装力量。

王海萍根据省委的意见，携带省委给闽西特委及各县委的指示信，于 7 月 13 日左右抵达永定。7 月 15 日，王海萍在永定溪南指导成立了中

---

① 《中共永定县委关于暴动情况给省委的报告》(1928 年 7 月 10 日)，中央档案馆、福建省档案馆编《福建革命历史文件汇编》甲 18 册，1987 年内部版，第 22 页。

② 《中共福建临时省委给上杭、永定、平和、龙岩四县委的指示》(1928 年 7 月 9 日)，《福建革命历史文件汇集》甲 3 册，1984 年内部版，第 31 页。

③ 《中共福建临时省委给闽西特委的指示信》(1928 年 7 月 10 日)，中央档案馆、福建省档案馆编《福建革命历史文件汇集》甲 3 册，1984 年内部版，第 46 页。

④ 王海萍，广东海南岛人，1904 年出生，大革命时期加入中国共产党，1927 年由党中央派到福建工作，历任福建省委宣传部长、省委军委书记、代理省委书记、厦门中心市委书记，1932 年 6 月在厦门被捕牺牲。

共闽西特委，由上杭县委书记郭柏屏任特委书记，张鼎丞为组织部部长，邓子恢为宣传部部长。同日，成立闽西暴动委员会，以王海萍为总指挥，张鼎丞、邓子恢、傅柏翠为副指挥。根据省委的指示，闽西特委又将各县暴动武装编成红军第五十五、五十六、五十七团三个团。

中共闽西特委成立以后，根据省委的指示，立刻在割据的区域溪南各乡进一步发动群众，召开群众大会，成立了十多个乡苏维埃政府，并准备分配土地。农民们看到对土地渴望已久的愿望就要实现，情绪极为高涨，自动组织起来进行土地调查登记，成立自卫队，站岗放哨，保卫土地革命。

9 月中旬，在各乡苏维埃政权普遍建立的基础上，永定县委领导召开了全区工农兵代表大会，成立了溪南区苏维埃政府，① 并颁布了各种法令。至此，福建人民在中国共产党领导下，经过大革命失败以后的艰难奋战，终于创立了第一块红色区域。这一区域虽然范围不大，也不很巩固，但在当时一片白色恐怖的形势下，得以形成拥有数万人口区域的红色政权，无疑是对敌人的极大打击，给人民群众以莫大的鼓舞，并为之指明了奋斗的目标。

溪南各级红色政权建立以后，群众最迫切的要求是分田，特别是秋收季节将到，农民们都希望尽快获得胜利果实。这时，福建临时省委也于 7 月 25 日致信闽西特委和永定县委，指出永定目前的重要任务之一是“在已经割据的各乡，马上没收土地，分配土地，建立乡或区苏维埃。在未曾发动的各乡赶速发动。由乡村的割据进而夺取县城”②。

根据这些情况，中共闽西特委和永定县委一方面抗击敌人的军事进攻，一面抓紧领导土地的没收和分配工作。但这项工作不仅在闽西，就

---

① 据《闽西早期革命活动的片断材料》（1929 年 5 月）记载，1928 年永定暴动以后，溪南区开展土地革命，于“八月初成立苏区”。这份历史材料中所列日期均为农历，经查对，1928 年农历八月初为公历 9 月中旬，参见中共龙岩地委党史资料征集领导小组、龙岩地区行政公署文物管理委员会编《闽西革命史文献资料》第 2 辑，1982 年内部版，第 97 页。

② 中共龙岩地委党史资料征集领导小组、龙岩地区行政公署文物管理委员会编《闽西革命史文献资料》第 1 辑，1981 年内部版，第 233 页。

是在全省都是第一次尝试。即使是八七会议的有关决议也只原则地提出"没收大地主及中地主的土地"，"没收一切所谓公产的祠族庙宇等土地"，把这些土地分配给"佃农及无地的农民"。[①] 至于如何没收与分配，中央和省委都还没有具体的纲领和政策规定。所以，对于远离中央和省委的闽西党组织，这是一项极为困难的工作。

但是邓子恢和张鼎丞等积极依靠群众的创造性，深入调查研究，终于克服了困难。他们分别找一些有经验的、熟悉土地情况的老农民座谈，系统调查土地问题，和农民代表共同研究制定了没收和分配土地的政策，并定出具体的办法。主要有如下几点：(1)"所有土地都拿出来分配，只有中农自耕土地多一点的不动"；(2) 土地分配的方法"按人口平分，地主富农和贫中农一样分田"；(3) 分田以乡为单位，"各乡农民原耕种的土地，归各乡农民分配"；(4) 分田的方法是"按各人原耕土地抽多补少，不要打乱平分"。[②]

关于这项土地政策，邓子恢、张鼎丞的回忆与历史文献记载比较还有一些出入，还不很成熟。但应当肯定，邓子恢、张鼎丞在大革命失败之后认真总结龙岩后田暴动与上杭蛟洋暴动的经验与教训，按照八七会议精神，引导农民运动从武装斗争到建立苏维埃政权、实行土地革命。这条道路同毛泽东在井冈山创造的"工农武装割据"是相同的。

这种土地政策的优点是简便易行，能在短时间内尽快满足贫苦农民对于土地的要求，摧毁封建剥削制度。其不足之处是未能明确提出没收地主阶级土地，没有解决土地所有权问题，没有按照中国革命的性质对

---

① 中央临时政治局常务委员会：《最近农民斗争的决议案》(1927 年 8 月 11 日)，中共中央党史资料征集委员会、中央档案馆编《八七会议》，中共党史资料出版社 1986 年版，第 39 页。

② 邓子恢、张鼎丞：《闽西暴动与红十二军》，《福建党史资料》第 3 辑，1984 年内部版，第 26 页。关于溪南土地分配的政策，1928 年 8 月 22 日中共闽西特委在《闽西工作报告》曾有与此不尽相同的记载，其要点是，"本乡农民分其本乡土地"；分田方法"照年岁分配"；土豪劣绅"只（不）可分田地"；"自耕农之地主"的土地"全部没收"，见《福建革命历史文件汇集（闽西）》甲 8 册，1986 年内部版，第 103—104 页。这里采用的是邓子恢、张鼎丞的回忆材料。

地主、富农、中农、贫农规定不同的政策。这在当时毫无经验和借鉴的情况下，是难以避免的。

溪南区苏维埃政府依照这种土地政策，首先在金砂乡作试点，成立没收和分配土地委员会，进行人口和土地的调查，召开各种会议，宣传党的土地革命主张和分配土地的方法，力求做到公平合理。分配方案确定以后，张榜公布，然后召开群众大会通过。区苏维埃政府在金砂取得经验之后，在全区推广实行，很短时间内分配了十多个乡两万多人口的土地。溪南苏维埃区域的土地革命，是福建史无前例的伟绩，为闽西进一步开展土地革命提供了宝贵的经验。正如一年以后中共闽西第一次代表大会所指出的，永定暴动“是一个英勇的行动，虽然失败，但发动了闽西的土地斗争，意义是很重大的”[①]。

溪南苏维埃区域的创立与土地革命的开展，正值全国革命低潮时期。虽然在此之前闽西已经爆发了龙岩后田、平和、上杭蛟洋等地区的农民暴动，但这些暴动由于条件不成熟，都未能实现土地革命和建立红色政权。这些地区暴动后所保存下来的一批武装骨干，势单力薄，仅仅在几个不相连接而面积又不大的地区开展游击战争，不能给溪南苏区以有力的支援。加以溪南苏区尚未创造出一支坚强的红军主力部队，不可能形成寻找敌人统治力量比较薄弱的地区主动出击的局面，因而使自己陷于被动应战的状态。尽管溪南苏区人民在党的领导下同敌人的军事进攻与骚扰摧残展开了英勇的斗争，但终因孤军奋战，难以久支。他们在坚持了将近半年以后，于同年底被迫转入秘密的武装斗争。

五　转变斗争策略

中共闽西特委在永定领导溪南苏区土地革命的同时，决定调集永定、上杭、龙岩三县武装向外出击，开辟新的苏区。1928 年 7 月下旬，三县

① 中央档案馆编《中共中央文件选集》第 5 册，中共中央党校出版社 1990 年版，第 709 页。

武装集中于靠近龙岩边境的永定文溪。指战员们受到永定暴动的鼓舞，战斗情绪十分高昂。王海萍与各县武装的负责人傅柏翠、简祥明、林梅汀等研究以后，首先在文溪、孔夫、游湾一带乡村发动农民，举行了武装暴动。

临近文溪的龙岩后田群众，在五个月前举行暴动受到摧残以后，压抑着满腔的反抗情绪。他们听到文溪农民暴动的消息，摩拳擦掌准备再次举事。中共龙岩县委派军事部部长陈品三前往文溪，与王海萍取得了联系，要求支持后田农军，夺取龙岩县城，打击军阀陈国辉。

王海萍、傅柏翠等接受了龙岩县委的建议，率领永定和上杭蛟洋的农民武装开赴后田。8月6日，三县农军分成左右两路进攻龙岩。右路军经莲花山，冲过浮桥直扑南门。南门守敌紧闭城门，双方成相持局面。左路军经曹溪圩、西山向西门攻击。沿途农民听说攻打陈国辉，纷纷手持农具相随参加攻城，声势浩大，杀声震天。不意埋伏于西山的民团突然向农军射击，左路农军仓促应战，受到一定损失。两路农军均被阻于城下，相持约半小时，被迫撤回后田。

第二天，王海萍、傅柏翠率部转回永定，计划攻打驻坎市之陈国辉部，解决给养问题。8月8日，三县农军分路向坎市进攻，因敌人早有戒备，且各路农军道路不熟，未能按计划协同作战，以致伤亡甚多，再次受挫。王海萍、傅柏翠乃决计率部到合溪宿营，然后返回溪南苏区。当队伍行抵距合溪一里许时，又一次遭到民团的袭击。农军连续三次失利，士气大减，于是连夜行军，一直开赴溪南古木督，与张鼎丞、邓子恢等会合。

这次军事行动虽然未能达到预期目的，但在战略上配合了永定溪南苏维埃区域的土地革命。同时也使闽西党组织从中得到了教训，这就是必须首先在农村“实行土地革命，摧毁反动势力，在农村积蓄革命力量，造成乡村包围城市的形势，而后再攻取城市”①。这次斗争的失利，还表

① 邓子恢：《龙岩人民革命斗争回忆录》，《福建党史资料》第2辑，1983年版，第17页。

明闽西的农民武装力量比较弱小，缺乏训练，不足以抵御以至击败当地的反动军队。因此在这以后的几个月，以永定为中心的闽西土地革命斗争逐渐趋于低落。

这时候，中共中央和福建临时省委对永定暴动以后闽西斗争的形势作了冷静的分析与估量，提出了新的方针。8 月 8 日，党中央致信福建临时省委，指出闽西的农民运动目前应着重“发动农民最迫切的经济斗争，如抗债、抗捐等。在这些斗争中去加紧组织农民协会，建立武装组织，扩大苏维埃与土地革命政纲的宣传”。在没有夺取政权以前，工农革命军不必组成正规部队，可以编成许多支小部队分散游击，以利于发动群众和发展队伍。① 随后，中央巡视员郑超麟携带中央的指示抵达厦门，于 8 月 11 日召集福建临时省委常委会议。会议讨论和接受了中央指示，分析了永定暴动一个月来的情况，认为原来“以为永定邻近各县能有力量援助并响应永定”的估量不能实现，以致永定农民几乎是孤军奋斗；另外，永定各地斗争发展不平衡，难以实现全县的暴动与割据。因此，省委过去提出“以永定暴动为发端，立即实现闽西的割据局面并向闽南发展”的方针，是“过重估量暴动的条件”，“原来希望之立即实现闽西割据局面，显然是不可能的”。根据这一分析，省委于同一天向闽西特委和永定、上杭、龙岩、平和四县委发出指示信，指示他们必须“深入并扩大我们的暴动工作，切实准备闽西割据的条件，布置闽西割据的前途”，以便在条件成熟的时候，很有把握实现这个前途。②

中共中央和福建临时省委的上述分析和意见，基本反映了中央在这一时期对于中国革命的指导思想，这就是在苏联召开的中共第六次全国代表大会的精神。10 月间，出席党的六大的福建省委候补书记罗明回到福州，他在向省委传达党的六大精神之后，与团省委书记陈柏生一起前

① 参见《中共中央给福建临时省委信》（1928 年 8 月 8 日），中共福建省委党校图书馆馆藏资料。

② 《中共福建临时省委给闽西特委转永、杭、岩、平各县委信》（1928 年 8 月 11 日），中共龙岩地委党史资料征集领导小组、龙岩地区行政公署文物管理委员会编《闽西革命史文献资料》第 1 辑，1981 年内部版，第 256—259 页。

往闽西各县传达。

这期间，鉴于溪南苏区在坚持了四个月的斗争，屡受反动派摧残之后群众情绪逐渐低落的实际情况，中共闽西特委和永定县委于11月上旬改变了斗争策略，决定暂时收缩力量，停止大规模的武装斗争，并将各县武装分成若干小队伍，派回各县工作。

11月12日，罗明与陈柏生经广东抵达永定溪南，当即与郭柏屏、张鼎丞、邓子恢及永定县委负责人召开闽西特委扩大会议。第二天，会议转移至永定合溪继续召开。会议由罗明传达党的六大的决议，研究了永定的形势与斗争方针。会议除了同意一个星期以前特委采取的策略以外，确定了闽西斗争的总策略，即“夺取群众，准备游击战争，同时发动小斗争并扩大党的宣传，巩固民众组织”①，以便发动第二次更大规模的武装斗争。

随后，罗明、陈柏生与邓子恢一起前往龙岩，于11月27日至29日在龙岩中甲召开了龙岩县委扩大会议，传达党的六大的决议。会议依据这一精神，正确地分析了龙岩县自8月6日攻城战斗失败以后的形势，认为“目前龙岩客观的环境和主观的力量，都没有实现武装暴动，夺取全县政治之可能。龙岩党目前应加紧领导群众的日常的部份〔分〕的斗争，并在不断的斗争中团结广大的群众，促进革命的高潮之到来”②。龙岩县委扩大会议之后，罗明又继续前往上杭、长汀等地传达党的六大的精神。

从此，闽西土地革命斗争依照党的六大的正确方针，致力于在农村争取广大群众，恢复和发展革命力量，转入分散和隐蔽的游击战争。终于在1929年春天，在毛泽东、朱德率领的红四军入闽的有利条件下，闽西各级党组织领导群众又一次掀起了土地革命斗争的高潮。

---

① 《闽西特委报告——闽西各县的工作情况》（1928年11月21日），中共龙岩地委党史资料征集领导小组、龙岩地区行政公署文物管理委员会编《闽西革命史文献资料》第1辑，1981年内部版，第312—313页。

② 《龙岩县委扩大会议关于龙岩政治状况与党的任务的决议》（1928年10月15日），中共龙岩地委党史资料征集领导小组、龙岩地区行政公署文物管理委员会编《闽西革命史文献资料》第1辑，1981年内部版，第281页。

第三章　红四军入闽与创建中央苏区的战略决策

一　红四军首次入闽

大革命失败以后，毛泽东、朱德、陈毅率领秋收起义和南昌起义部队，相继到达湘赣边界的井冈山，创建了中国第一个农村革命根据地，建立了最早的红军部队——红军第四军（军长朱德，党代表毛泽东）。井冈山革命根据地和红四军的建立，使得国民党统治集团极为不安，不断调动大批军队“进剿”。井冈山军民在毛泽东、朱德的领导下，创造了一套游击战争的战略战术，以仅仅数千人的兵力和简陋的武器，一次又一次挫败了敌人的进攻，巩固和发展了革命根据地。

1928 年底至 1929 年初，蒋介石动员了湘赣两省 18 个团的兵力，以何键为总指挥，分五路对井冈山根据地发动第三次“会剿”。由于敌人连续不断的军事进攻和经济封锁，井冈山的斗争面临着严重的困难。为了打破敌人的“会剿”，解决红军的经济给养，以毛泽东为书记的中共前敌委员会与边界特委、红四军军委、红五军军委及地方党组织的负责人，多次召开联席会议，研究策略与部署。最后确定，由彭德怀领导的平江起义以后到达井冈山不久的红五军和红四军第三十二团留守井冈山。红四军主力则向赣南进军，在外线打击敌人，击破敌人的“会剿”。

1929 年 1 月 14 日，毛泽东、朱德、陈毅率领红四军第二十八团、三十一团和军部直属队 3600 人从井冈山出发，向赣南进军，1 月 18 日经崇义攻占大余。敌人发觉了红军的行动之后，立刻抽调“会剿”井冈山的第五十五旅刘建绪部、第二十一旅刘士毅部及驻赣州的第三十四旅、第十五旅跟踪追击。1月20日，红四军与李文彬部三个团激战于大余。因为当地没有群众组织，事前没有得到敌人进攻的消息，红四军未能全数集中，以致仓促应战而失利。此后，红四军折向广东边境南雄，取道闽粤边界继续向赣南兴国、吉安方向前进。沿途崇山峻岭，冰天雪地，红军没有群众帮助，行军、宿营、侦探都非常困难。敌人轮番穷追，红军则每天以90华里以上的速度急行军，顽强地克服了种种难以想象的困难，在闽粤赣边界山区与敌人周旋。

2月9日，红四军抵达瑞金以北大柏地。第二天，敌刘士毅旅跟踪而至。这一天正逢农历春节，毛泽东、朱德率领部队利用大柏地的有利地形伏击敌人。这场战斗，是红军在屡战屡败之后面对强敌而奋起反击的“最后一掷”。红军官兵在弹尽援绝的情况下同敌人肉搏，决一死战，一举歼敌800余人，缴枪800多支，俘虏敌团长钟桓、肖致平，取得了自下山以来的第一次重大胜利，也是“红军成立以来最有荣誉之战争”①。

大柏地战斗以后，红四军为了完全摆脱敌人的追击，挥师挺进宁都，一举击溃守敌靖卫团赖世琮部。红四军马不停蹄，复经宁都黄陂、小布，过永丰龙岗，于2月17日进抵吉安东固，与当地的红军独立第二团、第四团会师，直逼吉安，威胁进攻井冈山之敌。

红四军到达东固以后，获悉彭德怀领导留守井冈山的部队与各路“会剿”之敌进行了三昼夜艰苦血战，未能击破三四十倍于我之强敌的进攻，而突破了重重包围，向赣南转移。同时，敌李文彬部继续对红四军紧追不舍，驻吉安之敌金汉鼎旅也出兵攻击东固。红四军前敌委员会根据这种局势，决定改变原定计划，“抛弃了固定区域之公开割据政策，而采取变定不居的游击政策（打圈子政策），以对付敌人之跟踪穷追政策”，率部于2月25日撤离东固，掉头东向，经永丰、乐安、广昌、石城、瑞金，向闽西进军，进入长汀县境。

① 《陈毅关于朱毛红军的历史及其状况的报告（一）》（1929年9月1日），中央档案馆编《中共中央文件选集》第5册，中共中央党校出版社1990年版，第755页。

瑞金与长汀，是赣南、闽西边界相距最近的两个县城，直线距离不足 50 公里。长汀自唐代以来就是一个州府，是闽赣两省边界最为繁华的一个县城，又称汀州，所辖地域为闽西 8 个县，被称作汀州八县。占领汀州，不仅涉及闽西八县，而且影响闽赣两省，极具战略意义。不过当朱毛红军的行军方向指向长汀的时候，无论毛泽东还是朱德，都还没有意识到长汀在中国革命历史上的价值。

据守长汀的是福建省防军第二混成旅。旅长郭凤鸣，出身土匪，辛亥革命以后受北洋军阀招抚，北伐军入闽时又宣布倒戈投靠蒋介石。他的部队多为当地股匪，战斗力极为薄弱，加以军纪腐败，敲诈勒索，深为民众所痛恨。郭凤鸣视自己经营的地盘闽西八县为私人领地，对于从井冈山远道而来的朱毛红军十分警惕，唯恐红军踏入其势力范围。早在一个月以前的 2 月 8 日，朱毛红军从江西边境寻乌县罗福嶂进入闽西境内，经由武平向瑞金北上之时，郭凤鸣立刻派出两个炮兵连和一个步兵营共数百人拦截，意欲阻止红军入闽。

其实，红四军当时无意于深入闽西境内，尽管沿途连遭挫折，正处在自建军以来的最困难时期，但对于半道上杀出来拦击的这支土匪部队，还是决定给予教训。稍一交战，郭凤鸣旅就如鸡蛋碰到了石头，一触即溃，“士兵死伤六十余人，炮兵营长受伤，工兵营长失踪，被红军缴去机关枪一架，三八式快枪四十余杆，约损失三万余元”①。

翻阅红四军正式报告及当事人的历史记述，几乎找不到关于这次战斗的记载，只有中共福建省委在向中央的报告中有提及，可见毛泽东、朱德并没有把郭凤鸣放在眼里。不过朱德虽然没有说到这次战斗，却是注意到了这支部队的存在。他用略显嘲讽的语言，描述蒋桂战争爆发在即的情况下，蒋介石已顾不上派出精锐的部队来对付红军，只好把第二流的地方部队调来作战。朱德说，“事实上大家都知道，福建军队不过是加入国民党军队的职业土匪”，他们在红军面前几乎不敢露面，他们唯一

---

① 《中共福建省委给中央信》（1929 年 2 月 24 日），中央档案馆、福建省档案馆编《福建革命历史文件汇集》甲 4 册，1985 年内部版，第 81 页。

的要求是“能够躲在自己的老家不受干扰地抽税和贩卖鸦片”，而红军从东固出发，转而转向闽西长汀，其目的“就要将敌军自山区引开，然后各个击破”。[①]

国民党地方官员虽然很怕红军，但在红军未到而郭凤鸣的军队将要出发到武平县防堵红军时，对郭凤鸣的军队倒是更为惧怕，因为这支土匪部队提出的条件是每天供给二三千元的军饷，弄得县长没有办法，竟私自带十几个警察逃到乡下，“大吹红军快要来的消息，借以恐吓郭凤鸣来敷衍他的筹饷筹款工作”[②]。

从未见过红军的民众一开始也心存疑虑，一时间人心惶惶。但是打了败仗的郭凤鸣的士兵回到长汀却大加宣传红军，“说朱毛的红军如何的勇敢，如何帮助群众”[③]，因此大大增加了民众对红军的信仰，更加痛恨军阀郭凤鸣的残暴。

闽西边境的中共武平县委和长汀县委从一开始就密切关注着红四军的动向，不断向远在厦门的福建省委发出关于朱毛红军行动的报告，福建省委又立刻把这些材料汇集起来，作出分析和判断，向上海党中央报告：“我们的估计是：红军转战千里，旦夕不休，尤其是这两月来长期的奔走，一定是很疲惫，并以子弹缺乏，目前开回湘、赣或开往广东很有困难；客观上的环境，红军暂时开到闽西长汀、武平、上杭一带来作一短时间的休息，是有可能的。……红军如果开到福建，则在上杭、武平、长汀一带暂时发动农民起来，实行土地革命，肃清反动派，并用很敏捷的手段缴地主豪绅及郭凤鸣一部分武装”[④]。

---

① ［美］艾格妮丝·史沫特莱：《伟大的道路——朱德的生平和时代》，梅念译，胡其安、李新校注，生活·读书·新知三联书店1979年版，第278—279、284页。

② 《中共福建省委给中央的信》（1929年2月24日），中央档案馆、福建省档案馆编《福建革命历史文件汇集》甲4册，1985年内部版，第81页。

③ 《中共福建省委给中央的信》（1929年2月24日），中央档案馆、福建省档案馆编《福建革命历史文件汇集》甲4册，1985年内部版，第81页。

④ 参见《中共福建省委给中央的信》（1929年2月24日），中央档案馆、福建省档案馆编《福建革命历史文件汇集》甲4册，1985年内部版，第81页。

福建省委根据这样的判断，指示长汀、武平、上杭县委设法同红军取得联系，并向红军提供军政情报和各种帮助，做好群众宣传工作。福建省委作出这一判断并向中央报告的时间是 2 月 24 日，也就是在红四军离开东固决定实行“打圈子”游击方针的前一天，而向闽西各县发出指示的时间还要早几天。福建省委的判断与红四军的行动不谋而合。而当长汀县委收到福建省委指示之时，红四军已经向长汀逼近。

利用黑夜的掩护，红四军绕开大道，悄悄地越过闽赣分界的武夷山，进入闽西境内的长汀，在一个四面环山的小镇停歇。这个小镇名为四都，早已有共产党地方组织在这里作了宣传，当地的民众对于红军的到来既不惧怕，更没有闻风躲避。这一天，是 1929 年 3 月 12 日，农历新年的第一个月刚刚过去，正逢当地庙会，圩场上人头攒动，摩肩接踵，格外热闹。许多人不仅是来赶会，更重要的是来看看传说中的“朱毛红军”。

毛泽东、朱德入闽第一天就感受到了闽西民众的热情和善意，他们派宣传人员出去演讲，散发传单，展示共产党和红军的政策主张以及与穷苦百姓血脉相连的亲密关系。

毛泽东、朱德原想在四都好好休整几天，恢复连日行军作战的疲劳。但是，总是害怕侵占自己地盘的郭凤鸣却派出一个团赶到了这里，企图把红军赶回江西。

朱德回忆说，那是一个漆黑的晚上，他们正在睡觉，一个派出去侦察敌情的侦探突然进来报告：“敌人来了！”大家都不相信这个消息，还把这个侦探批评了一顿。突然，外面的枪声响起，敌人真的打过来了，据了解，是从汀州方向打来的。朱德说，由于郭凤鸣的偷袭，“我们就下决心打。就趁晚上赶紧布置好，早些爬起来，就打起来了”。红军一鼓作气，直下汀州。出乎意料的是，郭凤鸣的部队如此不堪一击，“开头一枪打死敌人一个团长，没几枪敌人就乱着溃退下去啦！再向前一逼，把这个团整个的搞垮了”①。

---

①　中央文献研究室二部编《朱德自述》，解放军文艺出版社 2003 年版，第 136 页。

郭凤鸣部这个团一触即溃，向长汀方向败退。红四军乘胜追击，奔袭四五十里，直到一座大山横卧在前挡住去路才停下来休息。这座山叫作长岭寨，离长汀还有大约15公里，是长汀城南的一座屏障。中共长汀县委书记段奋夫①赶到这里，同毛泽东、朱德见面。

这是朱毛红军进入福建以后见到的第一个县委书记。段奋夫带来了福建省委的指示，详细介绍长汀革命的历史和党组织的情况，还介绍了郭凤鸣部队的情况。前敌委员会作出决定，立即进攻长汀，消灭郭凤鸣。按照前委的布置，首先夺取挡在面前的长岭寨，然后直下汀州。3月14日，红四军向长岭寨发起攻击。

关于这次战斗，朱德在和史沫特莱的谈话及他自己写的《自述》里面说，红军各部队一早就出发，开始了争夺长岭寨的战斗。而敌人也正迎面过来，他们的目标也是占领这座山头，以便控制主动权。然而红军抢先一步到达山顶。

据前方回来的通信员报告，敌军的司令官坐着四人抬的大轿出城，随军督战来了。朱德听了，知道是郭凤鸣上阵，大概是要亲自拣个便宜。对于接下去发生的战斗，史沫特莱作了这样的叙述："红军最后终于从隐蔽地点一拥而出，敌军吓得心惊肉跳，掉头便跑下山去，红军则如泰山压顶，直扑下来。在小路上虽然也有一些战斗，但敌军到了河边绝路，完全被解除了武装。"一名卫兵跑进朱德的指挥所高叫道："一个穿着高级军装、带着一身贵重财物的大胖子想坐船从河上逃走，被打死了！"②事后证明，这个大胖子不是别人，正是郭凤鸣。

消灭了郭凤鸣，全军向长汀进击，几乎不费什么力气便直抵城下。毛泽东率领前委机关人员随军入城。随同毛泽东一起入城的曾志，遇到打了胜仗的战士们，见他们兴高采烈，情绪十分昂扬。她看到战士们用

---

① 段奋夫，福建长汀人，1905年出生，1927年入党，历任中共长汀县特别支部书记、长汀县委书记、闽西苏维埃政府执行委员、中共汀连县委书记，1931年牺牲。

② ［美］艾格妮丝·史沫特莱：《伟大的道路——朱德的生平和时代》，梅念译，胡其安、李新校注，生活·读书·新知三联书店1979年版，第286页。

梯子抬着一个胖乎乎的尸体，十分惊讶。战士们告诉她："我们打死了郭凤鸣！"曾志回忆说："当地群众听说红军打死了郭凤鸣，奔走相告，纷纷拥到街上观看，把街道挤得水泄不通。后来群众把他捆在梯子上，抬到汀州最高的城门楼上示众三天，引得城里和乡下的老百姓络绎不绝前来观看，边看边骂。饱受大土匪、军阀郭凤鸣奴役之苦的汀州百姓，万众欢呼，感谢红军为他们除了一大祸害！"①

这一仗，消灭敌人2000余人，缴获枪支千余支，子弹数百箱，是红军从井冈山下山以来最大的一次胜利，也是红四军入闽的第一次大胜仗，为即将创建的闽西革命根据地举行了一个奠基礼。

红四军击败郭凤鸣，占领长汀，给了闽西和全省群众以极大的鼓舞。上杭、龙岩、永定三县县委书记马上在上杭召开联席会议，讨论形势与目前工作方针。各县农民在党的领导下，立刻行动起来，响应红军。特别是上杭、永定、龙岩、平和等县农民，他们对土地革命有普遍的认识，加上一年来斗争受到反动派的压迫，因而对军阀豪绅更加仇恨。他们一听说红四军入闽，便先后爆发斗争。龙岩群众"一闻朱毛到汀，便摩拳擦掌准备武装斗争"，还把"欢迎红四军""打倒陈国辉"的标语一直贴到龙岩城里陈国辉的司令部大门口。平和方面"因前次斗争失败，工农进步分子四散，来漳、厦做工。此次朱毛消息一到，便自动联系回家活动，成立红军与民团斗争"②。

永定和上杭的反应更为激烈。永定金丰里一带乡村的群众，当驻军一撤，立刻重新打起红旗，与地主作武装斗争；溪南区农民也"集中武装，恢复苏维埃的组织"。上杭北四区20多个乡的农民在党的领导下成立红军，打击反动派。当红军出发作战时，2000多农民手执土枪自愿前往助战，"现在该区已先后成立乡苏维埃，实行分配土地"③，同时发动

① 曾志：《一个革命的幸存者：曾志回忆实录》上册，广东人民出版社1999年版，第91页。

② 《中共福建省委报告——闽西的形势与任务》（1929年4月19日），中央档案馆、福建省档案馆编《福建革命历史文件汇集》甲4册，1985年内部版，第171页。

③ 《中共福建省委报告——闽西的形势与任务》（1929年4月19日），中央档案馆、福建省档案馆编《福建革命历史文件汇集》甲4册，1985年内部版，第170页。

邻近区乡的斗争。

红四军打死郭凤鸣，一举攻克汀州，震慑了福建国民党军政当局，加剧了各派军阀之间的矛盾。3 月 18 日上午，国民党福建省政府在福州召开临时紧急会议，磋商对付红军的办法。会议做出两项应急措施：(1) 电令张贞、陈国辉、卢兴邦，调集部队火速增援郭凤鸣部，一致对付红军，“严行堵截歼除，勿任再窜”；(2) 拨出子弹 1 万发，接济郭凤鸣残部。[①] 但是由于各派军阀内部矛盾，以及慑于红军的声威，国民党福建省政府的这项决定实际上成为一纸空文，各部军阀或是按兵不动，或是虚张声势，都没有发兵闽西与红军交战。

中共福建省委把握时机，准确地估量了时局，对进一步发展闽西的斗争采取了一系列措施。3 月 28 日，福建省委研究了闽西的客观形势与主观力量，制定了《关于闽西斗争工作大纲草案》。大纲认为，目前闽西斗争的发展具备以下三项有利条件：(一) 红四军入闽，增强了闽西的革命势力；蒋桂战争爆发，敌人无暇对付红军。(二) 闽西的统治阶级力量薄弱，闽北和闽南的军阀困于当地农民斗争及内部的矛盾，难以顾及闽西。(三) 闽西群众经过长期斗争，在红四军入闽之后“正在酝酿着新的更大的斗争”[②]。

根据这一估量，《关于闽西斗争工作大纲草案》认为，“毫无疑义的在闽西有造成割据局面的可能”，并又提出闽西的工作应以上杭、长汀、龙岩、永定四县为重心，“由下而上的建立苏维埃政权”，[③] 在割据区域内依照党的政纲，没收地主阶级土地，实行土地革命。同时，省委决定恢复中共闽西特委和闽西暴动委员会，领导闽西的土地革命和武装斗争，

① 参见《时报》1929 年 3 月 24 日第三版。

② 《中共福建省委关于闽西斗争工作大纲草案（节录）》(1929 年 3 月 28 日)，中共龙岩地委党史资料征集领导小组、龙岩地区行政公署文物管理委员会编《闽西革命史文献资料》第 2 辑，1982 年内部版，第 44 页。

③ 《中共福建省委关于闽西斗争工作大纲草案（节录）》(1929 年 3 月 28 日)，中共龙岩地委党史资料征集领导小组、龙岩地区行政公署文物管理委员会编《闽西革命史文献资料》第 2 辑，1982 年内部版，第 45 页。

以邓子恢为特委书记。为了加强和指导闽西的斗争，省委一方面派罗明赴上海向中央汇报，一方面派谢汉秋为特派员，于 3 月 29 日赶赴龙岩，贯彻《关于闽西斗争工作大纲草案》，组织闽西特委，领导开展工农武装斗争，配合红四军的活动。

二　在长汀十七天

红四军攻占长汀以后，在毛泽东、朱德、陈毅等领导下，大力加强部队建设，宣传发动群众，建立红色政权，实行土地革命，在短短的 17 天里，进行了大量的工作。

首先是加强部队建设。为了便于红军开展游击战争，前敌委员会对部队进行了整编，把原来团的建制改为纵队。全军编为三个纵队，原二十八团编为第一纵队，林彪任纵队长（不久改称司令员），陈毅（后熊寿祺）任党代表；原特务营、独立营合编为第二纵队，朱德兼任纵队长（不久改称司令员）（后刘安恭），谭震林任党代表；原三十一团编为第三纵队，伍中豪任纵队长（不久改称司令员），蔡协民任党代表。每个纵队辖 2 个支队（相当于营），每个支队辖 3 个大队（相当于连）。大队以上设党代表。分兵游击时一般以纵队为单位，也可以再分成若干小部队开展群众工作。这种组织形式，分散或集中都极方便。

宣传工作是朱毛红军非常重视的一项任务。毛泽东对于红军宣传工作一向极为重视。在他看来，宣传工作的任务，就是扩大政治影响，争取广大群众，从而完成“组织群众、武装群众、建立政权、消灭反动势力，促进革命高潮”等等红军的总任务。他对于红军宣传工作的重视，体现在他后来起草的古田会议决议当中：“红军的宣传工作是红军第一个重大的工作。若忽视了这个工作，就是放弃了红军的主要任务，实际上就等于帮助统治阶级削弱红军的势力”①。

① 《中国共产党红军第四军第九次代表大会决议案》（1929 年 12 月），中央档案馆编《中共中央文件选集》第 5 册，中共中央党校出版社 1990 年出版，第 818 页。

红军到了长汀，按照早已拟定的一套规章制度，全体出动展开宣传工作，每二三人为一组，举着红旗到大街小巷，或商店或住户，在半天之内就能召开一个群众大会，而群众“为了懂得红军这个怪物，及朱毛的仪容，常常是普遍的跑来参加大会的”；另有一组一组的文字宣传队，提着石灰桶扛着梯子，到各处墙壁写满红军标语，不到三个小时，全城布满了宣传“打倒帝国主义”“推翻军阀国民党政府”“枪毙郭凤鸣”“红军是穷人的队伍”“建立工农兵苏维埃政府”等等的标语。许多地方群众说：“红军一到，满街鲜红，等于过年。”①

长汀的群众对于刚刚到来的红军，表现了很高的热情，凡有红军宣传和演讲的地方，总有一大群民众争相前往。据当时中共中央机关报《红旗》的一篇报道说，尽管红军宣传员的讲演技术并不好，但是“长汀的民众，听我们宣传员的演讲，非常高兴，欢呼声音，常常打断演讲的进行”②。

善于运用布告、演讲和口号来鼓动民众的毛泽东，总是亲自动手。他不仅撰写了从井冈山出发以后沿途张贴的四言体《红四军司令部布告》，而且针对不同对象，起草了《共产党宣言》《告绿林兄弟书》《告商人及知识分子》等文告，每到一处即广为散发。

毛泽东在长汀发布的《告商人及知识分子》，或许就是他看到了自井冈山出发以来所见最大一个商贾云集、文化发达的城市，有所感触而发。在毛泽东的眼里，中国的民主革命，所要攻击的主要敌人是帝国主义和封建统治阶级，商人与一般的知识分子，也就是小资产阶级乃至资产阶级，是要团结的朋友。

这份以红四军军党部名义发布的文告，一开始就告诉这些被称之为“做生意的同胞们、读书的同胞们”，共产党将会怎样对待你们，你们要

① 《陈毅关于朱毛军的历史及其状况的报告（一）》（1929年9月1日），中央档案馆编《中共中央文件选集》第5册，中共中央党校出版社1990年版，第763页。

② 攻石：《朱毛到了汀州》（1929年4月20日），中共龙岩地委党史资料征集领导小组、龙岩地区行政公署文物管理委员会编《闽西革命史文献资料》第2辑，1982年内部版，第64页。

怎样对待共产党和革命的种种道理，宣布共产党的城市政策是“取消苛捐杂税，保护商人贸易”，打击的对象是城市反动分子和为富不仁的土豪劣绅，要求普通商人及一般小资产阶级服从工农阶级的指导，齐心一致地赞助工农革命，对于知识分子，特别是希望那些能够“刻苦耐劳勇敢奋斗的革命的学生们教职员们”加入到红军政治部来工作，号召“商人们，学生们，一切被压迫的小资产阶级，速起帮助工农阶级参加此历史的革命斗争啊！”①

朱毛红军用自己严明的纪律、实际的行动和广泛的宣传，获得了长汀民众的竭诚拥护，甚至连小商人与城市小资产阶级也视红军为朋友。中共中央机关报《红旗》以十分通俗简明的标题《朱毛到了汀州》发文，对此作了这样的报道：“到长汀的这一天，许多的老百姓，看见我们的军纪严肃，非常表示亲热。过去一般工农，虽然明白红军是他们的朋友，但小商人和贫民，还有被敌人欺骗，以为红军是杀人放火的，不免害怕。现在这些城市贫苦小资产阶级，也知道我们不是和他们为难的，而且是他们的好朋友。”②

作为一军之长的朱德，他最关心的是军队的发展壮大。红军的扩大，主要来自两个部分，一是主动投军的贫苦工农，他们为生活所迫，积极参军参战，自觉地加入到这支被看作为穷人队伍的军队；还有一部分是来自经过审查教育的俘虏兵，他们当中一般也都来自贫苦农民家庭。朱德亲自对被俘的郭凤鸣部青年工兵逐个审查，“遣散了其中大部分鸦片鬼和兵油子”。“他动员并吸收了1000名年轻的农民志愿参军。他和他的下属把另外2000名农民组织起来，年轻人则编入赤卫团”③。

---

① 《告商人及知识分子》（1929年），中共龙岩地委党史资料征集领导小组、龙岩地区行政公署文物管理委员会编《闽西革命史文献资料》第2辑，1982年内部版，第374页。

② 攻石：《朱毛到了汀州》（1929年4月20日），中共龙岩地委党史资料征集领导小组、龙岩地区行政公署文物管理委员会编《闽西革命史文献资料》第2辑，1982年内部版，第64页。

③ ［美］艾格妮丝·史沫特莱：《伟大的道路——朱德的生平和时代》，梅念译，胡其安、李新校注，生活·读书·新知三联书店1979年版，第295页。

打下长汀以后令朱德难以忘怀的有三件事。第一件事是当地农民因郭凤鸣被击毙而兴奋，以及人们对这个土霸王的深恶痛绝。朱德亲耳听到那些非要亲眼看一看郭凤鸣尸体的农民们说："那个就是天下第一大坏蛋！"第二件事和为郭凤鸣制造武器的两座日本式小型兵工厂有关。在那里缴获的武器当中，有2000支崭新的步枪和几十挺机关枪，而且都是日本制造。而更加令朱德感到高兴的第三件事是郭凤鸣拥有专门做军装的服装厂，且都是日本进口的机器设备。这个工厂的工人很快组建了工会组织，加班加点为红军制作新军装。在此之前，红军的军装都是手工缝制，十分粗糙，而且并不统一。朱德清楚地记得："新军装的颜色是灰蓝的，每一套有一副裹腿和一顶带有红星的军帽。它们没有外国军装那么漂亮，但对于我们来说，可真是其好无比了。"① 这两个工厂后来成为中央红军的兵工厂和被服厂，而且历尽长征的艰险，一直迁移到了延安。

每天只睡三四个小时的毛泽东，更加重视的是社会调查、群众工作和苏维埃政权的建立。毛泽东的全部智慧与思想，很重要的来源之一是社会调查，这项工作甚至可以追溯到他的学生时代。特别是到了大革命时期，毛泽东的社会调查成了他中国农村和农民问题理论乃至阶级分析理论的重要基础。

红军占领长汀后有了一个相对稳定的环境。毛泽东急于从社会调查中开启他对当前战略决策的灵感，于是展开了一次广泛的调查研究。接受毛泽东邀请的对象是当地最具各阶层代表性的六种人物：老佃农、老裁缝师傅、教书先生、钱粮师爷、老衙役、流氓头。这些人物，几乎就是长汀人文历史、经济政治乃至社会百态的百科全书。毛泽东通过这些人的叙述，完整地获得了他所需要的各种情况。

在中国共产党的早期领导者当中，像毛泽东这样重视并亲自深入群众做社会调查的人不是很多。这也从一个方面解释了毛泽东何以能在错综复杂、瞬息万变的时局中把握风云变幻的历史走向，确定共产党与红

① ［美］艾格妮丝·史沫特莱：《伟大的道路——朱德的生平和时代》，梅念译，胡其安、李新校注，生活·读书·新知三联书店1979年版，第288页。

军的生存和发展之道，总比他同时代的共产党领袖们棋高一着。毛泽东从社会调查中获得的极其丰富的信息，为他不断制定新的政策、提出新的思想提供了不可替代的依据，为此他把这项工作列为红军必不可少的工作，并作出了十分具体的规定："游击部队到达某地以后，第一步必须做调查工作，由军官及党代表负责必须经过调查工作以后，才能开会决定该地工作，因为红军行动如行云流水一般，所到之地，皆不明情形，若不调查则一切决定必不能切合当地群众需要，比如红军标语打倒土豪劣绅这样写的时候很少，因为太空洞而不具体，我们必须先调查当地某几个人是群众最恨的，调查以后则写标语时就要成为打倒土豪劣绅某某等，这个口号无论如何不浮泛引起群众深的认识。"①

至于这种社会调查的内容，由政治部制定一份极为详细的调查表，涉及问题包含群众斗争状况，反动派的力量，当地经济生活，市场物价，地主、富农、中农、贫农的土地占有状况，当地的土特产品，乃至周围环境、交通与河流测量，无所不包。

对于发动群众的工作，毛泽东在长汀展现出高超的水准，比起在此之前的活动，达到了极致。毛泽东不是一个唯武器论者，更没有把战争的胜利全部寄托在军事行动之上，而是把群众的支持与人心向背视为战争成败的主要指标。他的信条是："这时候红军不是一个单纯打仗的东西，它的主要作用是发动群众，打仗仅是一种手段。并且打仗的时间、分做群众工作的时间乃是一与十之比。"②

战胜郭凤鸣进驻长汀以后的毛泽东，并不只是坐镇指挥机关发号施令，除了召开各种类型的调查会，更多的时间奔走在大街小巷的群众当中，充当一个普通的宣传员，或者出席群众集会，登上临时搭建起来的讲台，即席发表鼓动人心的演讲。长汀民众对于这位带着浓重湖南口音

① 《陈毅关于朱毛军的历史及其状况的报告（一）》（1929年9月1日），《中共中央文件选集》第5册，中共中央党校出版社1990年版，第762页。

② 《红军第四军前委给中央的信》（1929年4月5日），《毛泽东文集》第1卷，人民出版社1993年版，第57页。

的红军领导人的演讲，一直铭记在心。他大声地告诉聚集在他周围的听众：红军来到汀州，是为人民除害，就是除去郭凤鸣这个大害，“我们的红军是穷人的军队，和劳苦大众团结在一起，共同推翻国民党反动统治，打倒土豪劣绅，消灭地主阶级，实行土地革命，建立工农当家做主的红色政权”①。

按照毛泽东下达的命令，红四军各部队派出由大批官兵组成的宣传队，到长汀城乡各地张贴布告标语，发表演讲，宣传共产党的信仰和红军的宗旨，帮助群众组织农会、工会，建立共产党的组织。长汀的民众纷纷响应，周围数十公里的乡村几乎成了红军的天下。

毛泽东兴奋地向中共中央报告：“闽西赣南的民众都非常之好，在长汀县城及新桥、河田等地工作时，夺取土劣谷子的群众，一聚就有几千。在汀州组织了二十个秘密农协，五个秘密工会，总工会也成立了。党的组织比前发展二倍。”② 除此之外，还帮助长汀县组织了一个赤卫队，建立了长汀县革命委员会。

长汀县革命委员会是朱毛红军在赣南闽西建立的第一个公开的红色政权。按照毛泽东的方式，当群众尚未充分发动之时，首先由政治部任命一个临时革命委员会，等到群众发动起来，相继成立了一批工会和农民协会之后，再召开工农兵代表会议正式选举成立革命委员会。无论临时还是正式革命委员会，一经成立都应发布通告，公开宣布自己的政治纲领与奋斗目标。

一个月以后，中共中央机关报《红旗》公布了长汀县革命委员会成立的消息：“（三月）十五日，成立长汀革命委员会，委员九人，民众代表六人，红军三人参加，主席丘潮保。革命委员会之下，分设军事、宣传、财政等部，并组织了赤卫队六十余人。革命委员会成立后即布告废

---

① 中共长汀县委党史工作委员会编《长汀人民革命史》，厦门大学出版社 1990 年版，第 43—44 页。

② 《红军第四军前委给中央的信》（1929 年 4 月 5 日），《毛泽东文集》第 1 卷，人民出版社 1993 年版，第 58—59 页。

除一切厘捐，没收地主豪绅土地及财产，严厉肃清反革命分子。"①

自唐代开元年间设立州府以来，汀州这个已有将近1200年的历史古城，第一次被民众所掌管。从此以后，这个地处闽赣边陲的山城，同中国革命的历史紧紧地联系在一起。

三　"中国革命历史的转折点"

1937年春夏之间，朱德应美国记者史沫特莱的请求，讲述了红四军由井冈山到长汀的这一段历史，对于红军在长汀得到的意外胜利和在中国革命历史上地位的评价，先后两次用了"转折点"这个词。

第一次作这个判断，是朱德在谈到红四军从东固出发之后，敌人紧跟其后，到处追逐这支行踪飘忽的红军；而红军在农民的指引下，不时在夜间偷袭敌人，以快速坚强的攻势截断他们的运输队，然后销声匿迹，但在不久以后又神出鬼没地出现在远方。史沫特莱即以朱德的叙述为据，说："紧跟着出现了在长汀的意外战果，这是革命发展的转折点。"② 史沫特莱在这里所说长汀是个"转折点"，是指红四军连续两个月的艰苦行军，不断遭到失败，原本没有向长汀进军的计划，却因为长汀一战大获全胜而改变了红军的命运，因此这是一次"意外的战果"，并且是"革命发展的转折点"。

朱德在随后的叙述中，进一步阐述了红军占领长汀以后所获得的战果，长汀民众对于革命的热忱拥护以及红四军由此得以补充壮大，及其后中央派出的通信员来到汀州带来了中共六大决议和许多重要文件，红军依据中共六大的决议所作出的新的战略计划。史沫特莱有感于这种种

① 攻石：《朱毛到了汀州》（1929年4月20日），中共龙岩地委党史资料征集领导小组、龙岩地区行政公署文物管理委员会编《闽西革命史文献资料》第2辑，1982年内部版，第64页。

② ［美］艾格妮丝·史沫特莱：《伟大的道路——朱德的生平和时代》，梅念译，胡其安、李新校注，生活·读书·新知三联书店1979年版，第285页。

急剧的变化，又一次感慨：“长汀果然是中国革命历史的一个转折点。”①

关于长汀是“转折点”的这两句话，固然是史沫特莱所言，并非朱德原话，然而这是在史沫特莱按照朱德口述记录作这一历史的叙述时所发出的感言，显然反映了朱德的本意。而且这一评价并非虚妄的猜测，已经被历史所证明。

红四军占领长汀，一举歼灭郭凤鸣，其意义已经超越了这次胜利本身，不仅影响了福建全省乃至江西、浙江、广东南方若干省份的政治与国共双方军事态势的变化，而且改变了毛泽东对形势发展的判断与创建工农武装割据的计划。长汀一仗，首先对福建国民党军政当局造成重大冲击。在蒋介石南京政权建立以后，各派新军阀山头林立。福建各派军阀即有所谓“五部”之称。其中驻守闽南以张贞为师长的暂编第一师和分驻于沿海的由杨树庄统率的海军陆战队一个旅，为国民党正规部队；另外三部即驻长汀之郭凤鸣旅、驻龙岩之陈国辉旅和驻闽中地区之卢兴邦旅，都是由土匪部队改编的地方武装，兵饷不足，纪律废弛，滋扰地方，为民众所痛恨，战斗力也很低下。

郭凤鸣部被消灭，福建各派军阀一片恐慌。中共福建省委在给中央的报告中指出：“此次红军攻陷长汀，一战打死郭凤鸣，因此使闽西、闽南各小军阀恐慌到了极点。陈国辉、张贞、卢兴邦四出告急，声称‘会剿’，实则不敢出兵。”至于闽西各县的豪绅地主，“闻朱毛到长汀，便四散搬家躲避，逃到漳、厦者甚多”。② 福建国民党军队内部的分裂和统治势力的脆弱与腐败，在红四军占领长汀以后充分地显露出来。

军阀队伍中的士兵群众受到红四军的影响，这种情况也立刻显现出来。张贞的士兵因为 4 个月无饷可发，不少下级军官与士兵结伴逃跑；陈国辉部士兵更为动摇，等不及红军到来便结队私逃，更有二三十人与

① ［美］艾格妮丝·史沫特莱：《伟大的道路——朱德的生平和时代》，梅念译，胡其安、李新校注，生活·读书·新知三联书店 1979 年版，第 288 页。

② 《中共福建省委报告——闽西的形势与任务》（1929 年 4 月 19 日），中央档案馆、福建省档案馆编《福建革命历史文件汇集》甲 4 册，1985 年内部版，第 169 页。

龙岩共产党组织接上关系，愿意加入农会斗争。受到红四军直接影响的郭凤鸣部士兵，则纷纷投入到红军的队伍。

而红四军进占长汀引起的震动，更多地反映为福建革命势力的迅速增长。闽西是受到五四运动和大革命潮流影响较大的地区。南昌起义军南下途经闽西和八七会议精神的传达，对闽西的共产党组织产生了深刻影响。1928 年春夏时节，中共领导的龙岩后田、平和、上杭蛟洋和永定暴动，在全省掀起了一个很有声势的浪潮。特别是在张鼎丞、邓子恢等领导的暴动取得成功之后，便于 1928 年八九月间创造了永定溪南区的一小块苏维埃区域割据，在福建省率先实行土地革命。但是，闽西地区在 1928 年实行的红色割据，由于自身力量的不足和国民党军队的大举镇压，昙花一现般地消失了，那些应声而起展开武装暴动的村庄几乎都遭到了残酷的“清剿”。他们不得不把枪支等武器掩埋起来，主要的领导干部和活动分子转移到偏僻的山区，等待东山再起的时机。

红四军的到来，给闽西的中共组织创造了这样的机会。上杭、永定、平和、龙岩各县曾经在几个月前爆发过武装斗争，后来又遭到失败的乡村，重新燃起了希望，展开新的斗争。

千百年来遭受地主豪绅欺压的贫苦农民，终于等到了扬眉吐气的日子。他们从红军的行动和简单明了的标语文告中，知道这些曾经被国民党描绘成杀人放火的“共匪”原来是与他们同样穷苦出身的农民，因而纷纷结伴加入红军，甚至要求加入共产党。共产党的声威从此大大扩展开来，共产党领导的工会、农会又重新恢复工作，在闽西许多地方打出旗帜公开与豪绅地主做斗争。由于共产党的政治影响，“党的组织也就比以前更加扩大，不但数量上的增加，而且发展了许多新的区域。龙岩党员近已增加至七、八百人，前个月有四、五百人，上杭、武平、永定等县也有相当的发展”①。革命形势的急剧发展，大大激励了闽西和福建共产党组织的领导者。原先因为暴动失败而隐藏在山林或乡村的共产党员，

① 《中共福建省委报告——闽西的形势与任务》（1929 年 4 月 19 日），中央档案馆、福建省档案馆编《福建革命历史文件汇集》甲 4 册，1985 年内部版，第 172 页。

重新活跃起来。他们走出大山，聚集在一起，策划新的行动。龙岩、永定、上杭各县委书记在上杭召开联席会议，讨论统一的工作计划。

设立在厦门的中共福建省委在红四军由井冈山向赣南进军之后不久就一直关注着这支队伍的动向。特别是红四军 2 月初从赣南寻乌县罗福嶂进入武平，转而向瑞金大柏地运动的过程中，福建省委从武平、长汀县委的报告中准确地获得了发生在闽赣边境的一系列情况。朱毛红军占领长汀以后，中共福建省委很快从急剧发展的革命形势中发现，一场大变动的时机已经到来，闽西地区实行工农武装割据的可能性已经不容置疑。立刻指令中共闽西特委和闽西党组织，发动与领导群众展开大规模的武装斗争，创建苏维埃政权。

朱毛红军入闽给福建革命局势创造了前所未有的变化，促使闽西土地革命在经历了暴动、失败和转入低潮之后发生了重大的转折，开始了武装割据创建农村革命根据地的新阶段。显而易见，红四军的到来加以闽西独特的革命基础与各种主客观条件等多重因素，造就了这一转折的机会。

远在上海的中共中央机关报《红旗》的政治观察家，更是站在全国革命发展的高度，一直注视着朱毛红军进退成败的细微变化，他们从红军进占长汀以后在很短时间里产生的效应，敏锐地发现朱毛红军不仅已经走出最初的困境，而且展开了积极的攻势，将对东南各省产生重大影响。这份报纸发表的题为《朱毛红军与闽赣农民暴动之发展》的署名文章作了充满乐观的分析："赣南红军的力量并不因为退出井冈山而削弱，更不因为朱毛进攻闽西而孤立；恰恰相反，退出井冈山正是游击战争的积极策略之表演，使武装力量与赣南工农群众的斗争汇合，益形开展赣南的斗争局面，朱毛部队之进攻闽西，发动闽西的斗争，更使赣南的斗争得到掩护；与援助这种渐次分散红军的力量到群众之中去发动群众的策略，将使东南半壁完全造成赤色的局面。"①

① 朱赤：《朱毛红军与闽赣农民暴动之发展》（1929 年 4 月 13 日），中共龙岩地委党史资料征集领导小组、龙岩地区行政公署文物管理委员会编《闽西革命史文献资料》第 2 辑，1982 年内部版，第 56 页。

与两个月之前撤离井冈山后最初一段时间的状况相比较，红四军的处境就如天壤之别。很明显，红四军从放弃“围魏救赵”重返井冈山的策略，到转向闽赣边境的“打圈子”游击活动，进而又乘虚入闽摆脱赣军的长途追袭，直至消灭郭凤鸣占领长汀城，这一系列由图生存转而求发展的战略转变，以及进退有据的大踏步军事行动，在江西、福建以至东南各省卷起了一股强烈的旋风，引起了国共双方最高领导层特别是赣南、闽西革命势力的关注，他们随之作出了强烈的反应。

在红军到达长汀以后没几天，“从上海中国共产党中央委员会派来的一个通讯员就到了这里，他带来了关于当时国内和国际局势的报告和其他重要文件，其中包括了中国共产党第六次全国代表大会的报告和决议”①。朱德的这一记忆十分重要。中共中央一直在急切地追踪和关注这支队伍，发出各种指示。而在当时，中共六大的路线是决定党的方针的主要依据，所以中共中央不止一次派专人向朱德、毛泽东转送这次会议的文件。朱毛红军在1929年的全部行动，一直努力地遵循着中共六大的路线。

作为掀动闽赣两省政局、带领红四军转危为安的核心人物毛泽东，如果说他在瑞金壬田作出向闽西进军的决定，只是为了摆脱近在咫尺的赣军的追击而作出的一个下意识的反应，那么他在进入长汀城经过实际的调查和亲身体验，并在得到中共中央送来的各种指示和福建省委、长汀县委关于福建与闽西敌我情况的报告之后，对红四军入闽产生的影响则是作出了新的估量，从而也开始改变他原先重返井冈山、重开闽赣边界割据新局面的计划。

使得毛泽东重新考虑红军行动计划的另外一个重要原因，是蒋桂两派军阀混战的爆发。毛泽东一向把国民党新军阀混战作为他制定战略方针的重要依据。他把帝国主义支持下各派军阀的分裂与战争称为中国特有的“奇怪现象”，而与这种中国特有现象相伴存在的另外一种“奇怪现

① ［美］艾格妮丝·史沫特莱：《伟大的道路——朱德的生平和时代》，梅念译，胡其安、李新校注，生活·读书·新知三联书店1979年版，第288页。

象”，乃是“在四周白色政权的包围中，有一小块或若干小块红色政权的区域长期地存在”①。毛泽东认为，作为国民党阵营两支最大势力的蒋、桂军阀混战，为红四军再次创造一个比井冈山更为宏大的“割据区域”计划提供了重要的契机。按照毛泽东的理论，国民党新军阀内部的分裂和战争，便是共产党“工农武装割据”获得发展的重要前提。

1929 年 3 月 20 日，红四军占领长汀以后的第七天，毛泽东在他的住处“辛耕别墅”召开前敌委员会扩大会议提出这一新的计划。这份计划的主要内容写入了当天毛泽东以红四军前敌委员会名义写给“福建省委并飞转中央”的信中。这封信共 13 条内容，其中除了报告红四军从井冈山出发以来的经历、进占长汀以后的情况及军中状况以外，第 4、5、6、7、8 条列出了毛泽东的这项计划。其中第 4 条是毛泽东的“一般计划”：“对一般的计划，我们意见：在全国范围内要猛力地夺取群众，这时候无论什么派别欺骗群众，都敌不过我们共产党的事实了。工农外，兵士群众的夺取，也是非常重要的工作。一般工作的重心，我们的意见：宜在江苏、直隶，红军小区域苏维埃使个数加多，这不仅在湘赣粤闽等地，江苏北皖鄂北豫南直隶，都应有红军及小区域苏维埃之创立。”②

这项“一般计划”显然是在贯彻了中央六大决议之后形成的，与六大的精神相一致，强调了当前的主要任务是争取群众，准备武装暴动，创立苏维埃政权。毛泽东从全国政治局面的大趋势，看到了人心的向背，认为共产党必将获得全国民众的拥护，任何别的党派都难以与共产党相抗衡。毛泽东提出把“一般工作的重心”放在江苏和直隶。这两个区域是北方和南方军阀势力强盛之处。这一计划的目的在于共产党创建的红军小区域苏维埃不仅要在南方革命势力相对强盛的湘赣粤闽诸省大力推进，而且要把这方面的工作推向敌人统治强大的区域，使之在更为广泛

① 《中国的红色政权为什么能够存在?》（1929 年 10 月 5 日），《毛泽东选集》第 1 卷，人民出版社 1992 年版，第 48 页。

② 《红军第四军前委给中央的信》（1929 年 3 月 20 日），《毛泽东军事文集》第 1 卷，军事科学出版社、中央文献出版社 1993 年版，第 53 页。

的地区生根开花。

而对于红四军来说，当前最为紧要的是在蒋桂军阀混战的形势下确定具体的行动方针。对此，前敌委员会会议上有两种主张。第一种主张是红军开到南昌、吉安之间，“接近战区，以便夺取敌军辎重，并且使蒋派失败”，乘机发展红军队伍。第二种主张是利用军阀混战发动群众斗争，恢复和发展革命势力。会议通过了第二种主张，“决定以闽西，赣南，湘赣边界三地为游击区域，放手分兵游击，争取广大群众，进行土地革命的斗争，号召群众的反军阀混战，组织自己［自］的苏维埃政权”①。

毛泽东在信的后面部分把会议讨论以后通过的主张向中央作了报告，告知红四军即将付诸行动的计划：“前敌委员会决定四军、五军及江西红军第二第四两团之行动，在国民党混战的初期，以赣南闽西二十余县为范围，从游击战术，从发动群众以至于公开苏维埃政权割据，由此割据区域以与湘赣边界之割据区域相连接。”②

此计划清晰地显示了毛泽东要实现这一计划所依靠的乃是朱德、毛泽东亲自领导的红四军、彭德怀滕代远率领的红五军和李文林领导的东固红二、四团这三支部队。他从已经爆发的蒋桂军阀混战看到了红军大有作为的机会，又从对赣南闽西具体情况的实际调查研究中发现了实现大片公开武装割据的范围正是赣南闽西这 20 多个县。

人们或许会注意到，不久之前引起毛泽东极大兴趣的东固根据地的“秘密武装割据”，前提是在革命势力十分薄弱、不足以与强大敌人作较量时的选择，因此他在东固时曾经作出决定，“抛弃固定区域之公开割据政策，而采取变动不居的游击政策”。显然，“秘密武装割据”是一个暂时的阶段，最后的归宿是在条件成熟的时机创造公开的割据。而在毛泽

---

① 《陈毅关于朱毛红军的党务概况报告（二）》（1929 年 9 月 1 日），中央档案馆编《中共中央文件选集》第 5 册，中共中央党校出版社 1990 年版，第 784 页。

② 《红军第四军前委给中央的信》（1929 年 3 月 20 日），《毛泽东军事文集》第 1 卷，军事科学出版社、中央文献出版社 1993 年版，第 54 页。

东看来，朱毛红军攻占长汀以后，这个时机已经到来，所以他不再提建立“秘密武装割据”，而是创建20余县的“公开苏维埃政权割据”，并且使之逐渐扩展，以与他在之前创造的井冈山根据地连成一片。

按照这一计划，毛泽东进而确定了红四军的近期作战计划：“红军第四军大概十天内尚在闽边工作，十天外须赴赣边瑞金、宁都一带游击。那时须看湘赣战局的形势，从有利于红军的发展及有利于工农群众发展的标准上去决定行动。或再回闽边，或在赣南作较久时间的游击，或往吉安去接近国民党的战区。”① 毛泽东这项安排是根据上述创造赣南闽西20余县“公开割据”计划所作的具体部署，全部游击行动都在赣南闽西这一区域。后来的行动也完全遵循了这一部署。

毛泽东这份向中央的报告特别强调：“惟闽西赣南区内之由发动群众到公开割据，这一计划是决须确立，无论如何，不能放弃，因为这是前进的基础。”为了保证这项计划的实施，毛泽东要求福建省委立即派遣闽西特委的领导干部到长汀指导工作，以加强长汀党的领导，同时建议中央特别要加强和重视福建、浙江、江西三省的工作，认为在南方各省中此三省统治力量非常薄弱，希望在这三省首先创造“公开割据”，因为“三地统治势力既弱，又通海口，这是值得注意的”②。

红四军前敌委员会在长汀召开的这次会议作出的决定，以及毛泽东这份不过2600字的报告，反复强调的是蒋桂战争、夺取群众、赣南闽西、闽浙赣三省、公开割据等关键词，显示其思考的问题与关于朱毛红军的规划，已经不同于井冈山时期局限于罗霄山脉中段政权的考虑，远远超越了红四军本身的意义。

毛泽东以他敏锐的思考捕捉到了一个极为重要的时机。他的视野已经从一个地区、一个省拓展到了夺取全国革命胜利的高度。他从全国政

① 《红军第四军前委给中央的信》（1929年3月20日），《毛泽东军事文集》第1卷，军事科学出版社、中央文献出版社1993年版，第54页。

② 《红军第四军前委给中央的信》（1929年3月20日），《毛泽东军事文集》第1卷，军事科学出版社、中央文献出版社1993年版，第54页。

局的变化以及闽浙赣各省的主客观力量的对比，发现并把握了蒋桂战争爆发给红军的发展以及创造新的“公开割据”所造成的有利时机，从而提出了这一战略计划和行动方针。

这就表明，毛泽东在井冈山提出的“工农武装割据”理论的基础上，对中国革命的特点和道路有了进一步的认识，提出在全国有条件的省份大力创造小区域的苏维埃政权和红军，并把这项工作视为“一般工作的重心”，显示其萌发中国革命首先占领农村而后及于城市的思想。人们可以清晰地看到，毛泽东、朱德率领这支不过 3000 人的队伍，历经失败的沮丧和胜利的欢乐，来到长汀这座古城之时，已然完成了由井冈山出山以来最为艰难的一段征程，站到了一个转折点上。这个“转折点”，是毛泽东由创建井冈山这个中国第一个农村革命根据地向以赣南、闽西为核心地区创建更为强盛范围更为宽广的中央革命根据地的历史转折点，是毛泽东由在井冈山创立“工农武装割据”理论向“农村包围城市”这一中国革命道路理论迈出重要一步的历史转折点，是中国革命历史的转折点，具有极其重要的历史意义。

3 月 20 日红四军前委扩大会议前后，蒋桂两派军阀的冲突进一步激化。3 月 18 日，蒋介石不顾汪精卫、李宗仁的反对，自行召开国民党第三次代表大会，开除桂系首脑李宗仁、白崇禧、李济深的国民党党籍。3 月 21 日，蒋介石又囚禁李济深于南京汤山，同时发表宣言，决计武力对付武汉政治分会。于是白崇禧由北平急飞武汉，宣布反蒋。3 月 27 日，蒋介石也亲自出马，坐镇九江，指挥朱培德、刘峙、韩复榘等部向两湖进攻。于是，蒋桂两派军阀混战愈趋激烈，全国政治形势急剧变化。

在这样的局势下，红四军前敌委员会按照 3 月 20 日扩大会议的计划，决定趁势回师赣南，发展红色区域，相机与湘赣边界的割据区域相连接，恢复井冈山革命根据地。

1929 年 4 月 1 日，毛泽东、朱德结束了在长汀 17 天的工作，率领红四军离开汀州，开赴江西瑞金。

第四章 红四军第二次入闽与闽西苏区的创立

一 前委瑞金会议与“闽西六县游击计划”

红四军4月1日由汀州到达瑞金。以后的45天内，红军从瑞金开到于都、东乡、兴国、宁都，于5月15日重返瑞金。在此期间，红军每到一县，即分散到各乡村，以集中与分散相结合的方法，在赣南地区打开了局面。这就迫使国民党江西省主席朱培德再次派出重兵，开赴赣南“剿匪”。半个多月以后，毛泽东在福建永定向中央报告说：在赣南游击45天，朱培德又向红四军进逼，“一旅由赣州进雩〔于〕都，一旅由太〔泰〕和进兴国。一路由抚州进宁都，瑞金由抚州来的是王均师李文彬部，我们在瑞金但未游击”①。红四军甩开国民党军，转向闽西龙岩，第二次入闽。

事实上，国民党军的进攻，并不是红四军退出宁都经瑞金第二次入闽的主要原因。早在3月20日汀州前委扩大会议上，前委就已经作出计划，红四军到赣南游击一段时间以后，根据“湘赣战局的形势”，再确定返回闽西或留在赣南游击。另外一个重要的原因，而且是更加重要的原因，是闽西的局势发生了变化。

4月间，蒋桂战争已近尾声，桂系主力退守广西、云南，而桂系将领徐景唐在广东宣布独立反蒋。广东军阀陈济棠又受蒋介石收买，宣布

---

① 《红军第四军前委书记毛泽东给中央的报告》（1929年6月1日），中央档案馆编《中共中央文件选集》第5册，中共中央党校出版社1990年版，第682页。

讨伐徐景唐。粤桂之战影响到福建，驻守龙岩的国民党陈国辉旅奉命入粤讨桂，闽西地区革命势力趁势而起。在这样的局势之下，中共闽西特委书记邓子恢“便写了一份书面报告，将闽西两年来群众斗争和当时敌我情况，作了详细报告，并建议红四军再来闽西。此报告送到后，毛泽东同志即于5月间率红四军从四都再度入闽”①。5月19日毛泽东率部抵长汀四都，5月20日渡过汀江。

红四军在撤离瑞金之前召开了一次重要会议。在这个会议上，林彪对毛泽东提出的关于红军的行动方针和“一年争取江西”的计划表示反对，因而受到毛泽东的批评。关于这次会议，毛泽东在1930年1月5日给林彪的信中专门提及：“对于时局的估量和伴随而来的我们的行动问题。我从前颇感觉、至今还有些感觉你对于时局的估量是比较的悲观。去年五月十八日②晚上瑞金的会议席上，你这个观点最明显”③。这里所指这个会议，是在撤离瑞金之前召开的前委扩大会议。

毛泽东与林彪的意见分歧，一是对时局的估量，革命高潮是否很快到来；二是与之相关联的红军行动，是否赞成一年争取江西的计划，以及由创建农村根据地促进全国革命高潮。这一分歧从毛泽东对林彪的批评可以看出：

> 我知道你相信革命高潮不可避免的要到来，但你不相信革命高潮有迅速到来的可能，因此在行动上你不赞成一年争取江西的计划，而只赞成闽粤赣交界三区域的游击；同时在三区域也没有建立赤色政权的深刻的观念，因之也就没有由这种赤色政权的深入与扩大去

① 《邓子恢自述》，人民出版社2007年版，第67页。

② 此处时间有误。关于这个会议的时间，按照《新晨报》1929年6月9日第11版特约记者“望庐”5月31日的报道，朱毛红军在5月17日即已退出瑞金，5月19日抵长汀四都，5月20日渡过汀江。这一记述同后来红军的行动日程相一致。另据1929年7月13日中共闽西特委《闽西代表大会主席团向省委报告》，“红军第四军自五月十七日由瑞金向闽西工作，到现在差不多二月了”。这些均说明这次会议的时间应该是在5月17日之前。

③ 《毛泽东给林彪的信》（1930年1月5日），中央档案馆编《中共中央文件选集》第6册，中共中央党校出版社1989年版，第553页。

促进全国革命高潮的深刻的观念。[①]

关于林彪对形势的悲观估量，毛泽东认为同中央“二月来信”有关系，认为这封信的“精神是不好的，这封信给了四军党内小部份〔分〕同志以不良影响，即如你也似乎受了些影响”[②]。

实际上，针对一些人对形势的悲观估量，毛泽东已经在4月5日给中央“二月来信”的复信中作了回答，而林彪却还一直坚持着这种悲观的论调，这种悲观情绪甚至一直左右着林彪的行为。

毛泽东向林彪指出：你虽然没有走上盲动主义的错误道路，“但你似乎有另一方面缺点，就是把主观力量看得小一些，把客观力量看得大一些，这亦是一种不切当的估量，又必然要产生另一方面的坏结果”。其原因，是由于没有看清楚中国革命的主观力量虽然弱，但是统治阶级的力量也是很薄弱的；大革命失败以后的主观力量尽管大为削弱，剩下一点小小的力量，但是“它的发展是很快的，它在中国的环境里不仅是具备了发展的可能性，〈简〉直是具备了发展的必然性”；而且还没有看清楚客观力量的本质，过分夸大统治阶级，以至于在井冈山第三次“会剿”到来之时，有些同志又提出“红旗到底打得多久”的疑问。而其实，英、美、日在中国的争斗已经十分露骨，蒋、桂、冯各派军阀混战的形势已经形成，“实质是反革命潮流开始下落，革命潮流开始复兴的时候”。但是这个时候不仅是地方党和红军党内存在有悲观的心理，就是中央也不免被那种表面上的客观情况所迷惑，发生悲观的论调，“二月七日中央来信就是代表那时候党内悲观分析的证据”。[③]

毛泽东批评林彪看不清形势，被悲观的情绪所左右，不相信中国革命高潮很快就要到来，不赞成在闽粤赣三省边区创造巩固的农村根据地，

---

① 《毛泽东给林彪的信》（1930年1月5日），中央档案馆编《中共中央文件选集》第6册，中共中央党校出版社1989年版，第553页。

② 《毛泽东给林彪的信》（1930年1月5日），中央档案馆编《中共中央文件选集》第6册，中共中央党校出版社1989年版，第560页。

③ 《毛泽东给林彪的信》（1930年1月5日），中央档案馆编《中共中央文件选集》第6册，中共中央党校出版社1989年版，第555—556页。

由此逐渐扩大，实现一年争取江西全省政权的计划。

对于这一计划，毛泽东在会上作了详细说明。毛泽东从蒋桂战争爆发、统治阶级内部发生分裂说起，对南方各省主客观力量与形势作了分析，认为广东、湖南两省买办地主的军事势力太大，湖南则因为党内盲动错误，党内外群众所剩无几。而福建、江西、浙江是另成一种形势，首先是这三省敌人势力薄弱，其次是三省盲动错误比较少，闽赣两省的党和群众基础都比湖南好，特别是江西，赣北、赣西、赣南的革命势力日益发展，赣东方志敏部红军并没有被消灭，这就形成了向南昌包围的形势。

根据这样的分析，毛泽东重申过去前委提出的"一年内夺取江西"的意见。这个计划，在 4 月 5 日瑞金前委会议上提出，随后又在 4 月 11 日于都前委扩大会议上作出决议，当时并没有什么人反对，"虽然有同志觉得这个决定太乐观太空洞，太不估量主观客观情势是否可能，但觉得江西党天然是一个夺取江西的任务，则这个决定也是可以的"①。

可见，林彪在口头上是赞成这一计划的，但是在随后的行动中都表现出了消极和抵触，不积极做创建根据地的艰苦工作，热心于流动游击，以至于在瑞金前委扩大会议上公开反对毛泽东的意见。

出席这次会议的陈毅后来在谈到这次会议时，还记得林彪说了这样一些不赞同毛泽东意见的话：你这个估计不正确，我不同意一年争取江西的计划。湖南你再说不行，湖南人他愿意当兵，我们这个队伍到湖南就扩大了队伍，我们队伍一到江西却没有一个江西老百姓愿意当兵，我们到福建，福建当然有苏区，但是也没有一个人愿意当红军，红军根本就不能扩大，怎么还说要夺取江西一省？不能做这个估计。我们有什么办法去打南昌？敌人有一个旅、两个旅尾追，我们就要避免作战，搞得我们马不停蹄，怎么还说要夺取南昌，夺取江西？这是高调，我不

① 《陈毅关于朱毛红军的党务概况报告》（1929 年 9 月 1 日），中央档案馆编《中共中央文件选集》第 5 册，中共中央党校出版社 1990 年版，第 783 页。

同意。[①]

在陈毅的记忆中，林彪主张把队伍分散打游击，采取流动游击的办法，争取群众，扩大声势，等待一个很长的时间之后再说，不必去做耐心艰苦的建立政权的工作。

毛泽东完全反对林彪这种不重视根据地建设的流寇主义，对林彪提出了严肃的批评："似乎你认为在距离革命高潮尚远的时期做建立政权的艰苦工作为徒劳，而有用比较轻便的流动游击方式去扩大政治影响，等到全国各地争取群众的工作做好了，或做到某个地步了，然后来一个全国暴动，那时把红军的力量加上去，就成为全国形势的大革命。你的这种全国范围的、包括一切地方的、先争取群众后建立政权的理论，我觉得是于中国革命不适合的。你的这种理论的来源，据我的观察，主要是没有把中国是一个帝国主义最后阶段中互相争夺的半殖民地一件事认清楚。"[②]

毛泽东这段话，虽然是在前委瑞金会议半年多以后（1930 年初）所写，但毛泽东所批评的错误，正是林彪在瑞金会议上所坚持的观点。不过，毛泽东的主张和计划，已经被前敌委员会通过并作出决议，确定以闽西、赣南、湘赣边三区域为游击区，争取群众开展土地革命，建立苏维埃政权。先前已由彭德怀率领红军五军前往湘赣边区，红四军亦已完成在赣南的游击任务，下一步的行动是前往闽西，应该采取何种计划，则须作具体研究。

前敌委员会对闽西的形势作了分析，认为闽西南地区的国民党军张贞和陈国辉部主力目前被调往广东讨桂，防务空虚，可以乘虚而入，一举取胜。但在具体计划上有三种不同的主张。第一种主张是利用两广战争的机会，红军开赴粤东地区消灭张贞，"造成东江割据，趁蒋桂决斗而渐扩大割据于全粤境"；第二种主张是攻取漳州"使红军的政治影响扩

① 《陈毅同志"九·一三"以后的讲话》，记录稿，1971 年 10 月下旬。

② 《毛泽东给林彪的信》（1930 年 1 月 5 日），中央档案馆编《中共中央文件选集》第 6 册，中共中央党校出版社 1989 年版，第 553—554 页。

大”；第三种主张以为入粤攻打张贞没有取胜把握，如果政局发生变化将陷红军于进退两难的境地，而打漳州“是一个军事冒险”，因漳州尚有守军一个旅，红军又缺乏攻城的炮兵，即使攻下也难持久，如若“敌人由广东回军，我必陷于绝境”①。

研究再三，前敌委员会确立了在闽西六县的游击计划。陈毅向中央报告说：

> 前委主张红军在闽西七县游击，一面整顿红军，一面帮助闽西党之改造，一面发动七县群众斗争，定两个月工作计划，无论蒋桂两方胜利如何，我们有了七县广大群众可以应付。在红军从一月至五月皆在长途奔波中，应该有相当休息。②

陈毅在此报告中没有列出在闽西七县游击的县名，而在他同一天写的《关于朱毛军的历史及其状况的报告（一）》中，则是说“红军乃于五月中旬第二次入闽西，正值张贞入粤讨桂，红军决定汀州，上杭，连城，永定，龙岩，武平六县游击计划，至七月初复扩大至漳平，宁洋一带直至现在”③。由此判断，朱毛红军第二次入闽之前在瑞金前委会议上制定的应当是“六县游击计划”，到了闽西以后，根据实际情况改为“七县游击计划”。

前敌委员会在作出这一决定之时，赣军李文彬部已经逼近瑞金。朱毛红军立刻付诸行动，向闽西边境进发。天雨路滑，山路崎岖，红军不敢停歇，一路急行军，越过武夷山脉，再次进入闽西长汀境内。红军的路线与两个月前第一次入闽相同，再次抵达四都镇。不过，此次入闽的目的地已不是长汀，而是闽西重镇龙岩。

朱德后来回忆说，打仗就要挑选敌人最薄弱的一环。这次入闽，“偏

① 《陈毅关于朱毛红军的党务概况报告（二）》（1929年9月1日），中央档案馆编《中共中央文件选集》第5册，中共中央党校出版社1990年版，第784页。

② 《陈毅关于朱毛红军的党务概况报告（二）》（1929年9月1日），中央档案馆编《中共中央文件选集》第5册，中共中央党校出版社1990年版，第784页。

③ 《陈毅关于朱毛军的历史及其状况的报告（一）》（1929年9月1日），中央档案馆编《中共中央文件选集》第5册，中共中央党校出版社1990年版，第756页。

巧福建军队从沿海开到前线”，给了红军出击的机会。他和毛泽东率领的红军“掠过长汀，发动闪电式的攻击，一举便攻占了福建军队的补给基地龙岩”①。

二 红四军二次入闽与陈国辉的覆灭

1929年5月19日，毛泽东、朱德率领红四军由瑞金二次入闽，抵达长汀四都，击退尾随追击的国民党赣军李文彬旅，继续东进。从四都往东，是长汀县的另一个大集镇濯田，再往前行就是闽西第一大江汀江，渡过汀江，便可直抵闽西腹地。

毛泽东在到达濯田即将强渡汀江之前，写好两封信，派副官宋裕和先行出发。一封交中共闽西特委书记邓子恢，告诉他红四军正向龙岩开进，闽西特委必须作好准备，约定5月22日在上杭县蛟洋会面，协同攻占龙岩。另一封送交闽西地方红军第五十九团团长傅柏翠，要求他在连城庙前等候，那里是红军前往龙岩的必经之地。

5月20日，红四军冒雨急行军，抵达汀江渡口。正是春汛时节，江面宽阔，流水湍急。红军官兵紧急寻觅征集到9条木船，强行渡江。当最后一只渡船把红军送到东岸，赣军追击部队刘士毅旅也已紧随其后赶到了西岸。为阻止敌军渡江，红军士兵不得不将渡船破毁。红军摆脱敌人追击之后，稍事休整，第二天继续东进，直抵连城庙前，见到了闻讯赶来的傅柏翠和闽西地方红军第五十九团党代表曾省吾。

傅柏翠回忆到这次与朱毛见面的情况时说，“五月二十一日我率教导队驻扎芦园游鱼坝，黄昏时，突然接到庙前一位农民送来的刘安恭、朱德、毛泽东三同志的联名信。信的大意是，红四军已入闽，部队到了庙前，请速来商酌有关事宜。接信后我和曾省吾顾不上吃晚饭，准备好灯照，即随送信来的人到庙前去了”。傅柏翠说，毛泽东向他详细询问了闽

---

① ［美］艾格妮丝·史沫特莱：《伟大的道路——朱德的生平和时代》，梅念译，胡其安、李新校注，生活·读书·新知三联书店1979年版，第298页。

西敌我双方的力量分布和群众的基本情况之后，告诉他红四军的行动计划，同时告诉他江西国民党派出的李文彬一个旅一直紧紧尾追红军，因此要求傅柏翠带领地方武装阻击尾追之敌四个小时，同时要把尾追敌人的行动情况火速交龙岩县委转告给他，以便随时掌握敌情，两天之后再赶去龙岩会面。①

第二天，5 月 22 日，毛泽东、朱德一大早就集合队伍向龙岩开进。他们在古田停留两三个小时，傍晚时分抵达距离龙岩十多公里的小池镇。

设立在上杭的中共闽西特委为迎接朱毛红军到来，同样在作各种紧张的准备工作。特委书记邓子恢回忆说："我接信后即召开特委紧急会议，认为红四军再度入闽，不仅将大大开展闽西革命局面，而且对当时唯一的红军主力击退敌人壮大自己有利，因此，特委即分头派人通知岩、杭、永、汀、连、武各县准备暴动，配合红四军入闽作战。"②

开完特委紧急会议，邓子恢即一路步行追赶红四军，沿途召集区乡党组织布置暴动。在短短两三天内，闽西龙岩、永定、上杭三县农民群众闻风而动，纷纷响应。邓子恢这一计划的目的是要达到"四处造成骚动局面以导〔牵〕制敌人"③，迫使尾追朱毛红军的赣军望而却步，帮助红军脱离危险。

驻守龙岩的是福建省防军第一混成旅，全旅共三个营、六个补充营，其成分多为土匪，战斗力低下。5 月间，旅长陈国辉率主力开赴广东，参与讨伐反叛蒋介石的桂系将领徐景唐。余部第一营驻守漳平、宁洋，第一补充营驻守龙岩外围之龙门、白土。留守龙岩城的是第六补充营及特务连和机枪连，统由参谋处长庄凤骞坐镇指挥，兵力不足 500 人。

龙岩地方共产党组织早已经把陈国辉的防务情况及兵力分布侦察清楚，向红军作了报告。红军在到达龙岩城外小池镇时已是晚上，休整几

---

① 《傅柏翠同志谈闽西早期革命斗争的一些情况》（未刊稿），福建省博物馆记录整理，1978 年。

② 《邓子恢自述》，人民出版社 2007 年版，第 67 页。

③ 《中共闽西特委报告——闽西斗争形势和组织状况》（1929 年 8 月 28 日），中央档案馆、福建省档案馆编《福建革命历史文件汇集》甲 8 册，1986 年内部版，第 118 页。

个小时，第二天凌晨向龙岩展开攻击，上午九点战斗结束。这一仗，不管对红四军本身，还是对闽西地方共产党组织，以及国民党军政当局，震动巨大，各方都立刻做出了反应。这里不妨分别照录，从中可见这次规模并不大的战斗何以牵动各方神经。

朱德在战斗结束当天，即向中共中央报告："我们因为实行游击战略的缘故，于本月十四日由瑞金退出，经濯田、新田、小池直到福建的龙岩，袭击陈国辉后方，已于二十三日午前九时占领龙岩城，缴陈部步枪数百支，机关枪数挺，子弹无算。陈之残部百余人向漳平方面退却。"①

龙岩战斗三天之后，中共永定县党部大量印发的一份《红军捷报》更为具体地列出了红四军夺取龙岩的战绩："活捉营长一人、连排长九人、士兵三百二十四人，打死敌方官兵九十余人，缴获水机关枪二挺、驳壳二十三支、步枪五百四十九支、步枪子弹三十五担、迫击炮弹九担"。除此之外，这份捷报还从闽西地方革命势力发展的角度，对此次胜利之后的影响寄予莫大的希望："红军第四军前次打死郭凤鸣，此次又打败陈国辉。望闽西各县工农群众，奋起肃清闽西反动势力，建设工农兵政权，减低谷价，废除债务，分配田地，停止捐税。共产党领导的红军，当用全力为闽西工农群众之助。"②

国民党军政当局为龙岩败绩甚为气恼，福建省政府在5月27日向蒋介石发出告急电报，电报开头标明"国急！限即刻到"。可见其心境已是急不可耐。这份急电历数"朱毛共匪"入境闽西滋扰长汀、上杭、龙岩的行动，向蒋介石报告说，5月23日早晨，"朱毛联合本地共匪千余人攻入龙岩城，我部驻城内之第四营及特务一连众寡难敌，损失甚巨，失枪百余，机枪二尊及辎重尽失"，同时又说朱毛红军与江西李文林部人数约八千，枪七千余，铣（16日）由赣南复犯闽西，而闽西守军兵力单薄，

① 《朱德来信》(1929年5月23日)，中共江西省委党史研究室等编《中央革命根据地历史资料文库·军事系统》，第9卷，中央文献出版社、江西人民出版社2015年版，第23页。

② 《红军捷报》(1929年5月26日)，中共龙岩地委党史资料征集领导小组、龙岩地区行政公署文物管理委员会编《闽西革命史文献资料》第2辑，1982年内部版，第91页。

恳请电令在粤作战之陈国辉旅“克日回闽负责力剿，毋使滋蔓”。[①]

显然，国民党福建当局夸大了红四军的实力，但又刻意少报了龙岩守军的败绩，向蒋介石乞怜求援。国共双方对同一次作战的不同描述，不管其文字表述如何不同，都表明了此次战斗影响的深远。

红四军一鼓作气强渡汀江，直下龙岩，其主要目标并不在于占领龙岩这个城市，而是执行前敌委员会在入闽之前制定的“闽西六县游击计划”，消灭敌有生力量，打开闽西局面。郭凤鸣旅被击溃之后，其余部退据上杭，战斗力已经受到重创，对红四军不再构成很大威胁。据守龙岩的陈国辉旅尚具实力，必须加以歼除，才能扫除朱毛红军纵横闽西的障碍。龙岩一仗轻易获胜，是因为陈国辉主力并不在龙岩，粤东战事告一段落，龙岩又受红军袭击，陈国辉必定赶回闽西援救。红四军乃决定主动撤出龙岩，诱使陈国辉轻敌返回，再找时机将其歼灭。因此，红四军在 5 月 23 日上午占领龙岩后并没有停留，当天下午即退出城外，转向永定进军。

急于见到毛泽东、朱德的邓子恢总是赶不上行动飘忽快捷的红军。当他从上杭星夜赶赴蛟洋，朱德、毛泽东却已由古田直下小池；第二天他赶赴小池时，红军却又已进占龙岩。他后来在回忆到这段经历时说：“第二天我过大池时又闻红军已进占岩城，我当即在大小池沿途召集区委布置暴动，没收、分配地主及反革命粮食衣物，烧毁契约，宣布抗粮、抗捐、抗税、抗租、抗债，成立区革命委员会等工作。等我到达龙门圩时，红四军又从岩城退出，此时我才与毛泽东、朱德诸同志见面。”[②] 毛泽东、朱德是第一次与邓子恢见面，而且是在这样一个场合，彼此留下的印象都十分深刻。邓子恢从来没有见过如此壮观的红军部队，极为兴奋。他跟随毛泽东、朱德一起向永定方向前进。

在行军路上，毛泽东向邓子恢介绍了红四军的行动计划，邓子恢也

① 《福建省政府给蒋介石等电报》（1929 年 5 月 27 日），原件存中国第二历史档案馆。

② 《邓子恢自述》，人民出版社 2007 年版，第 67 页。

汇报了闽西近几年来的斗争情况。毛泽东向邓子恢指出，要重视武装建设，尽快建立起一支政治上坚定、组织上巩固、军事上有坚强战斗力的地方红军，这是保证革命胜利、建立革命根据地的基本条件。邓子恢也感到，由于闽西武装力量薄弱，几次斗争都经不起敌人的武装进攻而失败，向毛泽东要求从红四军调一些有才干的军事干部和武器，加强闽西地方武装。毛泽东一向重视地方武装建设，就在这行军的途中答应了邓子恢的请求，不久就调了一批干部和武器支持闽西地方红军。

龙岩到永定相距七八十公里，朱毛红军从龙岩撤出已是傍晚时分，当天宿营于永定县坎市。这是一个大集镇，是闽西地区为数不多的物资集散地之一。毛泽东领导的前委机关和朱德的司令部分别安顿在繁华街道两个商铺里。朱德宿营的这个商铺名为“裕源店”。他把全军安顿好之后，当天给中共中央写信，报告红四军从瑞金出发袭击龙岩的情况，以及下一步的行动计划。他向中央报告说：“我们以消灭闽西反动势力发动闽西工作，及参加粤闽赣三省农村土地革命之目的，决于今晚星夜出发袭击永定（永定为张贞总兵站所在）。”①

朱德在这封信里特别注明，永定是国民党军新编第一师张贞部的总兵站。张贞是福建国民党军队五部之一，师部驻漳州，其主要兵力也布防于闽南地区，永定是其后方兵站，守备虽无重兵，却是其软肋之要害。更为重要的是，永定县张鼎丞领导的共产党地方组织在闽西各县建立最早，也最有力量，一年以前即已发动过全县规模的暴动，建立过一些区乡的苏维埃政府，并且开始实行土地革命，在福建全省引起很大的震动。而且，永定与粤东相邻，攻占永定，必定波及广东，影响更为深远。朱毛红军攻取龙岩之后不留驻于龙岩而转向永定，是非常高明的决策。

朱德司令部所在的裕源店是一座三层楼房，这在那个年代是很豪华的“洋楼”了。在这座楼房里，除了朱德和他的新婚妻子康克清，楼上

---

① 《朱德来信》（1929 年 5 月 23 日于行营），中共龙岩地委党史资料征集领导小组、龙岩地区行政公署文物管理委员会编《闽西革命史文献资料》第 2 辑，1982 年内部版，第 81 页。

楼下安排了司令部人员和刘安恭的临时军委有关人员，并且住满了大批红军官兵。这些年轻的革命军人已经养成一个习惯，每到一处宿营总要在驻地写上许多标语和宣传文字。这一天到了坎市，尽管只在这里住宿一个晚上，也在墙壁上用毛笔写下了许多标语和宣传文字。其中最引人注意的是一首“三条纪律八项注意歌”的歌词：

红军纪律最严明，要保护工农们，这是大家的责任。买东西要公平，保护小商人，工农与兄弟，劳苦更相亲，说话要和气。出发和宿营，样样要记清，上门板，捆稻草，房子扫干净，借东西要送还，损坏要赔人，大便找厕所，洗澡避女人。三条纪律，八项注意，大家照此行。①

了解朱毛红军历史的人都知道，毛泽东在井冈山给这支新生的红军队伍规定了“三条纪律，六项注意”。1929 年初红四军在向赣南闽西进军途中，官兵们在恶劣的环境中行军作战，生活上不免马虎，随处大小便或光着屁股洗澡也在所难免。毛泽东担心这些不雅的行为引起群众不满，于是又加上两条，这就是“大便找厕所，洗澡避女人”。从此，原来的六项注意成了“八项注意”。虽然后两项“注意”一直没有正式列入军队条令，却反映了那个时期的历史条件下加强人民军队建设的一个方面。

离开坎市，朱毛红军继续向永定进发。中共福建省委委员、永定县党和地方红军领导人张鼎丞领导的永定县红军游击队，早在一个多月以前就已经开始行动，原先分散隐蔽在各地的武装骨干集中起来，首先向通往永定县城水陆交通枢纽的湖雷镇发起攻击，重创驻守在湖雷的地方民团，控制了这一战略重镇。

有了张鼎丞武装的帮助，朱毛红军迅速占领湖雷，进而直抵永定。5 月 25 日，红四军只出动了第二、三两个纵队就占领县城，把守城的县长

① 保存有这首红军歌词的永定县坎市镇“裕源店”旧址，因为 1988 年一场洪水损毁已不复存在，永定县博物馆将歌词复制陈列于该馆。近年我们在永定县虎岗镇一居民旧房墙上又发现一份红军在当年写下的同样的歌词。

余辉照和民团一直赶到了靠近广东的峰市。5 月 27 日，永定县革命委员会成立，推举张鼎丞为主席。

红四军在短短七八天内长驱数百里，从赣南直下闽西，连克龙岩、永定，闽西民众深受鼓舞。特别是龙岩县和永定县，四乡农民在红四军的帮助下，收缴反动武装，建立区乡红色政权。永定溪南、龙岩白土、上杭北四区等曾经举行过暴动的地方，直接产生了苏维埃政府，其他许多乡村也相继建立革命委员会，领导农民开展土地革命。

红四军转向永定之后，退往漳平永福的陈国辉残部于 5 月 25 日返回龙岩，同地主民团及保商团勾结起来，企图重新恢复他们的统治。红四军前委在永定获知这一情况，研究了形势，认为张贞和陈国辉的主力尚在广东，暂时难以赶回龙岩援救；龙岩城里守敌只是败窜回来的残部，战斗力已大大削弱；而龙岩、永定农村的土地革命运动方兴未艾，正需要红军给以有力的支援。因此，前敌委员会决定，以第三纵队攻打龙岩，调动陈国辉主力回援，待机歼敌；第一、第二纵队分别在永定坎市和龙岩西郊龙门一带深入发动群众，扩展斗争区域。

6 月 3 日拂晓，红四军第三纵队与闽西地方红军相配合，发动了第二次攻打龙岩的战斗。部队分南北两路，首先占领周围山头，然后向西门进攻。城内守敌只有第一补充营与特务连残部，兵力单薄，士气不振。刚一接火，敌第一补充营首先溃散，出东门逃窜；剩下的特务连也抵挡不住，再次逃往漳平永福。第三纵队入城以后，配合地方武装肃清反动派，没收地主土豪财产，分配给穷苦工农。

红四军二占龙岩，使得正在广东参加军阀混战的张贞、陈国辉大为震惊。陈国辉立刻率其主力，急如星火地返回闽西。红四军前委在龙门获知这一情况，命令第三纵队与傅柏翠领导的闽西红军第五十九团撤出龙岩，会同第二纵队到达大池集结；第一纵队撤离坎市，向上杭大洋坝集结；龙岩县革命委员会机关与赤卫队撤到白土隐蔽。前委的这一部署，目的在于给陈国辉让出大路，留下一座空城，以便在适当的时机歼灭之。陈国辉以为红四军不敢与之作战，益形骄横，率部于 6 月 5 日抵永定坎市，6 月 6 日上午开回龙岩城。①

实际上，前委这时已经根据新的作战部署，率领全军及闽西地方红军进入上杭县境内，包抄驻白砂之敌钟铭清团。白砂是上杭东北部的一个大集镇，也是通往龙岩的咽喉要冲。郭凤鸣在长汀被红军击毙后，由其团长卢新铭接任旅长，收拾残部，退据上杭。红四军两次攻占龙岩前后，卢新铭派遣钟铭清团（实际兵力约一个营）驻守白砂，其前锋伸向古田、大池，威胁红军侧背，以图配合陈国辉夹击红四军。因此，红四军前委决定集中优势兵力，出其不意，各个击破，歼灭钟铭清部。

6 月 7 日凌晨，红四军和红五十九团按照计划分三路向白砂出击。毛泽东、朱德率领第二、三两个纵队居中，向白砂正面突击；第一纵队为左翼，从大洋坝直扑白砂；红五十九团为右翼，经苏家坡迂回南进。钟铭清团对红军的动向毫无所知，当遭到突如其来的打击后措手不及，仓促应战一阵便纷纷溃退。钟铭清在混乱中带了 20 多名随从落荒逃回上杭。

这一仗，前后仅仅一个多小时，俘敌 100 多人，缴获枪 100 余支、火炮 2 门，摧毁了卢新铭旅在上杭东北部的据点。随后，红四军乘胜追击，又先后在回龙、千家村追歼卢新铭残部。卢部从此固守在上杭城，不敢再到农村活动。

白砂战斗以后，红四军为进一步迷惑敌人，造成向江西退却的假象，于 6 月 10 日开往通向赣南的连城县新泉。在新泉，红军一面休整，一面深入到周围农村，策应农民斗争，发动了震撼汀、连各县的连城南部十三乡暴动，建立连南革命委员会，从而迅速造成了连城南部广大区域的割据局面。

陈国辉率领主力不费一枪一弹回到龙岩，以为红军已经退向赣南，因此在城里大事铺张，举行“庆功祝捷”活动，对红军毫无戒备。前敌委员决定奔袭龙岩，彻底消灭陈国辉部。6 月 19 日拂晓，红四军分两路抢占了龙岩周围的高地。第三纵队首先在北门发起攻击，同时以一部分

① 参见《福建省政府给蒋介石、谭延闿电报》（1929 年 6 月 19 日）。原件存中国第二历史档案馆。

主力埋伏于东门外之东宫山上，以备袭击逃窜之敌；军部率第二纵队沿龙门大道向西门进攻；第一纵队则从南门攻城。

陈国辉部遭到红军的突然袭击，在一片混乱中匆忙组织应战。红军在城里与敌人展开激烈巷战，经过两个多小时的战斗，把敌人压缩在几个院子里。战士们向院内喊话，展开政治攻势。大部分敌人缴械投降，余部企图往东宫山方向逃窜，结果遭到红军伏击，全部就歼。陈国辉化装成士兵，混在逃兵中逃回闽南家乡。

红四军前后三次攻打龙岩的战斗，歼灭陈国辉部除驻防外地三个营以外的在龙岩的主力2000余人，“共缴步枪九百余支、迫击炮四门、水机关枪六架、手机关四架，陈国辉精锐部队损失过半”①。陈国辉经此打击，一蹶不振，不敢再到闽西。6月21日，龙岩县革命委员会成立，邓子恢任主席。②

朱毛红军5月18日从瑞金向闽西进军，执行“闽西六县游击计划”，到6月19日第三次克复龙岩，前后一个月，纵横于长汀、龙岩、永定、上杭、连城五县之间，基本实现了预先制定的战略目标。

毛泽东、朱德在龙岩城中心的中山公园召开庆祝胜利大会，追悼牺牲的先烈。龙岩全城万人空巷，大约有三万人把这个面积不大的公园挤得水泄不通。史沫特莱对这次集会作了这样的记述：

> 朱德和毛泽东在追悼牺牲人员的大会上都讲了话。参加大会的有整个龙岩地区的老百姓，他们从来没有听说过死难士兵还享有这样的荣誉。大会点起篝火，把缴获的鸦片烧掉，由朱德举行点火仪式。毛泽东对群众说，将来，自由的中国要纪念每一个在革命事业中牺牲的士兵和老百姓，他们的家庭可以领到抚恤金，他们的子女可以受到公费教育。③

---

① 《闽西工作报告》(1929年8月22日)，中央档案馆、福建省档案馆编《福建革命历史文件汇集》甲8册，1986年内部版，第99页。

② 参见《闽西工农斗争的形势》，《烈火》1929年第10期。

③ ［美］艾格妮丝·史沫特莱：《伟大的道路——朱德的生平和时代》，梅念译，胡其安、李新校注，生活·读书·新知三联书店1979年版，第298—299页。

朱德也即席发表演讲，他选择的是他在过去和后来重复了无数遍的同一个讲题，这就是中国人民革命斗争的历史。他从太平天国讲起，再讲到 1911 年的辛亥革命、1915 年发动反对袁世凯复辟的讨袁起义、1925 年反帝爱国的五卅运动，还讲到 1927 年的南昌起义。他虽然不是一个出色的演说家，在几万听众面前的声音甚至显得十分微弱，可是他尽量地选择人们通俗易懂的语言，而且不断地重复他的演讲，他“要求人民永远不要忘记自己乃是伟大、神圣的革命传统的后代，而这传统正是殖民地人民和全世界被压迫人民的解放斗争的一部分”①。

三　闽西苏区初步形成及各项建设

红四军在毛泽东、朱德领导下，巧妙地利用了军阀混战、敌人内部处于分裂状态的有利时机，在短短两三个月内两次入闽，采取分兵以发动群众、集中以应付敌人的战术，“坚决的帮助闽西群众暴动夺取政权深入土地革命，动摇了国民党的统治”②。红四军在闽西，先后占领汀州，三次攻打龙岩城，连克永定、白砂、旧县、新泉等重要城镇，击溃和歼灭郭凤鸣、陈国辉两个旅，在汀江以东的广大地区展开了以创造工农武装割据为目的的游击战争。在红四军的支持和鼓舞下，闽西党组织领导人民群众再次举行暴动，其范围和影响远远超过了 1928 年的斗争，土地革命的浪潮波及龙岩、永定、上杭、长汀、连城、武平各县。

经过将近半年的艰苦奋斗，闽西的革命局面大为改观。至 1929 年 7 月前后，初步形成了以上杭古田和龙岩大池、小池为中心区域的闽西革命根据地。在此期间，闽西各县党和群众组织迅速扩大，大部分区乡建

① ［美］艾格妮丝·史沫特莱：《伟大的道路——朱德的生平和时代》，梅念译，胡其安、李新校注，生活·读书·新知三联书店 1979 年版，第 298—299 页。

② 《四军前委关于目前政治的分析》（1929 年 9 月 12 日），中共龙岩地委党史资料征集领导小组、龙岩地区行政公署文物管理委员会编《闽西革命史文献资料》第 2 辑，1982 年内部版，第 222 页。

立了苏维埃政府或革命委员会，没收分配了地主阶级土地，建立了一支具有一定战斗力的地方红军和群众武装，从而基本完善了作为独立存在的苏维埃区域所必须具备的条件。

红四军二次入闽，首先是促进了闽西党组织的建设与发展。1928年闽西党组织最高的领导机构是中共闽西特委。同年冬，永定溪南斗争转入低潮以后，特委书记郭柏屏调离，其他成员返回各县工作，所以省委“将特委取消”。① 红四军首次入闽以后，福建省委根据闽西形势的发展，决定恢复特委，派巡视员谢汉秋于1929年3月底赶到闽西。4月中旬，谢汉秋在上杭召集长汀、上杭、武平、龙岩、永定等五个县的党代表会议，重新建立闽西特委，由邓子恢任特委书记，李任予为军委主席。②

特委恢复时，下辖5个县委，党员将近1000人。其中以龙岩、永定党员为最多，各300—500人；武平最少，不过10人。但经过几个月的斗争，扩大了党的影响，党的组织发展很快。据5月上旬统计，各县党员总数已达1400人左右。特别是长汀县，1928年只有几个党员，“过去可谓完全没有工作，此次红军入汀才开始发展”，“在红军影响之下有一日千里之势”，③ 仅十几天功夫，成立了县委，发展了6个支部和50多个党员。④

红四军第二次入闽以后，党的发展更快。1929年7月前后，闽西特委已辖有9个县级党委，即永定、龙岩、上杭、武平、连城、长汀6个县委和杭岩连边界、汀武杭边界两个特区委、红四军第四纵队党委，共

---

① 参见《中共福建省委给中央的组织报告》（1929年7月29日），中央档案馆、福建省档案馆编《福建革命历史文件汇集》甲5册，1985年内部版，第59页。

② 参见《中共福建省委给中央的组织报告》（1929年7月29日），中央档案馆、福建省档案馆编《福建革命历史文件汇集》甲5册，1985年内部版，第59页。

③ 《中共闽西特委报告》（1929年5月11日），中央档案馆、福建省档案馆编《福建革命历史文件汇集》甲8册，第49页。

④ 参见《中共福建省委给中央的组织报告》（1929年7月29日），中央档案馆、福建省档案馆编《福建革命历史文件汇集》甲5册，1985年内部版，第60页。

有党员近 3000 人，占当时全省党员总数 3700 余人的 4/5 以上。① 其中以龙岩发展最快，除适中、白沙、溪口一带边远区乡，全县都建立了党或群众组织，合计有 100 多个支部，党员 1000 人左右。② 永定次之，全县有 81 个支部，党员 512 人。③ 原来党的基础比较薄弱的武平县，也建立了 8 个支部，党员发展到 70 多人。④

随着斗争的深入，广大工农群众看到了团结和集体的力量，纷纷加入工会、农会。因此，红四军入闽以后，闽西工农群众组织如雨后春笋，迅猛发展。1929 年上半年，恢复并大大发展了 1928 年在白色恐怖下处于涣散状态的农会，仅红色区域就有 10 多万成年农民加入了公开的农民协会。农会不仅是党和红军在农村中坚强的助手，而且在尚未建立苏维埃政府的乡村，实际上起到了当地政权机关的作用。为了开展白区斗争，党在白区组织了秘密农会，至 1929 年 9 月底，“白色底下的秘密农会有很大的发展，长汀有农会 90 乡，会员 1822 人；武平有 30 余乡群众 2500 人；连城也有不少农会”⑤。

与此同时，闽西的职工运动也很有起色。由于闽西没有现代工业基础，工人力量十分单薄，1929 年以前，没有工人运动可言。只是到了红四军入闽以后，工人运动才蓬勃发展。其中以龙岩为最好，在县总工会

---

① 关于闽西的党员数，陈毅在 1929 年 9 月 1 日给中央的报告中说：“党员七月估计约有三千余人”。关于全省的党员数，1929 年 9 月 30 日《中共福建省委关于组织工作给中央的报告》统计为 3726 人，参见《福建革命历史文件汇集》甲 5 册，1985 年内部版，第 317 页。

② 参见《中共龙岩县委给福建省委的报告》(1929 年 7 月 9 日)，中共龙岩地委党史资料征集领导小组、龙岩地区行政公署文物管理委员会编《闽西革命史文献资料》第 2 辑，1982 年内部版，第 121 页。

③ 参见《中共永定县委报告》(1929 年 7 月 6 日)，中共龙岩地委党史资料征集领导小组、龙岩地区行政公署文物管理委员会编《闽西革命史文献资料》第 2 辑，1982 年内部版，第 118 页。

④ 参见《中共福建省委给中央的组织报告》(1928 年 7 月 29 日)，中央档案馆、福建省档案馆编《福建革命历史文件汇集》甲 5 册，1985 年内部版，第 63 页。

⑤ 《中共福建省委给中央的报告》(1929 年 9 月 30 日)，中共龙岩地委党史资料征集领导小组、龙岩地区行政公署文物管理委员会编《闽西革命史文献资料》第 2 辑，1982 年内部版，第 235 页。

之下，全县建立了16个工会，会员2000多人。在乡村有店员工会，在县城组织了秘密总工会，领导店员、染布、木匠、五金、理发、鞋业等秘密工会，会员约500人。在其他各县，永定成立了10个公开工会，会员200余人；上杭也建立了4个赤色工会，会员100余人。[①]

红四军入闽以后，中共闽西特委根据中央和省委的指示，与红军密切配合，在已经占领的区域内迅速摧毁反动政权，在条件成熟的地方直接建立苏维埃政府。在新发展地区，一般先建立临时权力机关革命委员会，在刚刚发动斗争的乡村，则由农民协会代替政府行使职权。1929年3月，红四军在长汀帮助建立了闽西第一个县级革命政权，即长汀县革命委员会。同年五六月间，又相继成立了永定、龙岩两个县革委会。随后，各级红色政权先后建立起来，至同年7月上旬，仅永定县就成立了4个区和66个乡的苏维埃政府。[②]

为了健全和加强苏维埃政权的建设，中共闽西特委于1929年8月15日颁发了《苏维埃组织法》，规定了苏维埃政府的性质和任务，提出了县、区、乡三级苏维埃政府的选举程序，以及各级政府成员的任期，从而第一次在闽西确立了人民当家做主的法规。至同年8月，“永定除太平里、胜运里外，其余都成立了苏维埃。龙岩已成立了区苏有：白土、东山、大小池、湖邦、黄坊、内外江山、西山等区。县前〔苏〕亦于本月十五日成立，举〔行〕代表阅兵典礼颇壮观”[③]。上杭县北四区和东五区、东二区也相继建立了苏维埃政权。

红色政权建立以后，党的基本任务是充分发动农民，实现土地革命，

---

① 参见《中共福建省委给中央的报告》（1929年9月30日），中共龙岩地委党史资料征集领导小组、龙岩地区行政公署文物管理委员会编《闽西革命史文献资料》第2辑，1982年内部版，第235页。

② 参见《中共永定县委报告》（1929年7月6日），中共龙岩地委党史资料征集领导小组、龙岩地区行政公署文物管理委员会编《闽西革命史文献资料》第2辑，1982年内部版，第118页。

③ 《中共闽西特委报告——闽西斗争形势和组织状况》（1929年8月28日），中央档案馆、福建省档案馆编《福建革命历史文件汇集》甲8册，1986年内部版，第136—137页。

彻底消灭封建剥削制度。红四军三打龙岩之后，毛泽东、朱德、陈毅签署发布了《红军第四军司令部政治部布告》，向闽西人民宣传党和红军的宗旨、任务，公布党的土地革命政策。布告规定："收租二百担以上的大地主家里的谷子及大公会（义仓外）的谷子，一概没收分与贫民"；废除工人农民欠田东的债务，"从今年起，田地归耕种的农民所有，不再交租与田东"。同时，闽西特委根据毛泽东的指示，颁发了土地革命的纲领。

1929 年 6 月，邓子恢首先在龙岩领导土地的没收与分配工作，其分田的政策是"根据 1928 年永定溪南里的经验，决定以乡为单位，将全乡农民原来所耕土地按人口平均分配，地主富农与雇贫农各得同样一份土地，中农自耕土地略多者可以不动。分配办法则采取按原耕抽多补少办法，不要打乱平分"①。为了取得经验，龙岩县委先在白土后田进行试点，然后各区乡普遍实行，前后不到一个月时间，土地即分配完毕。

同年六七月间，永定、上杭也开始分配土地。至 8 月底，永定县大部分区乡的土地分配完毕。上杭县稍迟十天左右也基本完成。至此，闽西红色区域完成了上百万亩土地的分配工作，大约 80 万农民获得了土地。土地分配以后，农民们欢天喜地，实现了千百年来梦寐以求的愿望。当时闽西特委的一份报告如实地记述了这一情况：在红色区域里，"契纸烧完了，田分了，谷子收起了，农民家里塞满了谷堆子，都愁没有谷仓存储，这里可以想见一般农民是如何心满意足了"②。

在发动群众彻底实现土地革命的同时，中共闽西特委及各县委吸取了 1928 年斗争的经验教训，特别重视武装建设。1929 年 3 月间省委巡视员谢汉秋到闽西恢复特委时，"便计划成立两个教导队……准备组织闽西红军。之后因人力、财力、环境关系，这个计划未实现"③。红四军第二次入闽时，毛泽东指示邓子恢，"要建立政治上坚定、组织上巩固、军事

① 《邓子恢自述》，人民出版社 2007 年版，第 69 页。

② 《中共闽西特委报告——闽西斗争形势和组织状况》（1929 年 8 月 28 日），中央档案馆、福建省档案馆编《福建革命历史文件汇集》甲 8 册，1986 年内部版，第 128 页。

③ 《中共闽西特委报告——闽西斗争形势和组织状况》（1929 年 8 月 28 日），《福建革命历史文件汇集》甲 8 册，1986 年内部版，第 137 页。

上具有坚强战斗力的红军”，指出这是保证革命胜利和建立人民政权的基本条件。[①] 6月6日，邓子恢在永定坎市召集特委扩大会议，讨论建立闽西红军问题，后来因为参加白砂战斗而作罢。

白砂战斗结束后，红四军前委在上杭旧县决定将长汀赤卫队、永定湖雷溪南游击队与部分土匪及北四区五十九团合编为红四军第四纵队第七支队，另将永定、龙岩、上杭东五区武装编为第四纵队第八支队，委傅柏翠为第四纵队纵队长，李任予为政治部主任兼纵委书记。[②] 6月中旬，第四纵队在新泉正式成立，6月下旬至7月上旬，集中于龙岩翁家花园编训20多天，形式上初具规模，有800余人，400多支枪。不久以后，李任予调第二纵队工作，改由原前委组织科科长谭震林任第四纵队政治部主任兼纵委书记；另外，由胡少海接任第四纵队纵队长，张鼎丞为党代表，罗瑞卿为参谋长。四纵队成立以后，编入红四军序列。

除了四纵队以外，闽西各县十分重视群众武装的建设。各县赤色区域发动群众收缴民团、豪绅武装，组织赤卫队。为了统一指挥，闽西特委于8月间将龙岩、永定、上杭三县赤卫队编成系统组织。永定县有赤卫大队24个，兵力2000余人；龙岩县有9个大队和1个特务大队，共2000余人；上杭县有4个大队，第一特区4个大队，第二特区1个大队。至9月上旬，闽西各县地方武装（包括第四纵队）“共有长枪三五六〇多支，短枪百多支。这种惊人的数目如把他好好的组织起来，算是一个很大的力量”[③]。

闽西各级党组织在红四军的帮助下，领导群众迅速把土地革命斗争引向高潮，从而在很短的时间内基本肃清了闽西的反动统治势力，创建了大片苏维埃区域。1929年8月28日，中共闽西特委在给省委的报告中，介绍了闽西苏维埃区域的情况：“目前形势是岩、杭、永三县打成一

---

① 《邓子恢自述》，人民出版社2007年版，第70页。

② 参见《中共闽西特委报告——闽西斗争形势和组织状况》（1929年8月28日），中央档案馆、福建省档案馆编《福建革命历史文件汇集》甲8册，1986年内部版，第137页。

③ 《中共闽西特委报告——闽西斗争形势和组织状况》（1929年8月28日），中央档案馆、福建省档案馆编《福建革命历史文件汇集》甲8册，1986年内部版，第140—141页。

片，龙岩之中、南、西三方（六坊、东山、马坑、白土、黄坑、湖邦、大、小池、铁石洋、平林社、陈坡西山）；上杭东、西、北三路（胜运、古田、白砂及西路各区）；永定之溪南里（只下溪南——小角尚为反动势力所霸踞）、中金丰、下金丰、太平里（只大排、坎市不是）、胜运里之下南区，长〔汀〕之下南区（畲心、南阳一带），这些地方现在都是赤色区域（有革委或苏维埃政权及赤卫队组织）。此外如龙岩之溪口一带，连城之新泉、庙前一带，斗争现在也正在发展。如会剿局面再和缓下去，则不久也必须成为赤色区域。"①

同年 9 月 1 日，陈毅在给中共中央的报告中介绍了闽西的形势，指出：1928 年春闽西暴动失败以后，仅存龙岩白土、上杭县蛟洋、永定县金丰里和溪南里四个"赤色区域"还在坚持斗争；而 1929 年红四军两次入闽西之后，扩大而成为长汀、武平、上杭、永定、龙岩、连城之六县游击区域，即"永定全县""龙岩东南西三面""连城南乡""上杭东北西区""武平长汀一部分"都成了赤色或游击区域。② 显示红四军二次入闽之前前委瑞金会议确定的"闽西六县游击计划"已基本实现。

① 《中共闽西特委报告——闽西斗争形势和组织状况》（1929 年 8 月 28 日），中央档案馆、福建省档案馆编《福建革命历史文件汇集》甲 8 册，1986 年内部版，第 126—127 页。

② 参见陈毅：《关于赣南、闽西、粤东江情况的报告（节录）》（1929 年 9 月 1 日），中共龙岩地委党史资料征集领导小组、龙岩地区行政公署文物管理委员会编《闽西革命史文献资料》第 2 辑，1982 年内部版，第 205 页。

第五章　闽西苏区在斗争中巩固

一　中共闽西第一次代表大会及土地革命政纲

第三次攻占龙岩以后，毛泽东、朱德领导红四军进行了短时间的休整训练。1929 年 7 月上旬，前敌委员会决定四个纵队全部出发，到各地分兵发动群众。第一纵队从永定坎市沿汀江上溯，然后再折返上杭、永定边界，会同第四纵队一起开展工作；第二纵队出发到连城新泉、姑田一带；第三纵队留在龙岩附近。这一系列大规模分兵活动，总的目标是巩固以古田、大池、小池为中心区域的革命根据地，肃清红色区域境内的反动武装，相机向连城北部、武平、宁洋、漳平发展。同时，前委确定下一步歼敌对象是闽南军阀张贞，计划在 8 月底前后把张贞的部队吸引到龙岩附近，予以沉重打击。

由于闽西红色区域刚刚形成，首要的问题是发展土地革命成果，扩大群众斗争，巩固苏维埃政权。为此，前敌委员会指示中共闽西特委召开苏区党代表大会，制订工作路线及方针政策，选举充实特委机构，以加强对正在蓬勃发展的革命运动的领导。闽西特委依据前委的决定，于 6 月 27 日发出通知，决定于 7 月 11 日在上杭蛟洋召开中共闽西第一次代表大会。7 月 10 日，出席会议的代表特委执委 11 人、四纵队党委 3 人和各县区委书记、各区乡代表及共青团代表 54 人陆续到达蛟洋。同时，红四军前委派出毛泽东和原红四军前委秘书长江华、第三纵队党代表蔡协民等 3 人，于 7 月 8 日由龙岩动身，7 月 9 日到达蛟洋，代表前委前往指导会议。①

会议原定7月11日开幕，但毛泽东发现准备工作不够充分，特别是代表们对于本地区的政治、经济等方面的实际情况尚未彻底明了，因此提议推迟一星期召开，用以进行调查研究。代表们在毛泽东指导下，分别对闽西的土地、政治、武装及政治组织、物价、洋货侵入、工农业破产等各种问题进行了深入调查。与此同时，代表们推举5人为大会主席团、13人为起草委员会，负责起草了政治、土地、组织、政权、宣传、工运、军运、妇女、共青团、济难会等10项决议案，以备提交大会讨论。7月20日，中共闽西第一次代表大会在蛟洋文昌阁二楼开幕。② 大会的主要议程是：(一) 各县代表和闽西特委书记邓子恢分别报告过去一年来的工作情况与经验教训；(二) 前委代表毛泽东报告；(三) 讨论通过各项决议；(四) 选举新的特委。

会议听取了各县报告，充分肯定了永定暴动的经验和意义，认为“永定暴动后，闽西即开始苏维埃政权的建立，这一政权在四面敌人包围之中，受了长期的经济封锁，与军事上屡次严重的失败却能坚持至四月之久，这完全是因为他能够实现党的土地政纲，得到了广大农民群众拥护之故”③。指出永定溪南里“由日常斗争转变到武装暴动”和“深入土地革命，扩大苏维埃区域”这两条经验最有意义，是“最值得各地效法的”。④ 对于龙岩后田暴动和上杭蛟洋暴动，既肯定了成绩，也指出了问题。对于上杭北四区领导人傅柏翠在1928年领导蛟洋暴动中“不接受上

① 参见《闽西代表大会主席团向省委报告——红四军入闽后的斗争形势》(1929年7月13日)，中央档案馆、福建省档案馆编《福建革命历史文件汇集》甲8册，1986年内部版，第55页。

② 参见《闽西代表会议情形》(1929年7月)，中央档案馆、福建省档案馆编《福建革命历史文件汇集》甲8册，1986年内部版，第90页。

③ 《中共闽西第一次代表大会关于苏维埃政权决议案》(1929年7月)，中共龙岩地委党史资料征集领导小组、龙岩地区行政公署文物管理委员会编《闽西革命史文献资料》第2辑，1982年内部版，第154页。

④ 《中共闽西第一次代表大会之政治决议案》(1929年7月)，中央档案馆编《中共中央文件选集》，中共中央党校出版社1990年版，第709页。

杭县委的指示”，未及时举行暴动分田“致斗争失败”的“机会主义主张”提出了批评。[①] 邓子恢代表特委总结了闽西两年来的斗争经验与教训，提出了今后的任务。

毛泽东的报告分析了中国革命的形势，论述了闽西革命根据地发展巩固的有利条件及基本方针。有利条件是：（一）闽西已有80万群众经过长期斗争和武装暴动的锻炼；（二）各县都有了能够密切联系群众的共产党；（三）各县已经建立了人民武装红军和赤卫队；（四）粮食可以自给；（五）地处闽粤赣三省边界，地形险要，适于与敌人作战；（六）敌人内部矛盾重重，可以利用。毛泽东指出巩固发展闽西红色区域的基本方针是：“（一）深入地进行土地革命；（二）发展工农武装，彻底消灭民团土匪，发展工农武装，有阵地地波浪式地向外发展；（三）发展党，建立政权，肃清反革命。”[②]

出席会议的代表大多是各县的县、区委书记以上干部，他们虽然都有一定的文化，但大多来自农村基层斗争第一线，基本上没有接受过马克思主义理论的基本训练，对全国革命形势和党的方针策略缺乏深刻的了解。可以说，毛泽东的报告，让他们第一次聆听到中共最高层级的形势分析与理论指导，第一次感受到中国革命理论与闽西苏区具体方针政策的如此紧密结合，让他们明确了今后指导根据地建设的方向。

这次会议的主持人邓子恢在后来回忆：毛泽东的报告“大大提高了闽西党的水平，推动了闽西的斗争”。到会的代表们听完报告以后，“不仅知道了总路线使自己的工作有了方向，而且有了工作的办法，受到了鼓舞，增强了信心”[③]。会议代表们经过了会前一个多星期的调查，对闽西政治、经济与根据地各项建设已经了然于心，对于会议各项决议的草

---

① 参见邓子恢：《致柏翠同志的信》（1930年4月27日），蒋伯英主编《邓子恢闽西文稿（1916—1956）》，中共党史出版社2016年版，第197页。

② 邓子恢、张鼎丞：《闽西暴动与红十二军》（1961年6月），蒋伯英主编《邓子恢闽西文稿（1956—1971）》，2016年内部版，第100页。

③ 邓子恢：《古田会议前后的一些历史情况》（1970年11月5日），蒋伯英主编《邓子恢闽西文稿（1956—1971）》，2016年内部版，第283页。

案提出种种修订意见，“大家争论极烈，得了很大进步”。但是由于战场形势急剧变化，蒋介石调动闽粤赣三省军队对闽西苏区的第一次“会剿”步步逼近，加以毛泽东身染恶性疟疾，会议不能按原定计划完成各项议程，不得不提前结束。“因为毛同志患病，遂把组织、宣传、工运三个重要问题留去，先把其他问题提前讨论。不料毛同志病体未痊而李旅入汀消息传来，前委召集紧急会议，变更行动计划。特委为应付敌人起见，讨论一个应付敌人计划，发出紧急通告。为要各地执行起见，大会不能继续下去，遂在 29 日以前闭幕了。”①

7 月 25 日，会议选举产生了中共闽西特委新的执行委员 15 人。其中常委 5 人是邓子恢（书记）、蔡协民（组织科长）、蓝鸿祥（宣传科长）、雷时标、戴树兴，另外 10 名执委是张鼎丞（军委书记）、谭震林（军委委员）、卢其中（青年科长）、郭滴人（龙岩书记）、练文澜（武平书记）、官钦玖（连城临委书记）、张用心、苏阿德、郑潮海、郑金文。除此以外，又推选江华为特委秘书长，傅柏翠、卢肇西为军委委员。② 7 月 29 日，中共闽西第一次代表大会闭幕，并向全苏区发出紧急通告，号召群众动员起来，坚决粉碎敌人的“会剿”。新产生的中共闽西特委及各部门机构于 8 月 2 日正式成立，开展工作。

中共闽西一大在战云密布的非常时期提前结束，却留下了一份在中共历史上有着重要价值的精神遗产，这就是在毛泽东指导下经过反复讨论通过的《政治决议案》和《土地问题决议案》，其对于国内形势的分析，对于闽西土地革命历史经验的总结，对于今后闽西斗争的总方针以及苏区建设、土地政策的确立，发挥了极其重要的作用，对其他革命根据地也产生了广泛的影响，堪称当时中国土地革命文件的典范。

经毛泽东指导、由邓子恢和蔡协民执笔起草完成的这两份政纲深化

① 《闽西代表会议情形》（1929 年 7 月），中央档案馆、福建省档案馆编《福建革命历史文件汇集》甲 8 册，1986 年内部版，第 90—91 页。

② 参见《闽西代表会议情形》（1929 年 7 月），中央档案馆、福建省档案馆编《福建革命历史文件汇编》甲 8 册，1986 年内部版，第 90—92 页。

了毛泽东关于土地革命的理论主张。邓子恢回忆说："闽西'一大'的政治决议是我起草的，交毛主席看过，主席作过修改，改得不多，因为是根据毛主席讲的写的。决议案的另一起草者是蔡协民。"[①]

实际上，自从朱毛红军踏入闽西这块土地开始，毛泽东关于土地革命的理论主张与实践经验，对于这块新开辟的红色区域已经产生了深刻的影响。邓子恢作为中共闽西特委书记，直接受到毛泽东的影响和指导，在1929年6月就已经制定过一份土地革命政纲，中共闽西一大的土地政纲，就是在前一份纲领的基础上经过补充修改以后更为完善的第二份纲领性文件。邓子恢回忆说，红四军二次入闽后，"我去见毛主席，毛主席对我讲：闽西大局已定，特委要有领导斗争的纲领以指导闽西各地的工作，要我起草。我便按主席的指示起草一个文件，主要内容是：一、土地革命斗争纲领。根据溪南里1928年分田的经验说明土地如何分法，如田契烧掉，分田以乡为单位，照顾原耕等。二、建立地方武装赤卫军、区乡赤卫队、不脱产的少先队等。三、肃反、收缴反动武装。反动头子凡群众要求杀的，乡肃反委员会可以决定不必请示。四、成立革命委员会。县、区、乡由群众推举成立革命委员会。此外还有建立农民协会等群众组织等"[②]。

邓子恢把起草好的这份政纲送给毛泽东审阅。毛泽东看完之后只说了一句话"很好"，在文字上作了个别修改即交付印发。邓子恢说："这是闽西党第一次发纲领以文件指导斗争，过去只是口头传达或是写信。"[③] 邓子恢回忆所列内容，只是这份文件的几个要点，具体的内容并未记述。但有两份历史文件对此有间接提及。

第一份历史文件是1929年7月13日《闽西代表大会主席团向省委

① 邓子恢：《古田会议前后的一些历史情况》，1970年11月5日，蒋伯英主编《邓子恢闽西文稿（1956—1971）》，2016年内部版，第283页。

② 邓子恢：《古田会议前后的一些历史情况》，1970年11月5日，蒋伯英主编《邓子恢闽西文稿（1956—1971）》，2016年内部版，第280页。

③ 邓子恢：《古田会议前后的一些历史情况》，1970年11月5日，蒋伯英主编《邓子恢闽西文稿（1956—1971）》，2016年内部版，第280页。

报告——红四军入闽后的斗争形势》，其中说到红四军三次攻占龙岩后实行分田斗争：“田地的分配按以特委规定土地分配法分配之，以劳动（力）为单位，以人口为比例，以乡为单位。山林由苏维埃管理分配，分配后农民使用。农民的茶山、竹山，能以分田地之法分配之，不没收。”①第二份是同年8月28日的《中共闽西特委报告——闽西斗争形势和组织状况》，这份报告在写到红四军入闽以后由分谷斗争发展到分田斗争时说：“当时特委曾发出一个土地决议案的通告，内容是夏收条例、分田标准、债务问题、山林问题四种，督促各地同志限期分田。”②

这两份报告提到的闽西特委的“土地分配法”和“土地决议案”，当为同一份土地纲领，也就是邓子恢回忆中提及的那份根据毛泽东意见写成的“土地革命斗争纲领”。问题是这两份文件关于土地分配的政策写得不明确，难见其全貌。

邓子恢的另一份回忆录对其中的一些内容作了较为详细的补充，虽然没有专门述及他根据毛泽东的意见起草的纲领的全部内容，却谈到了他在此之后主持召开了县委扩大会议，“讨论闽西特委根据毛泽东同志指示所颁发的土地革命斗争纲领”。会议共讨论7个问题：（一）建立地方武装；（二）肃反；（三）分配土地；（四）废除旧债；（五）保护工商业；（六）婚姻自由；（七）发展新区。③

关于土地分配问题，邓子恢在回忆录中是这样写的：“会议根据1928年永定溪南里的经验，决定以乡为单位，将全乡农民原来所耕土地按人口平均分配，地主富农与雇贫农各得同样一份土地，中农自耕土地略多者可以不动。分配办法则采取按原耕抽多补少办法，不要打乱平分。乡与乡之间交错土地不划界限，而采取归原耕乡村分配的办法，土地分配后夏收作物即归分田人收获。”④

---

① 中央档案馆、福建省档案馆编《福建革命历史文件汇集》甲8册，第54页。

② 中央档案馆、福建省档案馆编《福建革命历史文件汇集》甲8册，第127页。

③ 参见中共福建省委党史资料征集研究委员会编《福建党史资料》第2辑，1983年，第23页。

④ 《邓子恢自述》，人民出版社2007年版，第69页。

除了土地政策以外，龙岩县委扩大会议还对其他一些亟待解决的问题作出决议。关于债务问题，“决议所有旧债一律废除，本利不还，但商店当年来往账款不动”。关于工商业政策，“决议遵照红四军布告，保护工商业照旧经营，公平交易，地主兼工商业者其家产没收，但商店资产不动”。[①] 另外还对废止封建婚姻、保护婚姻自由做出了规定。

这份纲领首先在邓子恢家乡龙岩县白土后田村搞试点，然后在龙岩县各区全面推广，不到一个月就完成了全县的土地分配。龙岩县的分田经验和闽西特委、红四军发布的关于土地革命的纲领与布告，随着红四军的节节胜利，迅速传播到闽西各县。当时正值春夏之交青黄不接之时，农村粮食紧张，暴动乡村首先从收缴地主粮仓分谷开始，然后宣布废租废债、焚毁田契借约，很快就又转变为没收和分配地主的土地。到 7 月间，龙岩、永定县的土地革命发展进入高潮，上杭、武平、连城、长汀等县也相随而起，开始分田。

正是在这样的背景之下，毛泽东指导的中共闽西第一次代表大会召开，大会所要研究与解决的问题，是共产党领导下建立起来的新的政权体制下 80 万闽西苏区人民当家做主的新秩序面临的一系列问题，最为突出的是如何保持与发展苏维埃政权，如何深入进行土地革命。《政治决议案》与《土地问题决议案》为闽西革命根据地未来一个时期的发展与土地革命的深入展开奠定了重要基础。

关于形势的分析，《政治决议案》认为：蒋桂战争结束以后，帝国主义和统治集团内部的矛盾愈加尖锐，各派军阀在全国范围内大小战争的继续爆发是毫无疑义的趋势。这样的形势，“表明全国范〈围〉内各个统治阶级各派军阀，都很迅速的向着崩溃的前途走去”。同样，福建反动统治是五部三派的军阀割据和不断混战的局面。而在革命势力方面，数月以来全国各地工农革命运动高涨，商业和学生小资产阶级日益趋向于革命，表明了“革命潮流之逐渐发展”。因此，闽南闽北的工农势力在全省

---

① 参见《邓子恢自述》，人民出版社 2007 年版，第 69 页。

全国工农势力影响之下，亦当逐渐地发展起来。这种革命势力的发展与统治阶级内部的冲突相汇合，“福建统治阶级之向着崩溃的前途行进是完全没有疑义的”。同时，东江赣南的红军和苏维埃区域的发展，“使闽西打破了孤立的形势，于斗争的前途是有利的”①。

很明显，《政治决议案》的这些理论观点，同毛泽东在 1929 年 4 月 5 日写的《红四军前委给中央的信》，以及在此之后半年写的《星星之火，可以燎原》对于 1929 年形势的分析，基本一致。正是由于受到毛泽东关于时局和革命发展潮流分析的影响，《政治决议案》对闽西敌我双方力量以及闽西革命根据地存在与发展的意义做出正确的估量，认为“闽西工农武装割据的前途是确定了的”。这一割据的意义在于“与赣南东江及湘赣边界的革命势力取得联系，促进一般革命潮流的高涨”，因此闽西工农政权的建立与发展具有“全国意义”。基于这样的估量和分析，中共闽西一大《政治决议案》提出闽西党组织的总路线是：“坚决的领导群众，为实现闽西工农政权的割据而奋斗。”党的主要任务是：“1. 巩固并扩大党的组织；2. 发动并组织广大群众；3. 实行土地革命；4. 建立苏维埃政权；5. 扩大工农武装。”②

引人注意的是，《政治决议案》在提出上述五项任务之后突出强调了土地革命，认为“实行土地革命使闽西扩〔广〕大的贫苦农民得到土地，建设斗争的坚实基础，尤其是闽西斗争的主〈要〉目标”③。也就是说，实行土地革命是五项任务当中最重要的任务。

正因为此，中共闽西一大对土地革命的问题特别关注。大会召开之前进行为期 10 天的调查，土地问题是主要的内容之一。《政治决议案》以专门的篇幅分析了闽西 6 个县农村各阶级的土地占有状况：占人口不

---

① 中央档案馆编《中共中央文件选集》第 5 册，中共中央党校出版社 1990 年版，第 702 页。

② 中央档案馆编《中共中央文件选集》第 5 册，中共中央党校出版社 1990 年版，第 708 页。

③ 中央档案馆编《中共中央文件选集》第 5 册，中共中央党校出版社 1990 年版，第 708 页。

足5%的地主阶级占有85%的土地，而占人口90%以上的雇贫农和中农占有的土地还不足15%；田租剥削十分严重，高达收获量的60%～80%。由于土地兼并严重，贫苦农民的土地占有量日渐减少，农村中围绕着土地的斗争必然要剧烈起来，“这可见农民要求土地之迫切，而两年来广大的农民斗争，目标完全在于土地”①。

农村社会各阶级的经济和政治地位，决定了各自对土地革命的态度。《政治决议案》对闽西农村各阶级及其对革命的态度作了详细的分析：豪绅地主阶级是“目前反动的中心”，是最腐败最没有能力也是垂死了的阶级，他们“每天在恐慌崩溃的途中”。商业资产阶级，即城市大资产阶级，“他们与洋货及土地有密切的关联，所以他们对于反封建势力，反帝国主义的工农，民权革命是一全〔定〕要反对的……这个阶级是有坚决的反革命性，是闽西革命势力的主要仇敌”。小资产阶级分为农村和城市两种。农村小资产阶级“如富农小地主等，[除小地主等] 除小地主中有一个破产部分有些革命性外，其余均是反革命的。他们在革命高潮中，投机混于革命队伍，白色恐怖一到，即表现其反革命性”。农民小资产阶级的中农“可以参加革命”。城市小资产阶级如小商人、小手工业者，“他们对革命是同情的，因为推翻帝国主义，地主阶级与军阀政府革命是于他们很有利益”。贫农和城市手工业工人是“闽西革命主力”。②

《政治决议案》对农村各阶级的上述分析的观点，与毛泽东的阶级分析大致相同，唯对于富农、小地主的分析似有偏差。因为在农村中，富农与小地主对待革命的态度变数较大，很难断言其中的大多数是反革命。不过，这只能视为毛泽东、邓子恢当时在这一问题上的理论倾向。

另外，《政治决议案》对“游民阶级”也就是流氓无产者或土匪（或失业或为匪或以赌钱为生者等）作了具体的分析，认为这个阶级是个特

---

① 中央档案馆编《中共中央文件选集》第5册，中共中央党校出版社1990年版，第703页。

② 中央档案馆编《中共中央文件选集》第5册，中共中央党校出版社1990年版，第705页。

殊群体，过去多半依附于反革命势力，但由于这个群体数量不少，“在闽西［在闽西］各地占当地人口百分之二十五”，所以不能掉以轻心，“对付他们是很要注意”[①]。也就是说，对于这部分为数不少的贫困者，应当充分注意他们的经济利益，并在政治上引导他们支持革命。在这一点上，同毛泽东在八七会议上提出的见解很有相似之处。毛泽东把这部分人群称之为“会党土匪”，认为应当有一个正确的政策，不应把他们看作客人，只要我们实行土地革命，是一定能够领导他们的。[②]

有了对于形势的客观认识和对农村各阶级的正确分析，闽西党组织已经清醒地注意到这样一个事实，即在革命潮流迅速发展的闽西，当务之急是加紧实行土地革命，在党的六大决议的基础上，总结闽西过去土地斗争的经验与教训，制定新的更加切合实际并被贫苦农民拥护的政策。只有这样，刚刚形成的农村革命根据地才有可能巩固和发展，农民才能真正获得解放，千百年来束缚和阻碍中国农村发展的封建主义才会被彻底摧毁。这一认识，在中共闽西一大《土地问题决议案》关于“土地革命的意义”一节中表述得十分清楚：“土地革命的主要目标在改良农业生产方法，使土地改善，生产力提高，农产品增多，以发展农村经济，解放困苦的农民，而解决全社会的生活问题。要达到上述目的，根本只有用革命的方法，没收一切地主阶级的土地，归于农民生产者，舍用这样痛快的方法，是决没有其他道路可走的。”[③]

这两段话明确地宣示了这样一个观点：土地革命的目标在于发展农村生产力，解放农民以推进社会的进步；其方法只有一个，就是没收一切地主阶级的土地归农民所有。这个观点不仅表明邓子恢已经把土地革命上升到理论的意义上来认识，还由于提出“没收一切地主阶级的土地”

① 中央档案馆编《中共中央文件选集》第 5 册，中共中央党校出版社 1990 年版，第 706 页。

② 参见中共中央党史研究室编《土地革命纪事（1927—1937）》，求实出版社 1982 年版，第 46—47 页。

③ 中央档案馆、福建省档案馆编《福建革命历史文件汇集》甲 10 册，1986 年内部版，第 71—72 页。

的口号，表明闽西的党组织接受并贯彻了党的六大关于在资产阶级民主革命阶段正确的土地政策。引人注意的是在这之后的另一段话："农民得了土地，解除了一切封建束缚，开辟了农业资本主义生产之道路，表面上看来是要朝向资本主义那条路跑的。但因为无产阶级在这民权革命当中建设了革命的领导权的原故，最后的结果是要把农业引向社会主义的道路上发展的。"①

这一段话，实际上阐述了无产阶级领导的土地革命的前途，在此时是反封建的资产阶级民主革命，而终极的目标是社会主义，从而阐明了中国革命发展的两个不同阶段。这是迄今所见邓子恢关于农村土地革命与资本主义、社会主义两者之间关系的最早论述。而清晰地描述无产阶级领导的新民主主义革命与社会主义革命两个不同发展阶段及其相互关系的，是毛泽东在1940年前后发表的《〈共产党人〉发刊词》《中国革命和中国共产党》和《新民主主义论》等重要著作。人们不禁联想或者推断，邓子恢的这些论述与断言，同毛泽东的理论主张之间有着某种默契与共通之处。

中共闽西一大关于土地革命的方针和政策，在《政治决议案》中作了原则性的阐述，在《土地问题决议案》中则对这些政策进一步作了具体的规定。总体上看，这两个决议案中关于土地问题提出了更进一步的政策，在理论上有更切合实际的创新。

突出的方面，是对于城乡资本主义成分的中小资产阶级采取比较温和的方针，对中小商人和农村中的富农、小地主提出争取和团结的政策，至少要求不要给予过重的打击。例如对于富农，规定在革命的初期"不没收其土地，并不派款，不烧契，不废除其债务"，以争取其中立；"对自耕的中农不要予以任何的损失"。在革命深入以后，"富农田地自食以外的多余部分在贫农群众要求没收时应该没收"，但是对他们不要过分打击；从事于劳动的富农甚至可以参加政权机关工作，但是"不要使他们

① 中央档案馆、福建省档案馆编《福建革命历史文件汇集》甲10册，1986年内部版，第72页。

当选为政府及农会的委员”，不能担任政权中的领导。

决议还认为，对于大、中、小商人，应予区别对待，认为城市中等以上商业资产阶级是闽西土地革命的最大敌人，必须“剥夺他们的政权，而且没收他们的土地”，但对于大小商店“应取一般的保护政策（即不没收），对反动商人宁可杀人、罚款，不可没收商店”；认为城乡小资产阶级在党的正确方针之下，是同情革命的，“因此，对城乡小商人绝对不要没收商店、焚烧账簿，和废除账目”，同时也明确规定“商人及小地主不应参加政权”。[①]

由此可以看到，毛泽东指导下制定的这些政策，把小地主、富农、城乡中小商人列为小资产阶级，对他们采取较为宽容温和的政策。对他们封建剥削的部分坚决予以没收，对他们反革命的行动坚决予以打击，而对于资本主义成分则是予以保护，而且对他们土地财产的处理做出了比较明确具体的规定。不足的是，对于小地主的划分没有明确的标准，执行起来难以把握而容易发生混淆。把小地主划入小资产阶级也未必正确，这是一个有待研究的问题。

为什么要做出这样的规定，中共闽西一大的决议写得很明白：“这以上的政策都是取得小资产阶级对革命的一致或者中立的。”即使是在革命深入以后赞同并帮助农民向富家进攻并分配其土地，也要把握分寸，“并不是抛弃小资产阶级，也不是要过分的打击他们，这是要注意的”[②]。

这些十分明确的政策表述，清晰地阐释了毛泽东、邓子恢在无产阶级领导下的资产阶级性质的民主革命阶段，对待地主阶级、大资产阶级以及包括富农在内的小资产阶级所采取的不同政策，甚至对于反动的商业资产阶级也采取“宁可杀人、罚款，不可没收商店”的政策。当然，中国共产党在当时尚未提出新民主主义革命的理论，但这些政策的制定，

① 中央档案馆编《中共中央文件选集》第5册，中共中央党校出版社1990年版，第720、721页。

② 中央档案馆编《中共中央文件选集》第5册，中共中央党校出版社1990年版，第720—721页。

对于10年以后毛泽东创立新民主主义革命理论或许是重要因素之一。

还有一点必须注意的是，上述关于保护富农及小资产阶级某些合理利益的政策，是建立在对过去“左”倾错误进行否定和批判的基础之上的。中共闽西一大《政治决议案》以专门的篇幅总结了1928年至1929年闽西党组织的经验教训，指出的错误十分具体，竟达20多项，其中许多是“左”倾冒险的错误。在这一决议案中，被指称为“盲动主义”“盲动倾向”的错误至少有7处。

可以认为，中共闽西一大的土地政策，是在党的六大的土地政纲的基础上，吸收了毛泽东在井冈山以及闽西党组织1928年以来领导土地革命的经验教训制定的，因此比前者更加系统完备，解决了过去不曾解决的问题，纠正了某些错误观念。虽然这个土地纲领尚未解决农民的土地所有权和土地分配中肥瘦不均这两个农民至为关心的问题，但较之过去中共其他各种土地政纲，则是大大地进步了。这表明中国共产党在土地革命方面经过反复实践与探索，在理论与策略上日趋成熟，使得党的土地革命路线臻于丰富和完善。

因此，中共闽西一大的土地纲领在以后的土地革命中，甚至在解放战争和新中国建立以后的土地改革过程中，都发挥了积极作用，在中国的土地改革史上占有重要地位。

中共闽西一大制定的土地政策由于明确地规定了对商业贸易的保护政策，制止了一度存在的破坏城市和打击商业的“左”倾错误，保护并促进了商业的繁荣，使那些惶恐不安甚至视土地革命为洪水猛兽的商家得到安抚，开始改变对这场骤然而来的革命的态度，由敌视转变为同情。所以中共闽西特委得出结论：“党城市政策之正确使商人阶级认识革命，尤其使小商人同情于革命。”① 中共闽西特委对于商业政策改变之后的闽西商业情况作了这样具体的记述：

过去闽西做了不少破坏城市之行动，如烧账簿没收商店等，使

① 《闽西工作报告》(1929年8月22日)，中央档案馆、福建省档案馆编《福建革命历史文件汇集》甲8册，1986年内部版，第102页。

一般商人恐慌而反对我们。此次我们在永、岩二县，坎市、湖雷等处实行保护商店，公买公卖。四军离开后，所谓“土共”支配之下也是同样保护他们。他们在取消苛捐什税之后购买力增加，商业繁盛之后米价便宜，开销节省之后商人阶级得到利益。……因此一般商人安心营业，仍旧采办货品流行而来，为永城、湖雷等处较特繁盛，所谓经济封锁今年不成问题，一般商人都说共产党文明，尤其是小商人过去受大商人压迫抽首，一旦得到相当利益，对于革命尤其同情，但欲望他们参加革命尚说不到。①

这一段记录，清晰地阐明了中共闽西一大关于保护工商业以争取中小资产阶级的政策贯彻以后闽西中小商业资产阶级对革命的态度，以及商业经济繁荣的景象。这种情况，在1929年中国的各农村革命根据地是不多见的。

从中共闽西一大土地政纲的制定可以看出，邓子恢在农民问题特别是土地问题方面的认识，已经同毛泽东的主张一致起来。而在此之前的1927年和1928年，无论对于农民土地问题在中国革命中的重要地位，还是关于实行土地革命的方针、策略和具体方法，邓子恢还是在不断摸索，同毛泽东的理论主张存有差距。经过1929年春夏之间不过几个月土地革命的实践，邓子恢在这些问题上思想认识的迅速提升和理论经验的趋于成熟，除了实践的作用以外，毛泽东对他的影响和指导是最为重要的因素。

二　击破三省“会剿”

中共闽西第一次代表大会召开前后，闽西土地革命运动迅速展开。赤色区域大为拓展，影响所及，闽粤赣三省边区革命势力相继而起，大有星火燎原之势。南京国民政府为之震动，决心调集三省兵力对朱毛红

① 《闽西工作报告》（1929年8月22日），中央档案馆、福建省档案馆编《福建革命历史文件汇集》甲8册，1986年内部版，第102页。

军和正在崛起的闽西革命根据地发动联合进攻，谓之三省“会剿”。

1929年6月16日，蒋介石发出“会剿”令，命令江西金汉鼎师集中瑞金、汀州，福建张贞师集中连城、龙岩，广东蒋光鼐师集中上杭、永定，限于6月30日之前到达上述指定地点，会剿“朱毛共党”。然而三省军队相互观望推诿，行动迟缓。蒋介石乃于6月29日在北平电令金汉鼎为三省“会剿”总指挥，统一指挥各省所部加紧“会剿”，要求“三省军队共同一致，不得推诿，以为一劳永逸之计”①。蒋介石虽然连续发出两道“会剿”令，但三省军队由于内部掣肘颇多纠葛，以致行动迟缓，一时难以造成“会剿”的局面。

在这样时局还不很明朗的情势下，红四军前委决定还是按照原先的“六县分兵计划”，在闽西各县作较大规模的分兵游击，借以进一步发动群众，巩固与扩大赤色区域。7月上旬，前敌委员会会议对目前形势与敌我力量进一步作了分析，认为当前国民党各派军阀的混战告一段落，蒋介石与冯玉祥之间暂时妥协，但北方冯玉祥与阎锡山的联合，南方反蒋派别的活动以及两广军阀正在酝酿的第二次混战，表明军阀之间的分裂与混战仍然难免。前委认为，在此情势之下，国民党鼓吹的三省“会剿”还是有可能实施，不过三省敌人的行动难以达成一致，红军须利用敌人内部的矛盾，采取灵活的游击战术，“因此决定准备群众诱敌入赤色区击破一面”。②

前敌委员会的这一项计划，在7月8日给福建省委的报告中写得更加明确：“此时东江、赣南皆不能去，只有晋〔留〕在闽西，敌来当相抗对付。现在分头在永定、龙岩、杭、汀、连之一部发动群众的斗争，造成赤色区域之势力割据，敌来当打破一面找出路。”这项计划，就是红四军正在执行的“七月分兵计划”。按照这一计划，红四军主要的作战对象是闽敌张贞所部暂编第一师，作战地点在龙岩附近。红军分兵发动群众的计划分作两期实施，“第一期的工作是以大小池、古田为中心”，第二

① 《金汉鼎指挥剿匪部队》（1929年7月28日），《时报》第1版。

② 参见熊寿祺：《红军第四军状况》（1930年5月），《党的文献》1999年第2期。

期再扩展为整个闽西根据地。[①]

前敌委员会把这项计划向福建省委报告的当天，立刻付诸行动。毛泽东率江华、蔡协民等赴上杭蛟洋指导中共闽西第一次代表大会；6月22日在红四军第七次党代表大会上新当选的前委书记陈毅和军长朱德，率前委、司令部和直属队前往连城新泉，确定新泉为全军集中地。各纵队按计划分别开赴如下各地开展工作："一纵队由坎市、合溪、蓝家渡、庐丰、安乡，在上杭对河沿韩江东岸直上，一直工作到回龙、官庄。二纵队由雁石、溪口、梅村直入连城。三纵队在龙岩工作一时期再由大、小池经古田至新泉。四纵队一个支队在永定，一个支队在白砂、蛟洋等处一面工作，一面整理"[②]。

然而到了7月中旬，国民党加紧三省"会剿"的部署。福建方面率先行动，福建省主席杨树庄亲自出马，7月12日乘军舰"普安"号抵达厦门，召集军事会议，确定"会剿"计划。7月14日，杨树庄将这一计划电报蒋介石：确定以张贞暂编第一师为主力，另调海军陆战队两个团、省防军教导团协同，"拟分为两路，右路由适中进攻龙岩，续逼连城，进趋长汀；左路由南靖进攻永定，经上杭与右路会合，直捣长汀"。此外，令闽中卢兴邦旅出动两个团严阵以待，"扼守宁化、清流、永安、大田等县，严密堵截"[③]，以防红军向闽中出击。

7月17日，杨树庄又召集张贞和海军陆战队第二旅旅长林寿国等重要将领在"普安"舰举行会议，进一步落实"会剿"的部署，确立在全省调集6个团又2个营共1万余人进兵闽西，由张贞、林知渊各率一路，分别从漳州、泉州出发，杨树庄则留驻厦门，指挥全局。于是，参与"会剿"的闽粤赣三省大军陆续向闽西出动，总指挥金汉鼎率其第十二师

① 参见《中共福建省委关于反"三省会剿"问题给闽西党的指示》（1929年8月8日），中央档案馆、福建省档案馆编《福建革命历史文件汇集》甲5册，1985年内部版，第107—108页。

② 熊寿祺：《红军第四军状况》（1930年5月），《党的文献》1999年第2期。

③ 《杨树庄给蒋介石电报》（1929年7月14日），原件存中国第二历史档案馆。

4个团由赣南入闽，占领汀州，其前锋于7月29日抵达长汀河田；张贞所部两个旅分别向华安、龙岩适中进发，企图在一星期内占领龙岩；广东出动蒋光鼐之第三师，其第七旅陈维远部之第十三、十四两个团和第八旅戴戟部之第十五团，以永定、上杭为进攻目标，逼近闽粤边境。

三省军队相继出动之后，金汉鼎的“剿共”指挥部于7月31日向新闻界宣布，参与“会剿”的兵力为闽省7个团、赣省4个团、粤省3个团，共2万余人，其作战部署是“以赣军为主力，闽粤为堵截”。[①] 显然，以赣军为主力并由金汉鼎充任“剿匪”总指挥，是因为这支部队自1928年湘赣两省三次“会剿”井冈山，直至此次发动三省“会剿”闽西，一直是朱毛红军的老对手。

“会剿”的声浪一阵紧似一阵。7月29日，红四军前敌委员会在新泉得到消息，金汉鼎部李文彬旅3个团已经抵达长汀、河田，而且又新增派两个团即将入闽。陈毅与朱德感到形势已十分紧迫，立刻前往蛟洋，会同毛泽东召开前委会议，研究应对办法。

中共闽西特委在给福建省委的报告中称，当闽西第一次党代表大会尚未结束时，而毛泽东又病体未愈之际，“李旅入汀消息传来，前委召集紧急会议，变更行动计划”[②]。于是，红四军不得不终止正在各县执行的“七月分兵计划”，闽西第一次党代表大会也提前结束。

毛泽东、朱德、陈毅在蛟洋召开的紧急会议提出的这个“变更的行动计划”是如何确定的，又是一个什么样的计划？出席会议的第四纵队司令傅柏翠回忆说，毛泽东在会议上对敌人三省“会剿”的形势作了分析，认为军阀混战不会停息，目前暂时联合起来对红军“会剿”不会长久，必然是“剿而不会，会而不剿”，“我们可以采取牛皮政策，不要硬碰，只要韧，坚持斗争，一定胜利”。前委会议在讨论之后，暂时停止原先在闽西各县分兵游击的计划，决定“用一部分兵力向闽中行动，转移

① 参见《三省“剿共”兵力》，《时报》1929年8月6日第1版。

② 《闽西代表会议情形》（1929年7月），中央档案馆、福建省档案馆编《福建革命历史文件汇集》甲8册，1986年内部版，第90页。

敌人的目标，留下一部分在闽西帮助地方斗争”。[①]

前敌委员会讨论这一计划时一开始有意见分歧，当时担任红四军第一纵队党代表的熊寿祺在10个月以后向中央写的报告中说：“当时有人主张集中兵力在闽西奋斗，有人主张打出去，结果前委以为在闽西是没有多大办法，遂决定打出去。”[②] 这表明前委会议是在经过反复讨论之后才达成一致意见的。

会议之后，陈毅赴上海，在给中央的报告中专门陈述了红四军前委确定的“目前之闽西游击计划”。这个计划是以积极的姿态准备打破敌人的三省“会剿”，而且确定了几种方案：“红军可取道闽北入赣东转入赣南发动沿途的群众，或入闽省腹地到福州延平之间活动，或分兵两路，一路往闽北，一路留闽西”。这三种方案虽然不同，但共同的一点是“打出去”，至少是一部分打出去，一部分留在闽西。至于如何确定，陈毅说“上面三个方式视敌人逼进之情况大明时才作决定”[③]。

蛟洋前委会虽然没有确定实行哪一个方案，也还没有最后行动的方向和时间，却是确定了行动的原则。会议之后，毛泽东即由邓子恢陪同转往设立在苏家坡的闽西特委。

作为前委代理书记和一军之长的朱德，承担起了指挥全军抗击敌人三省“会剿”的重任。朱德随即率领前委和司令部转移到离蛟洋不远的旱坑。就在这短短一两天内，三省“会剿”的形势突然紧张起来，朱德在旱坑再次召开前委会议，商讨具体的对策。参加了这次会议的傅柏翠回忆说：“朱老总根据蛟洋前委会议精神，在会上确定了实行分兵游击的方案：一、四纵队留在闽西，由毛主席暗中指导，配合地方赤卫队进行武装斗争，以抗击来犯之敌；二、三纵队及军部由朱老总率领经漳平、宁洋向闽中的大田、德化、永春方面打大游击，以转移敌人目标”，打乱

① 《傅柏翠同志谈闽西早期革命斗争的一些情况》，福建省博物馆记录整理，1978年。

② 熊寿祺：《红军第四军状况》（1930年5月），《党的文献》1999年第2期。

③ 《陈毅关于朱毛军的历史及其状况的报告（一）》（1929年9月1日），中央档案馆编《中共中央文件选集》第5册，中共中央党校出版社1990年版，第768—769页。

敌人“会剿”部署。[①]

傅柏翠的回忆大体是正确的，只是最初决定第一纵队同第二、三纵队一起出发，留在闽西的只有第四纵队。熊寿祺向中央报告说，只是因为军情紧迫，朱德率军部及第二、三纵队星夜出发时，第一纵队尚在回龙一带活动，“因赶不上，遂决定在闽西同四纵队共守闽西，相机打出去”[②]。

这是朱毛红军自井冈山向赣南、闽西进军以后第一次远距离分兵游击，朱德对此印象极深。史沫特莱记录了朱德的这段回忆：“红军这时也分成两支队伍，毛泽东率领一支留在闽西骚扰敌军，朱德率领另一支展开大规模牵制战，深入敌区，直到沿海，以切断敌军的主要补给线，至少要压迫福建军队离开苏维埃根据地。”[③]

这两支队伍肩负着打破敌人“会剿”、保卫闽西苏区的共同使命，却是在不同环境下面临着不同的困难，也就必须采取不同的策略。留在闽西的第一、四纵队分散开展活动，遇有重要问题同闽西特委召开联席会议研究决定。联席会议达成一致认识，“共同决定在永定、龙岩［、上杭］三县分兵积极布置工作，短期间把群众组织起来，武装起来，在群众包围中应敌，小敌来则打，大敌来用群众的力量同他奋斗”。大家认为，形势将会很快好转，“会剿绝不是长期的，我们只要奋斗一时期就可以集合前进的”[④]。

为了缩小目标，这两支队伍改称为上杭、永定县赤卫队，对外是分开行动，在内部第四纵队归第一纵队指挥。第一、四纵队随即在旱坑附近的新坊集结之后，林彪作为这两个纵队的临时指挥员，向大家发表讲话，“阐述形势并讲了鼓励两个纵队官兵加强团结一类的话”，然后率领

① 参见《傅柏翠同志谈闽西早期革命斗争的一些情况》，福建省博物馆记录整理，1978年。

② 熊寿祺：《红军第四军状况》（1930年5月），《党的文献》1999年第2期。

③ ［美］艾格妮丝·史沫特莱：《伟大的道路——朱德的生平和时代》，梅念译，胡其安、李新校注，生活·读书·新知三联书店1979年版，第299页。

④ 熊寿祺：《红军第四军状况》（1930年5月），《党的文献》1999年第2期。

部队转移到白砂稍作休整，两个纵队分头展开行动。[①]

张鼎丞、傅柏翠率领第四纵队的 4 个大队，开赴上杭北部地区，以古田、白砂、蛟洋为中心，“向汀南、连南（新泉）游击应付金汉鼎，中心工作是深入群众，与群众配合应敌”。第一纵队由林彪率领第一支队之第二大队和特务大队，以上杭、永定交界的合溪为中心开展工作；第一支队长粟裕带领其所属三个大队深入到永定东北之金丰里，以此为中心开展工作；由党代表熊寿祺率领第二支队萧克所部，以上杭县大洋坝为中心开展工作。各大队再将队伍分为若干支，深入到周围 30 里的大小乡村，“总要使地形弄熟，群众与红军打成一片”。这支队伍以南昌起义官兵为主，都不是福建人，但为了在农村中做好群众工作，他们决心“在短期内变成福建人，一切都要熟悉”[②]。

萧克在他写的回忆录里还特别说明：“把一纵队留在闽西，是前委决定的，我当时曾见到了前委会记录，至今也还记得。我们留下后取消了纵队、支队的名义，都改称游击队，纵队司令化名陈韶，我们二支队改名为上杭县游击大队，在离上杭 80 里的大洋坝、蓝家渡一带活动。”[③]

按照这一计划，第一纵队分散到指定地点，通过深入的群众工作，帮助当地群众迅速建立苏维埃政府，组织并训练赤卫队，依靠群众和地方武装建立起严密的递步哨和交通网，切断敌人交通，封锁敌人的粮食，从四面八方袭扰敌人，并且肃清地主反动武装，打通蓝家渡与大洋坝之间的交通。

在抗击敌人三省“会剿”的一个半月间，这一地区的地方党和军事工作都受第一纵队党委领导。第一纵队抽调了一批政治工作干部分派到大洋坝、泰拔、茶地、庐丰、蓝家渡和永定县太平里各地担任区委委员或副书记，加强和帮助建立地下党组织，训练地方赤卫队，与一纵队相

---

① 参见《傅柏翠同志谈闽西早期革命斗争的一些情况》，福建省博物馆记录整理，1978 年。

② 熊寿祺：《红军第四军状况》（1930 年 5 月），《党的文献》1999 年第 2 期。

③ 萧克：《朱毛红军侧记》，中共中央党校出版社 1993 年版，第 127—128 页。

配合，共同打击敌人的进犯。

在很短的时间里，第一纵队官兵同当地群众建立起密切关系，亲如一家。熊寿祺在给中央的报告中，对第一纵队的这一段工作及其军民团结合作抗敌的情况作了生动的描述：这样一来，地方的军事、政治都由一纵委统一指挥起来，岩、杭、永之一大块半个月内一切工作都布置好了，“一纵队的士兵也同地方的群众把关系弄好了，有的帮助地方群众割禾，群众很喜欢他们。和〔合〕溪那块有家农民愿把他的女儿嫁给我们士兵，有几个士兵简直安了家了！”①

建立了如此亲密无间的军民关系，还有什么敌人不能打破？广东军阀陈维远旅3个团，仗着精良的装备占领了永定湖雷，但是立刻陷入了苏区群众的包围与袭扰之中而狼狈不堪。熊寿祺报告说：陈维远旅占据湖雷之后，天天同赤卫队打，溪南里的群众同他相隔二三里，他无可奈何。他所到处就是蛮干，抢群众东西，群众更加厌恶他。“他到的地方没有一个群众，群众在四面山上打枪。”他上山去，群众又走了。他分兵出来，我们又去袭击。我们只要一排人可以同他一团人打，四面山上打，把他打伤了，我们还毫无损失。“他在永定一个多月，三团人不敢搜山，还死伤了很多人。我们在我们原处，仍然很好，大气也很壮。只是经济困难一点，一个多月来未发一文零用钱，伙食也减少为一角一天了，因为有群众热烈拥护，士兵毫无怨言。”②

斗争虽然艰苦，但是由于得到了群众的支持，第一纵队与赤卫队相互配合，四处打击敌人，积小胜为大胜，始终立于不败之地。而当地民众也因为得到了红军和赤卫队的护卫，有所依仗而不再惧怕敌人的“会剿”，成了红军抗击敌人最有力的助手。

朱德率领的第二、三纵队出击闽中的行动，则遭遇到了严重的困难。这次行动，其实是红四军多次运用的“围魏救赵”之术。陈毅在向中央报告红四军的情况时，将红军的游击战术概括为14种，称为“四军的法

① 熊寿祺：《红军第四军状况》（1930年5月），《党的文献》1999年第2期。

② 熊寿祺：《红军第四军状况》（1930年5月），《党的文献》1999年第2期。

宝”。其中第 12 种为：“敌人若进攻我的根据地，我军则绕道去劫其后方，此为围魏救赵之老办法，红军尝用有效。”[①] 萧克在回顾总结红四军的游击战术时，也提到了出击闽中所运用的这套战术：“1929 年 7 月，为粉碎闽粤赣三省敌人的‘会剿’，朱毛红军又一次采取‘围魏救赵’的老办法，打破一面找出路。”[②]

前敌委员会之所以选择闽中为突击方向，是因为国民党“会剿”的兵力部署闽中是最为薄弱的部分。然而，闽中地区共产党组织和群众的发动，也几乎是空白，这就不免增加了红军行动的困难。朱德率领这支 2000 余人的红军队伍，依仗运用自如的游击战术和一往无前的奋斗精神，开始了这次艰难的行军。

8 月 2 日，朱德率领第三纵队伍中豪部开抵龙岩白沙，第二纵队司令员刘安恭也率部由连城县姑田抵达白沙。两个纵队会合以后，翻越层层山峦，经过罗畲、邹家山、罗坑、安坑几个村庄，日行 40 公里，抵达赤水镇。赤水是宁洋县一个大集镇（现属漳平市），再前行 10 公里便是宁洋县城。红军决定在此歇息一夜，稍作补充休整。

赤水乡的农民都记得，这一天是农历六月二十九（公历 8 月 4 日），大家都忙着在田里收割稻子。傍晚时分，远远看到大队红军从龙岩白沙方向开过来，“他们穿着灰色的衣服，戴红袖章，上面印有镰刀斧头，队伍中还有很多马匹”。比较有钱的人听说红军到来，都逃走了。有些帮工割稻子的农民也都吓跑了。但是红军对老百姓很亲切，向群众买饭吃，一定要付钱，“有的群众不在家，红军吃了他家的米就把光洋放在米缸上”，并且交代村民们不要害怕，他们只打土豪，叫那些逃跑的打工农民们回来。[③]

笔者 1974 年到赤水作调查访问时，村庄里的一些墙壁上 45 年前朱

① 《陈毅关于朱毛军的历史及其状况的报告（一）》（1929 年 9 月 1 日），《中共中央文件选集》第 5 册，中共中央党校出版社 1990 年版，第 768 页。

② 萧克：《朱毛红军侧记》，中共中央党校出版社 1993 年版，第 72 页。

③ 参见《访问刘天水等 4 人记录》（1974 年 2 月 7 日），蒋伯英、蓝荣田记录整理，存古田会议纪念馆。

毛队伍留下的标语还清晰可见——“实行民权革命”“建立工农兵代表会议政府”“打倒国民匪党，农民暴动起来打土豪分田地”。下面的落款分别为“红军十一”“红军十三”等等不同的宣传兵代号。这些残存的历史印记，透露出许多令人回味的信息。

朱德率领的队伍在赤水宿营一夜，8 月 5 日直抵宁洋县城（今漳平市双洋镇）。事实上，国民党地方军队在宁洋的守军风闻朱毛红军到来早已逃之夭夭。红军没有费太大的功夫就进占了宁洋。到了宁洋，朱德获悉邻近的漳平县城守敌不过一个加强营，乃下令乘胜进击，8 月 8 日击败守军，占领漳平县城。

第二、三纵队离开闽西苏区不到一个星期就连续占领两座县城，使得闽西红色区域的范围大为拓展。朱德决定暂时停止出击，在漳平停留一些时日，巩固新的成果。按照以往的经验和办法，朱德指示各部队分散到周围各乡村展开宣传和组织的工作，发动群众没收了十多个土豪劣绅的财产粮食，分发给贫苦农民。短短几天之内，在红四军的帮助下，漳平县相继成立了工会办事处和农民协会，甚至还建立了漳平县城防第一赤卫队的武装组织。

红四军以两个纵队占领漳平，实现了“打破一面找出路”的目标，打乱了敌人三省“会剿”的部署。国民党方面并不清楚红四军的行踪，也不了解出击闽中的红军不过为红四军的两个纵队，仍以为红四军全军出动，所以颇为紧张，乃重新调整计划，原先由林知渊指挥的福建第二路“剿共”部队不敢再贸然进取漳平，负有全盘指挥责任的张贞只好命令自己所属的第一路张汝勛旅尾随红军大队，另又调动刚刚进占龙岩的杨逢年旅开赴龙岩北部扼守，严防红军再返闽西，同时又急电福建省主席杨树庄，请求调兵援助。

在此军情紧迫关键之时，从红军俘虏中脱逃的国民党军官范炳南向卢新铭报告了朱毛红军兵分两路的作战计划。8 月 7 日，卢新铭急电蒋介石报告这一重要情况：“日前各匪首秘密议决如三省大队实行会剿即由朱匪率二、三纵队佯为战，暗诱国军就追，另由毛匪率一、四纵队与各处化装农民埋伏各乡及深山中，俟大队追过后即在后方突起袭击。”卢新铭特别强调，红军“假借上杭或永定赤卫队名称以避会剿各军注意”。[①]

朱德率部突然出击漳平，以及卢新铭的电报，引起了国民党指挥中枢的震动。蒋介石原先只派遣地方派系武装对付红军，此时立刻重新调整部署，调动其嫡系部队投入“会剿”。8 月 14 日，蒋介石电令驻防安徽的第五十六师刘和鼎部“即速开闽，并饬直赴闽地”投入作战，期予最短时间“除腹心之患”。[②]

从 8 月底至 9 月初，刘和鼎师由军舰运送，分批抵达厦门。9 月 5 日，刘和鼎在林知渊陪同下到达厦门，马不停蹄，当天下午即抵漳州。[③]他把师部设立在漳州，指挥各旅团向闽西苏区发起进攻。

事实上，朱德率领的第二、三纵队在漳平不过 8 天。当国民党最高当局调兵遣将之时，第二、三纵队于 8 月 17 日、19 日分两批先后撤离漳平，向闽中腹地出击。朱德在离开漳平之前，于 8 月 18 日以前委名义向闽西特委写信通报了他们的行动计划：部队将从漳平出发，向闽中之大田、德化前进，“如后方无动〔劲〕敌追来则在闽中工作并拟渡马江向赣、浙、皖边界游击”[④]。

中共闽西特委接获朱德来函，以为闽中路途险恶，凶多吉少，不宜前往，乃立刻复函前委：“我们以为闽中山河险阻防军不便”，加以沿途缺乏群众基础，不能给红军以必要的帮助，遇到的危险将比闽西更大，“如渡过马江，过了马江，则敌消息要〔灵〕通，运输便利，更有受大军包围危险”。鉴于这样的情势，闽西特委建议红四军重返闽西，在漳平一带工作，“如敌情紧张时则散布农村中与敌作长期周旋”，以渡过当前的困难，促使大局之变化。[⑤]

---

① 参见萧克：《朱毛红军侧记》，中共中央党校出版社 1993 年版，第 128 页。

② 参见《刘和鼎师调闽协剿朱毛》，《时报》1929 年 8 月 14 日第 3 版。

③ 参见《刘师到闽后之剿共》，《时报》1929 年 9 月 12 日第 2、3 版。

④ 《闽西工作报告》（1929 年 8 月 22 日），中央档案馆、福建省档案馆编《福建革命历史文件汇集》甲 8 册，1986 年内部版，第 106 页。

⑤ 参见《闽西工作报告》（1929 年 8 月 22 日），中央档案馆、福建省档案馆编《福建革命历史文件汇集》甲 8 册，1986 年内部版，第 106 页。

但是，当闽西特委把这封信交由交通员送出时，朱德已经率部向大田、德化开进。正如闽西特委所料，此行闽中，朱德和他的部队遭遇到了许多意想不到的困难。熊寿祺给中央的报告对此作了这样的描述：沿途荒山峻岭，穷乡僻壤，没有米吃，“虽然有蕃〔番〕薯等物，又因土匪太多，群众又不了解，一律躲避我们，我们到一处硬无法想，只得把门打开，把东西自已拿来吃，吃了后照物价算钱，把钱封好写一封信一起放在他屋内，说明我们的道理”①。

山高路险，土匪出没，粮草不济，更由于得不到群众的帮助，红军几乎寸步难行。但是为执行前委先前确定的计划，打破敌人的“会剿”，朱德不得不下令队伍继续前进，攻打大田，以图越过闽江挺进闽赣边境或在福州、南平之间活动。

大田是一个不大的县城，却是土匪势力强盛的所在。守城部队与土匪实为一家，在城里城外筑有许多土堡。红军原以为区区土匪武装，轻易可以得手，即以第二纵队为前卫，司令部居中，第三纵队后续跟进，向大田发起攻击。但刚一接上火，受到敌人猛烈阻击。根据战斗和伤亡情况判断，朱德认为强攻未必能够取胜，决定用商量的办法向守城土匪“借路”。当时担任第二纵队参谋长的郭化若亲历其事，他留下了这样的回忆：我是二纵队参谋长，在队伍的最前头，前面战斗部队有一个连，后面就是我。打了两枪有几个伤亡，我们就停止了。朱老总下命令不要打了，要我以前委司令官的名义写信给这支土匪部队。“这封信是我经手写的，就是请他们借路给我们通过，表示不损害他们，他们不同意，说不能同意我们通过，如果我们晚上撤退，就不打我们。我们就在晚上撤退了。他们不但没有打我们，还把我们十多二十个伤员包扎好后用担架抬着，派人送回来。”②

大田不能通过，也就难以渡过闽江，原先的计划就很难执行。大约

---

① 熊寿祺：《红军第四军状况》（1930年5月），《党的文献》1999年第2期。

② 蒋伯英：《关于古田会议前的几个历史问题——郭化若将军访谈录》，《党史研究与教学》1999年第6期。

就在这时，闽西特委派出的交通员给朱德送来了建议重返闽西的信函。于是朱德率部折返闽西。红军返回闽西途中依旧困难重重，天气炎热，许多士兵染病难以行动，还有一些沿途掉队失落，以致造成不少损失。但是红军在闽中的短暂行动对当地民众产生了很好的影响。红军到达永春县福鼎村，发现这里山高路险，荒芜贫瘠，不要说难以征集到二三千名红军所需的粮食，当地民众的温饱也还不能保证。朱德随即采取应急措施，指示红军领导机关组织一个米局，“发动当地群众到附近镇子里去挑米，然后高价收购，这样既可供给军粮又给群众减轻了负担”[①]。

红军体恤爱护群众，获得了沿途民众的依赖和支持。“事实上，农民在夜间为朱德的部队带路，白天在村子里为他们掩护。”[②] 原来为了躲避红军而逃跑的群众，“后来红军打转身返闽西时，这些群众一个都不跑了，焚香接我们”[③]。

朱德率部重返闽西之时，闽军暂编第一师张贞所部杨逢年旅已经占领龙岩，张汝劻旅尾随红军进占漳平之后，又于 8 月 25 日占领宁洋。由于消息闭塞，报纸上常常登出并不准确甚至是互相矛盾的报道，所以杨、张二旅都还以为朱德仍在大田、德化一带，至少暂时不会再返闽西。孰料红四军第二、三纵队出敌不意，突然出山重返闽西，8 月 29 日分路包抄漳平溪南，一举歼灭张汝劻旅一个团，击毙团副一名，缴枪数百支。然后乘胜追击，直抵漳平城下，激战一天，再次占领漳平。

红军的胜利，使得“会剿”之敌大为震惊，各大报刊也连续跟踪报道。9 月 12 日，《时报》刊出《刘师到闽后之剿共》，对此作了如下报道：“（八月）二十九日朱德率部三千余猛袭漳平，宁洋同时亦受袭。漳平守军以朱已远去，无严备，且众寡不敌，应战一日，至三十日遂不支，退至永福。”

---

① 赖毅：《出击闽中（摘录）》，中共大田县委党史研究室编《大田中央苏区史料选编（一）》，2013 年内部版，第 121 页。

② ［美］艾格妮丝·史沫特莱：《伟大的道路——朱德的生平和时代》，梅念译，胡其安、李新校注，生活·读书·新知三联书店 1979 年版，第 299 页。

③ 熊寿祺：《红军第四军状况》（1930 年 5 月），《党的文献》1999 年第 2 期。

8 月 31 日，朱德率部兵分两路乘胜追击，占领永福镇，歼灭张汝劻旅残部及永福民团一部，向龙岩逼近。红军在漳平痛歼张汝劻旅的消息传到龙岩，占领龙岩的杨逢年旅自知三省“会剿”的大势已去，不愿再留在龙岩与红军对抗，连夜弃城而逃。国民党军队出动 14 个团 2 万余人，对闽西苏区及红四军 4 个纵四五千人的三省“会剿”，却以如此狼狈的结果而告失败，引起地方豪绅的一片惊慌，纷纷向南京政府和蒋介石告急求援。

驻龙岩适中的保安第一支队支队长谢仰麒给蒋介石的“万急”电报很具代表性。电称：“三省”会剿之后，“张贞派出的暂编第一师一旅、二旅攻取漳平、龙岩，正当为之庆贺以为胜利在望，”讵料一旅在漳平失利，二旅全部撤退南靖，漳平、龙岩两县遂相继失陷，适中仍陷于四面包围中，而道路哄传，有谓三省“剿共”军队各退原防之说，风声所播，遐迩震惊，“为此要求南京政府速派大军入闽援助”，否则“全局动摇，则前途将愈不可收拾”。[①] 然而蒋介石也正面临着内部派系纷扰自顾不暇，对红四军的“会剿”已成强弩之末。

历史证明，毛泽东和朱德、陈毅一个月以前在蛟洋前委紧急会议上的判断是正确的。国民党各派军阀之间的统一是暂时的，三省“会剿”不会延续很久；红军只要坚持，采取持久灵活的游击方针，必将打破敌人的“会剿”。果然，在朱德率部出击闽中期间，国民党内部发生新的分裂。蒋介石出于对江西军阀朱培德的疑忌，突然下令正在闽西“会剿”红军的王均部北调安徽，以削弱朱培德的势力。于是，三省“会剿”的形势出现了有利于红军的变化。被拖在永定的粤军陈维远部无心恋战，借口“粤方电召”，下令撤兵。“会剿”总指挥金汉鼎看到大势已去，草草收场，返回江西。

9 月 6 日，朱德率领红四军第二、三纵队收复龙岩，喧嚣一时的国民党三省“会剿”至此瓦解。9 月 12 日，朱德以前敌委员会的名义对延续

---

① 《谢仰麒致南京国民政府快邮代电》（1929 年 9 月 17 日收文），原件存中国第二历史档案馆。

了两个多月的三省“会剿”进行全面总结，指出击破敌人“会剿”的原因有三个：“①因时局的变化；②因广大群众的力量；③因军事策略的正确已经把他打破。”前敌委员会认为，自从红四军到了闽西帮助闽西群众暴动、夺取政权、深入土地革命，动摇了国民党的统治，引起南京政府的恐慌，而全国豪绅地主资产阶级天天向南京政府施压，乞怜派兵“会剿”红军；同时，又因为“蒋介石亦很需要藉剿匪剿共口号作为反蒋形势的缓冲”，因而才有了调动三省军队“会剿”闽西的计划。如今，由于以上三个方面的原因，“第一期的会剿局面已经过去了”①。

前敌委员会对闽西未来一个时期的形势也有很详细的分析，认为江西反蒋派与蒋介石嫡系之间的对抗加剧；福建张贞通电支持汪精卫也触怒蒋介石，调刘和鼎入闽名为“剿共”实为解决张贞；至于粤军方面，既然“张贞已败，赣南不来，被兵困于永定无利多害，亦必撤回广东”。前敌委员会于是作出判断：“闽粤赣三省的内部纠纷已如此，当此蒋介石先统一南方再来对冯（玉祥）阎（锡山）政策之下互相火併〔并〕尚不遑，何况与其地盘没有多大冲突的闽西共祸？因此在反蒋战争将要爆发的现在，会剿形势已如强弩之末很少可能。”② 以后的历史发展表明，这一判断是正确的。

三　攻占“铁上杭”与闽西苏区的拓展

击退国民党军的三省“会剿”之后，闽西革命根据地获得了巩固。特别是在参与三省“会剿”的正规部队相继败退之后，驻防闽西的国民党军只剩下福建省防军第二混成旅，旅长郭凤鸣在长汀长岭寨与红军首

① 《四军前委关于目前政治形势的分析》（1929 年 9 月 12 日于龙岩），中共龙岩地委党史资料征集领导小组、龙岩地区行政公署文物管理委员会编《闽西革命史文献资料》第 2 辑，1982 年内部版，第 223 页。

② 《四军前委关于目前政治形势的分析》（1929 年 9 月 12 日于龙岩），中共龙岩地委党史资料征集领导小组、龙岩地区行政公署文物管理委员会编《闽西革命史文献资料》第 2 辑，1982 年内部版，第 223 页。

次交战亡命，继任旅长卢新铭率领残余部队 2000 余人退踞上杭，6 月 7 日白砂之战又被朱毛红军消灭近一个团，其后固守上杭，不敢轻易出城与红军交战。

上杭是一座有着悠久历史的古城，地处汀江中游，水陆交通方便，商贸繁盛，经济发达，流淌不息的汀江正面环绕，江天辽阔，成为一道难以逾越的天然屏障，也就成了兵家必争的重镇。历史上农民革命军多次试图攻占这座城市都遭到失败，因此有“铁上杭”之称。民间流传着这样一首歌谣：“铜铁上杭，固若金汤。东无退路，西无战场。南有河道，北有鱼塘。嘱咐子孙，莫打上杭。”这首世代相传的民谣道出了上杭城的战略地貌和强固的城防，也道出了历代攻城失败的惨痛教训。正因为如此，卢新铭率领其第二混成旅龟缩在上杭城内，四乡豪绅地主也都纷纷搬到城里躲避农民革命的浪潮。史沫特莱听完了朱德绘声绘色的叙述之后，在她写的《伟大的道路——朱德的生平和时代》中称上杭“如同中世纪的领主据守城堡一样”①。

已经组织了自己武装队伍的上杭县各地乡村的农民，不甘心这座城市成为卢新铭和地主豪绅藏身的堡垒，他们互相联络，汇集成五六千人的攻城大军，8 月中下旬先后两次向上杭城发动进攻。这些刚刚学会使用武器的农民赤卫队，号称“八千人马”，看起来声势浩大，却装备低劣，大部分武器只是土枪土炮和大刀长矛，又未曾得到过正规的军事训练，虽然打得很英勇，但都没有成功。

大规模的攻城不能取胜，赤卫队员们组成许多小股，不断地进行袭击骚扰，使得守城之敌备受消耗。在地方红军和赤卫队的连续打击之下，顽守孤城的卢新铭部，向蒋介石抱怨：“血战月余，曾无休日。旋求援军而援军不至，再战而饷弹两绝，循至战事陷于孤危。”②

朱德获知上杭城久攻不下，而四乡民众求战心切，决定调动全军与

---

① ［美］艾格妮丝·史沫特莱：《伟大的道路——朱德的生平和时代》，梅念译，胡其安、李新校注，生活·读书·新知三联书店 1979 年版，第 302 页。

② 《卢新铭给蒋介石的呈文》（1929 年 11 月 5 日），原件存中国第二历史档案馆。

地方武装相互配合，夺取这座被称为“铁上杭”的县城。朱德对于上杭之战留有极为深刻的印象。史沫特莱撰写的《伟大的道路》中有一编的标题就是“上杭之歌”。在这一编里，用了2000多字的篇幅，描述朱德对这次战斗的记忆。他在口述这段历史时，虽已相隔七八年的时间，而且没有书面的参考材料，然而把他的回忆同历史文献的记载核对之后，除了缺乏具体的日期和一些数据，朱德的口述几乎都准确无误，甚至有些具体的对话和天气、战场物景的细节都很生动。朱德还记得农民们为攻打上杭而传唱的《上杭之歌》的六段歌词。其中最后一段是：“工人农民要听清，订日攻打上杭城，消灭吃人大地主，中秋节过就发兵！”①

朱德制订了攻打上杭的计划和攻城日期，他选定的攻城时间是中秋节过后第三天，即9月20日凌晨，参战部队为红四军第二、三、四纵队全部，以及第一纵队一部和地方红军、赤卫队，总共一万余人。

战前，朱德带领他的参谋人员在靠近黄昏的下午到前线考察地形。他们来到上杭城外树木葱茏的山坡上，俯视着山下这座有着坚固厚实城墙的城市，发现它三面被宽阔的汀江环抱，只有西门一条大道从陆地上与城里相通。西门周边构筑有坚固的工事，城门每天只开放几个小时，其他几个城门关闭，从城里用沙袋堵死。

朱德和他的参谋人员仔细观察进攻路线，他不打算从敌人固守的西门进攻。他转向站在一旁的林彪，手指向西门对面的山岗下达指令：就在那一排山头上摆上几门迫击炮，就可以吸引所有敌人的注意，我们从后面爬城进攻。② 朱德所说的“后面”，是指上杭城北。当地的赤卫团已经把侦察好的地形向他作了详细报告，甚至在沙地上画出草图，一目了然。在城北不远处，蜿蜒曲折的汀江正好在那里沿着城墙流淌，形成一个马蹄形绕城而过。河曲与城墙之间有一片狭长地带，必须在发动攻击

① ［美］艾格妮丝·史沫特莱：《伟大的道路——朱德的生平和时代》，梅念译，胡其安、李新校注，生活·读书·新知三联书店1979年版，第303—304页。

② 参见［美］艾格妮丝·史沫特莱：《伟大的道路——朱德的生平和时代》，梅念译，胡其安、李新校注，生活·读书·新知三联书店1979年版，第304页。以下有关朱德指挥攻打上杭战斗的情节，均参见该书第304—305页，不另注释。

当天夜里拿下，红军才可以从这里出其不意发起进攻。

靠近北门外不远处，有一个树木丛生的小山岗，名为“石牌岗”。朱德把他的指挥部设立在这个山岗上。按照朱德的命令，先前已经集结在白砂的各路部队，于9月19日清早向上杭进发。中秋刚过，明月当空。借着月色，各路队伍悄无声息地向指定的攻击地点集结。地方赤卫队率先渡过河去，进入被朱德称为“马蹄形地带”的一片河滩，向城墙上来回走动的巡逻队射击，借以扰乱敌军的视听。敌人的巡逻兵几乎每天都会遭遇到这样的零星射击，也就不以为然。他们没有想到，赤卫队的枪声后面，将有一万大军发起强大的攻击。

林彪率领第一纵队一部向城南进发，另一部到达朱德指定的西门外那一排山岗上，迅速架起迫击炮，“摆出排炮架势，把敌人吸引到那个方向”，以便掩护在北门外担任主攻任务的第二、三纵队。同时，朱德率领其他部队在城北渡江。早已经过严密组织和训练的农民把预先准备好的船并排摆成一字长阵，用竹篙撑稳，在船上铺好木板，组合成一座浮桥。各路部队迅速跨过浮桥，向城墙方向运动。

午夜时分，朱德在北门外马蹄形地带内的小山头上建起了指挥所。他指挥的第二、三纵队和农民赤卫团，连同一队队扛着手工绑扎云梯的农民，团团集结在北城和东城的城墙外面，等待最后出击的命令。然而其间发生了一个意外，林彪的队伍由于调动上的问题，未能及时到达指定的南门城下，直到攻击开始以后，林彪才到达南城门外，所幸没有给攻城战斗造成大的延误。

午夜过后一个小时，已是9月20日凌晨，朱德下达攻击令。早已做好准备的狙击手抬手几枪就打灭了城墙上的电灯。实际上，这是早已约定的向城西小山岗上迫击炮手发出的开炮信号。顷刻之间，一排排迫击炮弹在西门敌军阵地爆炸。卢新铭立刻调动城内守军向城西增援。殊不知这正是朱德的声东击西之策。早已等候在城下的红军官兵与赤卫队员们蜂拥上前，扑到城下，架起一座座云梯，奋勇攀登攻入城去。

守城敌军一开始就拼死抵抗。一架架云梯被击落倒地，一批批攻城突击队又冲上去，重新架起云梯向城头攀爬。曾经与罗瑞卿一起被中央军委派到闽西工作、担任闽西红军第五十九团党代表的曾省吾，身先士卒，奋勇登城。他第一次被打伤从云梯上摔落下来，第二次再上，再负伤，第三次又带伤攀登，不幸再次中弹牺牲在西南城墙下。[①]

几乎在同时，城头敌人的炮兵阵地上也正在进行一场激烈的搏斗。党组织在前一段时间派遣一位名叫林九妹子的青年军人潜伏到城里，在卢新铭的炮兵阵地当兵，待机接应。战斗打响之前，林九妹子悄悄把盐水灌进炮膛加以破坏。敌人很快就发觉林九妹子的身份。林九妹子在炮兵阵地上与敌人展开搏斗，最终牺牲。半个世纪以后，上杭县的党史专家采访当时跟随朱德参加了这次战斗的第四纵队司令傅柏翠，他还记得当时的一些情景："朱老总是在北门指挥打进城去，还死了一个自己派进去的同志，死在城门边的炮架上。"[②] 这个战死的战士，就是林九妹子。

尽管这是一场周密部署的战斗，红军又是以一万兵力攻打两千余人的歼灭战，但是上杭城防的坚固和三面环水的天然屏障，以及卢新铭部困兽犹斗孤注一掷的反抗，战斗仍然打得十分艰苦，直到中午时分才结束战斗，占领了这座 400 年来无人攻破过的"铁上杭"。史沫特莱写道："这场战斗也并不像朱德所料的一下子便定了大局，敌军部队和武装地主们由于无路可退，一直顽抗到第二天中午。红军把他们全部缴了械，把监狱里的犯人释放出来，又把地主们关进几百年来肮脏不堪的监狱内。这些中世纪的暴君浑身颤抖，望着红军把饱受凌辱的政治犯抬到监外。犯人被折磨得有的不能行走，有的甚至失掉了说话的能力。"[③]

这是红四军入闽以来最为激烈的一次攻坚战。红军及地方武装歼灭敌人一个旅，俘获其团长钟铭清及官兵近千人，甚至连旅长卢新铭的大老婆也未能脱逃，成了红军的俘虏。

---

① 《傅柏翠同志谈闽西早期革命斗争的一些情况》，福建省博物馆记录整理，1978 年。

② 《访问傅柏翠谈话记录》，曾宪林、刘宝联记录整理，1982 年 7 月 28 日，记录稿存上杭县委党史办公室。

③ ［美］艾格妮丝·史沫特莱：《伟大的道路——朱德的生平和时代》，梅念译，胡其安、李新校注，生活·读书·新知三联书店 1979 年版，第 305—306 页。

熊寿祺向中央报告说，上杭一役，“所得胜利为红军四军最大胜利的第一次”，影响所及，对闽粤两省意义重大，不仅赤色区域推进到同广东相邻的武平县，而且把苏维埃运动推进到广东东江地区。[①] 萧克对于上杭之战的胜利也给予很高评价，指出这次战斗“是红四军自成立以来的大胜利之一，打上杭一仗相当精彩”。打下上杭以后，“汀江两岸红色区域联成了片，闽西苏区进入全盛时期”，闽西苏区的范围大为拓展，“在当时，从全国各苏区情况看，闽西是最大的红色根据地之一”。[②]

红军发起攻击不久，卢新铭在旅部接到各方送来的报告，感觉到形势极为紧急。早些日子，他就因为三省“会剿”收场而红军势力大增向蒋介石求援，然而迟迟无人救助。此刻已是千钧一发的危急关头，他不得不再向蒋介石告急。但是城内早已一片狼藉，给南京的电报难以发出，所幸电话线尚未截断，接通了尚在汀州的第二团团长罗廷辉，卢新铭详述红军攻城的情况，请罗廷辉立刻向南京报告。

罗廷辉即于当天早晨把卢新铭所告知的情况发电报给蒋介石。这份电报称，朱毛红军已于 9 月 18 日夜抵旧县，以一部佯攻篁垣，以为牵制，偷渡紫金山，然后分作数路，“于智日（20 日）一时来攻杭城，势较前尤猛”，目前除尽力督队抵御，望即派队援助，“请迅饬各部兼程赴援以救危急”。[③] 罗廷辉的电报发出以后一直没有得到蒋介石的回应。事实上，南京方面收到这份电报已是 9 月 22 日傍晚时分，而这时上杭城早已被红军攻破。

黎明到来之时，卢新铭自知大势已去，集合旅部少数随从乘乱逃离了上杭。其他守城各部也相继溃败，除一部分战死、少数脱逃，其余官兵近千人纷纷向红军缴械投降。

朱毛红军接连获胜，而国民党出动三省大军却迭遭重挫，特别是上杭一役从南京政府到福建地方军政当局竟无人施以援手，卢新铭旅几乎

---

① 参见熊寿祺：《红军第四军状况》（1930 年 5 月），《党的文献》1999 年第 2 期。

② 萧克：《朱毛红军侧记》，中共中央党校出版社 1993 年版，第 130、131 页。

③ 《罗廷辉给蒋介石电报》（1929 年 9 月 20 日晨），原件存中国第二历史档案馆。

全军覆灭，闽西豪绅惊恐不安，纷纷发出求救电报，更对军队的无能大加谴责。消息迅速传到南京，闽西旅居南京的乡绅组成“救乡会”，连续不断地向蒋介石发出函电，请求援救。

其中署名“福建汀龙旅京救乡会丘扬武”的人在10月8日写给蒋介石的“十万火急”函颇具代表性：“叠接最近闽西灾区各方函电，共逆朱毛自旬日以来，东取漳平、龙岩，西取上杭、武平，缴降新编一师之一团及省防军卢旅全部后，声势浩大，三百万难民在痛苦乞援之际，而驻永定陈维远旅忽奉命返粤，全局动摇云云。窃查三省会剿之师，闽赣之部遇敌辄败，畏共如虎，独粤陈旅进克永定城，支持半壁，数月未深得牵制之力，今不战而退，藩篱尽撤，不唯前功尽弃，亦且后患无穷。”

这位丘扬武者，无疑是在南京谋事的闽西籍富豪或官绅，他在发表了上面这一段感慨之后，又痛陈闽西战略地位“扼闽粤之脊背，左指漳泉，右搗潮梅”的重要，当此大局面临累卵之危，请求蒋介石“洞照毫末，当不河汉斯言，泣乞迅电陈维远仍守永定，以固闽粤之门户”①。

问题在于，蒋介石在南京召开所谓“编遣会议”之后，国民党内各派军阀为了各自利益矛盾激化，冲突不断，几乎难以驾驭全国的政治局势。粤军陈维远部从闽西撤兵，正是这些复杂矛盾的一种结果。更何况，广东东江地区中共领导的农民运动和土地革命风起云涌，广东军政当局自顾不暇，短时间内难以再派兵去闽西“剿共”。

红军入城当天，全城民众争先恐后涌上街头，大家都要看一看传说中的“朱毛”为何人，红军是一支什么样的队伍。就如以往那样，每到一座新的城镇，朱德总要召开规模宏大的群众大会。在傅柏翠的记忆里，朱德在旧道台衙门口的广场上召开了群众大会。他的嗓门大，声音洪亮而沉稳，一口四川客家话。他宣传中共第六次全国代表大会发布的十大政纲，号召打土豪分土地，实行婚姻自由，废除一切封建制度。

或许想起了为攻破高大坚固的城墙而付出的巨大牺牲，朱德特别宣

① 《丘扬武给蒋介石函》（1929年10月8日），原件存中国第二历史档案馆。

传了这一“封建遗物”给民众造成的危害。他说：“城墙造成了城乡人民隔阂，妨害阶级兄弟团结，历史上都被反动统治阶级利用来巩固政权，只利于军阀盘踞作恶，而不利于我们的游击行动。”他大声号召城乡群众一起动手，拆掉这贻害子孙的“祸根”。[①]

朱德的号召得到民众的响应，他们比想象的更加积极。原定第二天上午9时开始拆城，可是县城周围20里的农民们闻风而动，连夜动手。第二天清晨，在宋代花了70年建造起来的钢铁一般的城墙已成一片废墟，足见群众的力量。人民群众因为高兴，为此还编了一首歌谣到处传唱：“八月共产桂花黄，中秋十八破上杭。缴尽卢匪枪无数，就叫百姓拆城墙。”

朱德告诉史沫特莱，上杭城被攻破以后，远近农民涌进城来庆祝胜利，参加分田，公审作恶多端的地主。那些失去了儿子的母亲，被逼得家破人亡的寡妇、父亲和兄弟们，愤怒地冲到被公审的地主面前大声质问：“我的儿子在哪里？我的兄弟在哪里？我的父亲在哪里？”[②] 有些悲痛难忍的农民甚至抡起拳头要打地主出气，被维持秩序的赤卫队员们劝阻。

朱德决定，利用攻占上杭之后一段相对平静的局势，全军作一短时间的休息和整顿。在军事上，除了休养生息，还要对卢新铭旅大批投降的俘虏兵进行整顿训练。四个纵队都补充了大批俘虏兵，每个纵队由原先的两个支队扩充为三个支队，每个纵队有一千八九百人，全军兵力由原来的5000多人扩大为7000多人。

在政治和党的工作方面，朱德决定于9月下旬召开红四军第八次党代表大会，解决第七次代表大会未能解决的一些问题。朱德与毛泽东7月底在上杭蛟洋前委会议之后分手，在此之后经历了出击闽中、打破敌人的三省“会剿”、攻占上杭城等一系列的作战与波折，而陈毅赴上海党

---

① 参见《傅柏翠同志谈闽西早期革命斗争的一些情况》，福建省博物馆记录整理，1978年。

② ［美］艾格妮丝·史沫特莱：《伟大的道路——朱德的生平和时代》，梅念译，胡其安、李新校注，生活·读书·新知三联书店1979年版，第306页。

中央未归，他一人独自承担指挥全军工作的责任，深感沉重，颇有“应付不开”的压力。

红四军在龙岩召开第七次党代表大会以后，确实也存在一些问题，尤其突出的是原先就存在的极端民主化在毛泽东离开之后更加滋长起来。熊寿祺向中央的报告中对此专门有所述及：“七次大会直到九次大会（即古田会议——引者），前委的指导路线都不是集体指导一切问题，一切问题都摆在会场上让大家来讨论，不管他政治分析也好，行动计划也好，请调工作也好，都毫不准备意见，到会场来争，往往争议终日得不到一个结论。”当时许多同志说，前委是各纵队联席会。但是前委的负责同志还以为这样才对，才是由下而上的民主制。[①]

这一段历史记录，很生动具体地反映了朱德在独当一面主持红四军全盘工作时承受的压力和无奈。红四军第八次党代表大会按计划在上杭召开。在这样的气氛下，朱德主持召开的这次会议很难达成共识。

红四军在作了短暂休整之后，各纵队又开始了大规模的分兵，工作的重点在上杭、永定县汀江以西各区乡和武平县的大部分乡村。10 月 1 日，第二纵队、第三纵队分别向永定峰市、上杭汀江西岸和武平进发，向闽粤边界推进。第一纵队则留上杭附近工作。[②]

其中第三纵队开赴武平县，分散于高梧、六甲、十方三个区，从 10 月 2 日到 6 日为第一期。这一期的工作主要是深入到各个乡村展开普遍的宣传，建立党的组织，开办基层干部训练班，建立区乡苏维埃政府，同时筹建农民协会和区乡赤卫队，甚至派遣红军骨干直接担任支部书记，调拨大批枪支给地方武装。

在这短短 5 天之内，第三纵队在这三个区取得了十分可观的成绩。这三个区都成立了区苏维埃政府或革命委员会，还有 20 个乡苏维埃政府、6 个乡农民协会，各个区和部分乡建立了赤卫队组织，拥有 100 多支

① 参见熊寿祺：《红军第四军状况》（1930 年 5 月），《党的文献》1999 年第 2 期。

② 参见《前委报告》（1929 年 11 月 1 日），古田会议纪念馆编《古田会议文献资料》，中共党史出版社 2017 年版，第 340 页。

枪；同时，在各区乡广泛发动群众，没收地主粮食分发给贫苦农民，调查人口土地，为下一步的土地分配工作做好了准备。[①]

总之，红四军打破三省“会剿”之后，攻占上杭，分兵武平、长汀，在短短一个多月之内，闽西苏区扩大至龙岩、上杭、永定、武平、长汀、连城，成立了4个县、50多个区和400多个乡苏维埃政府。[②] 闽西苏区成了当时全国最大的农村革命根据地之一。

四 闽西特委第一次扩大会议与土地政纲的修订

上杭的占领，使得闽西红色区域出现了一个相对稳定和发展的局面，因而闽西特委决定利用这一机会，对前一阶段的工作和今后的任务进行一次总结与研究。10月15日至18日，中共闽西特委在上杭召开了第一次扩大会议。会议在中共福建省委巡视员谢汉秋指导下，由中共闽西特委书记邓子恢主持，着重讨论了目前军阀混战形势下闽西党的任务，研究中共闽西第一次代表大会没有来得及讨论的组织、宣传、职工等三个问题，检讨那次会议以来两个半月的工作。

关于目前形势，会议认为，蒋桂战争和蒋冯战争以后，各派新军阀之间的矛盾进一步加深，全国各地都爆发了混战。当前张发奎与广西军阀、冯玉祥联合起来的反蒋战争，就是这些混战的继续。另一方面，各地工农群众为反对帝国主义和国民党的反动统治，斗争日益深入与发展。所有这些，“就是新的革命潮流快要到来的象征”。[③] 在闽西苏区，“目前

① 参见《中共闽西特委报告——武平工作情况》（1929年10月5日），中央档案馆、福建省档案馆编《福建革命历史文件汇集》甲8册，1986年内部版，第142—147页。

② 参见《中共闽西特委通告第十四号——中共闽西特委第一次扩大会关于苏维埃工作问题的决议》（1929年11月2日），中共龙岩地委党史资料征集领导小组、龙岩地区行政公署文物管理委员会编《闽西革命史文献资料》第2辑，第289页。

③ 参见《中共闽西特委通告第十三号——中共闽西特委第一次扩大会的精神与闽西党目前的任务的决议》（1929年11月2日），中共龙岩地委党史资料征集领导小组、龙岩地区行政公署文物管理委员会编《闽西革命史文献资料》第2辑，1982年内部版，第286页。

赤色区域数百里打成了一片，在这一区域内群众已发动起来，土地已经分配了，群众组织了自己的政权”，群众武装也大部分已经组织起来。与闽西毗邻的广东东江和赣南的群众斗争也已经普遍地发动起来。根据这一分析，会议认为“闽西政权的前途，仍有巩固的可能，而且要向前发展”①。

基于以上的认识，会议确定了目前党在闽西的三项任务：(1) 扩大赤色区域，迅速摧垮敌人的经济基础，“在目前首先要发动长汀群众斗争，加强上杭南路和武平工作，统一汀河两岸的赤色区域，使与赣南东江的革命势力取得联系”。(2) 统一并整理群众武装组织，扩大和充实四纵队力量。(3) 建立巩固的苏维埃政权，在上杭成立闽西苏维埃政府，以便统一指挥闽西六县红色政权。②

会议着重研究了苏维埃建设的工作，认为目前龙岩、上杭、永定、武平、长汀、连城6县之间已经普遍建立了苏维埃政权，成立了4个县苏维埃政权、50多个区苏维埃政权和400多个乡苏维埃政权，“虽然目前因为反动势力之进攻城市政权不能保守，然而乡村政权则确有坚固的基础”③。会议对苏维埃工作规定了工作方针，要求各级政府必须“建立真正代表会议精神”，政府工作人员应很好分工，各明职责，尽量裁汰冗员，节省开支，防止官僚习气。苏维埃政府应当关心群众生活，帮助建立合作社组织，奖励生产，发展苏区经济。同时，还应发展文化教育事业，提高群众文化水平。

为了进一步领导正在深入的土地革命，会议通过了《关于土地问题

---

① 《中共闽西特委通告第十三号——中共闽西特委第一次扩大会的精神与闽西党目前的任务的决议》(1929年11月2日)，中共龙岩地委党史资料征集领导小组、龙岩地区行政公署文物管理委员会编《闽西革命史文献资料》第2辑，1982年内部版，第287页。

② 参见《中共闽西特委通告第十三号——中共闽西特委第一次扩大会的精神与闽西党目前的任务的决议》(1929年11月2日)，中共龙岩地委党史资料征集领导小组、龙岩地区行政公署文物管理委员会编《闽西革命史文献资料》第2辑，第287—288页。

③ 《中共闽西特委通告第十四号——中共闽西特委第一次扩大会关于苏维埃工作问题的决议》(1929年11月2日)，中共龙岩地委党史资料征集领导小组、龙岩地区行政公署文物管理委员会编《闽西革命史文献资料》第2辑，第289页。

的决议》。决议认为，中共闽西第一次代表大会所制订的土地政纲发布之后，各县已经普遍推行，“现在这一斗争已彻底胜利……这完全证明党的土地政纲的正确”。决议总结了过去土地政策方面的经验与存在问题，指出过去为了争取农村小资产阶级，各县分别规定五十担至二百担田租以下的小地主的土地不予没收，只限制其谷价，然而在实际上“很多地方都是没收一切地主的谷子平分”，虽然想要纠正，还是纠正不过来，因为多数群众都如此主张。中共闽西一大的土地纲领虽然规定了自耕农的土地不没收，但在实际上并没有执行这项正确的政策。

农民们的这一要求表明，他们不满足于没收地主阶级的土地，强烈地要求平分一切土地，烧毁一切地契，废除一切债务。这就同中共闽西一大土地纲领发生了原则性的冲突。也就是说，大多数农民要求把富农、自耕农及其他公有或私有的一切土地全部没收，重新平均分配。这就涉及两个问题，一是没收什么人的土地，二是如何分配土地。如果坚持中共闽西一大的土地政策，则将遭到农民的反对；如果满足大多数农民的要求，那么就要违背中共闽西一大甚至党的六大关于土地政策的正确规定。

这是十分棘手但又不能回避的问题。为此，会议着重就土地问题作了研究，根据大多数农民的要求对中共闽西一大土地纲领进行修订。这是邓子恢主持下在 1929 年下半年第三次对闽西土地政纲进行修订。

会议对中共闽西一大的土地政纲及其指导下蓬勃展开的土地革命作了充分的肯定。这一土地政纲指导了以土地斗争为中心的革命运动的胜利展开，最大限度地调动农民的革命热情，在短短几个月内造就了纵横数百里的闽西苏维埃区域赤色版图。

问题在于，中国共产党领导的这场彻底摧毁封建统治基础、根本变革地主阶级土地制度的伟大革命，不仅仅是在农村中进行经济利益的重新分配，更重要的是要调整农村各阶级的关系，在政治上确立无产阶级基础，建立新的苏维埃政治体制，以便过渡到社会主义。所以，不管是党的六大还是中共闽西一大，都明确地规定了对农村各阶级的政策——

依靠贫农和雇农，团结中农，集中力量打击地主阶级，对农村资产阶级的富农采取中立和争取的政策。党的六大把“没收一切土地”改变为“没收地主阶级土地”，以及分别不同情况对富农采取不同政策，就是这一阶级路线的体现。

然而闽西苏维埃运动兴起的1929年夏收季节，闽西的大多数农民却不赞成这样的政策。例如在土地分配之前的分谷阶段，按照邓子恢起草的土地分配纲领，在龙岩、上杭、永定对没收谷子的对象都有一定的标准，“永定是二百担以上田租者，龙岩三百桶以上者，上杭是五十担以上者”，以及土豪、反动分子的谷子一律没收；“在此标准以下之小地主不会反动者，则限制其谷价，这是为夺取小资产阶级起见，使他不会站在反革命队伍上去”。此处所谓“小地主”，实际还包含有富农成分。但是在执行过程中，各地党组织很难贯彻，“很多地方都是没收一切地主的谷子平分，党当时虽想纠正，但多数群众都如此主张，结果还是纠正不来”[①]。

当谷子分完开始进行土地的没收和分配时，中共闽西一大的土地政纲已经颁布。然而大多数农民还是坚持他们对土地进行平均主义的处置办法，要求没收一切土地。在这过程当中，各地农民常常因为土地分配问题发生争执，党的干部力图说服农民们执行党的土地政纲，但效果不大。中共闽西特委意识到这是因为未能打破农民的平均主义，党的干部在这方面的工作做得也不够。[②] 中共闽西特委第一次扩大会议在讨论这个问题时感到十分为难，最后不得不迁就了农民的大多数，并在决议上

① 《中共闽西特委通告第十五号——中共闽西特委第一次扩大会关于土地问题的决议》(1929年11月5日)，中共龙岩地委党史资料征集领导小组、龙岩地区行政公署文物管理委员会编《闽西革命史文献资料》第2辑，1982年内部版，第293页。

② 《中共闽西特委通告第十五号——中共闽西特委第一次扩大会关于土地问题的决议》对此有所记载，指出“在分田时各处农民都有些争多较少的争执，党在此时没有注意到向一般群众解释打破农民的平均主义，同时予以共产主义之教育，这是一个缺点”，见中共龙岩地委党史资料征集领导小组、龙岩地区行政公署文物管理委员会编《闽西革命史文献资料》第2辑，1982年内部版，第294页。

表达了他们的无奈：中共闽西一大关于没收土地之规定，“原定自耕农土地不没收，田契不焚烧，但事实上到处都做到没收一切土地，焚烧一切田契，无人敢出来反对，间或我们党提出纠正口号，群众便有些不满，这是因闽西自耕农人数与田地数均极少，中农富农合占农民全数百分之二十，而各只有土地总数百分之十，同时贫农却占有百分之八十的人口，这样一个贫农大群众自然便要通过没收一切土地了”①。

闽西苏区各级党的领导人意识到，农民们的这种平均主义在反抗封建剥削的斗争中固然可以在一个阶段内发挥革命性的作用，但如果任其发展，则是极端平均主义，其危害是显而易见的。最大的危害是过分打击了富农，甚至中农。其结果是孤立了贫雇农，损害了革命的统一阵线。但是农民的自私心理和政治远见的短缺，促使大多数农民宁可选择没收一切土地，也不赞同富农及自耕农保留自己的土地。因为闽西的贫苦农民拥有农村中80%的人口，拥有的土地却只有耕田总数的20%，假如不没收一切土地，则感觉不敷分配。如果从这一现实状况出发，也就能够理解大多数农民的要求了。

10月金秋，正是要开镰收割谷子的季节，而红军即将奉命南下广东，敌人正虎视眈眈，伺机进攻新建立的农村革命根据地。在上杭城里召开的中共闽西特委第一次扩大会议权衡利弊，认为目前闽西的土地革命已经全面发动起来，为了更加充分调动贫苦农民的积极性，决定满足他们平分一切土地的要求。于是，会议作出决议：“为争取农民群众起见，在土地斗争初期，不宜提出没收一切土地的口号，到了农民全都起来，多数要求平分一切土地时，党应赞助贫农坚决地没收一切土地，焚烧一切田契以巩固党在贫农中的领导权”②。

---

① 《中共闽西特委通告第十五号——中共闽西第一次扩大会关于土地问题的决议》(1929年11月5日)，中共龙岩地委党史资料征集领导小组、龙岩地区行政公署文物管理委员会编《闽西革命史文献资料》第2辑，1982年内部版，第294页。

② 《中共闽西特委通告第十五号——中共闽西特委第一次扩大会关于土地问题的决议》(1929年11月5日)，中共龙岩地委党史资料征集领导小组、龙岩地区行政公署文物管理委员会编《闽西革命史文献资料》第2辑，1982年内部版，第294页。

由此可见，邓子恢和出席会议的代表们虽然意识到“没收一切土地”的平均主义对革命的危害，特别是对团结与争取中间势力不利，但从当时当地的实际状况出发，尤其是考虑到党在农村中的领导权的巩固，他们还是赞同了这样的政策。

那么，没收了“一切土地”之后该如何分配呢？农民提出的口号是“平分土地”，而且还提出了土地的肥瘦也须均匀的要求。关于土地的分配办法，邓子恢在1928年夏永定县溪南区土地改革和中共闽西第一次代表大会的土地纲领中，都采取了“平均分配”的办法。具体的办法是，“田地以乡为单位，按男女老幼依原耕形势〔式〕，将他们在本乡及邻乡田地抽〔总〕合起来总〔抽〕多补少平均分配”[①]。同时，也规定了可以采取“按劳动力的标准分配”的办法。

这两种分配办法各有利弊。“按人口平均分配，抽多补少”的办法使农民能够迅速得到土地，在极短的时间里满足农民对土地的要求，充分调动农民积极性。但缺点也是明显的，主要的缺点是劳动力富足的和生产能力强的农民未必能够得到充足的土地，“这样客观上是障碍了农村生产之发展，失了土地革命的本意义”[②]；而劳动力不足者在分得土地之后不能耕种，不得不雇请别人耕作甚至荒废了田地，这对于农业的发展显然也是不利的。第二种分配方法是“按劳动力的标准分配”，劳动力多且生产能力强者多分田，反之少分田。这种办法有利于生产力的解放，闽西一些地方也曾实行过，但很快遭到90%以上农民的反对，因为它难以最大限度地满足大多数农民对土地平均主义的要求。

鉴于这种情况，中共闽西特委第一次扩大会议对土地分配办法作了修订，不再提按劳动力分配，明确规定按人口平均分配，抽多补少，认为“为了夺取广大群众，加强革命战线起见，党必须仍然采取【此】

---

① 《中共闽西第一次代表大会之政治决议案》（1929年7月），中央档案馆编《中共中央文件选集》第5册，中共中央党校出版社1990年版，第715—716页。

② 《中共闽西特委通告第十五号——中共闽西特委第一次扩大会关于土地问题的决议》（1929年11月5日），中共龙岩地委党史资料征集领导小组、龙岩地区行政公署文物管理委员会编《闽西革命史文献资料》第2辑，1982年内部版，第293页。

办法”[①]。同时，针对这种平均主义分配办法存在的不利因素，这个决议提出一些补救措施。一是注意向农民宣传打破平均主义，“予以共产主义之教育”；二是规定土地不准私授他人代耕，对造成田地损坏或荒芜者予以惩戒并收回土地，对耕田进步和改良生产者给以奖励。

至于土地的肥瘦不均问题，是在土地没收与分配的过程中暴露出来的。在进行抽多补少的土地分配中，在分田数量上是达到了平均，但是被抽出土地的对象一般是富农或有多余土地的自耕农（即中农）。抽取多余田亩的时候，富农、自耕农往往把肥田（即好田）留作自耕，而把瘦田（即坏田）拿出来分给贫苦农民。这在土地质量上显然是不平均的。贫苦农民很快就发现了这个问题，对富农表示了强烈不满，以至于要求重新分配。这种状况，同样是农民平均主义观念的必然反映，也是土地改革不可避免的问题。

事实上，闽西特委对于土地革命中因平均主义可能出现的争议和反复有所预见，中共闽西一大主持制定的《土地问题决议案》一方面确立了以乡为单位，按人口平均分配的原则，同时专门作出“分田时以抽多补少为原则，不可重新瓜分妄想平均以烦手续”的规定。[②] 显然，这一规定目的在于遏制平均主义，避免无休止的纷争。这也是迄今所见在中央苏区开创时期最早的关于反对农民平均主义的记载。1930 年 2 月毛泽东主持召开的赣南“二七陂头会议”参照闽西和红四军的经验，制定了《赣西南苏维埃政府土地法》，规定“分田以抽多补少为原则，不得采取绝对平均主义重新瓜分”。[③] 这一规定同中共闽西一大《土地问题决议

① 《中共闽西特委通告第十五号——中共闽西特委第一次扩大会关于土地问题的决议》（1929 年 11 月 5 日），中共龙岩地委党史资料征集领导小组、龙岩地区行政公署文物管理委员会编《闽西革命史文献资料》第 2 辑，1982 年内部版，第 293 页。

② 参见《中共闽西第一次代表大会关于土地问题决议案》（1929 年 7 月 27 日），中共福建省委党校党史研究室编《红四军入闽和古田会议文献资料》，福建人民出版社 1979 年版，第 102 页。

③ 参见许毅主编《中央革命根据地财政经济史长编》（上），人民出版社 1982 年版，第 253—255 页。据 1930 年 10 月 7 日刘士奇《赣西南特委给中央的综合报告》，二七会议上的这本土地法“除了修改赣西临时苏维埃的土地条例外”，其他均“根据闽西及前委在各地调查的结果”制定。

案》的“不可重新瓜分妄想平均”的含义是一样的，不过《赣西南苏维埃政府土地法》更加明确地点出了“绝对平均主义”的问题。这两个土地革命文件都是在毛泽东主导下制订的，因而其反对农民绝对平均主义的有关规定很可能就是毛泽东的意见，或者是邓子恢的见解被毛泽东所认同和接受。

邓子恢和中共闽西特委在1929年力图解决分田数量的平均，却没有估计到土地肥瘦不均引发的问题，所以在1929年底以前他主持制订的几个土地革命的纲领中，对如何解决这一问题没有作出明确的规定。①

总之，中共闽西特委第一次扩大会议充分肯定了中共闽西特委在闽西第一次党代表大会以后的短短两个多月间，在领导苏区军民击破三省敌军的“会剿”、领导闽西六县赤色区域深入贯彻中共闽西一大的各项方针和在政权建设和土地革命方面所获得的巨大成就。同时，正确地分析了国内和闽西的政治形势，正确地估量了闽西苏区在闽粤赣三省边界的地位与作用，特别是肯定了闽西农村革命根据地的存在与发展对于促进三省革命运动的重要意义，从而提出了在一个月内建立闽西苏维埃政府于上杭的计划，以及积极向三省边界推进，打通与东江、赣南赤色区域联络的设想。会议所通过的关于苏维埃问题、土地问题等决议案，进一步丰富和完善了中共闽西一大的各项政策。尽管对土地政策的修订迁就了农民的平均主义观念，违背了中共六大和中共闽西一大有关方针政策，但在当时条件下也是权宜之计，并不具备长远的意义。

战争的形势瞬息万变。正当红四军攻占上杭以后闽西苏区局面大为拓展，红色区域也得到巩固与发展的时候，国民党内部矛盾恶化，反蒋的桂系与拥蒋的粤系军阀在蒋桂战争结束不久又在广东粤东地区爆发两广战争。为此，红四军应中共中央命令，于10月20日之前全部开往粤

---

① 尽管没有关于土地肥瘦分配的规定，有些地区的农民还是自行解决了这一问题。据1930年2月22日《红旗报》第78期署名为定龙的文章《闽西的土地革命》记载，闽西在土地分配中“只有定出分田的标准，田的大小肥瘦都不成问题，尤其是那些有丰富经验的老农，虽不懂测量学，也不懂地质学，但土地好坏一望而知”。又说：“田的大小肥瘦按收获量为标准分配，又经大会公共表决，是绝对不成问题的。”

东地区，意图乘军阀混战之机打开粤东局面，打通闽粤赣三省赤色区域。

红四军前委率部从上杭出发以后，10 月 21 日早晨，闽西特委从各方面得到的报告证实，赣敌金汉鼎部之周志群旅一个团，于 19 日由江西会昌筠门岭进占武平，已经逼近上杭。特委认为，上杭的工作刚刚开展，基础尚不巩固，决定暂时撤出上杭。当天晚上，立刻组织各机关和伤病员渡江，至第二天凌晨全部离城渡过汀江，向白砂转移。毛泽东和邓子恢、傅柏翠等也同时撤离。

闽西特委在白砂分析了敌情，认为周志群旅之入闽，可能是受了蒋系谭道源部的压迫，以图与闽南改组派张贞相联络，牵制广东蒋系部队对桂系反蒋势力的进攻。但不管如何，他们对于闽西赤色势力的进攻是不可避免的。因此，特委决定的斗争策略是“不要与敌人硬打，但要尽量发动群众并领导群众及各地赤卫队作扰敌的工作”①。上杭赤卫队与城郊各乡武装应充分运用游击战术牵制与打击敌人。同时，特委确定第四纵队直接投入对敌作战，在战斗中获得游击战争的经验和群众的支持。为此，特委召集第四纵队全体指战员进行战斗动员，命令部队于 10 月 26 日开赴上杭东南地区作战，防止和堵截周志群部由上杭窜入永定。

闽西特委的这一部署是正确的。各地群众并未因为周志群旅入据上杭产生恐慌，而是在各级政府的领导下有秩序地开展各项工作，侦察与游击活动也相当好。十天以后，从报纸上看到两广战争趋于缓和，广西问题似已解决。闽西特委注意到了这种局势的变化，但认为新军阀内部的矛盾并未根本解决，“此中必然还有黑幕，而在酝酿着新的战争”②。闽西特委还注意到，9 月 29 日入据龙岩的敌第五十六师之刘尚志旅，在龙岩地方武装的不断打击下，不敢出城五里以外，伤病兵多至五六百人，军心动摇，士气不振，暂时还不可能继续深入赤色区域。据此，闽西特

---

① 《巡视员谢运康（汉秋）给中共福建省委的报告》（1929 年 10 月 25 日），中央档案馆、福建省档案馆编《福建革命历史文件汇集》甲 5 册，1985 年内部版，第 364 页。

② 《中共闽西特委致汀委的信》（1929 年 10 月 30 日），中共龙岩地委党史资料征集领导小组、龙岩地区行政公署文物管理委员会编《闽西革命史文献资料》第 2 辑，1982 年内部版，第 266 页。

委认为闽西革命根据地将是稳定的，但是这种稳定还需要领导群众作进一步的斗争，“向外扩大赤色的区域，在扩大中才能稳定这一政权的前途”[①]。扩大的方向，是汀江两岸及其以西地区。

为了达到这一目的，闽西特委于 10 月底决定，立即调第四纵队开往长汀游击，发动群众斗争，促成卢新铭的最后崩溃。具体地说，第一期的工作是建立新泉、南岭、涂坊一带的群众基础；第二期向河田、濯田发展；第三期则会合各方面的力量夺取长汀，摧毁卢新铭部赖以生存的经济基础，完成长汀全县赤化。[②] 上述三期工作，务必在一个月内完成。为了加强对这一工作的领导，特派省委常委谢汉秋和闽西特委常委雷时标前往汀南特区巡视，贯彻上述决定。

这项计划进行得很顺利。时隔不久，红四军由于出击东江受挫，从东江重返闽西革命根据地，与闽西地方红军相配合，再克汀州，从而实现了打通汀江两岸赤色区域、发展汀南苏区的计划。

---

① 《中共闽西特委致汀委的信》（1929 年 10 月 30 日），中共龙岩地委党史资料征集领导小组、龙岩地区行政公署文物管理委员会编《闽西革命史文献资料》第 2 辑，1982 年内部版，第 268 页。

② 《中共闽西特委致汀委的信》（1929 年 10 月 30 日），中共龙岩地委党史资料征集领导小组、龙岩地区行政公署文物管理委员会编《闽西革命史文献资料》第 2 辑，1982 年内部版，第 266 页。

第六章　古田会议前后

一　红四军七大与中央九月来信

红四军在1929年初从井冈山向赣南闽西进军以后，在不到一年的时间内转战赣闽粤三省边界的广大地区，与当地党组织和地方红军相配合，先后创建、发展了赣南、闽西红色区域，为建立中央革命根据地奠定了基础。

随着革命的深入，红军一方面得到了壮大，由原来三个纵队发展为四个纵队，大大提高了战斗力；另一方面，本来存在于红军党内的各种非无产阶级思想，由于形势和环境的变化而有了新的滋长。这些非无产阶级思想主要表现为单纯军事观点、极端民主化、绝对平均主义、流寇主义、盲动主义残余等，严重地妨碍着红四军正确地执行中国共产党和中国革命所赋予的任务。

红军中的共产党组织，早在南昌起义以后，以及在井冈山斗争时期，就同这些不正确的思想进行了斗争，并逐步确立了一套正确的原则和制度。首先是针对如何建立一支无产阶级领导的人民军队问题，确立了党对军队绝对领导的原则，以区别于过去的一切旧式军队，并且制定了支部建在连上，在连以上设立党代表等制度。在对于形势的分析与估量方面，有些官兵在困难和危急的时候，往往怀疑红色政权的存在而发生悲观情绪，提出“红旗到底打得多久”的疑问。为此，毛泽东撰写了《中国的红色政权为什么能够存在?》《井冈山的斗争》等理论文章，教育人们对革命树立必胜的信心。对于红军中存在着的军阀主义残余以及缺乏民主精神等问题，毛泽东、朱德等又创立了一套民主制度，建立士兵委员会，实行官兵一致、经济民主、宽待俘虏，反对个人专断或极端民主化。同时，还制定了三大纪律六项注意、红军三大任务、政治工作三大原则等，以利于规范红军思想行为，纠正红军党内的错误思想。

但是，上述各种非无产阶级意识并未完全肃清，在1929年上半年还有了某些发展。5月18日，在瑞金召开的会议上，林彪等对于形势的估量及红色政权的前途等问题提出疑问，不相信革命高潮有迅速到来的可能，反对在闽粤赣三省边界建立赤色政权。① 随后，又有一些人对于党对军队如何领导的问题提出意见，提出限制中共前敌委员会的权力，要求前委只讨论行动问题，不要管别的事情。他们指责前委权力过于集中，“包办了下级党部的工作”，甚至有人提出质问：“一支枪也要党过问吗?”“马夫没有饭吃也要党去管吗?”“党管一切，难道拉屎拉尿也要管吗?”

由于这一争论关系到如何实行党对人民军队的绝对领导的重要原则问题，因而必然涉及其他一系列问题。例如：井冈山斗争的经验教训如何？怎样评价1928年湘南失败？红军向赣南、闽西进军以及确定一年内夺取江西的计划是否确当？边界时期的政权形式公开好还是秘密好？地方武装该不该扩大？如何扩大？士兵委员会及红军宣传兵制度的成效如何？等等。而争论的焦点，是要不要取消或设立军委。

为了正确解决党内的争论，纠正各种非无产阶级的思想，毛泽东、朱德等于1929年5月底、6月上旬先后在永定湖雷、上杭白砂召开前委扩大会议，对争论的问题进行讨论。

湖雷会议上就三个议题展开讨论：是否党管一切；一切工作是否归党支部；党员个人在党组织内是否自由。其总的精神就是“个人领导还是党的领导”。讨论的集中点是要不要设立军委。会议出现了两种截然对立的意见。“争论的焦点是在现在时代军党部要不要的问题，因为少数同

---

① 参见《毛泽东给林彪的信》（1930年1月5日），中央档案馆编《中共中央文件选集》第6册，中共中央党校出版社1989年版，第553页。

志坚决地要军委，遂不得不攻击前委”，于是指责“党管太多了”“权太集中前委了”。这些同志主张“党所过问的范围是要限制的”，“支部工作也是要有限制的”。因为党的意志伸张，个人意志减缩，“使得个人没有英雄式的自由”。①

坚持成立新的军委的一方提两个理由：“（一）党代替了群众组织，（二）四军党内有家长制。”毛泽东指出这是对于前委以至支部的党组织的攻击，而且“这种攻击又全陷于形式主义”。他列举种种事实说明，自四军建立党的组织以来，前委和党的各级组织未曾代替过群众机关或政权机关，前委也从未代替过军士兵委员会、军司令部和政治部，“这是四军中有眼睛的人都见到的”。关于“四军党内有家长制”的指责，毛泽东也列举各种事实指出“这个同样是一种形式主义的观察”。②

当时担任红四军政治部秘书长的江华，亲身经历了朱毛红军党内的这场争论。他认为，争论的实质是“并非单纯为军委这一机构是否设立的问题，而是关系到党对军队的领导、关系到红军建设的一系列原则问题”③。

毛泽东对于一味坚持成立军委以与前委“分权”的形式主义提出了严肃的批评：形式主义之来源是个人主义，这与小团体主义、流寇思想、单纯军事观点等等是在一条路线基础上的，“这种思想发展的另一方面必定是分权主义”，“是代表游民、农民、小资产阶级的一种思想”，而与无产阶级的斗争组织阶级组织工会和先锋队的组织共产党或它的武装组织红军是不相容的，“军委、前委分权的形式所以不能存在就是这个理由”。④

由于两种意见相持不下，又由于军情紧迫，湖雷会议没有得出什么结果。6 月 8 日，前敌委员会在上杭县白砂再次召开前委会议。毛泽东向

① 中共中央文献研究室、中央档案馆编《建党以来重要文献选编（一九二一——九四九）》第 6 册，中国文献出版社 2011 年版，第 224 页。

② 参见《给林彪的信》（1929 年 6 月 14 日），《毛泽东文集》第 1 卷，人民出版社 1993 年版，第 71、73 页。

③ 江华：《关于红军建设问题的一场争论》，《党的文献》1989 年第 5 期。

④ 参见《给林彪的信》（1929 年 6 月 14 日），《毛泽东文集》第 1 卷，人民出版社 1993 年版，第 74 页。

会议提出了书面意见，列举红四军党内存在的主要问题，主要表现为：第一，“前委、军委成为分权现象，前委不好放手工作”；第二，“根本分歧在前委、军委”，反对党管一切、反对一切归支部、反对党员的个人自由受限制，“这三个最大的组织原则发生动摇”；第三，对于决议案没有服从的诚意，“因此前委在组织上的指导原则根本发生问题”。为此毛泽东提出了辞职的请求，“他不能担负这种不生不死的责任，请求马上更换书记，让他离开前委”①。

问题涉及红军党的领导方式、党在军队里的领导地位和作用，以及党的领导机关与军事机关的关系，每一个问题都十分尖锐和严肃。朱德并不赞同毛泽东的主张，认为党应该经过无产阶级组织的各种机关（苏维埃）起核心作用去管理一切；表示极端拥护一切工作归支部的原则，而且认为红四军在这一原则上坚持得不够，成了一切工作集中于前委，前委对外代替群众机关，对内又代替了各级党委。朱德还认为，党员在党内要严格执行纪律，党员个人应当受到纪律的限制，只有赞成执行铁的纪律，方能培养全体党员对党的训练和信仰奋斗有所依归。②

显然，朱德与毛泽东的意见都强调了党对军队的领导，所不同者是领导方式。朱德更多地强调党支部的作用和一切工作归支部的原则，不赞成前委代替群众组织和各级党委的职权，主张保留军委。这同毛泽东的主张有着明显的差异。

既然双方的意见难以达成一致，会议就将这个问题提交给代表们表决。结果是：“四十一个人会议中三十六票对五票取消那少数同志们硬要成立军委的一件事”③。毛泽东对此十分满意，认为这件事表明，四军的党比日占领汀州以前有了明显的进步。但是，白砂会议只是就军委的存废有了一个结论，而这只是争论的许多问题当中的一个比较表层的问题，

---

① 江华：《关于红军建设问题的一场争论》，《党的文献》1989年第5期。

② 参见中共中央文献研究室编《朱德年谱（1886—1976）》（新编本）上册，中央文献出版社2006年版，第148页。

③ 《给林彪的信》（1929年6月14日），《毛泽东文集》第1卷，人民出版社1993年版，第68页。

更深层次的论争才刚刚开始。

白砂会议结束，朱毛红军北上连城新泉，待机再取龙岩，一鼓消灭陈国辉。6 月 14 日，毛泽东在新泉写了一封给林彪的公开信，刊登在红四军前委出版的《前委通信》第三期，进一步阐述自己的理论主张。毛泽东指出，红四军自成立以来存在着许多问题，“个人领导与党的领导，这是四军党的主要问题”，也就是要不要坚持党对军队的绝对领导的原则问题，是四军历史问题的“总线索”，其他问题都由此而产生。① 因此，研究红四军党内的争论，首先就要研究这个问题。毛泽东从红四军近一年来的历史观察中进行分析，认为由于党的建设不断加强，党的领导渐渐加强。

毛泽东指出：“少数同志们硬是要一个军委，骨子里是要一个党的指导机关拿在他们手里，以求伸张那久抑求伸的素志”，表现出的理由是冠冕堂皇的，但“完全是一种形式主义”。毛泽东认为这场争论的本质，就是“个人主义与反个人主义的，亦即个人领导和党的领导的斗争”，这是红四军历史问题的总线索。毛泽东在给林彪的这封信中，还列出了与此相关联的若干突出的问题。首先就是单纯军事观点，以为“什么都可以取消，只要枪杆子保存就够了”，一些同志满足于“在游击工作中发展单纯的军事影响而不去发展政治影响”。② 另外，毛泽东指出“军阀军队残余的小团体主义是造害红军最大问题之一”，如果小团体主义不消灭，“则红军只是一个好听的名称罢了”。③ 还有流寇思想，“历来在红军中是很利害的”，而流寇思想的根源是游民成分，同时还影响到红军的城市政策和军纪，“军纪问题是红军一个很大的政治问题，但因一种人主严，一

① 参见《给林彪的信》（1929 年 6 月 14 日），《毛泽东文集》第 1 卷，人民出版社 1993 年版，第 65、68 页。

② 《给林彪的信》（1929 年 6 月 14 日），《毛泽东文集》第 1 卷，人民出版社 1993 年版，第 68—69 页。

③ 《给林彪的信》（1929 年 6 月 14 日），《毛泽东文集》第 1 卷，人民出版社 1993 年版，第 69 页。

种人主宽，效果便相消了”。[1]

总之，毛泽东认为，关于坚持设立军委这样一种形式主义的观点，以及上述种种错误思想的来源，是游民、农民与小资产阶级成分中产生出来的个人主义。这种观点与小团体主义、流寇思想、单纯军事观点等等，有着共同的思想基础。这种思想发展的另一面，“必定是分权主义”，而这一思想同无产阶级及其先锋队中国共产党，以及共产党领导下的武装组织红军，是不相容的。由此毛泽东得出结论：“军委、前委分权的形式所以不能存在就是这个理由。”[2]

对于红军党内出现的这场争论，毛泽东的态度是不回避，不调和，应以积极的态度加以暴露，开展思想斗争，“一定不肯调和敷衍，模棱两可，是非不分”。只有这样，“四军改造的工作由此可以完成，四军的党由此可以得到一极大的进步，这是绝对无疑的”[3]。

为了妥善解决并结束红军党内的争论，以便集中精神和力量应对敌人的“会剿”和发展革命局面，红四军前委决定召开一次全军党代表大会，讨论研究红军党内的争论问题。6 月 22 日，由政治部主任陈毅主持的红四军第七次党代表大会在龙岩召开。

朱德在 1944 年的一次讲话中说：“关于如何建军，在闽西，当时红四军内部曾发生过争论，表现在四军第七次和第八次党代表大会上。争论点为：军队已发展到一个新规模，需要有一套新办法，就象〔像〕红四军第九次党代表大会上所通过的那样的一套新办法，才能进一步建设无产阶级的新的军队。”[4]

---

① 《给林彪的信》（1929 年 6 月 14 日），《毛泽东文集》第 1 卷，人民出版社 1993 年版，第 69 页。

② 《给林彪的信》（1929 年 6 月 14 日），《毛泽东文集》第 1 卷，人民出版社 1993 年版，第 74 页。

③ 《给林彪的信》（1929 年 6 月 14 日），《毛泽东文集》第 1 卷，人民出版社 1993 年版，第 64 页。

④ 《在编写红一军团史座谈会上的讲话》（1944 年），《朱德选集》，人民出版社 1983 年版，第 128 页。

江华的回忆文章写道："会议开了一天，虽然通过了决议案，选举了新的前委会，但对从七大前就开始争论的主要问题，仍未得到解决。"① 萧克认为："'七大'达到了停止党内争论，增强团结，以便分兵发动群众，扩大苏区，并为打破敌人'会剿'作准备。真有'兄弟阋于墙，外御其侮'之概。"②

陈毅按照"各打五十大板"求团结的思想，殚心竭虑，起草了《红军第四军第七次代表大会决议案》。大会经过了一天的争论，通过了这个决议。这个决议分为两个部分。第一部分为"党内争论问题"，第二部分是"分兵问题"；而第二部分只有一句话："由新前委讨论"。因此这个决议的内容就是"党内争论问题"。

决议对红四军成立以来的重大决策与行动以及实施的政策，作了全面总结。在总的政治策略上，认为红四军在罗霄山脉中段坚持武装斗争，发动群众，武装群众，发展边界党和群众组织，建立罗霄山脉中段政权，"这是十分对的，很正确的"。决议对四军成立以来有争议的行动和决策，进行分析并作出实事求是的结论。对于在红四军党内"有没有家长制度"的问题，以及由此产生的指责党"代替了群众组织"和"上级党是不是包办了支部工作"的争论，决议认为有"形成家长制度的倾向"，但是又指出党组织没有犯"代替群众组织的错误"，同时指出党支部发挥了重大贡献作用，"说上级党包办支部工作完全不是事实"。③

对于党内争论的重要问题之一"党是不是应该管理一切"，会议依据中共六大有关决议，认为"这个口号的意义与中央颁发的组织问题第三章的组织原则并不冲突，所以这个口号是对的"。但又认为这个口号的文字处理表述不明确，建议今后不要用这个口号。关于前委与军委发生分权的问题，会议决议明确指出，"前委与军委呈分权式是不对的"，规定

① 江华：《关于红军建设问题的一场争论》，《党的文献》1989年第5期。

② 萧克：《朱毛红军侧记》，中共中央党校出版社1993年版，第102页。

③ 参见中共中央党史资料征集委员会征集研究室编《中共党史资料专题研究集：第二次国内革命战争时期（二）》，中共党史资料出版社1988年版，第303、304、305页。

前委只讨论行动问题，“这是临时军委的错误”；而依目前工作实际，在前委之下设军委机关，“实系重叠”，没有必要。

对于毛泽东提出的党的组织三个最高原则，决议认为：这三条原则“均合乎中央的指示，是很对的”；有同志提出“书记专政”的问题，“完全是对毛同志偏见的批评”；对于前委包办下级工作的批评“失于武断”，完全不是事实。决议对毛泽东、朱德各自的观点，主要是在白砂会议上的意见和《前委通信》第三期上发表的意见，既有肯定，也有否定与批评，同时对于他们个人的思想作风和工作作风也都作了严格的批评。

大会决议对引起这场争论的原因作了结论，认为有五个方面：一是由于四军党员的经济背景复杂所引起的思想认识的不一致；二是负责同志之间工作方式与态度不好，引起了意见纠纷；三是组织上不完备，领导人兼职较多而且责任心都很重，爱多管事；四是新的理论批评旧的习惯引起反响；五是过去党内缺乏批评精神。至于这场争论的性质，大会决议认为：“这次争论实由于过去党的斗争历史上各种不同的主张，各种不同的方式互相精神（原文如此，意为僵持——引者注）着，历久不得解决，加上组织上有缺陷，及党内批评精神缺乏，造成这次争论的总爆发。”

大会最后选举出新的前委。新的前委除保留中央指定的朱德和毛泽东，选举陈毅和四个纵队的司令员林彪、刘安恭、伍中豪、傅柏翠及士兵代表，共 13 人为委员，决定以陈毅为书记。这个决定即呈报中共中央批准，在未批准以前即可负责开始工作。

红四军党的七大的主要成果无疑是主流，应当肯定。首先，大会决议对于朱毛红军成立一年多来的主要方针、重大决策与行动，以及自身建设的各项结论基本正确，反映了客观实际；其次是对毛泽东为代表的重要意见，特别是关于党对军队绝对领导的原则以及其他一些意见，作了基本的肯定，对于争论双方也都有所批评，主要是批评了他们的思想方法和工作作风。而在发扬党内民主方面，则是充分尊重了各种不同的意见，运用方法虽然不很成熟，却是遵循了共产党人矢志追求的民主集中制的组织原则。特别重要的是，红四军党的七大所争论并据以作出结论的那些问题，受到了中共中央的极端重视。中央多次召开政治局会议加以讨论，为中央准确判断红军建设问题提供了大量的客观依据。从这一意义上说，红四军党的七大的召开和作出决议，为半年以后古田会议的召开和古田会议决议的顺利通过，创造了条件。另外，正是因为红四军党的七大停止了争论，新产生的前敌委员会在新的形势下率领红四军成功击破了闽粤赣三省敌人的“会剿”，“使汀江两岸直到永定、龙岩之间红旗连成一片，成为当时全国最大的一块苏区”。①

关于朱毛红军党内争论的各种消息和不同意见，透过种种渠道汇集到上海中共中央。特别是红四军党的七大以后，新任前委书记陈毅前去上海，直接向中央作了多次汇报，并且写了大约 5 万字的 5 份长篇报告。陈毅的报告不带偏见，实事求是，为中共中央作出准确判断与决策，在决定红四军的前途命运和人民军队建设这一重大问题上发挥了非凡的作用。

当时主持中共中央工作的周恩来和李立三与陈毅组成的中央起草委员会研究分析了红四军状况和在当前形势下的任务与工作方针，由周恩来总结归纳，交代陈毅代中央起草给红四军前委的指示信。这封名为《中共中央给红四军前委的指示信》，后来被称为九月来信。全文约 8000 字，分为目前军阀混战的形势、红军的根本任务与其前途、红军发展方向及其战略、红军与群众、红军的组织与训练、红军的给养与经济问题、红军中党的工作、朱毛问题、红军目前的行动问题等 9 个部分。②

九月来信对于全国形势的分析认为，不管敌人内部如何争斗，其加紧剥削工农、打击革命势力和“会剿”红军却是共同的目标，指出红军必须从这个全局来观察形势，作出判断；批评朱毛红军“前委过去曾根据红四军近邻军阀的行动来判断整个统治局面稳定与动摇，这样的分析是不对的”；强调对于敌人的三省“会剿”必须“采取坚决斗争的前进精

① 萧克：《朱毛红军侧记》，中共中央党校出版社 1993 年版，第 102 页。

② 参见《中央给红军第四军前委的指示信》（1929 年 9 月 28 日），中央档案馆编《中共中央文件选集》第 5 册，中共中央党校出版社 1990 年版，第 473—490 页。

神”，团结广大群众予以击破，“不要存丝毫退却苟全的犹豫念头”。

九月来信充分肯定了红四军依托广大农村开展土地革命而获得的经验，认为：“先有农村红军，后有城市政权，这是中国革命的特征，这是中国经济基础的产物。如有人怀疑红军的存在，他就是不懂得中国革命的实际，就是一种取消观念。如果红军中藏有这种取消观念，于红军有特殊的危险，前委应该坚决的予以斗争，以教育的方法肃清。”

关于目前红军的基本任务，九月来信指出主要的有以下几项：“一，发动群众斗争，实行土地革命，建立苏维埃政权；二，实行游击战争，武装农民，并扩大本身组织；三，扩大游击区域及政治影响于全国。红军不能实现上面三个任务，则与普通军队无异。”九月来信认为，红四军两年来对于上述任务克尽了一部分，给全国的政治局势以极大影响，从而“证明了统治阶级在乡村力量的薄弱，证明了革命势力的存在与发展”，其意义极为重大，希望继续努力，使之成为全国革命高潮的动力之一，“红军四军的同志的〔务〕要明了自己的任务的重大”。

针对朱毛红军几个月来争论的一个焦点，即党的组织与军事指挥的关系究竟应该如何处理，九月来信作了明确的回答，认为党的组织系统可保持现状不变，“前委下面不需要成立军委”；党对军队的领导必须坚持，但不必直接指挥军队，可以“经过军部指挥军事工作，经过政治部指挥政治工作”。

关于红军中党的组织原则，九月来信明确肯定党在军队中的领导权具有不容置疑的地位：“党的一切权力集中于前委指导机关，这是正确的，绝不能动摇。不能机械地引用‘家长制’这个名词来削弱指导机关的权力，来作极端民主化的掩护。”同时，九月来信重申，不应该再提“党管一切”的口号，前委的工作重点须着眼于红军政治、军事、经济及群众斗争的领导，避免包办一切；但同时肯定“一切工作归支部这个口号是对的”，这是表明各项工作应当通过支部的工作开展起来，“但不是与党的民主集权制相对立”。

中共中央发现，朱毛红军长期以来存在着一个极其重要而必须解决的问题，这就是导致红四军党内分歧和影响红四军发展的各种非无产阶级思想，因而在九月来信中特别提出了关于纠正一切不正确倾向的问题："红军中右倾思想如取消观念、分家观念、离队观念，与缩小团体倾向，极端民主化，红军脱离生产即不能存在等观念，都非常错误，皆原于同志理论水平低落，党的教育缺乏。这些观念不肃清，于红军前途有极大危险，前委应坚决以斗争的态度来肃清之。"中央以为，这些不正确倾向，是造成红军党内诸多分歧与论争的主要理论根源，只要肃清了这些错误的理论根源，问题自然能够解决，红军的建设也能顺利地步入健康的轨道。对于造成这些错误思想的缘由，九月来信指出两条，一是"同志理论水平低落"，二是"党的教育缺乏"。

九月来信还提出了妥善处理朱毛的分歧问题。在九月来信中专门加写一节，题目就是"朱毛问题"。在这一节当中，九月来信首先对"朱毛两同志的问题"提出四点批评，批评他们没有引导群众注意对付外部敌人的斗争，而是"放任内部斗争关门闹纠纷"；批评他们"没有从政治上指出正确路线"，以致大家难以判别是非；批评第七次党代表大会"削弱了前委的权力"，"助长极端民主化的发展"；并且还批评他们"没有顾及他们在政治上的责任之重要"，而公开地提到群众当中去"任意批评"，从而影响了他们在群众当中的威信。这样不仅不能够解决纠纷，反而加深了矛盾。

周恩来指出了解决矛盾的症结所在，直言不讳地指出朱德、毛泽东在工作方法上的缺点与问题，要求他们及前委"要注意纠正这些影响到工作上的严重错误"。至于应该如何纠正这些错误，九月来信提出了这样的方案：第一，应该团结全体同志努力向敌人斗争，实现红军所负的任务；第二，前委应该更进一步加强指导机关的威信与一切非无产阶级意识作坚决的斗争；第三，前委应纠正朱毛两同志的错误，要恢复朱毛两同志在群众中的信仰；第四，朱毛两同志仍留前委工作。

最后，九月来信转达了中央的决定："毛同志应仍为前委书记，并须使红军全体同志了解而接受"。

周恩来把中央政治局研究通过的这封信交给陈毅，要他立刻出发，送交红四军前委，要求前委召开一次党的会议，统一思想，分清是非，作出决议。[①] 陈毅后来回忆说：恩来同志说，你带这个指示回去，你主要是请毛泽东复职，你这个责任重大。

二　红四军出击东江

1929年，国民党新军阀大小混战数十起，一波未平，一波又起。蒋桂战争结束以后不久，以汪精卫、陈公博等为首的国民党改组派以“护党救国”的名义，由政治反蒋转入军事反蒋，在南方以广西为基地，策动反蒋战争。9月17日，张发奎在鄂西宜昌率先通电响应，率部南下，以图会合广西的俞作柏部进攻广东。10天以后，广西省主席俞作柏在南宁就任“护党救国军总司令”，通电反蒋，与广东拥蒋的陈济棠部开战。这一连串事变，又一次揭开了军阀混战的序幕。各派军阀调兵遣将，应付新的战争，从而给了南方各革命根据地又一个发展的机会。

中共中央根据时局的变化，致信福建省委转红四军前委，指示利用两广军阀混战的有利时机，进军粤东东江地区，开拓新的局面。福建省委在收到中央指示信之后，立刻于10月6日向红四军前委和闽西特委发出指示信，转达中央的意见：“当此两广军阀混战爆发，广东西北江风云紧迫，东江防地较弱。同时东江丰顺、大埔、五华、兴宁、海陆丰……广大工农群众起来作剧烈斗争时，省委同意中央对前委的指示，朱毛红军全部立〔即〕开到东江去帮助东江广大群众的斗争。”[②]

中央还认为，这一次两广军阀混战比以往蒋桂、蒋冯战争更为复杂，

---

① 参见中共中央文献研究室编《周恩来年谱（一八九八——一九四九）》，人民出版社、中央文献出版社1989年版，第169页。

② 《中共福建省委给闽西特委及前委的信——目前政治形势及闽西党的任务》（1929年10月6日），中央档案馆、福建省档案馆编《福建革命历史文件汇集》甲5册，1985年内部版，第330页。

牵动了全国大小军阀，因此朱毛红军在这军阀混战中必定要极力扩充，建立并巩固基础，坚决采取进攻策略，敢于向群众基础比较强大以及军阀战争附近的区域去实行游击，扩大党和红军的影响，促进革命高潮更快到来。按照这样的判断，中央进一步提出红四军的行动策略：在这一原则之下，目前朱毛红军无疑是要开到东江去工作。“开往东江并不是放弃闽西，反是要扩大我们的工作到东江来与闽西互相呼应，取得很好的联络，使闽西、东江联成一片。”①

福建省委这封信在传达中央上述指示的同时，特别强调：红四军在执行出击东江的任务时，第一，军事的路线“应根据东江实际情况而定”；第二，“红军向东江出发，应以闽西之上杭、永定等地为后防”。至于闽西特委的工作，应在此军阀混战、朱毛出发东江的时期，坚决领导群众斗争，“以上杭、永定为中心，积极向外发展”。福建省委还提出了向东江出击的行动路线是向梅县、大埔、丰顺、兴宁、五华前进，进而与海陆丰联络起来。

军情紧迫且关系重大，福建省委特别派遣省委常委、组织部部长谢汉秋携带中央和省委的紧急指示信，专程从厦门赶赴上杭传达。10 月 13 日，谢汉秋抵达上杭。第二天，朱德召开前委会议，前委接受中央和福建省委的指示，决定以一个星期集中各部队，向广东推进，先由武平向蕉岭，进而包围梅县之松口，夺取松口并与丰顺各地取得联系。由于第二、三纵队已于 10 月初分别开赴永定、武平发动群众，这两个纵队实际上在获得前委这一决定之后即向广东边界出击。

在后来的几天中，闽粤边境大军云集。除了红四军之外，国民党赣军江西金汉鼎部由汀州南下会昌，逼近武平。这是因为金汉鼎反蒋而受到排斥，不得已而转向闽西境内。粤军蒋光鼐部之陈维远旅三个团，分别固守松口、梅县、大埔，另以戴戟旅驻守潮汕，张世德旅驻惠州。福

① 《中共福建省委给闽西特委及前委的信——目前政治形势及闽西党的任务》（1929 年 10 月 6 日），中央档案馆、福建省档案馆编《福建革命历史文件汇集》甲 5 册，1985 年内部版，第 330 页。

建刘和鼎师两个旅则布置于闽西龙岩及龙潭一线。[①]

10月18日，前委和闽西特委召开联席会议，再次分析了形势和敌情，认为粤赣两省国民党军对红四军仍取防堵之势，闽军却有进攻的模样。依照这样的分析，联席会议认为红四军“进东江的计划依然是对的”，不必因为金汉鼎部的动向而延迟。[②] 于是决定立即调三个纵队向潮梅布置游击，准于十月二十日集中粤边，十月二十一日以后进攻蕉岭，“仍用游击战争发动群众起来斗争……留一个纵队（第四纵队）红军在闽西坚持游击战争”[③]。同一天，朱德以前委的名义将这一决定向中央作了报告，并将红四军下一步的任务报告如下：我们在此时期的任务，决定遵照来信去执行，“取进攻策略，先占蕉、平、梅等区域，发动群众，夺取地主武装，武装农民，消灭一部分敌人，待机夺取大的城市，以影响粤桂战争。粤桂战争紧急时，再游击潮梅，深入东江，发展东江群众游击战争，转变到东江的大部赤色割据”[④]。

朱德在这份报告中还特别报告了红军党内的争论已告结束，能够消除一切成见去共同对付敌人，只是由于陈毅去中央未返，毛泽东久病尚不能行走，此次不能出发东江，因此军中领导力量单薄，希望中央派广东省委的重要同志前来指导。

身负出击东江打通闽西粤东赤色区域的重任，朱德深感兵力单薄，但中央紧急指示必须立刻执行。只是从这份报告看出，朱德所制订的计划并不急进，而是采取了稳步进取的谨慎策略。但是这份报告刚刚发出，获悉赣军金汉鼎为避开蒋介石嫡系谭道源压迫，亲自率领2000余众由江

---

① 参见《四军前委关于开往潮梅一带游击的报告》（1929年10月18日），古田会议纪念馆编《古田会议文献资料》，中共党史出版社2017年版，第307页。

② 参见《巡视员谢运康给福建省委报告》（1929年10月25日），中央档案馆、福建省档案馆编《福建革命历史文件汇集》甲5册，1985年内部版，第362页。

③ 《四军前委关于开往潮梅一带游击的报告》（1929年10月18日），古田会议纪念馆编《古田会议文献资料》，中共党史出版社2017年版，第307页。

④ 《四军前委关于开往潮梅一带游击的报告》（1929年10月18日），古田会议纪念馆编《古田会议文献资料》，中共党史出版社2017年版，第307页。

西转入闽西开抵武平，向上杭逼近。朱德乃令三个纵队加紧向广东进击，期于梅县松口集结，夺取梅县。朱德率领前委及军部机关也于 10 月 20 日离开上杭，进抵武平县象洞。由此前往广东边境，不过 10 公里左右。

实际上，从 10 月 15 日开始，红四军第一、二、三纵队依照前委的命令，已经行动，分别从各自活动地区陆续向闽粤边境进发。10 月 15 日，二纵队攻取汀江下游重镇永定县峰市，随即于 19 日晨占领粤东边境之大埔县虎市。同一天，一纵队从武平县象洞进占梅县之松源，击溃守敌陈维远部；三纵队也于同日由武平县城向岩前攻击前进。

第一、三纵队进展顺利，向预定之松口集结。但是由于第二纵队在夺取虎市（也称石下坝）的战斗中轻敌，遭遇不测。当时随同作战的第二纵队参谋长郭化若回忆说：虎市镇子很小，周围山高林密，我军进攻，敌人即跑入林中，很快消灭敌人有生力量。“当时敌军一触即溃，进占虎市后纵队长刘安恭有些轻敌，结果敌人反扑，部队受到了损失，刘安恭同志不幸中弹身亡。前委即令我担任纵队长，带领部队继续前进。”①

第二纵队虎市战斗失利，不仅牺牲了司令员刘安恭，而且还有其他重要干部二三人、士兵 20 余人，虽然也给敌人以重创，但就四军本身来说，却是入闽以来的一次重大损失。

刚从上杭到达武平象洞的朱德，得到刘安恭牺牲的消息，很受震动。他不得不对原先的作战计划进行重新评估，作出新的安排工作。权衡再三，“他决定略变计划，先集中松源，相机集中松口，抵松口后，如敌力不大，则向丰顺前进，与当地斗争联系。否则先到大埔，折回永定、南靖来包围刘和鼎。这是不能进东江的办法”②。作出这一改变之后，朱德随即派人将此改变的计划通知闽西特委，以便闽西方面早作准备。

这是红四军出击东江之后朱德第一次由于敌我情势的变化而改变行动计划，他甚至准备放弃向东江进击，改为重返闽西苏区以击败蒋介石

① 郭化若：《六十余年艰难曲折的回忆（续二）》，《党的文献》1992 年第 4 期。

② 《巡视员谢运康给福建省委报告》（1929 年 10 月 25 日），中央档案馆、福建省档案馆编《福建革命历史文件汇集》甲 5 册，1985 年内部版，第 366 页。

嫡系刘和鼎师。依照这一修改的计划，朱德率部进入广东，到达梅县松源，以便下一步向松口靠拢，集结部队，寻找合适的机会向梅县进击。

正在这时，两个多月之前奉派前往上海党中央汇报工作的陈毅，历尽波折，由上海重返红四军，一路寻找来到松源，同朱德相会。两人久别重逢，百感交集。特别是这段时间朱德独自担负着全军纷繁复杂的工作，在军事作战、根据地开辟与全军思想政治工作等等方面竭尽全力，实属难支，更因为当前执行中央指示出击东江而师出不利的困难时期，陈毅的到来令朱德喜出望外。

陈毅带来了中央九月来信。由于毛泽东因病留在闽西，所以只能仍由陈毅代理书记，当即召开会议，传达来信精神，研究来信关于当前军阀混战形势和红军行动方针。

中央九月来信对于红四军在东江的行动作了各种分析和判断，特别是对在两广军阀混战的战局可能发生变化的不同情况下红军应当采取不同的策略作了十分周详的规定，简直就是一份周密的“锦囊妙计”：“在军阀战争开始爆发之际，红军应以全部力量到韩江上游闽、粤边界游击，以发动群众斗争。至两广军阀混战爆发东江空虚时，红军可进至梅县、丰顺、五华、兴宁一带游击，发动广大群众斗争，并帮助东江各赤色区域的扩大，相机围缴敌军枪械，集中东江各县赤卫队建立红军。如两广军阀混战成相持局面而且蔓延及于全国，红军即可向潮汕方面游击，建立苏维埃政权，并向惠属方面逼近。如蒋系军队失败，红军应位置于粤、赣大道左右或其败退所经之路围缴其枪械。如军阀战争结束较快或蒋系军队得胜时，红军仍留粤、闽、赣边界一带游击，以发动群众”①。

在这封信中，作为中央军委书记的周恩来关于红四军目前行动目标的指示十分明确，这就是运用游击战术，发动东江和闽粤赣边区的群众斗争，建立与扩大粤东地区的赤色区域。周恩来在信中还特别指出：“凡红军一切行动务要避免单纯的军事行动，要与群众斗争取得密切联系。”

---

① 《中共中央给红军第四军前委的指示信》（1929 年 9 月 28 日），《周恩来选集》上卷，人民出版社 1980 年版，第 42 页。

同时，要求红军不能只顾在东江的活动，“前委对赣南、闽西的游击工作亦要同时注意”，使其与红四军及东江的斗争相策应。

中央九月来信对于两广军阀混战局势作了清晰的分析，对混战的发展趋向也有各种判断。这些情况，对于红四军下一步行动提供了重要依据，正如后来前委给中央报告称：“陈毅同志携带中央文件，于廿二晚【到】松源，前委才明白全国政局、东江情状及中央对四军工作指示。”[①]

按照中央九月来信精神，红军应取梅县以及丰顺、五华、兴宁等八乡山周边各县，与当地赤色势力相配合，拓展以八乡山为中心的东江根据地，实现闽粤边苏区打通连成一片。但当陈毅到达松源时，敌情又发生了变化。由于第二纵队向虎市进攻，粤军误以为红军将如两年前南昌起义部队那样占领三河坝进而沿韩江直下潮汕，因此调动各部队向松口、三河坝一线集结，阻止红军南下，而陈维远三个团已抵达松口，与红军相距 30 公里，因此原先计划夺取松口直下梅县，转而向兴宁、五华的行动已很困难，前委不得不再次变更计划，“乃决定由蕉岭、平远入兴宁到达东江赤色区域，再行设法解决陈维远”[②]。

10 月 23 日，前委将此改变后的计划向东江特委报告，通知他们红军将于 24 日取道蕉岭转向东江地区，暂时不入梅县，请梅县县委密切注意松口、梅县敌情，随时派人到蕉岭一带向前委报告，以便前委及时掌握敌情，“若梅县敌人薄弱，则红军便可由蕉岭来梅，若敌人尾追，则红军又变更计划”[③]。

兵贵神速。朱德、陈毅在给东江特委的信交付交通员送出之后，立刻率领第一、二、三纵队于 10 月 23 日夜间向蕉岭进发，24 日早晨进抵蕉岭。前敌委员会到蕉岭以后获得消息，梅县城内仅有当地警卫队守备，

---

① 《前委报告》（1929 年 11 月 1 日），古田会议纪念馆编《古田会议文献资料》，中共党史出版社 2017 年版，第 340 页。

② 《前委报告》（1929 年 11 月 1 日），古田会议纪念馆编《古田会议文献资料》，中共党史出版社 2017 年版，第 340 页。

③ 《东江特委报告》（1929 年 10 月 25 日），古田会议纪念馆编《古田会议文献资料》，中共党史出版社 2017 年版，第 321 页。

并无其他兵力。

梅县是粤东政治文化和经济中心，人口稠密，商民富足，为兵家必争之地。对于打不打梅县，前委讨论有两种意见，“一种是推进，以蕉岭、平远为基础，逐渐推进，不要轻入；一种是主张立即到梅县，起码有政治影响及经济利益”。而当时第二纵队在虎市一战虽然牺牲了司令员刘安恭，却击溃敌人两个营，第一纵队也在松源打败敌人一个营，因此全军官兵“气势很壮”，求战心切，纷纷要求打梅县。[①] 于是前委下令向梅县进攻。

10 月 25 日早晨，朱毛红军以第三纵队为先导，向梅县出击。下午 3 时，第三纵队前锋抵达梅城附近，仅以两个连的兵力攻城。守城警卫队弃城溃退。红军入城之后立刻打开监狱，释放人犯 200 人左右，其中有 10 多名共产党人，其他十有八九为共产党嫌疑犯。

红军第一次来到这个著名的华侨眷属比较集中的小城市，梅县和东江特委的地方党组织领导干部闻讯纷纷赶到梅县与朱德、陈毅相见。进占梅县第二天，朱德、陈毅与东江特委军委书记古大存和梅县县委领导人召开联席会议，确定立刻成立东江革命委员会，并且以毛泽东、朱德、古大存等名义发布《东江革命委员会关于颁布执行土地政纲的布告》，号召实行土地革命，建立苏维埃政府。

不到一天，这个繁华的城市迅速弥漫着革命的气息，街上到处挂起了红旗。全城居民和来自四乡的农民涌向街头，感受着好似盛大节日的欢乐和改天换地的新奇。

傍晚时分，朱德在群众集会上一边比画着极富感情色彩的手势，一边像过去那样大声演讲，鼓动民众组织起来，加入到共产党领导的革命洪流。朱德的演讲还没有结束，忽然得到报告，第十九路军总指挥蒋光鼐率领三个团 2000 多人向梅县发起反攻，先头部队已经逼近，于是立刻决定撤出梅县。撤退之前，朱德向听众们大声说：“乡亲们，不要怕，我

① 参见熊寿祺：《红军第四军状况》（1930 年 5 月），古田会议纪念馆编《古田会议文献资料》，中共党史出版社 2017 年版，第 490 页。

们红军会很快打回来的，革命一定要成功!”①

情况来得突然，是因为地方党组织未能充分发动群众牵制敌人行动，也未能随时注意和及时报告敌情。朱德随即率领部队同已经反攻入城的敌军展开战斗，且战且退，指挥部队抢占南门梅江渡口，但是渡口只有一条渡船，难以承载全军7000多名官兵在短时间内渡过江去。朱德果断指挥转向上游，寻找浅滩处涉水过江，向梅县南部丰顺边界的赤色区域转移。

由于事出紧迫，仓促应敌，陈毅与朱德来不及一起行动。陈毅在军部见到匆匆赶来的东江特委巡视员亚罗，在亚罗的陪同下匆忙撤退，军部受到不少损失。亚罗在向东江特委的报告中记述了这紧张的一幕：“（26日）下午二时接蕉石支部报告，敌人有两千多，十时到新埔，参谋□部没有将此事对我说，至下午五时，我在枯兄处闻枪声，即到军部，为时街上行人已乱得很，即与陈毅同志指挥军部特务支部渡南门河，由大路直上梅南，是很忙乱的退出，军部损失现洋三千五百多元，全部花名册已失去，前委失去文件多种（□□决议案），敌人有二团兵力来梅。我们以二大队与之抵抗，结果全军安全退出，死士兵两名，重伤四名，毙敌五十余人”②。

经过两天奔波，朱毛红军全部于10月27日到达丰顺县马图、梅县南坑，同东江地方红军会合，作若干天休整。尽管受到袭击仓促应对，撤离梅县时甚至不免有些狼狈，但是全军士气却并没有因此而减退。

粤军发现朱毛红军从梅县撤退之后一路南下，由梅南、畲坑开往汤坑方向，似有向潮汕奔袭的意图，而并未发现红军隐蔽在不远处的大山之中。因此，又误以为红军会进取潮汕，于是调动大部分兵力前往汤坑堵截，以防红军继续南下。

朱德、陈毅召集前委会议，讨论下一步行动。最初拟定的计划是留在东江斗争一个时期，把三个纵队分散在东江，一个纵队南下直达惠阳、

① 中共中央文献研究室编《朱德年谱》（新编本）上，中央文献出版社2006年版，第164页。

② 《东江特委报告（转录西北巡视员阿罗的报告）》（1929年11月1日），古田会议纪念馆编《古田会议文献资料》，中共党史出版社2017年版，第344页。

潮阳、普宁地区，一个纵队分散于丰顺、梅县一带，一个纵队由兴宁、五华入惠州，分别发动群众。经过讨论，大多数认为东江反动势力强大，分兵容易被敌人各个击破，不赞成这一计划。经过几天的讨论，大家觉得还是集中行动为好。

这时传来消息，梅县城里只有郭思远的教导团留守。官兵们不甘于4天以前遭遇袭击的败绩，纷纷请战，自告奋勇要反攻梅县。于是前委重新部署，“大的计划是打开梅县即到兴宁、五华，工作看时局再作道理，最后官兵一致这样决定了”①。

自以为胜券在握的红四军官兵们士气高扬，于10月31日重返梅县，第三纵队担任主攻，第一纵队迂回配合出击，第二纵队为预备队，确定上午10时开始发动攻击。但是由于道路不熟，又没有群众配合，第一纵队也未能在预定时间完成迂回，第三纵队被迫孤军作战，一开始就陷入了被动。更加出人意料的是，原来得到的情报是国民党在梅县的守军不过一个团，而实际并非如此，另外还有蒋光鼐率其师部特务营及新编特务营、炮兵营，足有两个团的兵力，这就使得红军在战术运用上一开始就发生失误。

当时担任第一纵队党代表的熊寿祺，对梅县攻坚战作了如下的记述：10月31日拂晓乘敌不备，包围了梅县城，前锋入了大街。“一来是我们太骄了，以为敌一团人现已被包围了，梅县又无险可守，当然不成问题了，谁知敌竟乘我在街中无阵地，立足不住，用手榴弹、花机关极力射击，我方死亡太多，前卫大败退出来了。退出后终因敌少我多，又反攻上去把敌围住了。从早晨至午后四时，仍然打不下，我方死亡很多，同时又怕围久了死亡更大，敌兵一到，终要无功而返，同时城市的同志又无一点影响，遂决【定】安全撤退。计算这役损失的约二百余人，数十支枪。”②

① 熊寿祺：《红军第四军状况》（1930年5月），古田会议纪念馆编《古田会议文献资料》，中共党史出版社2017年版，第490页。

② 熊寿祺：《红军第四军状况》（1930年5月），古田会议纪念馆编《古田会议文献资料》，中共党史出版社，第490—491页。

一向英勇顽强且早有准备主动攻击的战斗，何以遭此大的失败？前委在 11 月 1 日给中央的报告中总结了原因，梅县县委也在 11 月 7 日给东江特委的报告中提出了看法，半年多以后熊寿祺给中央的长篇报告又再归纳了几条。35 年以后，朱德在延安回顾到这段历史的时候，从思想路线上总结了这次失败的教训：红四军第八次党代表大会以后，部队入东江，此次行动失败，“原因又是方向错了”。当时上海党中央命令红四军入东江打蒋光鼐、蔡廷锴，打梅县，配合张发奎入广东的反蒋战争。“这个主观主义的命令，我们执行了，所以又遭失败。但错误不很久就纠正了。这是接受主观主义瞎指挥的第二次的失败教训。”①

朱德、陈毅带着这支由骄而败的队伍，在夜色中离开了这座令他们伤心的城市。队伍中出现了埋怨和沮丧的言论，士兵们都说：“东江是到不得，叶贺杀来亦失败了，我们来也遭此打击。”队伍中甚至还出现了逃兵。这在四军的历史上十分罕见。原来，逃跑的几乎都是在上杭收编的卢新铭部的俘虏，600 多人几乎跑光。加上在梅县战斗中牺牲 200 多人，留在东江红军 200 多人，后来到了江西寻乌留在地方工作 200 多人，总共减员 1000 多人。“士气损失不小，为四军彬〔郴〕州失败后之第一次大损失。”②

在此之前，朱德、陈毅已经得到消息，两广军阀混战已告结束，敌人正在调集兵力向东江逼近。他们决定离开东江，重整旗鼓。但是去哪里是好呢？如果重返闽西，赣军金汉鼎第三十一军已入武平、上杭，目前情况不明，于是想到了闽粤赣三省边界的赣南寻乌。那里赤色区域方圆 60 里，足以安排全军，他们决定前往寻乌作短期的休息整顿。

从梅县到寻乌县不过百余公里，红四军为避免与广东军阀部队纠缠，取道石正、太平、八尺，穿越粤赣边界的层层山峦，11 月 2 日到达江西

① 《在编写红军一军团史座谈会上的讲话》（1944 年），《朱德选集》，人民出版社 1983 年版，第 129 页。朱德在这篇讲话中说的第一次主观主义瞎指挥导致红军失败的教训，是指 1928 年红四军在井冈山接受湖南省委的命令冒进湘南，导致井冈山“八月失败”。

② 熊寿祺：《红军第四军状况》（1930 年 5 月），古田会议纪念馆编《古田会议文献资料》，中共党史出版社 2017 年版，第 491 页。

省寻乌县的赤色区域大田。行军途中，朱德的心情倍感沉重。他为包括他认为是“出色将领”刘安恭在内的200多名将士的牺牲而深感痛苦。他对史沫特莱说，国民党即使损失几千人也不在乎，“可是我们的士兵不是军阀棋盘上的小卒子。我们是这样教育每一个红军士兵的，就是在战场上打败了，也要能够号召起一支军队，继续革命。我们每一个人都是革命的宝贵财富”。朱德很清楚，在理想的中国没有出现之前，他们将会遭遇许多挫折，成千上万的人会因此而牺牲。但每次受挫每牺牲一名他的部属，他都会深感痛苦。①

朱毛红军在寻乌大田作短暂休整，把伤病员交给当地党组织作了妥善安置，第三天前往安远。安远是赣南山区的一个小县城，他们希望在这里得到更多的政治消息，解决经济和给养的补充，等待时机再确定下一步的行动。

前敌委员会根据从各方面得到的消息判断，红军当前主要的对手还是国民党第三十一军金汉鼎部，但金汉鼎尚在闽西行动不明，“我们在赣南就不好活动了”，加以“赣南群众尚未起来，亦是给我们的困难”；而红军官兵“都一致不愿再入东江”。在此情况下，前委对于下一步行动计划只有三个方向可以选择：“一个是由信丰、南康上游入赣或湘南；一个是由于都入兴国至东固；一个是返闽西”。权衡利弊，大家认为若从政治上考虑，走东固至吉安一带为好，“但会昌、于都一带情况不明，渡赣水亦困难，同时全军的经济问题、棉衣问题都不能解决”，若往湘南或赣西，同样也不能解决经济问题，而且交通不便，难以得到中央的指示及中央派送到红军的人才。因此决定，等待金汉鼎的动向，如若金部由闽西折回赣南，红军再入闽西。②

果然，金汉鼎部韦杵师由闽西返赣，先到寻乌，进而抵达距安远50

---

① 参见［美］艾格妮丝·史沫特莱：《伟大的道路——朱德的生平和时代》，梅念译，胡其安、李新校注，生活·读书·新知三联书店1979年版，第306页。

② 参见熊寿祺：《红军第四军状况》（1930年5月），古田会议纪念馆编《古田会议文献资料》中共党史出版社2017年版，第492页。

里之鸭子铺。朱德、陈毅认为时机已到，立刻率部撤离安远，迅速南下，为迷惑敌军，佯入粤东，经寻乌公平圩、留车圩，三天后占领广东平远，然后又突然掉头北上进入闽西境内，11 月 16 日占领武平，17 日攻取高梧，复马不停蹄继续北上，击溃上杭守敌刘和鼎第五十六师两个营，18 日占领汀江上游的枢纽官庄。

红四军占领上杭官庄，重回到闽西赤色区域，结束了一个月来出击东江的颠沛与奔波。前敌委员会决定，先在官庄作短时间的休整，然后重返长汀，贯彻中央九月来信，解决红军自身建设和经济给养问题。同时，前敌委员会决定了关于“扩大闽西赤色区域，建立闽西政权的政策”①。

三　古田会议的准备与召开

官庄会议之后，朱德、陈毅率部直趋长汀，11 月 23 日再次占领闽赣边界这座繁华的小城，补充了足够的给养。同时，派专人赴上杭县苏家坡请毛泽东重返红四军，又把三个纵队分散到邻近地区开展群众工作，第一纵队在长汀县河田、水上、濯田，第三纵队开赴连城县，第二纵队留驻汀州。②

11 月 26 日，在中共福建省委巡视员谢汉秋的陪同下，毛泽东到达长汀，同朱德、陈毅会面。到达汀州以后，毛泽东听取了各种汇报并作了调查，于 11 月 28 日给中共中央写了一封短信，简单明了地报告了红四军的现状与当前面临的形势：“我病已好，十一月二十六日偕福建省委巡视员谢同志从蛟洋到达汀州，与四军会合，遵照中央指示，在前委工作。四军攻梅县失利，损失虽不小，但士气仍振奋，目前一时期当在福建境

① 《红四军前委向中央的报告》(1930 年 1 月 6 日)，古田会议纪念馆编《古田会议文献资料》，中共党史出版社 2017 年版，第 432 页。

② 参见熊寿祺：《红军第四军状况》(1930 年 5 月)，古田会议纪念馆编《古田会议文献资料》，中共党史出版社 2017 年版，第 492 页。原文“一纵队在河田、水上、濯田”句，其中“水上”疑为“水口”之误。

内工作。闽西已有八十万赤色群众足以掩护红军，刘（和鼎）张（贞）等‘会剿’，形势并不严重”；现决定整理一时期，正在准备一个月给养，“四军党内的团结，在中央正确指导之下，完全不成问题。陈毅同志已到，中央的意思已完全达到。惟党员理论常识太低，须赶急进行教育”①。

这封信显示，国民党方面针对朱毛红军而组织的第二次闽粤赣三省“会剿”已经开始，只是“形势并不严重”；而当前急需的工作，是贯彻中央指示精神，加强党内团结，在党内展开整顿与教育。虽然没有明确告知召开第九次党代表大会的计划，意思却很明白。

据熊寿祺后来向中央的报告，红四军自身存在的问题确实不少，“第一个问题是组织松懈，逃兵日众，党内不正确倾向又非常浓厚”，这一段时期“是没有积极向外发展的精神了”，因为出击闽中遭遇的困难和出击东江的失败，“红军削弱了”。②

面对这样一种状况，毛泽东于 11 月 28 日在长汀主持召开前委扩大会议讨论的问题，重点不在于如何应对敌人的“会剿”，而是朱毛红军自身的问题。这次会议除了同意此前官庄会议所确定的决议之外，更加重视的是检查红军自身的工作，认为“若四军此时不加以训练整顿，必困难执行党的政策，因此还决定红军的整顿与训练问题”。具体所要做的工作，主要有以下各项：“（一）召集九次大会接受中央的指示，反对机会主义、托洛茨基主义、反对派的决议。（二）用各种方法，建立红军的政治领导。（三）纠正党内各种倾向，并扫除红军内的封建残余制度（如废止肉刑、枪毙逃兵等）。”③

按照原来的计划，朱毛红军将在汀州一边休整一边分散在周围农村做群众工作。但是江西金汉鼎师仍然不断调集队伍，向闽西边境集结，

① 《致中共中央》（1929 年 11 月 28 日），《毛泽东书信选集》，人民出版社 1983 年版，第 26 页。

② 参见熊寿祺：《红军第四军状况》（1930 年 5 月），古田会议纪念馆编《古田会议文献资料》，中共党史出版社 2017 年版，第 492—493 页。

③ 《红四军前委向中央的报告》（1930 年 1 月 6 日），古田会议纪念馆编《古田会议文献资料》，中共党史出版社 2017 年版，第 432—433 页。

试图重新占领汀州。而朱毛红军暂时不打算同敌人正面接触，因为当前急需的不是打仗，而是进行内部整顿，在军事、政治、党务方面都还需要一个时期的整理。于是前敌委员会决定，红军在筹集了一个月的给养之后，于12月3日撤出汀州，[①] 东进连城新泉。那里的群众基础更好一些，有利于红军的休养整顿。

刚到新泉的时候，前委本想乘敌不备一鼓作气直下龙岩，把占领龙岩然军心不稳的刘和鼎师刘尚志旅赶出去，但考虑到龙岩附近的坎市还有刘和鼎师的陈万泰旅，龙岩、坎市成为掎角相依之势，不好硬打，“遂在新泉有计划的整理起来，党内即开九次大会预备会”[②]。

萧克回忆说，为了开好这次会议，毛泽东、朱德、陈毅等前委主要领导人齐心协力，作了很多准备工作。他们利用作战间隙，召开地方干部座谈会和各支部、纵队代表联席会议，还找一部分干部、战士谈话，仔细调查部队和党内存在的各种问题，听取各种不同意见，共同研究产生这些问题的原因和解决办法。[③]

毛泽东不只是在红军内部作调查，而且还向农民调查，他带几个警卫人员来到新泉附近的官庄，在一个祠堂里请了十多位贫苦农民来座谈。这些一字不识的农民当然并不明白革命理论和红军的治军条令，却懂得田里的收成和军队对待他们态度的好坏，知道他们的利益受到损害还是得到了保护。他们从红军打土豪、帮助农民分配土地和收割庄稼，讲到苏维埃政府如何由农民当家做主，夸不绝口，当然也讲了他们不满意的地方。

---

① 参见中共中央文献研究室编《朱德年谱》（新编本）上。另据福建省防军第二混成旅代旅长卢新铭1929年12月6日给蒋介石电称：卢新铭率4个营由宁化出发夹攻汀州，于12月4日下午1时在长汀县童坊与红军接触，“剧战二小时之久”，红军分作两路，一路向南山坝，一路向河田、涂坊撤退。卢新铭旅于12月5日中午进占长汀。据此判断，朱毛红军也有12月4日转移至新泉的可能。

② 熊寿祺：《红军第四军状况》（1930年5月），古田会议纪念馆编《古田会议文献资料》，中共党史出版社2017年版，第493页。

③ 萧克：《朱毛红军侧记》，中共中央党校出版社1993年版，第106页。

朱德和陈毅也都按照各自承担的工作，参与领导了全军的政治军事训练。各纵队利用难得的时间，一边休息，一边进行军事训练。指战员们按照游击战争的实践要求，进行各个项目的演练，提高部队的战斗力。

在新泉的整训前后10天，党代会的筹备工作也进展顺利。这期间，国民党方面加紧对红四军和闽西苏区的第二次三省“会剿”。12月5日，福建省防军第二混成旅代旅长卢新铭率领4个营进占汀州，赣敌金汉鼎所部第六十九团也于同日抵达汀州。形势虽然还并不紧张，但是为了有一个更好的环境确保党代表大会顺利召开，前敌委员会决定继续东进，向闽西苏区中心区域古田转移。熊寿祺在不久以后向中央报告说：“新泉整理了十日，环境无变化，汀州是两团又增加一团”，但没有新的行动。驻上杭、龙岩、坎市、永定之敌也无动静，“打龙岩仍旧不好打，遂开至古田作准备打岩之势，仍在古田训练，党内开九次大会”①。

这份报告显示，朱毛红军大约是在12月14日由新泉移驻古田。在朱德的记忆中，他们是在“凌晨时分来到古田”。古田民众早已得到苏维埃政府的通知，全都涌到外面迎接，“好像他们是凯旋归来似的”。② 红军到达古田之后，虽然作好了攻打龙岩的准备，但主要的工作还是训练和筹备召开第九次党代表大会，召开各种讨论会和座谈会。

毛泽东主持召开了支队以上党的书记和宣传、组织委员的联席会议，他向大家说明召开这个会议的目的和方法，要求大家一起来弄清楚四军党内存在有哪些不正确的思想倾向，大家一起来讨论，提出纠正的办法。毛泽东举出许多具体的例子，指出四军党内严重地存在着单纯军事观点、极端民主化、非组织观点、绝对平均主义、打骂制度和枪毙逃兵的军阀主义残余等等不良倾向，号召到会的同志们打消顾虑，发扬民主，充分发表意见，共同起来肃清这些非无产阶级意识。

---

① 熊寿祺：《红军第四军状况》（1930年5月），古田会议纪念馆编《古田会议文献资料》，中共党史出版社2017年版，第493页。

② 参见［美］艾格妮丝·史沫特莱：《伟大的道路——朱德的生平和时代》，梅念译，胡其安、李新校注，生活·读书·新知三联书店1979年版，第307页。

会议采取小组讨论的方式，按照毛泽东提出的问题，每个小组讨论一两个问题。大家把各种问题和观点都摆出来讨论，有时甚至各不相让，争执不下。比如说到打骂士兵的问题，有说官兵平等，不能打骂；有说可以打骂，否则还怎么带兵打仗？经过不断的讨论和比较，意见逐渐一致，认识到了什么是正确、什么不正确，找出了错误行为或错误观念的症结所在，提出纠正的办法。每一个专题小组把讨论的意见集中起来，写成提案，送交前委审查。这些提案，实际上就是即将召开的党代表大会决议的组成部分。

为使红四军党的九大避免类似七大、八大那样片面重于军事或极端民主化的偏向，前委提前作了准备，酝酿新一届前委委员，提出要"'政治观念正确、工作积极、有斗争历史'三个条件的人才当选，反对从前那种分割式的以各纵队为条件的办法，并提出名单，供献大会"①。

各项准备工作都已妥当，毛泽东把这些提案集中起来，整理并执笔为大会起草决议案。对于这份决议的内容，毛泽东的思路已经十分清晰。从井冈山向赣南、闽西进军以来的将近一年，特别是在第二次入闽以来创建闽西革命根据地的7个月，毛泽东对于人民军队建设方面的许多问题已经反复思索，并且与不同的意见发生过激烈的争论，得到过党内一些同志的赞同，也遭受到激烈的反对。这些争论的意见引起了中共中央的高度重视。周恩来主持起草的中央九月来信给这场争论作了最终的结论，不仅对于朱毛红军具体的行动策略与红军党内的分歧提出了鲜明的意见，在原则上给了毛泽东以坚定的支持，而且对于红军发展的重大理论问题也都作了明确的指示。

毛泽东循着他过去对红军建设所思考的问题，依据中央"九月来信"的指示精神，以及他回到红军近一个月的调查研究，写就了大会的决议案。

中央档案馆收藏的经过毛泽东在抗战初期审阅并在党内印发过的决

① 熊寿祺：《红军第四军状况》（1930年5月），古田会议纪念馆编《古田会议文献资料》，中共党史出版社2017年版，第515页。

议文本，其标题为《中国共产党红军第四军第九次代表大会决议案》，而在这个标题之下的括号中注明“一九二九年十二月于闽西古田会议”,[①]后来大家把这次会议的名称都简称为“古田会议”。这个会议的决议，也都习惯称之为“古田会议决议”。

这个决议全文大约 2.6 万字，分为 8 个部分：(1) 关于纠正党内的错误思想；(2) 党的组织问题；(3) 党内教育问题；(4) 红军宣传工作问题；(5) 士兵政治训练问题；(6) 废止肉刑问题；(7) 优待伤病兵问题；(8) 红军军事系统与政治系统关系问题。

这 8 个部分，都是关系到红军建设极为重要的问题，而其第一部分是整个决议的核心。这部分内容，涉及的都是最近几个月红军党内争论的问题，规定了人民军队的性质、任务和宗旨，确定了共产党对军队实施领导的原则，宣示了红军政治工作的地位与作用，强调确立无产阶级思想，克服各种非无产阶级思想，把红军建设成为一支新型的人民军队。决议开首第一段话，即已表明了这部分内容的重要及其与中央九月来信的关系：“红军第四军的共产党内存在着各种非无产阶级的思想，这对于执行党的正确路线，妨碍极大。若不彻底纠正，则中国伟大革命斗争给予红军第四军的任务，是必然担负不起来的。……大会根据中央九月来信的精神，指出四军党内各种非无产阶级思想的表现、来源及其纠正的方法，号召同志们起来彻底地加以肃清。”[②]

这“各种非无产阶级思想”有哪些呢？决议列出 8 种：单纯军事观点、极端民主化、非组织观点、绝对平均主义、主观主义、个人主义、流寇思想、盲动主义残余。决议对这 8 种非无产阶级思想的来源、危害及纠正办法，一一作了分析和说明。

不难发现，古田会议决议第一部分关于各种非无产阶级思想的论述，

---

① 中央档案馆编《中共中央文件选集》第 5 册，中共中央党校出版社 1990 年版，第 800 页。

② 《毛泽东文集》第 1 卷，人民出版社 1993 年版，第 78 页。为便于读者阅读查核，本节所引《古田会议决议》的引文，均引自《毛泽东文集》第 1 卷。该文第一部分经毛泽东校阅后编入《毛泽东选集》第 1 卷，题为《关于纠正党内的错误思想》。

都非常清楚地指向红四军自井冈山以来特别是在最近半年来表露出来的问题。当然，这些问题实际上是早在南昌起义人民军队诞生之时即已存在，而且也未必就只是红四军，其他地方的红军武装也都会有不同形式的反映。以毛泽东为代表的前敌委员会在实际的斗争中发现并紧紧抓住了这些问题，及时地加以解决。

古田会议决议不只是提出问题，更为重要的是指出这些错误思想的来源以及纠正的方法，特别在理论上作了如下论断：四军党内种种不正确思想的来源，一方面是“由于党的组织基础的最大部分是由农民和其他小资产阶级出身的成分所构成的”；另一方面“是党的领导机关对于这些不正确的思想缺乏一致的坚决的斗争，缺乏对党员作正确路线的教育”。这两个方面的问题，是使这些不正确思想存在和发展的重要原因。①

古田会议决议的其他 7 个部分，也都依据中央九月来信精神，针对朱毛红军党内的实际，作出富有创造性的论断，其内容强调党对人民军队的领导，加强党的组织建设、思想建设和红军的宣传教育，确立红军党的政治工作和军事工作的正确关系。

毛泽东撰写的古田会议决议的最后一个部分，名为“红军军事系统与政治系统关系问题”。这个问题，曾经是红四军党内一个时期以来引起争论和难以处理的问题，经过陈毅的报告，引起了中共中央的重视。在此之后，中央九月来信对此作了原则的指示。这样，毛泽东关于这个问题的提案，已经不再是争论的问题，更重要的是按照九月来信作正确的阐发与处理。这两个系统的关系，也就是司令部与政治部的关系，古田会议决议作出了明确的规定：“在高级地方政权机关没有建设以前，红军的军事机关与政治机关，在前委指导之下，平行地执行工作。”②

有了这一前提，其他具体问题就好解决了。红四军的军事系统归军事机关司令部管理，政治系统归政治部管理。大凡与军事行动和给养、卫生、行军、作战、帮助地方武装等项，均归司令部；凡属军队思想政

① 参见《毛泽东文集》第 1 卷，人民出版社 1993 年版，第 78 页。

② 《毛泽东文集》第 1 卷，人民出版社 1993 年版，第 113 页。

治工作、地方群众工作，归政治部，在地方政权尚未建立之时，政治部还代行政权机关的职能。两个系统，都在党的前敌委员会领导之下“平行地执行工作”，既独立行使职权，又彼此尊重，互通信息。

作为这个问题的结束，毛泽东在最后写上这样一条原则：“军事机关的一切命令，除政治委员须副署外，政治部主任无须署名。政治机关的一切命令，政治部单独行使，政治委员无须副署。”① 这一规定，无疑是明确了政治委员对于军事机关的领导权威。这是因为，根据中共中央对全国红军编制的统一规定，古田会议以后，红军各级党代表改称为政治委员。毛泽东在古田会议决议中写的这一原则，表明同级军事首长签发的一切命令，同级党组织的领导必须共同签署才能生效，这就保证了党对军队一切行动的监督与领导。

毛泽东完成这份决议案的起草，会议的准备工作也已就绪。1929 年 12 月 28 日，中国共产党红军第四军第九次代表大会召开。会场设在上杭县古田溪背村曙光小学。这个学校本来是廖氏宗祠，后来做了学校，名为“和声”。红军到来以后，古田各乡村都建立了苏维埃政府，学校也要改换一个有革命意义的名称，据说是取《少年先锋队歌》里“走上前去啊，曙光在前，同志们奋斗”中的一个词，叫作“曙光小学”。

会议的主要内容是毛泽东作关于会议决议案的报告。由于许多代表参加了这个决议案最初的讨论，会前也已印发给大家，所以毛泽东不必再逐条宣读，而是有重点地做阐释。

对于毛泽东在古田会议上的这场报告，一些历史亲历者有过不少的回忆，虽然大同小异，但大多是在新中国建立以后的记忆，因此比较零散。相比之下，这次会议 8 年之后朱德在延安的口述，更加清晰而完整。朱德说，毛泽东在会议上作的政治报告，“不仅谈到红军和苏区，还谈到国内局势和他当时所了解的国际局势”：

毛泽东说，我们处在一个危机四伏的时代，资本主义世界已经

① 《毛泽东文集》第 1 卷，人民出版社 1993 年版，第 115 页。

出现了经济萧条，与外国帝国主义勾结在一起的国民党政权正使中国进一步沦入殖民奴役的深渊中。在国民党独裁政治下，三年的时间还不到，中国矿山、钢铁和纺织工业的大部分股票便转移到外国人手中。英国和比利时资本家正想购买著名的江西大庾钨矿，并且为了此事，限定蒋介石要摧毁红军，维持“和平与秩序”。

中国处于持续性的经济萧条之中，随着世界经济萧条的发展，它也更显得萧条了。中国大城市的工厂，关厂之风大盛，使成千上万的工人加入失业队伍。那些还在开门的工厂则大量使用廉价的童工和女工，就是这些儿童、妇女有时都不得不冒险罢工，但又被棍棒枪械镇压下去。谷贱伤农，蒋介石又在华北对冯玉祥展开攻势，以致又有几百万农民家破人亡，这些农民沦为土匪、歹徒，有的则为每天三顿饭而参加了军阀军队。①

毛泽东在说到红军自身的问题时指出：“作为人民的武装力量，只有红军才能为既贫穷又受迫害的中国人民提供革命的解决办法。可是为了实现这一目标，就必须在军队中实行一定的改革”。

在朱德的记忆中，毛泽东把古田会议所要解决的问题，称之为“改革”。事实正是如此，不管是古田会议之前或者之后，围绕着这次会议展开的一系列问题，正是对初创时期红军的一场改革。毛泽东在随后的报告中，“提出了一项关于未来政策的方案”，也就是他主持起草的大会决议案。这个方案，“是在会前与朱德和其他领导人长期磋商的结果”。②

毛泽东关于这份决议的报告，涉及8个方面的大量内容，朱德不可能对史沫特莱一一罗列。作为一个来自美国的记者，她尽自己所能就对她而言十分陌生的关于中国红军建设问题的理论，记录了朱德记忆最深的几个问题：

① ［美］艾格妮丝·史沫特莱：《伟大的道路——朱德的生平和时代》，梅念译，胡其安、李新校注，生活·读书·新知三联书店1979年版，第308—309页。

② 参见［美］艾格妮丝·史沫特莱：《伟大的道路——朱德的生平和时代》，梅念译，胡其安、李新校注，生活·读书·新知三联书店1979年版，第309页。

第一，他说，必须首先由党和军队的领导机构作出决定，然后交给大家讨论，直到广大战士都弄清决定的内容并同意执行为止。这就改变了过去所用的办法——招致了许多次军事失败的办法。

其次，军队里的“绝对平均主义”必须肃清，因为它只会造成团结涣散，而且有时会导致失败。在这之前，部队里流行一种思想，即无论是分配粮食、衣服，携带供应品，分配营地和勤务，以及使用马匹，都不应该有任何差别。他们甚至于反对给伤病员分配特别食品，并且坚持不管年龄、性别和身体情况，每一个人在行军时应该负担同样重量。他们还批评指挥员骑马是不民主。

毛泽东指出，粮食和衣服可以而且应该由战士和指挥员平均分配——对于伤病员则应该给予特殊照顾。每一个人不应该负担同样的重量，这要量力而行。有一些队伍需要较大的营地和较多的勤务才能执行任务，而那些指挥员之所以要骑马，是因为他们要工作至深夜，在战士们安歇以后他们还不能休息。

毛泽东也提醒部队中的许多知识分子要避免“唯心主义”的倾向。他说，唯心主义者只在头脑中考虑抽象的理论，而不认真研究社会、军事和政治的具体问题，不根据事实便作出了结论。①

这里之所以全文引用朱德在延安关于毛泽东在古田会议上报告的这部分回忆，是因为除了历史档案保存的古田会议决议文本以外，朱德回忆的内容是毛泽东在古田会议上的讲话，是决议上没有的文字，而且他的回忆距离古田会议时间最近，他又是围绕这次会议所发生的事件除毛泽东以外最主要的当事者，最具权威性，是对古田会议情况不可替代的补充。而这一部分的记录，以往并不被人们关注。

朱德的回忆表明，毛泽东在古田会议上关于决议的报告，特别强调的是党对军队的领导和民主集中制；最为关注的党内各种非无产阶级思想，是极端民主化、绝对平均主义、主观主义。他不仅对这些错误思想

① ［美］艾格妮丝·史沫特莱：《伟大的道路——朱德的生平和时代》，梅念译，胡其安、李新校注，生活·读书·新知三联书店1979年版，第309—310页。

一一做了分析，而且列举了很具体的事例加以说明。将这些报告的内容同决议的文本对照一下，基本一致。

朱德告诉史沫特莱，会议通过了毛泽东提出的这个决议案。会议结束以后，代表们回到自己的单位召开大会传达贯彻，经过详细讨论和辩论，大家都接受了这一方案。“朱德将军认为，这些改革大大地巩固了军队，它因此得以解放赣中和赣南，而且夺回了已经丢失的闽西各大城镇”，从而形成了包括赣南和闽西大部分地区的“名为中央苏区的地方”。① 可见，在朱德看来，古田会议的重要意义，不仅在于人民军队建设，而且广及中央苏区的创建。

古田会议除了讨论毛泽东所作的关于古田会议决议的报告，还有几个重要的报告。一个是朱德所作的军事报告，就如他以往的许多报告那样，“从红军建军一直谈到目前”②。他每每讲起这些重复了又重复的故事，总是充满着骄傲与自豪。因为红军从成立第一天开始，就同他的命运连接在一起，从来没有分开，直到生命的终结。

陈毅在古田会议上的报告也是极为重要的部分。陈毅所作报告的一个重要内容是传达中央九月来信。事实上，陈毅从上海党中央回到红四军之后，10 月 22 日到达广东梅县松源见到朱德，当天晚上就在紧急召开的前委扩大会议上传达了九月来信的精神；随后部队回到闽西，陈毅又先后在汀州、新泉的一些会议以及到了古田召开的党代表联席会议上，用不同的方式多次作了传达。可以说，到古田会议召开，陈毅再一次传达这一方面的内容时，中央九月来信的精神在红四军党内已是深入人心，古田会议也完全是按照九月来信精神作了充分的准备。

正因为此，就如熊寿祺给中央的报告所说：“这样一来，九次大会便有精神了，只开了两天，决定了很多的工作路线，绝不像八次大会时无

① ［美］艾格妮丝·史沫特莱：《伟大的道路——朱德的生平和时代》，梅念译，胡其安、李新校注，生活·读书·新知三联书店 1979 年版，第 310 页。

② ［美］艾格妮丝·史沫特莱：《伟大的道路——朱德的生平和时代》，梅念译，胡其安、李新校注，生活·读书·新知三联书店 1979 年版，第 308 页。

组织状态的开了三天毫无结果。”①

陈毅在古田会议所作报告的另一个重要内容是关于反对枪毙逃兵的讲话。枪毙逃兵是中国旧军队沿袭下来的陋习，说到底还是封建制度的残留。但是红军毕竟是无产阶级领导的革命武装，自有红军以来，逃兵情况并不突出，枪毙逃兵现象也不多见。但是红四军在 1929 年 10 月攻占上杭时，原国民党卢新铭旅大部被歼，被俘虏的士兵中有 1000 多人归降于红军，尚未来得及对他们进行教育，就编入红军出发广东参加征伐东江的战斗。结果红军遭敌袭击兵败梅县，卢新铭部的这些俘虏兵几乎天天都有人开小差逃跑，引起红军一些中下级军官的极度愤恨。

熊寿祺说，军官们无计可施，抓住逃兵一律枪毙，“每次出发的差不多都要枪毙些逃兵，摆在路上示众，但逃兵仍然无法遏止”。如此反复，红四军前委感觉到枪毙逃兵是封建制度，也是军阀军队压迫士兵的恶习，必须加以废除，改以教育并尊重俘虏去留自由的意愿，结果取得了意外的效果。许多俘虏兵不仅不跑，反而心甘情愿地留下来当红军。②

陈毅有感于此，在古田会议上专门就反对枪毙逃兵问题发表讲话。陈毅的这篇讲话，给萧克留下了深刻的印象：“陈毅在会议上作的反对枪毙逃兵的讲话，以前是没有讲过的，他这时讲得那么慷慨激昂，入情入理，是通过长期斗争实践得来的真理，所以讲得大家心悦诚服。”③

陈毅在古田会议报告中还传达了中央反对机会主义及托洛茨基反对派的决定的相关内容。

古田会议最后通过两个议程。一是讨论并通过毛泽东所作的古田会议决议案，另外还有《废止枪毙逃兵决议案》《接受中央指示决议案》《拥护中央对机会主义及托洛茨基反对派的决议案》《士兵决议案》。这项

① 熊寿祺：《红军第四军状况》（1930 年 5 月），古田会议纪念馆编《古田会议文献资料》，中共党史出版社 2017 年版，第 515 页。

② 参见熊寿祺：《红军第四军状况》（1930 年 5 月），古田会议纪念馆编《古田会议文献资料》，中共党史出版社 2017 年版，第 507—508 页。

③ 萧克：《朱毛红军侧记》，中共中央党校出版社 1993 年版，第 115 页。

议程可以说是毫无悬念地一致通过。另外一项议程是选举产生新的前敌委员会。由于会前已经接受了中央九月来信的精神，已经过党代表联席会议的酝酿讨论，对提出的候选人达成了一致的意见，所以也顺利完成了这项议程，选举毛泽东、朱德、陈毅、罗荣桓、林彪、伍中豪、谭震林、李任予、宋裕和、田桂祥、黄益善等 11 人为中共红四军前委委员。杨岳彬、熊寿祺、李长寿 3 人为候补委员。[①] 毛泽东重新当选为中共红四军前委书记。12 月 29 日，古田会议圆满结束。

古田会议之前，红军党内存在着诸多看来难以调和的意见分歧，何以能够如此顺利地一致通过毛泽东起草的这份决议？古田会议的参加者萧克对此作出了这样的回答：第一，中央来信，对开好这次会议有重大指导作用；第二，毛泽东、朱德、陈毅等坚持原则，坚持团结，做了大量的政治思想工作；第三，红四军党的七大以来，有许多新的经验和认识；第四，以总结经验和开展批评与自我批评的方法来解决党内问题，是好方法。

萧克的回答是正确的。他在后面还加了一句："在这四点之中，主要还是陈毅去中央报告工作后得到中央的正确指导。"[②] 这就是说，周恩来为古田会议的成功召开和古田会议决议的顺利通过，发挥了主要的作用。这一点，过去并不被人重视，应当深入地加以研究。

事实上，类似萧克观点的表述，早在 1930 年 5 月熊寿祺给中央《红军第四军状况》的报告中已经提出，原文如下：

> 我附带报告目前朱毛问题的状况：从陈毅同志回来之后，接着党内就开第九次代表大会，把过去的工作路线纠正过来了，关于政治的争论，都已成了过去。大家都在九次大会一贯的路线下进行工作，他们俩都能接受中央的指示，知道他俩目前在政治上的作用，朱毛不可分离。所以只要大的路线、政治上的主张没有不同，当然没有什么问

① 参见《红四军前委向中央的报告》（1930 年 1 月 6 日），古田会议纪念馆编《古田会议文献资料》，中共党史出版社 2017 年版，第 433 页。

② 萧克：《朱毛红军侧记》，中共中央党校出版社 1993 年版，第 112—113 页。

题了！这就是目前朱毛的现状，我恐中央不明白，故报告之。[①]

这段话的逻辑很清楚，首先是陈毅带来了中央九月来信的指示，然后据此召开古田会议，接受中央指示，从而纠正了过去的错误，结束争论，而朱毛都能在中央指示精神之下团结一致，不可分离。熊寿祺对古田会议还作了这样的评价：这次会议“接受中央指示，对于各种工作路线都有具体决定，九次大会的影响，深入在四军同志的脑中，的确九次大会是四军党第一幕重要的历史”[②]。

熊寿祺写这份报告的时候，职务是红四军军委代理书记、红四军代理政治委员，受总前委书记毛泽东直接领导，并受毛泽东指派前往上海党中央出席全国苏维埃区域代表会议[③]和全国红军代表会议。熊寿祺在到上海以后给中共中央的这份报告，不只是代表红四军，实际上也代表了毛泽东的意见。

曾经发生尖锐冲突和思想对立的一场争论，不过短短一个月，烟消云散，完全化解。古田会议通过的决议表明，一个红军建设的纲领性文件在闽西上杭县古田这个小山村里诞生了。或许在当时，几乎还没有人能够预见到古田会议决议对中国共产党领导的这支人民军队的建设产生的巨大作用。

毛泽东却似乎有一种预感，这次看来波澜不惊的会议，蕴含着难以估量的历史价值。古田会议结束以后第 8 天，他向中央报告说，红四军在此一个月中，主要是休整和为开古田会议作准备。“现在着手使大会决议一一深入，此一月当中红军得休息整顿的机会。大会决议及中央指示，即在理论上克服各种倾向，一一执行的问题，当待的今后的督促与奋斗。此一月的光阴易过，红军在表面中在于政局没有惊人

① 熊寿祺《红军第四军状况》（1930 年 5 月），古田会议纪念馆编《古田会议文献资料》，中共党史出版社 2017 年版，第 516 页。

② 熊寿祺：《红军第四军状况》（1930 年 5 月），古田会议纪念馆编《古田会议文献资料》，中共党史出版社 2017 年版，第 513 页。

③ 1930 年 4 月 3 日，中共中央给红四军前委去信，指定毛泽东去上海出席全国苏维埃代表大会，毛泽东因故未出席，改由熊寿祺前往。

的动作，但于今后斗争，却建立了基础。”① 短短几句话，昭示了古田会议深远的意义。

四　中国革命道路理论的初步形成

古田会议顺利结束，红军党内问题随之圆满解决。这时候的毛泽东，重新把关注的目光投向了中国革命形势的走向、中国革命道路的选择和红军的行动等等更为宏观的问题。引起他思考这些问题的缘由，是 1930 年新年到来之前林彪给他的一封信。

不久之前曾经在红军党内争论问题上支持过毛泽东的林彪，在对革命形势与红军的行动等等问题上对毛泽东的主张却产生了怀疑。在林彪看来，中国的革命高潮未必很快就能出现，红军在农村建立根据地的工作也不见得有什么作用。既然如此，那么毛泽东一再提出的建立农村革命根据地以促进全国革命潮流高涨的理论，又有什么实际价值呢？与其如此艰苦地做创立农村根据地的工作，倒不如在闽、粤、赣三省边界实行流动游击，既不费力，又走州过府，易于筹集给养。因此，林彪不赞成毛泽东提出的争取江西计划，也不赞成为实现这一计划而进行的创立赣南、闽西根据地的行动。

林彪的这些主张，曾经在 1929 年 5 月 18 日的前委会议上提出来，受到了毛泽东的批评。如今，部队即将出发行动，他又一次写信给毛泽东，重提他过去的那些观点。

毛泽东发现，林彪一次又一次重复提出的这些主张，涉及要不要农村革命根据地，在当前时局下革命前途如何，红军是否应以农村为依托发展革命势力促进革命潮流高涨等等重大理论问题。显然，对于这些问题，林彪的主张是消极的。

毛泽东从林彪的信中，看到了这是普遍存在于党内的“一般紧要的

① 《红四军前委向中央的报告》（1930 年 1 月 6 日），古田会议纪念馆编《古田会议文献资料》，中共党史出版社 2017 年版，第 433 页。

问题”。这个问题之所以“紧要”，是关系到中国革命道路的重大理论问题，也就是中国革命要不要以农村为中心，走农村包围城市、武装夺取政权的理论问题。因此，他没有立刻给林彪复信。他苦苦思索，再次审视了全国的形势，重新对井冈山以来两年多艰难奋斗中积累起来的经验作一番清理。

中国革命应该用什么方式，走什么样的道路，才能够完成其反帝反封建的伟大使命，是中国共产党人必须要解决的重大课题。大革命失败以后，毛泽东依据马克思主义基本原理和在革命实践中得到的经验，开始把革命重点的目光由城市转向农村，首先提出了“上山”和“工农武装暴动”的主张，在创建井冈山根据地的实践中又提出了“工农武装割据”的理论。

应该承认，在中国共产党成立之后直至大革命失败，包括毛泽东在内的共产党领袖们几乎都把全部的注意力集中在城市。直到大革命失败之时及其后的最初几个月，毛泽东以及湖北省委、湖南省委、长江局、江苏省委乃至中共中央，先后提出了“上山”的主张或者“农民革命根据地”“农民暴动割据”“农民割据”“土地革命的割据”等等主张。毛泽东率先把这一主张付诸实践，率部上了井冈山，于1928年6月提出了创建“以宁冈为大本营”的观点。[①] 这个“大本营”的含义就是“工农武装割据”的最初概念。同年10月，毛泽东在《中国的红色政权为什么能够存在?》一文中，第一次提出了“工农武装割据”的主张，并且作了初步的论述。在此之后，毛泽东于11月25日写给中央的报告中，进一步阐述了“工农武装割据”的理论，这一理论的具体内容概括起来，就是在农村实行土地革命、武装斗争和根据地建设。

不过，应该承认，毛泽东在井冈山提出的“工农武装割据”思想，尚未脱落以城市为中心夺取革命胜利的传统模式，但是显然已经体现了中国式的以乡村为基地，土地革命、武装斗争和根据地建设三位一体的

① 参见《给湖南江西省委转中央的信》（1928年6月16日），《毛泽东军事文集》第1卷，军事科学出版社、中央文献出版社1993年版，第8—9页。

新概念，为后来创立“农村包围城市”的革命道路理论创造了基础，跨出了关键的一步。

毛泽东第一次萌生建立大范围的农村革命根据地以促进全国革命高潮的理念，是在红四军进入闽西占领汀州之后。这时，红军虽然从井冈山向赣南游击途中受到重大挫折，“但井冈山出发以来的疲败精神，业已恢复，士气亦已振奋起来”①。特别是赣南东固根据地“秘密武装割据”，以及到了汀州以后了解到闽西党组织与群众已经开始了武装斗争建立了比较巩固的基础，他感受到了这一区域建立与发展农村根据地的优越条件。而蒋桂两派军阀混战爆发，统治阶级内部矛盾加剧，引发毛泽东对形势作出新的判断，提出了新的“苏维埃割据”的规划。这一计划就是1929年3月20日毛泽东在闽西汀州给中共中央的信中所说的“以赣南闽西二十余县为范围”，创建公开的苏维埃割据，“由此割据区域以与湘赣边界之割据区域相连接”，并且以此割据为“前进的基础”，直通沿海地区，并视军阀混战的形势，向吉安推进。②

这是一个涉及全国大胆创新的战略计划。毛泽东所考虑的问题与理论设想，已经不同于井冈山时期局限于罗霄山脉中段的规划，已经远远超越了红四军本身的意义。这表明，毛泽东的视野已经从井冈山到赣南、闽西及更加广阔的地区，进而拓展到了夺取全国革命胜利的高度，提出了在全国有条件的省份甚至敌人统治比较强大的地区大力创造许多个小区域的苏维埃政权，并把这一工作视为“一般工作的重心”，初步显示其萌发中国革命首先占领农村而后及于城市的思想。

同年4月5日，毛泽东在代表前委给中央“二月来信”的复信中，再一次提出了建立大范围根据地的重要性，重申3月20日他在汀州给中央信的意见，甚至提出了以农村根据地的发展造成向南昌包围的形势进

---

① 《红军第四军前委给中央的信》（1929年3月20日），《毛泽东军事文集》第1卷，军事科学出版社、中央文献出版社1993年版，第56页。

② 参见《红军第四军前委给中央的信》（1929年3月20日），《毛泽东军事文集》第1卷，军事科学出版社、中央文献出版社1993年版，第53—54页。

而夺取江西全省政权的战略计划。毛泽东不赞成中央“二月来信”的一些意见，如过分偏重于城市工人，而不相信农民与红军的力量，片面强调城市对农村的领导，否定农村苏维埃区域发展对于促进革命潮流的作用；提出了不同的主张，强调了半殖民地中国革命的特点，强调了加强农村斗争的主张，“因为半殖民地中国的革命，只有农民斗争不得工人领导而失败，没有农民斗争发展超过工人势力而不利于革命本身的”[①]。

毛泽东进而提出了具体的规划，建议利用蒋桂战争的有利时机，“争取江西，同时兼及闽西、浙西，在三省扩大红军的数量，造成群众的割据，以一年为期完成此计划”[②]。毛泽东的这项计划，包含着一个更为远大的战略目标，这就是通过在赣南、闽西 20 多个县范围的割据，进而向周围地区拓展，首先实现江西全省割据，形成一个更大规模的农村割据局面，促进革命潮流高涨。这一设想，体现了毛泽东的由以城市为中心转向农村为中心的思想转变又前进了一步，较之在长汀 3 月 20 日给中央报告的战略主张又有新的进展。

历史证明，毛泽东的主张是正确的。在此以后的半年多时间里，主要是在 1929 年 5 月至同年 12 月，毛泽东率领红四军在闽西各县广泛开展游击战争，消灭国民党在闽西的军事势力，击退了闽粤赣三省敌人的“会剿”，占领了长汀、龙岩、永定、上杭、漳平、武平 6 座县城，在很短的时间里完成了土地革命，建立各县红色政权。至同年 10 月间，闽西革命根据地扩展到粤东、赣南边境地区，根据地人口近百万人，一时成为全国最大范围的农村革命根据地。

时局的发展与闽西农村苏维埃割据的事实，促使毛泽东对全国形势的判断与中国革命道路的选择更加明朗。1929 年 7 月，毛泽东指导制定的中共闽西第一次代表大会《政治决议案》，明白指出创建闽西工农武装

---

① 《红军第四军前委给中央的信》（1929 年 4 月 5 日），《毛泽东文集》第 1 卷，人民出版社 1993 年版，第 55 页。

② 《红军第四军前委给中央的信》（1929 年 4 月 5 日），《毛泽东文集》第 1 卷，人民出版社 1993 年版，第 58 页。

割据并夺取政权的意义：在更大的范围发动群众、扩大土地革命的影响，建立更为广阔的根据地，“与赣南东江及湘赣边界的革命势力取得联系，促进一般革命潮流的高涨”，并将这一斗争同中国共产党的“全国总任务争取群众，准备暴动，夺取政权联系起来——这是闽西工农政权的全国意义”。[①] 毛泽东在这里第一次把农村根据地的建立与发展同党在全国夺取政权的总任务联系起来，并且在“全国意义”4个字下面加了重点号，突出了这一意义的重要，显示了毛泽东关于中国革命以农村为中心、走农村包围城市道路理论的轨迹。

1930年1月5日，毛泽东经过了一番“搜索枯肠”的思考，给林彪复信。在这封信的一开头，毛泽东写下了这么一段话：“新年已经到来几天了，你的信我还没有回答。……有什么好一点的东西可以贡献给你呢？搜索我的枯肠……现在我想得一点东西了……实是现今斗争中一个重要的问题……是一般紧要的问题，所以我就把它提出来。”[②]

毛泽东给林彪信的主要内容，是针对林彪对时局的悲观，不赞成建立农村根据地以促进全国革命高潮，甚至不相信革命高潮很快就要到来的错误主张，作出分析与回应。毛泽东指出，林彪的疑虑与悲观的根源，在于“对于时局的估量和伴随而来的我们的行动问题”，没有用创造与扩大农村赤色政权的方式“促进全国革命高潮的深刻的观念”。[③] 而这一问题，正是毛泽东自井冈山提出“工农武装割据”理论以来，不断探索用什么方式、通过什么途径促进“全国革命高潮”，最终夺取全国政权的问题。通过将近一年的实践与探索，毛泽东对于涉及中国革命道路的这一重大理论问题已经有了一个比较明确的方向。

毛泽东详细分析了半殖民地中国的特点，强调了“农民问题意义的

---

① 《中共闽西第一次代表大会之政治决议案》（1929年7月），中央档案馆编《中共中央文件选集》第5册，中共中央党校出版社1989年版，第708页。

② 《毛泽东给林彪的信》（1930年1月5日），中央档案馆编《中共中央文件选集》第6册，中共中央党校出版社1989年版，第553页。

③ 《毛泽东给林彪的信》（1930年1月5日），中央档案馆编《中共中央文件选集》第6册，中共中央党校出版社1989年版，第553页。

严重”“工农政权口号之绝对的正确”“小块红色政权”存在与发展的必然。毛泽东由此得出结论：“红军游击队及苏维埃区域之发展，它是半殖民地农民斗争的最高形式，也就是半殖民地农民斗争必然走向的形式”；“红军与农民苏维埃”不仅是半殖民地中国无产阶级斗争“最主要的同盟力量”，而且“无疑义的它是促进全国革命高潮的重要因素”；而“工农武装割据”波浪式的向前扩大的政策，“是无疑义地正确的”，唯有如此，“才能促进革命的高潮”。①

毛泽东的这一番分析与论断，由批评林彪对革命前途的悲观及其对建立农村根据地工作的消极，引申出新的理论：中国革命必须由创建农村赤色政权，由此一农村赤色割据波浪式地向外发展，进而促进中国革命高潮的到来。其要义已经超越了井冈山时期的“工农武装割据”的理论，显示了中国革命必须“以乡村为中心”的主张，初步完成了由“工农武装割据”向“农村包围城市”的革命道路理论的转变。之所以说是“初步”，是毛泽东的这一理论尚未完备，只是强调了“乡村中心”，为“农村包围城市”的理论奠定了基础，还没有深刻地论证这一理论的全部含义。这一理论的完善，是在经历了更长时间的实践和总结，到了抗日战争时期才完成。

1944 年 3 月，周恩来在延安中央党校作《关于党的“六大”的研究》的报告，回顾这一段历史时，认为毛泽东开始也主张以城市工作为中心，但毛泽东比中共中央更早认识到工农武装割据的重要性，到 1930 年 1 月 5 日给林彪的信中“才明确指出要创造红色区域，实行武装割据，认为这是促进全国革命高潮的最重要因素，也就是要以乡村为中心”②。

事实上，周恩来在毛泽东之前也曾提出过类似“乡村中心”论的观点。这个观点，反映在由他代表中央委托陈毅在 1929 年 9 月 28 日起草的九月来信中。周恩来在分析中国政治形势与特点时，有一句值得注意的话：“先有农村红军，后有城市政权，这是中国革命的特征，这是中国

① 《毛泽东给林彪的信》(1930 年 1 月 5 日)，中央档案馆编《中共中央文件选集》第 6 册，中共中央党校出版社 1989 年版，第 554—555 页。

② 《周恩来选集》上卷，人民出版社 1980 年版，第 179 页。

经济基础的产物。如果有人怀疑红军的存在，他就是不懂得中国的实际，就是一种取消观念。”①

周恩来这句话的含义虽然还不能说是“农村包围城市”的完整表述，然而论及中国以农业为基础的半殖民地经济的特点，指出先农村、后城市是中国革命的特征，则在实质上触及中国革命进程的主次关系和客观规律，把农村苏维埃区域和红军的发展看作夺取城市政权的必要前提。另外，如果仔细地研究中央九月来信中周恩来提出的红军三项任务，不难发现同毛泽东“工农武装割据”的理论是一致的，并且特别强调了红四军在实行农村割据斗争中发挥的重要作用，将其提高到了全国的意义，认为朱毛红军这种斗争的发展必将成为促进全国革命高潮的动力之一。周恩来的这些主张，同毛泽东上述给林彪信中的观点极为相似。而毛泽东给林彪的信，是在收到并研究了周恩来这封九月来信之后所写的，将农村革命根据地及红军游击队的发展对于中国革命的作用阐述得更为丰富和深刻。显然，中央九月来信对于毛泽东给林彪信中提出的关于这方面的理论，产生了直接的影响。

任何一种理论的形成与完善，总是伴随着实践的发展与深化。古田会议结束以后毛泽东在古田给林彪的信（《星星之火，可以燎原》）表明，关于经由农村革命根据地的建立、发展以及多个农村割据区域相互连接，进而促进全国革命高潮，实现党在全国夺取政权的理论——中国革命道路的理论，已经清晰。促使毛泽东这一理论初步形成的原因，至少有 5 点：一是统治阶级内部的分裂与混战引发革命潮流高涨；二是全国工农和城市贫民对统治阶级的仇恨与反抗如干柴烈火般的蔓延；三是闽西、赣南、粤东、湘赣边等地农村割据的迅速发展，相互连接与贯通；四是古田会议确立了党对军队的绝对领导，红军士气昂扬，面貌焕然一新；五是当时中共中央在指导路线与方针上的正确，特别是上述周恩来主持起草的中央九月来信关于“先有农村红军，后有城市政权”的论述，对于毛泽东“农村包围城市”理论的初步形成产生了直接的影响。

① 《周恩来选集》上卷，人民出版社 1980 年版，第 32 页。

第七章　闽西苏区在巩固中发展

一　打破第二次三省“会剿”·闽西苏维埃政府成立

古田会议前后，国民党积极部署对闽西苏区的第二次三省“会剿”，其总指挥仍以第三十一军军长金汉鼎充任。金汉鼎坐镇汀州，调动闽粤赣三省国民党军共12个团的兵力，兵分七路向闽西苏区进攻，并约定于1930年1月4日同时出动，第一步攻击的目标是连城新泉，然后再向古田进攻。这是几年来各派军阀“三省会剿比较一致”的一次行动。[①]

1月初，各路国民党军开始实行他们的“会剿”计划。刘和鼎之第五十六师一个团由永定虎岗向龙岩大小池进攻，张贞之暂编第一师杨逢年旅一个团也由龙岩进占小池，与刘和鼎部会合；金汉鼎部一个团由汀州进抵涂坊，向南阳、新泉进逼；金汉鼎的另一个团由上杭向溪口进攻。[②] 种种迹象表明，国民党军似已构成了对新泉、古田的包围。

在此之前，红四军前委曾经确定，一面在古田召开第九次党代表大会，一面休整，寻找敌人的弱点，相机击溃敌人，以达到“扩大闽西赤色区域完成赣南、闽西、东江的赤色联系”的政治目标，并且准备在古

---

① 参见熊寿祺：《红军第四军状况》（1930年5月），古田会议纪念馆编《古田会议文献资料》，中共党史出版社2017年版，第494页。

② 参见《共青团闽西特委通告第九号——敌人进剿赤色区域时团的工作》（1930年1月7日），中共龙岩地委党史资料征集研究委会员、龙岩地区行政公署文物管理委员会编《闽西革命史文献资料》第3辑，1982年内部版，第8页。

田会议以后以第二纵队牵制小池之敌，另以第一、三、四纵队经连城姑田、龙岩白沙包抄敌之后方龙岩城。但是，古田会议结束的时候，红四军的给养已成问题，前委于是改变计划，决定以第一、三、四纵队出发连城筹款，前委留古田，率二纵队同龙岩赤卫队“在小池诱敌，准备连城主力由姑田、白沙、漳平包围龙岩，击溃龙岩之敌”①。

但是，前委作出这一决定的时候，还没有得到敌人已于1月4日向新泉、古田发动进攻的消息。1月5日，朱德率领三支纵队从古田出发至25公里外的庙前，获悉了敌人的上述行动。部队到达连城以后，与留驻古田的毛泽东率领的第二纵队失去了联络，原来打算留在闽西的第四纵队因此也就不能返回。于是重新作出决定，三支纵队一起由宁化向江西出击，扩大赣西南赤色区域，打通闽粤赣三省的联系。

朱德作出这一计划，是出于如下的判断：“我们当时估量我们离开闽西，金汉鼎也要离开闽西，闽西赤色区域可以在金走后扩大，对闽西工作有帮助，我们入江西，金汉鼎又只徒唤奈何!”② 以后的情况表明，这一判断是正确的。朱德率领第一、三、四纵队于1月9日由连城抵达宁化，并于1月13日再由宁化出发，经济村、禾口向江西石城进发，1月16日占领广昌。③

毛泽东率领的第二纵队，在朱德率领的三支纵队从古田出发的同一天，按原定的计划主动出击，在龙岩小池袭击进犯之敌，掩护主力向连城的行动。但是由于敌人进占新泉、庙前，毛泽东与朱德失去联络。1月9日，毛泽东在古田召开前委会议，决定第二纵队行动仍按原计划开赴龙岩梅村，以便与朱德联络，“如敌军紧追，即取间道回赣以解闽西之

① 熊寿祺：《红军第四军状况》，古田会议纪念馆编《古田会议文献资料》，中共党史出版社2017年版，第493页。

② 熊寿祺：《红军第四军状况》，古田会议纪念馆编《古田会议文献资料》，中共党史出版社2017年版，第494页。

③ 参见熊寿祺：《红军第四军状况》，古田会议纪念馆编《古田会议文献资料》，中共党史出版社2017年版，第494页。

围；如赣道不通，即退入赤色区域以与敌作坚决的斗争”。同一天，毛泽东率第二纵队由古田向梅村行动。[①] 在行军途中，毛泽东获悉朱德已率主力开往赣南，于是率领第二纵队改向清流、归化、宁化一线进发。他们顶风冒雪，经过十多天长途行军，甩开了尾追之敌，于1月19日前后出宁化县安远，攀越武夷山，向江西广昌西行，1月24日在广昌东韶与朱德率领的主力会师。[②]

红四军撤离古田之前，中共闽西特委书记邓子恢前往送行。毛泽东对他说：我们过一二天要走了，主要是为了调动敌人，打破敌人的“会剿”部署。“我们的队伍到江西，江西敌人的队伍马上要往回走的。你们不要慌，要很好发动群众坚持游击斗争”[③]。

红四军进军赣南以后，闽西党团组织面对敌人气势汹汹的“会剿”，清醒地分析了形势，对主客观力量作了准确的估量，认为敌人各派军阀内部矛盾，“各个军阀为着自己的生存，不敢拼死命地向我们进攻”；在主观方面，闽西数十万工农劳动群众经过土地革命，提高了政治觉悟和斗争信心，而且赤色武装也已发展有一万多支枪，拥有相当的战斗力。因此，只要苏区军民动员起来，各个击破敌人，就一定可以打退敌人的进攻。[④]

事实正是如此。红四军撤离古田，进军赣南，各路“会剿”之敌失去了作战的主要目标，显得十分被动。金汉鼎为着自身的利益，立刻率部返回江西，应付红军的进攻。与此同时，福建各派军阀长期以来争权夺利的矛盾终于又一次发展为武力对抗。1930年1月6日晚上，驻闽北

---

① 参见《中共闽西特委报告第五号——当前形势与工作策略》（1930年1月10日），中央档案馆 、福建省档案馆编《福建革命历史文件汇集》甲8册，1986年版，第160页。

② 参见中央文献研究室编《朱德年谱》（新编本）上，中央文献出版社2006年版，第169页。

③ 邓子恢：《古田会议前后的一些历史情况》（1970年11月5日），蒋伯英主编《邓子恢闽西文稿》，龙岩学院中央苏区研究院2016年编印。

④ 参见《共青团闽西特委通告第九号》（1930年1月7日），中共龙岩地委党史资料征集研究委会员、龙岩地区行政公署文物管理委员会编《闽西革命史文献资料》第3辑，1982年内部版，第9页。

之国民党新编第二师师长卢兴邦，串通海军陆战队省防司令林忠，在福州发动兵变，绑架了省政府主席杨树庄和张贞在省政府的实力派人物、省政府委员林知渊、郑宝菁、许显时、程时煃、陈乃元、吴澍等六人，向省政府和南京政府施加压力，以图夺取全省军政大权。

"一六事件"发生之后，张贞、刘和鼎无心进攻闽西，把参加"会剿"的部队迅速撤回漳州，讨伐卢兴邦。至此，金汉鼎对闽西苏区及红军"取大包围，以期一鼓歼灭"的计划成了泡影。

在此前后，闽西地方红军积极向敌人进攻，配合红四军的行动。1930 年元旦，闽西红军战败敌张贞部教导团，夺取永定城，缴获枪械 300 多支，俘敌数百人。闽西红军及群众武装因此而士气大振，"大规模的包围岩城，与张之主力（驻龙岩城）作殊死战，截断龙岩敌之归路"①。1 月 10 日，闽西红军收复龙岩。随后，邓毅刚率领龙岩赤卫大队乘胜向白色区域进攻，克复雁石和白沙。不出一个月，"全县未染赤色者仅存十分之一"②。与此同时，上杭县地方红军也于 1 月 23 日一举收复上杭，迫使敌人退守上杭南部之中都（一说 1 月 24 日）。③ 同月下旬，进攻闽西的敌人全部被迫撤离苏区，"岩杭永三个城市又在红旗统治之下，整个闽西都是一个向前开展的局面，闽西红军此时也有更大发展"④。

至此，国民党对闽西苏区的第二次三省"会剿"又以失败而告终。

打破国民党军第二次"三省会剿"之后，闽西革命根据地迅速发展。苏区军民经过艰苦的斗争，基本完成了全苏区的土地分配。穷苦农民在土地革命中获得了实际利益，革命热情高涨，生产力迅速发展。同时，

① 《福建军委给中央军委报告》（1930 年 1 月 19 日），中央档案馆、福建省档案馆编《福建革命历史文件汇集》甲 6 册，1986 年内部版，第 45—46 页。

② 《龙岩县第一区民团团总张希武等给蒋介石快邮代电》（1930 年 2 月 19 日），原件存中国第二历史档案馆。

③ 1930 年 2 月 2 日《时报》第 2 版《上杭被陷》称："传傅柏翠二十四日陷上杭，守军全师两连退城外。"

④ 《中共闽西特委通告二十八号——关于"二七"纪念工作大纲》（1930 年 1 月 28 日），中共龙岩地委党史资料征集研究委会员、龙岩地区行政公署文物管理委员会编《闽西革命史文献资料》第 3 辑，1982 年内部版，第 42 页。

国民党当局内部的矛盾日益加剧，无暇对付闽西的苏维埃运动。这在客观上给闽西红色区域的发展提供了一个极好的机会。

1930 年 1 月 8 日，中共福建省委在听取了省委巡视员谢汉秋、闽西特委组织科长蔡协民关于闽西苏区情况的报告以后，给闽西特委及各级党组织发出指示信。省委充分肯定闽西的斗争，认为闽西苏区 100 多万群众在朱毛红军帮助下，一年来进行剧烈的土地革命和武装斗争，推翻了反动统治，建立了苏维埃政权与工农武装。闽西的这一斗争，“影响于全省以至于全国”，有着“伟大的意义”。但是省委的指示信也指出了闽西斗争一年来存在的问题，主要的方面是“代表会议（苏维埃）不能很好的建立起来”；“城市工作，尤其是工运没有建立起来，因此农民斗争不能得到工人的领导”；土地分配的政策不够完善，在对待富农与商人问题上犯有“富农路线”错误。①

具体地说，省委批评闽西的党组织对于工人运动这一党的最主要的工作做得很不充分，以致现在城市工作没有基础，指出这是很危险的。省委指示应特别注意船工、苦力、店员以及农村手工业工人的工作，“今后乡村苏维埃应当建立在乡村工人与贫农雇农身上，县苏维埃应当建立在工人身上”。关于土地问题，省委认为闽西在贫农占绝大多数的情况下，贫农要求没收一切土地来平分是必然的，但是应当向群众说明，“在整个资本主义制度未推翻以前，平分土地是不能根本解决农村的经济问题的”。② 同时，省委指示各县赤卫队应当编制为正规红军，以保障土地革命的胜利果实；还应当巩固和加强党团妇女工作，扩大红色区域，向漳龙沿线和漳平、宁化、清流、瑞金方面发展。

福建省委的指示信，在对于闽西苏维埃运动的估量与关于扩大红军、

---

① 参见《中共福建省委给闽西特委及四军前委信》（1930 年 1 月 8 日），中共龙岩地委党史资料征集研究委会员、龙岩地区行政公署文物管理委员会编《闽西革命史文献资料》第 3 辑，1982 年内部版，第 12、13 页。

② 《中共福建省委给闽西特委及四军前委信》（1930 年 1 月 8 日），中共龙岩地委党史资料征集研究委会员、龙岩地区行政公署文物管理委员会编《闽西革命史文献资料》第 3 辑，1982 年内部版，第 16 页。

发展苏区等方面的意见是正确的。但是由于当时中共中央给福建发出的指示中反映了正在党内滋长的某些“左”倾思想，因此福建省委按照中央精神对闽西工作的批评，也有不尽确当的地方。其中关于片面强调城市斗争，以为农民斗争必须由工人来领导的主张，以及关于闽西土地政策存在有“富农路线”的批评等等，是不正确的。

为了贯彻省委的指示，进一步发展土地革命成果，中共闽西特委于2月下旬在龙岩召开了第二次扩大会议。会议讨论和通过了《关于土地问题决议案》《关于工人运动决议案》以及组织、妇女等问题的决议。土地问题决议认为，1929年召开的中共闽西一大和闽西特委第一次扩大会议虽然对土地政策作了决议，但不够详细具体，“尤其错误的则是债务问题，充分表现出对富农妥协的机会主义策略的错误……此次省委来信指示出这一错误，扩大会接受这一指示起了很深的警觉。认为过去土地问题全部的规定有从〔重〕新改订的必要”[①]。

据此，土地问题决议案对土地的没收与分配作了新的规定。这些规定并没有全部否定中共闽西一大的土地纲领，主要是在没收土地问题上改变了原来关于“没收一切地主土豪及福会公堂等土地”“自耕农田地不没收”的正确方针，而另行规定“所有田地不论水田旱田一律没收”，这就侵犯了中农利益，也违背了关于富农对革命不同态度而对其采取不同策略的方针。

这个决议主要的成绩在于吸取了在分配土地方面的经验和教训，在原来“抽多补少”的基础上加以提高，规定“分田方法以抽多补少为原则，抽出之田以肥瘠均匀为度，好田多者抽坏田，坏田多者抽好田”[②]。

---

① 《中共闽西特委第二次扩大会议关于土地问题决议案》(1930年2月25日)，中共龙岩地委党史资料征集领导小组、龙岩地区行政公署文物管理委员会编《闽西革命史文献资料》第3辑，1982年内部版，第102页。

② 《中共闽西特委第二次扩大会议关于土地问题决议案》(1930年2月25日)，中共龙岩地委党史资料征集领导小组、龙岩地区行政公署文物管理委员会编《闽西革命史文献资料》第3辑，1982年内部版，第103页。原文疑有误，似应为“好田多者抽好田，坏田多者抽坏田”。

这一规定是很大的进步。后来，闽西的这一经验受到毛泽东的重视，在同年 6 月的南阳会议上形成了“抽多补少，抽肥补瘦”的原则。[①]

会议所通过的工人运动决议案，一方面正确分析了闽西的工业状况与工人现状，指出必须加强党对于工人运动的领导，发展工会，建立工人武装；另一方面不确当地认为“过去闽西党整个为农民意识所支配，一般地忽视工运工作”[②]，以致农民斗争失去了工人阶级的领导而削弱了革命。

由于第四纵队开赴赣南，闽西特委执委会不健全，会议补选了陈正、林一株、李立民、简祥明等 4 人为执行委员，又增补陈正、简祥明、苏阿德 3 人为特委常委。

在中共闽西特委第二次扩大会议召开的时候，闽西各县已经普遍建立了各级苏维埃政权，土地分配也已基本完成。由于苏区的不断巩固和扩大，特别是由于各级红色政权的建立，以及土地分配以后生产力的解放和苏区建设的发展，迫切需要建立全苏区统一的苏维埃政权。为此，中共闽西特委组织了闽西苏维埃政府筹备处，着手准备召开闽西第一次工农兵代表大会。

1930 年 2 月 6 日，闽西苏维埃政府筹备处颁发《闽西工农兵代表会(苏维埃）代表选举条例》，规定“凡在闽西赤色政权所及地方，年满十六岁以上的劳动妇女均有选举权和被选举权”。并且规定了各县、各单位代表名额和代表产生的具体办法。根据这一条例，各地于 2 月下旬至 3 月上旬推选代表。各选区在选举时十分慎重，先由选举站把享有选举、被选举权和尚未满 16 岁的名单以红榜公布，将被剥夺选举权者用白榜公布，然后产生候选人，并将名单张贴出来，广泛征求选民意见。选民们可以用各种形式发表对候选人的意见，或者直接把意见签注在名单下面。

---

① 参见《富农问题——红四军前委、闽西特委联席会议决议》（1930 年 6 月），古田会议纪念馆编《古田会议文献资料》，中共党史出版社 2017 年版，第 550 页。

② 《中共闽西特委第二次扩大会议关于工人运动决议案》（1930 年 2 月 24 日），中共龙岩地委党史资料征集研究委会员、龙岩地区行政公署文物管理委员会编《闽西革命史文献资料》第 3 辑，1982 年内部版，第 95 页。

经过一个多月的准备，闽西第一次工农兵代表大会于3月18日至24日在龙岩召开。会议分析了全国及福建的政治形势，认为全省军阀割据，连年混战，农村和城市经济破产，如果战祸继续下去，“必然要使一般群众更加穷困，革命也更加迫切，在闽西闽北土地革命政治影响之下，需要革命高潮必然要更快的到来，最近农村斗争的发展与城市斗争激烈，便是构成全省总暴动局面的条件，而实现这一局面尤有赖于闽西革命势力的推动，而加重了我们闽西群众的任务”①。

会议指出了闽西苏区目前的13项任务，其主要的任务是：(1) 集中一切力量向外发展，扩大赤色区域，尤其要向漳厦和潮汕发展；(2) 扩大红军，统一军事指挥权；(3) 整理各级苏维埃政府，巩固赤色政权；(4) 统筹社会经济之发展与调节，解决苏区群众的生活问题；(5) 统一财政，厘定税制，限制开支，确立预算制度，完备各种法令，建立独立的财政基础。② 根据这些任务，会议通过了军事、经济、财政、文化、建设等五项决议案及组织、土地、山林、工会、劳动、婚姻、合作社、裁判等16项法案和条例。其中《土地法令》的内容与半个月以前闽西特委第二次扩大会议通过的《关于土地问题决议案》基本相同，其他主要决议则都分别作出了新的规定。

《军事问题决议案》规定，扩充闽西各县现有5个团的地方红军，统归闽西苏维埃政府军委会指挥，在苏区实行征兵制，凡符合服役条件者，应服役两年；同时，继续发展工人纠察队、赤卫队、少先队、童子团等群众武装。《经济政策决议案》制定了有利于发展苏区经济、打破敌人经济封锁的政策，规定各级政府切实保护纸、木、烟草等苏区产品的流通，不得任意扣留没收；鼓励白区商人到苏区经商，“保护外来客商，不准向

---

① 《闽西第一次工农兵代表会议宣言》(1930年3月24日)，中共龙岩地委党史资料征集研究委会员、龙岩地区行政公署文物管理委员会编《闽西革命史文献资料》第3辑，1982年内部版，第189页。

② 参见《闽西第一次工农兵代表会议宣言》(1930年3月24日)，中共龙岩地委党史资料征集研究委会员、龙岩地区行政公署文物管理委员会编《闽西革命史文献资料》第3辑，1982年内部版，第190页。

他们筹款，以免外商裹足不前”。同时，各级政府应当组织各种贩卖合作社，经营苏区产品之输出，调节苏区内部粮食和其他物资的余缺；要求各地普遍建立信用合作社，吸收乡村存款，促进经济发展。

为了发展苏区文化，会议通过的《文化问题决议案》规定，县区两级均须组织文化委员会，闽西政府将开办各类高级学校，每个县也应各开办一所高级学校；各区乡还应普遍设立高级、初级劳动学校，6岁至14岁的男女儿童均须入学，除伙食费以外，学杂费和书籍费一律免收。

大会在热烈的气氛中投票选举邓子恢、张鼎丞、卢肇西、郭滴人、陈正、林一株、李立民、蓝为仁、蓝鸿翔、邓僖、张锡英、罗化成等35人为闽西苏维埃政府执行委员，推选邓子恢为闽西苏维埃政府主席。①政府的组织系统分为权力机关与办事机关两个部分，权力机关为工农兵代表大会执行委员会，下设土地、粮食、经济、军事、财政、裁判肃反、文化建设、妇女等8个委员会；办事机关由政府主席领导，设文化建设、土地、军事、经济、裁判、妇女、粮食、财政等8个部和1个秘书处。

闽西苏维埃政府的成立，标志着在形态和实质上已经形成了一块统一而巩固的苏维埃区域，从而为不久以后形成的中央革命根据地创造了基础。对此，中央和福建省委都曾给以充分的肯定。当时前来福建指导工作的中央代表恽代英，在听取闽西苏区的情况之后，于同年3月26日发表《闽西苏维埃的过去与将来》，高度评价闽西苏区的成就，指出：“闽西八十万工农群众从斗争中建立的苏维埃政权，获得朱毛红军长期游击战争经验的帮助与指导，在政治上确实已表现了伟大的成绩。……他们的政治影响在全福建乃至东江赣南工农群众中间都普遍的扩大。”②

---

① 参见《闽西苏维埃政府布告第一号——闽西苏维埃政府成立》（1930年3月28日），中央档案馆、福建省档案馆编《福建革命历史文件汇集》甲14册，1986年内部版，第88页。

② 代英：《闽西苏维埃的过去与将来》（1930年3月26日），中共龙岩地委党史资料征集领导小组、龙岩地区行政公署文物管理委员会编《闽西革命史文献资料》第3辑，1982年内部版，第220页。

二 发展中的苏区组织建设

1930 年上半年，是闽西苏区开创以来最强盛的时期。这个时期苏区的范围“包括龙岩、永定、上杭、长汀，及平和、武平、古城之一部分，龙岩、永定的县城都在苏维埃统治之下”①。建立有 5 个县苏、57 个区苏、5 个区革委会、557 个乡苏（武平、漳平县未统计在内）；赤色区域人口约 85 万，占闽西各县总人口的一半以上。②

闽西苏区党的最高领导机构是中共闽西特委。至 1930 年 6 月，在中共闽西特委领导下，全苏区建立有永定、龙岩、上杭、武平、连城、长汀、平和 7 个县委。宁化、瑞金的党组织归长汀县委，漳平县党组织归龙岩县。③

随着革命的深入，党的组织迅速发展。1929 年 9 月 1 日，陈毅向中央报告，闽西苏区的党员“有三千余人”。1930 年 2 月发展到 5100 人，④至同年 5 月，闽西苏区的党组织有 53 个区委、546 个支部、19 个特支，党员 7756 人。两个月后，又迅速增至 1 万人。⑤ 这个数字，大约占全省当时党员总数的 90%。

苏维埃区域的巩固和发展，与革命武装的壮大是分不开的。1930 年

① 代英：《闽西苏维埃的过去与将来》（1930 年 3 月 26 日），中共龙岩地委党史资料征集研究委会员、龙岩地区行政公署文物管理委员会编《闽西革命史文献资料》第 3 辑，1982 年内部版，第 220 页。

② 参见《中共闽西第二次代表大会情况及各项文件》（1930 年 7 月 8 日—20 日），中共龙岩地委党史资料征集研究委会员、龙岩地区行政公署文物管理委员会编《闽西革命史文献资料》第 3 辑，1982 年内部版，第 396 页。

③ 参见《福建省委组织报告》（1930 年 6 月 30 日），中共福建省建阳地委党史办、福建省建阳地区档案馆编《闽北党史文献》第 1 集，1983 年内部版，第 206 页。

④ 参见《中共福建省委给中央的报告——关于组织工作》（1930 年 6 月 25 日），中央档案馆、福建省档案馆编《福建革命历史文件汇集》甲 6 册，1986 年内部版，第 233 页。

⑤ 参见《中共闽西第二次代表大会情况及各项文件》（1930 年 7 月 8 日—20 日），中共龙岩地委党史资料征集研究委会员、龙岩地区行政公署文物管理委员会编《闽西革命文献资料》第 3 辑，1982 年内部版，第 395 页。

3 月，闽西第一次工农兵代表大会决定将各县赤卫队改编为正规红军，番号为中国红军第九军，辖 6 个团，枪支 5000 余。4 月 10 日，中央又决定将红九军改为红十二军，并组织前敌委员会，“十二军前委应是直归中央指挥，省委可从横的关系给它政治的指导，军长及政治委员、前委书记及纵队长等，均以当地斗争领袖为好”。中央还特别指示：“无论军事、政治、兵委以及群众工作，都可以援用第四军的经验。”① 根据中央指示，红九军改称红十二军，以原红四军支队长邓伟任军长，红四军前委秘书高静山为政治委员。改编后的红十二军有 6 个团，约 3500 人。其中第一、二、三团由龙岩、永定、上杭三县赤卫队编成，第四、五团由长汀、连城二县赤卫队编成，另在上杭新编了第六团。②

1930 年 5 月，红十二军奉中央命令分三路出击东江以后，闽西后方又将龙岩、永定、上杭三县群众武装编成红二十军，兵力 1200 人左右，军长胡少海。同年 6 月，红四军和红十二军相继返回闽西。根据中央的命令，红四军、红十二军和赣南红六军合编为红军第一军团，北上攻打南昌、长沙。红一军团在长汀整编期间，由原红四军第四纵队与红十二军第三、五、六三个团对调。③ 随后，第四纵队与红十二军之第一纵队合编成立红二十一军。④ 红二十一军成立时，军长胡少海，政委邓子恢，政治部主任陈正。

闽西苏区在 1930 年 4 月至 6 月的短短 3 个月内，先后编制成立了 3 个军，兵力约 8000 人。与此同时，各级苏维埃政府另再建立与发展赤卫队、少先队等群众武装。1930 年 6 月前后，全闽西约有赤卫队二三万人，

---

① 《中共中央给福建省委信——武装工农、红军、兵运以及党员军事化问题》（1930 年 4 月 10 日），转引自曹敏华、高绵、欧阳小松：《中央苏区军事史》，厦门大学出版社 1999 年版，第 93 页。

② 参见《汉秋关于福建全省群众组织情形报告》（1930 年 7 月 13 日），中央档案馆、福建省档案馆编《福建革命历史文件汇集》甲 6 册，1986 年内部版，第 287 页。

③ 参见《汉秋关于福建全省群众组织情形报告》（1930 年 7 月 13 日），中央档案馆、福建省档案馆编《福建革命历史文件汇集》甲 6 册，1986 年内部版，第 287 页。

④ 参见《左权、施简给南方局、中央的报告——闽西的军事问题》（1930 年 12 月 29 日），中共龙岩地委党史资料征集领导小组、龙岩地区行政公署文物管理委员会编《闽西革命史文献资料》第 4 辑，1983 年内部版，第 471 页。

另有少年先锋队约五万人。[①] 这样规模的武装，确实是一支十分强大的队伍，从而保证了苏区的巩固与发展。

为了培养红军干部人才，适应红军迅速壮大的需要，闽西特委于1930年1月上旬筹办红军学校。这个学校的前身是红四军随营学校。同年3月，中共福建省委将闽西红军学校改名为福建红军学校，并建议由中央负责办理。4月10日，中共中央复信同意这一建议，将校名改为中国红军军官学校第一分校，由各省选派人员前往设立在龙岩的军校学习。校长原定由中央派长江局军委书记蔡升熙担任，由于蔡升熙未到职，改派贺沈洋任校长，邓子恢为政委。这是我国最早的红军学校之一，为中国工农红军输送了大批优秀的军事干部。

闽西苏维埃政府成立前后，苏区的群众团体也迅速发展。各县共青团组织早在1929年以前就已成立，但较分散而缺乏系统的组织训练。直至红四军入闽以后，才将各县团组织统一起来，并于1929年11月建立共青团闽西特委，[②] 由曾志任特委书记。此后，团组织发展很快，据1930年上半年统计，苏区的团员有3000人左右，计划到5月份发展到一万人以上。[③]

农会的组织更加普遍。红四军入闽以后，所到之处都组织了农民协会，至1929年9月，赤色区域的贫苦农民全部加入了农会，会员达数十万。为了发展白区工作，党在白区和游击区建立了秘密农会，建立这种农会的在长汀有90个乡，会员1822人，在武平有30多个乡，入会者2500人。[④]

---

① 参见《汉秋关于福建全省群众组织情形报告》（1930年7月13日），中央档案馆、福建省档案馆编《福建革命历史文件汇编》甲6册，1986年内部版，第288页。

② 参见《共青团闽西第一次代表大会关于组织问题决议案》（1930年9月19日），中共龙岩地委党史资料征集研究委会员、龙岩地区行政公署文物管理委员会编《闽西革命史文献资料》第4辑，1983年内部版，第124页。

③ 参见《共青团闽西特委通告第21号——关于发展团员与洗团》（1930年4月10日），中共龙岩地委党史资料征集研究委会员、龙岩地区行政公署文物管理委员会编《闽西革命史文献资料》第3辑，1982年内部版，第239页。

④ 参见《中共福建省委给中央的报告——关于组织工作（节录）》（1929年9月30日），中共龙岩地委党史资料征集研究委会员、龙岩地区行政公署文物管理委员会编《闽西革命史文献资料》第2辑，1982年内部版，第235页。

相比之下，闽西苏区的工人运动发展较为迟缓。主要的原因是闽西没有现代工业基础，大多是手工业工人，其数量很少，素质也不高。另外，党组织在主观上忽视了工人斗争。1929 年，党开始重视对工人运动的领导。此后，工人运动迅速发展。闽西党组织也认识到必须大力吸收工人成分，改造党的基础。1930 年初，龙岩、永定、上杭三县都在县城设立了总工会，武平县也在农村设立了县工会。据这四县统计，加入工会的会员总数达 1 万余人，龙岩和上杭县还建立了工人纠察队。① 半年以后，各县赤色工会会员很快增至 2 万人，其中龙岩县就有 1 万余人。闽西工人纠察队总数有 500 人至 1000 人。②。这些群众革命团体的壮大，有力地促进了闽西苏维埃运动的发展。

三　“剪刀问题”与粮食调剂政策

闽西革命根据地形成以后，各级苏维埃政府以极大的精力领导苏区的经济建设。主要的措施之一是在各区乡由群众集股开办各种消费合作社，以免受商人非法剥削，保护群众利益。此外，还组织各种生产合作社，由工人共同经营，共享权利。各种合作社不管其形式如何，总的目的是发展苏区经济，扶助群众生活，而绝不是从中获取私利。为此，中共闽西特委专门制定政策，规定了苏区合作社的主要宗旨：“帮助群众解决剪刀问题，以巩固苏维埃政府”，“建立社会主义的经济组织基础”，在新经济组织系统下发展生产力。同时还规定，合作社是由群众组织起来的经济团体，不是政府的救济机关，因此必须“以增进社员共同的经济

---

① 参见《中共闽西特委关于工会组织情况的报告》（1930 年 1 月 7 日），中共龙岩地委党史资料征集研究委会员、龙岩地区行政公署文物管理委员会编《闽西革命史文献资料》第 2 辑，1982 年内部版，第 7 页。

② 《汉秋关于福建全省群众组织情形报告》（1930 年 7 月 13 日），中央档案馆、福建省档案馆编《福建革命历史文件汇集》甲 6 册，第 286 页。

幸福为目的，而不以营〔盈〕利为目的”[①]。

需要说明的是，闽西特委并不是在农民们刚刚分得了一份土地以后就试图要求实行社会主义。在当时，主要是从维护贫苦农民的实际利益出发，解决土地分配以后农村中出现的工农业产品市场不合理的“剪刀问题”，也称“剪刀差问题”。

什么叫作“剪刀问题”？中共闽西特委作了这样的解释：城市工业品涨价，农村农产品低价，两者之间价格相差日远，致城市与农村经济不能调和，如同剪刀口一样越张越开不能合拢来，这叫作剪刀现象。“这个现象在社会上成了问题时，便发生剪刀问题。”[②]

闽西革命根据地形成的时间是 1929 年七八月间。在此前后，根据地各级革命政权相继建立，土地分配基本完成。当时正值夏收季节，分到了土地的农民们第一次从自己的土地上收获了谷子，欢天喜地。然而他们很快发现，一筐筐挑回家里堆积起来的谷子，加工成大米出售时米价日减，而城里的工业品如洋布、煤油、食盐价格飞涨。农民们原本计划收割以后卖了谷米，购进一些急需的工业日用品，如今意识到并不那么简单，那一堆堆米谷和许多农产品值不了几个钱，很难换回所需物资。刚刚欢喜了几天的农民们很快又陷入了困惑和无奈。

闽西特委很快发现了这些问题。调查发现，苏维埃区域的龙岩、永定、上杭等地的农产品不仅是大米价格大幅跌落，猪肉、鸡蛋也一样，与价格飞快上涨的工业产品形成鲜明的对照。调查情况表明，“这种剪刀现象实际上仍是剥削农民。农民以多量农产品，只换取少量工业品。比如做一件衫裤，要洋布一丈二尺，以二毛钱一尺的洋布计算，要去小洋二元四角，若拿二元四角钱到大池可买米一石以上，可知大池农民粜出

① 《合作社讲授大纲》（1930 年 2 月 28 日），中共龙岩地委党史资料征集研究委员会员、龙岩地区行政公署文物管理委员会编《闽西革命史文献资料》第 3 辑，1982 年内部版，第 125 页。

② 《中共闽西特委关于剪刀问题演讲大纲》（1929 年 10 月 5 日），中央档案馆、福建省档案馆编《福建革命历史文件汇集》甲 8 册，1986 年内部版，第 152 页。

一石米，才买得一件衫裤布料”，这种剥削“比任何方法还要厉害，农民受了这种剥削，必然要穷困下来”。[①]

中共闽西特委立刻作了专门的研究，以求解决的办法。9月3日，中共闽西特委发出《闽西特委通告（第七号）——关于剪刀差问题》。这是迄今所见农村革命根据地最早一份专门就“剪刀差问题”发出的文件。这份通告指出，发生在赤色区域特别是龙岩社会上的“剪刀差问题”，是一个“很严重的经济问题”。这一现象最大的受害者是农民，“农民终年劳苦，结果依旧得不到生活上的必需品”。农民吃亏太大，必然导致怠工，甚至“情愿把田禾抛弃不收”，或者不愿领取土地耕种。这种状况如若任其发展，其结果必然会造成农业的衰败，由此引起连锁反应，“商场冷落，工业缩小，而工人失业，造成整个社会经济的衰落”。更为严重的是，新生的农村革命根据地和红色政权的声誉将受到损害，革命事业蒙受打击，反动派将会利用这一问题大做文章，宣扬“共产党欺骗农民”，“共了产农民没有好处”，唆使农民脱离革命，打击农民的革命热情。[②]

闽西特委很清楚，苏维埃政府如果不能妥善解决这一严重问题，就不能根本解决工农群众的生活问题，不能促进红色区域社会经济和生产力的发展。这样，新生的红色政权也就难以巩固。所以，中共闽西特委的第七号通告强调指出，解决“剪刀差现象”是闽西各级苏维埃政府的当务之急。

中共闽西特委分析认为，造成“剪刀问题”的主要原因，是国民党的军事“围剿”、经济封锁和奸商投机倒把操纵市场，另外还因为受工人盲目增加工资、农村借贷停滞等因素的影响。根据这一分析，闽西特委在第七号通告中有针对性地提出了解决这一问题的政策。这些政策一共

---

① 《中共闽西特委通告（第七号）——关于剪刀差问题》（1929年9月3日），中共龙岩地委党史资料征集研究委会员、龙岩地区行政公署文物管理委员会编《闽西革命史文献资料》第2辑，1982年内部版，第208页。

② 参见《中共闽西特委通告（第七号）——关于剪刀差问题》（1929年9月3日），中共龙岩地委党史资料征集研究委会员、龙岩地区行政公署文物管理委员会编《闽西革命史文献资料》第2辑，1982年内部版，第209页。

有10项，主要的有：1. 由县政府开办农业银行，区政府设立借贷所，向农民发放低息贷款，使农民不致告贷无门而贱卖粮食。银行、借贷所的开设基金，可以由打土豪所得款并召集私人股金集资提供。2. 由县区政府筹集基金，在市场上以高价收购粮食，或储存，或运往粮食短缺米价高涨的地方发售，以平抑粮价。3. 向群众宣传并帮助和奖励创办合作社，如生产合作社、消费合作社、信用合作社等，使农民卖米买贷不为商人所剥削，而农民储藏资本得以收集，使金融流通。4. 无论农村和城市，工人的工资不可以盲目增加，以避免物价腾涨。5. 与人民生活密切相关的主要商品如食盐、糖、洋油等，不得擅自抬高格价，各地政府应与工会协商，避免与商人发生冲突，保证市场不受破坏，经济繁荣发展。

闽西特委提出的这些政策，源于对闽西农村实际情况的调查，是切实可行的。问题是有些政策一时难以落实，例如创办银行和集资收购粮食、平抑粮价、创办合作社等等，都要有一个准备的过程。特别是，这些举措不仅在闽西，即使是在中共领导下的其他根据地，都是创造性的，没有现成的经验可循，而当时“剪刀问题”已经出现，亟待解决。

各地在贯彻闽西特委通告的时候，为尽快收到成效，只是简单地以行政手段对工农业产品强令“限价”，试图在短期内遏制“剪刀问题”的发展。殊不知事与愿违。尽管苏维埃政府为维护农民利益强令提高粮价，但市场规律并不接受这样的指令，粮价依然抬不上去。而急于用钱的农民也顾不了这许多，在市场上粜米时，一边挂着政府的牌价，一边却“如卖膏药一样，暗中赠送”。① 同样，工业品被限定了价格，市场受到影响，顿时萧条。

显然，这种强制干预市场规律的行政措施并不为农民所欢迎。10月中旬，在上杭召开的中共闽西特委第一次扩大会议指出了这种做法的弊端：对农产品实行定价，“群众都感觉不便，有东西不肯拿出来卖，致市

---

① 参见《中共闽西特委通告第十三号》（1929年11月2日），中共龙岩地委党史资料征集研究委会员、龙岩地区行政公署文物管理委员会编《闽西革命史文献资料》第2辑，1982年内部版，第285页。

场停滞，破坏了城市政策，而促成剪刀现象之发展”①。而对工业产品限价，同样是不对的，积极的办法是防止奸商故意抬高物价、操纵市场。所以，闽西特委要求各级政府停止以行政手段限定市场价格的错误，指出“如再执行下去，必使政府脱离了群众”②。

事实上，中共闽西特委第一次扩大会议要求取消政府对工农业产品限价的时候，各地已经停止了这种做法。问题是，“剪刀现象”依然存在，闽西特委所提出的解决这一问题的10项政策一时难以实施。这并非政策不好，也不是各级苏维埃政府不努力去贯彻实行，而是1929年秋季前后国民党军加紧进攻，闽西革命根据地尚待巩固，农民的情绪也还不稳定，筹办农业银行、合作社和筹集资金收购米谷以平抑粮价等项工作一时难以展开，且时序到了秋冬之后“剪刀问题”不再是突出的矛盾，所以闽西苏区各级党和苏维埃组织对这一问题没有再提出新的举措。

但是，闽西特委并未因此作罢，因为很清楚，在当时环境之下，这一问题在以后还将发生，必须制定一种根本的解决办法。1930年3月，闽西苏维埃政府成立，标志着闽西苏区进入稳定发展的阶段。在3月18日至24日召开的闽西第一次工农兵代表大会发布的宣言中又一次提出了解决这一问题的指导思想：“统筹闽西社会经济之发展与调节，使纸、木、烟能够输出，外来生活必需品源源而来，调节粮食、金融，以解决赤色区域群众之生活问题。”③

宣言虽然已经发布，但是如何实施依然是个问题。转眼夏收季节将到，解决“剪刀问题”迫在眉睫。作为刚刚被选举担任闽西苏维埃政府

① 《中共闽西特委通告第十四号》（1929年11月2日），中共龙岩地委党史资料征集研究委会员、龙岩地区行政公署文物管理委员会编《闽西革命史文献资料》第2辑，1982年内部版，第290页。

② 《中共闽西特委通告第十三号》（1929年11月2日），中共龙岩地委党史资料征集研究委会员、龙岩地区行政公署文物管理委员会编《闽西革命史文献资料》第2辑，1982年内部版，第285页。

③ 《闽西第一次工农兵代表会议宣言》（1930年3月24日），中央档案馆、福建省档案馆编《福建革命历史文件汇集》甲14册，1986年内部版，第38页。

主席的邓子恢，同时又兼任了这个政府的经济部长，解决这一问题责无旁贷。为此，他对这一困扰苏区将近一年的难题进行深入调查，探索解决问题的良策。

对此，邓子恢的回忆具体地描述了当时的情况：“开始我与龙岩县委商量，采取限价政策，不让市场谷价再跌，但结果完全无效，农民出售粮食名义上是依照限价，实际上是卖一斗送一斗，有时甚至卖一斗送两斗。”以后召集农民座谈，才知道粮食跌价的原因：农民收割时雇人割禾要钱发工资。由于执行错误的反富农路线，组织了雇农工会，又盲目提高雇工工资，因此贫苦农民在土改之后虽然不要交租还债，但却需要相当数量的钱来开发割禾工资，而当时苏维埃政府还没有银行信用社等组织，社会上又尚无借贷制度，因此贫农只好出售粮食，上市食粮多，自然就造成粮价跌落现象。邓子恢回忆说：“经过这次座谈，我便与县委商定举办粮食调剂局，各区由调剂局向当地富农借款，按限价向贫农收买粮食，以后又设立闽西工农银行，发行纸币，其中以一部分贷给粮食调剂局购粮。这种政策当时甚受农民欢迎，粮价也从此稳定下来。”①

经过邓子恢和闽西苏维埃政府的深入调查、艰苦探索，闽西苏区乃至中央革命根据地第一个粮食调剂政策得以产生。1930 年 6 月 1 日，闽西苏维埃政府经济部制定并公开发布《闽西苏维埃政府经济部关于调剂米价宣传大纲》(以下简称《宣传大纲》)。这份在闽西苏区广为宣传和张贴的文件，以通俗的语言向农民们讲解了米价低落的原因和严重影响，指出最大的危害是刚刚分得土地的贫苦农民受到很大剥削，致使商场冷落，工人失业增多，粮食减产，山林荒废，“影响到整个社会经济的恐慌”。②

《宣传大纲》告诉大家，调剂米价是发展社会经济的一项重要工作，

---

① 邓子恢：《龙岩人民革命斗争回忆录》，中共福建省委党史资料征集编写委员会编《福建党史资料》第 2 辑，1983 年，第 29—30 页。

② 参见《闽西苏维埃政府经济部关于调剂米价宣传大纲》(1930 年 6 月 1 日)，中央档案馆、福建省档案馆编《福建革命历史文件汇集》甲 14 册，1986 年内部版，第 168 页。

现在夏收的六月已经到来，必须马上进行，这是苏维埃政府和全体群众都要努力去做的工作。那么怎样去做呢？《宣传大纲》说："此次闽西政府经济委员会想出一个好的办法，这就是粮食调剂局。"

《宣传大纲》第一次向农民们介绍了即将在闽西苏区各县建立的粮食调剂局。这一新型机构将由苏维埃政府挑选"忠实能干铁面无私的工人贫农分子"组成，其主要运作办法是以高于市价 1/3 的价格收购谷子，将购入的谷子妥为存储，3 至 6 个月以后再以收购价的 95%返销给原主，以避免农民因急需用钱而低价抛售引起粮价猛跌，也不致农民在急需粮食时到市场上购买高价米而遭受剥削。返销剩余的谷子则可运到粮价高的市场出售，赢利部分归粮食调剂局扩大基金。同时，对大米也采取类似的办法，由调剂局高价籴米，再运到价格较高的市场销售，以资周转，平抑粮价，从而在根本上维护农民的利益。

毫无疑问，粮食调剂局的上述运作，其前提是必须储备相当的资金。《宣传大纲》告诉大家，闽西苏维埃政府经济委员会决定，这笔资金的来源主要是向"富裕之家筹借"，借期一年，年利率不得超过 5%。同时规定，被筹借的富户，政府应保护其财产，不得借口没收，致其恐慌。至一年以后，政府将开办银行和信用社解决资金问题。

《宣传大纲》发出以后不久，闽西苏维埃政府经济委员会即于 6 月 14 日发布第十五号布告，专门就组织粮食调剂局及其政策作出规定。第十五号布告的内容更为简洁明了，其主要内容与《宣传大纲》相同，只是更加明确地指出，建立粮食调剂局，调剂米价，是"提高农民购买力与生产力，是发展闽西社会经济的重要出路，而且是目前急需进行的重要工作"，要求各地苏维埃政府积极地执行这一决议，"使政府成为真正工人贫农的政权，坚决的为工人贫农阶级谋利益"。布告还规定，各区乡粮食调剂局必须于 6 月 30 日以前成立；调剂筹借之款不得移作他用，"如有侵吞此款十元以上者，即行枪决以儆效尤"。①

---

① 《闽西苏维政府布告第十五号——关于组织粮食调剂局问题》（1930 年 6 月 14 日），《福建革命历史文件汇集》甲 14 册，1986 年内部版，第 177、179 页。

这项工作雷厉风行地推行开来，收到了很好的成效。但存在的问题也很明显，那就是筹集资金的对象，所谓“富裕之家”实际就是富农，虽然说是“借”，借期一年，也还付给5%的利息，但是这无异是一种强迫的举措。特别是在大张旗鼓地进行“反富农斗争”的高压气氛之下，反富农往往成为打富农，对富农乃至于富裕中农的侵害与打击是显而易见的。

对此，邓子恢和不久以后接任闽西苏维埃政府主席的张鼎丞在后来总结这项工作时作了这样的评价：“这样一来，粮价开始稳定下来，贫农称快，但富农反对，中农动摇，这也影响了以后反革命活动的增长。从现在来看，粮食调剂局的设立是必要的、正确的，但向富农筹款则是不妥的。”①

四　农村合作经济的初创

中国共产党领导的土地革命根本打破了封建剥削制度，最突出的反映是土地所有制改变。原来的封建地主私有制改变成为农民土地私有制，从而解放农村生产力，为根据地的农业生产和社会发展开辟了道路。

然而，农民土地私有以后很快产生了新的问题。这就是小私有的个体农业经济在严酷的战争环境中如何生存与发展。土地分配完成之后，农村革命根据地本来就十分落后的农村经济，由于国民党军队的军事“围剿”和经济封锁，显得十分脆弱。分得土地以后的大多数农民，普遍面临着劳动力不足和耕牛、农具等主要生产资料缺乏的困难，而最先反映出来的就是上述工农业产品价格的“剪刀差问题”。这也是邓子恢之所以提出组织粮食调剂局的动因。

组织了粮食调剂局，下大力气帮助农民避免因粮食差价而蒙受严重的剥削，并不就是解决了个体农民小私有经济的全部问题，一方面还需要解决农民的耕牛、农具、资金以及棉布、食盐、糖、煤油的供应，另

① 邓子恢、张鼎丞：《闽西暴动与红十二军》，中共福建省委党史资料征集编写委员会编《福建党史资料》第3辑，1984年，第39页。

一方面还要帮助农民打开主要农产品木、竹、烟叶、茶叶、土纸、竹笋、香菇等等的销路，增加农民收入，才能发展农村经济，改善人民生活，巩固农村革命根据地。在当时条件下，苏维埃政府要达到这两个方面的目的，最好的办法就是把农民组织起来，建立合作经济组织。

所以，1929 年 9 月中共闽西特委在提出解决粮食问题的同时，提出了建立农村合作经济组织的意见："由县区政府经济委员会有计划地向群众宣传，并帮助奖励群众创造合作社，如生产合作社、消费合作社、信用合作社等，使农民卖米买货不为商人所剥削，而农村储藏资本得以收集，使金融流通。"① 就作者视野所及，这是迄今所见中央苏区创建时期最早的一份关于创办农村合作经济组织的文献。闽西特委的设想虽然尚未勾画出具体的组织形态及其运作方式，但对于不久以后萌生并迅速发展起来的苏区农村合作组织，有着非凡的意义。

闽西特委提出这项建立农村合作经济设想的时候，闽西苏区处在初创时期，土地刚刚分配，农民小私有的农业经济还没有发展起来，对于合作经济更是没有丝毫认识，所以苏区农村还难以推行这项方针。一年以后，在邓子恢的大力提倡与推动下，闽西的合作经济，首先是龙岩县的农业合作社有了初步的发展。

据邓子恢回忆，龙岩的农业以水稻耕作为主，东肖、黄坊、湖邦、西山、陈坡及城郊区一带地少人多，一般种两季，而大小池、山马等地区多种一季，个别两季。收割的时间是前者早后者迟，所以历史上就有劳动交流的习惯。例如"六、七月间东肖等地区正在夏收夏种，劳动忙不过来，而大小池等地区则夏收未到，许多雇贫农多到东肖等地做短工，参加夏收夏种；等到八、九月间则与此相反，东肖等地区的雇贫农又到大小池一带去出工"。②

① 《中共闽西特委通告（第七号）——关于剪刀差问题》（1929 年 9 月 3 日），中共龙岩地委党史资料征集领导小组、龙岩地区行政公署文物管理委员会编《闽西革命史文献资料》第 2 辑，1982 年内部版，第 210 页。

② 邓子恢：《龙岩人民革命斗争回忆录》，中共福建省委党史资料征集编写委员会编《福建党史资料》第 2 辑，1983 年，第 30 页。

这种历史上形成的互相帮工的习惯，对农业的发展是有利的。然而经过土地革命农民分得土地以后，这种劳动力的交流反而骤然减少。很重要的一个原因是小私有观念的束缚。实际上，这对农业生产是不利的，由此也造成了夏收工价的飞涨，对劳动力不足的农民影响极大。

邓子恢感到这一问题必须解决，经过调查并与农民一起研究以后，提出了建立具有初步社会主义因素的劳动合作社的设想，以维护农民利益，并且提出了一套具体的办法。这种劳动合作社实际是劳动互助性质，“社员与社员之间互相换工，社与社之间则集体换工，双方登记出工数，收刈后结算，多出工之社由对方补付工资，这样对农业生产有利，双方又可以避免支付工资的困难，也可以避免因支付工资而竞售粮食，致造成粮价跌落的现象”①。

邓子恢的意见得到了农民的拥护，很快在龙岩县大小池农村一带初步建立了一些劳动互助合作社。这是中央苏区初创时期最早建立的一批农业合作社，目前还没有见到关其具体数字和运作情况的记载，而且据邓子恢说只是“一些初步组织，也获得一些成效”②。因而这一批合作社只是较为初级的劳动互助组织。但是这种组织具有明显的社会主义趋向，则是毫无疑义的。不久以后，由于国民党军占领龙岩，进而攻占了大小池一带地区，这些合作社也随之消亡。但是，从这批合作社建立的背景和发挥的作用可以看到，闽西特委和苏维埃政府在农民获得土地以后，引导他们用劳动合作的方式进一步发展农村生产力、维护农民的根本利益所进行的探索和不懈追求。

事实上，这种形式的农业合作组织很快在闽西苏区发展，后来发展到整个中央苏区。上杭县才溪乡在这方面取得了成功，得到了毛泽东的赞扬。1933 年 11 月，毛泽东到才溪乡调查后指出：“本乡劳动合作社，

① 邓子恢：《龙岩人民革命斗争回忆录》，中共福建省委党史资料征集编写委员会编《福建党史资料》第 2 辑，1983 年，第 30 页。

② 邓子恢：《龙岩人民革命斗争回忆录》，中共福建省委党史资料征集编写委员会编《福建党史资料》第 2 辑，1983 年，第 31 页。

一九三一年开始创设的。现在全苏区实行的‘劳动互助社’，就是发源于此的。”[①] 乡一级成立劳动合作委员会，统筹全乡的劳动力调剂，“劳动合作社统筹全局”，“其任务是帮助红属与群众互助”。[②] 1934 年 1 月，毛泽东在全国第二次苏维埃代表大会上向全国各苏区介绍和推广了才溪乡的经验，号召向才溪乡学习。这种劳动互助社在苏区中央政府的引导和鼓励之下，很快在中央苏区推广发展起来，到 1934 年几乎普及赣南、闽西各地农村，仅长汀县加入互助社的社员就有 6717 人。[③]

除了劳动合作社，闽西苏区还创办了其他一些类型的农村合作经济组织，比较突出的是消费合作社。消费合作社创办的时间大致是在 1930 年春。1930 年 3 月，闽西第一次工农兵代表大会讨论和通过了 5 项决议案和 16 项法案，《合作社条例》是 16 项法案中的一项。

在大会通过的《经济政策决议案》中，明确要求各地尽量地宣传和发展合作社，并予以切实保护。合作社的分红办法要纠正过去照股分配的错误，而应按照社员付与合作社的比例分红。这就表明，单以资本入股分红还不行，更应当注重社员对于合作社发展的业绩贡献，提倡和鼓励多劳多得。这无疑赋予合作社社会主义的色彩。

由邓子恢起草并获大会通过的闽西苏维埃政府《合作社条例》，贯彻了《经济政策决议案》的精神，规定建立合作社必须符合以下两条标准：“(甲) 照社员付与合作社之利益比例分红，而非照股本分红者。(乙) 社员是自愿加入者。”由此可见，这样的合作社强调按社员对合作社利益的贡献大小分红，同时强调群众的自愿原则，这就保障了刚获得解放的小私有者的利益，尊重了农民的自主权利。这份《合作社条例》还规定了合作社所得红利的分配比例：40%按股金分配，40%按社员付与合作社的利益比例分配，10%为公积金，10%为合作社工作人员工资（三个月

---

① 《毛泽东文集》，人民出版社 1983 年版，第 332 页。

② 《毛泽东文集》，人民出版社 1993 年版，第 331 页。

③ 参见孔永松、邱松庆：《闽粤赣边区财政经济简史》，厦门大学出版社 1988 年版，第 118、119 页。

以后对这一分配比例作了修改：公积金增至30%，股金和社员对合作社贡献分配率各降为30%）。这一分配比例鲜明地体现了尊重和维护"多投入多得利"的原则，对于引导农民加入合作经济组织有着积极的意义。同时，这份《合作社条例》强调了社员的自主原则和苏维埃政府对其实行的优惠政策，规定合作社的工作人员"由社员公选，政府不予干涉"，合作社可以优先向政府"廉价承办"工商及农业等各种经济活动，并且免向政府缴纳所得税。①

闽西苏维埃政府倡办合作社，对于农民免受个体经营难以避免的剥削是极具吸引力的良策。苏维埃政府之所以提倡创办这样的合作社，也在于帮助在政治上已经获得解放的民众在经济上得到解放，从而在整体上推进苏维埃经济的发展。关于这一点，从1930年5月补充修订以后正式公布的《合作社条例》的开头一段，可以得到证明：

> 在苏维埃政权下的群众，解除了国民党军阀的政治压迫，与苛捐杂税的剥削。但是因为受军阀的经济封锁，商人的购买怠工，以致物价高贵，金融停滞，群众痛苦尚不能彻底解除，因此合作社的组织，是目前闽西群众最急切的需要。②

作为闽西苏维埃政府主席兼经济委员会主任，邓子恢亲自参与了指导创办合作社的活动。他在回忆到这项工作的时候说，在创办劳动合作社的同时，"还在（龙岩县）几个区乡组织了消费合作社"。他还特别加以说明，这种消费合作社"类似供销合作社性质"。③ 但是不久以后，龙岩县苏维埃政府创办的第一批为数不多的消费合作社，由于国民党军对苏区的第一次"围剿"而被迫停办。

闽西苏区在1929年创建以后，闽西特委和苏维埃政府根据中国共产党在民主革命时期的纲领和政策，以及苏维埃农村的实际，创办的农村

① 参见《闽西苏维埃政府布告第十一号——合作社条例》（1930年5月），中央档案馆、福建省档案馆编《福建革命历史文件汇集》，甲14册，1986年内部版，第116、117页。

② 《闽西苏维埃政府布告第十一号——合作社条例》（1930年5月），中央档案馆、福建省档案馆编《福建革命历史文件汇集》，甲14册，1986年内部版，第116页。

③ 参见《邓子恢自述》，人民出版社2007年版，第76页。

合作经济组织，从粮食调剂局到劳动合作社和消费者合作社，虽然在管理模式和经营管理等方面都还不成熟，存在时间也比较短暂，但在理论上已经创造出一套颇具特色的章程，表明中国共产党人在摧毁了中国农村根深蒂固的封建主义经济基础之后，成功地建立起最初的新民主主义的经济模式。这种农村合作经济组织具有明显的社会主义经济因素，鲜明地体现了社会主义集体化的色彩和分配原则，这在当时历史条件下是一个了不起的创造，对于后来中央苏区在这方面的发展有着重要的意义，而且对于后来新中国的农业合作化运动也有着不可忽视的影响。

五　创建农村革命根据地金融事业

所谓金融，是货币的发行流通和信用活动以及与之相联系的经济活动的总称。在商品经济条件下，它们是社会经济不可缺少的环节。没有货币，商品就难以流通；没有信贷，工农业生产的周转就会受到影响。土地革命战争时期苏维埃政府开拓金融事业，既是一场经济斗争，也是激烈的政治斗争，在阶级社会和阶级斗争的历史条件下，摧毁反动的金融体系，建立并发展苏维埃政府领导下的、代表工农群众利益的金融体系，是苏维埃区域金融战线上没有硝烟的斗争。

土地革命之前闽西农村的金融体制，反映了半殖民地半封建社会的鲜明特点。其一是帝国主义列强支持下各派军阀控制的各色银行金融机构，其二是名目繁多的高利贷剥削。在这样的社会经济条件下，农村的经济发展受到严重束缚，贫苦农民饱受掠夺式的剥削。

贫苦农民最感切肤之痛的是高利贷剥削。高利贷有货币和实物两种形式，剥削相当残酷，利率高达30%、50%甚至100%，或者利上加利。贫苦农民为生活所迫而举债，不得不用全部的身家财产作为抵押，有的甚至被迫卖儿卖女，苦不堪言。因此，土地革命一开始，废除高利贷和打土豪分田地一样，成为贫苦农民翻身解放的迫切要求，甚至提出了“废除一切债务”的口号。

然而在暴动的初始阶段和发动过程中，“废除债务”只是动员民众斗争的一个口号，还难以真正实现。只有在苏维埃政府建立起来以后，废除高利贷剥削才有可能作为工农革命政权的一项法律政策付诸实施。1929年7月，闽西革命局势大定，县区各级红色政权相继建立，使得这一奋斗口号变为现实成为可能。中共闽西第一次代表大会第一次把这项工作提上议事日程。会议对闽西农村的高利贷剥削作了深入的调查，其结果十分惊人：“普通利率平均在二分以上，有的到了十分以上，本利相长更使农民破产日亟”①。当然，各县利率不尽一致，会议调查显示，“龙岩每月二分为最低，连城武平长汀，均三分，上杭，永定均二分半，最高利息各县有到十二分的（惟不多）”②。

高利贷的最大受害者是贫苦农民，如若任由高利贷盘剥继续下去，就说不上农民的解放，也难以建立工农民主政权的新的金融体制。所以，中共闽西第一次代表大会《土地问题决议案》专门对“债务问题”作出规定：“工农穷人欠土豪地主之债不还，债券借约，限期缴交苏维埃政府或农会焚毁”；但工农穷人之间往来账目及与商家交易之账款，仍须归还。同时规定，由于“目前社会还需要金融之周转，利息不能取消，但须禁止高利贷”。至于如何认定高利贷的标准，会议根据闽西各地农村的实际情况作出规定，利率超过15%者为高利贷，必须予以禁止。③

1930年3月，闽西第一次工农兵代表大会决议案《借贷条例》又明确规定取消对贫苦农民残酷剥削的典当业，宣布“典当债券取消，当物无价收回”，从而保障了大多数农民的利益。但是人们注意到，在作出取消高利贷和典当剥削决定的同时，对于商业流通领域中的来往债务称之

① 《中共闽西第一次代表大会关于土地问题决议案》（1929年7月），中央档案馆、福建省档案馆编《福建革命历史文件汇集》甲8册，1986年内部版，第70页。

② 《中共闽西第一次代表大会之政治决议案》（1929年7月），中央档案馆编《中共中央文件选集》第5册，中共中央党校出版社1990年版，第703页。

③ 参见中央档案馆、福建省档案馆编《福建革命历史文件汇集》甲8册，1986年内部版，第75页。

为“账”，除了含有“重利性质”和土豪反动财产存放于商店的款项与股金予以废除或没收以外，其余一般采取了保护的政策。这一政策规定：“商家关于商品赊出之账仍旧要还，但暴动前一年（引者按：指1928年）元旦以前之账，及非本身所欠之账不还”；“农民欠商家之账，在暴动前一年还账者，应照新账扣除，不得藉口收入旧账”。①

这一规定表明，闽西苏维埃政府在坚决打击和摧毁农村封建金融基础之一的高利贷的同时，对农村中具有资本主义性质的商业经济，并未给予过激的打击，仍允许其在“暴动之后”的农村革命根据地存在，因此在一定程度上维护了商业经济的利益。这一政策表明，闽西苏维埃政府严格遵循了中国共产党在民主革命阶段关于区别对待封建剥削与商业资本主义的基本方针。

然而，这一政策很快被中共福建省委批评为“受了富农意识的支配，是要不得的（上面已说过），党要立即注意纠正这一倾向”②。当然，这一批评意见来源于共产国际和中共中央关于反“富农路线”的指示。在此严令之下，中共闽西特委在1930年2月召开的第二次扩大会议上对废债政策作了修改，决定除商账以外的债务一律废除。这项修改后的废债政策，显然侵犯了富农乃至中农的利益。但限于当时的情势，闽西特委还是执行了来自上级的决定。

半殖民地半封建金融体系的另外一大基础是混杂的金融机构和金融市场。闽西金融市场流通的货币除了南京国民政府中央银行、中国银行、交通银行、农民银行的票子以外，还有地主军阀和华侨资本家、各商会自办发行的各种纸币，同时还有大量杂洋和劣质银币在民间流通，主要有银元、银毫、铜板三种硬币，其中有“毫洋、袁头毫、广东毫、福建官毫，以及各种杂牌旧毫”③。这些钱币银价极不统一，兑换复杂。富商

---

① 《闽西第一次工农兵代表大会法案——借贷条例》（1930年3月24日），中央档案馆、福建省档案馆编《福建革命历史文件汇集》甲14册，1986年内部版，第67页。

② 《中共福建省委给闽西特委及四军前委信》（1930年1月8日），中央档案馆、福建省档案馆编《福建革命历史文件汇集》甲14册，1986年内部版，第14页。

③ 许毅主编《中央革命根据地财政经济史长编》（下），人民出版社1982年版，第233页。

豪绅则从中渔利，贫苦工农蒙受损失年复一年，农村经济混乱，市场萧条，社会发展停滞。

据邓子恢回忆，在闽西暴动以前，军阀豪绅相互勾结，“包庇商人贩运劣币，操纵金融”，[1] 对工农群众百般盘剥，危害极深。暴动胜利以后，农村革命根据地初创，刚刚建立的苏维埃政府一时难以顾及混乱的金融市场，以致出现了这样的局面：龙岩市面上有大量劣质银币和白区纸币流通，“这种劣币多来自广东，奸商以廉价偷运入境，购买金银土产出口，获利甚巨，但我们将这种劣币向白区购买货物却要打几折。这对根据地经济是很不利的”[2]。

这种状况如果继续下去，不仅对工农群众的生活构成严重的威胁，对新建立的农村革命根据地的发展也十分不利。另外一个严重的问题是，废除了高利贷以后，农村资金周转发生困难。特别是有些乡村不仅废除高利贷，还取消了一切债务，销毁了一切债券，而那些财货两俱的地主土豪有的被杀，有的逃亡他乡，资本藏匿不出。因此乡村的民间借贷均告停止，金融流通完全停滞。在此情况之下，急需资金的农民被迫贱卖粮食以资救济。

打破了旧的金融体系，必须立刻建立苏维埃制度之下新的金融体系。正是在这样的背景下，1929 年 9 月中共闽西特委第一次提出了创办农民银行和信用合作社的主张，以利于革命根据地农民的生活，促进苏区农业的发展和金融的流通。具体办法如下：

> 由县政府设方法开办农民银行，区政府设立借贷所，办理低利借贷，借与贫苦农民，使农民不致告贷无门而贱卖粮食。其银行、借贷所基金，则由打土豪拨出一部分，并招〔召〕集私人股金或向私人告贷，积〔集〕资而成。……帮助奖励群众创造合作社，如生产合作社、消费合作社、信用合作社等，使农民卖米买货不为商人

① 参见《邓子恢自述》，人民出版社 2007 年版，第 50 页。

② 中典福建省委党史资料征集研究委员会编《福建党史资料》第 2 辑，1983 年，第 30 页。

所剥削，而农村储藏资本得以收集，使金融流通。①

中共闽西特委虽然作出了创办农民银行和信用合作社的决定，但是当时正值国民党军向新生的闽西革命根据地发动军事“会剿”之时，难以付诸实施。到了1930年上半年，闽西革命根据地的局面已基本稳定。3月18日召开的闽西第一次工农兵代表大会和6月中旬在长汀县南阳（现属上杭县）召开的中共闽西特委与红四军前委联席会议，再次把这项工作提上议程，并作出相应的决议，决定“成立闽西工农银行，发行钞票，以维持金融和发展手工业和农业生产，准备与敌人作长期的斗争”②。

随着根据地的巩固与封建金融体制的逐步瓦解，建立一个苏维埃政权领导下的新型的金融体系已成当务之急。1930年9月，在龙岩召开的闽西第二次工农兵代表大会再次作出决定：“目前为要调节金融，保存现金，发展社会经济以争取社会主义胜利的前途，唯一的办法是设立闽西工农银行，各县分行，总行随闽西政府所在地而定。”③

1930年9月，新一届闽西苏维埃政府发布关于设立闽西工农银行的第七号布告，正式宣布闽西工农银行在龙岩成立，同时成立由阮山、张涌滨、曹菊如、邓子恢、蓝维仁、赖祖烈及长汀一人等七人组成的银行委员会，阮山为主任，负责银行的筹建工作。这份布告显示，闽西工农银行及其各县分行和区乡的代理机构，主要任务是“调济金融，保存现金，发展社会经济，实行低利借贷”④，其经营业务几乎包括了金融事业的各个方面。

---

① 《中共闽西特委通告（第七号）——关于剪刀差问题》（1929年9月3日），中共龙岩地委党史资料征集研究委会员、龙岩地区行政公署文物管理委员会编《闽西革命史文献资料》第2辑，1982年内部版，第210页。

② 张鼎丞：《中国共产党创建闽西革命根据地》，福建人民出版社1982年版，第41页。

③ 《闽西第二次工农兵代表大会决议案》（1930年9月），中共龙岩地委党史资料征集研究委会员、龙岩地区行政公署文物管理委员会编《闽西革命史文献资料》第4辑，1983年内部版，第184页。

④ 《闽西苏维埃政府布告第七号——关于设立闽西工农银行》（1930年9月），中共龙岩地委党史资料征集研究委会员、龙岩地区行政公署文物管理委员会编《闽西革命史文献资料》第4辑，1983年内部版，第194页。

闽西工农银行由于已经经过了将近一年的酝酿，所以在很短时间里就建立起来并投入营运。这个刚开张的银行，是中央苏区乃至全国各革命根据地最早成立的新型的金融机构之一，其资本虽然不过每股大洋为1元的20万股，即20万元的资金，但是从此打破了半殖民地半封建的金融体系，创建起新型的民主主义的金融机构，因此有着非凡的意义。

邓子恢在回忆到这一段历史时说：为了打破敌人的经济封锁，打击劣质银币和奸商操纵，稳定根据地金融，“我们便开始设立闽西工农银行，发行纸币，在市场上流通，用银币兑现，而禁止劣币及白区钞票使用，禁止黄金白银外流。经过这种措施，根据地金融得到相对稳定，工农银行并对农民手工业者实行低利借贷，城乡经济也有一些发展”①。

闽西工农银行成立时设立在龙岩，后来随着形势的变化迁移到永定县虎岗、长汀，各县另成立分行。在以后艰难的战争岁月，闽西工农银行不断扩充发展，成为中华苏维埃共和国国家银行的基础，对苏区的经济建设发挥了极其重要的作用。

① 中共福建省委党史资料征集研究委员会编《福建党史资料》第2辑，1983年，第30页。

第八章　一九三〇年的挫折

一　闽西红十二军出击东江受挫

1930年上半年，闽西苏区正处在大发展的时期。至闽西苏维埃政府成立时，闽西苏区“已经有了八县的赤色区域、百万的赤色群众，反动势力大部消灭，武装有了七千多枪，红军成立了五团，人数三千多人”①，苏区内的土豪劣绅在革命势力打击下纷纷逃往漳厦或福州，向南京告急。1930年3月23日，汀龙旅居南京“救乡会”首脑丘扬武等向蒋介石发出“十万火急”快邮代电：“闽西赤化，苏维埃政府林立，旁及赣州，声势浩大。……泣恳迅派得力军队进剿，功德无量。”② 但这时候蒋介石正在积极准备与冯玉祥、阎锡山的中原大战，福建军阀卢兴邦、刘和鼎也在加紧准备战事，无暇对付闽西的苏维埃运动。显然，只要闽西红军乘胜进击，彻底肃清苏区及周围团匪，赤色区域就可以进一步巩固与扩展。

根据这一形势，闽西苏维埃政府按照省委的布置，集中各县地方红军5个团，向漳州和周围白色区域发展。第一、二团分别攻打漳平和永福，然后向南靖边境进攻，部队由2个团扩大为5个团。第四、五、六团3个团分别向武北、杭西、汀西发展。这些军事行动取得了很大成绩，

① 邓子恢：《政府工作报告大纲》（1930年9月2日），中共龙岩地委党史资料征集领导小组、龙岩地区行政公署文物管理委员会编《闽西革命史文献资料》第4辑，1983年内部版，第89页。

② 原件存中国第二历史档案馆。

削弱了龙岩东部、漳平和永定金丰一带的反动势力。不久以后邓子恢在总结这一阶段的工作时指出："红军壮大，漳州震动；汀杭连也有发展"①。

但是，在这样有利的形势下，"在一九二九年下半年至一九三〇年上半年间，还在党内存在着的若干'左'倾思想和'左'倾政策，又有了某些发展"②。1930 年 2 月 26 日，中共中央发出第七十号通告，在对形势的估量和对党目前的任务、路线、策略等方面表现了明显的"左"倾偏向。这个通告批评毛泽东、朱德领导的红四军"还保存有过去躲避和分散的观念"，批评红军逃避敌人进剿和向偏僻地区发展，"是极端错误的取消观念"，认为目前全国危机日益深入，新的革命浪潮日益开展，全国群众斗争走向平衡发展，党在目前的总任务是组织群众"准备武装暴动"，要求红军脱离农村革命根据地，"在战略上与战术上必须向着交通要道中心城市发展"，"推进全国直接革命形势的到来"。③

福建省委根据中央的指示，对福建的革命形势作了过于乐观的估计，认为全省军阀混战不断爆发，军阀豪绅资产阶级的统治日益动摇，正在迅速走向崩溃的道路；对闽西苏区革命的主观力量也作了过高的估量。省委认为，"福建全省的革命高潮不可避免的快要到来，目前群众斗争的发展，在走向全省总暴动的前途"。同时，省委片面强调城市中心，要求党的工作重点必须放在福州、厦门、漳州三个城市，"以确立全省总暴动的领导"。④ 依照这一指导思想，省委指示闽西红军向漳州和广东东江、

① 邓子恢：《政府工作报告大纲》（1930 年 9 月 2 日），中共龙岩地委党史资料征集研究委会员、龙岩地区行政公署文物管理委员会编《闽西革命史文献资料》第 4 辑，1983 年内部版，第 90 页。

② 《关于若干历史问题的决议》，《毛泽东选集》第 3 卷，人民出版社 1991 年版，第 959 页。

③ 中央档案馆编《中共中央文件选集》第 6 册，中共中央党校出版社 1989 年版，第 28、33 页。

④ 参见《中共福建省委通告第一号——关于第二次全省代表大会的决议和精神》（1930 年 3 月 1 日），中央档案馆、福建省档案馆编《福建革命历史文件汇集》甲 6 册，1986 年内部版，第 89、90 页。

潮汕一带行动。

3 月 11 日，中共中央致信福建省委，认为广东有首先胜利的可能，“因此我们在红军的配比上，在全国范围内是向着武汉与广东的两个中心发展，争取这两个中心省份的首先胜利，如果这个形势开始了即是全国直接革命形势的开始”。据此，中央不赞成福建省委把闽西红军调向漳州发展的计划，担心分散力量削弱了广东首先胜利的力量，指示福建省委“要坚决地使闽西红军向着东江发展，出梅县大埔，向韩江下游发展，以与东江军配合”，并且强调指出，“如果广东首先胜利了，即是福建直接革命形势的开始，就是福建夺取政权胜利的保证”。[①] 4 月 28 日，中共中央再次致信福建省委和闽西特委，反对闽西红军向漳州发展的“地方观念”、强调闽西红军向东江发展夺取广东对于争取一省或数省首先胜利的意义，指出“红十二军发展的方向是东江，是争取广州”，“在直接争取广东胜利的时期，福建所有的红军，都应全部集中推向东江腹地前进的”。[②]

诚然，如上所述，当时闽西苏区的形势确实很好。但也必须看到，由于整个苏区的土地刚刚分配完毕，政权尚不巩固。闽西红军虽然已经扩大至数千人，但陈兵于苏区周围的闽粤赣三省敌军却有 3 万余众，在总的力量对比上还是敌强我弱。苏区内部也还存在着不少问题，主要的是“群众受经济封锁表现消沉，农村富农动摇，开始活动，造谣中伤苏维埃”，“商人怠工，商场冷落，工人失业”。[③] 这些情况表明，这个时期闽西红军的首要任务，应当是肃清团匪，巩固政权，打破敌人的经济封锁，有阵地、波浪式地向外发展，而不是远离苏区去攻打有强敌防守的

① 中共江西省委党史研究室、中共赣州市委党史工作办公室、中共龙岩市委党史研究室编《中央革命根据地历史资料文库・党的系统》第 1 卷，中央文献出版社、江西人民出版社 2011 年版，第 739—740 页。

② 中共江西省委党史研究室、中共赣州市委党史工作办公室、中共龙岩市委党史研究室编《中央革命根据地历史资料文库・党的系统》第 2 卷，中央文献出版社、江西人民出版社 2011 年版，第 803—804 页。

③ 邓子恢：《政府工作报告大纲》（1930 年 9 月 2 日），中共龙岩地委党史资料征集研究委会员、龙岩地区行政公署文物管理委员会编《闽西革命史文献资料》第 4 辑，1983 年内部版，第 90 页。

潮汕、广州。

但是，无论如何，中央和省委的三令五申，闽西特委是必须执行的。5 月 8 日，闽西苏维埃政府发表《为扩大斗争告闽西群众书》，认为广东革命的首先胜利，便是全国总暴动的信号，闽西红军必须打到广东去，夺取广东，促进全国总暴动。因此，“闽西苏维埃政府坚决的号召你们起来，下个铁一般的决心向外扩大斗争，打到潮汕广州去”①。

1930 年 5 月 13 日，本来在南靖、华安、平和一线分兵发动群众的红十二军第一〇〇团奉命返回龙岩。三天以后，5 月 16 日下午，第一〇〇团在 5000 名群众的欢送声中告别龙岩，经永定向广东大埔进军。随后，红十二军其他各团分别从上杭、永定出师东江。

5 月 18 日深夜，红十二军分三路由永定桃坑、蓝岗、枕头坪直入广东大埔境内，第二天攻占炉下坝和虎头砂，计杀伤与俘敌 200 余人，取得了第一个胜仗。随后，部队继续南下，向大埔、高陂前进。但是，由于红十二军是一支组建不过一个多月的年轻队伍，绝大部分指战员来自各县农民武装，缺乏必要的训练和实战经验，加以远离根据地，得不到群众的掩护与帮助，而这时两广战争缓和，粤敌香翰屏师入东江，朱毛红军退回闽西，因此红十二军在高陂与香翰屏师的作战中连续失利，随后又在大埔芦下坝等战斗中受挫，“士兵勇气丧失殆尽”，“军心动摇，逃兵甚多”。② 这样，部队在行动上遇到许多困难，在以后的一些战斗中陷于被动，接连遭到失败。

红十二军出击东江以后，苏区的军事力量大大削弱，周围团匪趁机进攻。闽西苏维埃政府马上将各县赤卫队组编为红二十军，但是“因为二十军组织不坚固，群众太平日久没有决死斗争精神，结果军事上受挫

① 《闽西苏维埃政府为扩大斗争告闽西群众书》（1930 年 5 月 8 日），中共龙岩地委党史资料征集研究委会员、龙岩地区行政公署文物管理委员会编《闽西革命历史文献资料》第 3 辑，1982 年内部版，第 279 页。

② 参见《福建省总行委给南方局的报告——闽西的工作没有迅速开展原因的分析》（1930 年 11 月 24 日），中共龙岩地委党史资料征集研究委会员、龙岩地区行政公署文物管理委员会编《闽西革命史文献资料》第 4 辑，1983 年内部版，第 383—384 页。

折，赤色区域受很大摧残”①。同时，又因为红十二军在东江失利，苏区的反动势力在张贞的资助下组织5个县的民团加紧在后方扰乱。龙岩团匪刘烈波乘虚袭击龙岩，岩城失守，闽西特委和苏维埃政府机关被迫撤往小池。在经历了这一挫折之后，红十二军不得不于6月下旬返回闽西苏区。同时，龙岩地方武装与红军学校的学员组织反攻，于6月底收复龙岩，稳定了局势。

二　贯彻李立三“左”倾冒险错误

1930年6月11日，中共中央政治局会议在李立三主持下通过了《新的革命高潮与一省或几省首先胜利》的决议案。这个决议违背了中共六大制定的正确路线和政策，系统地提出了一套“左”倾理论，从而标志着李立三“左”倾冒险错误统治了党中央领导机关。这个决议对形势作了错误分析，片面夸大敌人的弱点，过高估计革命的主观力量；否认中国革命和世界革命发展的不平衡性，认为中心城市起义的爆发就会引起全国革命爆发，而中国革命的首先爆发，就可能掀起全世界的大革命；混淆了民主革命和社会主义革命的界限，认为一省数省首先胜利的开始，即是向社会主义革命转变的开始；提出了冒险的全国武装暴动夺取政权的任务，强调以城市为中心，反对以农村包围城市最后夺取城市的正确道路。

这一决议的精神，大约于6月底以前通过交通及中央巡视员传达到了福建。中共福建省委接到这一决议后，作了详细的讨论。讨论的结果，“除完全同意中央对目前政治形势的估量外，对全国〔省〕工作另有新的布置”②。

---

①　邓子恢：《政府工作报告大纲》（1930年9月2日），中共龙岩地委党史资料征集研究委会员、龙岩地区行政公署文物管理委员会编《闽西革命史文献资料》第4辑，1983年内部版，第90页。

②　《中共福建省委给中央的报告》（1930年8月15日），中央档案馆、福建省档案馆编《福建革命历史文件汇集》甲6册，1986年内部版，第305页。

从6月中旬至7月初，福建省委多次召开会议并作出决定，认为目前福建军阀混战，政治经济极端破产，闽西红色区域巩固与发展，已经“具备了直接革命，建立全省政权之有利条件”[①]。关于闽西红军的行动方针，省委认为，“目前全国的政治形势，确实到了直接革命的时期，夺取武汉与广东，建立无产阶级一省或数省的首先胜利，确有充分的可能”。根据这一判断，福建省军委决定，闽西红军应马上集中，统一指挥，一部分“向大埔前进，与东江红十一军联系，准备夺取广州”，另一部分向漳州发展。[②]

为了贯彻中央的精神，福建省委常委兼军委书记王海萍和中央巡视员涂振农于五六月间先后到达闽西。不久，前往上海出席全国苏维埃区域代表会议的闽西代表郭滴人也返回龙岩。他们到达闽西苏区以后，首先传达和贯彻了中央在五月间召开的全国苏维埃区域代表会议和全国红军代表会议的决议。这两个会议的主要精神，体现了李立三“左”倾冒险错误的基本理论，因而闽西苏区执行李立三的“左”倾错误首先是从贯彻这两个会议的精神开始的。

1930年7月8日至20日，闽西特委在龙岩召开中共闽西第二次代表大会，参加会议的有龙岩、永定、上杭、武平、长汀、平和、连城等县代表，以及特委委员、旁听代表，共90多人，省委代表王海萍也出席了会议。

会议第一天的主要议程是王海萍代表省委致辞和郭滴人作政治报告。王海萍根据中央精神，对政治形势作了片面的分析，认为：“我们现在正站在大事变的前面，全国全世界的革命高潮已经来到我们面前了！”“目前的政治形势，一方面是统治阶级急剧的走向崩溃，全国军阀的大混战已经不断的爆发，在政治上、在经济上，都是一天天的动摇破产，这一

① 《中共福建省委反对福建军阀混战宣言》（1930年6月11日），中央档案馆、福建省档案馆编《福建革命历史文件汇集》甲6册，1986年内部版，第217页。

② 《福建省军委给中央的报告——闽西闽北红军工作问题》（1930年6月19日），中央档案馆、福建省档案馆编《福建革命历史文件汇集》甲6册，1986年内部版，第228—230页。

危机是国民党必然崩溃的背景。在另一方面，全国工农兵贫苦群众已经不断的起来罢工、暴动、兵变配合的平衡发展，必然要配合起来形成中国革命高潮。”①

根据这一分析，王海萍指出，闽西党的总任务是：“集中一切革命力量扩大斗争到广东去，首先夺取闽粤桂三省政权，争取全国革命胜利”。在这一任务之下，党的中心工作第一是要猛烈扩大红军，第二要加紧反富农斗争，因为“富农始终对革命是动摇的，是反革命的”。他又指出，排除富农主要是从政治上、经济上防止其发展，“我们不应把富农当做土豪来打”。②

郭滴人的政治报告，主要是传达李立三“左”倾错误的理论与策略。他的报告指出，中国共产党目前的总任务是“号召全国群众，准备全国总暴动，建立苏维埃政权，争取全国革命胜利”。党的中心策略是组织总同盟罢工，组织地方暴动和士兵暴动，猛烈扩大红军。③

很明显，上述所传达的中央关于形势的分析与党的任务策略，都违背了党的六大和毛泽东指导召开的中共闽西一大的精神，因而在会议期间代表们对这些问题发生了意见分歧。邓子恢、张鼎丞等吸取了两个月以前红十二军第一次出击东江受挫、闽西苏区受到损失的教训，不同意中央关于闽西红军再次向东江发展的指令。他们认为闽西主力红军第十二军已经奉命北上攻打南昌，新成立的红二十一军和红二十军战斗力不强，而苏区内部及周围的反动武装蠢蠢欲动，伺机反攻倒算，因此建议“先集中二十一军，消灭这些团匪，巩固苏区，然后逐

① 中共福建省委党校党史研究室编《福建革命根据地斗争史资料选编（四）》，内部资料，第10页。

② 参见王海萍：《在中共闽西第二次代表大会上的致词》（1930年7月8日），中共龙岩地委党史资料征集研究委会员、龙岩地区行政公署文物管理委员会编《闽西革命史文献资料》第3辑，1982年内部版，第369、370页。

③ 参见郭滴人：《在中共闽西第二次代表大会上的政治报告》（1930年7月8日），中共龙岩地委党史资料征集研究委会员、龙岩地区行政公署文物管理委员会编《闽西革命史文献资料》第3辑，1982年内部版，第382页。

步向漳州、厦门等附近的大城市发展。但这些意见却被一些立三路线的坚决拥护者扣上‘新右倾’的帽子加以断然反对。……这场争论就这样被压服了”[①]。

为了进一步压制邓子恢等人的正确意见，闽西第二次党代表大会还没有结束，闽西苏维埃政府就于7月15日召集了第二次执委扩大会议，不顾闽西政府成员任期一年的条令，以闽西苏维埃政府成立四个月以来在“政治策略和政府内部工作”方面犯有错误为借口，改选常委和各部部长。于是，邓子恢被免去闽西苏维埃政府主席的职务，改任经济部长(实际上并未就任，会后即由罗寿春担任该职)。[②] 随后，邓子恢又分别被免去中共闽西特委书记及红二十一军政委的职务，分别由郭滴人任闽西特委书记、张鼎丞任闽西苏维埃政府主席、李任予任红二十一军政委。

经过这场争论，压制和排斥了以邓子恢为代表的正确意见，中共闽西第二次代表大会全盘贯彻了李立三“左”倾冒险错误的理论和策略，通过了政治、军事、政权、宣传、组织、反富农等11项决议。在这些决议当中，中心的问题是政治决议与反富农斗争。会议的政治决议案根据中央关于“红军采取集中进攻的策略，夺取武汉、广州，争取湘鄂赣三省与闽粤桂三省的革命首先胜利”的指示，决定了闽西党的政治路线，这就是“集中一切革命力量，扩大斗争到广东去，首先夺取闽粤桂三省政权，争取全国革命胜利”。

根据这一路线，决议规定闽西苏区今后工作的三项主要任务：一是“刻不容缓的需要猛烈的扩大红军”；二是“坚决的与富农路线作斗争”，以争取绝大多数贫雇农，争取社会主义胜利的前途；三是“发动工人斗争，确立工人阶级对于革命的领导地位”。[③]

---

① 邓子恢、张鼎丞：《闽西暴动与红十二军》，蒋伯英主编《邓子恢闽西文稿（1956—1971）》，龙岩学院中央苏区研究院编印，第107页。

② 参见《闽西苏维埃政府通告新编第一号》（1930年7月16日），中央档案馆、福建省档案馆编《福建革命历史文件汇集》甲14册，1985年内部版，第193页。

③ 参见马齐彬、陈文斌等编《中国共产党创业三十年（1919—1949）》，中共党史出版社1991年版，第216页。

会议还认为，闽西党在上半年犯了不少的富农路线错误，甚至罕见地指责这是“因为当时受四军党的机会主义路线的影响所致”①。这是闽西党的最高会议第一次直接指名批评红四军为“机会主义”的记录，从而在实际上批评和否定了毛泽东、邓子恢等1929年以来在闽西土地革命方面的正确方针。

为了使以上决议和政策具有法定效力，闽西苏维埃政府随即于同年9月上旬在龙岩召开闽西第二次工农兵代表大会。大会通过的《政治任务决议案》《扩大红军问题决议案》《反富农斗争决议案》以及土地、经济、合作社问题等一系列决议和条例，基本体现了闽西第二次党代表大会的精神。大会强调“完全接受”闽西第二次党代表大会的总路线：“集中一切革命力量，扩大斗争到广东去，夺取闽粤桂三省的政权，争取全国革命胜利。”②

从此，闽西苏区由于在军事上以“夺取汕头广州”为纲领，在土地革命方面以反富农和“重新分配土地”为号召，逐步接受和贯彻了李立三“左”倾冒险错误，以致苏区在一个时期内陷入了困境。

三　红二十一军再次出击东江与苏区的损失

闽西苏区在1930年8月上旬以前主要是在理论与方针上接受和贯彻李立三的“左”倾错误，8月上旬闽西红军第二十一军按照这一方针出击东江，特别是在9月上旬取消党团组织、成立闽西总行动委员会之后，在组织上和具体行动上全面执行了这一错误的方针策略。

这一在错误理论指导下的行动，同中央7月18日召开的全国组织工作

---

① 《中共闽西第二次代表大会政治任务决议案》（1930年7月30日印发），中共龙岩地委党史资料征集研究委会员、龙岩地区行政公署文物管理委员会编《闽西革命史文献资料》第3辑，1982年内部版，第411页。

② 《闽西第二次工农兵代表大会宣言》（1930年9月9日），中共龙岩地委党史资料征集研究委会员、龙岩地区行政公署文物管理委员会编《闽西革命史文献资料》第4辑，1983年内部版，第105页。

会议有关系。这次会议的主要精神，是从组织上保证中央政治局6月11日决议和冒险计划的执行。会议作出决定，“党与团的组织暂时统一起来，成为一个组织系统，按照各级组织形式成立行动委员会”①。这就要求取消各级党团组织，合并成立行动委员会，以实现全国总暴动夺取中心城市的计划。同时，为了实行中心城市和全国总暴动的冒险计划，会议要求党的组织军事化，在苏维埃区域“采取绝对的强有力的集中形式”，成立工农革命委员会，以便指挥红色区域及战地区域的一切工作。这些决定，实际上忽视了农村革命根据地的建设与发展，否认了工农武装割据对于促进中国革命胜利的重要意义，片面地把一切力量集中于夺取中心城市。

7月下旬，出席中央组织会议的福建省委组织部长谢汉秋回到厦门，向省委作了汇报。8月5日，福建省委召开二届四次全会。会议在讨论党团合并成立行动委员会问题时发生很大争论。省委书记罗明和团省委书记王德等同志提出反对意见，认为这不利于团的工作，并且也不同意把闽西苏区划归南方局领导。鉴于中央已作出决定，会议仍不得不确定党团省委合并组织福建省总行动委员会。会议还依据中央精神，对全国和福建的形势作了不切实际的估量，认为“全省各地都有了地方暴动的客观条件，都需要组织地方暴动”，闽西红军仍须坚决向东江发展，夺取广东；强调开展“反右倾斗争”和在一切组织中排除富农的工作，以保证执行党的总路线。②

8月6日，福建省总行动委员会成立，随后发出第一号通告，指示各地分别成立行动委员会。9月上旬，闽西党团组织根据这一决定，合并成立闽西总行动委员会；一个月以后，又根据中央组织会议精神于10月上旬成立了以施简为主席的闽西工农革命委员会。这样，李立三“左”

① 《目前政治形势与党的组织任务》（1930年7月22日全国组织会议通过），中央档案馆编《中共中央文件选集》第6册，中共中央党校出版社1989年版，第168页。

② 参见《中共福建省委政治决议案——准备全省武装暴动争取全国胜利》（1930年8月5日），中共龙岩地委党史资料征集研究委会员、龙岩地区行政公署文物管理委员会编《闽西革命史文献资料》第4辑，1983年内部版。

倾冒险错误在政治、组织、军事等方面的主要特征在闽西已经基本形成，从而使这些方面在具体策略和行动上的错误发展到最为严重的程度。

闽西苏区为了执行中央和省委的命令，首先决定调集主力红军再次出击东江。红十二军北上南昌之后，留在闽西的红军部队还有红二十一军和红二十军。这两支部队都是刚由各县农民赤卫队改编成立的，共四五千人，战斗力比较弱。本来，红二十一军在6月下旬成立以后，按照闽西苏维埃政府的决定在苏区边界的连城县姑田、龙岩县梅村一带分兵游击，红二十军五个纵队则留置于各县，肃清散匪残敌，拱卫红色区域。但是不久以后，为了执行向东江发展、夺取广州的路线，闽西苏维埃政府不得不改变计划，命令红二十一军于8月5日到达龙岩集结待命。①

闽西特委在执行这一任务的时候是有所保留的。他们采取了一些必要的措施，以保证苏区后方及出击部队的安全。一是并没有把两个军的兵力全部投入东江的行动，只调了红二十一军出击，而红二十军仍然分兵于各县以为后防；二是在红二十一军出发前一天，派蓝为仁带了给东江特委的信，专程前往联络。闽西特委的这封信说明，闽西红军过去曾经几次向东江进攻，但由于未能深入腹地与东江革命势力会合而半途退回，“现在中国红军二十一军全部由岩出发向东江发展，配合东江各种革命势力，夺取广东政权，夺取全国革命胜利”。为了配合这一行动，希望东江特委与闽西加强联络，通报东江的政治形势与交通路线，给红二十一军入粤作战以各种帮助。②

8月9日清晨，红二十一军全体将士集中于龙岩中山公园，军政治委员李任予、参谋长邓毅刚和特委书记郭滴人相继发表演说，进行战斗动员。晨7时，全军出发，开始了闽西红军第二次出击东江的行动。

---

① 参见《红军二十一军出发东江》（1930年8月10日），中共龙岩地委党史资料征集研究委会员、龙岩地区行政公署文物管理委员会编《闽西革命史文献资料》第4辑，1983年内部版，第30页。

② 参见《中共闽西特委通讯第十二号》（1930年8月7日），中共龙岩地委党史资料征集研究委会员、龙岩地区行政公署文物管理委员会编《闽西革命史文献资料》第4辑，1983年内部版，第26页。

红二十一军在开始的阶段很顺利。阮山率领先头部队从永定湖雷首先出动，邓毅刚率后续部队随之出发。8 月 12 日，部队抵苦竹，第二天在中坑击败民团之后直入广东境内。8 月 15 日，先头部队向大埔县之云石、百侯进攻，经过 3 小时激战，击败守军警卫队。然后，部队于 8 月 16 日经大埔边境继续南下，直趋韩江下游的重镇高陂、留隍，距汕头仅七八十公里。

东江特委由于事先得到了闽西特委关于红二十一军的活动情况，及时发动当地群众举行暴动，配合红二十一军的行动。8 月 14 日，东江丰顺县嶂背等地 1000 多名农军起义，占领田圩。同时，东江地方红军第四十二团分两路攻占寨下、南溪，迫使梅县守敌张达旅退守兴宁，平远县长罗俊超率领民团仓皇退往闽赣边境，固守待援。[①]

战局的发展看来是很有利的。闽西特委也为红三军团夺取长沙，红一军团进迫南昌、九江的形势所鼓舞，立刻向进军途中的红二十一军通报这些消息，激励前方将士。然而，实现全国总暴动和夺取全国政权的时机毕竟不成熟，敌强我弱的客观形势很快随着战役的发展而显示了出来。红二十一军在占领了高陂山准备向高陂发动进攻的时候，驻汕头之敌受到震动，立刻调动揭阳和潮阳守军，加上香翰屏师一部，迅速增援高陂守军。敌人大军云集，红二十一军在攻打高陂的战斗中受挫，欲渡韩江又未成功。于是，部队从高陂后撤，向闽西转移，准备在平和、南靖地区开辟局面。

8 月 19 日早晨，邓毅刚等率部从永定县象湖山出击，进攻平和，上午 8 时占领县城九峰镇。驻闽南之敌张贞急令其第二团联合地主民团反攻。红二十一军在当天中午主动撤退，转向大埔、饶平边界。8 月 25 日和 9 月 2 日，红二十一军连续两次向平和进攻，并经平和县大小芦溪向靠近南靖边境的东槐进击，以威胁漳州。张贞立刻调其杨逢年旅堵截。

---

① 参见《闽西红军六千进攻广东东江》（1930 年 8 月 27 日），中共龙岩地委党史资料征集研究委会员、龙岩地区行政公署文物管理委员会编《闽西革命史文献资料》第 4 辑，1983 年内部版，第 70 页。

红二十一军由于受到敌人的前后夹击，再次受到挫折。[①]

部队由于一再遭到失败，士气大受影响，许多指战员反对继续执行向东江发展的计划。在这种情况下，红二十一军于 9 月 10 日前后被迫返回闽西苏区。

由于出击东江的失败，早先存在于党内的关于是否执行李立三“左”倾冒险错误的政治路线与军事策略的争论进一步尖锐化了。邓子恢和张鼎丞等闽西苏区的领导人仍然坚持过去的正确意见，但作为坚持出击东江方针的红二十一军政委兼军委书记李任予，在部队遭到严重挫折之后并不认真总结教训，纠正错误，反而指责闽西地方党组织的正确意见为“保守主义”，把失败的责任推给了坚持正确意见的同志。

正在这时，中央巡视员涂振农在巡视红四军以后到达闽西。9 月中旬，在中央巡视员的指导下，召开了闽西总行动委员会与红二十一军军委联席会议，讨论闽西红军两次出击东江失败以后的形势与今后方针。联席会议再次压制和打击了正确的意见。[②]

联席会议检查了过去的路线策略，批评闽西党“过去对中央‘集中进攻东江’这一政治斗争路线的指示，确实没有详细的了解和执行”。认为红十二军和红二十一军先后两次出击东江失败的原因，“一方面是由于地方党部的保守观念不能坚决的冲破，‘集中进攻东江’这一策略路线的执行始终是动摇的不坚决的；一方面是由于红军本身的单纯军事观念，一切行动不配合群众斗争”[③]。

联席会议对过去的争论作了结论，认为“过去闽西的党在斗争的

① 参见《新编第一师师长张贞给蒋介石快邮代电》（1930 年 9 月 9 日）。原件存中国第二历史档案馆。

② 参见《红二十一军军委书记李任予给中央军部南方办事处和广东总行委的报告》（1930 年 9 月 21 日），中共龙岩地委党史资料征集研究委会员、龙岩地区行政公署文物管理委员会编《闽西革命史文献资料》第 4 辑，1983 年内部版，第 138 页。

③ 《红二十一军军委书记李任予给中央军部南方办事处和广东总行委的报告》（1930 年 9 月 21 日），中共龙岩地委党史资料征集研究委会员、龙岩地区行政公署文物管理委员会编《闽西革命史文献资料》第 4 辑，1983 年内部版，第 138 页。

路线和策略上，确犯了严重的保守观念的错误”；指责闽西党组织指挥红二十一军在永福、适中等边界地区发动游击战争，把红二十军分散在各县配合群众斗争，是“十足的保守观念的表现”。相反，会议对“左”倾冒险错误的主张给予了充分的肯定，认为李任予主持下的红二十一军军委坚决主张进攻东江是正确的。李任予在中央巡视员支持下，更加迫切地主张再次攻打东江，甚至提出“打【下】汕头等重要城市，失去了一个龙岩有什么要紧”①，认为只要打开东江局面，丧失闽西苏区也在所不惜。

根据这一指导思想，联席会议作出两项决定。第一，坚决执行中央关于集中一切力量进攻东江的指示，“不能动摇或变更这一路线，而且应该切实的纠正过去的一切错误，加紧这一工作的布置”。但在目前红军由于屡遭失败士气低落和给养困难的情况下，在策略上作些调整，第一步先攻打上杭，“打几个胜仗，以提高勇气，充实力量，并解决一切困难问题”；第二步再进攻漳州，以扩大影响，震动潮汕，然后更大规模地向东江推进。为保证这一计划的成功，应将闽西全部武装编入红二十一军，充实红军力量。②

会议的第二项决定是，为了在组织上保证上述任务的执行，统一指挥闽西红军，组织革命军事委员会。这个委员会由十一人组成：李任予(红二十一军政委兼军委书记)、伍中豪（原红十二军军长，拟调任红二十一军军长)、古大存（东江红十一军军长)、张鼎丞（闽西苏维埃政府主席)、卢肇西（红二十一军第一纵队司令)、邓子恢（红军学校第一分校政委)、郭滴人（闽西特委书记)、邓毅刚（红二十一军参谋长)、张家记（中央军部南方办事处代表)、王占春（漳州游击队队长)、阮啸仙

① 《红二十一军军委书记李任予给中央军部南方办事处和广东总行委的报告》(1930 年 9 月 21 日)，中共龙岩地委党史资料征集研究委会员、龙岩地区行政公署文物管理委员会编《闽西革命史文献资料》第 4 辑，1983 年内部版，第 139 页。

② 参见《红二十一军军委书记李任予给中央军部南方办事处和广东总行委的报告》(1930 年 9 月 21 日)，中共龙岩地委党史资料征集研究委会员、龙岩地区行政公署文物管理委员会编《闽西革命史文献资料》第 4 辑，1983 年内部版，第 139—140 页。

(红军学校第一分校校务委员会主任)。会议指定由李任予担任革命军事委员会主席。[①]

会议结束以后，立刻贯彻和执行上述决定。红十二军稍作整理，即向上杭攻击。但是，由于部队连续作战，在没有得到补充和休整的情况下攻打强敌据守的坚城，再败于上杭城下。

经过这次战斗，士气急剧低落。据军政治部主任陈正当时的报告说：上杭战斗后，“大部队长及大队政治委员都要开小差，士兵开小差的日必数日〔百〕，攻杭失利连纵队司令官都有想开小差了”[②]。全军由原来的2000余人锐减至400多人。为了摆脱困境，红二十一军于9月下旬开赴连城一带乡村，进行筹款和整顿，以便恢复战斗力和解决部队给养。

李立三“左”倾冒险错误给闽西苏区造成的损失，除了军事上的失败和苏区力量受到削弱以外，在经济、土地、政权建设等方面都受到了程度不同的损害。

在经济方面，由于李立三“左”倾错误否认民主革命与社会主义革命之间的界限，因而闽西苏区在这一时期规定了若干“左”的经济政策，“盲目增加了雇工工资，在城镇中则提高手工业工人工资，不适当地人为地提高手工业产品价格，这不仅打击了富农和手工业主，而且也侵犯了中农利益，因而引起中农不满，雇贫农相当孤立，这也是后来反革命活动群众惶惑的一个原因”[③]。在城镇政策方面，闽西苏区这时期违背了过去关于保护商业和守法商人、不得骚扰商店、鼓励商业流通等正确的法令，不适当地提高商业税，甚至规定“劳工监督资本”，发动工人“镇压

① 参见《红二十一军军委书记李任予给中央军部南方办事处和广东总行委的报告》(1930年9月21日)，中共龙岩地委党史资料征集研究委会员、龙岩地区行政公署文物管理委员会编《闽西革命史文献资料》第4辑，1983年内部版，第140页。

② 《陈正向中央军部南方办事处的报告》(1930年10月23日)，中共龙岩地委党史资料征集研究委会员、龙岩地区行政公署文物管理委员会编《闽西革命史文献资料》第4辑，1983年内部版，第288页。

③ 中共福建省委党史资料征集研究委员会编《福建党史资料》第2辑，1983年，第32页。

商业资产阶级的动摇”，小商人不得参加政权等等。①

同时，闽西苏区在“反富农路线”的口号下，不仅认为富农“自始至终是一个反革命的东西”，而且混淆了农村阶级阵线，认为“农民中的富裕分子叫做富农，每年都有多余积存，是一个新发户”。另外，错误地认为由于“去年闽西犯了富农路线，大多数富农取得了政权”，所以“过去一般中农及贫农中一部份〔分〕，已开始转变为富农。同时有一部分中农及贫农……脑子里也有富农的幻想与企图”。根据这一认识，在9月上旬召开的闽西第二次工农兵代表大会提出，为了保护贫雇农的利益，“使革命更快转变到社会主义的胜利”，“反富农斗争确是我们最严重的中心任务”。②

由于贯彻了一系列“左”的政策，使得本来已经陷于困境的闽西苏区的局面更加严重。至1930年10月初，由于闽西红军出击东江受挫，士兵逃跑很多，“官兵失败情绪浓厚”，战斗力大大削弱，四周团匪加紧进攻，以致“边境乡村大受摧残，六七个月来赤色（区域）比前远缩小了”；加以7月间闽西遭受空前水灾，损失数千万元，“因此群众经济，政府财政非常困难”。③

党团组织同样也受到了损害，全苏区的党员由7月份的1万人减至8000多人。④ 党团组织合并之后，实际上取消了团的工作，各级团组织

---

① 参见《闽西第二次工农兵代表大会宣言》（1930年9月9日），中共龙岩地委党史资料征集研究委会员、龙岩地区行政公署文物管理委员会编《闽西革命史文献资料》第4辑，1983年内部版，第104页。

② 《闽西第二次工农兵代表大会决议案》（1930年9月），中共龙岩地委党史资料征集研究委会员、龙岩地区行政公署文物管理委员会编《闽西革命史文献资料》第4辑，第171—172页。

③ 《左权、施简给南方局、中央的报告——闽西的军事问题》（1930年10月29日），《闽西革命史文献资料》第4辑，1983年内部版，第469页。关于本文成文时间，中共龙岩地委党史资料征集研究委会员、龙岩地区行政公署文物管理委员会编《闽西革命史文献资料》标为“1930年12月29日”，但从全文内容判断，应为10月。

④ 1930年7月中共闽西第二次代表大会统计，闽西苏区的党员大约1万人；同年10月，左权和施简到闽西调查以后给中央的报告说，闽西有党员8000余人。

徒具形式。闽西总行动委员会青年委员会5个干部，只有2人坚持工作。因此，团的“组织松懈，纪律几乎破产”，团员虽有3000多人，但由于“反右倾”和“反富农路线”，“经过几次洗刷和调动之后，非但没有发展，有些地方反而减少”。①

闽西的这些困难情况，在以后很长一段时期内都未能好转。

四 富农政策的“左”倾与南阳会议

中国土地革命战争时期的富农问题，是一个十分复杂的理论问题，也是长时期内变化不定的理论问题。其生产方式和财富的积累兼有资本主义性质和封建或半封建的剥削性质。因此，在反帝反封建的中国民主革命中，富农既有赞成革命的一面，又有阻碍乃至反对革命的一面。这就决定了在土地革命中富农问题是一个比较复杂的问题。也因为其复杂，中国共产党在如何对待富农问题上摇摆不定，主要反映在对富农是采取联合还是中立、限制或者打击的政策，党内一直争论不息，多次反复，在很长一段时间里没有得到妥善解决。

1928年中共六大总结一年来各地土地革命的经验和教训，对富农问题第一次作了较为全面的分析，指出富农是“农民资产阶级”，虽然在革命过程中对革命的态度常常表现出消极、中立或仇视，但农民的主要敌人是豪绅地主，因此专门制定了关于中立富农和不应该“故意加紧反对富农的斗争”的政策。② 这一政策得到了闽西特委的赞同和响应，在1929年7月召开的中共闽西第一次代表大会《政治决议案》和《土地问题决议案》中得到了全面贯彻。

然而，时隔不久，中共六大关于富农问题的上述政策和策略发生了

---

① 《共青团闽西特委报告第一号》（1930年11月15日），中共龙岩地委党史资料征集研究委员会、龙岩地区行政公署文物管理委员会编《闽西革命史文献资料》第4辑，1983年内部版，第367页。

② 参见中央档案馆编《中共中央文件选集》第4册，中共中央党校出版社1989年版，第356页。

重大改变。这一改变是在1929年收到共产国际执行委员会同年6月7日给中共中央“关于农民问题”的指示信以后。共产国际的指示信批评中共六大提出的“不应该故意加紧对富农的斗争”和以后提出的“联合富农”① 的口号是“机会主义”，认为“中国富农在大多数情形之下，都是些小地主，他们时常用更野蛮更残酷的条件以剥夺农村中之大多数的基本群众”，认为在中国大革命失败以后，“农村中的富农分子时常公开的站在反动势力方面而〔向〕反对农民群众的革命斗争”。为此，共产国际指示中共中央坚决克服在富农问题上的“机会主义”，向富农发动进攻。②

1929年8月，中共中央作出《关于接受共产国际对于农民问题之指示的决议》。决议反省了中共在富农问题上的“机会主义”，号召全党必须坚决进行“反对富农”的斗争，并在党内开展“反富农路线”的斗争。中共中央在“富农问题上”由中立富农、联合富农到“反富农”态度的转变已经十分鲜明，但或许仍嫌不够，又在1929年12月8日发出《中央通告第六十号》，以专门的篇幅强调“反富农斗争”的重要性与紧迫性，认为“富农领导已经成为各地阻碍斗争之极严重的危险，必须坚决执行反富农的斗争，肃清富农在斗争中的影响，把富农从农民组织中，特别是党的组织中与苏维埃政权内驱逐出去”③。

在这种情况下，中共闽西特委不可能再坚持过去在富农问题上正确的政策，不得不遵照共产国际指示和中共中央的一系列决定，停止“中立富农”的策略，开始向富农进攻。“反富农”的主要措施和政策是：“组织雇农工会，增加工资，对富农所分土地实行抽肥补瘦（这是对的），

① 1928年9、10月间中共中央在《中央给润之、湘赣边特委及四军军长的指示》中指出，“在总的策略上，——反地主阶级的〈立〉场上，应当联合富农，故意加紧反对富农的斗争是不对的”，中央档案馆编《中共中央文件选集》第4册，中共中央党校出版社1989年版，第680页。

② 参见《共产国际执行委员会与中国共产党书》（1929年6月7日），中央档案馆编《中共中央文件选集》第5册，中共中央党校出版社1990年版，第692、693、695页。

③ 中央档案馆编《中共中央文件选集》第5册，中共中央党校出版社1990年版，第568—569页。

并向富农筹款办粮食调剂局，以现款向市场按定价收购粮食，以稳定粮价。并设立闽西工农银行，发行钞票，实行低利贷款，以与高利贷者作斗争。”其结果是“富农不满，中农动摇，反革命乘机活动”[①]。其中，“抽肥补瘦”是最主要的一项政策。

实行“抽肥补瘦”的客观背景是，随着土地革命的深入，农民们对于在土地分配中愈益突出的肥瘦不均问题产生了强烈的不满。富农和占有较多土地的中农确实利用了“抽多补少”的口号，在土地质量上钻了空子，不愿把肥田抽出。因此，肥瘦平均分配问题成为当时富农与贫苦农民在土地问题上的一个斗争中心。中共闽西特委意识到，这一问题如果不能妥善解决，将挫伤贫雇农的革命积极性，中国共产党和苏维埃政府也将失去大多数农民的支持，于是决定对此加以修订。

1930 年 2 月，邓子恢主持召开中共闽西特委第二次扩大会议，把土地分配中的肥瘦不均问题正式提到了议事日程上。会议认为，过去的土地政策还存在有不少问题，必须重新修订，决定“坚决地站在贫农利益方面”，作出新的决议。[②] 会议重申所有土地“一律没收，归苏维埃政府处理，分配农民使用”；分田标准“以乡为单位，照人口平均分配”。除此以外，补充了一条重要的规定：“分田方法以抽多补少为原则，抽出之田以肥瘠均匀为度，好田多者抽坏田，坏田多者抽好田。”[③] 这就是后来“抽多补少，抽肥补瘦”最早的表述。

这一规定，要求在废除封建土地制度的民主革命中不仅在数量上而且在土地的肥瘦质量上平均分配土地，满足大多数农民的要求，限制富农对于土地的控制。这是对中共在此之前各种土地政纲的突破。同年 3 月闽西苏维埃政府成立以后颁发的第一份《土地问题决议案》，正式把这一规定写到了决议上，作为苏维埃政府必须遵循的一项法律。

---

① 参见《邓子恢自述》，人民出版社 2007 年版，第 12 页。

② 参见《中共闽西特委第二次扩大会议关于土地问题决议案》（1930 年 2 月 25 日），蒋伯英主编《邓子恢闽西文稿（1916—1956）》，中共党史出版社 2016 年版，第 165 页。

③ 《中共闽西特委第二次扩大会议关于土地问题决议案》（1930 年 2 月 25 日），蒋伯英主编《邓子恢闽西文稿（1916—1956）》，中共党史出版社 2016 年版，第 166 页。

事实上，这样的情况不只是在闽西苏区，从中共中央到全国各级党组织，几乎都不容置疑地接受了来自共产国际的指令。即使是当时刚刚写完《反对本本主义》、严厉抨击教条主义的毛泽东，也在这样的情势下提出了“反富农”斗争的问题。

毛泽东在古田会议结束后的 1930 年 1 月初与邓子恢分手，率领红四军开赴赣南地区深入开展土地革命。5 月间，毛泽东在赣南寻乌县进行了 10 多天的调查工作。这次对寻乌县政治、经济、旧有的土地关系和苏维埃政府领导下的土地斗争作了详尽系统的实际调查，解决了毛泽东原先不清楚的一些问题，其中关于对富农的认识就是一个很重要的问题。通过调查，毛泽东支持大多数贫苦农民的要求，认为“不但打倒半地主性的富农是没有疑义的，而且平富裕自耕农的田，废富裕自耕农的债，分富裕自耕农的谷，也是没有疑义的。必须这样才能争取广大的贫农群众”①。

毛泽东在这里没有把“半地主性的富农”和“富裕自耕农”加以区别，实际上是把“富裕自耕农”混同于富农。毛泽东不仅认为平分富农的土地、谷子和废除富农的债务是必须的，而且在调查中同邓子恢一样，也发现在按照抽多补少的办法平分土地时，富农把持着自己的肥田不肯拿出去，拿出去的只是些坏田，大多数贫苦农民对此反映强烈。所以他在调查以后得出结论：对于没收富农的土地拿出来分配给群众，是不成问题的，“群众中成为问题的，就是一个肥瘦分配的斗争，这是土地斗争的中心，也即是富农与贫农的斗争”②。

可见，赣南地区的土地革命同闽西一样，遇到了土地肥瘦分配的矛盾。毛泽东对此极为关注，把这一矛盾看作是“土地斗争的中心”。毛泽东当时正率领红四军在赣南地区活动，一边在赣南发展土地革命，一边在军事上打通赣南、闽西联系以扩大根据地，没有来得及就地解决这一“土地斗争的中心”问题。但是，毛泽东已经找到了解决的办法，就是

---

① 《寻乌调查》(1930 年 5 月)，《毛泽东文集》第 1 卷，人民出版社 1993 年版，第 199 页。

② 《寻乌调查》(1930 年 5 月)，《毛泽东文集》第 1 卷，人民出版社 1993 年版，第 236 页。

“抽肥补瘦”。11 年以后，毛泽东在延安对由中央妇委和中共中央西北局组成的妇女生活调查团作《关于农村调查》的报告时，回忆到了这一段历史：到了赣南之后，“我作了寻乌调查，才弄清了富农与地主的问题，提出解决富农问题的办法，不仅要抽多补少，而且要抽肥补瘦，这样才能使富农、中农、贫农、雇农都过活下去”[①]。

由此可见，毛泽东所说的“抽肥补瘦”，是在经过寻乌调查后提出来的，但在他所写的那篇 8 万多字著名的《寻乌调查》中，没有这样明确的表述。记载这样表述并作出政策性阐述的，是半个月之后即 1930 年 6 月在闽西长汀县南阳（今属上杭县）召开的中共红四军前委和闽西特委的联席会议上。这次由毛泽东和邓子恢共同召集和负责的会议，又叫作南阳会议。南阳会议讨论通过了两个决议，即《富农问题》和《流氓问题》。长期以来，对这两个决议是怎么形成的一直没有弄清楚，直到 1970 年 11 月，邓子恢才明确表示两个决议“是我起草交毛主席修改的”。[②]

《富农问题》决议案是中共成立以来第一份专门论述富农问题的决议。这个决议总结了闽西、赣南土地斗争的经验，提出了进一步限制富农的两项正确原则。一是肯定闽西特委不久前解决土地分配肥瘦不均问题的经验，确定“于‘抽多补少’之外，还加上‘抽肥补瘦’一个原则，并在文件上将‘不得妄想平均’改为‘不得把持肥田’”[③]。二是接受了赣西南“分青苗”的成功经验，规定“何时分田，何时得禾”的原则。1929 年 7 月中共闽西一大的《政治决议案》《土地问题决议案》和 1930

① 中共中央文献研究室编《毛泽东农村调查文集》，人民出版社 1982 年版，第 22 页。

② 1970 年 11 月 5 日，邓子恢在接受古田会议纪念馆研究人员访问时说，他在南阳会议上报告了闽西特委在 1930 年上半年土地革命中关于实行“抽多补少、抽肥补瘦”、创办粮食调剂局和工农银行、正确处理流氓无产者等问题，“毛主席听后很称赞，在会上讲了话，称赞我们的工作。……会议作了两个决议，是我起草交毛主席修改的”。见蒋伯英主编《邓子恢闽西文稿（1956—1971）》，龙岩学院中央苏区研究院 2016 年编印，第 287 页。

③ 《富农问题——红四军前委、闽西特委联席会议决议》（1930 年 6 月），《红四军入闽和古田会议文献资料》（续编），福建人民出版社 1980 年版，第 297—298 页。

年2月赣南“二七陂头会议”制定的《赣西南苏维埃政府土地法》都规定，分田时如果已经栽种禾苗或尚未收割，“田中谷子归原耕种农民收获”，他人不得割取。其结果是贫农分田，富农得谷。《富农问题》决议案认为，“这种政策只富农是满意的，贫农大不满意”。为此，《富农问题》决议案作出新的规定，“何时分田，即由分了田的人得到田里的收获，富农虽不满意，却取得了贫农及失业群众的拥护”①。

以上两项原则，是毛泽东和邓子恢在总结了一年来土地革命经验以后对中国共产党在农村的阶级路线和限制富农政策的进一步完善，对以后的土地改革产生了积极的影响。

特别是《富农问题》决议第17条“抽肥补瘦”，就是这份文件当中比较正确的部分。其所以正确，是因为它适应了土地革命的实际，符合大多数贫苦农民的利益要求。这一条目的文字不多，但很精练，其核心内容就是肯定“闽西去年的经验”。从文字内容看，这一规定主要是总结了闽西地区土地革命的经验而形成的。这里否定的当是中共闽西一大《土地问题决议案》所提“分田时以抽多补少为原则，不可重新瓜分妄想平均以烦手续”。当初邓子恢和毛泽东在上杭蛟洋制定这一土地政策前后，闽西的共产党组织内对平均主义否定和批评的空气比较浓厚，制定的有关土地分配的文件中教育农民反对平均主义的色彩比较鲜明。中共闽西一大《土地问题决议案》正是在这一背景下写上“不可重新瓜分妄想平均”。

经过土地革命的实践，发现肥瘦问题成了贫苦农民与富农斗争的中心，需要重新调整，是可取的。但是把“不可重新瓜分妄想平均”上升到阶级立场加以批评，以为这一规定成为富农把持肥田的“护符”，恐怕是言过其实。这一结论可以认为是毛泽东和邓子恢的自我否定，从中可见当时“反富农”斗争空气之浓厚。

《富农问题》决议中所写富农“把持肥田”的问题，赣南、闽西都存

① 《富农问题——红四军前委、闽西特委联席会议决议》（1930年6月），《红四军入闽和古田会议文献资料》（续编），福建人民出版社1980年版，第296页。

在。毛泽东在此前一个月作寻乌调查后，在《寻乌调查》中指出小地主(实指富农)“霸耕肥田”，不肯把肥田拿出来分给贫农；而闽西土地革命中遇到的是土地“肥瘠均匀”问题。这一问题在1930年2月中共闽西特委第二次扩大会议所制定的《关于土地问题决议案》中已经得以解决，只是后者表述明确，又补充了“不得把持肥田”一句，就更加鲜明地突出了对富农的限制政策。

自此，“抽多补少，抽肥补瘦”成了中国共产党摧毁封建土地制度、进行土地改革的锐利武器。这一规定不仅在数量上而且在质量上满足了贫雇农对土地平均分配的要求，体现了中共关于限制富农的政策，从而获得了农民群众的欢迎。这条土地分配政策，对后来中国土地改革发生了重大的影响。影响所及，不仅中央苏区，而且为各革命根据地普遍采用，甚至一直延续到中国民主革命结束。在解放战争和中华人民共和国成立之初的土地改革期间，这项政策依然是中国共产党土地改革的一项重要内容，发挥了很大的作用。

但是，南阳会议召开之际，正是共产国际和中共中央三令五申加紧“反富农”斗争的时候，不可能置身事外的毛泽东和邓子恢，同样受到影响而努力开展“反富农”斗争。事实上，他们在此之前的几个月已经受到这种影响，并在他们主持制定的一些政策文件中有所体现。例如1930年2月邓子恢主持的中共闽西特委第二次扩大会议《关于土地问题决议案》就批评了闽西党组织存在有“对富农妥协的机会主义策略的错误”，提出反富农的政策。毛泽东在《寻乌调查》中认为，“半地主性的富农，是农村中最恶劣的敌人阶级”，不但要打倒“半地主性的富农”，而且要“平富裕自耕农的田，废富裕自耕农的债，分富裕自耕农的谷”。[①] 邓子恢和毛泽东的这些主张，不仅背离了中共六大关于富农的政策，而且也背离了一年以前他们在中共闽西一大上制定的土地政策。

当然，邓子恢和毛泽东在南阳会议以前在“反富农”问题上受到

① 《毛泽东农村调查文集》，人民出版社1982年版，第130、131页。

"左"倾错误的影响还不是很大，在南阳会议上制定的《富农问题》[①] 决议则表明，这种影响是加深了。这份由邓子恢起草、毛泽东修改的《富农问题》决议，对中国富农作了错误的分析，提出了一系列"左"倾色彩很重的政策。

《富农问题》决议的错误之一是突出强调富农在政治上的反革命性。决议强调，"富农是农村资产阶级，但中国富农的剥削则一般带着半封建的残酷性。无论在地租方面，在高利贷方面，在雇佣劳动方面，在商业资本方面，都表现富农的剥削比较地主更加残酷。因此，这个阶级的利益和贫农雇农阶级的利益根本冲突。这个阶级自始至终是反革命的"，并据此提出"我们的策略便应一起始就宣布富农的罪恶，把富农当作地主一样看待"。既然如此，富农的政治生命只有死路一条，别无选择。这样，对富农采取过重打击也就势所难免了。

《富农问题》决议的错误之二是降低划分富农的标准，扩大打击富农的对象。决议把富农划为几种类型，"第一种是半地主性的富农，就是自己耕种同时有多余土地出租的一种人；第二种是资本主义性的富农，即不把土地出租，有些还向别人租入土地，雇佣工人耕种的一种人"。除了这两种富农以外，又划出第三种富农，称之为"初期的富农"，指"即不出租土地，又不雇佣工人，单以自己劳力耕种，但土地、劳力两俱充足，每年有多余粮食出卖或出借的一种人"。第一、二种富农的划分比较接近于实际情况，第三种所谓"初期性富农"则不应列入富农，实际上属于中农，最多也只是富裕中农。决议也承认，对这一类"富农"是有争论的，在中共内部"还是一个争论未决的问题"，指出"过去各方面（特别是东江）"只承认第一、二种富农，"初期性的则不叫富农而叫做'中农'，反对把他们多余的土地没收，甚至反对废除他们的债务"。然而，《富农问题》决议坚持认为"这种初期性富农仍是一个剥削阶级"，对于他们的政策应当与第一、二种富农一样，"坚决的赞助群众没收他们的土

① 本节所引《富农问题》决议内容均见中共福建省委党校党史研究室编《红四军入闽和古田会议文献资料》（续编），福建人民出版社1980年版。

地，废除他们的债务”。这就不免把中农误以为“富农”加以打击，侵犯了中农利益，扰乱了农村阶级阵线。

《富农问题》决议的错误之三是主张在经济上消灭富农、政治上肃清“富农路线”。决议在坚决贯彻“反富农斗争”的方针之下，在经济上提出了一系列封杀富农的政策。决议提出，必须毫不动摇地叫出“没收一切土地”“废除一切债务”两个口号，以此来发动贫雇农的猛烈斗争，并争取与中农结成同盟。在农村中开展的平谷斗争，必须坚决彻底，“不但要分地主的谷，而且要平富农的谷”；在游击区则要用“抢谷”的方式，“虽然，是要抢地主的谷，但贫农要抢富农的谷时，我们应完全拥护群众这种行动”。在土地平分以后，如果贫雇农农具不够，可以“借用”富农多余的农具，“甚至没收富农多余的农具”。此外，《富农问题》在筹款和税收政策方向也把富农与地主同等对待，明确宣布“向富农筹款不是盲动主义”，“土地税以保护贫农联络中农打击富农为原则”，对于富农“可以抽收高至65%的土地税”，必要时“得向富农无代价征收剩余粮食”。凡此种种，清楚地表明了消灭富农经济的决心。

决议夸大了富农对土地革命的破坏作用，捕风捉影地在革命阵营里面虚构富农分子的无所不在，无所不能，指称“过去一直到现在地方党的组织，尤其是指导机关里面，不论什么地方，都充满着富农分子”。认为凡是斗争不能深入的地方，就一定“是这班人在那里作怪”。因此决议认为，在党的领导机关里面肃清“富农分子”和“富农路线”，已是迫在眉睫的重要任务：富农“若不洗刷出去，群众斗争是不能起来的。无条件的开除富农及一切富农路线的人出党，是争取群众保障农村斗争胜利的先决条件”。

如果按照南阳会议《富农问题》的方法划分富农，那么凡是被怀疑为在革命工作中“表现为富农路线”的人员，都将被视为“富农分子”而遭“洗刷”。无疑，这将使“反富农斗争”产生更为严重的后果。

事实正是如此。南阳会议以后不久，1930年7月12日，中共闽西特委发出第三十一号通告，要求各级党部立刻筹建雇农工会。这份通告第一条就开宗明义地宣告了建立雇农工会的意义："加紧反富农斗争，争取社会主义胜利的前途，是目前闽西党的中心任务之一。"通告认为："闽西土地革命已经深入，农村中封建势力已经废除，目前农村贫苦群众的唯一敌人就是富农阶级。"① 由此表明，在闽西特委看来，此时反对封建主义的斗争已经完成，地主豪绅已被打倒，紧迫的任务是反对资本主义进而实现社会主义，富农便成了主要的敌人。

这份通告清楚地表达了这样一个观点：富农既然成了农村中唯一的敌人，这个敌人将把农村经济带向资本主义。更严重的是，由于富农已经渗透到乡村政权，在一些政治、经济部门把持着大权，"以致政府一切政治上、经济上的设施均不能充分实现"②。既然形势已经到了如此紧要的关头，"反富农"斗争当然就成了当务之急。

这份通告表露出的观点，至少有两个方面存在着认识上的偏差：第一是对形势估量，未能认识到当时中国革命仍然处于反帝反封建的民主革命阶段，不应当把农村资本主义的富农视为打击对象。第二是对农村阶级的分析偏离了实际。雇农固然是农村中受压迫最深也是最贫穷的成分，是农村中的无产阶级，但其数量很少，在闽西农村中仅占农民总人口5%以下，富农在闽西农村中所占比例同样极少，在总人口中也不足5%，而贫农则占75%，"这证明帝国主义地主阶级的双重压榨之下，农业之资本主义发展在闽西是不可能的"③。如若把雇农单独组织起来成为贫农的"领导"，实际的结果将是损害贫农与雇农的关系，孤立了雇农，

① 《中共闽西特委通告（第三十一号）——关于组织雇农工会问题》（1930年7月12日），中共龙岩地委党史资料征集研究委会员、龙岩地区行政公署文物管理委员会编《闽西革命史文献资料》第3辑，1982年内部版，第350页。

② 《中共闽西特委通告（第三十一号）——关于组织雇农工会问题》（1930年7月12日），中共龙岩地委党史资料征集研究委会员、龙岩地区行政公署文物管理委员会编《闽西革命史文献资料》第3辑，1982年内部版，第350页。

③ 《中共闽西第一次代表大会之政治决议案》（1929年7月），福建省委党校党史研究室编《红四军入闽和古田会议文献资料》，福建人民出版社1979年版，第69—70页。

削弱了农村革命的中坚力量。另外，这份通告甚至认为富农把持之下闽西资本主义的发展已经成为对革命严重的威胁，以至于迫切需要组织雇农，领导贫农，开展一场全面打击资本主义的“反富农”斗争。

因此，可以认为，以南阳会议为转折，闽西革命根据地以及初步形成的中央苏区，在此之后的一段时间里为“左”倾错误所左右，在政治上、军事上、土地革命以及其他各个方面都遭到了严重的损失。邓子恢后来回忆到这个问题时认为：闽西苏区形势的恶化，主要原因是“战争失利，加上反富农斗争，阶级力量发生了变化”，也就是军事和政治两个方面的失误，导致了这一时期的挫折。①

南阳会议作出的第二个决议，即《流氓问题》决议，正确地分析了流氓的社会地位及作用，认为流氓的特点是脱离生产、没有正当职业和生活规律，“可以断定流氓是没有积极的革命性的，反之，一般说来，他们具有充足的反革命性。他们在不得已时可以投机加入革命队伍，但他们始终是动摇的，随时有叛变作反革命走狗的可能”。据此，决议规定，“党对流氓的总策略应该是：把流氓从统治阶级底下夺取过来，给以土地和工作，强迫其劳动，改变其社会条件，使之由流氓变为非流氓”②。决议还指出，对于革命队伍中流氓意识所产生的流寇主义、单纯军事观点、逃跑主义、烧杀政策等错误倾向，必须大力排除，在党内洗刷流氓成分，克服流氓意识。所有这些规定，是对古田会议决议的进一步补充，都是很正确的。但相对而言，《流氓问题》决议在后来的实践中影响远不如《富农问题》那样深远。

南阳会议之后，毛泽东、朱德、邓子恢、张鼎丞等前往汀州，进一步讨论红军的行动问题。当时中央指令，红四军今后“总的路线是夺取武汉，头一步要打下吉安，发动赣西割据，再由赣西与八军攻下九江，

---

① 参见邓子恢：《关于闽西党史的讲话》（1956年10月），蒋伯英主编《邓子恢闽西文稿（1916—1956）》，中共党史出版社2016年版，第428页。

② 福建省委党校党史研究室编《红四军入闽和古田会议文献资料》（续编），福建人民出版社1980年版，第305—306页。

一面屏蔽武汉，一面威胁南京”①。

五 抵制与纠正李立三“左”倾错误

李立三“左”倾错误在实际工作中造成许多危害，引起了党内越来越多的不满和批评，许多同志要求坚决停止和纠正这一错误，不少同志在具体工作中予以抵制。

事实上，这一错误在福建贯彻之后，一开始就受到了罗明、王德等省委领导同志的抵制和反对。8 月 15 日，福建省委在给中央的报告中明确陈述了自己的意见：“省委对这一组织的变更有很长时间的讨论，争论的焦点便是有无妨碍团的工作”，争论的结果，省委认为是有妨害的，认为虽然总行委之下设立青年秘书处，“但事实上一定不及团省委领导上的周全，这一缺点是不能否认的”。② 当闽西红军在 8 月间第二次出击东江遭到失败后，福建省委和闽西特委深感必须停止这种冒险主义的军事行动，“反对红军不顾客观情势，不顾主观力量的到东江去，但结果因为红军军委与南方局的不采纳，以致闽西的革命势力一再受了重大的打击”③。

李立三“左”倾错误传达到闽西苏区以后，也受到邓子恢、张鼎丞等同志的反对。但由于当时中央强制推行这一路线，他们的抵制受到严厉的批评。然而，他们一直坚持自己的主张。在 7 月下旬闽西第二次党代会及 9 月上旬的闽西第二次工农兵代表会议上，邓子恢不顾受到打击和撤职的处分，在他所做的政治报告和政府工作报告中，肯定了 1930 年 5 月以前闽西各方面的成就，明确指出，5 月 1 日省委代表到达闽西以后，红军连续两次出击东江，以致苏区陷入了困境。邓子恢的报告，实际上批评了“左”

---

① 《中共中央特派员涂振农报告纪要》（1930 年 6 月 9 日），邓子恢记录。

② 《中共福建省委给中央的报告》（1930 年 8 月 15 日），中央档案馆、福建省档案馆编《福建革命历史文件汇集》甲 6 册，1986 年内部版，第 305 页。

③ 《中共福建省委常委紧急扩大会议决议案》（1931 年 1 月 21 日），中央档案馆、福建省档案馆编《福建革命历史文件汇集》甲 7 册，1986 年内部版，第 31 页。

倾冒险错误，这在当时“左”倾气氛浓厚的情况下是难能可贵的。

闽西特委在不得不服从上级组织决定而命令红军出击东江的同时，在执行过程中采取措施抵制这一错误方针，尽量减轻苏区的损失。5 月中旬，红十二军出击东江时，闽西特委实际上并未执行“集中全部红军”的指令，后来受到批评之后才被迫调动全军出动。8 月上旬，闽西特委再次奉命集中红军夺取广东，又采取同样方式予以抵制，只派红二十一军开赴东江。8 月 9 日，在红二十一军从龙岩向东江出发的同一天，中共闽西特委发出第一号通知，通知指出：“在这团匪四方八面向赤区扰乱的时候，党应坚决的动员党内外群众，消灭闽西反动残余势力，扩大斗争，争取全国革命胜利。主要策略是：集中进攻各个击破”[①]。待时机成熟时，最后夺取上杭。根据这一方针，闽西特委命令红二十军各纵队在各县集中行动，消灭敌人有生力量，争取在 9 月 1 日以前肃清残敌，打击进犯苏区的各路团匪，扭转苏区的被动局面。

按照这一布置，闽西苏维埃政府主席张鼎丞率领一部分武装，在杭东设立指挥部；另派高静山在杭西回龙组织行动委员会，全盘指挥各路行动。

从 8 月中旬开始，红二十军各纵队集结于苏区边境地区，重点打击来犯的团匪。第一纵队与红军学校及地方武装相配合，在邓子恢领导下，攻占龙岩雁石；第二纵队在上杭与各区赤卫队联合向敌人进攻，渡过汀江，在西岸消灭小股团匪；驻永定的第三纵队向边区之峰市、苦竹进攻；连城之第四纵队也主动出击，攻打朋口。[②]

驻长汀的红二十军第五纵队按照闽西特委的指示，首先注重于原有苏区的恢复。他们的计划是，“第一步应很迅速的夺取河田，打通汀南、汀东、汀西的联系，向长汀城取包围形势，然后夺取长汀城”。第五纵队

---

① 《中共闽西特委通知第一号——集中力量夺取杭城》（1930 年 8 月 9 日），中共龙岩地委党史资料征集领导小组、龙岩地区行政公署文物管理委员会编《闽西革命史文献资料》第 4 辑，1983 年内部版，第 28 页。

② 参见《中共闽西特委报告第二号》（1930 年 8 月 25 日），中共龙岩地委党史资料征集研究委会员、龙岩地区行政公署文物管理委员会编《闽西革命史文献资料》第 4 辑，1983 年内部版，第 56 页。

在司令员王仰颜[①]和长汀县苏维埃政府主席段奋夫领导下，频频出击，连续打了五个胜仗，占领濯田、河田、修坊、蔡坊等重要乡镇，并且一鼓作气于 8 月 22 日占领长汀。

敌人调动宁化守军马鸿兴团与长汀民团岳连升部拼命反攻，与第五纵队在长汀展开拉锯战。长汀城几易其手，红五纵队又先后于 9 月 10 日、10 月 19 日两次攻占汀州。驻守汀州的国民党省防军第二混成旅黄月波部溃缩离汀州数十里之闽赣边境，观望不前。当时从长汀逃窜的地主豪绅曾向国民党南京政府泣诉：黄月波旅畏缩无能，红军在一年内五次占领汀州，“汀乡除环城十里内及汀北乡村稍能自立外”，余皆为赤色区域，恳求当局“派队剿办”。[②]

红二十军的这一系列胜利，在一定程度上拱卫了苏区的安全，抵制了“左”倾错误，减轻了这一错误对闽西的危害。同时，红二十军在斗争中获得了发展，由 5 月份成立时的 3 个纵队 1200 人发展为 8 月份的 5 个纵队 3000 余人。[③] 这与红十二军和二十一军两次出击东江受到严重挫折的情况恰好形成鲜明的对比。

诚然，福建省委和闽西苏区党内许多同志对“左”倾错误的抵制与反对在当时的条件下是有限的，但他们的意见和行动反映了相当一部分党内外干部群众对于“左”倾冒险错误的不满。

10 月 4 日，在施简的指导下，召开闽西苏维埃政府第五次常委会议。10 月 7 日，又召开了闽西总行动委员会、红二十一军军委和红军军官学校校委联席会议。这两次会议，听取了施简传达中央指示的报告。会议根据

---

① 王仰颜，原名王修文，1893 年 12 月出生于福建省长汀县新桥乡，1918 年入北京化工学校学习，1919 年在北京参加五四运动，1927 年加入中国共产党。土地革命战争时期，在闽西领导武装斗争，历任长汀县委委员、红二十军第五纵队司令员，1931 年牺牲。

② 参见长汀县地主豪绅代表叶镏楷等《给南京国民政府呈文》（1931 年 1 月 14 日），原件存中国第二历史档案馆。

③ 分别参见谢汉秋：《关于全省群众组织情形报告》（1930 年 7 月 13 日）；《中共闽西特委报告第二号》（1930 年 8 月 25 日）；《福建革命历史文件汇集》甲 6 册，第 288 页；《闽西革命史文献资料》第 4 辑，第 57 页。

红二十一军出击东江失败前后苏区面临的困难局面，以及闽西南与东江的形势，“完全同意中央的指示，转变闽西斗争策略，向闽南发展夺取漳州”。但是会议仍然坚持，“总的路线是向东江发展”。[①]

此外，这两个会议根据闽西的情况，作出两个决定。第一，以红二十军5个纵队为基础，与红二十一军合并，编为3个团，改番号为红军第十二军，全军共3100余人，2600支枪。左权[②]任军长（在左权未到之前由贺沈洋代理军长），施简任政委，李任予为政治部主任。第一团团长游端轩、政委刘孟槐，第二团团长蓝汉洲、政委卢其中、政治部主任陈品三，第三团政委丘潮保。[③] 为了区别于1930年4月成立并已经编入红一军团序列的红十二军，后来习惯于把这次新成立的部队称作红军新十二军。会议的第二个决定是，为了集中力量和统一指挥向闽南发展，马上成立闽西工农革命委员会，由施简、张鼎丞、郭滴人、贺沈洋、蓝为仁、高静山、左权、简祥明、王海萍、李中佛、阮山、段奋夫、王占春、卢其中、卢肇西等15人组成，施简为主席。[④]

10月20日左右，左权由中央抵龙岩，就任新十二军军长兼红军学校第一分校教育长。左权到达闽西后，与施简一起于10月29日向中央和南方局如实报告了苏区的困难局面与红军实力，认为“中央、南方局对闽西的情形非常隔膜，尤其是对红军数量上的估量过大，与这里实际情形相差很远，即省委也不甚明瞭〔了〕”。报告指出，南方局以为闽西的地方武装有4万，并据此指示“再进东江，反对打漳州”，这种估量与指导方针不切实际。“实际上闽西红军和整个的闽西武装与南方局所〔说〕只十分之一，

---

① 《左权、施简报告——闽西红军改编问题》（1930年10月29日），中央档案馆、福建省档案馆编《福建革命历史文件汇集》甲8册，1983年内部版，第241页。

② 左权，1905年3月出生于湖南醴陵县黄茅岭，1924年入黄埔军校第1期学习。1925年加入中国共产党，同年赴苏联学习，1930年回国。历任新十二军军长、红一军团参谋长和代理军团长、八路军副参谋长，1942年5月牺牲于太行山区。

③ 《强大充实之红军第十二军》，中共龙岩地委党史资料征集领导小组、龙岩地区行政公署文物管理委员会编《闽西革命史文献资料》第4辑，1983年内部版，第256页。

④ 参见《左权、施简报告——闽西红军改编问题》（1930年10月29日），中央档案馆、福建省档案馆编《福建革命历史文件汇集》甲8册，1986年内部版，第241页。

无论在主观上、客观上都不可能马上再入东江。”左权和施简提出，根据目前闽西的情况，应暂时停止进入东江，改向漳州进攻。①

左权和施简对闽西形势的分析是清醒和正确的。但是，由于当时关于纠正李立三“左”倾冒险错误的决定尚未传达到闽西，因此他们仍然不能断然否定中央和南方局关于闽西红军向东江潮汕进攻的脱离实际的方针，他们提出的关于向漳州进攻的目的，仍然是为着进取东江，所以他们认为，“打漳州总是入东江，策略上的改变非路线上的取消”。可以肯定，这种权宜之计依然是不能成功的。

11 月初，左权率领刚刚改编的新十二军第一、二团，经永定、平和向漳州进发。部队在平和县大芦溪击败张贞部杨育庭营。张贞随即调集所部增援，粤军香翰屏师也增兵大埔。新十二军乃改向永定龙潭、苦竹进攻，但均遭失利。“损失虽不大，但士兵情绪因之低落下来，由一千余战斗兵走了八百余，仅剩下六百余战斗兵”②。这样，闽西红军的第三次迂回出击东江之战便中途遭到了失败。

左权等及时总结教训，马上改变行动方针，率部返回闽西苏区，向敌人力量薄弱的长汀一带前进。他们会合留在长汀的新十二军第三团及地方武装，向汀州进攻。汀州守敌黄月波旅闻讯弃城逃遁。11 月 21 日，新十二军再克汀州。在长汀工作一星期后，主动撤出汀城，于 12 月 2 日转道攻占连城，③ 从而初步稳定了苏区的局势。

正当闽西苏区军民在艰难中奋斗的时候，中共中央于 9 月下旬召开的六届三中全会精神传达到了福建。三中全会“纠正了立三路线对于中国革

① 参见《左权、施简报告——闽西红军改编问题》（1930 年 10 月 29 日），中央档案馆、福建省档案馆编《福建革命历史文件汇集》甲 8 册，1986 年内部版，第 243—245 页。

② 《福建省军委关于十二军的报告》（1930 年 12 月 16 日），中共龙岩地委党史资料征集研究委会员、龙岩地区行政公署文物管理委员会编《闽西革命史文献资料》第 4 辑，1983 年内部版，第 445 页。

③ 参见《闽西红军攻占长汀连城》（1930 年 12 月 11 日），中共龙岩地委党史资料征集研究委会员、龙岩地区行政公署文物管理委员会编《闽西革命史文献资料》第 4 辑，1983 年内部版，第 442 页。

命形势的极左估计，停止了组织全国总起义和集中全国红军进攻中心城市的计划，恢复了党、团、工会的独立组织和经常工作，因而它就结束了作为立三路线主要特征的那些错误”①。根据三中全会的精神，福建省总行动委员会于 11 月 1 日撤销，恢复党团省委。随后，中共福建省委发出通告，指示各地撤销行动委员会，恢复各级党团组织。

与此同时，中共中央南方局组织部长陈舜仪于 11 月 1 日前后抵达闽西巡视。陈舜仪一到龙岩，立刻召开中共闽西特委扩大会议。出席会议的有特委委员和各县负责人 35 人。会议的议程是传达党的六届三中全会精神，讨论闽西的形势，布置新的工作任务，改选特委成员。经过三天的讨论，“大会对中央三全扩大会的新路线，及南方局对闽西工作布置的指示完全接受”②。

闽西特委扩大会议依据三中全会精神，正确分析了形势，对过去的工作作了检讨。会议认为，中国革命的浪潮是在一天天高涨，但全国革命的发展是不平衡的，“这一形势，绝对不是革命高潮”，“过去估量革命高潮到了是犯了冒险性的‘左’倾”，“以致取消青年团及放弃群众日常斗争，不领导和抛弃闽西苏区，单纯军事冒险向东江发展，结果几次败仗回来，更使闽西种种困难”。③ 随后，南方局巡视员又于 11 月 8 日至 9 日召开共青团闽西特委扩大会议，传达贯彻党的三中全会决议。这两个会议决定立即撤销总行动委员会，恢复闽西党团特委。中共闽西特委恢复以后，由李明光、郭滴人、刘端生、高大宗为常委，蒋大川、林炳泉、张念仁、谢凤莲、谢献政（球）为执行委员。④

---

① 《关于若干历史问题的决议》，《毛泽东选集》第 3 卷，人民出版社 1991 年版，第 961 页。

② 《中共闽西特委报告第一号——闽西政治形势与党的任务》（1930 年 11 月 29 日），中央档案馆、福建省档案馆编《福建革命历史文件汇集》甲 8 册，1986 年内部版，第 215 页。

③ 《中共上杭县委扩大会决议案》（1930 年 12 月 20 日），中共龙岩地委党史资料征集研究委会员、龙岩地区行政公署文物管理委员会编《闽西革命史文献资料》第 4 辑，1983 年内部版，第 449 页。

④ 参见《中共闽西特委报告第一号——闽西政治形势与党的任务》（1930 年 11 月 29 日），中央档案馆、福建省档案馆编《福建革命参见历史文件汇集》甲 8 册，1986 年内部版，第 231 页。

11 月 18 日，闽西苏维埃政府发出第十一号通告，对斗争策略作了修正。这个通告吸取了红三军团攻打长沙得而复失的教训，改变过去冒险向东江进攻夺取中心城市的方针，认为“两次攻陷长沙的经验告诉我们，如其用全力夺取孤城，不如以全部力量，领导广大的群众起来斗争，造成一广大赤色版图，以深入的斗争，巩固的政权，充实的力量来进攻敌人，准备着军阀混战爆发时，一鼓将敌人消灭”[①]。同时，闽西各级组织也从实际的经验中认识并开始纠正土地革命、扩大红军、苏维埃建设等方面存在的“左”倾错误，认为“我们工作有错误与缺点，反富农变为打富农打中农，甚至打击贫农”；扩大红军中搞强迫命令，造成大批逃兵；苏维埃政府存在着命令主义，“形成苏维埃政府日趋脱离群众的倾向”。[②] 中共闽西特委在研究了苏区的形势和正确估量了主客观力量以后，对目前工作方针作出新的决定：“根据三中全会（扩大）新的路线，决定闽西的主要策略是巩固政权向外扩大”[③]。这一方针是十分正确的。

11 月 28 日（一说 27 日），中共中央政治局委员、苏区中央局代理书记项英由南方局抵达龙岩，在当天召开闽西特委全体会议，进一步传达三中全会精神，并对闽西的工作提出了意见。12 月 3 日，刘伯坚又从上海到达龙岩，“带来中央三中全会的一切密件”。[④] 至此，中共六届三中全会精神在闽西得到了充分的贯彻。

---

① 《闽西苏维埃政府通告第十一号》（1930 年 11 月 18 日），中共龙岩地委党史资料征集研究委会员、龙岩地区行政公署文物管理委员会编《闽西革命史文献资料》第 4 辑，1983 年内部版，第 369 页。

② 《龙岩县总行委第三十次常委会决议》（1930 年 11 月），中共龙岩地委党史资料征集研究委会员、龙岩地区行政公署文物管理委员会编《闽西革命史文献资料》第 4 辑，1983 年内部版，第 409 页。

③ 《中共闽西特委最近宣传大纲》（1930 年 11 月 26 日），中共龙岩地委党史资料征集研究委会员、龙岩地区行政公署文物管理委员会编《闽西革命史文献资料》第 4 辑，1983 年内部版，第 391 页。

④ 《中共闽西特委给南方局报告》（1930 年 12 月 7 日），中央档案馆、福建省档案馆编《福建革命历史文件汇集》甲 8 册，1986 年内部版，第 234、238 页。

第九章　闽粤赣特区成立与反“围剿”战争

一　成立闽粤赣特区

闽西革命根据地的创立与巩固，对于促进闽粤赣三省革命潮流的高涨，有着十分重要的意义；尤其对于发展三省边界革命局面，开拓更为广阔的苏维埃区域，闽西苏区更是重要的前进阵地。正因为如此，从1929年开始，中共红四军前敌委员会、闽西特委和福建省委，始终把巩固与发展闽西苏区，打通闽粤赣三省边界，与东江、赣南革命势力相联系，造成三省边界的赤色区域，作为长远的战略目标；并且还计划以此为基地，西向湘赣边界、北向闽北及方志敏领导的赣东北苏区发展，实现湘、赣、闽、粤诸省革命势力的联合与壮大，造成南部中国广大区域的赤色版图。

经过一年多的奋斗，闽西、赣南、粤东地区相继创立了比较巩固的农村革命根据地。与此同时，在全国其他一些省份，也分别开辟了十多块苏维埃区域。中共中央为了适应全国革命发展的形势，1930年5月在上海召开的全国苏区代表大会上，决定在适当的时机召开全国工农兵代表大会，建立全国的苏维埃政权。为此，中央在会议期间成立了中央苏维埃代表大会准备委员会（简称中央苏准会），并且决定邀请中央各直属机关、各苏维埃区域和红军共45个单位的代表出席全国工农兵代表大会，闽西苏区是其中的一个单位。①

① 参见《苏维埃代表大会中央准备临时常委会报告》，《红旗日报》1930年9月12日第4版。

9月12日，中央苏准会在上海召开全体会议。在这次会议上，重新决定了全国苏维埃代表大会的工作方针。为了便于统一领导，中央苏准会把全国十几块苏区划分为9个特区，闽西与东江苏区划为粤闽特区，其他8个特区是湘鄂赣、赣西南、湘鄂西、湘南、广西、赣东北、鄂豫皖、琼崖。[①] 不久，中央苏准会又将9个特区合并为6个特区，其中赣南与闽西、东江苏区划为1个特区——闽粤赣特区。

9月下旬，党的六届三中全会结束。中共中央为了加强对闽粤赣苏区的领导，决定派新增选的中央委员邓发[②]前往主持工作。邓发的使命是纠正过去几个月的李立三“左”倾错误，“使闽粤赣苏区打成一片，停止冒进政策，有阵地的向东江开展”。具体的任务有六项，归纳起来是：第一，建立党的中心领导，成立闽粤赣省委和各中心县委；第二，恢复在立三路线时期受到损失的地方武装，建立主力红军，使闽西与东江的红军靠拢；第三，恢复和加强城市工作，从东江和闽西苏区分别派干部到潮州、汕头、漳州、上杭等白区城市工作；第四，改造和加强苏维埃，加强苏区职工会、农会和少先队组织。[③]

10月间，邓发与广东省委组织部长李富春从上海到达东江苏区的大南山，召开闽粤赣边区第一次党代表大会。会议成立了中共闽粤赣特区委，邓发任书记，并且决定在东江各属的赤色区域分设西南（大南山）、西北（八乡山）、东南（海陆惠紫）三个分委，东江特委随之撤销。[④]

在此期间，11月28日到达龙岩的项英在闽西特委全体会议上传达了中央关于成立闽粤赣苏维埃特区的决定，要求马上着手筹备工作。据此，

---

① 参见《中国工农兵会议（苏维埃）第一次全国代表大会选举原则》，《红旗日报》1930年10月9日第2版。

② 邓发，原名邓元钊，1906年3月出生于广东省云浮县，1925年加入中国共产党，参加过省港大罢工和广州起义，历任中共香港市委书记、广州市委书记、广东省委组织部长，闽粤赣省委书记、国家政治保卫局局长、中央党校校长、八路军驻新疆代表、中国解放区职工联合会筹委会主任，1946年4月8日因飞机失事遇难。

③ 参见《邓发同志在闽西党史座谈会上的发言记录》，1945年2月23日。

④ 参见广东省委党史研究委员会编《中共广东党史大事记》，广东人民出版社1984年版，第53页。

中共闽西特委确定于12月7日召开闽、粤、赣三区域苏维埃代表联席会议，以便研究成立闽粤赣特区苏维埃政府事宜。①

12月7日，在庄严热烈的军乐与鸣炮声中，闽粤赣特区苏维埃大会筹备委员会成立会议在闽西苏维埃政府大礼堂揭幕。出席会议的有闽西代表林一株、陈正、罗寿春，东江苏区代表李明光等三人，赣南苏区代表因交通阻塞未到会。龙岩各机关团体300多人参加了会议。会议推举林一株为大会主席。中共中央南方局代表陈舜仪首先发表讲话，报告目前中国政治形势及当前任务。李明光、罗寿春也相继演说。

会议讨论与通过了《闽粤赣边特区苏维埃筹备委员会成立宣言》《反对军阀进攻苏维埃区域纪念广州暴动告群众书》《拥护全苏大会通电》等文件，讨论了闽粤赣苏维埃代表大会的代表人数与成分比例。确定代表总数为200人，其中闽西90人、东江70人、赣南40人。会议选举成立闽粤赣特区苏维埃筹备委员会，由11人组成，闽西4人（张鼎丞、罗寿春、陈正、李世弟），东江3人（陈魁亚、丘宗海、李坚真），赣南3人（暂缺），红军1人（施简）。② 会议决定由罗寿春担任筹委会主席，并决定于1931年1月21日列宁逝世纪念日正式成立闽粤赣特区苏维埃政府。

同一天，闽粤赣特区苏维埃筹委会发表《闽粤赣特区苏维埃筹备委员会成立宣言》，认为自从广州起义打出苏维埃政权的旗帜以后，全国贫苦工农都起来为建立苏维埃政权而奋斗，在全国各地创建了广大的红色区域。国民党军阀和帝国主义为了挽救其反动统治，正在加紧进攻苏区与红军。在这革命高涨与斗争严重的局面下，更加迫切需要建立全国的苏维埃政权，统一指挥各地斗争。而要贯通各级苏维埃区域，就还必须建立各个特区的苏维埃政府。

《闽粤赣特区苏维埃筹备委员会成立宣言》指出，“闽西赣南东江数

---

① 参见《中共闽西特委给南方局报告》（1930年12月7日），中央档案馆、福建省档案馆编《福建革命历史文件汇集》甲8册，1986年内部版，第237页。

② 参见《闽粤赣特区苏维埃筹备委员会开成立会》（1930年12月7日），中共龙岩地委党史资料征集研究委会员、龙岩地区行政公署文物管理委员会编《闽西革命史文献资料》第4辑，1983年内部版，第437页。

百万的革命群众，经过长期斗争获得土地革命的胜利，普遍的建立苏维埃政权与红军，造成广大的苏维埃区域，成为南方革命根据地和苏维埃中央的后防”。为了巩固和扩大这一赤色区域和中央苏区，“则要建立闽粤赣边特区苏维埃政府，为闽西东江赣南最高政权机关”，领导这三区域的革命势力，消灭一切反动派，贯通这三个赤色区域以促进全国革命的胜利。①

12 月上旬，中共闽粤赣特委书记邓发由东江大南山抵达龙岩，不久，领导召开了闽粤赣苏区党代表大会。这个会议是东江大南山会议的继续，只是由于两块苏区尚未连成一片，交通阻隔，不得不在两个地方分别召开。“大会首先诚恳地接受中共中央扩大的三中全会的指示异常正确，肯定地指出，在全国革命新的高涨形势底下，闽粤赣目前政治局势的严重，帝国主义、国民党军阀在挽救其垂死统治当中，用它最后拼死的整个计划来包围进攻苏维埃红军，特别是闽粤赣苏维埃根据地闽西表现出尤其严重。”②

闽粤赣苏区党代表大会根据三中全会精神，总结了过去李立三“左”倾错误统治时期的错误与教训，决定“坚决的执行布尔什维克自我批评的精神，来纠正自己的错误，并开始策略上‘严格的全部转变’来担负当前的严重任务”。会议认为，在敌人发动“围剿”实行军事进攻的形势下，苏维埃应当“以‘闽西为阵地’地巩固闽粤赣苏维埃向外发展，首先冲破敌人的包围进攻，使【之】成为苏维埃中央巩固的后方”③。

---

① 参见《闽粤赣特区苏维埃筹备委员会成立宣言》（1930 年 12 月 7 日），中共龙岩地委党史资料征集研究委会员、龙岩地区行政公署文物管理委员会编《闽西革命史文献资料》第 4 辑，1983 年内部版，第 435—436 页。

② 《中共闽粤赣苏区党员代表大会的成功与当前的严重任务》（1931 年 1 月 21 日），中共龙岩地委党史资料征集研究委会员、龙岩地区行政公署文物管理委员会编《闽西革命史文献资料》第 5 辑，1984 年内部版，第 28 页。

③ 中共龙岩地委党史资料征集研究委员会、龙岩地区行政公署文物管理委员会编《闽西革命史文献资料》第 5 辑，1984 年内部版，第 29 页。

然而，由于党的六届三中全会对于李立三“左”倾错误的思想实质与根源未能彻底清理，闽粤赣党代表大会依然受到党内存在着的“左”倾错误思想的影响，提出了“加紧两条战线的斗争，特别是反对右倾机会主义的主要危险”的错误口号。[①] 这就为不久以后贯彻王明“左”倾教条主义打下思想基础。

中共闽粤赣特区委与闽粤赣特区苏维埃筹备委员会的成立，表明闽西苏区的革命运动在党中央和全国苏维埃代表大会准备委员会领导下纳入了中央苏区的工作范围；以闽西为主体的闽粤赣三省边界的红色区域，成了未来中央苏区的重要基础。

但是，这个时候由于国民党调动大军开始了对苏区的第一次“围剿”，因此闽粤赣各苏区红军不得不把全部力量投入到反“围剿”战争中去，打通三省苏区与建立闽粤赣特区苏维埃政府的工作也就难于进行。在此之前，广东东江党的组织根据实际情况，重新恢复了东江特委，原来决定隶属于闽粤赣特区党委的西南、西北分委仍然归属东江特委。[②] 闽西苏区的红色政权，仍然为闽西苏维埃政府。以邓发为书记的中共闽粤赣特区委，实际只是闽西苏区党的最高领导机关，并不领导东江、赣南苏区的党组织。中共闽粤赣特区委成立后，直属苏区中央局领导，闽西特委随之撤销。

中共闽粤赣特区委成立后，将所辖苏区的行政区域作了调整。调整以后的苏区包括 5 个县，即除原来的龙岩、永定两县不变动以外，上杭、武平合并为杭武县，长汀、连城合并为汀连县，平和与广东省饶平、大埔合并为饶和埔县。因此实际上中共闽粤赣特区委和闽西苏维埃政府领导的仅有闽西大部地区及广东边界的小部分地区共 9 个县的范围。

---

① 参见《中共闽粤赣苏区党员代表大会的成功与当前的严重任务》（1931 年 1 月 21 日），中共龙岩地委党史资料征集研究委会员、龙岩地区行政公署文物管理委员会编《闽西革命史文献资料》第 5 辑，1984 年内部版，第 29 页。

② 参见中共广东省委党史研究委员会、中共广东省委党史资料征集委员会编《中共广东党史大事记（民主革命时期）》，1984 年内部发行，第 53—54 页。

1931年5月以后，中共闽粤赣特区委改称闽粤赣省委，管辖的范围不变。这一地区与赣南苏区在1931年9月打通连成一片以后，即是全国最为强大的中央苏区。

二　第一次反“围剿”

1930年10月，蒋介石在取得对冯玉祥、阎锡山战争的胜利以后，立刻调集力量，对苏区和红军进行大规模的“围剿”。“围剿”的重点是中央苏区和红军第一方面军。

10月20日左右，在国民党江西省主席兼第九路军总指挥鲁涤平指挥下，参加“围剿”的国民党军陆续开入江西境内。11月5日，国民党军开始向赣南苏区进攻。两天以后，各路国民党军分别进至清江、新干、罗坊、新余、分宜。

红一方面军总前委根据敌人的“围剿”部署与进攻方向，分析了敌我双方的力量，接受了毛泽东的建议，决定在强敌进攻的情况下，红军应先向苏区内部退却，依靠苏区人民的支援与有利的地理条件，发现与造成敌人的弱点，然后集中优势兵力，各个击破敌人于运动之中。

12月上旬，蒋介石抵南昌，亲自组织各部对中央苏区的“围剿”。蒋介石决定加强兵力，其参战部队除了原来已经入赣的以外，又急调在武汉的第十九路军进入江西，并令驻福建各部向闽西苏区推进，在中央苏区的东线压迫与堵截红军的行动。国民党军参加“围剿”的总兵力达到11个师又2个旅，共10万余人。为了加强指挥，蒋介石在南昌设立“陆海空军总司令行营”，以鲁涤平兼行营主任，并任命第十八师师长张辉瓒为前线总指挥。

12月16日，各路国民党军开始向苏区的中心区域进攻。国民党军在进攻过程中由于不断受到苏区军民袭扰，加以苏区群众坚壁清野，破坏交通，所以一开始在行动及补给上遇到许多困难，从而使红军得以充分准备，待机反击。12月下旬，进入苏区腹地的国民党军7个师由于兵力分散，给养困难，士气低落，暴露出许多弱点。

红军总前委把握时机，决定集结优势兵力，在宁都以北之黄陂、小布一带歼灭来犯之敌。12 月 30 日，张辉瓒率领第十八师进至红军伏击地区之龙冈。红三军第七师、红十二军、红四军及红三军团主力协同作战，迅速切断敌人退路，予以分割包围。激烈的战斗持续了一整天，红军歼敌第十八师师部和两个旅近万人，活捉前敌总指挥张辉瓒。

1931 年 1 月 1 日，红一方面军乘胜东进，追歼敌第五十师。1 月 3 日，红十二军与红三军团在宁都东韶向敌人发起进攻，歼敌五十师一个多旅。经过这两次战斗，国民党“围剿”军各师为之震惊，仓皇撤出苏区。至此，中央红军在江西战场上击破了敌人的第一次“围剿”。

蒋介石在向赣西南苏区大举进攻的同时，也向闽西苏区发动了“围剿”。根据蒋介石的命令，1930 年 10 月下旬，驻漳州新编独立第一师张贞部和驻粤东的第六十二师香翰屏部分别向龙岩、永定移动。同年 12 月，蒋介石在南昌召集的党政军高级官员会议上又决定调第五十六师刘和鼎部由建宁向石城进击；命令张贞师的番号改为陆军第四十九师，“出发闽西进攻红军及苏维埃区域，留小部驻原防”。① 同时，命令驻闽北的独立第三十二旅卢兴邦部和独立第十四旅周志群部向长汀推进。这样，作为中央苏区后防的闽西，成了第一次反“围剿”战役的东线战场。

在对闽西的“围剿”中，国民党军的主力是张贞的第四十九师。张贞在进攻的战略上分作两个阶段。其第一阶段战略是：“以适中一路为中心，以永福为右翼，以永定、平和为左翼，以自己的部队为主力，以团匪为助力，从各方面配合力量集中目标攻下龙岩，同时相机进攻永定。”其第二阶段战略是：夺取龙岩之后，“以龙岩为进攻的根据地”，一方面由小池、大池进攻龙岩、连城、上杭三县边界之闽西苏区中心区域，另一方面由白土经坎市、抚市、南溪三路，进攻龙岩、永定、上杭三县边界之赤色区域的另一中心地区太平里和湖雷，然后进攻汀连，与赣西南

① 参见《南京调遣白军进攻闽西苏维埃区域》，《红旗日报》1930 年 12 月 3 日第 1 版。

的“围剿”军相配合，实现他们“会师汀州，围剿朱毛”的计划。[①]

10月下旬，中共闽西特委根据敌人进攻的形势，对反“围剿”战役作了初步的部署。这一部署“总的策略是防御的进攻”，确定以新十二军经永定苦竹开赴苏区边境地区，在龙岩、永定、平和、南靖四县交界地带游击，目的是牵制香翰屏师，压迫漳州之张贞师；调新十二军第三团与上杭游击队协同作战，首先夺取汀州，然后进攻上杭，并向永定峰市游击，扰敌香翰屏师并压迫江西之敌。闽西特委所采用的战术是，“各县武装集中开到边境，以各个击破的策略消灭零星团匪”[②]。

中共闽西特委上述关于以攻为守、各个击破敌人“围剿”的策略，是符合当时敌强我弱这一实际情况的。如果苏区军民一致动员起来，依照这一战略战术开展斗争，或许能够取得一定的成功。然而，由于闽西红军不久以前两次出击东江失败，部队大量减员，士气不振，苏区群众情绪低落。在这样的情势下，散存在苏区各地的团匪与豪绅地主趁机造谣破坏，富农与商业资产阶级表示动摇以至倒向反革命，因此闽西苏区在第一次反“围剿”战役的最初阶段受到了一定的挫折。

12月15日，张贞的第四十九师4个团，以地主民团为先导，向龙岩发起攻击，开始实施其第一期的作战计划。这时闽西红军新十二军2个团在永定、平和边境，第三团在长汀，离龙岩有2天以上路程。闽西苏维埃政府率领驻守龙岩的少数武装奋起抵抗，但终因寡不敌众，被迫放弃龙岩，撤至小池、大池。[③] 第二天，张贞又以2个团尾追，进攻小池和

① 参见《中共福建省委给闽西党团特委及各县党团县委信》(1931年1月3日)，中共龙岩地委党史资料征集研究委会员、龙岩地区行政公署文物管理委员会编《闽西革命史文献资料》第5辑，1984年内部版，第2页。

② 参见《杜××自闽西给南方局信——敌我双方军事情形》(1930年11月1日)，中共龙岩地委党史资料征集研究委会员、龙岩地区行政公署文物管理委员会编《闽西革命史文献资料》第4辑，1983年内部版，第345页。

③ 参见《福建省军委关于十二军的报告》(1930年12月16日)，中共龙岩地委党史资料征集研究委会员、龙岩地区行政公署文物管理委员会编《闽西革命史文献资料》第4辑，1983年内部版，第445页。

大池，在遇到红军的顽强抵抗之后，未能取得进展，于 12 月 18 日退据龙岩。与此同时，张贞驻马坑、东肖等地部队向周围赤色乡村进攻，相继占领了龙岩周围大部分苏维埃区域。

敌四十九师占领龙岩之后，企图实现其第二期战略计划。12 月中旬，敌四十九师以 3 个团兵力向永定坎市进攻，企图打通永定，与广东香翰屏第六十二师及永定民团相联系，进而夺取永定。刚从各地调集起来的新十二军与地方武装在坎市与敌展开激战，数小时后，因兵力单薄而撤退。敌杭、永、武、连四县保安总队趁机向永定进攻，12 月 18 日，永定被攻陷。

与此同时，据守闽西北宁化、清流一带的敌省防军卢新铭残部和独立第十四旅周志群部根据蒋介石的命令，加紧进攻闽西苏区。12 月下旬，这两个旅敌军进占汀州和连城，并向苏区腹地之水口、濯田进攻，企图打通与上杭团匪的联系。困守上杭的团匪钟绍葵部趁机响应，“积极向杭西、汀河沿途赤色区域回龙、官庄、旧县、千家村等处进攻”[①]。黄月波带领的第二混成旅一部也与长汀团匪李七孜等相勾结，向河田、三洲进攻，企图进占涂坊以取得与连城团匪的联络。

在敌人的进攻中，地主民团是冲锋打头阵的骨干，“其所到之处，则用极残酷的白色恐怖杀抢政策，龙岩的东肖、湖坑、大小池一带都有房子给他烧掉，谷子、猪、牛被他们抢得干净”[②]。同时，各地豪绅纷纷建立民团，捕杀苏维埃干部，威迫群众下山，实行“清乡保甲”，迫害红军与干部家属。

闽西苏区和红军在第一次反“围剿”战役的最初阶段失利之后，

---

① 《共青团闽西特委关于政治形势特委及各县团的工作概况报告》（1931 年 1 月 8 日），中共龙岩地委党史资料征集研究委会员、龙岩地区行政公署文物管理委员会编《闽西革命史文献资料》第 5 辑，1984 年内部版，第 11 页。

② 《共青团闽西特委关于政治形势特委及各县团的工作概况报告》（1931 年 1 月 8 日），中共龙岩地委党史资料征集研究委会员、龙岩地区行政公署文物管理委员会编《闽西革命史文献资料》第 5 辑，1984 年内部版，第 11 页。

闽西苏维埃政府和新成立的中共闽粤赣特区委调整部署，一方面调广东东江红十一军第四十八团入闽参战，一方面动员闽西新十二军与各县武装加紧反“围剿”的准备。同时，苏区人民也紧急行动起来，配合红军投入战斗。据当时福建省委机关报《福建红旗》报道，在蒋介石调集军队向闽西苏区发动第一次“围剿”以后，“闽西所有一切群众武装组织都一齐动员起来，坚决的为着土地与政权而斗争，以保障三年斗争中以血换来的一切胜利。各县赤卫总队部接到闽西苏维埃政府军事部的紧急动员通令后，即将各区乡之赤卫队集合，加紧军事政治训练，以备听命去袭击敌人”①。

中共福建省委在敌人占领龙岩之后，致信闽西党团特委，指出目前主要的危险无疑仍然是敌人对苏区与红军的进攻，特别是对赣西南与闽粤赣的“会剿”。龙岩失守，永定与平和边界斗争受到打击，张贞、香翰屏、周志群联合向闽西进攻，都是很大的威胁。敌四十九师正在实行其第二期军事计划，向赤色区域的中心进攻。福建省委认为，虽然形势十分严重，但是苏区群众的斗争情绪已经开始转变，“已经由恐慌而愤怒的起来反攻，部分的袭击敌人”。党应充分地动员与领导群众，向敌人实行反击。②

福建省委对反“围剿”斗争提出了具体计划，认为红军的反攻可以分作两期。第一期的战略是：以岩、杭、连三县边界的蛟洋、大小池和岩永杭边界的太平里、湖雷作为与敌人作战的两个中心根据地，在这两个中心区域周围依次建立若干次要的作战根据地，相互打通联结成巩固的防地，使其不致被各个击破，而且应以这些根据地为依托，向龙岩反攻，相机夺回永定。在力量配备上，新十二军集中在蛟洋、大小池，东江的红四十八团及杭永游击队集结于太平里、湖雷，以形成两个坚固的

① 《闽西大动员》(1931 年 1 月 18 日)，中共龙岩地委党史资料征集研究委会员、龙岩地区行政公署文物管理委员会编《闽西革命史文献资料》第 5 辑，1984 年内部版，第 26 页。

② 参见《中共福建省委给闽西党团特委及各县党团县委信》(1931 年 1 月 3 日)，中共龙岩地委党史资料征集研究委会员、龙岩地区行政公署文物管理委员会编《闽西革命史文献资料》第 5 辑，1984 年内部版，第 3 页。

作战核心力量。在战术方面，“我们不必和他们便〔恋〕战，要找到敌人的弱点，先部份〔分〕的打击敌人的部队，推动群众斗争的情绪，扩大和充实我们的力量，相机向敌人的中心部队反攻”。第二期的反攻计划，“是要龙岩克复与永定克复后开始，这期我们的战略是‘巩固龙岩永定’。一方面向南靖一带发展，一方面向平和发展，与漳属农民的斗争，实行汇合起来，动摇张贞的统治，肃清内部团匪，与部份〔分〕的打击张贞，以至消灭张贞”。①

省委的上述战略战术是正确的，与闽西党组织及苏维埃政府的意见也基本一致。从 1930 年 12 月底开始，闽西红军按照福建省委的计划调整部署，与东江红四十八团相配合，集中优势兵力，向分散与弱小之敌实行反攻。

1931 年 1 月 1 日，东江红四十八团与永定赤卫队及溪南、湖雷群众武装 6000 余人向永定发起进攻。驻守永定的敌军杭永武连四县保安总队 600 余众被红军包围。保安总队总队长罗介人率众仓促应战。在红军优势兵力的进攻下，罗介人部大部被歼，残部弃城逃遁。②

1 月 10 日，罗介人残部联合粤敌香翰屏之六十二师向永定反攻，进占坎市；1 月 13 日，敌军“会攻”湖雷，趁机袭取永定。但由于这一带地区多为红军游击队所控制，敌人进占永定后不敢久留，被迫再次弃城。

永定战役以后，闽西红军基本遏制了敌人的进攻，“围剿”与反“围剿”斗争趋于相持。敌四十九师在占领了龙岩与永定边界的一些乡村之后，已难于再向苏区腹地进攻。敌人原来准备分三路进攻，首先攻取永定县苏维埃政府驻地湖雷，然后一路向坎市、一路向县城、一路向抚溪的计划已不可能实现。

2 月间，红军新十二军由上杭古蛟地区出击，向龙岩大小池反攻，

① 《中共福建省委给闽西党团特委及各县党团县委信》（1931 年 1 月 3 日），中共龙岩地委党史资料征集研究委会员、龙岩地区行政公署文物管理委员会编《闽西革命史文献资料》第 5 辑，1984 年内部版，第 5—6 页。

② 参见福建汀龙旅潮救乡会：《给南京国民政府快邮代电》（1931 年 1 月 9 日），原件存中国第二历史档案馆。

包围敌四十九师第二九二团林百龙部，歼其大部，残敌退回龙岩。随后，坎市、船巷、白土等处地方武装相继向敌人反击。“赤卫队利用地势之熟悉，常于夜间袭击，白军难于应付，驻坑市一带的白军亦已撤退，驻在白土之民团且实行拥护投到赤卫队方面。”①

至此，国民党军队对闽西苏区的第一次“围剿”悄然收场。

三　第二次反“围剿”

蒋介石对中央苏区的第一次“围剿”失败后，在 1931 年 2 月任命军政部长何应钦为南昌行营主任，指挥湘、鄂、赣、闽四省“围剿”红军的军事行动，组织对中央苏区的第二次“围剿”。

蒋介石在第二次“围剿”中改变了过去的战略，首先在苏区周围集结重兵，对苏区进行严密的军事包围与经济封锁，以主力分兵由东、北、西三方面“进剿”，一部由南面“协剿”，并依“稳扎稳打，步步为营”之原则，以图彻底摧毁中央苏区。为此，他调动了约 20 万兵力投入这次“围剿”。

1931 年 3 月，中央苏区军民根据敌情进行了充分的反“围剿”准备。红一方面军总部作出部署，确定把中央苏区划分为 10 个游击区，建立东南西北中 5 个指挥部，并要求各游击区地方武装运用游击战术，袭击和扰乱敌人，配合主力红军的行动。

4 月 1 日，国民党军分四路向中央苏区发动进攻。国民党军每前进一步都先以小部队游击侦察，大部队随后跟进，并在占领地区强化反动统治。

苏区中央局就如何对待反“围剿”方针问题进行反复讨论之后，接受了毛泽东关于继续实行诱敌深入、集中兵力各个击破的意见，确定首

---

① 《红军反攻大小池胜利》（1931 年 2 月 25 日），中共龙岩地委党史资料征集领导小组、龙岩地区行政公署文物管理委员会编《闽西革命史文献资料》第 5 辑，1984 年内部版，第 68 页。

先打击由富田出动之敌第五路军王金钰部。4 月下旬，红一方面军主力在吉安东固附近地区隐蔽集结，加紧临战训练，准备歼灭来犯之敌。

5 月 13 日，国民党军第五路军由富田向东固移动，陆续进至红军主力的伏击地区。5 月 16 日，红一方面军以绝对优势的兵力向敌人发起突然攻击，正在行进中的敌军顿时陷入混乱，其二十八师大部、四十七师一部迅即被歼。

富田战斗以后，红一方面军乘胜进击，又先后在白沙、中村和广昌连战皆捷。5 月 31 日，红三军团与红十二军主力出敌不意，一举攻取建宁，从而打破了敌人的第二次“围剿”。

闽西是中央苏区的后方基地，在战略上极为重要。因此，蒋介石在对江西苏区进行第二次“围剿”的同时，对闽西苏区亦发动了进攻。何应钦就任南昌行营主任以后，命令福建、广东的部队向闽西苏区推进，“新编独立第十四旅周志群部，独立第三十二旅卢兴邦部，第四十九师张贞部及第六十二师香翰屏部，分别在宁化、长汀、武平、蕉岭等地防守”,① 以配合江西战场各路“围剿”军的行动。

根据何应钦的命令，驻闽粤之国民党军以第一次“围剿”侵占的地区为基点，同样采取步步为营的缓进政策，由东向西逐渐向闽西苏区推进。福建各派军阀为了各自的利益，注重于保存实力，不愿意把主要兵力投入与红军正面作战。四十九师张贞部在占领龙岩后，以 6 个团的兵力分驻在附近的龙门、白土一带，仅以少量部队纠合地主武装民团保安队向苏区进攻。

3 月中旬，第四十九师张贞部一个团进占坎市，第六十二师香翰屏部也开抵永定峰市，企图夺取永定城与湖雷，造成向闽西苏区包围的形势。3 月下旬，永定县苏维埃政府所在地湖雷和永定县城相继失守。

国民党军在占领的地区疯狂报复，大肆摧残和捕杀贫苦工农。据 4 月底统计，汀连县苏区原有 9 个区，有 5 个区被敌人占领和摧残，仅第

① 参见何应钦将军九五纪事长编编辑委员会编《何应钦将军九五纪事长编》（上），黎明文化事业股份有限公司 1984 年版，第 238—241 页。

五、六两个区就被捕 30 多人，牺牲 20 多人，焚毁房屋 21 座；杭武县的 8 个区损失了北四区、北五区和千家村；永定县 8 个区损失 1 个区；龙岩县损失最为严重，在被敌人占领的 7 个区中，有 6 个区约 160 户农民的房屋被烧，80 余人被捕，32 人牺牲，损失耕牛 130 多头，猪 600 多头。[①]

为了打破敌人第二次“围剿”，中共闽粤赣特区委和闽西苏维埃政府进行紧急动员，召开各种会议进行具体部署。4 月 4 日，闽粤赣特区军委与各县县委、新十二军军部召开联席会议。会议根据闽西的形势，认为“目前在敌人四方的围攻中，我们的中心策略是冲破敌人的包围”[②]。为实现这一目的，首要的任务是扩充新十二军，充实各县军委会，并对各县赤卫队进行统一的编制训练，提高作战能力。

会议确定了游击战争的任务：“a. 牵制敌向苏维埃区进攻；b. 分散敌人主力，以至消灭他们一部分武装；c. 断绝敌人的交通；d. 发动与白区邻近的苏维埃区群众及非苏区的群众斗争，扰乱敌人后方。”

在战术方面，会议要求在各战略点之间加强军事交通，一方面在敌人进攻的要隘埋竹签、建碉堡、挖战壕、设置防御工事，尽量地阻滞敌人的进攻；同时，应当着重于开展游击战争，“在目前敌人进攻苏维埃中，我们要在敌人前后左右施行游击牵制敌人，以动摇敌人军心”[③]。

闽西苏区的主力红军是新十二军，兵力有 2000 人左右。闽粤赣军区军委会将新十二军主力调集在永定，新十二军另一部配置在长汀，计划首先克复永定湖雷、坎市及金丰区的湖坑、奥杳、高头、南溪，进而向下洋、苦竹、下溪南及韩江下游发展。[④] 4 月间，新十二军在“保护春

① 参见《闽西革命互济会第七次执委会议》（1931 年 4 月 28 日），中共龙岩地委党史资料征集研究委会员、龙岩地区行政公署文物管理委员会编《闽西革命史文献资料》第 5 辑，1984 年内部版，第 190—192 页。

② 《闽粤赣苏区军事会议决议案》（1931 年 4 月 4 日），福建省档案馆、广东省档案馆编《闽粤赣边区革命历史档案汇编》第 1 辑，档案出版社 1987 年版，第 47 页。

③ 《闽粤赣苏区军事会议决议案》（1931 年 4 月 4 日），福建省档案馆、广东省档案馆编《闽粤赣边区革命历史档案汇编》第 1 辑，档案出版社 1987 年版，第 50 页。

④ 参见《中共永定县执委扩大会关于红色五月工作的决议》（1931 年 4 月 22 日），龙岩地委党史办公室编《闽西党史研究参考资料》（1931—1934 年合订本 2），1958 年 3 月。

耕，夺回湖雷”的口号下，在永定县地方武装赤卫队、少先队数千人配合下，先后两次向坎市发动反攻；4 月中旬，为了消灭长汀四周的残敌，巩固赤色区域并向外发展，新十二军又与长汀地方武装相配合，进攻濯田和温坊的团匪。但是，这几次军事行动由于敌我力量悬殊，都未取得胜利。

很明显，闽西苏区由于 1930 年下半年以来在军事上的几次失利，加以主力红军老十二军调赴江西战场，新十二军的战斗力已大为削弱。可是，参加第二次“围剿”闽西苏区的敌张贞、香翰屏、卢新铭等部，虽然在军事上占有绝对优势，却并未立即采取大规模的行动向苏区腹地进攻。这是什么原因呢？对此，中共闽粤赣特区委作了分析，认为其原因“第一是他们对进攻苏维埃区域的策略是采取步步为营，一步一步的推进……第二是因为他们本身弱点太多，战线延长一百多里，如果在他们已得的政权不加紧巩固，便马上向我们前进，必然反受我们的打击”。同时，中共闽粤赣特区委也清醒地认识到，敌人在第一次“围剿”失败以后，是绝不会因此而减轻对于苏区的进攻，苏区军民必须做好准备。①

情况果然如此。5 月中旬，正当红一方面军在富田伏击敌第五路军王金钰部、在江西战场上全面展开反第二次“围剿”战役的前后，敌人加紧了向闽西苏区的“围剿”。5 月 15 日左右，敌卢新铭部占领长汀濯田，地主民团随即四出活动，切断了闽西苏区与苏区中央局的联系。5 月 20 日，敌四十九师之杨逢年旅由龙岩进攻小池，以致龙岩县赤色区域除大池以外几乎尽为敌人占领。驻湖雷之敌也有向闽西苏维埃政府驻地永定虎岗一线进袭的企图，只是慑于新十二军在永定地区坚强的防卫，暂时不敢贸然深入到苏区境内。②

5 月 21 日，闽西苏维埃政府在永定虎岗召开第三次扩大会议。会议

① 参见《中共闽粤赣苏区特委给永定县委的指示信》（1931 年 5 月 1 日），福建省档案馆、广东省档案馆编《闽粤赣边区革命历史档案汇编》第 1 辑，档案出版社 1987 年版，第 73 页。

② 参见《中共闽粤赣省委报告第八号》（1931 年 5 月 23 日），福建省委党史研究室编《肃清社会民主党资料汇编》。

充分估量了目前形势：由于敌人的进攻，闽西的局面更加严重，又由于敌人实行经济封锁，苏区的经济也发生恐慌。因此会议提出，闽西苏区当前的总任务是，“巩固闽西现在的苏区红军，恢复失去的苏区，特别是克复坎市、湖雷、龙岩，以巩固中央苏区的后方，与各地斗争配合起来，冲破帝国主义国民党军阀第二次的围攻”。执行这一任务的基本战略是“发挥红军与工农武装群众的游击战争，打击张贞的白军和消灭四面的团匪”。会议确定，新十二军在两个月内必须补充 2000 人，各县赤卫团也须扩大到 1000 人以上，并在各乡普遍建立赤卫队、少先队等群众武装。为了保卫闽西苏维埃政府与闽粤赣省委驻地虎岗，会议还决定将邻近虎岗的永定县太平区和上杭东二区划归闽西苏维埃政府直接指挥。①

在闽粤赣特区军事委员会具体领导下，整个苏区动员起来。广大青壮年纷纷报名参军参战，保卫家乡和苏维埃政权。各地群众自动挖战壕，制造石炮、土炮，在山口要隘修筑炮台、栅栏，并轮流接受五天的军事训练，作好一切准备打破敌人的“围剿”。

从 6 月上旬开始，敌人加紧“围剿”闽西苏区。国民党军第四十九师在地主民团的配合下，向大池和永定县太平、塘背进攻，并且包围了虎岗闽西苏维埃政府驻地及红军新十二军，使得闽西的局势趋于严重。②

但是，由于国民党对中央苏区的第二次“围剿”在其主要战场赣西南地区受到红一方面军的致命打击，已于 5 月 31 日全线溃退，因此敌人这期间对闽西苏区的进攻已是强弩之末。同时，国民党新军阀内部的矛盾在这时候进一步激化，陈济棠和李宗仁、白崇禧在同年 5 月 3 日和 5 月 11 日先后通电反蒋，5 月 26 日又在广州成立了以汪精卫为首的国民党第二中央，以与蒋介石的南京政府分庭抗礼。这一事变，迫使蒋介石在江西战场对红军的作战失败以后改变部署，匆忙凑集兵力应付国民党内

---

① 参见《闽西苏维埃政府第三次执委扩大会决议》（1931 年 5 月 21 日），抄件存福建省委党校。

② 参见《共青团闽西特委给苏区中央局的报告》（1931 年 6 月 16 日），中共龙岩地委党史资料征集研究委会员、龙岩地区行政公署文物管理委员会编《闽西革命史文献资料》第 6 辑，1985 年内部版，第 72 页。

部反蒋势力的进攻。

在这一形势下，依附于蒋介石的闽南军阀张贞由于受到闽西苏区军民的顽强抵抗与打击，虽然占领了几处苏区边境乡村，但未再取得新的进展，被迫陆续向龙岩、漳州方向撤退。进占杭永边境丰稔市的广东军阀香翰屏部，也于6月21日撤回峰市。[①]

红一方面军在江西战场打破敌人“围剿”后开始转入进攻。按照临时总前委的计划，红三十五军调瑞金，维护闽赣交通，红十二军挺进闽西长汀、宁化一线。此外，临时总前委命令闽西新十二军向连城、长汀、清流、宁化发展，求得与江西苏区打成一片。

根据这一命令，新十二军向长汀进击。6月16日，新十二军攻克汀州，守敌卢新铭部败走童坊。6月18日，卢新铭重占汀州。但敌人只占领一天，第二天即被红军再次击败，向蔡坊、丘坊、刘源一线溃退。[②]

6月下旬，红一军团之红十二军进抵长汀、宁化之间，6月27日攻取宁化县城，[③] 进而于7月1日进占长汀，[④] 给予了敌卢新铭部以沉重的打击。

红十二军在闽西新十二军及地方武装的配合下，一面筹款发动群众，一面搜歼地主团匪，扩大苏维埃区域。至7月上旬，闽西苏区虽然在东部地区丧失了龙岩、永定边境的一部分乡村，但在北部却扩展到宁化及清流一带。7月7日，国民党连城县救乡团团总童友良在给蒋介石的告急

---

① 参见《闽粤赣苏维埃军区军委会参谋处消息通报》（1931年6月25日），中共龙岩地委党史资料征集研究委会员、龙岩地区行政公署文物管理委员会编《闽西革命史文献资料》第6辑，1985年内部版，第92页；另参见国民党福建省政府1931年6月27日给蒋介石的电报，原件存中国第二历史档案馆。

② 参见《闽粤赣苏维埃军区军委会参谋处消息通报》（1931年6月25日）；《闽西革命史文献资料》第6辑，1985年内部版，第91页；另参见国民党福建省政府1931年6月27日给蒋介石的电报，原件存中国第二历史档案馆。

③ 参见国民党宁化县长蒋佩之：《给蒋介石快邮代电》（1931年7月7日），原件存中国第二历史档案馆。

④ 参见长汀县难民会等反动社团：《给蒋介石的快邮代电》（1931年10月19日），原件存中国第二历史档案馆。

文书中写道：红一方面军主力“由赣省窜入闽西闽北区域，本月二日则闽西剿共前敌指挥第一支队长卢新铭竟率所部漏夜由汀奔连，复逃至永安之小陶乡……现时长汀、宁化、清流俱已失守”[1]。

这样，国民党对闽西苏区的第二次“围剿”完全失败。闽西军民反“围剿”斗争的胜利，“恢复闽西以北的苏区与中央区打成一片”，同时打击了苏区内部的反动残余势力，“给了闽西整个斗争更大的转变与开展新的局面”。[2]

四 第三次反“围剿”

国民党对中央苏区的第二次“围剿”失败后，又很快于 1931 年 6 月间组织第三次更大规模的“围剿”。6 月 22 日，蒋介石在南昌召集军事会议，命令何应钦为前敌总指挥兼左翼集团军总司令，率 7 个师及闽西北各部，从南丰方面进攻；陈铭枢为右翼集团军总司令，率 6 个师从吉安方向进攻；另以 2 个师 1 个旅为总预备队。参与“围剿”的总兵力达 30 万。

当国民党军即将发动进攻的时候，红一方面军各部正分散于赣南、闽西、闽西北各县发动群众。6 月 30 日，红一方面军临时总前委判明敌人将要向苏区进犯的情况，决定继续实行诱敌深入方针，一方面以独立第四、五师及红三军、红四军各一部在南丰以南地区以运动防御和游击战阻滞敌人；另一方面迅速将分散于建宁、石城、长汀、宁化、清流一带的红军主力向赣西南苏区中心区域转移，寻求时机反攻。7 月 28 日，红一方面军主力经过千里行军，到达兴国高兴圩一带集结。

红一方面军的兵力仅 3 万余人，为应付 10 倍于己的强敌，红军采取了“避敌主力，打其虚弱，乘退追击”的作战方针。7 月底，敌人发现

---

① 《连城县救乡团团总童友良给蒋介石呈文》（1931 年 7 月 7 日），原件存中国第二历史档案馆。

② 陈荣：《目前政治形势与团的任务》（1931 年 7 月 20 日），中共龙岩地委党史资料征集研究委员会、龙岩地区行政公署文物管理委员会编《闽西革命史历史文献资料》第 6 辑，1985 年内部版，第 131 页。

红军主力在兴国，纷纷向兴国方向急进。8 月上旬，红一方面军主力在莲塘和良村歼敌四十七师第二旅和第五十四师的 1 个多旅。8 月 11 日，红军主力又在宁都以北之黄陂歼敌第八师毛炳文部 4 个团，从而使整个战役由被动转入主动。

至 9 月初，国民党军在中央苏区来回奔波已达两个多月，受到了苏区军民的多次打击，士气急剧低落。与此同时，国民党内部反蒋势力的两广军阀正向湖南衡阳进兵，威胁蒋介石的统治。于是，蒋介石被迫下令结束“围剿”。红一方面军士气大振，乘胜向退却之敌反击。9 月 15 日，红一方面军在兴国以北之方石岭截击敌五十二师韩德勤部，全歼该敌。其他各路敌军纷纷加紧撤退，从而宣告了第三次“围剿”的失败。

国民党在对江西中央苏区进行第三次“围剿”的同时，在福建方面也策动了对闽西、闽北苏区的进攻。7 月 8 日，国民党福建省政府召集海陆联防会议，部署对红军的“围剿”。7 月 9 日，国民党福建省党部又举行党政联席会议。会议决定全省戒严，通令各县县长不得擅离职守，在各所在地组织“保卫团”，配合军事“围剿”。①

7 月 10 日，国民党福建省政府主席杨树庄乘坐“普安”号军舰，由上海星夜赶到福州，立刻向记者发表谈话，宣称“本人此次回省，系专为主持剿匪军事”，“入闽部队，已有数师，加以驻省各军协力夹击，赤匪不难荡平”。②

福建各部国民党军队，在这紧锣密鼓声中，开始了对闽西苏区的第三次“围剿”。敌人在部署这次“围剿”中调动了全部正规部队及各县民团，以第四十九师两个旅陈兵于龙岩、小池、坎市一线，第六十二师香翰屏部在闽粤边境大埔、蕉岭一线取防堵态势，卢兴邦之新编第二师师部驻永安，该师第六旅卢新铭部驻连城、清流、归化一线，形成了对闽西苏区的包围。

除了正规部队，国民党着重调集各县地主武装“保安队”“救乡团”，

① 参见《杨树庄回闽主持剿匪》，《申报》1931 年 7 月 17 日第 11 版。
② 《杨树庄回闽主持剿匪》，《申报》1931 年 7 月 17 日第 11 版。

在苏区边境或苏区内残存的据点进行袭扰与破坏。汀杭连永四县保安总队罗介人部2000余人布防于上杭，武平、永定县武装“救乡团”钟绍葵、钟冠勋、陈荣光、陈慎夫等部2000余众，据守汀江沿线自武平至峰市、永定地区。为了防止闽西红军向南突围进入粤赣边境，敌人又紧急调动赣南李天齐、钟文才、潘满山三股民团约2000人，在江西会昌与闽西武平边境地区设防。[①] 在长汀方面，各豪绅社团在各乡搜罗散兵游勇700余人，于7月上旬拼凑建立长汀“救乡总团”，推举原郭凤鸣部营长岳连升为总团长，图谋汀州，骚扰苏区后方。[②]

以上参与“围剿”闽西苏区的各部民团股匪总计有七八千人，连同国民党在闽西投入的正规军，总兵力3万余人。

闽西苏区的红军主力新十二军兵力不足3000人，此外各县赤卫团和赤卫队等地方武装也不过5000余人，而且这些部队大多是新编制起来的农民武装，缺乏训练与实战经验，与敌人力量对比，显然处于劣势。7月10日，原来在闽西分兵活动的红军老十二军，除少数部队及宣传队留驻长汀附近外，其主力奉命向赣南兴国集结，准备投入江西战场，进行第三次反“围剿”战争。原在连城、清流、宁化一带筹款发动群众的红四军主力，也先后向兴国转移。这样，闽西苏区的防卫力量大为减弱。

为了打破国民党军对闽西苏区的第三次“围剿”，闽粤赣党团省委与闽西苏维埃政府总结了前两次反“围剿”战争的经验和教训，决定采取中央红军的“诱敌深入，各个击破”的战略战术。其时，共青团苏区中央局巡视员陆定一到达闽西，介绍与传达了中央红军的作战经验。

陆定一指出，在强敌进攻面前，“我们要得到伟大的全部的胜利，只能暂时放弃一部分苏区，这个暂时放弃一部分苏区，非但不是我们的失败，而且是我们为要战胜敌人所必须采取的方法。如果三次革命战争的

① 参见《朱毛残匪再窜瑞金，闽西民团防堵甚力》，《申报》1931年7月25日第11版。

② 参见《岳连升、刘恩瑞给蒋介石呈文》（1931年7月27日）。原件存中国第二历史档案馆。

起初，红军不放弃东固、龙冈、莲塘、良村，就一定不能打塌蒋介石，骇死帝国主义”①。陆定一认为，这种战略退却，绝不是逃跑，而是应当一方面组织游击战争，骚扰敌人后方，一方面发动群众坚壁清野，给敌人造成行动和生活给养上的困难，使其寸步难行，从而创造有利时机，歼灭敌人的有生力量。②

闽西军民按照中央红军的这种战略战术，并没有把兵力集结固守于某一地域，而是采取了比较灵活的作战方针。

7月上旬前后，国民党军开始向闽西苏区发动进攻。第四十九师张贞部首先向龙岩大池攻击。在战斗中，龙岩赤卫团团长李忠惠壮烈牺牲。③与此同时，张贞部与上杭团匪向闽西苏维埃政府驻地白砂进攻。红军新十二军在强敌进攻面前主动撤离白砂、旧县，转兵西进，“击溃卢新铭，占领长汀，与中央区打成一片……红军一同中央区打通联系之后，白鬼团匪立即不战而逃”④。于是，闽西红军乘胜反击，重新夺取白砂。

从8月初开始，国民党军第四十九师张贞部及各县地主民团加紧“围剿”闽西苏区。张贞宣称：“闽划防剿赤，本师担任龙岩、永定以西防务，已令杨、王两旅，限期恢复地方。”⑤ 8月9日，四十九师以一个团向原闽西苏维埃政府驻地之永定虎岗倾力攻击，突破红军第一道防线。8月10日，敌人继续进攻，中午占领虎岗。留守虎岗的红军向上杭大洋坝转移。⑥随后，敌四十九师转攻永定。8月20日，永定城陷于敌手。⑦

在张贞发动进攻的同时，长汀方面之敌也随之行动，向苏区进攻。8月2日，国民党军新编第二师第十二团马鸿兴部，继长汀“救乡总团”岳

① 定一：《敌人进攻白砂中我们的教训》，《列宁青年》1931年7月21日。

② 参见定一：《敌人进攻白砂中我们的教训》，《列宁青年》1931年7月21日。

③ 参见《闽西苏维埃政府通知第八十六号——纪念彭杨颜邢四同志及追悼红军工农武装阵亡战士》（1931年8月18日），中共龙岩地委党史资料征集领导小组、龙岩地区行政公署文物管理委员会编《闽西革命史文献资料》第6辑，1985年内部版，第146页。

④ 定一：《敌人进攻白砂中我们的教训》，《列宁青年》1931年7月21日。

⑤ 《闽军划防剿赤》，《申报》1931年8月18日第4版。

⑥ 参见《闽军划防剿赤》，《申报》1931年8月18日第4版。

⑦ 参见《张贞部克永定》，《申报》1931年8月23日第8版。

连升部之后，经清流、连城入据汀州。

当敌人在8月间向苏区大举进攻的时候，苏区军民避免与强敌正面作战，新十二军与各县赤卫团采取灵活战术，在各地打击弱小与分散之敌。中共闽粤赣省委分析了各部进攻之敌的情况，决定首先打击防守力量比较薄弱的上杭之敌汀属武装救乡团钟绍葵部。

8月9日，集结于汀杭边界的新十二军在上杭赤卫团配合下，向上杭西部的汀江渡口回龙出击，然后沿汀江而下，攻取离上杭城仅10多公里的梅溪。这时正值敌四十九师以全力进攻永定虎岗，新十二军集中兵力于上杭城下，并会合彭杨军事政治学校第三分校学员以及上杭、永定县赤卫团，迅速南下，向上杭东部地区进攻。

8月12日早晨，新十二军及地方武装数千人，袭击上杭庐丰，激战一昼夜，击溃钟绍葵部第四、第十独立中队和第一中队、教导队。在攻打庐丰的战斗中，彭杨军校第三分校教育长李林不幸牺牲。① 战斗结束以后，新十二军军部在当天深夜撤离庐丰，向汀杭边界之蓝家渡转移。

钟绍葵闻讯，从上杭城率领特务队及第一、第二独立中队前往增援，会同庐丰残敌向蓝家渡方面追击。8月13日，新十二军及地方红军以逸待劳，凭借蓝家渡的有利地形，给来犯之敌以迎头痛击。紧接着又在蓝家渡附近的丰稔市再次重创钟绍葵部。然后，新十二军从容撤出战斗，转向上杭以北之白砂。②

这几次战斗的胜利，改变了闽西战场的形势，红军由被动转入主动，抑制了国民党军对闽西苏区的进攻。正如中共杭武县委8月27日在白砂召开的第一次代表大会所指出的：近几个月的反“围剿”斗争，“打击了军阀团匪的进攻，特别是这次在庐丰、蓝家渡、丰稔市，更给杭城的团匪以严

---

① 《闽西苏维埃政府通知第八十六号——纪念彭杨颜邢四同志追悼红军工农武装阵亡战士》（1931年8月18日），中共龙岩地委党史资料征集领导小组、龙岩地区行政公署文物管理委员会编《闽西革命史文献资料》第6辑，第146页。

② 钟绍葵、钟冠勋：《给蒋介石的快邮代电》（1931年8月15日），原件存中国第二历史档案馆。

重的打击，使反革命派心寒”。[①]

9月上旬，在红一方面军在江西反“围剿”战役不断取得胜利的鼓舞下，闽西红军转入反攻阶段。中共闽粤赣省委向苏区军民提出：“我们目前最迫切的任务，便是要更加努力的冲破军阀团匪的进攻，争取第三次革命战争的完全胜利！”[②]

新十二军根据闽粤赣军事委员会的命令，决定向敌人力量比较薄弱的汀州、连城发展，“主要的任务，是要巩固闽赣苏区的联系，冲破敌人的围攻”[③]，重点打击的对象是敌新编第二师第六旅卢新铭部。

9月4日，新十二军开抵连城朋口，计划在朋口工作几天以后再向连城开进。9月6日拂晓，敌卢新铭旅第十二团马鸿兴部及附近团匪800余众分三路袭击朋口，新十二军第一〇二团一营一连的连哨立即与之战斗，第三连听到枪声马上赶去增援。双方相距仅30余米，激战20分钟，击毙敌连长2人、马弁3人、士兵多人，俘敌10余人。敌溃败，向连城退却。[④]

首战获胜，新十二军认为夺取连城已不成问题，决定先行攻取汀州。9月8日，新十二军翻越高耸入云的松毛岭，进占钟屋村。敌第六旅旅长卢新铭命令马鸿兴部调一个机枪连增援，向红军实施反攻。9月9日，新十二军以第一〇二团三营坚守阵地，第一营出敌不意向敌指挥所攻击。经

---

① 《中共杭武县委第一次代表大会宣言》（1931年8月27日），中共龙岩地委党史资料征集研究委会员、龙岩地区行政公署文物管理委员会编《闽西革命史文献资料》第6辑，1985年内部版，第154页。

② 《中共闽粤赣省委为庆祝第三次革命战争初步胜利与巩固和发展苏维埃政权的宣传大纲》（1931年9月17日），福建省档案馆、广东省档案馆编《闽粤赣边区革命历史档案汇编》第1辑，第103页。

③ 孔子辉、黄善标：《击溃卢新铭的经过情形》，中共龙岩地委党史资料征集研究委会员、龙岩地区行政公署文物管理委员会编《闽西革命史文献资料》第6辑，1985年内部版，第181页。

④ 参见孔子辉、黄善标：《击溃卢新铭的经过情形》（1931年10月6日），中共龙岩地委党史资料征集研究委会员、龙岩地区行政公署文物管理委员会编《闽西革命史文献资料》第6辑，1985年内部版，第181页。

过一个半小时战斗，攻取松毛岭敌指挥部。马鸿兴负伤，率残部逃入深山。[①]

新十二军乘胜前进，9 月 10 日抵达河田。据守长汀的卢新铭旅第一团易启文部闻讯，于当天深夜弃城向连城方向的罗坑溃逃。9 月 11 日，新十二军一举占领汀州。[②]

红军在长汀稍事休整，即向连城推进。9 月 17 日，新十二军第一〇〇团在长坝再次击溃敌易启文团。新十二军主力随之直趋连城。9 月 18 日上午，红军与连城守敌卢新铭旅及连城救乡团沈君熙部 1000 余众展开激战。新十二军第一〇〇团首先发动进攻，敌人拼死抵抗，双方打得十分激烈。当时逃亡连城的长汀豪绅在给蒋介石的电文中说：红军数千人“分路猛扑连城，双方肉搏死伤甚众。卢旅长卒因弹药射罄，势难支持，只得暂退姑田”。[③]

攻打连城的战斗仅 20 分钟，卢新铭率部败退姑田、小陶。新十二军第一〇二团从右翼抄袭逃敌，追击 35 里，毙伤敌军甚众。是役缴获步枪七八十支、花机关 1 挺，俘敌 40 余人。[④]

新十二军在十多天中四战四捷，先后攻克汀州、连城，击溃卢新铭旅，获得很大胜利，从而打破了敌人对闽西苏区的第三次“围剿”。

第三次反“围剿”战役之后，中共闽粤赣省委和闽西苏维埃政府迁入长汀城。在这期间，虽然失去了龙岩大部及永定一部分苏维埃区域，但从整个苏区来说是获得了巩固，并且向西北方面扩展至长汀大部、连

---

① 参见孔子辉、黄善标：《击溃卢新铭的经过情形》（1931 年 10 月 6 日），中共龙岩地委党史资料征集研究委会员、龙岩地区行政公署文物管理委员会编《闽西革命史文献资料》第 6 辑，1985 年内部版，第 181 页。

② 参见孔子辉、黄善标：《击溃卢新铭的经过情形》（1931 年 10 月 6 日），中共龙岩地委党史资料征集研究委会员、龙岩地区行政公署文物管理委员会编《闽西革命史文献资料》第 6 辑，1985 年内部版，第 181 页。

③ 长汀县“难民会”严友荣等：《给国民政府蒋介石快邮代电》（1931 年 10 月 19 日），原件存中国第二历史档案馆。

④ 参见孔子辉、黄善标：《击溃卢新铭的经过情形》（1931 年 10 月 6 日），中共龙岩地委党史资料征集研究委会员、龙岩地区行政公署文物管理委员会编《闽西革命史文献资料》第 6 辑，1985 年内部版，第 182 页。

城大部及宁化、清流等县部分地区，完全打通了与江西苏区的联系。这一变化，使得闽西苏区的中心区域由原来的岩永杭地区转向西部的汀杭连地区，并且表明以赣南、闽西红色区域为基础的中央苏区的形成。

闽西苏维埃政府迁至长汀以后不久，对所属苏区的行政区域作了调整。调整后的闽西苏区有 7 个县约 40 个区，即永定县，以合溪为中心，包括溪南、龙冈、合溪、堂堡、太平区、丰稔等区；上杭县，以白砂为中心，包括蓝家渡、庐丰、太拔、大洋坝、白砂、华家亭、旧县等区；新汀县，以涂坊为中心，包括才溪、通贤、南阳、畲心、涂坊、钟屋、水口、三洲、濯田区；新泉县，以新泉为中心，包括新泉、儒畲、朋口、莒溪；连城县，以连城为中心，包括连城、席湖营、四堡、山下；长汀县，以汀州为中心，包括河田、四都、古城、汀东、童坊、张地；宁化县，以淮阳为中心，包括宁化南部各区。[①]

五　傅柏翠叛变及其危害[②]

1930 年底至 1931 年，正当闽西苏区军民全力开展反对国民党军事“围剿”的紧要关头，原蛟洋暴动领导人之一、红四军第四纵队司令傅柏翠叛变。由于傅柏翠的社会地位与影响，以及蛟洋所处闽西苏区中心的地理位置，他的叛变对闽西苏区危害极大，造成了很坏的影响。

傅柏翠出身于闽西上杭县蛟洋村一个地主家庭，早年留学日本并追随孙中山，加入中华革命党，成为国民党左派。傅柏翠走上革命道路，经受了五四新文化运动洗礼，思想的追求与彷徨，行为摇摆与进退失据的曲折历程。正如傅柏翠自己所说，他读了《新青年》《新潮》等报刊，

---

① 参见《闽西苏维埃政府通知第一二八号——划分行政区域问题》（1931 年 12 月 14 日），中共龙岩地委党史资料征集研究委会员、龙岩地区行政公署文物管理委员会编《闽西革命史文献资料》第 6 辑，1985 年内部版，第 234、235 页。

② 本节相关内容可参看蒋伯英：《从革命到反叛：1927—1931 年傅柏翠的人生轨迹》，《苏区研究》2018 年第 5 期；蒋伯英、邓淮生、张延忠：《傅柏翠：一段难掩的历史足迹》，《党史研究与教学》2019 年第 3 期。

"很赞同马克思主义的观点"；后来，"我又染上了周作人介绍的日本武者小路的'新村思想'"[①]。"新村思想"就是无政府主义的思想。傅柏翠甚至打算在他的家乡"邀一二十人到梅花十八洞一带去搞个理想中的'新村'"[②]。其结果是没有人响应，无果而终。但是这一思想，对傅柏翠的一生，影响深远。

这一段虚幻的追求使得傅柏翠重新回到现实，1926年重新登记为国民党员，担任国民党上杭县党部秘书兼代常委职务，投入了国共合作的国民革命。但是蒋介石的叛变和大革命的失败，致使傅柏翠又对国民党失去了希望，于1927年9月，经中共闽南特委书记罗明介绍加入中共，"表示愿意入党为革命奋斗"[③]。

傅柏翠加入中共，正是中共处于最为艰困的时期，也是八七紧急会议以后向土地革命的转折的时期。由此，傅柏翠入党以后首先执行的党的任务，就是参与并实施中共的土地革命路线与政策。这对于出身于地主家庭的傅柏翠，是一个重大的考验。在加入中共以后的最初半年，傅柏翠在他的家乡上杭县北四区以蛟洋为中心的十多个村庄，建立农村党组织，成立农民协会，收缴民团及地主枪械，组织农民自卫军，实行"二五减租"。这场斗争得到农民广泛支持，迅速发展。四邻各乡的农民纷纷仿效，"不出一个月间，都组织起农会，进行退租斗争，并取得了胜利"[④]。这些革命活动，固然是八七会议所要求的部分，而且也是大革命时代本应该完成的。但是，中共在八七会议提出的实行土地革命任务远远不止于此。更为重要的是实行武装暴动，开展土地革命。

1927年12月，中共福建临时省委根据八七会议精神，向全省各地组

---

① 傅柏翠：《闽西早期革命斗争的回忆》，上杭县委党史办公室编《上杭党史资料》第7辑，第1页。

② 傅柏翠：《闽西早期革命斗争的回忆》，上杭县委党史办公室编《上杭党史资料》第7辑，第1页。

③ 《罗明回忆录》，福建人民出版社1991年版，第61页。

④ 傅柏翠：《闽西早期革命斗争的回忆》，上杭县委党史办公室编《上杭党史资料》第7辑，第3页。

织作出了相应的布置，提出了新的任务，即开展武装暴动，“一直到实行土地革命工农武装夺取政权，一切政权归苏维【埃】（工农兵代表会），杀尽地主土豪劣绅”①。这个决议已经不再停留在“二五减租”的层面，而强调实施武装斗争与土地革命。在此以后，先后爆发了龙岩后田暴动、平和长乐暴动、上杭蛟洋暴动和永定暴动。

如本书第二章第三节关于“蛟洋暴动”所述，傅柏翠对于由“二五减租”转入工农武装暴动、实行土地革命表现出了犹疑以至反对。甚至公开指责省委和上杭县委派出前往蛟洋指导暴动的邓子恢，是执行“瞿秋白盲动主义”，拒绝执行八七会议的路线方针。他在 1945 年 6 月 8 日与福建社科研究所“闽西农村调查团”章振乾的谈话，坦露了当年反对邓子恢乃至朱德、毛泽东土地革命的原委。他说：“过去曾经参加共产党和农民暴动，但对于共产党之分田单干计划原不赞成，认为搞共产主义嘛，应该‘土地国有，共同耕作、共同生活’才对。为此还曾与邓子恢等人多次辩论过，但均不为他们所接受。朱德、毛泽东来闽西后，也同样主张分田，乃不得不遵照办理，但思想并不很通”②。

显然，傅柏翠所追求的不触动地主阶级利益、不铲除封建地主统治基础的“共产主义”，同中共为之奋斗的共产主义，绝然不同。傅柏翠的谈话，表达了两个观点，一是反对中共关于武装斗争、土地革命和建立苏维埃政权的方针政策，二是追求所谓“共同耕作、共同生活”，及其“公田制度”与“公家运动”的虚幻理想。而邓子恢指出这是一种超阶级的“违反党六次大会政治路线”的主张。③ 这种主张，实际上是傅柏翠早年曾经追求过的无政府主义的幻想，以及维护其地主阶级利益的本性，是导致他

① 《福建各县负责同志联席会议目前政治任务决议案》（1927 年 12 月 5 日），中共龙岩地委党史资料征集领导小组、龙岩地区行政公署文物管理委员会编《闽西革命史文献资料》第 1 辑，1981 年内部版，第 138 页。

② 章振乾：《闽西农村调查日记（1945 年 4 月—7 月）》，中国人民政治协商会议福建省委员会文史资料委员会编《福建文史资料》第 35 辑，1996 年版，第 98 页。

③ 参见中共闽西特委：《致柏翠同志的信》（1930 年 4 月 27 日），蒋伯英主编《邓子恢闽西文稿（1916—1956）》，中共党史出版社 2016 年版，第 198 页。

背叛革命的原因之一。他自己后来也不得不承认“结果都归于失败”①。

傅柏翠参与领导的蛟洋暴动，是他加入中共以后的一次重大革命行动，也是对他思想理论与执行党的方针路线的实际检验。由于他的抵制和犹豫，不仅蛟洋群众受到国民党的严重摧残，而且导致闽西革命遭受打击，他因而受到广泛的批评。中共中央派往福建省委巡视员赵亦松（即周肃清）到蛟洋实地考察之后，作了这样的评估：“胡〔傅〕同志只懂些国民党的理论，不懂党的新理论与策略，对之怀疑，整个的思想，依旧是国民党左派的思想”。为此，周肃清在蛟洋期间对他作耐心的教育，“与之竟谈五日，胡〔傅〕同志较进一点，不能说对党了解，一切新策略尚在半信半疑之中”；更由于蛟洋 20 里范围之内，都在傅柏翠控制之下，“党是胡〔傅〕同志的党，群众是胡〔傅〕同志的群众”，“党的力量还未来得及（掌控）”。因此，“现在蛟洋的行动，完全是国民党为民众谋利益口号的兑现，并没有 C. P. 的主张实行”②。

福建省委于 7 月 13 日派往闽西的另一个 10 人巡视组，在给省委的报告中同样反映了傅柏翠的问题，指出在蛟洋暴动即将爆发之时，傅担心“对他本身的利益发生冲突”，不仅不去领导，“反而去制止群众斗争”，致群众“革命情绪低落下去”。而且群众反映他“早就表现不好，党的观念很薄弱，在农会中还挂着（孙）中山像，同志叫他撕下，他说，他挂在上面并不会吃饭，怕什么?”上杭县委严厉批评他对暴动的怀疑和阻扰，他不仅不接受，而且说“我不革命也是可以的”③。

1929 年 7 月在蛟洋召开的中共闽西第一次代表大会上，“张鼎丞严厉批评了傅柏翠不分土地”，批评他农民意识，“只搞一些减租减息等小恩小惠，但烧田契、分田他不干”，群众要求分田，他也强调“要搞就

① 章振乾：《闽西农村调查日记（1945 年 4 月—7 月）》，中国人民政治协商会议福建省委员会文史资料委员会编《福建文史资料》第 35 辑，1996 年版，第 100 页。

② 《赵亦松关于上杭工作概况报告》（1928 年 7 月 29 日），中央档案馆、福建省档案馆编《福建革命历史文件汇集》甲 3 册，1984 年内部版，第 137 页。

③ 《向省委的报告（滨字五号）》（1928 年 7 月 26 日），中央档案馆、福建省档案馆编《福建革命历史文件汇集》甲 3 册，1984 年内部版，第 77 页。

要各地一起暴动，一起分田，实际上是保护他的地主利益”。毛泽东很赞同张鼎丞的意见，“听了张（鼎丞）对傅（柏翠）的批评后，讲张（鼎丞）义正辞严”①。

蛟洋暴动失败以后，傅柏翠处境困难，“饷弹两缺，无法支持，便将队伍遣散，只他自己留十余人登山去了”。中共闽西特委分析，由于傅柏翠情绪低落，以致“民众革命情绪消沉”，蛟洋的工作今后是否能够发展，“与柏翠个人能否革命有关”。省委书记罗明听了汇报，“决定去找柏翠谈话”②。很明显，闽西特委对傅柏翠革命的坚定性持有怀疑的态度。

1929年春，毛泽东、朱德率领红四军先后两次入闽。短短几个月，革命形势迅速发展，闽西苏区初步形成，地方红军发展壮大。傅柏翠有感于红四军声威和闽西局势变化等种种积极的因素，重又鼓起了他对于革命的信心。同年6月，在红四军的帮助下，闽西各县地方武装整编为红四军第四纵队，傅柏翠为司令，党代表为李力一（即李任予）。傅柏翠被委为四纵队司令官，是他在军事生涯的一次跃升。但也正是这时起，他同红四军特别是同闽西特委发生矛盾，且关系愈益紧张，以致他的人生道路发生改变。

首先是傅柏翠在四纵队初建时，对四纵队的建制与对四军派来帮助整编的干部作风的不满。据他回忆，四纵队在整编时，他坚持按照他的意愿编制，甚至以红四军派来帮助整编的干部有“军阀主义”为由提出辞职，以致不得不由朱德亲自出面调解。自此以后，傅柏翠对革命又再趋于消极。他对于所担负的四纵队司令工作的懈怠与不负责任，引起闽西特委不满：“四军入闽，委以四纵队司令官之职，嗣因他不讲军事，又无紧张工作精神，弄得四纵队甚无头绪，便改任党代表职。”③ 但是，傅

① 邓子恢：《古田会议前后的一些历史情况》（1970年11月5日），蒋伯英主编《邓子恢闽西文稿（1956—1971）》，龙岩学院中央苏区研究院编印，2016年。

② 《中共闽西特委关于各县情况给省委的报告》（1928年11月21日），中央档案馆、福建省档案馆编《福建革命历史文件汇集》甲8册，1986年内部版，第33页。

③ 《中共闽西特委给省委报告第五号》（1930年1月10日），中央档案馆、福建省档案馆编《福建革命历史文件汇集》甲8册，1986年内部版，第163页。

柏翠在改任党代表以后也不到任。1929 年 10 月 25 日前后，他以“请假三几天”回乡布置反对国民党“三省会剿”为由，骗得毛泽东、邓子恢的同意回家。但是他再也不回工作岗位，拒绝一切组织安排，从此脱离革命队伍。后来闽西特委批评他“借口回去，竟一去不来”①。他自己也承认，从此以后“也没有返回四纵队了”②。

傅柏翠回到蛟洋以后，全力推行他的“公田与公家制度”。1930 年 2 月，他出席北四区党支部书记联席会议，讨论“共家问题”。他发表讲话说，“北四区农民不是为的土地革命而暴动，乃是为的共家主义”，“北四区农民过去受地主地租剥削很小，因此土地革命对北四区农民利益很少”。同时，傅柏翠抛弃了中共为实行土地革命而提出的“打土豪分田地”口号以及毛泽东关于工农武装割据的理论，提出了他创造的“共家制度”和“良心论”“人性论”。他指称“共家是出于农民的良心，农民看穷苦老弱自然会赞成共家”；又称共产党“对于人性太悲观了，人始终是有良心的，良心的作用可以打破物质的支配”。③

中共闽西特委为此严肃批评他对党的方针路线的背离，强调“北四区农民伟大的英勇斗争，仍然是土地斗争，他们决不是为的共家主义”；而所谓“良心的作用可以打破物质的支配”，“根本是唯心的理论”；“你既然站在唯心论上来分析一切事实，因此你的一切理论与行动，便走上了这一错误的道路”。闽西特委还提醒他：“假如你再不纠正这一唯心论的观点，那将来一定会走上更错误的道路。”④

为了教育傅柏翠，闽西特委于 1929 年 12 月在古田会议召开之前，

① 《中共闽西特委致柏翠同志的信》（1930 年 4 月 27 日），蒋伯英主编《邓子恢闽西文稿（1916—1956）》，中共党史出版社 2016 年版，第 197 页。

② 傅柏翠：《闽西早期革命斗争回忆》，上杭县委党史办公室编《上杭党史资料》第 7 辑，第 75 页。

③ 《中共闽西特委致柏翠同志的信》（1930 年 4 月 27 日），蒋伯英主编《邓子恢闽西文稿（1916—1956）》，中共党史出版社 2016 年版，第 199 页。

④ 《中共闽西特委致柏翠同志的信》（1930 年 4 月 27 日），蒋伯英主编《邓子恢闽西文稿（1916—1956）》，中共党史出版社 2016 年出版，第 199 页。

特委书记邓子恢并委托红四军前委书记毛泽东和陈毅与之见面谈话，希望其改变错误的观念和行为，重回革命队伍，但毫无效果。邓子恢、陈毅同傅柏翠谈话，指出他在闽西土地革命斗争中犯了机会主义的错误，特别是"不接受上杭县委的指示，起来做杀土劣烧契据等工作，致斗争遭到了失败"。后来在中共闽西一大虽然接受了批评，但实际上还是坚持成见。①

毛泽东同傅柏翠谈话的重点，是扩大红军的路线和革命高潮何时到来的问题，以及对中国革命形势估量的问题。这一问题，正是毛泽东在几天之后给林彪的信《星星之火，可以燎原》的核心内容。毛泽东鲜明地批评党内"有一部分同志……不相信革命高潮有迅速到来的可能……没有用这种红色政权的巩固和扩大去促进全国革命高潮的深刻的观念"，② 同时指出了由乡区县赤卫队的地方武装发展为主力红军的人民武装发展路线。

在与毛泽东的谈话中，傅柏翠提出了与林彪同样的问题。闽西特委由此向傅柏翠指出，"你曾向毛同志说：'究竟等革命高潮到来时总暴动呢，还是我们零碎的斗争去促成高潮？'"由此闽西特委批评他，这样的疑问，"表示你对扩大红军路线的怀疑，更证明汝对中国革命形势估量的不足，对敌人力量估量太过，结果必然要走上陈独秀机会主义的政治路线的错误"③。这些言辞，与毛泽东《星星之火，可以燎原》对林彪的批评，完全一致。也表明，毛泽东在离开闽西之前把他与傅柏翠谈话的情况，与闽西特委作了沟通，达成一致。

中共闽西特委及毛泽东、陈毅、邓子恢等的教育与劝说，没有改变傅柏翠对于中共政治信仰的动摇，他继续坚持回家乡蛟洋，推行背离中共土地革命路线的"共家运动"。甚至以"素心怕参加会议"为名，当面向毛泽东表示拒绝出席古田会议，拒绝毛泽东指示其回四纵队，随军出

---

① 参见《中共闽西特委致柏翠同志的信》（1930 年 4 月 27 日），蒋伯英主编《邓子恢闽西文稿（1916—1956）》，中共党史出版社 2016 年出版，第 197 页。

② 《毛泽东选集》第 1 卷，人民出版社 1991 年版，第 97 页。

③ 《中共闽西特委致柏翠同志的信》（1930 年 4 月 27 日），蒋伯英主编《邓子恢闽西文稿（1916—1956）》，中共党史出版社 2016 年出版，第 198 页。

发江西战场的要求。[①] 这表明，傅柏翠的革命生涯，不是被迫，而是自觉地、一意孤行地走向终结。

鉴于傅柏翠长期脱离党的组织与红军武装，闽西特委依照组织程序，于第135次常委扩大会议研究了傅柏翠的问题，决定予以严重警告处分。会议之后，闽西特委于1930年4月27日致信傅柏翠通知了这一决定。这封信强调，特委自1929年冬发现其政治路线与组织路线的错误以后，“曾委托毛泽东同志向汝说明，不料汝至今没有接受”；不仅没有改正错误，而且更加严重起来，“特委认为你这种错误如不纠正过来，将来会走到更危险的道路上去”[②]。

这封信将傅柏翠的错误归纳为10条，一一列出。其要点为：1928年5月不接受上杭县委指示举行武装暴动的“机会主义主张”；拒绝担任四纵队司令官及调任党代表、“屡次反抗四纵队之扩大与训练”、质疑毛泽东关于革命高潮到来的条件和扩大红军的路线；违背党的六大政治路线搞超时代与违反社会进化阶级主张的“共田与公家制度”；违背共产党员信仰的唯物主义观点，散布所谓“人性论”“良心论”以模糊阶级斗争理论；制造种种理由，在离开革命斗争岗位后，拒绝向组织交还枪支武器。闽西特委同时指出：“你的错误如果再不纠正，离开了党的政治路线”，并且坚持下去，“确有被宣告政治死刑的危险”。[③]

中共闽西特委第135次常委扩大会议和这封《致柏翠同志的信》，无异于对傅柏翠的最后通牒。但傅柏翠不接受闽西特委的规劝与警告，坚持自己的政治立场不予改变。以致1930年7月以后，郭滴人接替邓子恢担任闽西特委书记，邓子恢离开闽西调厦门福建省委机关；同年10月又

---

① 参见傅柏翠：《闽西早期革命斗争回忆》，上杭县党史办公室编《上杭党史资料》第7辑，第76页。

② 《中共闽西特委致柏翠同志的信》（1930年4月27日），蒋伯英主编《邓子恢闽西文稿（1916—1956）》，中共党史出版社2016年版，第197页。

③ 《中共闽西特委致柏翠同志的信》（1930年4月27日），蒋伯英主编《邓子恢闽西文稿（1916—1956）》，中共党史出版社2016年版，第199—201页。

由中央派来的施简担任新组建的闽西工农委员会主席。同年9月，中央决定成立闽粤赣特区，派邓发为书记。在组织机构多次更迭，党的书记换了三任的情况下，傅柏翠的政治信仰与组织观念依然如故。1930年12月上旬，邓发到达闽西，随后主持召开中共闽粤赣边区第一次代表大会。会议专门讨论了傅柏翠问题，根据其虽“经闽西特委数次调动，他都不出来，不答复”，而且进行“秘密活动”，北四区全体党员都在他支配之下，不向党报告，因此大会决定“把他开除党籍”。①

闽粤赣特委虽然作出了开除傅柏翠党籍的决定，还是想尽力挽回，没有立即通知他。但是实际上，在傅柏翠的主导下，北四区的党员“已全体退出党的组织”。闽粤赣特委得到这一消息，“未敢确信”，乃于1931年1月4日再派闽粤赣特委组织部长李明光和闽西苏维埃政府经济部长罗寿春前往蛟洋调查，确认“找不到你们来接头，这可证明了你们脱离了党的组织”②。

闽粤赣特委立刻给北四区全体党员发出了一份语重心长的信，批评北四区党组织“退出党的组织，取消苏维埃政府”与党的政策相对立，“是很危险的”，指出党不愿意经过了数年来的艰苦奋斗创造的北四区的党和苏维埃及全体党员“脱离党的领导、脱离革命战线”，希望北四区布尔什维克党员站在革命的利益上，深刻了解自己的错误，“马上恢复党的组织”，在一个星期内“给党一个回答”。③

但过了20天，仍然没有得到傅柏翠和北四区党组织的回复。1月27日，闽粤赣特委给傅柏翠正式下达了开除党籍的通知。这份通知仍然指出在当前反革命势力正向苏区发动军事“围剿”的严重形势下，“郑重的

---

① 参见《中共闽粤赣特委给罗明的信》（1931年1月30日），中央档案馆编《闽粤赣革命历史文件汇集（一九三〇年——一九三一年）》，1984年内部版，第27页。

② 《中共闽粤赣特委给北四区全体同志信》（1931年1月6日），中央档案馆编《闽粤赣革命历史文件汇集（一九三〇年——一九三一年）》，1984年内部版，第9页。

③ 参见《中共闽粤赣特委给北四区全体同志信》（1931年1月6日），中央档案馆编《闽粤赣革命历史文件汇集（一九三〇年——一九三一年）》，1984年内部版，第11—13页。

指出你这异常危险的错误前途”，希望能纠正过去的错误，“在一个礼拜内予特委一个详细的答复”①。

中共闽粤赣特委自作出开除傅柏翠党籍决定，到给他发出正式的书面通知，前后一个多月。即使发了书面通知，又给他一个礼拜的时间再思考。闽粤赣特委采取这样宽容的方式，除了期待傅柏翠回心转意，更加感到不舍的是蛟洋地区为苏维埃而浴血奋战的数千名群众与200多名中共党员。

但实际上，傅柏翠不仅早已离开革命队伍，而且反共反革命的决心已定，只是在被开除党籍以前，他的反党活动还是“秘密活动”，很少为人所知，但“到去年12月闽粤赣代表大会时，把他开除党籍，从此他便公开出来活动”②。这些活动主要有这样几个方面：（1）在组织上，取消中共北四区区委、支部，北四区全体中共党员退党，取消苏维埃政府，另行成立农民联合会，北四区七八千群众除了一小部分没有给他拉去以外，其余都在他领导之下。（2）在行动上，在北四区各路口严密放哨，断绝与闽西苏区的交往，“反对工人甚至暗杀工人领袖，被杀的有该区内的雇农工会主任、工联会主席”，“共被暗杀十余人”。（3）在政治方面，“他们的口号是a组织贫农联合会；b武装自卫；c实现土地、和平、自由三大要求。土地的要求是：不赞成土地出租，不出土地税。和平的要求是：不要反对富农。自由的要求是：不要当红军”③。同时，攻击共产党和苏维埃政府的政策是错误的。

历史档案的上述记载，表明傅柏翠的政治立场与行为举措，与中共背道而驰；在组织与行动上，则已跨越了阶级对立红线，成为无产阶级的敌人，表明他与中共的关系，已经由1929年10月对革命的消极和脱离革命

① 参见《中共闽粤赣特委开除傅柏翠的通知》（1931年1月27日），中央档案馆编《闽粤赣革命历史文件汇集（一九三〇年——一九三一年）》，1984年内部版，第9页。

② 参见《中共闽粤赣特委给罗明的信》（1931年1月30日），中央档案馆编《闽粤赣革命历史文件汇集（一九三〇年——一九三一年）》，1984年内部版，第27页。

③ 《中共闽粤赣特委给罗明的信》（1931年1月30日），中央档案馆编《闽粤赣革命历史文件汇集（一九三〇年——一九三一年）》，1984年内部版，第27页。

队伍，发展到了对党的公开敌视，并在行动上打击中共及其领导的土地革命，杀害工农革命干部和群众，成了国民党反动派的帮凶。因此，闽粤赣特委也做好了各种应对的安排，一方面加紧对他的劝导，派人员去北四区做群众工作，竭尽全力“使他能回到革命路线上来”；同时也作了最后的准备，“如到最危险的时候，只得用最后的办法解除他们的武装”①。

正如闽粤赣特委的判断“我们估量他是无答复的”②，傅柏翠除了继续自己的反共活动，不再向中共作任何答复。矛盾发展到这一阶段，傅柏翠与中共闽粤赣特委、闽西苏维埃政府的关系，已属敌对，在行动上的武装对抗也难免。

历史追溯到这里，有一个问题必须澄清。即傅柏翠是因为前述一系列原因由党内矛盾转化为敌我关系，被开除党籍受到党的制裁，还是因为被诬为“社会民主党”而受到迫害？这一问题，只须明确，闽西错误地肃“社党”，起因于1931年初因党内“左”倾错误，于2月21日、22日发布闽西苏维埃政府“裁字”第一号、第二号通知，将肃“社党”列为重大事项加以推行；3月1日以后，肃“社党”出现大规模滥杀无辜的严重阶段，至8月以后逐渐停息。

而傅柏翠被开除党籍及与中共公开敌我矛盾的斗争，是在1930年12月，那时肃“社党”尚未开始，因此与肃“社党”没有关系。1931年2月27日闽粤赣特委第一次扩大会议宣布他为“共产党的叛徒”时，也是将他与“社会民主党”区分的：“开除了从来不服从党而特委敢开除的傅柏翠，破获了大部分社会民主党的首要分子。”③ 直到肃“社党”进入严重阶段的3月6日，闽西苏维埃政府发出的第23号通知，第一次指称“社会民主党的领袖傅柏翠”在北四区的反共活动，是企图恢复暴动前的

① 《中共闽粤赣特委给罗明的信》（1931年1月30日），中央档案馆编《闽粤赣革命历史文件汇集（一九三〇年——一九三一年）》，1984年内部版，第28页。

② 《中共闽粤赣特委给罗明的信》（1931年1月30日），中央档案馆编《闽粤赣革命历史文件汇集（一九三〇年——一九三一年）》，1984年内部版，第28页。

③ 《中共闽粤赣特委常委第一次扩大会决议》（1931年2月27日），中央档案馆编《闽粤赣革命历史文件汇集（一九三〇年——一九三一年）》，1984年内部版，第34页。

反动势力，是反动统治的“反革命阴谋和行动”①。由此可以明了，傅柏翠反共反革命以及中共闽粤赣特委开除他的中共党籍在前，与肃“社党”无关。即使不发生肃“社党”事件，他也一样的反共反革命，一样会受到党的处分。只是此后肃“社党”的泛滥，把傅柏翠卷了进去，给他多按了一个“莫须有”的罪名。

傅柏翠的叛变，对闽西苏区造成了严重的危害。除了上述在北四区的危害，傅柏翠及其领导下的武装，与苏区党政组织与红军的对抗愈演愈烈，甚至向蛟洋周边及以外地区进犯。而在此前后，闽西苏区正处于第一次反“围剿”的紧张时期，国民党张贞第四十九师占领龙岩，进逼永定；赣敌周志群旅占领长汀、连城，与上杭敌钟绍葵部相呼应，对闽西苏区构成包围态势。闽西苏区红军主力新十二军在反“围剿”初期受挫，退居于龙岩大小池和永定虎岗、上杭白砂一线，形势十分严峻。而蛟洋地处闽西苏区中心区域，傅柏翠的反叛使闽西苏区面临腹背受敌态势，反“围剿”战役受到严重威胁。

中共福建省委临时组织书记蔡协民，向中共中央报告了“傅柏翠问题”，指出：“北四区及到庙前一带都成了傅的势力范围。在傅贼领导之下，取消苏维埃，成立了民团，曾一次出兵打新泉赤区，并经常以武力与我们作对”②。为此，闽粤赣特委按原定计划，除了以红军新十二军为主力，并动员全苏区军民全力应对国民党军的“围剿”；同时调动新十二军一部，陈兵于蛟洋附近警戒，试图武力解决傅柏翠的叛变，以防不测。

显然，傅柏翠与中共的关系不仅走到了尽头，而且是走到了武装对立的地步。1931 年 4 月底，傅柏翠又踏出了他人生道路的关键一步。他决意投奔国民党，先以其亲信蛟洋民团主席赖子炘的名义，派出代表前往龙岩，致函国民党军四十九师张贞所部旅长杨逢年“表示投诚，词意

---

① 《闽西苏维埃政府通告第 23 号——关于上杭北四区取消苏维埃问题》（1931 年 3 月 6 日），福建省委党史征编委编《闽西肃社会民主党历史悬案专题资料汇编》，1984 年，第 16 页。

② 《蔡协民关于福建工作情况报告》（1931 年 4 月 13 日），中央档案馆、福建省档案馆编《福建革命历史文件汇集》甲 7 册，1984 年内部版，第 158 页。

恳切”，然后又派出两名代表再去商议。为表示诚意，傅柏翠主动提出把这两个代表留在杨逢年指挥部作为人质，“以坚信约”。杨逢年也派出代表，经反复协商多次，5 月 21 日，“傅派赖子炘亲诣指挥部商妥”，将傅柏翠所率民团编为龙岩、上杭、连城三县边界保安队，“傅任总队长，赖氏为副。即日改易旗帜，受本党领导，共同剿赤”①。

在与杨逢年完成了对傅柏翠投降、收编、易帜这几项信约的同时，傅柏翠还致函杨逢年，以明投诚反共决心：“窃翠在民十六以前，本一三民主义的奉行者”；后在“清党”时“迫不得已，始铤而走险”加入中共；但是看到“共党政策荒唐，措置乖谬，遂深诲从前举动之孟浪，觉陷身污泥，非急图拯救不可”。于是，“自前年十月间由上杭退出后，即离开队伍，隐居家乡，不复参与该党一切工作；中间虽受该党几度威逼，亦置不理”。现在收集了一批武装，同赖子炘一起，“誓与该党决心奋斗，期望挽狂澜于既倒”。字里行间，明白无误地申明了对加入中共的忏悔与对中共的仇恨，及其向国民党表达忠诚归顺的媚颜。

不过傅柏翠又表示，他目前还是民国政府“有案通缉之共犯，现正复被奸人诬为社会民主党分子”。为避免嫌疑和拖累，请求取消通缉。②鉴于傅柏翠的这一请求，6 月 26 日，国民党福建省政府第 107 次会议，审议福建“剿匪”司令部申报的取消通缉傅柏翠案。经审议确认“傅柏翠反赤确有事实表示”，经决议“准予取消通缉”。③

至此，傅柏翠完成了反共叛变，以及被国民党军政党当局充分信赖与接纳，委以重任的全部程序，开启了他人生的另外一个阶段。④

① 《杨逢年收编傅柏翠》，《福建民国日报》1931 年 5 月 30 日第 2 张第 2 版。

② 《傅柏翠反正后表明心迹之一函》，《福建民国日报》1931 年 7 月 29 日第 3 张第1 版。

③ 《省府一零七次会议》，《福建民国日报》1931 年 6 月 27 日第二张第 2 版。

④ 1949 年 5 月，傅柏翠与福建省第七行政区（龙岩地区）时任专员张策安、前任专员李汉冲及部分国民党军政人员率部起义，通电脱离国民党，“愿意将功赎罪”。中华人民共和国成立后，人民政府按照起义人员对傅柏翠做了很好的安排。傅柏翠从此坚定跟随中国共产党，发挥了很积极的作用，先后担任福建省政协委员、常委，福建省人大常委会副主任等职。1985 年，中共福建省委为傅柏翠所谓“社会民主党领袖”问题平反，恢复名誉。1986 年，傅柏翠重新加入中国共产党。1993 年在福州逝世。

在傅柏翠叛变前后，正是闽西苏区紧张的三次反“围剿”时期。傅柏翠为表明其反共投敌的心迹，不仅在蛟洋严加戒备，而且主动出击，向周边上杭县白砂、古田和连城县庙前一带进犯，对闽西苏区与工农红军造成严重危害。

1931 年 3 月 17 日，“以傅柏翠为首策动全古蛟武装攻打红十二军。驻在古田的红十二军没有防备，被叛徒突然袭击，受到很大损失”[①]。时任红十二军一〇一团特务连长彭胜标回忆，有一次部队驻扎在古田，“傅柏翠进攻我们，我军参谋长、连长被打死”[②]。另有红五军团连指导员张春生，1931 年在战斗中失散，回到家乡古田竹岭，继续从事革命活动，被傅柏翠手下发现，“抓到蛟洋马坪里枪毙”[③]。同年 8 月 5 日，傅柏翠与杨逢年、金汉鼎、钟少奎等参与对闽西苏区第三次“围剿”的国民党军相勾结，三面包围进犯（上）杭武（平）县苏维埃政府所在地白砂。[④]对苏区后方造成严重威胁。

为了巩固并扩展其反共基地，傅柏翠除了加强自己家乡蛟洋的政治军事控制外，进而扩展至相邻的北五区古田，企图形成古蛟一体的根据地。对于坚持革命不愿意追随其叛变的乡村，则施以武力镇压。古田大源村就是一个典型。大源村是闽西苏区一个坚强的革命堡垒，曾经被闽西苏维埃政府主席张鼎丞命名为“卢森堡”。1931 年 6 月 19 日，傅柏翠所部蛟洋民团数百人向大源村进攻，杀害苏维埃主席官觐都和一位 60 多岁的群众官觐佛，打伤一人，在村里纵火焚烧房屋 430 间、纸厂 22 个、祠堂 1 座，抢去耕牛 14 头、猪 18 头、稻谷 123 担。“这次摧残，使全村 183 人无家可归，倾家荡产，迫不得已背井离乡，逃往连城赤色地区儒

① 古田乡档案馆编《大源（卢森堡）革命史略》未刊稿（1959 年 1 月），上杭县档案馆全宗号 20-1-7，

② 彭胜标：《我与古城暴动与汀瑞游击队》（1982 年 4 月），长汀县博物馆（E-16-3）。

③ 马其昌：《回忆古田革命斗争情况》，中共上杭县委党史资料征集研究委员会编《上杭党史资料》第 6 辑，第 71 页。

④ 雷时标、黄胜香：《傅柏翠叛变革命和古蛟革命的中断》（1955 年 6 月），福建省委党校馆藏资料（2-0087），上杭县档案馆馆藏资料。

畲、江畲去谋生。”①

为了保护和支持大源村群众，闽西苏维埃政府决定把大源村从杭武县划归（长）汀连（城县）管辖。大源村人民坚持革命，把全村青壮年武装起来，开展游击战争。同年七月，傅柏翠的第七中队向江畲进攻。大源游击队与之激战，终因寡不敌众，大源游击队员官觐美牺牲，官觐银被俘后被残酷折磨致死。直至1933年7月，傅柏翠受十九路军授意，依仗其实力，向大源村负责人表示慰问拉拢。曾经担任中共闽西特委委员的官觐玖动摇妥协，投向傅柏翠。于是，大源村重新划归古蛟区，受傅柏翠管辖而复辟。②

傅柏翠反叛投敌，正值国民党军加紧对中央苏区“围剿”时期，进一步加重了对苏区和红军游击队的危害。国民党“利用傅柏翠及龙岩叛徒 陈铁民等协助他们统治龙岩，一方面武装进攻我游击队，并镇压坚决革命分子，另一方面引诱党团员与农会会员自新，这是他们在龙岩建立反动统治比过去敌人更厉害的地方”③。

---

① 古田乡档案馆编《大源（卢森堡）革命史略》未刊稿（1959年1月），上杭县档案馆全宗号20-1-7；雷时标、黄胜香：《傅柏翠叛变革命和古蛟革命的中断》（1955年6月），福建省委党校馆藏资料（2-0087）。笔者最近看到有些资料把1931年农历五月初三这次傅柏翠部残酷摧残大源村，写作1930年农历五月初三，大源村受到了反动派的进攻。事实上，1930年夏，傅柏翠还没有叛变，闽西苏区处在全盛时期，古蛟地区包括大源村是闽西苏区的中心，未见受到国民党军进攻的史料记载。

② 古田乡档案馆编《大源（卢森堡）革命史略》未刊稿（1959年1月），上杭县档案馆全宗号20-1-7。

③ 邓子恢：《龙岩人民革命斗争回忆录》，中共福建省委党史资料征集委员会编《福建党史资料》第2辑，1983年7月，第34—35页。

第十章 王明“左”倾错误祸及闽西

一 王明“左”倾教条主义的贯彻

1930年9月党的六届三中全会以后不久，以王明为首的一部分干部，打着“反对立三路线”“反对调和主义”的旗号，以一种比李立三“左”倾错误更“左”的面目，反对三中全会以后的中央。1931年1月，在上海召开的党的六届四中全会上，王明等人在共产国际代表的支持下，夺取了中央领导权，从而在党内开始了长达四年的“左”倾教条主义的统治。

王明“左”倾错误在党中央确立了统治地位以后，通过各种途径向全国各地推行贯彻。1931年2月4日，在厦门召开的中共福建省委常委扩大会议作出《对四中全会与党内斗争问题的决议案》，完全接受王明“左”倾教条主义，“坚决的号召各级党部全省同志了解和执行四中全会的决议”①。这次会议之后，鉴于南方局受破坏而中断了对闽粤赣特区委的领导，中共福建省委派张竹荣、卢肇西二人专程前往闽西苏区，传达四中全会精神和省委的决议。②

2月下旬，中共闽粤赣特区委在邓发主持下召开第一次常委扩大会议。会议虽然还没有收到四中全会的正式决议，但基本上是在四中全会

① 《中共福建省委对四中全会与党内斗争问题决议案》（1931年2月4日），中央档案馆、福建省档案馆编《福建革命历史文件汇集》甲7册，1984年内部版，第46页。

② 参见《中央福建省委致中央信——闽西工作问题》（1931年4月），中央档案馆、福建省档案馆编《福建革命历史文件汇集》甲7册，1984年内部版，第119页。

精神和所谓“国际路线”的指导下进行。会议首先指出：“闽粤赣苏区的工作在闽粤赣第一次代表大会以前都是立三路线领导之下，与共产国际的路线是相对立的。”在对形势的分析方面，会议根据共产国际对中国问题的指示，认为中国由于受世界局势影响而发生政治经济危机，内部矛盾日益尖锐不可调和，中国革命进到了高潮，虽然暂时还没有全国直接革命的可能，但是“革命形势最少可以包括几个主要的省份或区域，断定中国革命有一省几省首先胜利的可能”。①

根据这一认识，常委扩大会议提出，闽粤赣党组织的任务，应当“与整个党的任务一致，争取一省几省首先胜利”。认为目前的中心工作是改造并扩大红军，建立巩固的苏维埃，深入土地革命。会议在号召加强两条战线的斗争与反对立三路线的同时，强调“目前党内的主要危险还是‘右倾’，所以要集中火力反对‘右倾’”②。这样，会议对李立三的“左”倾错误不仅没有纠正与克服，反而使“左”倾错误得以发展。

会议着重提出了“重新分配一切土地”的口号，号召进一步开展反富农斗争；要求在党内大张旗鼓地进行肃清所谓“社会民主党”和反对一切反动政治派别的斗争，使党团组织转变到四中全会的路线上来。这些决定，加剧了闽西苏区由于“左”倾错误而产生的严重局面。

但是也应当看到，由于闽西党团组织对几个月前李立三“左”倾冒险错误所造成的危害记忆犹新，有着惨痛的教训，因此中共闽粤赣特区委常委第一次扩大会议对过去若干明显的“左”倾错误也作了初步的总结与批判。会议认为过去在军事上无阵地地向广东发展，削弱了红军和苏区；在土地分配方面过早实行“没收一切土地”，“禁止土地买卖、转租”，“把反富农斗争变成了打富农”；在经济方面采取了“没收商人货品

---

① 《中共闽粤赣特委常委第一次扩大会议决议》（1931年2月27日），福建省档案馆、广东省档案馆编《闽粤赣边区革命历史档案汇编》第1辑，档案出版社1987年版，第22页。

② 《中共闽粤赣特委常委第一次扩大会议决议》（1931年2月27日），福建省档案馆、广东省档案馆编《闽粤赣边区革命历史档案汇编》第1辑，档案出版社1987年版，第30页。

的‘左’倾幼稚政策”；在工人运动及扩大红军方面提出“总同盟罢工”“猛烈的扩大红军”“一支枪都集中到红军去”等口号，都是十分错误的。会议还指出，“把反右倾的火力移向到发表正确主张的同志”，给这些同志栽上“偏安”“保守”“右倾”“地方主义、农民意识的机会主义”等等罪名而予以打击，也是错误的。①

然而，对于李立三“左”倾错误的这种批判仅仅停留于口头和书面上，对于李立三“左”倾冒险错误的性质和根源并未彻底清理，尤其是“王明路线打着反立三路线的旗帜，实际上是推行一条比立三路线更‘左’的‘左’倾冒险主义路线”②，这就使得在这次会议之后闽西苏区更进一步地贯彻了王明“左”倾错误的方针策略。

在中共闽粤赣特区委常委第一次扩大会议贯彻王明“左”倾错误的同时，共青团闽西特委在 2 月间也分别召开了扩大会议和与东江特委的联席会议，“开始传达四中全会路线”，作出相应的决议。③

尽管如此，闽西党团组织仍被认为执行四中全会路线不坚决，不久以后被指责为犯了“实际工作机会主义”的错误而受到批评。1931 年 3 月 21 日，苏区中央局对闽西工作作出决议，“揭发这些错误，领导闽西团向着国际路线转变”。④ 3 月 15 日，四中全会中央代表团抵达永定虎岗，传达中央精神。3 月 22 日和 3 月 24 日，先后召开共青团与党的闽粤赣特区委常委扩大会议，按照党中央和苏区中央局的指示，对过去工作及思想路线进行检讨，进一步贯彻四中全会精神和“国际路线”。

为了保证在宣传上符合王明“左”倾教条主义的观点，中共闽粤赣特区委召开第二次各县宣传联席会议。会议在 4 月 1 日作出决议，规定

① 参见《中共闽粤赣特委常委第一次扩大会议决议》（1931 年 2 月 27 日），福建省档案馆、广东省档案馆编《闽粤赣边区革命历史档案汇编》第 1 辑，第 16—19 页。

② 张鼎丞：《中国共产党创建闽西革命根据地》，福建人民出版社 1982 年版，第 47 页。

③ 参见《少共闽粤赣省委向苏区团代表大会的一年来工作书面报告》（1932 年 1 月 12 日），古田会议纪念馆编《闽西革命史文献资料》第 7 辑，2006 年内部版，第 18 页。

④ 参见《少共闽粤赣省委向苏区团代表大会的一年来工作书面报告》（1932 年 1 月 12 日），古田会议纪念馆编《闽西革命史文献资料》第 7 辑，2006 年内部版，第 18 页。

目前宣传教育的中心首要的工作是“反对立三路线，执行国际路线”；在反对立三路线的同时，“要加紧两条战线的斗争，集中火力反右倾”①。

在这以后，“从一九三一年到一九三四年红军被迫进行长征前，福建几任省委书记都是接受和推行王明路线的”②。这期间，闽西苏区在王明“左”倾错误的指导下，贯彻了比李立三“左”倾错误更“左”的“左”倾教条主义。在革命的性质和政策问题上，主张在民主革命时期就要“整个地消灭资产阶级”“消灭富农经济”，贯彻执行“地主不分田、富农分坏田”等“左”倾的政策。在革命形势和革命道路问题上，公开反对毛泽东建立农村革命根据地的思想。在战略战术问题上，反对毛泽东的军事思想，提出了一套脱离中国革命实际的所谓“新原则”，不顾敌强我弱的情况，强调正规战，盲目要求同国民党进行“决战”。③ 这些“左”倾的错误理论，直接影响到闽西的各项政策和工作，给闽西革命根据地的巩固发展造成了严重的危害。

二 土地革命发生偏差

王明“左”倾错误贯彻以后，闽西苏区首先受到直接危害的是党的土地政策。本来，中共六届三中全会之后，闽西苏区曾经一度纠正了土地政策方面过重打击富农和侵犯中农利益等错误。关于土地分配以后的所有权问题也曾多次作出规定，允许土地出租和买卖。但由于王明“左”倾教条主义接踵而至，全面否定以毛泽东为代表的正确路线，强令推行“地主不分田、富农分坏田”的“左”倾政策，从而使得闽西苏区的土地革命发生偏差，受到挫折。

这些“左”倾的土地政策，主要来源于中共中央政治局和共产国际

① 《中共闽粤赣特委第二次各县宣传联席会议决议》（1931 年 4 月 1 日），福建省档案馆、广东省档案馆编《闽粤赣边区革命历史档案汇编》第 1 辑，第 39 页。

② 张鼎丞：《中国共产党创建闽西革命根据地》，福建人民出版社 1982 年版，第 48 页。

③ 参见张鼎丞：《中国共产党创建闽西革命根据地》，福建人民出版社 1982 年版，第 47—48 页。

远东局在 1931 年 2 月制订的《土地法草案》。这个土地法规定，地主"无权取得任何份地"，富农可以分得"较坏的'份地'"；否定过去以人口平均分配土地的原则，提出按劳动力和人口混合标准的原则重新平分一切土地，并进而实行在肉体上消灭地主、经济上不给富农以出路的"左"的政策。

根据这个土地法，闽西苏维埃政府于 3 月 29 日在虎岗召开各县区苏主席和经济土地委员、雇农工会主任、贫农团主任联席会议。会议认为，过去闽西的土地政策有利于地主富农，不利于贫农雇农，"如对于地主阶级没有彻底没收他们的土地和财产，反而怜恤他，分田给他"；对于富农"有些地方又是没有坚决的彻底的去反富农。对于土地税一项，富农与中农、贫农一样缴纳，没有分别，给富农以发展经济的机会"。会议指出："这些问题目前非常严重的，问题很值得我们详细讨论去解决，将以前所犯错误马上纠正过来的。"① 其纠正的办法是否定过去的土地分配，重新分配一切土地。

4 月 5 日，中共闽粤赣特区委作出决议，决定没收豪绅地主全部财产，收回其过去分得的土地。决议指出，这是闽西目前一切任务的中心。为了在全苏区推行这一工作，闽西苏维埃政府首先在驻地虎岗进行试点。数天之内，虎岗乡没收了 43 家地主原先允许保留的全部土地财产，重新分配给贫雇农。

4 月上旬，闽西苏维埃政府派巡视员到各地督促指导。闽西苏维埃政府常委罗寿春在巡视杭武县第三区的时候，从 4 月 1 日至 4 月 6 日，指导大厚、大洋坝、太拔 3 个乡苏维埃政府和贫农团，没收了全部豪绅地主的土地财产，拘留他们的家属，捕捉了一批地主分子，其中有 8 人被处决。同时还决定，对未参加剥削的地主子女和已经参加革命工作的地主子女的房屋土地，也一律予以没收，并"向富农征调粮食"。4 月 7

---

① 《闽西苏维埃政府通知第三十一号——关于经济、土地委员联席会议决议案》（1931 年 3 月 31 日），中共龙岩地委党史资料征集研究委会员、龙岩地区行政公署文物管理委员会编《闽西革命史文献资料》第 5 辑，1984 年内部版，第 122 页。

日，罗寿春将这3个乡的工作经验向闽西苏维埃政府书面报告。闽西苏维埃政府对这份明显反映了"左"倾错误的报告给予充分肯定，并于4月9日批转各地。批示说："常委会得到这一报告后，认为完全正确，特把他（它）印出来，供给各级政府各革命团体作为实际的参考材料。"①

在"重新分配一切土地"的工作开始以后不久，闽西苏维埃政府于1931年4月16日召开土地委员扩大会议。会议作出的决议规定：无条件没收"一切军阀豪绅地主阶级、祠堂庙宇、教堂及反革命派的土地财产"，按劳动力与人口平均分配给贫农中农；"把好的田地分给雇农贫农中农"，豪绅地主军阀官僚及其家属不分田；"农民领得田地即为自己所有，有权转租或变卖抵押"；土地分配之后，实行统一的土地累进税，"富农的土地税要比雇农贫农加倍征收"。②

这个决议虽然保留了过去"没收地主阶级土地"和农民拥有土地权的正确部分，但其核心内容是地主及其家属不分田，富农分坏田和加重富农税收负担，基本反映了王明"左"倾教条主义的1931年2月《土地法草案》的精神。

不久以后，闽西苏维埃政府在解释划分农村各阶级的标准的文件中，进一步明确提出："我们要坚决没收豪绅、地主的土地、财产，我们同样的没收富农的土地。没收了土地以后的富农，如果其能劳动的，我们可以分回一部分坏田给他"③。5月21日，闽西苏维埃政府第三次执委会对此作出了同样的决议，要求各县迅速重新分配土地，"限一个月内完全实现"。这样，王明"左"倾错误很快贯彻到整个苏区，使闽西土地革命蒙受损失。

---

① 罗寿春：《杭武县巡视工作报告——关于没收豪绅地主财产的工作经验》（1931年4月7日），中共龙岩地委党史资料征集领导小组、龙岩地区行政公署文物管理委员会编《闽西革命史文献资料》第5辑，1984年内部版，第144—148页。

② 《土地委员会扩大会议决议案》，1931年4月16日，中共龙岩地委党史资料征集研究委会员、龙岩地区行政公署文物管理委员会编《闽西革命史文献资料》第5辑，1984年内部版，第169—173页。

③ 《闽西苏维埃政府答复汀连县苏的信——关于土豪、地主、富农、中农的解释》（1931年6月4日），中共龙岩地委党史资料征集领导小组、龙岩地区行政公署文物管理委员会编《闽西革命史文献资料》第6辑，1985年内部版，第62页。

6 月间，闽西苏维埃政府派专人在虎岗各个乡村继续领导重新分配土地的试点。6 月 18 日，石背乡贫农团分田工作大会在闽西苏维埃政府干部指导下，决定按劳动力分配土地，即 16 岁至 60 岁者分足一份土地，11 岁至 15 岁分 2/3，11 岁以下与 60 岁以上的儿童和老年人分得 1/3，富农可分得坏田，没收富农之土地的上季谷子充作军粮。第二天，大竹园村贫农团会议也作出了同样的决定。[①] 6 月 21 日，闽西苏维埃政府总结了虎岗各乡村重新分田的经验，印发各地参照执行。

6 月下旬，闽西苏维埃政府签发第十九号布告，公布《重新分配土地的条例》，对有关各项政策正式作了规定。条例认为，过去的土地革命，豪绅地主分得了土地，富农也占了便宜，违背了雇农、贫农的利益。“为彻底消灭豪绅地主，站在贫农雇农中农利益上，决定重新分配土地”。条例规定，“豪绅地主及其家属的土地彻底清查没收”，他们的房屋、财产、耕具同样一律没收；富农的土地也没收，可以分得一份土地，“但富农应分坏田”。条例还规定，生者不再分，死者不收，所分土地可以出租或买卖。[②]

这些“左”倾的土地政策，是在“彻底消灭封建势力”的口号下贯彻的，因此各级苏维埃政府在执行过程中都很积极。但事实上，所谓“重新没收分配一切土地”和“地主不分田、富农分坏田”，不仅是对地主、富农采取极端的“左”倾方针，而且由于其理论上的错误，扰乱了农村阶级阵线，滋长了反中农情绪，侵犯了中农的利益。

许多农村基层干部在这种“左”倾情绪指导下，认为不仅地主、富农是反革命，而且错误地认为中农也不可信任。共青团苏区中央局巡视员陆定一到达闽西后，在汀连各区负责同志会议上向大家提出这样一个问题：“在现今的革命阶段之中，中农是动摇的吗？”到会的负责同志们竟然“全体一致（!）的说：是动摇的”。[③] 陆定一对这样的回答感到惊

---

① 参见《重新分配一切土地的工作经验》（1931 年 6 月 21 日），抄件存福建省委党校。

② 《闽西苏维埃政府布告第十九号——重新分配土地的条例》（1931 年 6 月），中共龙岩地委党史资料征集研究委会员、龙岩地区行政公署文物管理委员会编《闽西革命史文献资料》第 6 辑，1985 年内部版，第 108—109 页。

③ 定一：《肃清反中农情绪》，《列宁青年》1931 年 10 月 21 日。

奇，严肃地指出，这是“‘左’倾机会主义的一种，叫做‘反中农的情绪’，是托洛茨基派的理论”。他提醒人们注意，中农是“在民权革命中一个革命的力量……反对中农就是使中农依附到反革命的方面去。这是帮助反革命，损害土地革命胜利的”①。

有一部分区乡，在上述错误的土地政策指导下，进一步提出了“富农分坏田，中农分中田，贫农雇农分好田”的口号，甚至规定中农不得参加苏维埃政权，“不准加入共产党和共青团”。② 另外，由于片面强调雇农在农村中的领导地位，苏维埃政府在各地分别组织雇农工会和贫农团，规定贫农不得加入雇农工会，而雇农应当参加贫农团并担任贫农团的领导。这种做法，没有积极的意义，相反是在雇、贫农之间人为地制造隔阂与矛盾，削弱和损害党在农村的阶级阵线。

这种严重侵犯中农利益的错误，越来越引起人们的不安，也引起了有关领导机关的注意。从 1931 年 8 月开始，中共中央和苏区中央局以及闽西党团组织多次发出指示或作出决议，禁止侵犯中农利益，注意维护与中农的联盟。8 月 29 日，党中央致信闽粤赣省委，指出“绝对不能侵害中农利益”，“不能强迫分配他的土地”。10 月 21 日，陆定一在共青团闽粤赣省委出版的《列宁青年》上发表《肃清反中农情绪》，严肃批评在重新分配土地中反中农情绪的“‘左’倾机会主义”；1932 年 3 月，福建省第一次工农兵代表大会通过决议，批评过去侵犯中农利益的错误，强调“不要妨碍中农的土地上的利益，来巩固中农联盟”。③

王明“左”倾教条主义在政治、军事、经济、土地及其他各方面所全力推行的“左”倾政策，虽然因党内外干部群众的强烈不满与反对，在一些文件或口头上作出诸如在对待中农政策方面的局部的修正，可是土地政策方面的“左”倾错误依然不能根本纠正。而且，这种错误进一

① 定一：《肃清反中农情绪》，《列宁青年》1931 年 10 月 21 日。

② 参见定一：《肃清反中农情绪》，《列宁青年》1931 年 10 月 21 日。

③ 参见福建省第一次工农兵代表大会《土地问题决议案》（1932 年 3 月），中共龙岩地委党史研究室、长汀县委党史研究室编《福建省苏维埃政府历史文献资料汇编》，鹭江出版社 1992 年版，第 95 页。

步发展，以致不久以后在中央苏区全面开展的查田运动中，闽西苏区的土地革命再次遭到严重的损失。

三 肃清“社会民主党”事件

王明“左”倾教条主义贯彻前后，闽西苏区军民正在浴血奋战，艰苦地开展反“围剿”斗争。在这关键时刻，“左”倾错误的执行者却在苏区开展了一场所谓肃清“社会民主党”的运动。这场“肃反”运动波及红军和各级苏维埃政权中久经考验的领导干部，也波及群众，数千名共产党员和红军指战员被无辜抓捕杀害，制造了大量冤、假、错案，致使闽西苏区遭受到不可估量的损失。

导致发生这一事件最初的根源，还是1930年下半年的李立三“左”倾错误，而王明“左”倾教条主义的贯彻，加剧了这一错误的发展，产生了严重的后果。

中共六届三中全会精神传达以后，中共闽粤赣特区委虽然在形式上也作出若干决议，批判和纠正李立三“左”倾冒险错误，但在军事上仍然实行冒险的行动，致新十二军受到严重损失。

在这种形势下，国民党反动派加紧反动宣传，苏区内外的反革命分子互相勾结，蠢蠢欲动。他们张贴反动标语，造谣生事，绑架暗杀，向革命群众实行反攻倒算。因此，苏区“群众斗争情绪很低，到红军不但不愿，而有的到了红军的还闹的回家”①。红军中存在着严重的失败主义情绪，干部群众对上级领导产生不满，发牢骚、说怪话，思想上的自由主义倾向严重起来。边境地区甚至还发生投敌反水事件。

这些情况，在当时的局面下是难免的，也是“左”倾错误造成的结果。但是王明“左”倾教条主义方针的执行者不加分析和区别，将干部

① 《闽西同志口头报告》（1930年12月19日），中共龙岩地委党史资料征集研究委会员、龙岩地区行政公署文物管理委员会编《闽西革命史文献资料》第5辑，1984年内部版，第58页。

群众的不满情绪一律看作是反革命捣乱。

在此前后，毗邻闽西的赣西南苏区正在开展肃清所谓“AB团”的肃反运动。闽西苏区的一部分领导人不免受到影响，把苏区内敌人的破坏活动与落后群众的消极情绪甚至党内持不同意见同志的正确批评混为一谈，一概认为是“反革命团体”的破坏活动。因此，他们草木皆兵，时而怀疑“最近永定的改组派（或称十人团）社会民主党都是很活动”[①]，时而又以为“水潮方面还有AB团组织，影响群众很大”[②]；甚至还毫无根据地指控“第三党派以上杭、永定为多，甚至团书记都是第三党分子”[③]。似此无中生有、危言耸听的“敌情”报告，不断地向中央和省委送去。

闽西苏区的肃清“社会民主党”事件，就是在这样一种复杂的历史背景下发生的。

1931年1月，新十二军召开纪念国际共产主义运动先驱李卜克内西、卢森堡、列宁大会。会上，有“公开喊：‘拥护第二国际’、‘社会民主党万岁’——等口号的社会民主党分子”。这引起了一些领导人的紧张，并据此逮捕了十几名被认为是“社会民主党”的红军指战员。[④] 这是闽西苏区逮捕的第一批“社会民主党”分子。

第二国际是各国社会党的联合组织，在初期执行了马克思主义路线，

---

① 《共青团闽西特委关于政治形势特委及各县团的工作概况报告》（1931年1月8日），中共龙岩地委党史资料征集研究委会员、龙岩地区行政公署文物管理委员会编《闽西革命史文献资料》第5辑，1984年内部版，第16页。

② 《闽西同志口头报告》（1930年12月19日），中共龙岩地委党史资料征集研究委会员、龙岩地区行政公署文物管理委员会编《闽西革命史文献资料》第5辑，1984年内部版，第58页。

③ 《闽西同志口头报告》（1930年12月19日），中共龙岩地委党史资料征集研究委会员、龙岩地区行政公署文物管理委员会编《闽西革命史文献资料》第5辑，1984年内部版，第58页。

④ 参加《共青团闽西特委关于政治形势特委及各县团的工作概况报告》（1931年1月8日），中共龙岩地委党史资料征集研究委会员、龙岩地区行政公署文物管理委员会编《闽西革命史文献资料》第5辑，1984年内部版，第12页。

后来堕落为修正主义。卢森堡和李卜克内西是德国社会民主党和第二国际的左派领袖，同第二国际的修正主义者展开了斗争，后来为国际共产主义事业献出了生命。在纪念他们的大会上，一些对国际共产主义运动复杂历史缺乏知识的青年军人呼喊上述一类口号，是不足为怪的。

但是，这一本来就不甚重要的事情却引起了新十二军和闽西党组织一些领导人的惊慌。他们不作实际调查便认定有一个潜伏在苏区专事破坏活动的反革命派别。他们对被捕者严刑逼供，受刑者不堪忍受，便胡乱招认，以致案情愈加复杂，审理不清，一起起冤案便由此发端，终于酿成了一场波及整个闽西苏区和红军的肃清“社会民主党”的斗争。

首先遭到无辜拘捕的是原新十二军第一〇〇团政委、24岁的林梅汀，他被指控为“社党闽西特委宣传部长”。随即又先后逮捕了60多人，他们大多是红军或地方政府的领导骨干。

1931年2月14日，闽西各县裁判肃反委员会联席会议分析与研究了苏区与红军内部情况，作出错误判断，确认“最近各县各地苏维埃区域以内及红军发现社会民主党、改组派、第三党的暗藏活动”。联席会议认为这是反革命势力进攻苏区的危险，情况非常严重，必须立即“加紧健全肃反组织，担负迅速肃清苏维埃区域内的各种反动派别的迫切任务”[①]。

一个星期以后，闽西苏维埃政府发出裁字第一号通告，强调肃反工作在当前已十分紧迫，“如果我们不能根本肃清内部反动势力，即无法巩固苏维埃政权，更说不上巩固全国苏维埃根据地，猛烈向外发展，完成一省或数省革命首先胜利的任务”。通告要求各级政府立刻根据闽西政府最近颁布的关于“社会民主党”等反动政党的罪恶与事实，在各地严密清查这些暗藏活动的反动派，“迅速消灭这些最危险的敌人”。[②]

---

① 《闽西苏维埃政府通告第十九号（裁字第一号）》（1931年2月21日），中共龙岩地委党史资料征集研究委会员、龙岩地区行政公署文物管理委员会编《闽西革命史文献资料》第5辑，1984年内部版，第64页。

② 《闽西苏维埃政府通告第十九号（裁字第一号）》（1931年2月21日），中共龙岩地委党史资料征集研究委会员、龙岩地区行政公署文物管理委员会编《闽西革命史文献资料》第5辑，1984年内部版，第64—65页。

同一天，闽西苏维埃政府发出裁字第二号通告，对捕获的“社党”作出处罚规定：“社党”的主要负责人应连同其口供押解到闽西苏维埃政府审理，一般的成员由各县政府裁肃委员会处理；对其重要负责人，应扣留严办，一般成员在公布其行为后，令其自首，处以禁闭与警告。这个通告特别强调：“千万不能轻易处理”①。1931 年 2 月，闽西苏维埃政府发布《反动政治犯自首条例》，规定凡在半个月内自首者，不论其职务高低，概行免予处罚。这些规定，虽然都错误地认定在苏区内存在着而实际上并不存在的“社会民主党”，但提出的“惩办”原则还比较宽容，也讲究一定的组织手续。然而，随着“左”倾错误的发展，这些规定实际上并未真正执行。

这期间，原红四军四纵队司令员、闽西苏维埃政府财政经济部长傅柏翠（未到职），由于不接受中共土地革命的路线方针，不接受组织分配的工作，经多次批评教育无效受到严厉处分。1930 年 12 月，邓发主持的中共闽粤赣特区第一次代表大会“开除了从来不服从党而特委不敢开除的傅柏翠”②。此后不久，由新十二军士兵错呼口号而引发的肃清“社会民主党”事件蔓延，加以傅柏翠与闽粤赣特区委分歧严重，甚至“退出党的组织，取消苏维埃政府”，拥兵自重，宣布“武装自卫”。③闽粤赣特委派重兵围攻其家乡上杭古蛟地区。矛盾进一步激化，傅柏翠走上了武力对抗的道路。④ 当时，苏区内正在大张旗鼓地开展肃反斗争，

① 《闽西苏维埃政府通告第二十号裁字第二号》（1931 年 2 月 21 日），中央档案馆、福建省档案馆编《福建革命历史文件汇集》甲 15 册，1985 年内部版，第 42 页。

② 《中共闽粤赣特委常委第一次扩大会决议》（1931 年 2 月 27 日），中共龙岩地委党史资料征集研究委会员、龙岩地区行政公署文物管理委员会编《闽西革命史文献资料》第 5 辑，1984 年内部版，第 72 页。

③ 参见《中共闽粤赣特委给北四区全体同志的信——为争取革命胜利劝告立即恢复党组织》（1931 年 1 月 6 日），中央档案馆编《闽粤赣革命历史文件汇集（一九三〇年——一九三一年）》，第 11—12 页。

④ 参见《傅柏翠谈闽西早期革命斗争的一些情况》（未刊稿），1980 年福建省博物馆记录整理。

一些被怀疑和追捕的“社党”分子也曾被迫藏匿于傅柏翠控制下的古蛟区。①

由于这些原因，闽西苏维埃政府于 3 月 6 日发布第二十三号通告，宣布傅柏翠为“社会民主党领袖”。② 事实上，这一指控纯属子虚。傅柏翠曾一再声明：“我不但不是‘社党’的头目，而且‘社党’这个组织是否存在，我本人也是怀疑的。”③ 对于这一点，主持苏区肃反工作的邓发后来在经过延安整风和总结党的历史经验之后，在 1945 年也明确地指出：“今天来看，不仅当时全国没有什么社会民主党，连傅柏翠本人是不是也难说。”④

但是，在以肃反为中心和教条主义、主观主义盛行的情况下，这个实际上并不存在的“社会民主党”，在短短一两个月内就被夸张为无孔不入、无所不能的危险而庞大的反革命组织。对此，闽西苏区的干部并没有完全赞同，并对怀疑一切和滥捕滥杀表示不满与抵制。中共永定县委在接到中共闽粤赣特区委关于肃反的指示后，“执行非常不充分，甚至对上级指示采取怀疑态度。……对特委将社会民主党名单要他拘捕，完全表示出犹疑不坚决的态度”⑤。

闽西苏区肃清“社会民主党”的斗争在最初的两个月打击面还不是很大。但在 3 月 1 日以后的几个月内，肃反的调子越唱越高，成百成千的所谓“社党”分子被逮捕或处决，在革命队伍内造成了一个极不正常

① 参见林中生：《1931 年闽西赤区内的社党事件与傅柏翠的牵连关系》（未刊稿），1980 年 6 月 7 日。

② 参见《闽西苏维埃政府通告第二十三号——关于上杭北四区取消苏维埃问题》（1931 年 3 月 6 日），福建省委党史征编委编《闽西“肃社会民主党”历史悬案专题资料汇编》，第 16 页。

③ 傅柏翠：《我所知道的闽西苏区肃“社党”的略情》，福建省委党史征编委编《闽西“肃社会民主党”历史悬案专题资料汇编》（1984 年 7 月），第 116 页。

④ 《邓发同志在闽西党史座谈会上的发言记录》（未刊稿），（1945 年 2 月 23 日）。

⑤ 《中共闽粤赣特委常委第一次扩大会的决议》（1931 年 2 月 27 日），中共龙岩地委党史资料征集研究委会员、龙岩地区行政公署文物管理委员会编《闽西革命史文献资料》第 5 辑，1984 年内部版，第 73 页。

的局面。

3 月 1 日至 2 日，闽西苏维埃政府在永定虎岗召开"闽西工农兵审判反革命社会民主党分子代表大会"，审判以新十二军第一〇〇团政治委员林梅汀为首的 34 名"社会民主党党魁党员"，其中包括所谓"社党闽西特委宣传部长、组织部长、特派员、青委书记"等。从当时的现场报道可以看到，许多被告由于刑讯而伤痕累累，被告的"供词"也有明显的矛盾和纰漏。3 月 2 日下午，林梅汀等 17 名"主犯"被判处死刑。他们在临刑时忍受着极大的冤屈与痛苦，仍然高呼"打倒社会民主党""拥护中国共产党"的口号。①

在这次审判大会上，闽西苏维埃政府裁判部长、主审林一株宣布，从军队到地方的"社会民主党"组织大部分已经被破获，号召各地代表回去之后"要继续努力去破获未被发觉的社会民主党分子和机关"。大会还宣布了对"社党"分子的三条惩办原则，概括起来的意思是：一、对已捕获的"社党"分子，凡出身不好者处以死刑；二、在"社党"内负有"重大责任者，处以死刑"；三、潜藏在党政军领导机关内的"社党"分子处以死刑。②

从此以后，闽西苏区的肃清"社会民主党"斗争进入了更为严重的状态。

3 月 4 日，闽西苏维埃政府通告各县指出，自从在新十二军发现"社会民主党"以后，"半个月来迭次破获该反动组织政党的各县组织，捕获很多的反动首领"，这表明闽西的"社会民主党"问题与赣西南的"AB 团"同样严重，已不是局部的问题了。因此，"社党"问题在目前敌人向苏区进攻的形势下，是我们最大的危机。闽西苏维埃政府号召整个苏区一致动员起来，彻底肃清"社会民主党"。这个通告还指出，各级政府决

① 参见闽西苏维埃政府文化部：《革命法庭》(1931 年 3 月 18 日)，福建省委党史征编委编《闽西"肃社会民主党"历史悬案专题资料汇编》(1984 年 7 月)，第 39 页。

② 参见闽西苏维埃政府文化部：《革命法庭》(1931 年 3 月 18 日)，福建省委党史征编委编《闽西"肃社会民主党"历史悬案专题资料汇编》(1984 年 7 月)，第 39 页。

不能姑息或感情用事，如果“对于这一工作还采取姑息态度，而不能坚决积极的执行领导群众一致动员肃反，这是非常错误的危险倾向”①。

3月18日，闽西苏维埃政府又发出通告，要求各县健全和加强各级肃反机构。一些品质恶劣和投机取巧的分子，为了给自己捞取政治资本，满足权力和私利的欲望，不惜出卖灵魂，栽赃陷害。也有少数出身于反动阶级的人物，企图浑水摸鱼，实行阶级报复。这些人如林一株等以慷慨激昂的革命言辞骗取了党的信任，分别充任了闽西苏维埃政府及一部分地区的肃反委员会主席。在他们把持之下，制造了无数的冤狱。

在肃反初期，捕杀人犯还要报请闽西政府批准，后来捕杀人犯越来越多，闽西政府来不及审批，作出新的规定：“如有迫不及待要先处决的”，可以先执行，再“补报到本政府追认”。② 于是，肃反的权力层层下放，苏区的一切组织与机关，甚至医院，都可以随意抓捕审判“社党”分子。其结果是：“革命的秩序、革命的法律完全丧失其作用，因此肃反的权限有时会并且已经落入过反革命的手中……这样‘肃反’的结果，更是不能令人设想了。”③ 为了加紧肃反工作，闽西苏维埃政府限令各地在两个月内肃清“社党”，否则“应该受公开的批评”。④

在这样的气氛下，各地党团组织和苏维埃政府都积极执行上级指示，有些地方还层层加码，以示斗争坚决。改组以后的永定县委曾作出这样的规定：“如有各级党部及各机关不坚决执行的应该彻底改造”，并把“在反社党工作中仍表现犹豫的坚决清洗出党去”。⑤ 实际上，只要有人

① 《闽西苏维埃政府通告第二十三号（裁字第三号）》（1931年3月4日），福建省委党史征编委编《闽西“肃社会民主党”历史悬案专题资料汇编》（1984年7月），第13页。

② 《闽西苏维埃政府通告第二十五号（裁字第四号）》（1931年3月19日），福建省委党史征编委编《闽西“肃社会民主党”历史悬案专题资料汇编》第46页。

③ 《苏区中央局给各级党部的信》（1931年12月5日），抄件存福建省委党校。

④ 《闽西苏维埃政府第三次执委扩大会议决议》（1931年5月21日），抄件存福建省委党校。

⑤ 《永定县与溪南区各机关各革命团体党团联席会的总结与精神》（1931年9月3日），中共龙岩地委党史资料征集领导小组、龙岩地区行政公署文物管理委员会编《闽西革命史文献资料》第6辑，1985年内部版，第165页。

被认为工作不力或犹豫不定，就会立即被戴上“社党”分子的帽子，不加调查审讯而草率处决。因此，人人自危，大家都要表现出积极努力，不甘落后以自保。肃反成了党政军机关和一切团体的中心工作，愈演愈烈，而“一切肃反工作中心都放在逮捕、审讯、处决上头，且还靠刑讯，极端缺乏思想上的斗争与对群众的教育工作，并以捕人最多处决人最快的为最坚决，于是有屈打成招的，有乱供的”①。

随着运动的发展，抓捕的人犯和积案越来越多。肃反工作的领导者不作深入的调查研究，过分地夸大反动阶级的力量，以致对党内干部及工农分子也处处戒备和怀疑，这就给阶级估量造成了种种假象和错觉。

1931年4月4日，王明“左”倾教条主义统治下的中央根据闽西的报告，对肃反工作作了如下的指示：“普遍的白色恐怖积极的打入到党的组织内和红军中来从事破坏（闽西的所谓社会民主党，江西的AB团以及其他地方的改组派等等），从蒋介石到傅柏翠都有整个的联系和计划的。”中央要求各级党组织对他们采取“最严厉的手段来镇压”，在肃反斗争中反对右倾，认为“右倾在党内在群众中要看成是主要的危险，对一切消沉、悲观、保守、失望、逃跑等等的观念要给予无情的打击”②。

中央的指示信加剧了闽西肃反的进一步扩大化。肃反的对象不仅限于从口供中得到的名单，而且把平时工作上犯有错误或消极落后的同志也一概视作“社党”分子而加以清洗，其理由是因为“这些分子，虽然不是社党分子，但实质上是社党的表现，是社党发展的对象”③。此外，过去曾经执行过李立三“左”倾错误的同志，也一齐被列为肃反中的打

① 《中共苏区中央局致闽粤赣省委并转省代表大会的信》（1932年2月19日），古田会议纪念馆编《闽西革命史文献资料》第7辑，2006年内部版，第68页。

② 《中央给闽粤赣特委信——闽粤赣目前形势和任务》（1931年4月4日），中共龙岩地委党史资料征集研究委会员、龙岩地区行政公署文物管理委员会编《闽西革命史文献资料》第5辑，1984年内部版，第133页。

③ 《闽粤赣苏区特委致永定县委信（特字一六二号永字二十八号）》（1931年），中共龙岩地委党史资料征集研究委会员、龙岩地区行政公署文物管理委员会编《闽西革命史文献资料》第6辑，1985年内部版，第251页。

击对象，其理由是因为“社会民主党的活动与发展，主要是因为……执行立三路线的结果”[①]。显然，这场斗争反映了浓厚的王明“左”倾宗派主义色彩。又由于在肃反中同时贯彻所谓“反富农路线”的错误方针，因此对于出身于剥削阶级家庭的革命同志，也根据“地主富农子弟，在斗争中必然会背叛革命”[②] 的理论，进行清洗打击。这就把党内斗争与阶级斗争混为一谈，混淆了两类不同性质的矛盾，滑入了唯成分论的歧途。而且各机关单位在侦破审讯中实行逼供信，单凭被捕者的供词，“而这些供词的真实与否，只有凭着‘估量’”，在审讯中，“偏于肉刑‘苦打成招’的事实，确是有所不免”。[③]

在“左”倾错误理论的指导下，闽西苏区在半年多时间里，肃清“社会民主党”的斗争给革命事业造成了无可挽回的损失，党团组织与红军部队受到了严重的破坏。中共永定县委由于在肃反的开始阶段抵制了“左”倾错误，其领导人谢献球、卢肇西、曾牧村等先后被害，县委被改组。4 月 28 日下午，永定县委在党团联席会议上又宣布县委秘书长张觉先、县苏常委郑世明等 13 人犯有“社党”罪或工作消极，予以逮捕或开除。[④] 5 月 15 日，杭武县第五区举行公审大会，集体处决了所谓“社党杭武特委书记”伍超然等 11 人，其中大多是 20 岁左右的青年，最小的只有 16 岁。[⑤] 类似上述各种处分、逮捕与公审处决，一个时期内在闽西

---

① 《共青团闽西特委对肃清社会民主党工作的决议》（1931 年 4 月 6 日），中共龙岩地委党史资料征集研究委会员、龙岩地区行政公署文物管理委员会编《闽西革命史文献资料》第 5 辑，1984 年内部版，第 143 页。

② 《共青团闽西特委对肃清社会民主党工作的决议》（1931 年 4 月 6 日），中共龙岩地委党史资料征集研究委会员、龙岩地区行政公署文物管理委员会编《闽西革命史文献资料》第 5 辑，1984 年内部版，第 143 页。

③ 参见《苏区中央局给各级党部的信》（1931 年 12 月 5 日），抄件存福建省委党校。

④ 参见《永定县与溪南区各机关各革命团体党团联席会的总结与精神》（1931 年 9 月 3 日），中共龙岩地委党史资料征集研究委会员、龙岩地区行政公署文物管理委员会编《闽西革命史文献资料》第 6 辑，1985 年内部版，第 165—166 页。

⑤ 参见杭武县苏肃反委员会编《革命法庭》（1931 年 6 月 2 日），福建省委党史征编委编《闽西“肃社会民主党”历史悬案专题资料汇编》（1984 年 7 月），第 67—68 页。

苏区的各个县区几乎每天都有发生。

应当指出，林一株等人把持肃反委员会，独断专行，为所欲为，在处理一系列重大案件时完全背着闽西苏维埃政府主席张鼎丞和省委组织部长罗明，公然践踏党的组织原则，负有不可宽恕的罪责。肃反斗争发展到这种局面，其后果是严重的。往往某个所谓“社党”组织刚被破获，很快又从供词中发现新的同样的组织，因此肃反委员会整天忙于不断地捕人，一次又一次地宣布破获“社党”机关。至1931年5月，先后两次破获“社党”闽西特委，两次破获“社党”闽西青委，四次破获“社党”龙岩县委，两次破获“社党”永定县委，两次破获“社党”红十二军军委，① 甚至在少先队、儿童团中也多次破获“社党”组织。

在肃反中被整肃的对象，主要是红军连排长以上、地方政权区以上的干部。苏区最高政权机关闽西苏维埃政府35名执委与候补执委中，有半数以上先后以“社党”罪受害。至5月中旬，闽西苏区逮捕“社党”分子多达一千六七百人，其中有六七百人被处决。这些被害者，有80%是党员与各级干部，② 其中相当部分是闽西各地红色区域的早期创始人，如后田暴动领导人陈品三、陈锦辉，永定暴动的领导人卢肇西、曾牧村，武平小澜暴动领导人张涤心，长汀早期党的领导人段奋夫等。

共青团组织受到的破坏更为严重。7月12日，共青团闽西特委在给苏区团中央局的报告中说：“经过六月份积极肃清社党工作，及最近两星期来，赤裸裸地现出闽西团内社党分子堆塞着，团依然是极严重的状态”。这个报告甚至认为，“旧的团员大部分（现在还有部分支部未破获）不是我们的团员了。龙岩全县（现在存几个同志还是有问题的）可说没有团员了。其他各地可说每个支部都有社党分子，有的【甚】至于全支部都是，干部方面，上下层旧的干部都是社党分子，部分在改组时是社

---

① 参见杭武县苏肃反委员会编《革命法庭》（1931年6月2日），福建省委党史征编委编《闽西“肃社会民主党”历史悬案专题资料汇编》（1984年7月），第65页。

② 参见《中共闽粤赣省委给中央报告（第九号）》（1931年5月22日），福建省委党史征编委编《闽西“肃社会民主党”历史悬案专题资料汇编》（1984年7月），第54页。

党分子，经手提拔的也是社党分子”。经过这样反复不断的洗刷之后，闽西团的组织几乎陷于瘫痪。全区 30 个区委中，只有 1 个区委能够勉强维持工作。因此，“团的教育工作，组织生活及执行中心任务，发生活动能力上极大困难，尤其新干部幼稚，一切工作秩序都错杂无头绪”①。

在“肃反中心论”的思想指导下，肃反委员会凌驾于党委之上，以致组织混乱，党和政府的机构涣散。尤其是大敌当前，红军正在全力抗击国民党军第二、第三次“围剿”的严重情况下，大批红军的优秀指战员在肃反斗争中无辜受害，致使新十二军的战斗力严重削弱。中共闽粤赣特区委在 5 月 1 日给永定县委的信中不能不承认这样一个事实：新十二军在肃反之后，“内部的确是万分成问题，战斗兵的减少，指挥员的缺乏，以及士兵勇气的低落，这并不是东拖一下西拉一下可以解决的”②。

闽西苏区大规模的肃清“社会民主党”的斗争，前后延续一年多时间。在这一非常事件中，党员人数由原来的 8000 人减为 5000 人。③ 至于受害人总数，历史档案没有留下确切的统计。只是到了中共十一届三中全会以后，经过各级组织和民政部门的调查核实，才查明在肃清“社会民主党”事件中受害牺牲者有 6352 人。④ 对于一个总人口仅为 100 万左右的闽西苏区，这是一个惊人的数字。如果加上判刑关押、被迫逃亡和受牵连的家属，情况就更为严重了。

---

① 《共青团闽西特委给苏区团中央局的报告（个别报告第二号）》（1931 年 7 月 12 日），中共龙岩地委党史资料征集研究委会员、龙岩地区行政公署文物管理委员会编《闽西革命史文献资料》第 6 辑，1985 年内部版，第 126 页。

② 《中共闽粤赣苏区特委给永定县委的指示信》（1931 年 5 月 1 日），福建省档案馆、广东省档案馆编《闽粤赣边区革命历史档案汇编》第 1 辑，档案出版社 1987 年版，第76 页。

③ 参见《中共苏区中央局致闽粤赣省委并转省代表大会的信》（1932 年 2 月 19 日），古田会议纪念馆编《闽西革命史文献资料》第 7 辑，2006 年内部版，第 68 页。

④ 参见《闽西“肃清社会民主党”历史冤案已平反昭雪》，《党史通讯》1986 年第 5 期。

四　纠正错误的肃反斗争

闽西苏区的肃反斗争引起了党内外干部群众的恐慌。不少干部和红军战士被迫逃亡，有一些则在当地群众帮助下越狱脱险，或避居山林，或漂洋过海谋生，也有一部分被迫进行反抗。1931 年 5 月 27 日发生在杭武县第三区的“坑口事变”，就是一个典型的例子。

杭武县第三区区委书记何登南、县直属第三大队政委陈锦玉等近 200 人在肃反中被指控为“社会民主党”，拘押于坑口和县苏维埃政府所在地白砂。第三大队长李真、副政委张纯铭、副大队长丘子庭等对此极为愤慨。为了抵制和反对上级乱抓乱杀，营救被关押的战友与乡亲，他们于 5 月 27 日扣押了正在当地检查工作的闽西苏维埃政府秘书长罗寿春，迫其写手令释放被关押的所谓“社党”分子。

当天晚上，李真等率领第三大队包围区苏维埃政府，放出被捕人员。同时，派一部分武装前往白砂，以罗寿春的手令将被关押的第三区人员释放并带回家乡。

中共闽粤赣省委得到消息，立刻调动新十二军包围杭武第三区，搜捕第三大队与刚被释放的人员。5 月 29 日，第三大队除少数人逃亡以外，大部被缴械拘捕，被释放的人员也再次被捕。同一天，中共闽粤赣省委对此作出决议，认为坑口事变是“反革命的暴动”，因此要特别加紧在红军、工农武装部队中的肃反工作，“对于已经被捕的社党，应多方设法审讯以破获其整个组织，同时要很快的处决”①。于是，李真、何登南、丘子庭及第三大队被捕的大部分指战员先后被处决。罗寿春也在 9 月间被指控为“社党闽西特委组织部长”而被处决。

苏区军民对这种错误的肃反极为反感。在坑口事变被镇压之后第四天，杭武县第二区的部分干部、群众与地方武装又发动事变，扣留杭武

---

① 《中共闽粤赣苏区省委关于杭武第三区事变决议》（1931 年 5 月 29 日），福建省委党史征编委编《闽西“肃社会民主党”历史悬案专题资料汇编》（1984 年 7 月），第 56 页。

县委巡视员及负责人。在此前后，永定溪南和虎岗附近也发生过类似的反抗行动。

上述种种情况表明，闽西苏区的肃反斗争已经给苏维埃政权和红军带来严重危机，给人民群众造成了深重的灾难。闽西苏区的党政领导机关也开始感觉到问题的严重，并根据中央的指示，于1931年7月15日撤销了原来的肃反委员会，另行成立以郭滴人为处长、林一株为副处长的闽西苏维埃政府政治保卫处。此后情况虽稍有好转，但问题并未得到根本解决。

由于肃反问题日益严重，闽西局面愈趋恶化，终于引起了中央的注意。8月29日，中共中央发出《致闽粤赣苏区省委的信》，对于闽西苏区如此大规模捕杀“社会民主党”表示不满，指出为什么“社党”分子“居然能广泛的深入我们的党团和红军中去，经迭次破获和逮捕之后，仍然时常发现他们在我们组织中活动，为什么一部分被欺骗的群众抱着观望的态度不能自动的自首，甚至于恐怕加入共产党，这些问题非常值得我们注意，从你们的一切文件中找不到这些问题最圆满的回答”①。

中央来信还批评了闽西肃反工作中存在着的工作简单化、把一切问题归罪于“社党”破坏而掩饰自身缺点、实行惩办主义等三点错误。这是迄今为止看到的对闽西肃清“社会民主党”方针路线提出质疑和警告的第一个文件。

中央来信对于闽西各级领导机关震动极大。9月29日，闽西苏维埃政府发出第九十七号通告，宣布林一株为闽西“社党”特委书记，还宣布原闽西苏维埃政府秘书长罗寿春、文化部长张丹川、劳动监察部长熊炳华等8人也属闽西“社党”组织上层领导成员，分别处以死刑。② 当然，说林一株是“社党”首领，并没有确凿的证据，但是他一直把持肃

① 《中央致闽粤赣苏区省委的信》（1931年8月29日），中央档案馆编《中共中央文件选集》第7册，中共中央党校出版社1991年版，第349页。

② 参见福建省委党史征编委编《闽西“肃社会民主党”历史悬案专题资料汇编》（1984年7月），第79页。

反大权，残酷迫害革命干部和红军指战员，早已为人民群众所切齿，逮捕并处决林一株，对于稳定混乱局面、制止肃反错误是必要的。至于处死罗寿春等人，则未免草率。

事实上，规模如此之大、涉及面如此之广的闽西肃反斗争，绝不是单凭林一株等几个品质恶劣分子所能全盘挑动得起来的，这与当时严重存在于党内的“左”倾思想有密切的关系。因此，处决了林一株等人以后，闽西肃反虽然有所纠正，但仍未完全摆脱“左”倾错误指导下“怀疑一切”的桎梏。中共闽粤赣省委“对中央和中央局关于肃反的指示，没有很快的传达，肃反工作转变仍然非常之弱”①。各级政治保卫处仍然关押着大批“嫌疑犯”，逮捕和处决“社党”分子的行动也仍在继续。

1931 年 11 月，张鼎丞在瑞金参加第一次全国工农兵代表大会期间，向毛泽东汇报了闽西肃反问题的严重性，毛泽东指示必须立即纠正这一错误。

12 月 5 日，苏区中央局致信各级党组织，转达中央指示，指出中央苏区的肃反工作混淆敌我界限，实行了错误的肃反方针和方法，以致党的组织和机关垮台，苏区局面出现了严重的现象。中央指出，必须毫不犹疑地纠正这些错误，“坚决的反对极有害的极错误的‘肃反中心论’”，“坚决废除审问中的肉刑，一切党部、青年团、工会及一切革命组织与革命机关不能直接办理肃反工作”。②

1931 年 11 月初，中央苏区党的第一次代表大会通过一项政治决议案，对过去一年肃反工作的错误作了检讨。全国第一次工农兵代表大会以后，开始建立正常的司法程序，拟订苏维埃的国家法律。12 月 13 日，中华苏维埃共和国中央执行委员会非常会议制定了《处理反革命案件和

---

① 《中共闽粤赣苏区党第二次全省大会决议——目前政治形势与闽粤赣苏区党的任务》(1932 年 3 月 14 日)，福建省档案馆、广东省档案馆编《闽粤赣边区革命历史档案汇编》第 1 辑，档案出版社 1987 年版，第 153 页。

② 《中央局给各级党部的信》(1931 年 12 月 5 日)，抄件存福建省委党校。

建立司法机关的暂行程序》，规定一切反革命案件统归国家政治保卫局侦查处理，由国家司法机关审讯和判决。审讯的方法“必须坚决的废除肉刑，而采用搜集确实证据及各种有效方法”，并且规定“县一级司法机关，无判决死刑之权”。[①]

正在这时，前往瑞金就任苏区中央局书记的周恩来由上海经粤东进入中央苏区。周恩来在闽西目睹了错误的肃反斗争所造成的混乱，非常愤慨。12 月 18 日，他在由永定赴长汀的途中致信中央，严肃指出闽西苏区肃反工作的严重错误。周恩来在信中说：“我入苏区虽只三日，但沿途所经，已见到闽西解决社党所得的恶果非常严重。”他还指出，闽西肃反工作靠的是刑讯逼供，“他们处理方法之错误，如中央历次所指示的殆过之无不及”。他认为，目前问题已很严重，转变很是困难，决心“与此严重问题斗争”[②]。

周恩来的到达以及他给中央的信，对于进一步纠正闽西错误的肃反斗争，起了重要的作用。一个月以后，中共中央专门就肃反问题给闽粤赣省委发出指示信。中央指出，中央曾一再指出闽西肃反工作的严重错误，然而闽粤赣省委“始终没有注意中央的指示，而继续着过去的错误。这种错误在闽西苏区内现在已经造成非常严重的现象，若不及早纠正，闽西苏区的发展与巩固是绝对不可能的”[③]。

中央认为，闽西肃反最严重的错误，“是在于肃清社会民主党的斗争，不但没有造成广大工农群众对于社党的仇恨，对于共产党的热烈拥护，而且反使群众惧怕共产党，使群众对共产党采取了‘敬而远之’的态度”，从而造成了人人自危的恐怖现象。为此，“中央一刻也不能容忍这种错误的继续存在”，要求闽西党组织立刻同肃反中的严重错误做最坚

① 参见肖居孝编《中央苏区司法工作文献资料选编》，中国发展出版社 2015 年版，第 31 页。

② 《伍豪自中区来信》（1931 年 12 月 18 日），抄件存福建省委党校。

③ 《中央为肃反问题致闽西省委信》（1932 年 1 月 21 日），中共江西省委党史研究室等编《中央革命根据地历史资料文库・党的系统》第 3 卷，中央文献出版社、江西人民出版社出版 2011 年版，第 2011 页。

决的斗争，在即将召开的省党代表会上“最彻底的站在布尔什维克的自我批评上，明显的指出省委过去在肃反问题中所犯的不可宽恕的错误”[①]。

1932年2月19日，苏区中央局致信闽粤赣省委和即将召开的省党代表会。这封信“根据苏区党大会后闽西工作的情形，根据周恩来同志经过闽西时的考察和这次李明光同志来中央的报告”，再次指出了闽西“在肃反工作中的严重错误”，[②] 要求闽西苏区切实遵照中央和中央局对闽西的历次指示，坚决纠正。

闽西党组织经历了一年多肃反的严重破坏，得到了十分沉痛的教训，决定进行严肃认真的反省与总结。1932年3月，中共闽粤赣苏区第二次代表大会对这一问题作了检讨，痛心地认识到在“肃反工作中做了严重的错误”，“没有从阶级力量的对比上来观察社党、托派，夸大了社党的力量，不相信几年土地革命斗争的力量，这就发生了唯心的推测，和肃反中心论，甚至对党员、对群众都不敢相信”[③]。

1932年3月18日，福建省第一次工农兵代表大会在长汀召开。在大会决议中再次总结了肃清“社会民主党”斗争错误的沉痛教训，向全苏区军民作了公开的检讨。至此，祸害长达一年零三个月的肃清“社会民主党”事件基本上得到了纠正。

---

① 《中央为肃反问题致闽西省委信》（1932年1月21日），中共江西省委党史研究室等编《中央革命根据地历史资料文库·党的系统》第3卷，中央文献出版社、江西人民出版社2011年版，第2011、2012页。

② 《中共苏区中央局致闽粤赣省委并转省代表大会的信》（1932年2月19日），《中央革命根据地历史资料文库·党的系统》第3卷，中央文献出版社、江西人民出版社2011年版，第2066、2071页。

③ 《中共闽粤赣苏区党第二次全省大会决议——目前政治形势与闽粤赣苏区党的任务》（1932年3月14日），福建省档案馆、广东省档案馆编《闽粤赣边区革命历史档案汇编》第1辑，档案出版社1987年版，第152页。

第十一章　闽西苏区的复兴与强盛

一　开辟闽西北与克复杭武之战

闽西革命根据地由于先后受到李立三、王明“左”倾错误的干扰，在土地革命、肃反、军事斗争等方面的重要方针策略上出现了严重失误，致使苏区的群众情绪压抑，红军士气低落，岩永杭东部苏区大多陷于敌手。1930年下半年至1931年，闽西苏区在军事、经济、土地革命等方面受到了严重的损失。

从1931年冬开始，尤其是1932年开春以后，闽西苏区的各级党组织和全体军民逐步纠正错误，克服困难，使苏区在挫折中获得了恢复与发展。

这种转折，一方面是由于第三次反“围剿”胜利以后闽西红军与中央红军在长汀会师，在军事上进一步打击长汀、连城一带敌人，扭转了被动局势；另一方面是1931年11月中华苏维埃共和国临时中央政府在瑞金成立以后逐步建立了正常的革命秩序，稳定了苏区局面。此后不久，1932年3月，中共闽粤赣省第二次代表大会召开与福建省苏维埃政府在长汀成立，逐渐纠正了过去一些明显的“左”倾错误，使苏区在一个时期内获得了稳定的发展。闽西苏区得以强盛的另外一个重要因素是，毛泽东于1932年4月率领中央红军入闽，直抵龙岩、漳州，不仅恢复大片苏区，而且开辟了闽南地区的苏维埃区域，促进了苏区的发展。

闽西红军新十二军在1931年9月攻占长汀以后与中央红军的老十二军会师，从而贯通了赣西南和闽西两大块红色区域。闽西苏区由此向北推进到清流、宁化、归化（今明溪）等县，开拓了稳定发展的局面。同年11月，宁化县苏维埃政府在淮阳成立，随后又相继在宁化西、南、中部各区乡建立苏维埃政权，开展土地革命。

红军新十二军与老十二军会师以后，这两支部队合并，统称红十二军。随后，其三十四师、三十六师经连城、清流一线，向永安安砂方向挺进，打击盘踞闽中的国民党地方军阀卢兴邦部，以便打通与闽北苏区的联系。红十二军另一部留在长汀一带，开展群众工作。

新十二军编入老十二军以后，闽西苏维埃政府又将闽西地方武装编成独立第七师和长汀警卫团，着重在长汀、上杭、武平三县边界地区开展游击战争。

闽西苏维埃政府迁入长汀以后，回顾了过去一年的工作，总结了经验与教训。认为闽西苏区在1930年接受了李立三"左"倾错误，例如不注意苏区的巩固冒险攻打东江，以致苏区遭受敌人摧残而日见缩小；无条件地猛烈扩大红军，以致红军质量下降，逃兵增多，等等。但是由于闽西苏维埃政府仍然是在王明"左"倾错误的指导下总结这一时期的工作经验，因此无可避免地反映了这一错误思想，全面地肯定了1931年下半年的工作，认为由于5月21日第三次执委扩大会议接受共产国际的路线，决定了两个月冲锋计划，实行改造苏维埃、扩大红军赤卫团、肃反、深入土地革命、统一财政等项工作，发动了贫雇农基本群众，"把豪绅地主的势力消灭，把富农的反动镇压下去，雇农贫农中农得到了土地革命的利益"。尤其是三败卢新铭，夺取长汀城，开辟了长汀、连城一带新区的工作。[①] 甚至对于已经明显失误的肃清"社会民主党"和"重新分配一切土地"，以及消灭地主、打击富农等过"左"的方针政策视为正确，

① 参见《拥护闽西第三次工农兵代表大会宣传大纲》（1931年11月5日），中共龙岩地委党史办公室编《闽西党史研究参考资料》（1931年—1934年合订本），1958年3月。

并且把一切工作的成就不适当地归结为“这是执行国际路线的成绩”①。

应该说，由于闽西大多数干部群众在长期的土地革命斗争中接受了毛泽东关于土地革命与武装斗争等方面的基本思想，积累了比较丰富的经验，并且在三次反“围剿”的战争与其他一些工作中尽可能地运用了这些经验，因而确实也取得了很大的成功。正因为如此，闽西苏维埃政府对照毛泽东一贯坚持的正确主张，认识到在过去的工作中也还存在不少问题，“主要是在斗争的路线上没有很大的力量和很快的来开展闽北工作，在战略上不能很好的运用引敌深入集中力量进攻敌人的弱点来冲破敌人。在土地革命斗争和一切工作上尚不能把中农很好的联络到，甚至有反中农的倾向”②。闽西苏维埃政府的这些自我批评，是坦诚与正确的。

在总结一年来工作的基础上，闽西苏维埃政府依据目前斗争的实际情况，提出了新的斗争任务。这就是：“巩固和恢复闽西苏维埃的政权，开展宁化清流归化闽北的工作，把闽西和闽北联系起来，把闽北闽西造成一大块的红色区域，来建立福建全省苏维埃政权，造成中央区巩固的后方”。在这一总的前提下，目前首要的工作，是要巩固汀连，恢复杭永岩苏区，并逐渐向闽北发展。③

根据闽西苏维埃政府提出的这一任务。红十二军在结束了长汀的工作之后，决定向连城方面进击。1931 年 11 月下旬，红十二军侦悉驻连城之敌卢新铭旅守城部队只有易启文团及连城“救乡团”2 个大队，兵力不足 1000 人，枪不过 600 支，决定首先消灭这股敌人。

11 月 29 日，红十二军由汀州出发，进击连城。刚刚上任 9 天的国民党连城县县长叶大增听到红军逼近的消息，于 29 日晚上逃亡。同日晚，卢新铭得到易启文的报告后，通知守城部队避免与红军作战，迅速撤退，

① 《拥护闽西第三次工农兵代表大会宣传大纲》（1931 年 11 月 5 日），中共龙岩地委党史办公室编《闽西党史研究参考资料》（1931 年—1934 年合订本），1958 年 3 月。

② 《拥护闽西第三次工农兵代表大会宣传大纲》（1931 年 11 月 5 日），中共龙岩地委党史办公室编《闽西党史研究参考资料》（1931 年—1934 年合订本），1958 年 3 月。

③ 参见《拥护闽西第三次工农兵代表大会宣传大纲》（1931 年 11 月 5 日），中共龙岩地委党史办公室编《闽西党史研究参考资料》（1931 年—1934 年合订本），1958 年 3 月。

并立即率旅部由姑田逃往永安小陶。

但是易启文团还未来得及撤退，红十二军已于 11 月 30 日包围连城，分三路发起进攻。红十二军与敌人激战不到 1 个小时，即奋勇攻入城内，俘敌副团长张敬扬以下 200 多人，缴枪 160 余支。易启文率领残部仓皇败逃。

红十二军攻占连城以后，在连城周围地区开展工作。12 月上旬，红十二军依照闽西苏维埃政府的计划，挥戈南下，在连城县新泉和长汀县童坊、城郊一带新区普遍发动群众，分配土地，建立政权与工农武装。与此同时，中共汀连县委作出决定，集中地方武装消灭苦竹山、朋口、莒溪和武平县北部地区的团匪，加紧巩固河田、大田湖、南山坝、钟屋村一带新开辟的苏区，以配合红十二军的行动。① 闽西地方红军主力独立第七师，其一部配合长汀警卫团攻打苦竹山等地团匪，另一部向上杭、武平边界发展，集中力量打击武平团匪钟绍葵旅，开辟武平北部的新苏区。

中共闽粤赣省委为了进一步巩固闽西，向闽北发展，击退三面进攻闽西苏区的闽粤之敌，于 1932 年 2 月成立了以罗炳辉为司令员、谭震林为政委的福建军区指挥部，其任务是“指挥红军十二军和独立师，及各县独立武装，配合工农群众的力量，巩固和发展福建全省的苏维埃政权”②。

2 月 16 日，中共闽粤赣省委发出《关于发展革命战争、消灭闽西三面敌人的特别通告》，指出过去闽西红军的战略战术“只知分兵防守，面面防御，弄成敌人步步进攻，我们步步退却”，忽视了向敌人主动进攻的游击战术。现在必须改变战略，“要集中力量积极的发展游击战争，向敌

① 参见《中共汀连全县各支书联席会议决议案》（1931 年 12 月 7 日），中共龙岩地委党史资料征集研究委会员、龙岩地区行政公署文物管理委员会编《闽西革命史文献资料》第 6 辑，1985 年内部版，第 231 页。

② 《中国共产党闽粤赣省委、中国共产共青团福建省委告福建工农群众书》（1932 年 2 月 15 日），福建省档案馆、广东省档案馆编《闽粤赣边区革命历史档案汇编》第 1 辑，档案出版社 1987 年版，第 140—141 页。

人进攻使敌人忙于应付，疲于拼命”，以达到消灭敌人，向外发展之目的。特别通告提出，“巩固全闽西的苏维埃政权”，“克复龙岩、坎市、湖雷！夺取上杭、武平”，是目前行动的中心口号。[①] 据此，红十二军在完成了汀连的群众工作之后，继续南下，向武平、上杭进军。

2 月 23 日清晨，红十二军分三路向武平县城进发，上午 10 时，与守城敌军接火。守敌新编独立旅钟绍葵部以其第三营为敢死队，拼死顽抗。经过 2 个小时激战，红十二军击溃敌敢死队。敌军其余各部也被红军各个击溃，被迫弃城逃窜。在这次战斗中，红军大获全胜，击伤敌副旅长兼二团团长钟冠勋，歼敌 100 余人，缴获步枪 70 余支、子弹万余发。[②]

红十二军占领武平以后，一面在城郊附近肃清残敌，一面向上杭进军。消息传到上杭，城内团匪及豪绅地主大为震惊，纷纷逃离上杭。2 月 26 日，红十二军一举占领杭城，随即乘胜追击，直抵闽粤边境之岩前、象洞，给敌人以严重打击。

红军一举攻占武平、上杭，巩固和发展了闽西苏区，振奋了群众情绪，从而开始扭转由于敌人进占杭永岩苏区以及王明“左”倾错误给苏区造成的困难局面。

为此，苏区中央局书记周恩来为 3 月 2 日出版的第十二期《红色中华》撰写了题为《红军十二军占领杭武的意义》一文，高度评价这一胜利。周恩来指出：“闽西地主豪绅所恃以支持的城堡，一下子便被攻破，将红旗插到武平、上杭城上，这是革命战争的新胜利，这是闽西苏区的新局面！”

周恩来在文章中还指出，闽西主力红军几个月来积极向北发展，取得了很大成绩，使闽西苏区扩大至连城、宁化、清流各县。但由于闽西残余团匪尚存，凭借杭武一隅不时骚扰苏区，致使红军向北发展的行动受到牵制，“现在杭武攻下，整个局面不同了。杭永武汀连将要完全联接

① 参见中共龙岩地委党史办公室编《闽西党史研究参考资料》（1931—1934 年合订本），1958 年 3 月。

② 参见《红军接连夺取杭武两县》，《红色中华》1932 年第 12 期第 4 版。

一起，闽西与江西的苏区，南自武平会昌，北连宁化石城，将要完全打成一片，这是巩固闽西苏区的初步，这是积极向外发展，尤其是向北发展的必要前提”①。周恩来要求闽西苏区军民充分认识这一胜利的重大意义，充分利用目前的有利形势，迅速建立与巩固杭武一带苏维埃区域。

红军攻克武平、上杭的胜利，也引起了中华苏维埃共和国临时中央政府的重视，人民委员会就此向闽西苏维埃政府发出指示信，指出在红军克复杭武之后，必须迅速开展杭武工作，加紧开展土地革命，建立红色政权，在新区正确贯彻全国苏维埃代表大会的一切政策法令，以使杭武苏区特别是上杭县城成为巩固的赤色区域与赤色的中心城市。②

二　中共闽粤赣苏区第二次代表大会

王明“左”倾教条主义在取得对中共中央领导机关的统治之后，加紧向全国各地推行其错误的方针策略，同时对于抵制或反对的同志一律加以排斥与打击。1931 年 9 月，中共中央发出《中央给苏区中央局并红军总前委的指示信》（即“九月指示信”）。这封指示信虽然也肯定了中央苏区在反“围剿”斗争、土地革命、创建红军与苏维埃建设方面所取得的成就，但却以大量的篇幅对毛泽东领导下的苏区中央局与中央红军进行了不切实际的批评，强令贯彻执行其“左”倾教条主义的方针。

1931 年 11 月 1 日至 5 日，苏区中央局在瑞金叶坪召开中央苏区第一次党代表大会（即赣南会议）。会议对过去的工作进行了总结，并且根据中央“九月指示信”的精神作出决议。这次会议通过的《政治决议案》表示，“苏区党代表大会完全同意中央九月指示信”，一致认为中央对于中央苏区的批评与提出的任务是完全正确的。③

① 周恩来：《红军十二军占领杭武的意义》，《红色中华》1932 年第 12 期第 1 版。

② 参见《人民委员会为杭武工作给闽西的一封信》，《红色中华》1932 年第 13 期第 7 版。

③ 参见中央档案馆编《中共中央文件选集》第 7 册，中共中央党校出版社 1991 年版，第 451 页。

赣南会议着重否定了毛泽东等同志在政治、军事、土地政策方面的正确主张，诬蔑这些主张是政治上的“非无产阶级观点”，军事上的“单纯防御”和“游击主义”，土地革命上的“富农路线”；认为过去中央苏区土地分配方面“抽多补少，抽肥补瘦”和“分配土地给一切人”的政策是模糊了阶级阵线，必须代之以“地主不分田，富农分坏田”。会议要求中央苏区“最大限度的努力去执行国际路线和中央指示的全部，彻底转变党的路线”。为此，会议改选了苏区中央局，撤销了毛泽东代理书记职务，并且决定撤销红一方面军总前委，从而在实际上解除了毛泽东担任的红一方面军总前委书记和总政治委员的职务。

赣南会议在主要的方面是进一步贯彻王明“左”倾教条主义，在组织上强行排斥和打击以毛泽东为代表的正确领导。但是由于中央苏区与中央红军长期在毛泽东正确思想的领导之下，在实际工作中创造了无可否认的成就，获得了宝贵的经验与教训，因此，会议的《政治决议案》也不能不反映这些正确的方面。这个决议严肃批评了肃反工作中的“肃反中心论”和逼供信的错误，指出了土地革命方面侵犯中农利益、破坏贫雇农与中农联盟的严重问题。会议还认为，中央苏区与闽西苏区最近才贯通，因此当前的具体任务除了向周围地区扩展以外，必须进一步巩固赣南与闽西两块苏区的联系。

为了贯彻赣南会议的精神，深入开展闽西土地革命，确定今后的工作方针，中共闽粤赣省委决定在1932年2月7日召开全省党代表大会，后来由于准备工作不充分，又推迟至3月初举行。这次会议的任务是：“（一）检阅一年来的斗争经验与教训；（二）接受苏区党大会的一切决议与定出更实际具体的来实现；（三）成立新省委。”①

苏区中央局十分重视闽粤赣省第二次党代会的召开，除决定派中央局委员任弼时出席指导外，另于1932年2月19日发出《中共苏区中央局致闽粤赣省委并转省代表大会的信》。这封长达1万余字的指示信，着

① 明光：《准备党大会》，《红旗》1932年第51期。

重写了对形势的分析、闽粤赣苏区自1930年12月第一次党代会以来的成就与问题、今后的工作任务等三个问题。

中央局认为，在过去李立三“左”倾错误时期，闽西的党组织犯有严重错误并导致了实际的恶果，1930年12月召开的闽粤赣苏区第一次党代会“又接受了三中全会的调和路线”。这些错误一直延续到1931年3月特区委扩大会议后，“尤其是中央代表团到达闽西后，闽西的党才开始转变到国际路线上来”①。从那以后，闽西苏区在反“围剿”战争、执行土地法令、组织群众团体、改造苏维埃和肃反等5个方面取得了显著成绩。

显然，中央局指示信的上述意见，基本反映了王明“左”倾教条主义的观点，一方面把闽西军民由于坚持正确方针和浴血奋斗所取得的成绩归功于“国际路线”，另一方面继续错误地肯定在土地、肃反等方面的严重问题。但是，由于这时候周恩来已经由上海抵达瑞金，就任苏区中央局书记，着手清理和纠正某些方面的问题，因此这封指示信在一些基本原则上虽然反映了三个月前中央苏区党代表大会的精神，但也比较客观地指出了闽西苏区在过去一个时期工作中在根据地的巩固发展、反“围剿”斗争与肃反问题上的“左”倾错误。

中央局指出，在巩固发展根据地的方面，由于闽西党在强敌进攻面前实行消极防御，因而在第二次反“围剿”以来，犯了死守、死攻或退却逃跑两个极端的错误，不适当地提出“保卫龙岗、虎岗”的口号与屡次强攻湖雷、坎市、苦竹山，“由于这种死打硬攻的错误，必然要引导到敌人二、三次‘围剿’中闽西党步步退守和分兵逃跑的错误，必然要引导到这次在苦竹山与杭永边境所受的挫折”②。另外，在过去一段时间，闽西党组织只强调闽西是中央苏区后方，因而未能尽最大的努力积极争取打通江西苏区与闽北苏区。这些都是错误的。

中央局认为，在军事方面“闽西的党一向不会利用游击战术以对付强敌以发展新的苏区”，以致敌人第一次步步为营，第二次长驱直入，都

① 古田会议纪念馆编《闽西革命史文献资料》第7辑，2006年内部版，第65页。

② 古田会议纪念馆编《闽西革命史文献资料》第7辑，2006年内部版，第66页。

未受到我们有力的打击。[1] 中央局提出，其实闽西的军事力量并不小，仅杭武县就有脱产的武装1000余人，集结于苦竹山附近的有独立第七师与长汀警卫团，还动员了二三千群众，在数量上并不少于团匪。然而由于党和军事指挥机关未能灵活运用游击战术，一味死守硬攻，终于不能取得胜利，影响了群众的斗争情绪。

在肃反问题上，中央局一方面仍然错误地认为闽西存在有“社会民主党”，必须加以肃清，另一方面也严厉批评闽西在肃反工作中严重地损伤了党的组织，在党内和群众中都造成了极坏的影响。[2]

中央局的指示信要求即将召开的中共闽粤赣苏区第二次代表大会对以上各种错误坚决地予以批评和纠正。中央局还分析了全国以及闽西的形势，给闽西党组织提出了总任务。这就是必须加紧领导工农劳苦群众与红军，积极地向外发展革命战争，“发展和扩大闽粤赣苏维埃区域，夺取中心城市”。指出，目前首要的工作是加紧巩固闽西，完全贯通闽赣两省苏区，并积极向闽北发展，以配合江西及全国其他各苏区的行动，“取得湘鄂赣几省的革命首先胜利”[3]。中央局提出的这一任务，虽然有积极地巩固与发展苏区的正确方面，但由于其立足点是“夺取中心城市”和争取“一省数省革命首先胜利”，因而在总的方向上无疑是受了王明“左”倾错误的影响。

1932年3月初[4]，中共闽粤赣苏区第二次代表大会在长汀召开。苏区中央局代表任弼时在会上作了政治报告，传达了苏区中央局在2月19日所作的《目前政治形势的分析与苏区党的紧急任务的决议》。

会议在上述苏区中央局指示信、任弼时的政治报告以及中央局2月19日决议的精神指导下，检查了闽西苏区一年来的斗争，分析了目前政

---

① 古田会议纪念馆编《闽西革命史文献资料》第7辑，2006年内部版，第67页。

② 古田会议纪念馆编《闽西革命史文献资料》第7辑，2006年内部版，第68页。

③ 古田会议纪念馆编《闽西革命史文献资料》第7辑，2006年内部版，第70—71页。

④ 关于这次会议召开的时间，目前尚未见到确切的文献记载。这个时间是笔者根据当时一些历史文件作出的判断。

治形势，规定了党在今后一个时期的任务。这些内容，集中反映在大会所通过的《目前政治形势与党的任务决议》。同时，会议还分别通过了《关于党的建设问题决议》《苏维埃工作决议》等重要文件。

大会认为，闽西在执行“立三路线”时期，在军事、扩红、土地、经济政策诸方面都犯有严重错误，以致龙岩、平和、坎市、湖雷相继失陷。直到1931年3月四中全会决议传达到闽西以后，才向着国际路线转变。从那以后，闽西获得了很大成绩。这些成绩主要表现在敌人的进攻面前红军获得了发展，创造了新十二军和独立第七师以及各县地方武装，“同时闽西苏维埃区域也有了新的扩大，汀州、连城、宁化以及杭武赤区的发展，特别是闽西苏区已经与江西苏区打通”①。另外，闽西苏区在实行重新分配土地、改造苏维埃政权、破获社会民主党上层组织、党团组织的改造并向国际路线转变等方面，也取得了明显的成绩。显然，这后面几项所谓成绩，实际上是贯彻王明“左”倾错误的必然结果，对苏区的发展在客观上起了干扰与破坏的作用。

大会通过的《目前政治形势与党的任务决议》根据中央局指示信的精神，对闽西苏区一年来在反“围剿”斗争、肃反等方面存在的错误作了认真的反省与检讨，并对目前形势作了分析。

大会认为，目前国际无产阶级斗争和殖民地的革命运动高涨；九一八事变以后，日本侵占东北三省，帝国主义列强瓜分中国的矛盾更加尖锐。国民党政府一面向帝国主义屈膝妥协，一面加紧向苏区和红军进攻。在革命阵营方面，中华苏维埃共和国成立以后，红军日益壮大，“长江南北广大的苏维埃区域，将要联成一片……全国的革命运动，虽然还是表示出不平衡，然而反帝国主义反国民党的民族运动，与土地革命的发展正在汇合。目前党的总任务，就是要抓住现在有利革命的条件，积极发

---

① 《中共闽粤赣苏区第二次全省大会决议——目前政治形势与党的任务》（1932年3月14日），福建省档案馆、广东省档案馆编《闽粤赣边区革命历史档案汇编》第1辑，档案出版社1987年版，第147页。

展革命战争，争取一省数省革命的首先胜利”①。

在闽西方面，大会认为“现在闽西苏区已与江西苏区打通，上杭、武平，以及宁化，已入赤色的版图，赤区周围军阀团匪受了很大的打击，闽西苏区正在更巩固的向闽北发展”。福州、厦门、漳州、潮汕各地城市的工人贫民与学生的反帝反国民党的斗争，也正配合着闽西苏区的发展形势而深入发展。②

根据上述的形势分析，大会制定了目前党的任务，这就是：“动员工农劳苦群众与红军积极向外发展，积极开展革命战争，发展扩大闽粤赣苏维埃区域，夺取中心城市。首先就要加紧巩固闽西，完全贯通闽赣两省苏区，积极向北发展，这样来响应和援助全国乃至福建潮梅的反日反帝反国民党的革命运动，来配合全国各苏区，特别是江西苏区向外发展的行动，以取得赣鄂湘几省的革命首先胜利”。会议还指出，这些任务的中心，是开展革命战争问题。③

为了保证上述各项任务的完成，大会通过的《目前政治形势与党的任务决议》对具体工作又作了部署，其要点是④：

1. 巩固和发展闽粤赣苏区，“尽量开展游击，配合十二军来开展革命战争，积极向外发展，消灭钟少奎（绍葵）、卢新铭、张贞，以至卢兴邦、周志群等军阀团匪……巩固和扩大闽西汀、连、杭、武、永定、龙

---

① 《中共闽粤赣苏区第二次全省大会决议——目前政治形势与党的任务》（1932年3月14日），福建省档案馆、广东省档案馆编《闽粤赣边区革命历史档案汇编》第1辑，档案出版社1987年版，第156页。

② 参见《中共闽粤赣苏区第二次全省大会决议——目前政治形势与党的任务》（1932年3月14日），福建省档案馆、广东省档案馆编《闽粤赣边区革命历史档案汇编》第1辑，档案出版社1987年版，第157页。

③ 参见《中共闽粤赣苏区第二次全省大会决议——目前政治形势与党的任务》（1932年3月14日），福建省档案馆、广东省档案馆《闽粤赣边区革命历史档案汇编》第1辑，档案出版社1987年版，第157页。

④ 参见《中共闽粤赣苏区第二次全省大会决议——目前政治形势与党的任务》（1932年3月14日），《闽粤赣边区革命历史档案汇编》第1辑，档案出版社1987年版，第157—164页。

岩的苏区，或向闽北方面发展。特别要加紧汀州、宁化与上杭、武平的工作，使闽赣苏区完全打成一片”。

2. 巩固扩大红军，加强地方武装，在 4 月份完成扩红 3000 人的计划，壮大红十二军及独立第七师，同时各县区警卫连应改编为独立团，以便集中指挥向外游击。

3. 执行土地法令，彻底清查“地主家属所冒领的土地，以及富农所保留的好田”；在新发展的长汀、连城、宁化、武平等地区，应在春耕前尽快完成分田工作。分田的原则是“贫农、雇农、中农以人口为标准，富农分坏田，并要以人口劳动力混合为标准”。在分田工作中应注意“不要侵犯中农的利益”，“消灭富农的倾向应当纠正，但是应提防与富农妥协”。

4. 改造各级苏维埃，发动群众的阶级斗争与反帝运动，纠正忽视工会、青年团、妇女工作的错误倾向，同时还须注意纠正过去肃反工作方面的错误。

会议的另一项重要议程是选举产生中共福建省委（有一段时间行文仍称中共闽粤赣省委），罗明、张鼎丞、谭震林、李明光、郭滴人为省委常委，由罗明任省委代理书记。

会议结束以后，中共福建省委于 3 月 5 日作出决议。决议说：“中央局代表任弼时同志在全省党大会的政治报告已经传达，中央局主要的政治决议，大会对这一决议的精神已一致接受。”① 省委要求各级组织对中央局的决议，连同中央来信及全省党代会各项决议，进行认真讨论，切实贯彻执行。

中共闽粤赣苏区第二次代表大会着重贯彻了 1931 年中央“九月指示信”和同年 11 月的中央苏区党代表会议的精神，在总的方面来说是接受了王明“左”倾教条主义的指导，认为“闽西党目前主要的危险是右倾”，强调开展反对“右倾机会主义的消极”的斗争。因此不久以后，在

① 中共闽粤赣省委：《接受中央局最近的决议——一九三二年三月五日省委通过》（1932 年 3 月 14 日），古田会议纪念馆编《闽西革命史文献资料》第 7 辑，2006 年内部版，第 105 页。

王明“左”倾理论指导下就开展了反对“罗明路线”、查田查阶级运动。同时，会议在关于红军的行动方针上，片面强调夺取中心城市，忽视或放弃了农村革命根据地的巩固与发展，实际上否定了毛泽东关于中国革命必须以乡村为中心的正确思想。

但是也应当看到，由于闽西苏区在长期的革命斗争中积累了丰富的经验，大多数党内外干部特别是党和军队的高级干部对毛泽东的正确思想与方针策略有深刻的体会与认识，因此会议仍然作出了若干切合闽西斗争实际的决定。

三　福建省苏维埃政府成立

1931 年 11 月，在瑞金召开的中华苏维埃第一次全国代表大会上成立了中华苏维埃共和国临时中央政府，标志着全国各苏区统一的最高政权的诞生，也标志着在中国的土地上建立了一个与国民党政府完全对立的无产阶级领导的革命政权。

中华苏维埃第一次全国代表大会通过了《中华苏维埃共和国宪法大纲》《中华苏维埃共和国劳动法》《中华苏维埃共和国土地法》以及财政、经济、文化教育、工农检查等各项国家法令与政策；成立了以毛泽东为主席、项英、张国焘为副主席的中央执行委员会。闽西苏区有好几位主要领导人任职中央政府领导机关。闽西苏维埃政府主席张鼎丞、中共闽粤赣省委书记卢德光、红十二军军长罗炳辉、红十二军政委谭震林、闽西苏维埃政府土地部长范乐春、闽西苏维埃政府裁判部长张华先、原闽西特委书记邓子恢等当选为中央执行委员会委员，张鼎丞、邓子恢、谭震林被分别任命为中央政府土地部长、财政部长和中央革命军事委员会委员。

为了深入贯彻新成立的中华苏维埃共和国的各项政策法令，利用第三次反“围剿”胜利以后的有利形势，进一步巩固和发展赤色区域，动员苏区军民投入革命战争，夺取更大胜利，闽西苏维埃政府决定召开福建省第一次工农兵代表大会。这次会议原定于1931年11月25日召开，后来由于准备工作来不及，改在1932年3月18日举行。

闽西苏区人口和地域都占整个中央苏区的2/5左右，是中央苏区的重要组成部分，在战略上十分重要。中央政府对于福建省第一次工农兵代表大会的召开非常重视。大会召开前夕，以毛泽东、项英、张国焘的名义签发了一份《苏维埃临时中央政府给福建省第一次工农兵苏维埃大会的指示》①，对会议作了详尽的指导。

临时中央政府的指示信指出，福建省苏维埃代表大会在巴黎公社纪念日开幕的时候召开，正是世界和中国革命发展的紧张时期，尤其是红十二军接连夺取武平、上杭，有着很大的意义。

指示信分析了当前形势，认为由于日本帝国主义侵占东三省，又在上海发动一·二八事变，企图侵吞中国，从而加剧了帝国主义内部瓜分中国的矛盾。国民党内部分崩离析，对外出卖东北和上海，对内加紧镇压人民革命斗争。全国各苏维埃区域和红军在取得三次反“围剿”胜利以后，获得了迅速发展。因此，“这个时候，是历史上的新时期，是革命与战争的时候”，是最有利于革命与苏维埃发展的时期。所以，当前我们的主要任务是积极发展革命战争，具体地说，就是要“继续这些胜利更努力的动员千百万的工农群众，来参加革命战争，来进行大大向外发展的革命战争”，首先夺取中心城市，争取苏维埃在一省和几省的首先胜利。中央认为，“这个任务，也是你们这次大会所负的最主要的中心任务”。

根据这一中心任务，中央政府要求福建省苏大会具体地讨论发动群众、扩大红军、执行优待红军条例等措施，克服“过去闽西只扩大地方武装不注意扩大红军的地方观念”。同时，还应讨论发展苏区经济、提高生产、贯彻中央财政条例的办法。

在军事方面，中央指示信要求“采取积极向外发展的进攻策略。这

① 该指示信刊于1932年3月23日《红色中华》第15期第1版，以下所引该指示信，均见于此。

种进攻策略，绝不是冒进和放弃巩固根据地的盲动主义，恰恰相反，而是巩固胜利的向前发展”。中央政府这一指示表明，虽然在当时王明“左”倾错误的高压统治下，强制执行夺取中心城市的冒险政策，但在具体问题上仍然反映了毛泽东对于这一冒险政策的抵制，在实际上坚持根据地的扩大应当实行有阵地的波浪式的发展方针。中央指示信还指出，闽西苏区目前的发展方向，主要是闽北和巩固杭武苏区。

中央政府认为，为了加强革命战争，必须壮大地方武装。闽西工农群众有着光荣斗争的历史，创造了大片红色区域，过去一个时期武装力量之所以不够强大，主要的原因是受了“左”倾冒险错误的破坏。在具体的战争中，未能正确运用游击战术，而是不顾敌强我弱的不利条件实行强攻硬拼的策略，从而招致了军事上局部的失败。因此，中央要求即将召开的福建省苏维埃代表大会“必须详细讨论整顿地方武装与加强政治军事工作以及运用游击战术的方法，以提高地方武装在革命战争中的作用”。

中央政府的这一指示，明显地不同于当时“左”倾错误强调的“一支枪也集中到红军”和轻视地方武装建设的主张，因而对于福建其后武装斗争的发展具有积极的意义。

在中央政府的直接指导下，在新成立的中共福建省委和闽西苏维埃政府的努力筹备下，福建省第一次工农兵代表大会于 1932 年 3 月 18 日在长汀召开。据当时的报道，大会于上午 8 时在闽西苏维埃政府大礼堂开幕，到会代表 100 余人，还有党、团、工农群众团体代表也出席了会议。场内的装饰庄严华丽，大会开幕时，“军乐大作，爆竹声四处鸣响，全场一致热烈的欢呼鼓掌，继高唱国际歌”。随后，代表们为死难烈士默哀一分钟。①

会议历时 4 天。第一天由中央代表任弼时作政治报告，张鼎丞作闽西苏维埃政府一年来工作报告，并宣读中央政府给大会的指示信。随后

① 《福建省工农兵苏维埃代表大会盛况》，《红色中华》1932 年第 15 期第 5 版。

又先后讨论和通过了《土地法》《劳动法》和财政、苏维埃建设等重要决议和大会的宣言、电文，选举成立福建省苏维埃政府。

由于这个时期中央苏区正在加紧推行王明“左”倾教条主义错误，中央苏区党代会、闽粤赣苏区党代会及中华苏维埃第一次全国代表大会都才刚刚结束不久，这些会议所作出的一系列反映“左”倾错误的方针政策，不可避免地给了福建省第一次工农兵代表大会以直接的影响。因此，这次大会所通过的各种法令、决议，就必然在一定程度上反映了这种错误。

大会通过的《土地问题决议》认为，闽西苏区由于一年来执行了中央的《土地法草案》，实行彻底没收豪绅地主的土地财产，“依照人口与劳动力混合的原则，重新分配给贫农、雇农、中农。富农分坏田并没收他们多余的耕牛、农具”。决议要求必须彻底实行土地法令，规定在永定、上杭、长汀等老苏区开展土地检查，收回富农所得之好田，消灭豪绅地主残余，以保证土地果实落到贫雇农手上；在宁化、连城、武平等新发展区域，应按中央的土地法令，以斗争的方式没收并分配土地，坚决执行“地主不分田，富农分坏田”的政策。[①]

这个决议案在总结了前一时期土地分配中出现的问题之后，对某些明显的“左”倾错误也作了纠正，批评一些地方不能正确对待中农，分给中农的土地较差，甚至错误地提出“雇农贫农分上田，中农分中田”，有的地方还出现了消灭富农的倾向。大会认为这些偏向都是错误的。同时，《土地问题决议》奖励开垦荒地，规定农民开垦的荒地在若干年内免征土地税，也可以租给富农耕种；号召整修水利，发展苏区农业经济。

福建省第一次工农兵代表大会通过了与半个月以前中共闽粤赣苏区第二次代表大会的军事问题决议内容基本一致的《军事工作决议》。

这次会议是红色政权召开的工农兵代表大会，因此关于经济建设、劳动法令等方面的内容占有较大比重。会议通过的《经济财政问题决议》

① 参见福建省第一次工农兵代表大会《土地问题决议》（1932年3月18日），王其森主编《福建省苏维埃政府历史文献资料汇编》，鹭江出版社1992年版，第92—97页。

认为："经济政策的正确实行与财政问题的正确解决，是发展革命战争、巩固苏维埃区域、改良和提高工农劳苦群众生活的重要条件，这是各级苏维埃政府不容许丝毫忽视的二大问题。"①

为此，大会对1930年3月闽西苏维埃政府成立以来的苏区财政经济工作进行了认真的检查，认为过去两年间对于经济财政工作缺乏重视，"闽西第一次及第二次工农兵代表大会，关于统一苏维埃财政，发展社会经济的决议案，几乎都成白纸黑字，没有切实执行"。② 正因为这样，苏区的经济衰落，闽西的主要物产纸、烟、木材都减少，农业生产下降，与白区的贸易时断时续。

会议认为，造成这种情况的原因，一方面是敌人的经济封锁与军事进攻，另一方面是不能正确执行党的经济政策，以致商人、资本家消极怠工；另外，未能大力鼓励群众集资发展合作社，整个苏区现有登记的合作社总共只有90个，而且其中90%以上是消费合作社，生产合作社的数量极少。还有，工农银行成立以来，对社会经济、流通苏区金融的作用也发挥得不够。会议还认为，在经济政策方面也发生偏差，例如由于乱打富农，农民不愿积极发展经济，也不愿植树、开荒或发展家庭副业，害怕生产致富；加以苏区财政不统一，各地收支各自为政，影响政府的收入。③

为了进一步发展苏区经济建设，大会根据上述情况对经济和财政问题分别作出决议。

关于经济方面，决议规定：（一）政府应努力发展纸、烟、木材生产，其次要注意促进果林、畜牧业。（二）注意改良与发展农业经济，改良水利、种子，鼓励多种杂粮，发展农业生产。（三）发展各种合作社，尤其要根据闽西特点，大力发展纸业合作社。（四）疏通赤白区贸易，吸

① 福建省第一次工农兵代表大会《经济财政问题决议》（1932年3月18日），王其森主编《福建省苏维埃政府历史文献资料汇编》，鹭江出版社1992年版，第101页。

② 福建省第一次工农兵代表大会《经济财政问题决议》（1932年3月18日），王其森主编《福建省苏维埃政府历史文献资料汇编》，鹭江出版社1992年版，第101页。

③ 参见福建省第一次工农兵代表大会《经济财政问题决议》（1932年3月18日），王其森主编《福建闽西苏维埃政府历史文献资料汇编》，鹭江出版社1992年版，第102页。

引白区商人来苏区经商；对工商业者，“只要他们在不违反苏维埃一切法令，不反革命，不垄断操纵条件之下，应绝对允许其自由营业，不得任意没收他们的商品，不能任意封闭商店和工厂”。只有这样，才能使他们安心经营，以利于发展社会经济。（五）杜绝各地合作社及私商自行发行纸币，已经发行的立刻收回销毁。①

关于财政方面，大会制定了有利于苏区经济的政策，其主要内容有如下几点：

（一）统一税收，除中央规定的农业税、商业税、工业税三种以外，“其它〔他〕如各城市及各市场的豪绅地主反动派的住屋和出租的店铺应一概没收，归苏维埃所有”。过去规定的摊子税应予取消，以减轻或免除贫苦人民的负担；政府的税收，主要应由资本家、商人、富农及比较富裕的成分来负担。

（二）农业税按中央规定的暂行税则执行，根据福建田少人多的实际情形，规定“每人收得干谷三石以上为起码征收标准”。

（三）正式税收应由政府税收部门统一征收；其他收入如对土豪、反动派之罚款及没收所得，都应解缴国库，“非经中央财政部的命令，和省苏根据命令而批准，不许动用分文”。

（四）严格预决算制度，未经上级批准的行政费用不得取用。在此战争时期，应严格开支，把主要经费用于战争。各级政府应经常派员检查财政，如发现违反预算舞弊浪费，应以纪律处罚。②

福建省第一次工农兵代表大会通过的上述财政经济政策，除在某些方面如加重富农、富裕成分税收负担的规定，反映了当时“左”倾的经济政策以外，一般地说是比较正确的，这对于今后闽西苏区的进一步巩固与强盛，起了不可忽视的积极作用。

---

① 参见福建省第一次工农兵代表大会《经济财政问题决议》（1932 年 3 月 18 日），王其森主编《闽西苏维埃政府历史文献资料汇编》，鹭江出版社 1992 年版，第 103—104 页。

② 参见福建省第一次工农兵代表大会《经济财政问题决议》（1932 年 3 月 18 日），王其森主编《闽西苏维埃政府历史文献资料汇编》，鹭江出版社 1992 年版，第 104—105 页。

除此以外，大会还根据中华苏维埃第一次全国代表大会的有关决议精神，分别讨论通过了《实行劳动法令决议》《苏维埃建设问题决议》等重要文件。

1932年3月21日，大会宣告闭幕。在会议结束的时候，任弼时代表中央政府作了总结。他指出，“这次大会检阅了过去闽西苏区的工作，接受了全苏大会的法令与中央政府的指示，决定了福建苏区今后斗争的方针”，批评了闽西苏区过去在策略上缺少积极向外发展的精神，以及偏重于防御和保守的策略。他还指出，闽西过去在土地问题上认为田已完全分好，不去认真检查土地分配是否完全落在中农贫农雇农身上，以及过去命令式的平分一切土地，是错误的。任弼时在总结中再次强调福建苏区今后的总任务“是要巩固闽西与江西苏区成为一片，积极向闽北发展，配合江西和其他苏区来争取革命在江西的首先胜利”①。

会议选举成立了福建省苏维埃政府，由35名执行委员和13名候补执行委员组成执行委员会。执行委员是：张鼎丞、阙继明、张思垣、范乐春、蓝兴南、张仁标、郭滴人、傅源标、涂康元、李六如、钟显光、张必发、罗明、张福娣、王锦标、陈特生、高元芳、刘祥文、李明生、李明光、程朝远、江鼎仁、赵发桂、张华先、刘永生、曾凡林、王海萍、傅才秀、游端轩、谭震林、罗炳辉、黄甦、赖芹香、郭玉扬、沈德昌。候补执行委员是：钟友勋、赖荣章、钟加瑞、魏荫华、张帮、丰富、马明亮、廖培钦、赖月华、张子卿、许应生、游荣长等。

3月22日，福建省苏维埃政府执行委员会召开第一次会议，选举张鼎丞、阙继明、张思垣、范乐春、李六如、郭滴人、钟显光、张华先、谭震林等九人为主席团，以张鼎丞为主席，阙继明、张思垣为副主席，范乐春为土地部长，张思垣兼劳动部长，阙继明兼工农检查部长，李六如为财政部长兼内务部长，郭滴人为文化部长、钟显光为粮食部长，张

① 弼：《福建省苏大会的总结》，《红色中华》1932年第15期第7版。

华先为裁判部长。[①]

福建省苏维埃政府的成立，表明了闽西革命根据地的巩固和成熟。从此以后，闽西苏区进入了强盛与发展的新时期。

四　中央红军东进漳龙

中央苏区在取得第三次反“围剿”胜利后，获得更大发展，红军扩大至 7 万人，苏区版图增加至 20 多个县境，形成一个拥有二三百万人口、连成一片的巩固的赤色区域。其中闽西苏区的地域和人口都占将近一半。

1931 年九一八事变后，日本帝国主义又在上海发动“一·二八”事变，进一步扩大侵华战争。日本帝国主义的侵略暴行和国民党政府的不抵抗政策，激起了全国人民的民族义愤。在中国共产党的号召与组织之下，掀起了空前高涨的抗日反蒋运动。在此之前，蒋介石为了逃避舆论的谴责，缓和统治集团内部矛盾，又施展以退为进的手段，于 1931 年 12 月宣布“下野”。1932 年 1 月底，国民党政府慑于日军进攻上海，从南京迁往洛阳。这些表明，国民党的统治出现了严重的政治危机。

红军反“围剿”的胜利及九一八事变以后全国的形势，对革命力量的发展非常有利。但是，敌强我弱的基本状况并未改变，红军和苏区仍然处在白色政权与数十万国民党军队的包围之中。而王明“左”倾教条主义统治下的党中央却过分夸大红军的胜利与国民党军队的失败，命令中央红军首先夺取赣州，然后顺赣江而下，攻占吉安、樟树、南昌、九江等中心城市，争取革命在江西及邻近省区的首先胜利。在这一错误的战略方针指导下，苏区中央局不顾毛泽东等同志的反对，命令中央红军于 1932 年 2 月上旬向赣州进攻。赣州守敌凭借三面环水的天险和源源而来的增援，拒阻红军于赣州城外，以致中央红军苦战月余，不得不于 3

---

① 《福建省苏维埃政府通令（第一号）》（1932 年 3 月 25 日），王其森主编《福建省苏维埃政府历史文献资料汇编》，鹭江出版社 1992 年版，第 120—121 页。

月8日撤围。

红军撤围赣州以后，主力转移至赣州以东和以南地区整训补充。3月中旬，苏区中央局在赣州东北之江口圩举行会议，讨论中央红军今后行动方针问题。毛泽东提出向赣东北方向发展，以求在闽浙赣边界的广大区域汇合闽北与赣东北苏区的革命势力，依托武夷山、仙霞岭、天台山等山区的有利地形，建立农村革命根据地，发展革命战争。可是会议没有接受毛泽东的正确意见，仍然坚持"应当以夺取中心城市为目标"，"以赣江流域为中心，向北发展"的方针。①

中央革命军事委员会根据苏区中央局的决定，于3月18日发出训令，以第一军团和第五军团组成中路军，由林彪任总指挥、聂荣臻任政委，在赣江东岸活动；以第三军团为西路军，由彭德怀任总指挥、滕代远任政委，在赣江西岸活动。命令这两路红军夹赣江而下，向北发展，继续夺取赣江流域中心城市。稍后，中路军改称东路军。

军委训令发出前后，广东敌军正向闽赣边境逼近，侵犯闽西、赣南。由于这一形势变化，苏区中央局和中革军委于3月20日根据毛泽东的建议，改变计划，命令东路军东向福建进军，在福建作临时性活动，其任务是打击福建敌军和入侵闽西苏区的粤军，巩固闽西，并筹措经费。

3月下旬，东路军入闽，进入长汀地区。3月30日，毛泽东根据闽西苏区的形势与漳州易攻难守的地形特点，致电苏区中央局，建议东路军继续东进，夺取漳州，认为"政治上必须直下漳、泉，方能调动敌人，求得战争，展开时局。若置于龙岩附近筹款，仍是保守局面，下文很不好做"②。

苏区中央局接受了毛泽东的建议。周恩来在瑞金主持召开苏区中央局会议，进一步研究了东路军入闽作战的部署。为了歼灭福建军阀张贞

① 参见《中国工农红军总政治部训令》（1932年3月17日），福建省龙溪地区中共党史研究分会编《中央红军攻克漳州》（上册），1982年内部版。

② 中共中央文献研究室编《毛泽东年谱一八九三——一九四九》（修订本）上卷，中央文献出版社2013年版，第368页。

部并调动粤军，决定东路军直趋龙岩，随后向漳州开展。[①] 此后，毛泽东以中华苏维埃共和国临时中央政府主席的身份，率领东路军向龙岩、漳州进军。

4 月 2 日，毛泽东在上杭致电周恩来，提出为使东路军迅速集中，以便直捣漳、泉，五军团必须即刻由赣南出发，取捷径急行军，务于 14 日到达龙岩与一军团会合。4 月 3 日，红一军团由长汀出发，经河田、南阳、白砂，于 4 月 8 日抵达龙岩之大池附近。同一天，红五军团也由赣南信丰之新田开拔，向龙岩急进。

为了就近指挥东路军的行动，周恩来于 4 月 10 日随中央军委进驻长汀。到达长汀以后，周恩来出席了中共福建省委会议，向省委作了关于红军入闽作战的报告。他指出：红军入闽作战，不是为了占领中心城市，而是为了歼灭敌四十九师张贞部，扩大党和红军的政治影响，充实红军的给养和武器。[②]

闽西各级党团组织、苏维埃政府和苏区军民为中央红军入闽所鼓舞，立刻全体动员，支援主力红军的行动。4 月 5 日，福建省苏维埃政府发出《为打破广东军阀进攻和消灭张贞宣言》，指出广东军阀正在分两路向闽粤苏区进攻，进攻闽西之粤敌已进至大埔、松口，企图与张贞、钟绍葵、马鸿兴等军阀团匪相勾结，摧残闽西苏区。“现在中华苏维埃中央政府，调红军来帮助闽西向外发展”，全体劳苦群众应立刻动员起来，配合红军作战，击败粤敌，消灭张贞，克复龙岩、坎市、湖雷，援助东江与闽南工农的斗争，巩固闽西苏区并向闽北发展。[③]

与此同时，闽西苏区各县随之行动，发动群众组织游击队与地方红军参战。长汀县委一方面调集古城、四都、河田等 10 多个区的地方武装配合红军与县独立团消灭苦竹山、钟屋村之团匪，肃清童坊、清流方向的地主武装；一方面依照中央局的指示，在全县组织 500 人的运输队，

① 参见杜魏华：《中央红军入漳纪事》，《党史资料与研究》1982 年第 7 期。

② 参见杜魏华：《中央红军入漳纪事》，《党史资料与研究》1982 年第 7 期。

③ 参见古田会议纪念馆编《闽西革命史文献资料》第 7 辑，2006 年内部版，第 176 页。

限3日之内到达前线配合作战，并立刻在闽赣两省交通要道之古城、新桥、河田、涂坊、濯田、三洲、畲心等地设立粮站，保障东征红军的粮食补给。[①] 从赣南到闽西，从长汀到龙岩，由成千上万名苏区群众和赤卫队、少先队组成的支前大军，紧随东征的红军，浩浩荡荡向龙岩、漳州进发。

4月10日拂晓，红一军团由大池出发，向龙岩实施进攻，首先歼灭龙岩以西之小池守敌四十九师一部，随后乘胜追击，在龙岩近郊之龙门歼灭该师约2个团，俘敌600余人，当日攻克龙岩城。战后第三天，中央政府机关报《红色中华》在第一版显著位置刊出《红军攻下龙岩城》的电讯："我红军于十日下午进攻占据龙岩之福建军阀张贞白军，该教导团大部，独立团完全被我红军歼灭，当即将龙岩城占领……此役敌原有兵力九团，且配合新式武器，自被我军消灭大部后，即全退适中，我军现正在追击中。"

4月14日，从赣南出发的红五军团经过12天急行军，到达龙岩与红一军团会合。两军会师之后，按原定计划继续东进，向漳州进发。

据守漳州的是敌四十九师第一四五、一四六两个旅，其主力配置于漳州外围的天宝、南靖一线，另一部兵力留置于市区。红军的作战部署是：红一军团之第四军在左担任主攻，第十五军在右为助攻；红五军团之第三军位于麻坪附近为预备队，第十三军留守龙岩；福建军区之第十二军分布在上杭、武平、永定，监视粤军的行动。

4月19日晨，红军主力对漳州外围之敌发起攻击，首先突破主阵地十二岭，然后自左向右，横扫敌军阵线，占领天宝、南靖，乘胜向漳州市区推进。4月20日，东路军一举攻入漳州城。这次战役，歼敌四十九师大部，俘敌1600余人，缴获飞机2架。残敌向云霄方向败退。随后，红军乘胜攻取石码、漳浦等县城，并在闽南各县肃清残敌，发动群众斗争。

中央红军一举攻克漳州，威胁厦门、泉州，引起了国民党军政当局

---

① 参见《长汀县委紧急通知》(1932年4月4日)，古田会议纪念馆编《闽西革命史文献资料》第7辑，2006年内部版，第172页。

和豪绅地主的惊骇与震动。在红军占领漳州、发动闽南斗争的一个多月内，厦门商会、漳属各县“同乡会”、晋江公会、思明县党部等社团的告急文电如雪片般向国民党中央政府发去。他们有的求助紧急增援：“漳龙失陷，泉永告警，噩耗传来，心胆俱碎，请电中央迅派劲旅来闽剿办。”① 有的埋怨当局：“政府视八闽如瓯，脱无切实之措施，内外闽人同感失望。”② 也有的谴责张贞抵抗不力，向国民党中央控告：“共匪犯闽，张师闻风先逃，乞重罚以儆军纪”③。

国民党军政当局在一片混乱中推举福建省政府代主席方声涛组成临时“剿赤”总指挥部，抽调一部分国民党中央军与省内民团、四十九师残部，决定“先行反攻漳州，再图进展”。④ 同时，为平息内部矛盾，福建省政府将漳州守军张贞部第三旅旅长王澄云拘押，“以王澄云贻误戎机罪，处以死刑”。⑤ 四十九师也因损失过半，被国民党中央军委会下令缩编，原两旅各三团缩为各一团；后来，另一名旅长杨逢年“因‘剿赤’贻误戎机，被军委会撤职”，张贞也被迫辞职，由肖越代理四十九师师长。⑥

然而，国民党军政当局的这些措施未能起到什么作用。当方声涛率领的临时“剿赤”总指挥部于 5 月 24 日抵达同安，并部署所属各部向漳州、石码缓慢推进的时候，红军东路军已经结束在闽南的作战任务，并在敌军抵达以前于 5 月 28 日撤离漳州，经闽西转向赣南，准备投入第四次反“围剿”战役。

中央红军东征漳州，胜利地完成了预期的任务，不仅造就了漳浦、

---

① 《上海泉州会馆给国民政府主席林森电》(1932 年 4 月 24 日)，原件存中国第二历史档案馆。

② 《闽南旅沪同乡会快邮代电》(1932 年 4 月 23 日)，原件存中国第二历史档案馆。

③ 《晋江公会给南京政府电报》(1932 年 5 月 3 日)，原件存中国第二历史档案馆。

④ 参见《福建省政府给国民党中央政府电》(1932 年 5 月 20 日)，原件存中国第二历史档案馆。

⑤ 参见陈祖康：《亲历其境话闽变》，台湾《福建文献》1970 年第 12 期。

⑥ 参见《张贞辞职休养不日离闽》，《民国日报》1933 年 5 月 27 日。

南靖、平和边界地区的赤色区域，帮助闽南党组织创立了红军独立第三团，扩大了党的影响，而且对于闽西苏区的巩固发展起了直接的推动作用。闽西军民借助中央红军节节胜利的声威，趁势向敌人反击。红十二军第三十四师在地方武装的配合下，迅速收复了湖雷、坎市、塘背，使永定苏区得以恢复。龙岩县在中央红军克复龙岩城以后，原来被迫停止工作的龙岩县苏维埃政府又重新恢复成立县革命委员会，以郭滴人为主席，陈金才为副主席。同年秋，龙岩全县原来被敌人占领的乡村渐次收复，红色区域发展为红坊、东肖、大小池、山马、铁山等 13 个区。①

1932 年下半年，由于苏区的发展，福建省苏维埃政府将其管辖下的赤色版图重新划分为 9 个县 1 个直属市，这就是汀州市和永定、上杭、长汀、新泉、宁化、连城、武平、龙岩和江西石城县。② 第四次反"围剿"以后，龙岩、永定大部及上杭县一部分苏区被敌十九路军占领，但闽西苏区在北部发展到清流、归化县，并且与新开辟的建黎泰苏区贯通，打通了与闽北苏区的联系，因而苏区版图大大扩展。第五次反"围剿"之前，福建省苏维埃政府将行政区划重新划分为 14 个县：上杭、长汀、武平、代英、新泉、连城、长汀、汀东、兆征、宁化、泉上、彭湃、清流、归化。③

中央红军入闽克复漳龙以后，闽西地方红军获得了空前的壮大。福建省苏维埃政府根据群众斗争情绪高涨、苏区迅速扩展的形势，号召群众参军参战，在全苏区形成了前所未有的扩红热潮。福建军区除了原有的红十二军和独立第七师以外，又于 1932 年下半年先后组建了独立第八师、第九师、第十师。随后，福建军区将这些部队统一整编，于 1933 年

---

① 参见《龙岩县革命委员会训令第二十八号》（1932 年 10 月 7 日），龙岩地委党史办公室编《闽西党史资料》，1965 年打印。

② 参见《福建省苏各县七月至十月份扩大红军统计表》，《苏区工人》1932 年 12 月第 13 期。

③ 参见《福建省少先队县区队长联席会议队长一致加入红军》，《红星报》1933 年第 12 期。

3 月 6 日在上杭旧县成立红军第十九军。[①] 此外，又将各县赤卫队编为独立团，把苏区各县军事系统划为宁清归、岩永杭、汀武连等三个军分区，从而形成了主力红军与地方武装密切配合的完整的人民武装体系，保证了第四次反“围剿”的胜利。

五 第四次反“围剿”

1932 年 5 月，蒋介石开始准备对全国各革命根据地发动第四次“围剿”。敌人这次“围剿”的部署分两个阶段，即首先集中兵力进攻鄂豫皖和湘鄂西苏区，然后再转向对中央苏区进攻。为此，蒋介石在第四次“围剿”的第一阶段对中央苏区采取守势，组成以何应钦为总司令、陈济棠为副司令的赣粤闽边区“剿匪”司令部，指挥江西、广东、福建以至湖南的国民党军队积极从事“围剿”中央苏区的准备，牵制中央红军，配合其北线作战。

6 月 21 日，中共中央作出《关于帝国主义国民党“四次围剿”与我们的任务的决议》，认为闽赣两省的中央苏区在三次反“围剿”胜利和红军东征漳州以后，获得了很大的巩固与发展，红军给养也得到了补充，因此红军“必须向敌人采取积极进攻的策略，消灭敌人在一方面的主力，以根本击破敌人的‘围剿’计划。各苏区的红军必须更有计划的互相呼应，互相配合，坚决执行中央最近军事计划，以造成占领南昌包围武汉的形势”[②]。中央这一计划，虽然也反对“不顾一切的拼命主义”，但就整个指导思想来说，有着明显的军事冒险主义倾向。

这个时期，闽西的军事形势发生了变化。中央红军东路军在完成东征漳州的任务后，于 1932 年 6 月初分批返回赣南苏区。中央红军刚刚撤离，国民党第十九路军三个师旋即从江苏镇江由军舰运往闽南，于 6 月

① 参见《红军第十九军成立了》，《红色中华》1933 年第 61 期第 3 版。

② 中央档案馆编《中共中央文件选集》（公开本）第 8 册，中共中央党校出版社 1991 年版，第 279 页。

上旬先后在泉州、嵩屿、海澄等地登陆，并以漳州为基地，投入对闽西苏区的“围剿”。敌四十九师张贞残部7000余人，经过整顿以后，也划归驻闽绥靖公署主任蒋光鼐和十九路军总指挥蔡廷锴指挥，参与进攻闽西。与此同时，广东敌军沿韩江而上，向上杭、永定、武平一线进逼，驻闽北之敌卢兴邦部在北线向宁化方面压迫，形成了对闽西苏区三面进迫的态势。闽西苏区在军事上面临着十分严峻的形势。

在这样的形势下，闽西苏区党团组织根据中央的决议，过高估计了红军的力量，低估了敌人对苏区的威胁，认为这是敌人的“垂死进攻”，主张“坚决的执行进攻路线，猛烈的向外发展，迅速的争取革命在江西及邻近省区的首先胜利”。提出在这一总任务之下，闽西苏区应积极行动，“首先就要消灭入闽的广东军阀，夺回杭武永定失去的苏区，并迅速地向外发展。这是我们当前最紧急的战斗任务”①。据此，中共福建省委决定，福建军区要巩固和发展红十二军，对敌十九路军应尽量争取，使其不致全力进攻红军；各县地方武装独立团和模范营应集中于边区，实行“全线出击”，力求向外发展。

福建军区根据省委的工作方针，将红十二军部署在杭、永、岩地区，对付敌十九路军和粤军的进攻；独立第七师调往宁化、连城一线，向北推进。随后又将独八师留置龙岩、永定；独九师置北线清流，与独七师协同作战；独十师在武平工作，向武北、大禾等白区进攻。

中共福建省委的这一方针，在总的指导思想上是接受了“左”倾错误的影响，但是由于国民党对中央苏区的第四次“围剿”尚处在准备阶段，进攻闽西的各路敌军尤其是第十九路军只是抱着走一步看一步的态度，缓慢地向龙岩推进，而闽西苏区军民在东路军胜利的鼓舞下士气高昂同仇敌忾，积极投入战斗，因此在1932年夏季以后的几个月中，闽西红军在各地打击敌人，获得了一定的胜利，在一定程度上巩固了苏区，打击了敌人的锐气。

---

① 《中共闽粤赣省委关于领导和参加革命战争给各级党部的指示信》（1932年），王其森主编《福建省苏维埃政府历史文献资料汇编》，鹭江出版社1992年版，第1页。

7 月 7 日，龙岩地方红军独立第三团向驻新田之敌民团郭济潮部发起进攻。同时，永定独立第一团也采取积极进攻的策略，向坎市攻击。永定团匪在一些重要村镇修筑了许多坚固的炮楼和土楼，因此红军的主攻目标是消灭龟缩在这些防御工事里的敌人。独立第一团攻打永定坎市之役，一举攻破大小炮楼 10 多个，并且消灭了附近铜锣坪、龙潭等地的大炮楼。7 月 18 日，红军独立第一团攻破龙潭守敌最后 2 个土楼，俘敌 100 余人，缴枪 50 多支。[①] 随后，独立第一团乘胜追击，直下金丰、陈东坑。敌人闻讯，向闽粤边境之苦竹奔逃。红军赶至中途截击，俘敌 100 余，抓获逃亡土豪 100 余人，再次取得胜利。[②]

在苏区的南线，武北游击队于 7 月 31 日进攻上杭千家村之团匪张元昌部，击溃敌钟绍葵援军。同一天，红军独立团与地方武装相配合，在武平北部地区向驻桃地之敌进攻，战约 1 小时，将其击溃。红军乘胜追击至拾信、乌浩，逼近武平县城。城内敌军闻讯，紧闭城门不敢出战。8 月 2 日，红军进抵田里，击败团匪欧阳兴部。[③] 9 月中旬，杭武地方红军趁武平县城敌军调防之机，包围其 2 个连，缴枪 200 余支，打击了入侵闽西的广东之敌。

闽西苏区北部的汀连、清流、宁化一线是新开辟的地区。福建军区先后集中了独立第七师和独立第九师，开展群众工作，巩固新区，并实行灵活的游击战争，打击敌人对苏区的进犯。

7 月 8 日，独立第七师在地方武装的协助下向宁化进攻，击溃敌马鸿兴部，缴获步枪 100 余支，占领宁化县城。[④] 随后，独立七师向清流推进，多次击败反动团匪大刀会，攻占清流县城。[⑤] 为了追歼逃敌，独立第七师占领清流后在闽赣边境地区纵横驰骋，开展游击战争。9 月 26 日，独立第七师在安远击溃敌周志群部以后，再次向回窜清流的敌人进攻，

① 参见《闽西红军又获胜利》，《红色中华》1932 年第 29 期第 4 版。
② 参见《闽西消灭金丰陈东坑靖匪》，《红色中华》1932 年第 30 期第 1 版。
③ 参见《红军围剿武北团匪连获胜利》，《红色中华》1932 年第 31 期第 2 版。
④ 参见《红军占领宁化县城》，《红色中华》1932 年第 27 期第 3 版。
⑤ 参见《清流县城被我红军占领》，《红色中华》1932 年第 34 期第 5 版。

并于10月7日重占清流。①

10月29日，福建军区指挥所属部队分两路出击，占领了连城、归化两个县城。原先龟缩在归化城内的建宁、石城、归化、宁化四县团匪部分被歼，余部作鸟兽散。②

闽西红军在短短几个月时间内多次攻占敌人的重要城镇，打击和消灭敌人有生力量，巩固了宁化、清流边区，为不久以后打通闽西与闽北苏区的联系建立了前哨阵地，也为即将展开的第四次反“围剿”准备了条件。

1932年10月，蒋介石在结束对鄂豫皖和湘鄂西苏区的“围剿”以后，即开始其第二阶段的行动，集中全力向中央苏区进攻。12月，何应钦调集30多个师的兵力，分左、中、右三路，准备对中央苏区发动第四次“围剿”。中路由蒋介石嫡系部队12个师组成，陈诚为总指挥，担任主攻任务；左路由驻闽第十九路军6个师又1个旅组成，蔡廷锴为总指挥，担任就地“清剿”任务，策应中路军的行动；右路由驻赣南、粤北的广东部队6个师又1个旅组成，余汉谋为总指挥，其任务与左路军相同。另外，还有5个师又2个旅担任中路军的后方守备任务。

1933年1月，陈诚指挥的中路军16万人，采取分进合击方针向中央苏区进攻。红一方面军总司令朱德、总政委周恩来根据敌情，采取大兵团伏击的战术，于2月26日至28日在宜黄之黄陂地区全歼敌五十二师，俘师长李明；歼敌五十九师大部，师长陈时骥就擒。随后，红一方面军又于3月21日在草台冈歼敌第十一师大部，3月22日在东陂歼敌第九师，从而基本打破了中路敌军在江西战场上的第四次“围剿”。

在闽西方面，红十二军于1933年1月奉命调归红一方面军指挥，开赴江西前线作战。福建军区在兵力减弱的情况下，指挥独立第七师、第八师、第九师、第十师和各县独立团，抗击装备精良的敌十九路军等部6个师1个旅的“围剿”，进行了极其艰苦的战斗。

---

① 《中央苏区通讯》，《红旗周报》第52期，1932年11月15日出版。

② 《全线出击的开展——胜利》，《红色中华》1932年第40期第4版。

第四次反“围剿”战争前夕，敌十九路军已经相继占领龙岩、坎市，向闽西苏区纵深地区的新泉方内推进。1932 年 11 月 26 日，中共福建省委指出，敌人正在加紧向中央苏区进攻，敌十九路军进占龙岩、坎市和广东敌军进扰上杭白砂，表明“残酷的长期的艰苦的阶级斗争在我们眼前开始了”。省委号召，“全党同志应牺牲一切，集中一切力量用最快速度与紧张的情绪来执行紧急动员工作”，坚决粉碎敌人的大举进攻。①

中共福建省委认为，在反“围剿”中要采取“坚决进攻路线”，各县武装要立刻紧急动员，向外发展，“施行全线出击”。根据这一方针，省委对各个战场作了具体部署，要求闽西红军应在敌人重点进攻的杭、武、永、岩地区“进行广泛的顽强的游击战争”，特别是上杭、武平应以最大力量发展汀江西岸的游击战争，创造河西游击区域；上杭、新泉仍应迅速消灭北四区的反动武装，以使上杭北部与龙岩西部打成一片；连城、岩西北地区和清流、宁化要坚决肃清残余团匪，使这些地区完全赤化；长汀应消灭汀南之团匪，与连城南部相连接。② 为了加强对杭永岩方向红军作战的领导，省军区建立了东南指挥部，就近指挥反击敌十九路军与广东敌军的进攻。

敌十九路军与广东部队作为进攻中央苏区的左路军，在中路军发动“围剿”的同时，于 1933 年 1 月底至 2 月上旬向闽西苏区发起全面进攻。各县地主民团也积极配合，骚扰苏区的边境地区。自此，闽西红军在各个战线上先后展开了英勇的战斗。

1 月 26 日，敌十九路军 1 个团由永定虎岗向上杭大阳坝进攻。福建军区预先侦知这一情报，集中上杭、永定 2 县武装三四百人，埋伏于挡风坳，待敌人临近时发动突然袭击，“敌死伤甚多，狼狈逃回”。③ 随后，闽西红军又在上杭黄潭截击敌张贞部 4 个营，歼敌 2 个连，缴获无算，

① 《中共闽粤赣省委关于苏区紧急动员工作检阅的总结》（1932 年 11 月 26 日），古田会议纪念馆编《闽西革命史文献资料》第 7 辑，2006 年内部版，第 411 页。

② 参见《中共闽粤赣省委关于苏区紧急动员工作检阅的总结》（1932 年 11 月 26 日），古田会议纪念馆编《闽西革命史文献资料》第 7 辑，2006 年内部版，第 412 页。

③ 参见《大阳坝永定地方武装给十九路军以迎头痛击》，《红色中华》1933 年 49 期第 4 版。

取得了第四次反“围剿”的第一次重大胜利。[①]

2月14日，粤敌1个团从上杭庐丰经横岗、黄潭入泰拔，配合敌主力向苏区进攻。福建军区所属地方红军于下午1时许在清凉山一带乡村广泛抗击敌人，并以土炮击退了企图强渡黄潭河之敌。当天深夜，泰拔赤卫军及附近区乡地方武装集结于泰拔四周，包围和扰乱敌人。敌军不堪其扰，第二天即由马子阵退却。[②]

闽西红军在东线战场迎击敌人的同时，在南线与北线也展开了反“围剿”战斗。2月19日，红军独立第十师在武平进攻驻中堡之敌钟绍葵部与当地团匪，“结果该两匪部被我军打得落花流水”。[③] 3月15日，武平团匪200余人向武平县革委会和桃溪区委驻地亭头发动进攻，武平县模范队与桃溪区游击队等各区乡武装予以迎头痛击，激战1小时，将敌人全部击溃。[④]

部署在北线战场的红军独立第七师、第九师与宁化、清流、连城等县地方武装，采取了比较灵活的游击战术，不断予敌人以打击。2月中旬，独立第九师在林地袭敌军，俘敌清流接团总局长。[⑤] 2月26日，独立第九师又从赖地分两路会攻曹坊、吴家地之股匪300余人，当即将敌击溃，残敌向连城败退。[⑥]

2月底至3月初，敌十九路军和广东军阀加紧对杭、永苏区的进攻与摧残，继而进占上杭北部和连城南部地区，并占领了新泉、芷溪，形势趋于紧张。3月8日，闽粤赣党团省委联合发出《告群众书》，指出目前反“围剿”战争到了剧烈决战的关头，敌人在占领地区摧残烧杀，破坏春耕，准备向汀、连、宁、清苏区进攻；同时，敌人对苏区实行严密的经济封锁，企图困死苏区人民。为此，党团省委号召全苏区人民动员起

① 《才溪区慰劳红军的热烈》，《红色中华》1933年第61期第3版。
② 参见《泰拔工农的英勇战斗》，《红色中华》1933年第62期第1版。
③ 参见《武平独立第十师出击胜利》，《红色中华》1933年第57期第1版。
④ 参见《武平模范队打坍团匪土匪》，《红色中华》1933年第66期第2版。
⑤ 参见《红色独立第九师出击胜利》，《红色中华》1933年第54期第4版。
⑥ 参见《独立第九师又获胜利》，《红色中华》1933年第65期第1版。

来，响应中央红军黄陂大捷，与敌人作顽强斗争，保卫汀、连、宁、清苏区，打破第四次“围剿”。[①]

于是，新成立的闽西红军主力第十九军与地方武装相配合，最大限度地打击与消灭入侵之敌。3 月 21 日，敌十九路军第六十师 1 个团由连城芷溪出发，袭扰福建军区的后方基地南阳。这时，军区的主力红军都在前方作战，驻南阳的军区随营学校学生发现敌情，立即奋勇迎击，抢先占领了制高点。敌人以 2 个营向高地猛攻，红军战士们一方面沉着应战，一方面从南阳附近高地迂回到敌人侧后，出其不意予以痛击。战斗一直持续到晚上，红军又以小部队袭扰敌军，敌不支，于 3 月 22 日早晨败退新泉。[②]

3 月 31 日，敌十九路军第六十师第一七八旅两个营进至距南阳 10 多公里处的马洋洞。红军第十九军予以迎头痛击，敌人再次败走新泉。[③]但是，敌人仍不放弃进犯南阳的计划，于 4 月 7 日再次以第六十一师之七团及谭启秀旅之 2 个团向南阳进攻。红十九军在马洋洞一带设下埋伏，待敌军接近时，“我军英勇冲锋，将敌人七团之众，完全击溃，敌分向新泉方向退却”。[④]

红军马洋洞之役的胜利，迫使敌十九路军阻滞于新泉一线，难于再向苏区深入。这时候，中央红军已取得草台冈大捷，打破了中路敌军的“围剿”。在中央红军胜利的鼓舞下，福建军区指挥红十九军与各县武装向敌人实施反击。

5 月 3 日，红十九军向占领上杭的广东敌军发起进攻。中午 12 时，红军抵达上杭城郊水西渡，与敌人激战数小时。傍晚时分，敌人用密集的机枪向红军猛烈扫射。红军趁着朦胧夜色向敌人发起冲锋，一举夺取敌人阵地。敌军支持不住，向上杭城败退。红军迅速组织追击，敌人来

---

① 参见《中国共产党、青年团闽粤赣党团省委为庆祝红军伟大胜利告闽西工农群众书》（1933 年 3 月 8 日），龙岩地委党史办编《闽西党史研究参考资料》（合订本），1958 年 3 月。

② 参见《随营学校学生击溃顽敌》，《红色中华》1933 年第 66 期第 2 版。

③ 参见《红十九军的新胜利》，《红色中华》1933 年第 67 期。

④ 《打坍十九路军七团》，《红色中华》1933 年第 69 期第 1 版。

不及渡河，纷纷落水。是役歼敌 1 个营，除在战斗中被击毙、受伤或俘虏的以外，敌溺死汀江者有 200 余人。[①]

马洋洞和水西渡战斗的胜利，沉重打击了敌十九路军和广东军队，迫使粤敌放弃了蓝家渡、茶地、庐丰、半迳等乡镇据点，敌张贞部也退出上杭，撤至虎岗、坎市、龙岩一线，[②] 从而基本打破了敌人对闽西苏区的第四次"围剿"。

六 苏区经济建设

土地革命战争时期，在四周白色区域包围之下的农村革命根据地，在反对敌人军事"围剿"的同时，还必须反对敌人的经济封锁，而粉碎"经济封锁"的唯一途径就是发展苏区的经济建设。因此，搞好苏维埃经济建设是革命战争能否长期坚持并取得胜利的关键，也是革命根据地生死存亡的关键。闽西革命根据地从创立的时候开始，各级党的组织和红色政权就十分重视苏维埃的经济建设，大力发展生产。

由于农村革命根据地和红军一直处于军事"围剿"和反"围剿"的战争环境，所以苏区经济建设必然环绕着革命战争这一中心任务，立足于取得战争胜利和改善苏区人民的生活而展开工作。1934 年 1 月 23 日，毛泽东在第二次全国工农兵代表大会上所作的《我们的经济政策》报告，深刻阐明了苏区经济政策的原则："进行一切可能的和必须的经济方面的建设，集中经济力量供给战争，同时极力改良民众的生活，巩固工农在经济方面的联合，保证无产阶级对于农民的领导，争取国营经济对私人经济的领导，造成将来发展到社会主义的前提"。关于苏区经济建设的中心，毛泽东在这个报告中也明确地指出，这就是"发展农业生产，发展

---

① 参见《广东军阀吃了当头棍》，《红色中华》1933 年第 79 期第 3 版。

② 参见《福建省苏维埃政府给上杭县苏维埃政府的指示信》，1933 年 5 月 26 日上杭县苏维埃政府翻印，中共龙岩地委党史办公室编《闽西党史资料》第 6 册，1965 年 8 月打印。

工业生产，发展对外贸易和发展合作社”[①]。

闽西苏区的财政来源主要是农业经济，农业生产能否搞好，直接关系到工农日常生活，关系到能否调动农民的革命积极性，也就直接关系到能否打破敌人的“围剿”这一胜败存亡的重大问题。因此，大力发展农业生产是苏区经济建设的重点。

闽西革命根据地从创建初期开始就十分注意抓住发展农业生产这一经济建设的中心工作。1929 年 7 月，中共闽西第一次代表大会通过的《土地问题决议案》指出：“土地革命的主要目标在改良农业生产方法，使土地改善，生产力提高，农产品增多，以发展农村经济，解放困苦的农民，而解决全社会的生活问题。”[②] 为了达到这一目的，闽西党组织采取了一系列措施，制定有利于发展农业的方针政策。主要的有以下几种形式和措施：

（一）奖励先进，开发荒地，反对消极怠工。革命根据地建立以后，开始实行土地分配。农民们分得了土地，生产积极性空前高涨。大家精耕细作，农业生产普遍发展，涌现了大批生产积极分子。

为了奖励先进，促进农业生产，中共闽西特委第一次扩大会议之后在 1929 年 11 月 5 日公布的《关于土地问题决议案》指出：“耕地改良生产品增加者，由政府酌予奖励”；反之，如果有人“将田耕坏或荒芜者，由政府收回其耕地以示惩戒”。[③]

苏维埃政府还鼓励农民积极开垦荒地，扩大耕种面积，提高农产品收入，规定“凡开垦荒田者六年之内不收土地税，十年之内任其使用，政府不予收回”[④]。

---

① 《毛泽东选集》第 1 卷，人民出版社 1991 年版，第 130—131 页。

② 中央档案馆、福建省档案馆编《福建革命历史文件汇集》甲 8 册，1984 年内部版，第 71—72 页。

③ 中共龙岩地委党史资料征集研究委会员、龙岩地区行政公署文物管理委员会编《闽西革命史文献资料》第 2 辑，1982 年内部版，第 293 页。

④ 《中共闽西特委第二次扩大会议关于土地问题决议案》（1930 年 2 月 25 日），中共龙岩地委党史资料征集研究委会员、龙岩地区行政公署文物管理委员会编《闽西革命史文献资料》第 3 辑，1982 年内部版，第 203 页。

中央苏维埃政府和福建省苏维埃政府成立以后，也都发布了鼓励农民开垦荒地的布告，进一步调动了群众的生产积极性。

苏区农民受到这一政策的鼓舞，想方设法向荒地要粮。至 1933 年，上杭才溪总共开垦荒地 1300 多担，全乡已无荒田。截至 1934 年 2 月，中央苏区总共开垦了 22 万担荒地，其中闽西苏区占将近一半。

与此同时，苏维埃政府在农村中广泛开展反懒惰的斗争，提出了“反对吃闲饭、不生产的分子”“反对生产怠工分子”“起早多做工”等口号，批评教育那些游手好闲的落后农民，树立劳动光荣的风尚。

（二）组织劳动合作社和耕作队，调剂农村劳动力。苏维埃区域土地革命的主要形式是武装斗争，根据地内相当部分青壮年男子都参加了红军、赤卫队、游击队，上前方打仗。因此，后方劳动力紧张，农业生产及经济建设的重任自然就落到了妇女身上。

为了解决劳动力不足和帮助红军家属耕田的困难，苏区群众创造性地组织了劳动合作社和耕作队，统一调配劳力。

劳动合作社首创于上杭才溪。1930 年以后，随着反“围剿”战争的展开，才溪乡大部分青壮年参加了红军。为了帮助红军家属搞好生产，最初由贫农团主任与拥护红军委员会相配合，根据红军家属劳动力的情况，每月在村里分配一定的劳力帮助红军家属耕种。后来，参加红军的越来越多，村里的劳力不敷分配，于是在 1931 年夏季以乡为单位组织了劳动合作社，负责统一调配全乡的劳动力。这就是中央苏区最初的劳动合作社。

除了劳动合作社以外，还成立了以村为单位的劳动组织耕作队。耕作队一般由有经验的农民担任队长。它除了协助调配劳力以外，还负责教妇女学习农业生产技术。后来，劳动合作社和耕作队的组织形式受到了毛泽东的支持和赞扬。

1932 年以后，这一组织形式很快发展到闽西苏区各县。在此基础上，各地又先后成立了犁牛合作社，以克服缺少耕牛和农具的困难。所有这些，是我国农业合作化运动的萌芽和雏形，对发展苏区农业经济发挥了积极的作用。

（三）发展多种经营，组织粮食调剂局。闽西是以种植水稻为主的山区，大力抓好稻谷生产是发展苏区农业的根本。1933 年，中华苏维埃共和国临时中央政府发布《发展农业与工业生产》的布告，指出："要发展土地生产，首先就要增加米、谷收获，我们要在今年做到每担谷田比去年平均多收两斗谷子"。把水稻生产列为发展农业的首要任务。

但是，人民群众的生活是丰富多样的，单靠米谷收获还不能满足群众的生活需求。为此，苏维埃政府号召苏区人民积极搞好杂粮、蔬菜、棉花、竹木、木梓、烟茶、牲畜饲养等多种经营。这些农副产品，既是苏区群众的生活必需品，也是苏区工业生产的重要原料、根据地经济建设的基础。1931 年 4 月 4 日，闽西苏维埃政府发布了由张鼎丞主席签署的第十二号布告，规定苏区的农业经济政策之一是，"一切生产品切实保护，并积极鼓动种植各种农产品（如柿、柚子等），发展社会经济"①。1932 年，福建省苏维埃政府再次号召多种杂粮蔬菜，增加农业收入。上杭才溪乡群众积极响应，发起了多种五棵瓜运动，在所有荒地、田埂上全部种植了番薯等杂粮。这年秋收，闽西苏区农业大丰收，谷子比上一年增长 10%，杂粮增加 1/3。

尽管各级苏维埃政府努力发展农业，粮食有了一定的保证，但是由于各地生产发展不平衡和革命战争的需要，局部地区的粮食仍然十分紧张。为此，闽西苏维埃政府在 1930 年决定在各区乡成立粮食调剂局。后来，这种组织形式推广到整个中央苏区，中华苏维埃临时中央政府也成立粮食调剂局。这一机构的职责是负责全苏区的粮食供应和统一调配，控制粮食市场，平抑粮价，打击投机倒把。这对于保障苏区军民的粮食供应和稳定革命局势有着重要的意义。

（四）加强农业生产管理，建立必要的管理制度。随着土地革命的深入发展，各级苏维埃政府逐步建立了一套农业管理制度。1930 年 3 月，

---

① 中共龙岩地委党史资料征集研究委会员、龙岩地区行政公署文物管理委员会编《闽西革命史文献资料》第 5 辑，1984 年内部版，第 137 页。

闽西第一次工农兵代表大会通过的《土地法令》，规定了发展水利和开垦荒地的管理办法，指示各乡组织陂圳管理委员会，乡土地委员会设置巡圳委员；1930年2月召开的中共闽西特委第二次扩大会议，规定了屠宰耕牛审批办法，以保护耕畜；1933年4月，福建省苏维埃政府为不失时机地开展春耕生产，发出《关于加强春耕生产运动领导的训令》，要求各乡组织"农村生产委员会"，各村组织小组，负责计划和领导春耕生产。

同时，各级苏维埃政府号召开展劳动竞赛，奖励先进，勉励后进，促进农业生产的发展。一些有条件的地方，还建立了农业科学研究机构，试验和推广先进的科学技术。

由于苏维埃政府加强了对农业生产的领导和管理，苏区农业不断获得丰收。1930年夏收时，"龙岩早禾丰熟，农民额手相庆……早禾每穗平均在180粒以上，以往每穗只有150粒左右"[①]。这一年，龙岩、连城苏维埃区域的水稻产量比1929年增长20%，永定、上杭、长汀苏区增长10%。1933年，闽西革命根据地的农业生产又比1932年增长了20%。

闽西苏区农业生产由于实行了以上各项方针措施，在短短两三年内不仅完全扭转了革命初期略有下降的趋势，而且迅速回升和发展，有力地支援了革命战争。

闽西革命根据地的经济建设，除了抓好农业生产这一主要环节外，同时也着重办好工业、手工业、财政金融和商业外贸等方面的事项，主要的有以下几个方面。

（一）恢复和发展工业、手工业经济，办好各种合作社。闽西是以农业经济为主体的偏僻山区，工业基础十分薄弱，仅有一些造纸、木材、烟丝、茶叶、石灰等手工业作坊。在根据地初创时期，这些手工业由于敌人的经济封锁，曾经一度因产品难于运销出境而衰落。如纸业生产，原来闽西土纸畅销国内及南洋各国，由于敌人的封锁，销路断绝，纸业

---

① 《龙岩早禾丰收》，《闽西红报》1930年第42期。

生产随之陷于停顿。根据这种状况，闽西党组织和政府积极采取措施，促进地方工业发展。

闽西苏维埃政府一成立，就作出决定："统筹闽西社会经济之发展与调节，使纸、木、烟能够输出，外来生活必需品源源而来，调节粮食、金融，以解决赤色区域群众之生活问题。"① 同时，特别强调要保护土纸、木材和烟叶的出口，增加苏区经济收入。

1932 年 6 月，闽赣两省纸业工会为发展苏区经济，增加纸业出口，决定建立出口通道。新泉、武平、上杭生产的纸以上杭为运销中心，一路经上杭、一路经蓝家渡运出边界；长汀、瑞金、汀东生产的纸分四路出口，即一往上杭，二经长汀、宁化至福州，三由瑞金、横岗下赣州，四由瑞金、会昌、筠门岭往大埔。② 由于采取了这一系列措施，纸业生产至 1933 年 6 月已经恢复 2/3。③

闽西革命根据地在发展工业、手工业方面创造了宝贵的经验，其中最主要的是组织多种类型的合作社。苏维埃政府大力提倡这种组织形式，要求"各地尽量宣传合作社作用，普遍发展各种合作社的组织"④。后来，这种组织形式遍及整个中央苏区。为了加强对合作社的扶植和领导，中华苏维埃临时中央政府制定了《合作社暂行组织条例》，明确指出，"根据苏维埃的经济政策，正式宣布合作社为发展苏维埃经济的一个主要方式"，并且指出这一经济单位"系由工农劳动群众集资组织的，富农资

---

① 《闽西第一次工农兵代表会议宣言》(1930 年 3 月 24 日)，中共龙岩地委党史资料征集研究委会员、龙岩地区行政公署文物管理委员会编《闽西革命史文献资料》第 3 辑，1982 年内部版，第 190 页。

② 参见《闽赣纸业工会通知——关于运纸出口问题》(1932 年 6 月 30 日)，中共龙岩地委党史资料征集研究委会员、龙岩地区行政公署文物管理委员会编《闽西革命史文献资料》第 7 辑，2006 年内部版，第 263 页。

③ 参见《闽粤赣党在经济战线上的任务决议》(1933 年 6 月 12 日)，中央档案馆编《闽粤赣革命历史文件汇集（一九三二年——一九三三年）》，1985 年内部版，第 179 页。

④ 《闽西第一次工农兵代表大会宣言及决议案·经济政策决议案》(1930 年 3 月 25 日)，中共龙岩地委党史资料征集领导小组、龙岩地区行政公署文物管理委员会编《闽西革命史文献资料》第 3 辑，1982 年内部版，第 193 页。

本家及剥削者，均无权组织和参加”。[①]

1932年3月，福建省苏维埃政府一成立，也对发展、健全各种合作社作出规定，认为“要发展社会经济必须尽量发展各种合作社，尤其是纸业生产合作社”，要求各地尽量将以前各种合作社进行整顿和恢复。“把各区各乡各县合作社有系统的组织起来。各级政府并要经常注意派人去指导，并在物质上帮助合作社的发展”[②]。

在各级党组织和政府的领导下，闽西苏区以合作社为主要形式的手工业经济蓬勃发展，先后建立了造纸、织布、炼铁、铸锅、石灰、农具、刨烟、竹器、木器、熬硝盐、煤炭等各行业的合作社。

闽西各级红色政权建立以后，没收了数量不多的军阀官僚经营的工厂，逐步建立了一批小规模的公营企业。在这基础上，逐步创立了公营工业的基础。这些企业有长汀红军被服厂、中华织布厂、汀州市弹棉社、长汀印刷厂、中华商业公司造纸厂等。同时，为适应革命战争的需要，闽西苏区从1928年开始逐步建立了各种类型的兵工厂，形成了一定规模的军事工业系统。

（二）保护商业，加强对外贸易，打破敌人的经济封锁。为了使根据地内部商品流通，活跃贸易市场，保护农副产品的输出，增加外来的生活必需品，如食盐、布匹、煤油等的输入，1932年3月福建省第一次工农兵代表大会通过的《经济财政问题决议案》指出，“必须注意建立与白色区域经常的通商关系”，苏区内外的商人，只要服从苏区政府法令，允许其自由贸易，任何人不得侵犯；政府不限制价格，但是严禁投机商人哄抬物价，扰乱市场。[③]

1933年6月12日，中共福建省委扩大会通过的《闽粤赣党在经济战

① 《中央苏维埃临时中央政府关于合作社暂行组织条例》（1932年4月12日），《中央革命根据地史料选编》下册，江西人民出版社1982年版，第573页。

② 《福建省第一次工农兵代表大会经济财政问题决议案》（1932年3月），王其森主编《福建省苏维埃政府历史文献资料汇编》，鹭江出版社1992年版，第103页。

③ 参见王其森主编《福建省苏维埃政府历史文献资料汇编》，鹭江出版社1992年版，第103—104页。

线上的任务决议》认为在当前阶段对资产阶级应取正确的策略，“现在过早的消灭资本家是不适当的”，对于一部分愿意为苏维埃政权服务的资本家，采取“一定限度的业务上的让步与妥协，是允许的。但这里并不是丝毫的放弃与放松对于资本家剥削的反对与限制”①。

为了更好地领导贸易活动，中华苏维埃共和国临时中央政府国民经济部设立了对外贸易局，直接经营管理苏区出口和进口的贸易市场。对外贸易局还在连城、宁化、上杭、回龙等地设立分局，扩大业务范围。事实证明，苏区的对外贸易局对于打破敌人的经济封锁，以苏区的土特产品如大米、木材、烟丝、土纸等与白区的工业品如食盐、药品等实行交换，发展苏区经济，发挥了十分重要的作用。

（三）建立财政金融事业，统一财政管理制度。闽西革命根据地初创时期，各级红色政权及红军费用大多依靠打土豪、没收官僚及反动政府的财产来维持。随着苏维埃政权的巩固和土地革命的深入，苏区的财政收入逐渐转为土地税和商业税收。为了统一管理苏区财政，积累资金，开发财源，闽西苏维埃政府在 1930 年 9 月召开的第二次工农兵代表大会决定成立闽西工农银行之后，成立了由阮山、邓子恢、曹菊如等组成的筹备委员会。同年 11 月 7 日，闽西工农银行在龙岩成立，以阮山为行长，下设秘书、会计科、营业科、司库等部门，随后又在各县设立了分行，从而奠定了苏区的财政金融组织基础。闽西工农银行的职责是调节金融，保存现金，发展社会经济。不久以后，闽西工农银行印制发行纸币，通令取缔非法流通的劣币，并实行低利借贷，扶助贫苦工农。

除此以外，闽西苏维埃政府还在各县区组织信用合作社，以便利工农群众的资金周转与借贷，打击高利贷盘剥的非法活动。

随着经济工作的发展，财政制度和纪律逐步完善。闽西苏维埃政府规定，一切税收均以县为单位统一征收，各区、乡政府的经费由县苏维埃政府拨给。各县政府的开支须按规定预算，经县工农兵代表大会讨论

① 福建省档案馆、广东省档案馆编《闽粤赣边区革命历史档案汇编》第 1 辑，档案出版社 1987 年版，第 319 页。

通过后生效。

但由于战争环境和苏区的分割等实际情况，在一个时期内各地财政管理仍然非常混乱。为此，闽西苏维埃政府曾多次研究解决这一问题。1931年2月25日，闽西苏维埃政府召开的财政会议就指出，财政困难的主要原因之一是“各级政府的财政紊乱，没有精确的预算决算，乱行开支”，因此认为统一财政是“目前巩固苏维埃的主要工作任务之一”，要求各县在最短期间整理财政，开辟财源。①

1931年12月7日，闽西苏维埃政府第六十四次常委会议又通过了关于统一财政的各项提案，并在不到一个月的时间内连续发出第121号、122号、123号、129号通知，三令五申必须坚决贯彻执行，“限于文到日造县预算及决算报来政府考核”②。1932年3月，福建省第一次工农兵代表大会又通过并公布了财政纪律，规定凡不执行预决算或舞弊者，将受纪律处分。所有这些，对于巩固和发展苏区经济都起了十分重要的作用。

苏区经济建设的繁荣与发展，增加了生产，积累了财富，改善了广大工农群众的生活，保证了红军的给养与战争经费，从而保证了苏区军民历次反“围剿”战争的胜利。正如毛泽东1933年8月12日在中央苏区南部17县经济建设大会上的报告所指出：“经济建设是革命战争极端需要不可缺少的条件，只有开展了经济战线方面的工作，发展了苏区的经济，才使革命战争得到一个相当的物质基础，才能够更加顺利的开展我们军事上的进攻，给敌人的‘围剿’以有力的打击。”③ 毛泽东的这一论断，正是对赣南、闽西苏区经济建设工作的经验总结。

---

① 参见《闽西苏维埃政府通告第二十一号——统一财政问题》（1931年2月26日），中央档案馆、福建省档案馆编《福建革命历史文件汇集》甲15册，1985年内部版，第43页。

② 《闽西苏维埃政府通知第一二九号——统一财政事》（1931年12月26日），抄件存福建省委党校。

③ 毛泽东：《粉碎五次“围剿”与苏维埃经济建设任务》，《红色中华》1933年第102期。

第十二章　反对“罗明路线”·查田运动

一　罗明对王明“左”倾错误的抵制

1933年2月，王明“左”倾错误的执行者发动了一场反对所谓“罗明路线”的斗争。这一斗争从闽西苏区开始，迅速扩展到整个中央苏区和其他一些苏区，一直延续了将近两年，直至红军长征。这场错误的党内斗争打击了大批党和红军干部，给苏区和反“围剿”战争造成了不可估量的损失。

罗明是广东大埔人，青年时代在厦门集美学校读书时开始从事革命活动，1925年在广州加入中国共产党以后长期在福建工作。他是福建党组织最早的组织者和领导者之一，先后担任过中共闽南特委书记和福建省委书记。1931年4月，罗明根据中央的命令，前往闽西中央苏区工作，在中共闽粤赣省委（后称福建省委）担任了一个时期的组织部长以后，1931年冬接任中共福建省委代理书记。

1932年10月间，在长汀福音医院养病的毛泽东找罗明谈话。毛泽东概括了中央红军三次反“围剿”胜利的经验，指出福建和江西一样，应加紧开展广泛的地方游击战争，以配合红军的运动战，集中优势兵力，各个击破，打破第四次“围剿”。毛泽东还指出，在上杭、永定、龙岩老区开展游击战争，牵制和打击十九路军进攻，对于粉碎敌人“围剿”十分重要。第二天，罗明马上召开省委会议传达毛泽东的意见。

福建省委和省苏维埃政府按照毛泽东的战略战术和第一、二、三次反“围剿”的经验，领导苏区军民开展灵活机动的游击战争，消耗敌人有生力量；同时，根据苏区中心区域与白区邻近的边区的不同情况，采取不同的斗争策略以巩固苏区。这些策略，在实践中取得了一定成效。但王明“左”倾错误主持下的苏区中央局否定并批评这种作战方针为“右倾机会主义”，主张红军在强敌进攻面前“全线出击”。尤其是在1932年10月苏区中央局宁都会议排斥了毛泽东的领导地位以后，“左”倾错误对于闽西中央苏区的反“围剿”战争更是横加责难。

1932年9月26日至28日，苏区中央政府代表项英在福建省苏扩大会议上批评闽西苏区未能推行“全线出击”以配合中央红军的方针，未能完全粉碎在右翼战线上的东方敌人，以实现革命“在江西及邻近几省首先胜利”的紧急任务；在土地政策上未能执行“地主不分田，富农分坏田”，肃反工作不坚决，“对反革命采取妥协政策”，等等。会议认为闽西党和苏维埃政府犯了严重的错误，“必须要坚决的纠正这些错误，和这些错误作斗争”。[①] 会议结束以后，福建省苏维埃政府据此作出《关于政治及省苏工作报告决议》，于10月20日呈报中央政府。

中央政府得到这一决议之后，于10月下旬派国家政治保卫局局长邓发专程到长汀，出席福建省苏维埃政府主席团会议，并于10月31日发出《中央执行委员会给福建省苏主席团的指示信》，“认为你们自扩大会以来，在领导方式与实际工作的转变上，仍然存留着过去形式主义的错误”[②]。

事实也确是如此，对于来自中央的不切实际的批评与指示，中共福建省委和省苏维埃政府虽然在形式上不得不表示接受，并作出了若干决议，但在实际工作中对此并不以为然。省委书记罗明和省苏主席张鼎丞在这些原则问题上坚持了自己的正确意见，一方面抵制“左”倾错误，一方面根据闽西实际情况对如何打破敌人“围剿”、保卫和发展苏区提出

① 参见《福建省苏维埃政府关于政治及省苏工作报告决议》（1932年10月20日），古田会议纪念馆编《闽西革命史文献资料》第7辑，2006年内部版，第396—399页。

② 《红色中华》，1932年第40期第8版。

积极的意见。

1933年1月21日，罗明在连城新泉向省委写了《对工作的几点意见》。罗明的这份意见书依据敌人正在向闽西苏区大举进攻的形势及党的工作任务，认为应当特别注意如下四个方面的工作①：

第一，以最大力量在最短时间内迅速“赤化连南、汀东南，使新泉与连城、长汀巩固联成一片；同时，要与宁化、清流联结起来向永安方面发展，这是巩固闽西与闽北打成一片发展计划中最迫切的工作”。

罗明提出这一意见的主要理由是：（1）这一带团匪力量薄弱，在消灭弱小之敌的斗争中，可以锻炼地方武装，提高群众的胜利信心；（2）这一带区域的争取与工作开展，不仅可以帮助长汀瑞金工作，而且可以迟缓敌人的进攻，争取时间进行战争紧急动员；（3）敌十九路军和北四区傅柏翠部最近有进攻新泉的可能，必须抓紧在敌人进攻之前开展工作，否则将增加这一地区今后工作的困难。

第二，迅速造成新的红军主力，加强与扩大独立第七师和第八师，“使这两（个）师能扩大到三（个）师，成为能集中行动，与十二军一样的主力。这个主力的行动，应该向闽西与闽北之间一带积极行动，以争取永安，消灭卢兴邦”，以利于打通闽北苏区的联系。

为达到这一目的，罗明建议独立第八师留下一个团和特务营，与上杭、永定独立团及岩太游击队配合行动，打击进攻杭、永之敌，夺取永定、上杭，并与独立十师配合行动，打通与武平、会昌、寻邬的联系；另以独立八师、七师各一个团为基础，发展建立新的一个师，与连城独立第三、四团和独立第九师配合，向闽西北方面行动。

为了加强对前线的领导，罗明主张把福建军区指挥部立刻迁到南阳，“多注意布置新泉、连城向闽北发展的军事行动及红军与地方武装的工作”，迅速打通闽北苏区，配合中央红军主力消灭北线之敌，同时打击敌十九路军在东线对闽西的进攻。罗明认为，只有这样，才能巩固闽西，

① 以下所引罗明：《对工作的几点意见》，均引自中共龙岩地委党史研究室编《反对所谓“罗明路线”问题》，鹭江出版社1993年版，第21—27页。

不致使杭、永孤立，“如放（弃）了这样最好发展的时机，那就是大大的罪恶”。

第三，关于地方武装，首先必须造成基干部队。边区地方武装应着重打击团匪，对敌人正规军则“采取游击战和运动战，要从打小仗中来锻炼，要从打仗中胜利来提高他们的勇气和斗争情绪，学习战争的经验”。罗明强调指出：“分兵保口自然是绝对错误，不估量地方武装力量，硬打强敌也是错误的。”

第四，关于各县区地方工作，应着重抓好中心区域，以便带动其他县区的工作。应当依据各县区的具体环境与群众情绪，制订各自具体的斗争任务，必须改变过去不问具体情况强求一律的教条主义的领导方法，尤其要注意边区、新区工作的特殊性。罗明认为，杭、永边区的中心工作是“推动强大游击队、赤卫军和建立白区工作，积极行动，向外游击，打击敌人的进攻”，使地方武装在连续不断的胜利中提高斗争情绪，使群众受到鼓舞，充分相信地方武装的战斗力，消除完全依赖主力红军的消极情绪。只有这样，才能更好地配合主力红军开展反“围剿”战争，“胜过出三百红军送到前方的主力”。也只有这样，才能使地方工作更加进步，多出兵员支援主力红军。

罗明在这份意见书中根据他在实际工作中的体验，认识到只有按照毛泽东所主张的游击战和运动战的基本原则，依据苏区军民的情绪和实力制订正确的方针，才能根本打破敌人进攻，鼓舞群众情绪。因此，他大胆否定了“左”倾错误的“分兵把口”和死拼硬打的战术，不同意那种“一支枪也集中到红军”的扩红方针，反对不顾边区斗争实际情况而强求一律的教条主义。这些意见无疑是正确的。

罗明在发出这份意见书后，即前往上杭县，直接领导地方武装采取游击战术，沉重打击了进犯白砂的敌人。白砂战斗的胜利，证明了毛泽东关于开展游击战争和诱敌深入、各个击破方针的正确。白砂战斗以后，罗明召开了县级负责人会议，进一步部署反“围剿”战争，并与上杭县委领导人方方、伍洪祥等同志开会，总结经验，贯彻毛泽东的有关反

“围剿”战争的意见。罗明感到这还不够，认为自己有责任把这些经验提供给闽西苏区其他各县参考。1933 年 1 月下旬，他又在上杭旧县向省委写了《关于杭永情形给闽粤赣省委的报告》。

罗明在这份报告中详细分析了敌人进攻的形势与群众情绪，就当前的工作和党的领导问题提出了十分中肯的切合实际的意见。

罗明的报告认为，敌人正在向闽西苏区步步进逼，边区群众都在紧张地动员起来抵抗敌人的进攻，但由于龙岩、上杭方面过去缺乏这样紧张的战争经验，“特别在敌人进攻中没有采取积极的游击战争与组织坚固的运动防御来打击敌人和积极向外发展”，所以边区群众在受到敌人几次侵犯之后，表现消极和恐慌，甚至一些基层党政干部也因为难于动员群众而缺乏战胜敌人的信心。罗明认为，产生这种情况有着各方面的原因，但最重要的问题是主观方面的原因，是“由于军事动员十分不够，应该更具体的指出，由于党没有很艺术的来领导武装斗争”①。

罗明在这里明确地指出了党领导下的革命战争必须是在群众支持与拥护下的人民战争，绝不是脱离群众的盲目的军事行动。因此他认为，在敌人进攻面前，闽西党要集中和依靠现有的一切武装力量，“很艺术的来组织和发展胜利的武装斗争，要从这样胜利的（就是很小胜利也是好的，只是常常胜利）武装斗争中来减少敌人对群众的摧残和减少群众的痛苦。从这样的斗争中使群众相信自己的力量，特别是地方武装和红军力量来提高群众对斗争的认识与提高群众斗争的情绪”②。

罗明从群众的利益出发，强调必须改变过去那种空洞的政治说教，不能把群众情绪消极简单地归结为“由于政治动员不够，或者只是简单的由于肃反工作太差，或者只是简单的由于没有积极的深入的发动群众

---

① 《关于杭永情形给闽粤赣省委的报告》（1933 年 1 月），转引自洛甫：《什么是罗明同志的机会主义路线?》（1932 年 2 月 18 日），《斗争》1933 年第 3 期。另见中共福建省龙岩地委党史研究室编《反对所谓“罗明路线”问题》，鹭江出版社 1993 年版，第 42 页。

② 《关于杭永情形给闽粤赣省委的报告》（1933 年 1 月），转引自洛甫：《什么是罗明同志的机会主义路线?》（1932 年 2 月 18 日），《斗争》1933 年第 3 期。另见中共福建省龙岩地委党史研究室编《反对所谓“罗明路线”问题》，鹭江出版社 1993 年版，第 42 页。

的阶级斗争（彻底实行劳动法，检查土地……），或者只是说党的领导不够”。罗明认为这些看法都不是目前问题的中心。中心的问题是如何运用正确的战略战术，在胜利的斗争中切实保护群众利益，调动群众的斗争情绪和胜利信心。①

罗明尖锐地指出，如果我们不懂得这一点，“那就请我们最好的领袖毛主席项主席周恩来同志任弼时同志或者到苏联去请斯大林同志或者请列宁复活一齐到下溪南或者到其他已受摧残的地方去对群众大演讲三天三夜，加强政治宣传，我想也不能彻底转变群众斗争的情绪”②。

在“左”倾统治达到顶峰的时期，罗明在新泉和旧县连续给福建省委发出的这两份报告，以大无畏的气概尖锐地抨击了“左”倾教条主义的军事路线和空洞的政治说教，集中地反映了闽西苏区的实际情形和干部群众的意见，从而在实际上体现了毛泽东军事思想的基本原则和讲求实际、维护群众利益的思想的方法。因此，罗明的意见不仅受到了福建省委主要领导人张鼎丞、谭震林、刘晓、郭滴人、李明光、李坚真等的支持，而且得到了各县区乡基层干部和群众的拥护。

在罗明发出上述两份报告以后不久，新泉县委书记杨文仲于同月下旬致信福建省委，坦率地陈述了他对党在苏区工作方面的意见。他认为，过去党代替政权机关的扩红、组织地方武装、土地分配等工作，以致削弱了党的群众工作，因此党政职权应当分开，“而使党更多注意领导群众斗争方式上的研究”。苏区内的群众团体名目繁多，一个人可以参加十余种组织，造成了混乱，有许多是空招牌，建议尽可能减少或合并。关于地方武装，他认为虽然数量不少，但训练与组织极差，不能给主力红军以有效的配合。“因此地方武装不要只顾数量的多，而要顾作战能力”。他还认为，边区和中心区域的形势以及群众情绪都不一样，因此在工作

① 参见《关于杭永情形给闽粤赣省委的报告》（1933年1月），另见中共福建省龙岩地委党史研究室编《反对所谓“罗明路线”问题》，鹭江出版社1993年版，第42页。

② 《关于杭永情形给闽粤赣省委的报告》（1933年1月），另见中共福建省龙岩地委党史研究室编《反对所谓“罗明路线”问题》，鹭江出版社1993年版，第43页。

计划与任务的分配上要有所区别，特别是扩大红军的工作，在边区应当采取切合群众利益的措施，不能强求一致。①

罗明的上述两份报告与杨文仲的信，反映了苏区广大干部群众在长期革命斗争中积累起来的丰富经验，阐明了苏区党和政权建设以及军事斗争方面一系列正确原则。实际上，这些意见表明了苏区广大干部坚持并维护毛泽东正确思想的坚定立场，是对王明“左”倾教条主义的抵制和挑战。

苏区中央局被罗明、杨文仲尖锐而明确的意见震动了，他们当然不会容忍这些意见的存在，并且认为在中央苏区存在着以罗明为代表的“罗明路线”，必须彻底地给以打击和铲除。于是，苏区中央局召开了一系列会议，在很短时间里组织了包括中共中央和苏区中央局主要领导人博古、张闻天等亲自撰写的一批批判文章，在苏区中央局机关报《斗争》发表，开展反对“罗明路线”的斗争。

二　对罗明及其支持者的错误批判

正式发动公开批判罗明的斗争，是在罗明从新泉发出第一份意见书的 25 天之后。苏区中央局经过研究，将留驻长汀的福建省委主要领导人刘晓、张鼎丞等召到瑞金，进行了严厉批评，并于 1933 年 2 月 15 日作出了《关于闽粤赣省委的决定》。中央局在这份决定中第一次使用了“罗明路线”这个词，“认为省委是处在一种非常严重的状态中，在省委的一小部分同志中，显然形成了以罗明同志为首的机会主义路线”②。

苏区中央局的决定无视闽西苏区的实际情况，歪曲罗明的基本观点，错误地认为罗明等“对于目前革命形势的估计是悲观失望的，对于敌人

① 杨文仲这封给福建省委信的观点与引文，均参见博古：《拥护党的布尔什维克的进攻路线》，1933 年 2 月 23 日出版《斗争》第 3 期。另见中共福建省龙岩地委党史研究室编《反对所谓“罗明路线”问题》，鹭江出版社 1993 年版，第 66 页。

② 中共福建省龙岩地委党史研究室编《反对所谓“罗明路线”问题》，鹭江出版社 1993 年版，第 33 页。

的大举进攻表示了张皇失措”；毫无根据地指责他们主张抛弃岩、永、杭苏区向着后方逃跑，“这一路线甚至公开走上了取消党，取消群众革命团体的取消主义道路”[①]。

中央局的这个决定除着重指名批判罗明和杨文仲两人外，还指责留驻省委的代理省委书记兼省委组织部长刘晓和其他一些领导人，认为刘晓和省委大多数同志没有深刻了解这一问题的重要性，未能同罗明、杨文仲作坚决斗争，“在这一斗争中表示了他们的不坚定与机会主义的动摇，因此在实际工作中也犯了许多严重的机会主义的错误”。尤其严重的是，中央局竟在这份文件中作出七项决定，从政治上、组织上全面开展反对所谓“罗明路线”的斗争。[②] 这些决定的要点如下：

（1）“在党内立刻开展反对以罗明同志为代表的机会主义路线的斗争”。

（2）严厉打击省委内一部分同志“对罗明路线的妥协投降”，以及对这一路线的“腐朽的自由主义态度”。

（3）立刻召集全省临时党代表大会，改选成立新的省委。

（4）在省临时党代会召开之前，暂时以陈寿昌、刘晓、钟友勋三人为临时常委。

（5）派中央局代表出席省临时党代会，负责领导大会的顺利进行。

（6）立刻撤销罗明的省委代理书记和省委驻杭、永、岩全权代表的职务。

（7）在各种会议上与党报上公布与解释这一决定。

这些决定不仅在政治上和组织上否定与打击了以罗明为代表的福建省委所坚持的正确主张，而且还表明中央局决心将这一斗争扩展到苏维埃根据地的各级党组织。

---

① 中共福建省龙岩地委党史研究室编《反对所谓“罗明路线”问题》，鹭江出版社1993年版，第33页。

② 参见中共福建省龙岩地委党史研究室编《反对所谓“罗明路线”问题》，鹭江出版社1993年版，第34页。

从苏区中央局作出这一决定后的第二天开始，《斗争》《青年实话》等中央苏区的主要理论刊物，相继发表了党团苏区中央局领导人博古、洛甫、任弼时、王盛荣等的文章和讲话，对罗明、杨文仲的观点逐条予以批驳。

这些文章的主要精神，认为在中央苏区的党团组织内存在着三种不同的路线，一是苏区中央局所坚持的布尔什维克的"进攻路线"，另一种是以罗明为代表的"退却逃跑路线"，第三种是以刘晓为代表的"调和妥协"的机会主义路线。

这些文章和讲话所阐述的所谓"进攻路线"，在关于形势方面，过分夸大了敌人营垒内部的矛盾，过高估计了革命的主观力量，认为在世界范围"目前正是资本主义局部稳定终结，许多国家内革命危机的条件逐渐成熟，整个的国际形势正是处在走向新的革命与战争时期的过渡阶段"①；关于国内形势，他们认为目前在敌人大举进攻面前，是革命与反革命的最后决战时期，国民党已经在经济上发生总崩溃，全国各地红军在几年的奋斗中已经取得了伟大胜利，群众中蕴藏着巨大的革命力量，因而已经具备了同敌人决战并取得最后胜利的条件。

根据这一估量，他们认为"目前我们党的策略，党的路线应该是进攻的路线"。在这一路线之下，党应在苏区和白区以一切力量来夺取群众，组织群众，领导群众为推翻帝国主义国民党统治而斗争，坚决执行党中央关于"粉碎敌人的新进攻，争取一省数省的首先胜利"的历史任务。② 为实现这一任务，党在国内战争的策略应当是"军事上的进攻"，消灭敌人武装，直至推翻国民党统治。

这些批判文章和讲话，正是从"左"倾教条主义这一观点出发，完全曲解了罗明、杨文仲的正确意见。在他们看来，罗明、杨文仲的主张

① 博古：《拥护党的布尔什维克的进攻路线》（1933年2月23日），中共福建省龙岩地委党史研究室编《反对所谓"罗明路线"问题》，鹭江出版社1993年版，第60页。

② 参见博古：《拥护党的布尔什维克的进攻路线》（1933年2月23日），中共福建省龙岩地委党史研究室编《反对所谓"罗明路线"问题》，鹭江出版社1993年版，第60、62页。

是非马克思主义的，他们毫无根据地指斥罗明等在敌人的进攻面前丧失信心，不相信党和群众的力量，不相信几年来红军艰苦奋斗取得的胜利，是“动摇懦弱无气节的小资产阶级分子”，并进而无限上纲，错误地指称罗明、杨文仲等“受着阶级敌人的影响，充分地暴露了那种悲观失望，退却逃跑的情绪，以致形成他们自己的机会主义的取消主义的逃跑退却路线，反抗党的进攻路线”①。他们对于罗明、杨文仲给省委提出的各项合理建议，不惜歪曲原意，上纲到吓人的高度，逐条给以严厉斥责，认为罗明等同志的意见是一个取消党、取消革命团体、取消地方武装的政治纲领，“这个政纲不能不说是完全反对共产国际与党的进攻路线的，不能不说是一个机会主义、取消主义的退却路线的政纲”②。

在反对敌人军事“围剿”的战略战术和作战方针上，这些批判文章完全否定罗明提出的关于积极开展游击战争和组织坚固的运动防御的策略，不同意罗明提出的在屡次局部胜利的战斗中坚定群众的必胜信念，以及关于在边区采取灵活机动的战术等等切合实际的建议。还指斥罗明提出的福建军区指挥部后移、闽西红军主力北上、独立第八师改编后分头出击向永安方面发展以打通闽北的积极建议，不仅是预备抛弃杭永岩苏区根据地，而且是抛弃汀、连苏区和整个根据地，“以至根本取消苏维埃革命!”③ 这些批评文章要求各级党团组织必须“毫不迟疑的、坚定的同罗明、杨文仲等的机会主义路线做斗争”，同时还必须“同样的同这一路线的自由主义态度进行最坚决的斗争”。④

由于在党团机关刊物上发表署名文章的作者是党团苏区中央局和中

① 博古:《拥护党的布尔什维克的进攻路线》(1933 年 2 月 23 日)，中共福建省龙岩地委党史研究室编《反对所谓“罗明路线”问题》，鹭江出版社 1993 年版，第 61 页。

② 博古:《拥护党的布尔什维克的进攻路线》(1933 年 2 月 23 日)，中共福建省龙岩地委党史研究室编《反对所谓“罗明路线”问题》，鹭江出版社 1993 年版，第 66 页。

③ 洛甫:《什么是罗明同志的机会主义路线?》(1933 年 2 月 18 日)，中共福建省龙岩地委党史研究室编《反对所谓“罗明路线”问题》，鹭江出版社 1993 年版，第 45 页。

④ 洛甫:《什么是罗明同志的机会主义路线?》，1933 年 2 月 18 日，中共福建省龙岩地委党史研究室编《反对所谓“罗明路线”问题》，鹭江出版社 1993 年版，第 48 页。

央政府人民委员会的一些最高负责人，因此这些文章的意义已经远远超出了正常的政治批评的范畴，显然带有强烈的号召性。这些文章的发表遂成为一场大规模政治批判运动的前奏。

从 1933 年 2 月中旬至 3 月中旬，反对“罗明路线”的斗争在福建党团省委机关迅速展开。2 月 18 日，中共福建省委发出临字第一号《通告》，表示坚决执行 2 月 8 日中央局《关于在粉碎敌人四次“围剿”的决战面前的党的紧急任务》，号召各级党部和全省党员以布尔什维克的坚定性与速度，执行中央局所给予的任务；而要完成这一任务，“必须在党内开展反罗明路线及对罗明路线自由主义态度的斗争，因为也只有开展这一斗争，才能保障这些工作的全部实现”①。这个文件表明，罗明已被解除职务，省委已经改组为临时省委，只是还没有通过党代表大会的合法手续而已。

2 月 24 日，中共福建临时省委作出《对〈中央局关于闽粤赣省委的决定〉的决议》，决议说，临时省委“一致的认为中央局对闽粤赣省委的估计，对过去省委以罗明同志为首的机会主义路线与以刘晓同志为代表的对罗明路线的腐朽的自由主义态度的指斥，以及过去对省委的处置是非常正确的”②。

这个决议完全按照中央局的决定以及上述中央领导人的讲话和文章的调子，认为罗明对于杭、永边区群众悲观失望的估计，以及由此产生的“集中力量向永安方面发展”的意见，是“左的词句掩饰之下企图放弃杭、永根据地的退却主张”；认为罗明提出的在苏区边区应当实行比较灵活的政策，不能强求一律地与中心区域那样扩大红军，并应当组织精干部队，在与团匪的小规模战斗中锻炼地方武装的主张是“机会主义的退却路线”。决议还指出，这一路线的形成不是偶然的，“有很长的历史

① 中共福建省龙岩地委党史研究室编《反对所谓“罗明路线”问题》，鹭江出版社 1993 年版，第 40 页。

② 中共福建省龙岩地委党史研究室编《反对所谓“罗明路线”问题》，鹭江出版社 1993 年版，第 74 页。

根源”。这种批判，实际上是用比较隐晦的语言否定了闽西苏区长期以来执行毛泽东的战略战术以及关于土地革命、苏区建设等等正确的方针，并把“罗明路线”的所谓历史根源与此相联系而加以批判。

决议还批判了以刘晓“为代表的自由主义”未及时打击“罗明路线”的所谓错误，并且作出了六项决定。[①] 这些决定概括起来的要点是：

（1）各级党组织立刻召集各种会议，“深刻的揭发罗明路线与对于这一路线的自由主义态度的错误，而且这讨论一定要深入到每一个支部与小组中去”。省委机关报立刻刊登批判文章，并须在最近出版一期批判“罗明路线”的专号。

（2）依照中央局决定，于2月28日召集全省临时党代表大会。

（3）立刻撤销新泉县委书记杨文仲的职务。

在福建省委作出这一决议的同时，罗明被从杭永前线召到瑞金苏区中央局的一间小屋子里。中央的几位主要领导人分别与他谈话，严厉地指责罗明：“你们山沟里有什么马列主义？……这是你们狭隘的经验主义。你不承认路线错误就开除你的党籍，撤销你的党内外一切职务。”[②]

罗明在瑞金期间每天接受中央局的批判斗争，白天由中级干部批斗，晚上由一般干部批斗。这些批判大会气氛紧张，口号震天，甚至有个别激动的青年干部怒冲冲地提出要枪决罗明。在高压下，罗明作为一个党的高级干部，只能服从组织的决定，同意在省党代会上作检查。

2月28日至3月上旬，全省临时党代表大会在汀州召开，苏区中央局代表出席了大会。这次大会的主要议程是发动反对“罗明路线”的斗争。会议一开始，立刻出现紧张的气氛，用谩骂和讽刺的方式对待罗明及其支持者。中央代表指着张鼎丞说，“中央对你一次又一次地教育，你仍然是机会主义、官僚主义者”，并号召与会代表“用布尔什维克的铁拳

---

① 参见中共福建省龙岩地委党史研究室编《反对所谓“罗明路线”问题》，鹭江出版社1993年版，第76页。

② 罗明：《关于“罗明路线”问题的回顾》，中共福建省委党史资料征集研究委员会编《福建党史资料》第2辑，1983年内部版，第62页。

将他粉碎”。[①]

罗明和张鼎丞、刘晓等根据中央的决定，被迫在大会上作了检讨。但中央局代表和一部分同志仍不满意，“认为罗明同志张鼎丞同志对于自己错误的承认还是不充分的……大会很正当的要求这些同志不但在口头上承认自己的错误，而且在实际工作中表示他们对于党的忠实与对党的进攻路线执行的坚决”[②]。

尽管“左”倾错误的领导者在这次大会上采取强制手段打击罗明、张鼎丞、刘晓、杨文仲等，一些干部仍然冒着风险坦率陈述自己的观点，明确支持罗明的意见。当然，这些同志无一例外地受到了批判斗争。

会议根据中央局决定的精神，作出了决议，改组了省委，由陈寿昌担任省委书记。会后不久，罗明和杨文仲调中央党校学习和工作，刘晓调往江西，张鼎丞被撤销福建省苏维埃政府主席职务，另从江西调钟循仁担任。

三　批判的蔓延与升级

作为由“左”倾错误统治下的党中央发动的这一场批判运动，在福建省委和省苏维埃政府一级的反对“罗明路线”的斗争，只是运动的开始阶段。紧接着，这一斗争很快在福建团省委、福建军区和各级党团组织展开，并迅速地蔓延到整个中央苏区。

批判运动一开始，反应最快的是共青团。苏区中央局作出关于反对“罗明路线”的决定的第二天，共青团中央刊物《青年实话》率先发表批判文章。四天以后，1933 年 2 月 20 日，少共苏区中央局又发出《关于开展反罗明路线斗争的决定》，一方面“完全同意党中央局关于闽粤赣省委的决定”，一方面把批判的矛头指向了少共福建省委，认为“团省委书记

① 张鼎丞：《中国共产党创建闽西革命根据地》，福建人民出版社 1982 年版，第 61 页。

② 中共福建省龙岩地委党史研究室编《反对所谓“罗明路线”问题》，鹭江出版社 1993 年版，第 81—82 页。

陈荣同志，虽然几次在党省委中对罗明路线作了部份〔分〕的反对与批评，但他缺乏布尔什维克党内思想斗争的彻底性和顽强性，没有能坚决为拥护党的路线而斗争到底”①。为此，苏区中央局决定撤销陈荣的职务，派冯文彬接替他担任福建团省委书记，刘帮化任团省委组织部长，并且要求团省委在党中央布尔什维克的“进攻路线”之下，将反对“罗明路线”及调和主义的斗争发展到全省各级组织中去。

3月中旬，少共福建省委在中央局代表王盛荣指导下，召开省委扩大会议。会议进一步指责团省委书记陈荣“没有能号召领导全团为拥护党的路线而斗争到底。这同样是由于陈荣同志对党与中央的进攻路线表示不坚定，表示动摇”。并认为，过去团省委在陈荣领导下，未能坚决站在中央路线上对“罗明路线”作坚决斗争，在实际工作中犯了许多严重错误。会议一方面号召在全省各级团组织立即开展反“罗明路线”的斗争，另一方面又不切实际地号召“猛烈扩大红军”，完成中央提出的创造100万铁的红军的任务，“以百倍努力和冲锋精神”百分之百地武装青年，完成全国苏区扩大少先队150万。同时，要求全省在现有近1万名团员的基础上扩大1倍，超过党员数量。②

闽西苏区在各级党团组织全面展开反对“罗明路线”的斗争以后，逐渐将目标转向地方红军的党组织内部，主要打击的对象是福建军区政委谭震林。

谭震林从井冈山斗争时期起就在毛泽东领导下工作，对毛泽东的思想路线和战略战术有深刻的体会。1929年，他留在闽西工作以后，在长期的斗争中积累了丰富的经验，对闽西苏区的情况又相当熟悉，对形势的分析也有着精辟的见解。当十九路军在上海一·二八抗战后被迫调往福建的时候，他曾指出，十九路军入闽主要不是为了对付红军，而是军

① 中共福建省龙岩地委党史研究室编《反对所谓“罗明路线”问题》，鹭江出版社1993年版，第59页。

② 参见《省委扩大会决议》（1933年3月22日），中共福建省龙岩地委党史研究室编《反对所谓“罗明路线”问题》，鹭江出版社1993年版，第83—88页。

阀内部争权夺利的结果。当十九路军在蒋介石逼迫下向闽西苏区进攻的时候，他又提出诱敌深入方针，决定以武平桃地、小澜为第一防线，以上杭官庄和长汀水口、濯田为第二防线，以便寻找有利时机打击和消灭敌人。[①] 谭震林的这些真知灼见，完全符合毛泽东的战略思想和闽西实际情况，因此为"左"倾错误所不容。

1933 年 6 月 12 日，中共福建省委召开省委扩大会议。会议指称谭震林是红军内"罗明路线"的代表之一，过去对谭震林的斗争尚未发扬火力，因而福建军区的工作虽然得到部分转变，"但震林的领导，成为转变的最大阻碍"。[②] 省委扩大会议"对于谭震林同志的错误，开展了极猛烈的射击"，全盘否定谭震林的正确主张，认为他提出的在第四次反"围剿"战争中实行诱敌深入、各个击破的方针，是"单纯防御路线"，"没有集结力量打击和消灭敌人以保卫闽西苏区的勇气和决心"。指责他关于"在桃溪、小澜、濯田、洪山埋伏，待诱敌深入"的作战方案是"游击主义的传统"。[③]

除此以外，省委扩大会议还错误地批判谭震林在土地革命方面所坚持的"抽多补少，抽肥补瘦"的原则，而这一原则正是毛泽东、邓子恢等对闽西土地革命经验的科学总结。所以，会议对于谭震林的这些批判，实际上是对毛泽东关于土地革命和军事斗争思想的否定。

对于这种脱离实际的"左"倾教条主义的批判，谭震林予以断然拒绝，据理申述。他一方面在会议上坦率陈述自己的主张，同时给省委递交了书面声明，从战略战术的角度论证自己观点的正确。

谭震林毫不妥协的斗争，使得会议的主持者很是尴尬。他们由于理论上的空虚和脱离实际，只有采取扣帽子、打棍子的方式压制和打击正

---

① 寿昌：《为加强党对革命战争的领导而斗争——谭震林同志和我们的分歧》（1933 年 7 月 15 日），《斗争》1933 年第 18 期。

② 参见寿昌：《为加强党对革命战争的领导而斗争——谭震林同志和我们的分歧》（1933 年 7 月 15 日），《斗争》1933 年第 18 期。

③ 参见寿昌：《为加强党对革命战争的领导而斗争——谭震林同志和我们的分歧》（1933 年 7 月 15 日），《斗争》1933 年第 18 期。

确意见，指称“谭震林同志的战略不是马克思主义，而是诸葛亮式的”，企图以战术的错误掩盖其政治路线的错误，“这正表明谭震林同志对战略战术原则的阶级性时代性的无知”。[①] 会议在《组织工作决议》中对谭震林作出了耸人听闻的荒谬结论：“大会严重的指斥象〔像〕谭震林同志在大会上不坦白的把他在军区所领导的机会主义错误通盘揭发出来，这是企图保留一部分机会主义武装在某一时机上来向党反攻，这是机会主义者最可耻的企图”。会议号召对谭震林予以无情的斗争，[②] 最后，谭震林被撤销军区政委的职务。

在这前后，“左”倾教条主义的执行者采取同样的方式，在闽西苏区党团组织和红军各级组织中展开了大规模的反对所谓“罗明路线”的斗争，并以此为理由，打击撤换大批不同意他们那套主张的党和军队的优秀干部。

从3月份开始，这一斗争扩展到县以下各级组织。省委向各地派出工作团，在各县强制开展这一斗争。各级领导干部几乎都被认为犯有“罗明路线”的错误，层层检讨或受到批判。在短短二三个月内，原省委常委和省执行委员都受到点名批评或被解除职务。省以下各级组织的负责人也大多被撤换，有的甚至被逮捕监禁。受到错误批判或被撤职的除了前面已经说到的，主要的还有省委常委郭滴人、李明光，上杭中心县委书记方方、长汀县委书记李坚真、武平县委书记陈玉梅等。永定党团县委由于公开抵制这一错误的批判运动，拒绝出席省委、上杭中心县委召集的有关批判“罗明路线”的会议，被下令彻底改组。[③] 在8月1日召开的县苏执委扩大会议上，一次就宣布将县苏主席罗禄三、文化部长刘

① 寿昌：《为加强党对革命战争的领导而斗争——谭震林同志和我们的分歧》（1933年7月15日），《斗争》1933年第18期。

② 参见《中国共产党闽粤赣省委扩大会议组织工作决议》（1933年6月12日），中共福建省龙岩地委党史研究室编《反对所谓“罗明路线”问题》，鹭江出版社1993年版，第185页。

③ 参见《中共闽粤赣省委对永定工作的决定》（1933年4月1日），中共福建省龙岩地委党史研究室编《反对所谓“罗明路线”问题》，鹭江出版社1993年版，第94—96页。

永芳等 8 名县苏执行委员撤职查办。[①]

显而易见，王明“左”倾教条主义发动反对“罗明路线”的真实意图，是打击毛泽东的坚决支持者，打击敢于批评或抵制“左”倾错误的广大干部，斗争的目标实际上是指向毛泽东。只是由于毛泽东当时任中华苏维埃共和国中央临时政府主席，并且受到中央苏区大多数干部的拥戴，不便公然指名打击罢了。因此，他们发动的这场斗争，其范围决不会仅仅限于福建，而将是一场全局性的政治运动。

事实正是这样，福建省委开始反对“罗明路线”斗争一个月以后，苏区中央局在江西发动了同样的批判运动，提出反对所谓“江西罗明路线”，把这场斗争引向整个中央苏区。

在江西展开的反对“罗明路线”的斗争，首先从打击担任会（昌）寻（乌）安（远）中心县委书记的邓小平开始。会、寻、安三县是中央苏区南部新开辟的边缘地区，经常受到敌人的骚扰破坏。县委根据边区斗争的特点，领导苏区军民展开了机动灵活的游击战争。但是“左”倾教条主义不顾敌我力量悬殊的不利条件和边区的特殊情况，认为这种战术是“退却逃跑的单纯防御”，不符合他们的“进攻路线”，必须给以无情打击。

1933 年 3 月 31 日，在苏区中央局代表洛甫的领导下，会寻安中心县委召开了三县积极分子会议。会议根据洛甫的政治报告和所做的结论，对邓小平等进行批评斗争。会议通过的决议还作出了如下错误的决定——“大会认为会寻安三县过去在以邓小平同志为首的中心县委的领导之下，执行了纯粹的防御路线”，这一路线“是在会、寻、安的罗明路线”。会议决定改组中心县委和这三个县的县委常委，责成改组后的新县委召集各级党代表会议，“在中央分局领导之下开展这一反机会主义路线的斗争，使这一斗争深入到支部中去”[②]。另外，会议还指责江西省委犯

① 参见《永定县苏维埃政府执委扩大会议决议》（1933 年 8 月 1 日），中共福建省龙岩地委党史研究室编《反对所谓“罗明路线”问题》，鹭江出版社 1993 年版，第 218—219 页。

② 《会寻安县党的积极分子会议决议》（1933 年 3 月 31 日），《斗争》1933 年第 8 期。

有同样的错误，省委应对会寻安中心县委的错误承担责任。会议之后，江西省委不得不解除邓小平担任的会寻安中心县委书记职务，派他到万泰、宜乐等县巡视。[1]

这次会议表明，王明“左”倾教条主义开始了在江西全面发动反对所谓“罗明路线”的斗争。

4 月 15 日，洛甫在《斗争》第 8 期发表《罗明路线在江西》的长篇文章，进一步指责江西省委对于“进攻路线”与“罗明路线”的概念模糊不清，因而使得以邓小平为代表的会、寻、安三县党的负责人得以逃避其执行“退却逃跑路线”的责任。洛甫的文章还认为，“罗明路线”不但存在于会、寻、安三县，而且还在江西其他边区严重地存在着，而江西省委“对于这种江西的罗明路线的斗争是十分不够的”。洛甫要求江西省委“必须最严格的检查所有边区各县的工作，揭发自己过去对于边区工作的指示的政治错误”，必须与江西的“罗明路线”作坚决斗争，把这种斗争“深入到群众中去，彻底改造各县”，坚决执行党的“进攻路线”，实现江西革命的首先胜利。

江西省委迫于中央的压力，于 4 月 16 日至 4 月 22 日召开全省三个月工作总结会议，“揭发了在江西的罗明路线”。主要打击的对象除了邓小平以外，还有永（丰）吉（安）泰（和）中心县委书记毛泽覃[2]，江西军区二分区司令员兼独立第五师师长谢唯俊[3]，江西省苏维埃政府党团书记古柏[4]。会议诬称这四位同志“是罗明路线在江西的创造者，同

① 洛甫：《罗明路线在江西》，《斗争》1933 年第 8 期。

② 毛泽覃，湖南湘潭人，1905 年出生，1923 年加入中国共产党，先后担任过青年团长沙地委书记处书记，红三军政治部主任，中共吉安县委书记，赣西南后方办事处主任，永吉泰中心县委书记，独立五师师长，1935 年 4 月牺牲于瑞金县黄鳝口附近。

③ 谢唯俊，1908 年出生于湖南耒阳，大革命时期入党，1928 年 1 月参加湘南暴动后上井冈山，曾任红四军一纵队政治部主任，赣东特委书记，永丰中心县委书记，江西军区第二分区司令员兼独立五师师长，1934 年参加长征，1935 年底牺牲于陕北。

④ 古柏，江西寻乌人，1906 年出生，1925 年入党，先后担任中共寻乌县委书记，红一方面军总前委秘书长，江西省苏维埃政府裁判部长兼内务部长，中央苏维埃政府劳动部秘书长，闽粤赣红军游击纵队司令员，1935 年春牺牲于广东龙川。

时是反党的派别和小组织的领袖”①。会议对他们展开了严重的批判和斗争。

邓小平、毛泽覃、谢唯俊和古柏四人对这种罗织罪名和残酷斗争、无情打击极为愤慨，对自己所坚持的正确意见毫不动摇。他们在会议上拒绝检讨强加的所谓“政治错误”，坦诚发表自己的主张，并先后两次向组织递交了声明书。他们的意见归纳起来主要有如下几点：

（一）对于中国现时苏维埃运动的估量与策略，认为目前苏维埃运动与革命战争还只是土地革命阶段，而不是反帝斗争。土地革命和反帝斗争这两大革命潮流，只有在红军与帝国主义的矛盾发生直接冲突时，才能汇合为民族革命战争，因而不同意中央提出的“武装拥护苏联”的不切实际的口号。

（二）在中国革命的道路问题上，他们不同意共产国际与中央局 2 月 8 日决议提出的任务，反对向中心城市和交通要道发展，主张红军在敌人统治力量薄弱的农村和山区建立与发展革命根据地。因此在第三次反“围剿”胜利以后，他们反对攻打赣州，抵制中央局的错误决策。同时，反对盲目扩大主力红军，主张加强地方武装；反对加重边区群众负担，主张红军把打土豪筹款作为自己的主要任务之一。

（三）在土地革命方面，坚持“抽多补少，抽肥补瘦”的原则。

（四）对四中全会以后的王明“左”倾教条主义领导表示不满，鲜明地指出“大城市上产生了立三路线，我们苏区的山上，却全是马克思主义”。批评那些脱离实际、只懂得在城市里照搬教条发号施令的“左”倾中央领导是“洋房子先生”。②

十分明显，邓、毛、谢、古四人的上述观点，基本反映了毛泽东一贯倡导和坚持的原则意见，完全符合中国革命和中央苏区的实际情况。因此，反对“罗明路线”的斗争发展到这一阶段，其斗争的实质已越来

① 罗迈：《为党的路线而斗争》（1933 年 5 月 6 日），《斗争》1933 年第 12 期。

② 邓、毛、谢、古四人的这些基本观点，均转引自罗迈：《为党的路线而斗争》（1933 年 5 月 6 日），《斗争》1933 年第 12 期。

越显示出“左”倾教条主义与以毛泽东为代表的关于中国革命和红军战略战术等重要问题上的原则分歧。

“左”倾的中央领导对于邓小平等四人直言不讳的尖锐意见和两次申明极为恼怒。他们在各种会议和报刊上对邓小平等四人进行反复的批判斗争，指称“他们是形成一种秘密的结合，这种秘密的结合有共同的机会主义的政纲，反对党的领导机关，不执行党的决议和指示”①。有些会议甚至作出决议，“建议中央局把他们洗刷出布尔什维克的队伍”②。

1933 年 5 月 5 日，苏区中央局批准了《江西省委对邓小平、毛泽覃、谢唯俊、古柏四同志二次申明书的决议》。这个决议认为，这四人“反党的机会主义政纲和小组织的活动并没有在党的布尔什维克火力面前，解除武装，只是在党内残酷思想斗争中不得不暂时偃旗息鼓”。因此，省委责成他们写出第三次声明书，彻底检讨自己“一贯的机会主义错误和派别观念”，并且必须到“省委所指定的群众工作中艰苦的担负起自己的任务，来表现忠实的为党的路线而坚决奋斗”。

江西省委作出这个决议之后，邓、毛、谢、古被解除了一切职务，并奉命到最艰苦的地方从事基层工作。随后，江西全省各级组织先后展开了反对“罗明路线”的斗争。

始发于福建的这场政治运动，在中央“左”倾错误的直接领导下，迅速地扩展到了整个中央苏区。这一斗争后来又很快扩展到闽赣、湘赣、湘鄂赣、闽浙赣等苏区以及福州、厦门等白区党的组织，成为中央苏区第五次反“围剿”斗争失败的原因之一。

---

① 罗迈：《为党的路线而斗争》（1933 年 5 月 6 日），《斗争》1933 年第 12 期。

② 《工农红军学校党团员活动分子会议关于江西罗明路线的决议》（1933 年 5 月 4 日），中共福建省龙岩地委党史研究室编《反对所谓“罗明路线”问题》，鹭江出版社 1993 年版，第 150 页。

四　查田运动

王明“左”倾教条主义在反对“罗明路线”的同时，领导整个中央苏区开展了查田运动，在土地问题方面全力推行其错误的方针政策，使闽西土地革命进一步受到了损害。

闽西苏区的查田运动开始于1932年6月，延续至红军长征前夕，因愈益紧张的军事形势而停止。

本来，苏区的土地革命大致经过土地的没收与分配、检查土地、土地建设三个阶段，这是正常的程序。闽西苏区按照这一程序在1931年以前基本上完成了前面两个阶段的工作，除了少数地区对土地分配作若干调整以外，已逐步转入土地建设阶段。但在1931年4月以后，王明“左”倾错误在中央苏区否定了以毛泽东为代表的正确的土地革命路线，代之以贯彻同年2月中共中央政治局和共产国际远东局制订的《土地法草案》，于是，闽西苏区据此实行重新分配土地。随后，苏区中央局又要求按照这一纲领展开查田运动。

1932年2月8日，苏区中央局作出《关于在粉碎敌人四次“围剿”的决战前面党的紧急任务》的决定，提出为了提高土地生产力，保证革命战争胜利，“必须完成查田运动，彻底解决土地问题”。这个决定发出之后，苏区各地陆续开始发动查田运动。

闽西苏区的查田运动，是在6月6日召开的福建省苏维埃政府土地部长联席会议上决定的。这个会议根据中央局的上述决定作出决议：一方面在新苏区解决土地分配问题；一方面在老苏区马上成立各区土地检查委员会，领导开展查田工作。同月，福建省苏维埃政府发布第十二号训令，再一次指示组织各级检查委员会，依照即将颁发的土地条例开展查田工作，以达到“彻底没收豪绅、地主、富农的土地分配给雇农、贫农、中农，富农分坏田”之目的。

7月13日，福建省苏维埃政府正式颁布《检查土地条例》。这个条例发展了过去的"左"倾错误，认为1931年的"重新分配土地"的工作未能"肃清地主阶级的政治的经济的势力和镇压地主残余和富农的反革命活动，认为以前零星的检查土地非常不够，现在马上全闽西来举行一个检查土地的运动"①。于是，闽西苏区的查田运动全面展开。

这个条例规定，彻底检查和没收"一切地主（不论大小地主）家里所分到的土地，以及他的房屋财产用具"；没收富农分到的好田及多分的土地，还应当没收富农多余的"耕牛、农具、房屋、菜园、粪缸"等财产；通过查田运动，必须把"暗伏在各级苏维埃中的地主、富农、工头、老板、商人等非阶级份〔分〕子清查出来"②。显然，这些规定以极左的政策断绝了地主的生计，过分地打击了富农以至一部分本来可以争取的中间势力，因而严重地脱离了群众。尤其是闽西苏区，经过了一次又一次的没收与重新分配土地，许多地方的干部群众已经对此感到厌倦和不满。所以这个条例公布以后，各地并不积极实行，查田查阶级的运动进展迟缓。

这种情况引起了苏区中央局的不满。9月26日至28日，中央苏维埃政府副主席项英亲自到长汀，领导召开福建省苏维埃政府执委扩大会议。会议在项英的指导下严肃批评了福建查田运动及其他工作犯了"严重的不可允许的错误"，并于10月20日修订了《福建省苏区关于政治及省苏工作报告决议》，指责各地在查田运动开始以来行动不积极，必须"坚决的纠正这些错误，和这些错误作斗争"。

然而，这些强制性的指令实际上并未得到认真执行，除了少数地区有所行动以外，直至1933年6月，80%以上地区没有开展，宁化、长汀、武平全县以及上杭、永定、新泉三县的大部分，查田运动都"还没

① 江西省档案馆、中共江西省委党校党史教研室编《中央革命根据地史料选编》下册，江西人民出版社1982年版，第474页。

② 江西省档案馆、中共江西省委党校党史教研室编《中央革命根据地史料选编》下册，江西人民出版社1982年版，第476页。

有最广大”发动起来。[①]

闽西苏区在1933年上半年以前之所以未能全面开展查田运动，其原因是多方面的。一是由于1933年2月以后的几个月内闽西正在集中全力反对所谓“罗明路线”，对查田运动有所放松；二是王明“左”倾教条主义的土地政策已经引起了人们的不满，在实际工作中难于推行。另外一个重要原因是，从1933年春开始，毛泽东参与领导了查田运动，尽可能对某些错误的政策予以修正。

6月间，毛泽东先后主持召开了江西、福建两省的八县区以上负责人查田运动大会和八县贫农团代表大会。在这两个会议上，毛泽东作了关于查田运动的报告和总结，发表了毛泽东起草的《查田运动的群众工作》。毛泽东坚持了党的土地革命的阶级路线，强调“联合中农，是土地革命中最中心的策略，”绝不允许侵犯中农利益，同时注意区别富裕中农与富农的界线，“使富裕中农稳定起来”。文章还针对一些地区全部打乱重新分配土地的问题，指出“查田运动是查阶级，不是按亩查田”，以利于巩固农民的土地所有权，安定群众的恐慌情绪。毛泽东在当时提出的开展正确的查田运动，虽然由于当时的历史条件，仍然反映了“地主不分田，富农分坏田”的“左”倾政策，但在划分阶级的标准方面则基本上是正确的，鲜明地提出反对查田运动中的“侵犯中农消灭富农的‘左’倾机会主义，反对包庇地主富农的右倾机会主义，反对官僚主义的领导方式与工作方法，是正确开展查田运动的必要条件”。[②]

6月12日，中共福建省委扩大会议通过了《闽粤赣党在经济战线上的任务决议》，强调查田运动，必须正确执行阶级路线，“防止侵犯中农的利益与任何消灭富农的企图”[③]。同月，福建省农业工人第一次代表大

① 参见《中央政府关于查田运动的训令》（1933年6月1日），中共江西省委党史研究室等编《中央革命根据地历史资料文库·政权系统》第7卷，第758页。

② 《毛泽东文集》第1卷，人民出版社1993年版，第270、271、275页。

③ 中央档案馆编《闽粤赣革命历史文件汇集（一九三二年——一九三三年）》，1985年内部版，第320页。

会通过《查田运动决议》，明确指出必须迅速“纠正消灭富农的错误，要同侵犯中农利益的倾向作无情的斗争”。会议批评了宁化县提出所谓“破产地主”“反动富农”等模糊阶级概念的错误，指出必须纠正这种扩大打击面的偏向。[①]

上述情况表明，闽西苏区已经在实践上认识到查田运动中间的某些错误，并且接受与贯彻了毛泽东提出的方针策略。如果查田运动能够坚持这些正确的方针，必将减轻“左”倾错误所造成的损害。

但是，1933 年初中共中央机关从上海迁入中央苏区之后，一再强调“反右倾”，提出所谓“进攻路线”，在政治、军事、土地诸方面全面推行其“左”倾教条主义方针，尤其是在发动反对“罗明路线”的斗争以后，上述有关正确的政策未能得以贯彻。因此，闽西苏区在七、八、九三个月仍然贯彻“左”倾的土地纲领，强制推行查田查阶级的运动。

为了使查田运动迅速掀起高潮，福建省苏维埃政府在汀州举办了训练班，抽调各县积极分子二三百人听取苏维埃中央政府副主席项英和省苏维埃政府土地部长范乐春等的专题演讲。经过训练之后，这些人员被分派到各地去督促和领导查田运动的全面开展。同时，中央和省两级党政机关委派大批巡视员到各县视察检查。

在各级领导机关的层层发动与督促之下，闽西查田运动迅速开展。宁化县在淮土区田背、大王、凤山 3 个乡 7 天之内查出了地主富农的土地 1000 多担。[②] 长汀县濯田区在 19 天内查出漏划的地主富农 60 多家。[③] 古城区在短短三四天内也查出地主富农 20 家，没收土地 300 多担。[④]

这种大规模的查田查阶级运动，由于阶级路线不明确，非但不可能正确地解决土地问题，反而动摇了可以团结的中间力量。“特别是侵犯中

① 参见福建省委党校馆藏资料（1-1572）。

② 参见《宁化淮土区七天查出一千余担》，《红色中华》1933 年第 96 期。

③ 参见《濯田区查田运动的经过》，《红色中华》1933 年第 105 期。

④ 参见《古城热烈进行查田》，《红色中华》1933 年第 95 期。

农利益的行动，各县都有发生，甚至有因争论阶级而枪毙贫农的事件发生”[①]。尽管如此，闽西的查田运动仍比赣南稳健一些，截至8月份，“福建全省查田的成绩还只当得博生一县的成绩”[②]。正因为如此，福建受到了中央的批评，认为福建有些地方放弃了对查田运动的领导。

为了督促各地查田运动加紧进行，中央政府人民委员会在7月11日召开的第四十五次会议上决定派员到闽赣两省九个县巡视，福建省被指定巡视的是宁化、长汀、汀东三县。会议决定，巡视员到达以后，以县为单位召集两种会议，一种是县苏扩大会，一种是乡苏主席大会，“要在这个会里部分的撤换县和区苏维埃对于查田怠工的工作人员，吸引积极斗争分子进去”，以推动运动的发展。[③]

8月4日，福建省苏维埃政府第四次执委扩大会议作出决议，分析当前形势和总结四个半月以来的工作，并且制订了目前的紧急任务。决议认为福建的查田运动开展很不够，比较有成绩的仅宁化县之城关、禾口、曹坊，汀东县之新桥，长汀县之濯田、赤田等少数地区，其余大部分县区尚未大规模发动。在已经开展查田的地区，还存在着侵犯中农利益等错误。为此，决议要求立刻纠正以上错误，迅速在老苏区广泛开展查田运动，并于9月15日以前以县为单位作总检阅，在11月25日省苏代表会以前全部完成查田工作。[④]

此后，中央巡视员杨岳彬和省苏维埃政府副主席温必权、阙继明及省苏土地部长范乐春等各级领导，相继到各县巡视督促，按照中央的要求全面推进查田运动。经过八、九两个月的突击，宁化县查出地主富农564家，没收土地1.45万余担；汀东县查出地主富农220家，没收土地

---

① 《中共福建省委在第三次党代会上的工作报告大纲》(1933年10月26日)，《闽粤赣边区革命历史档案汇编》第1辑，档案出版社1987年版，第387页。

② 毛泽东：《查田运动的初步总结》，《红旗周报》1933年第61期。

③ 《人民委员会第四十五次会议》，《红色中华》1933年第95期。

④ 参见《福建省苏第四次执委扩大会议决议》(1933年8月4日)，王其森主编《福建省苏维埃政府历史文献资料汇编》，鹭江出版社1992年版，第287页。

3100担；长汀县查出地主富农180多家，没收土地2000多担。[①]

由于查田运动一开始就是在“左”倾教条主义的指导下进行的，因此随着运动的深入，“左”倾错误所造成的危害也愈益严重。这种危害主要是“造成从肉体上消灭地主，并且侵犯了中农利益，破坏了生产；又由于这些错误的政策，在党内和红军中造成了错误的‘唯成分论’”[②]。这样，必然加剧了地主以至富农的反抗情绪，打击了中农，孤立了贫雇农，削弱了革命的力量。

查田运动中不断暴露出来的问题，引起了毛泽东和其他一些中央领导同志的警觉，并从10月间开始采取必要的措施，逐步予以纠正。

1933年10月10日，中华苏维埃共和国中央政府公布了《关于土地斗争中一些问题的决定》，并批转了毛泽东起草的《怎样分析阶级》。这个决定在当时历史条件下当然不可避免地仍规定“地主不分田，富农分坏田”，但其主要部分是正确的，纠正了过去在分析农村阶级方面的偏向，并且规定：“凡在一九三三年十月十日以前各地处置之阶级成分有不合本决定者，应即依据本决定予以变更。”这些规定，对于纠正前一段时期的“左”倾错误起了积极的作用。

这两个文件发出之后，各地开始贯彻执行，纠正了部分过去误把富农划为地主、中农划为富农的错误。

可是，王明“左”倾错误的执行者不能容忍这种政策的变更。1934年3月15日，人民委员会发出第一号训令，否定了1933年10月10日中央苏维埃政府的上述两个文件。第一号训令严厉指斥这两个文件“给了地主富农的许多反攻的机会”，是不能允许的右倾机会主义。同时蛮横地规定：凡是在查田运动之前已经划定的地主富农，“不论有任何证据不得翻案。已翻案者作为无效”；只要群众没有意见，即使有错划者，“不论地主富农提出任何证据，不得翻案”。

人民委员会第一号训令发布以后，《红色中华》连续发表文章，大张

① 参见《福建省第一次查田总结》，《红色中华》1933年第113期。

② 张鼎丞：《中国共产党创建闽西革命根据地》，福建人民出版社1982年版，第64页。

挞伐，宣称必须对这种“翻案的企图”给以无情打击。与此同时，王明“左”倾教条主义变本加厉地推行“左”的政策，规定将地主一律编入永久劳役队，富农编入临时劳役队，地主家属驱逐出境。

以张鼎丞为主席的福建省苏维埃政府在反对“罗明路线”和查田运动中冒着被打击改组的风险，曾经为坚持正确的方针路线作了最大的努力。显然，这在当时的情况下是不能被“左”倾错误所容忍的。1934 年 2 月上旬，福建省苏维埃政府在中央直接指导下召开了执委扩大会议。会议根据中央的决定，对张鼎丞等省苏维埃政府的主要领导人进行了批判斗争，指责张鼎丞犯有“一贯来机会主义与官僚主义的严重”错误，宣布解除张鼎丞的职务，改组省苏维埃政府，撤销省苏副主席阙继明、温必权的职务，开除省苏财政部副部长阙继茂和省苏执行委员温成富的职务。福建省苏维埃政府改组以后，由钟循仁为主席，汪金祥为副主席。①

自此以后，闽西的查田运动在王明“左”倾错误指导下滑向更为严重的境地。直至同年夏季，国民党数十万大军压境，第五次反“围剿”的形势日趋紧张，这场历时将近两年的查田运动才被迫停止。

五　中共福建省第三次代表大会

1933 年初，博古负总的责任的中共临时中央由上海搬迁到瑞金，成立新的苏区中央局，全面推行王明“左”倾错误，开展反对“罗明路线”的斗争和查田运动致使“左”倾错误对中央苏区的危害发展到最为严重的阶段。“左”倾错误的危害对福建省委的影响尤其严重。

1933 年 10 月 28 日，中共福建省委在长汀召开中共福建省第三次代表大会，分析形势，总结第四次反“围剿”经验，部署第五次反“围剿”各项工作。

---

① 参见《福建省苏维埃政府执行委员会布告（新编第一号）》（1934 年 2 月 8 日），王其森主编《福建省苏维埃政府历史文献资料汇编》，鹭江出版社 1992 年版，第 305、306 页。

苏区中央局对于这次会议十分重视，由苏区中央局常委、宣传部长张闻天出席指导。会议由张闻天、陈潭秋、张鼎丞等 33 人组成大会主席团，李见珍等 13 人组成代表资格审查委员会，郭滴人、范乐春、谢思育等 21 人组成经济战线委员会，吴必先、赖如昌、金维映等 21 人组成组织委员会，张鼎丞、温必权、邓六金等 20 人组成苏维埃问题委员会。[①]

张闻天代表苏区中央局作政治报告，详细解释国际和国内目前的政治形势，指出粉碎第五次“围剿”是“争取中国两条道路——殖民地和苏维埃的生死决战”，阐释争取第五次反“围剿”完全胜利的可能。同时指出福建党组织在 2 月 28 日临时代表大会以来工作的弱点及今后的任务，号召全体代表“坚决站在中央布尔塞维克进攻路线的立场上，反对‘左’右倾机会主义的倾向及新的形势下新的动摇，来粉碎敌人的五次‘围剿’！为完成全国苏维埃而斗争”[②]。

福建省委向大会提交了于 10 月 26 日完成的《中共福建省委工作报告大纲》(以下简称《报告大纲》)。这份《报告大纲》清楚地阐明了这次会议的主要内容。

《报告大纲》共分为五个部分：第一，目前政治形势；第二，第四次反“围剿”中福建党的工作；第三，在粉碎敌人第五次“围剿”中福建党的任务；第四，开展群众阶级斗争和巩固苏维埃；第五，扩大和巩固党的组织。

第一，关于目前政治形势。

《报告大纲》认为，第四次反“围剿”战争的伟大胜利，使得中国苏维埃运动得到更进一步的发展，苏维埃红军不但自身更进一步巩固和扩大，而且其影响广泛地深入到白区，提高了广大工农群众为苏维埃而斗争的勇气和决心。当前，国民党在第四次“围剿”失败以后重新部署了更加残酷的第五次“围剿”。因此第五次战争“是争取中国两条道路的决战——帝国主义经过国民党完全殖民地化中国，与中国革命群众及苏维

① 参见《福建省第三次党代表大会的成功》,《红色中华》1933 年第 124 期。

② 《福建省第三次党代表大会的成功》,《红色中华》1933 年第 124 期。

埃在共产党领导之下争取独立自由的苏维埃新中国”[①]。

虽然敌人的第五次“围剿”加强了领导与组织，然而在阶级力量的对比上，我们有了比第四次战争中更有利于争取革命战争胜利的条件。特别是 8 月以来东方军的伟大胜利，展开了福建的新的局面，恢复了上杭、新泉、连城各县苏区，开拓了泉上、武平、清流、归化各区，彭湃以及东北广大新苏区。在这些胜利的影响之下，代英[②]、永定两县各地军阀团匪被迫撤退，这一局面的展开无疑更加强固了我们粉碎敌人第五次“围剿”的阵地。

敌人虽然在第五次“围剿”的开始就遭受了严重的打击，但是他们决不会因此缓和向苏区的进攻。特别是东方军入闽和向北发展，日本帝国主义受到威胁派遣大批军舰开来闽江，企图直接军事干涉中国革命。这形势“使我们大大的警觉到中央提出的粉碎敌人五次‘围剿’，准备与帝国主义直接作战是我们福建党目前最紧迫的战斗任务”[③]。

第二，关于福建党在第四次反“围剿”中的工作。福建省委认为，福建党在四次反“围剿”的过程中“一般的是执行了进攻路线”。如上杭去年十月革命前后扩大红军 1700 余人；长汀两个月完成 3 个月冲锋计划，扩大红军 2700 余人；永定上下溪南和代英庐丰、太阳、太拔地方武装与敌人作长期顽强的斗争以及各县热烈的经济动员。这些事实完全证明，福建群众英勇顽强与福建党组织领导革命战争的积极作用。

但是到了战争进行到最紧急的关头，党内发生了对党的进攻路线的反抗和动摇，“就是以罗明同志为首的在敌人积极进攻之下，退却逃跑的机会主义路线——即罗明路线”。“罗明路线”虽然遭到以刘晓为首的大多数同志的反对，“但并没有将这一斗争开展起来，相反的还采取了自由主义的态度”，因此“罗明路线”给予了党的工作以相当的影响，党的力

---

① 《中共福建省委工作报告大纲》（1933 年 10 月 26 日），王其森主编《福建省苏维埃政府历史文献资料汇编》，鹭江出版社 1992 年版，第 43 页。以下所引该文，均引自该书。

② 中央苏区福建省设。1933 年由上杭、永定两县析置。以 1931 年牺牲的恽代英烈士为名，治今上杭县太拔。1934 年 10 月中央红军长征后撤销。

③ 王其森主编《福建省苏维埃政府历史文献资料汇编》，鹭江出版社 1992 年版，第 44 页。

量和苏区在粉碎敌人第四次“围剿”的胜利中没有取得应有的发展。扩大红军工作在有些地方被完全忽视，地方武装没有扩大和加强，党的组织发展微弱。同时“由罗明路线发展成为杨文仲同志的取消主义”，将新泉群众组织取消，至今还未完全恢复。①

但是，省委认为，“三月临时代表大会②在中央局直接领导之下”彻底揭发了“罗明路线”的错误，开展了残酷的斗争，转变了党的工作，党的工作有了明显的进步和成绩。表现在以下一些方面：

1. 扩大红军工作取得了很大的成绩。“自红五月起至九月止共计扩大红军九千余人，而且创造了许多光荣的例子，如宁化县两个模范团，才溪、旧县、官庄、红坊、新泉的模范营……最近宁化在一个半月扩大二千余人，特别淮土禾口在1个月都集中五百以上，（淮土到七百）在授旗大会中又集中了三、四百人”③。才溪除病员差不多都归队了。但是也应当看到，扩大红军的工作还存在有许多弱点和错误。主要表现为扩大红军的数量还不够，“和江西比起来不到五分之一”，远远落在反“围剿”战争需要的后面。

2. 地方武装起了伟大的作用。十九路军进占连城企图攻汀州的时候，地方武装能够迅速动员3000余人保卫汀州，上杭模范营亦能经常配合红十九军作战，永定县溪南、代英县之太阳区地方武装顽强地与敌人苦斗，上杭县地方武装配合独立第八、九团打白砂，长汀县模范营集中进攻散匪，武平县模范营能动员配合红军游击队打土围子搜山，宁化、永定、代英、新泉各县及各新区游击队及地方武装能够深入白区打击敌人，威胁敌人的交通路线。“特别是代英县太阳区地方武装以三十余人击

① 参见王其森主编《福建省苏维埃政府历史文献资料汇编》，鹭江出版社1992年版，第45页。

② 参见王其森主编《福建省苏维埃政府历史文献资料汇编》，鹭江出版社1992年版，第46页。“三月临时代表大会”是指1933年2月28日至3月上旬在汀州召开的中共闽粤赣省（即福建省）临时代表大会。

③ 中共福建省龙岩地委党史研究室编《反对所谓“罗明路线”问题》，鹭江出版社1993年版，第301—302页。

溃敌人五百余人的英勇战迹”[①]，令人鼓舞。

3. 在经济战线上的工作得到了很大的成绩。主要的成绩是，增加土地生产与开荒运动，今年秋收谷子虽然因为水灾与虫灾的关系，未能达到增加二成，但平均统计增加一成上下。杂粮比往年增加三分之一。全省六万担上下的荒田，已经消灭了一半；闽西最大的工业——纸业生产，自被敌人严密的经济封锁后，差不多完全停槽，自8月冲破了经济封锁，已恢复九十余槽，纸价提高一倍；对外贸易工作也得到相当的成绩，如宁化、新泉、上杭分局的设立，食盐、洋油的进口，纸及莲子的出口，使苏区特别是汀州的经济较前活跃。推销经济建设公债共计45654元。在动员工作较深入的地方，即能取得群众的积极拥护，争先购买。这些事实完全粉碎了“群众生活困难不能推销公债”的谰言。[②]

同时应当承认，因为党对经济战线上的工作领导不够，还表现出许多严重的弱点，如收集粮食数量微小，合作社发展不多。迄今为止，全省粮食合作社189个，股金29282元；消费合作社28个，股金5422元。有些合作社因为管理的不善，负责人赊欠过多而受到不好的影响。[③]

经济斗争方面的成绩还反映在改订合同运动上。由于党与工会进行了艰苦的说服群众的工作，汀州市大部分合同已经改订，纠正了过去“左”的错误，开展失业救济工作，并组织了合作社，解决了部分的失业工人问题，领导了反老板怠工的斗争，得到一些胜利。宁化城市工人劳动合同也大部分已经订立，连城市工人已增加工资2元至4元，泉上手艺工人、清流城市工人及连城成衣工人都增加了工资，纸业工人展开了缴槽开槽的斗争。

4. 在土地斗争方面，开展了查田运动和新区分田分谷斗争。在查田

① 王其森主编《福建省苏维埃政府历史文献资料汇编》，鹭江出版社1992年版，第50—51页。

② 参见王其森主编《福建省苏维埃政府历史文献资料汇编》，鹭江出版社1992年版，第53页。

③ 参见王其森主编《福建省苏维埃政府历史文献资料汇编》，鹭江出版社1992年版，第53—54页。

运动中，在宁化、长汀查出地主富农 900 多家，收回土地 21300 余担，在汀东、上杭、兆征等县共查出地主富农 400 余家，收回土地 9000 多担。[①] 破获了反革命组织，“打击了地主富农的反抗，洗刷了苏维埃机关、各群众团体及武装部队以及党团各级机关中的阶级异己分子（濯田、南城、河田……等地），更加强固了苏维埃”[②]。

同时，福建省委承认，查田运动存在有不少缺点，如运动开展不普遍，发动群众不深入，阶级路线不明确，以致产生了右的和“左”的错误，“特别是侵犯中农利益的行动，各县都有发生，甚至有因争论阶级而枪毙贫农的事件发生（如水口）”[③]。

关于新区分谷分田斗争，福建省委认为东方军恢复和开拓了广大的新苏区，在这些新苏区中的广大群众热烈要求分谷分田分青苗。现在泉上已大部分分好了，清流、连城一部分区乡分了。新区群众得到了土地的利益，不但大大地提高了他们的积极性，而且了解了十九路军军阀“计口授田”“耕者有其田”的欺骗性。

5. 关于新区边区和白区工作。福建省委认为，东方军入闽恢复和开拓了广大新区，省委和各有关县委征调了 200 多名干部去新区工作。省委并派两个党委去直接领导，建立了 3 个县革命委员会，20 几个区革命委员会，上百的乡革命委员；各新区都建立了游击队，消灭了部分散匪；泉上、清流、连城已分配或者开始进行分配土地，建立群众组织和党的组织；恢复了代英县各区的工作。白区工作部大多数已建立。龙岩工作委员会及工作团已经改组，饶和埔与埔北关系也已恢复。但是这些成绩还异常微弱，赶不上革命发展的形势。[④]

6. 关于党的组织工作和反倾向斗争。福建省委《报告大纲》指出，

---

① 参见王其森主编《福建省苏维埃政府历史文献资料汇编》，鹭江出版社 1992 年版，第 54 页。

② 王其森主编《福建省苏维埃政府历史文献资料汇编》，鹭江出版社 1992 年版，第 54 页。

③ 王其森主编《福建省苏维埃政府历史文献资料汇编》，鹭江出版社 1992 年版，第 55 页。

④ 参见王其森主编《福建省苏维埃政府历史文献资料汇编》，鹭江出版社 1992 年版，第 57—58 页。

在党的临时代表大会开展了反“罗明路线”的斗争以后，党的组织有了“相当的发展”，新干部的提拔也“得到相当的成绩”。但是福建省苏维埃政府的工作“经过屡次斗争后最近才有微弱的转变”；工会在“反官僚主义斗争后也有一点转变”；而少共（共青团）的工作“近来有一大转变”。省委认为，一般来说“党的组织工作还没有真正建立起来”，党的领导方式转变非常微弱，官僚主义、形式主义依然存在，“党的宣传工作异常不够”。[①] 这些严重现象，必须引起重视。

关于反倾向斗争，省委认为上述各方面工作取得的“成绩与进步，无疑的是从临时代表大会开展反罗明路线等斗争中所得到的”。党的临时代表大会以后，省委“组织了工作团到永定开展反罗明路线斗争，撤销了罗禄山与潮永罗明路线的领导，撤换了罗明路线的执行者陈玉梅武平书记，及汀东分委王珍、熊丁州的领导，曾经撤销军区谭震林、杨海如等工作。在军区党代表大会上揭发谭震林罗明路线的错误，曾经检查一、二、三分区的工作与霍步青、谢育才作无情斗争。对职工运动的‘左’倾错误及新区领导工人斗争的右倾，以及查田运动中‘左’右倾机会主义的错误及新区分谷分田的富农路线，省委都领导过斗争并予以及时的纠正”[②]。

省委指出，反“罗明路线”的斗争还很不够，有些干部至今还不知道“罗明路线”的实质，“特别是永定县委在吴坤林同志的领导下，继续了罗明路线的错误”，武平县委认为边区群众不能扩红，清流、连城新区不敢提出扩红，第一作战分区过分估量敌人，拥有优势兵力却不敢进攻白沙。[③]

省委对于第四次反“围剿”工作的总结，总的认为“无疑的是执行

① 参见王其森主编《福建省苏维埃政府历史文献资料汇编》，鹭江出版社 1992 年版，第 59—60 页。

② 《中共福建省委工作报告大纲》（1933 年 10 月 26 日），龙岩地委党史办公室 1958 年 3 月编《闽西党史研究参考资料》（合订本）。福建省委党校馆藏资料（1-1671）。

③ 参见《中共福建省委工作报告大纲》（1933 年 10 月 26 日），龙岩地委党史办公室 1958 年 3 月编《闽西党史研究参考资料》（合订本）。福建省委党校馆藏资料（1-1671）。

了党的进攻路线的”，中间虽然受了“罗明路线”严重损害，但在中央正确领导下开展了反“罗明路线”斗争并取得了胜利，使党的工作得到很大转变与进步。然而在东方军胜利以后福建局面有新的开展，我们虽然做了努力而不能适应形势发展的要求，落在群众的后面。9 月中旬中央局在检查福建工作时指出了这一问题。这应当引起这次党代表大会的深刻反省，以加强对战争领导能力，正确估计新的形势，完成当前面临的粉碎敌人第五次“围剿”的严重任务。

省委这份报告关于反倾向斗争的总结，显示在反对所谓“罗明路线”的斗争中执行了严重的“左”倾错误，对福建省党政军各级干部实行了残酷斗争、无情打击，同时也证明了福建各级干部坚持了毛泽东的正确思想与方针政策。

第三，福建党在粉碎敌人第五次“围剿”中的任务。关于这一部分的内容，省委《报告大纲》写得比较笼统，在军事动员、经济战线、开辟新区、开展群众工作等五个方面提出了要求。

（一）关于军事动员。省委要求根据福建党在粉碎敌人四次“围剿”中的工作经验和教训，在新的革命形势面前完成新的战斗任务。充分动员最广大的群众“积极参加革命战争，粉碎敌人五次‘围剿’，准备与帝国主义直接作战”①。首先要向广大群众解释目前政治形势，提高群众的政治热情与革命的积极性。运用各种有效的宣传方法，如宣传队、化装演讲、画报、传单、活报、山歌等最通俗的形式，具体说明中国两条道路的意义，激发广大群众更高的反帝反国民党的情绪，更加坚定为巩固苏维埃而斗争的决心。在群众政治热情与革命积极性的基础上，猛烈扩大红军，在第二次全国苏维埃代表大会前实现和超过输送一万新战士到前方去的计划，并征调 1000 个最好的党团员加入红军以加强红军中的领导骨干。同时，扩大和整理地方武装，在全省扩大赤卫队、少先队各 10 万人，模范营、模范少先队各 2 万，要经常有一万人配合红军作战，独

① 王其森主编《福建省苏维埃政府历史文献资料汇编》，鹭江出版社 1992 年版，第 62 页。

立团营一万人，游击队5000人，警卫连50个连。[①]

（二）关于发展经济战线的工作。省委提出，首先要广泛宣传经济建设的意义，动员群众的经济建设热情。具体而言，各级党组织要积极领导群众加紧冬收冬种，提倡种棉，消灭荒田；广泛组织纸业合作社，恢复纸业生产；发展对外贸易，扩大贸易网，发展水路运输；发展纺织工业；努力扩大粮食合作社；向富农筹款和推销经济建设公债，到第二次全国苏维埃代表大会召开时必须达到50万元。[②]

（三）关于巩固和开发新区的工作。省委指出，首先要解决的问题是“迅速解决新区土地问题，马上采取平分的原则来分谷分田以及分青苗”；领导新区各业工人进行增加工资和订立合同的斗争；迅速领导地方武装配合独立团消灭四堡、曹吴、水茜、庙前、盖洋等地散匪，并迅速在新区建立苏维埃红色政权，使新区与中心区打成一片。[③]

在白区工作方面，抓紧进行白军的工作。在苏区附近的白区城市及乡村“如上杭、永定、武平县城，以及永定之金丰、合溪、坎市，武平之岩前、象洞，在发动与领导群众的日常斗争中来开展工作”。特别要开展白区运输工人的工作。

“饶、和、埔、诏及闽南应坚决向北发展”，开展打土豪分田地以提高群众斗争积极性，扩大武装扩大游击区。“埔北应在领导群众日常斗争中来扩大组织，建立游击队，向北发展与永定取得联系”[④]。

龙岩工作委员会须撤回不能开展群众工作的分子，要在当地提拔新的干部开展工作。游击队要与当地群众发生密切的联系，改变经常藏山及秘密打土豪的错误。同时，对十九路军士兵进行反日宣传，以提高他

---

① 参见王其森主编《福建省苏维埃政府历史文献资料汇编》，鹭江出版社1992年版，第64页。

② 参见王其森主编《福建省苏维埃政府历史文献资料汇编》，鹭江出版社1992年版，第65页。

③ 参见王其森主编《福建省苏维埃政府历史文献资料汇编》，鹭江出版社1992年版，第66页。

④ 王其森主编《福建省苏维埃政府历史文献资料汇编》，鹭江出版社1992年版，第67页。

们反帝情绪。

（四）开展群众阶级斗争，健全和巩固苏维埃。这项工作，省委坚持贯彻了王明“左”倾错误的指导方针，首先着重于“必须运用群众路线与明确的阶级路线”更加普遍地开展查田运动；同时，也强调了“反对侵犯中农的行动”。同时，要求开展工人经济斗争，领导工人与老板订立合同，维护工人权益。

福建省委号召做好选举运动，号召群众积极参加；提拔积极坚决的工农分子到各级苏维埃工作，并在群众中开展拥护第二次全国苏维埃代表大会的宣传。

（五）关于扩大和巩固党的组织。省委要求“转变党的领导方式，加强对革命战争的领导”。具体提出了若干改进措施：一是健全支部生活，“使支部真正成为群众的核心”；二是“建立真正集体的领导与明确的分工”，发展自上而下的自我批评；三是“加强对苏维埃工会及其他群众团体的领导”，加强对党团和少共的领导；四是加强上级对下级党组织的个别指导，建立切实的报告制度。

为了巩固和发展党的组织，省委要求开展征收发展党员的运动，到第二次全国苏维埃代表大会召开时，全省应发展 25000 名新党员。①

中共福建省第三次代表大会于 1933 年 11 月 2 日闭幕，前后 6 天。会议选举陈潭秋为省委书记。这次代表大会总结了第四次反“围剿”的工作经验，对第五次反“围剿”作了全面部署。由于这次会议是在苏区中央局直接指导下召开的，当时正值王明“左”倾错误在中央苏区的统治达到高峰的时期，其指导方针和会议决策都鲜明地反映了这一“左”的倾向。特别是在党的组织路线上，正如前面所述，福建省委向大会提交的《工作报告大纲》不仅重提反对所谓“罗明路线”，公布了对谭震林及永定、汀东等各县主要领导的错误处分，而且在会议期间对福建省苏维埃政府主席张鼎丞、省苏劳动部长张思桓进行公开的批评斗争。

---

① 参见王其森主编《福建省苏维埃政府历史文献资料汇编》，鹭江出版社 1992 年版，第 69、70 页。

会议结束以后，《红色中华》发表《福建党大会的火力——严厉打击右倾机会主义》，对大会情况作了公开报道：“福建党大会在中央局代表的正确领导底下，以布尔塞维克的如炬眼光，照彻机会主义者的动摇状态以无情的痛击，指斥张鼎丞‘以机会主义的眼光来污蔑布尔塞维克的大会的代表’，是‘对党的力量不信任的右倾思想’；指称张思桓为‘不相信土地革命，不相信自己政府’，其所领导的省苏劳动部为‘右倾机会主义’。”文章还不点名地批评了这次大会批评的其他代表，指称“大会集中火力，打击了一切机会主义分子”。[①] 可见，这次会议以反对“罗明路线”为名，又一次严厉批评处分了不少福建共产党组织的各级干部。这对于福建共产党的组织建设和已经开始的第五次反“围剿”战争造成了消极的影响。

---

① 《红色中华》1993年第125期。

第十三章　第五次反“围剿”的失败与中央红军长征

一　彭德怀率东方军入闽

迁入中央苏区的临时党中央继续推行“争取江西及邻近省区革命首先胜利”的计划，采用“两个拳头打人”的方针，命令红一方面军的红一军团和红三军团两支主力部队分别在江西和福建战场与强大的敌军决战，以图在两个战略方向上同时求得速胜。

1933 年 7 月 1 日，中央命令以红三军团的红四师、五师为主，包括福建军区所属红十九师，组成东方军，开入闽西作战。为了配合东方军的行动，还命令闽西红军主力红三十四师、宁清归军分区所辖各部以及闽赣军区部分武装统归东方军司令员彭德怀、政委滕代远就近指挥。东方军的整个军事行动，直接由红一方面军总司令朱德和总政委周恩来指挥。

1933 年 7 月 2 日，彭德怀、滕代远率领东方军由江西广昌的头陂地区出发，向福建进军，于 7 月 5 日到达宁化以西地区集结。东方军入闽的作战任务是“收复闽西沦陷的连城、新泉苏区和开辟闽北新苏区”，以便于配合争取江西革命的首先胜利。① 东方军出发以后，“左”倾错误的中央领导者按照其夺取中心城市的指导思想，不断发出主观主义和教条

① 参见李志民：《回顾东方军的英勇战斗和深刻教训》，《中共党史资料》第 4 辑，中共中央党校出版社 1982 年版；中共三明市委党史研究室、中共泰宁县委党史研究室编《东方军研究》，闽新出（明）内出第 0545 号，1997 年印刷，第 236 页。

主义的指令。因此东方军的每次战斗部署，都要经过周恩来、朱德、彭德怀、滕代远与中央反复争论甚至激烈的斗争后才能实施。

东方军入闽以后，发现位于宁化东北地区泉上的土堡是部队前进道路上的严重障碍。泉上地处宁化与清流、归化、建宁等县边境的交通要冲，坐落在泉上的土堡是建于清朝初期的大型建筑群，筑有高 3 丈、厚 2 丈的坚固的土围子，周长 1 里多。土堡内驻扎有敌卢兴邦部三〇七团以及宁化、清流、石城、长汀四县逃亡的土豪和地主武装 400 余人，囤积有大批粮食物资。泉上成为周围各县反动势力的顽固堡垒，对苏区的安全构成了严重威胁。东方军决定首先拔掉这个钉子，一方面令红五师包围泉上，同时向中央报告敌情，请示行动方针。

中央领导者极力主张进攻城市，不同意攻打泉上，下令东方军首先攻取清流县城。彭德怀、滕代远根据前线的实际情况，于 7 月 4 日电请朱德、周恩来转中央革命军事委员会代主席项英，提议“首先消灭泉上之敌”，然后南下攻击清流、嵩口，这样可以“集结主力随时打击增援之敌”。这一战斗部署，完全符合毛泽东的战术原则，朱德、周恩来即于 7 月 5 日复电表示赞同。可是，项英在 7 月 6 日却回电提出反对意见，坚持东方军的行动“仍以清流为攻击目标”。①

战场军情瞬息万变，不以主观的推测、臆断为转移。当关于首先攻打清流还是泉上还没有定论的时候，敌卢兴邦部旅长张兴隆率领第三〇九团已从清流出动，增援泉上。彭德怀、滕代远根据“围点打援”的战术原则，当机立断，令红五师紧紧包围泉上，加紧挖掘坑道，准备爆破土堡，同时命令红四师师长张锡龙、政委彭雪枫率部赶到泉上以南 30 里的延祥埋伏，以待歼灭增援泉上之敌。

延祥在宁化与清流北部交界的边境，是通往泉上的必经之地，两边崇山密林，地形险要。红四师抢先赶到延祥，在通道两侧高地布下伏兵。敌三〇九团刚进入伏击圈，立刻遭到红军居高临下的猛烈攻击。激战仅 1

---

① 参见三明市委党史研究室、泰宁县委党史研究室编《东方军研究》，闽新出（明）内书第 0545 号，1997 年印刷，第 128、129、131 页。

个小时，敌人全团被歼。红四师乘胜南下，占领城东北约 40 里之嵩溪。与此同时，福建军区独立红七师进占清流西北岭下、田背一线，红三十四师占领清流西南之雾阁，从而完全切断了清流与泉上的联系。

延祥战斗的胜利，给歼灭泉上的顽固堡垒创造了更加有利的条件，红五师加紧坑道作业，泉上土堡里的敌人已成瓮中之鳖。但“左”倾教条主义的中央领导者却不顾战场的实际情况，坚持以夺取城市为主要目标，于 7 月 10 日电令东方军只留 1 个团在泉上围攻土堡，主力部队须立刻迂回到清流以南地区，消灭清流和连城来援之敌，首先攻取清流和连城。

在这种情况下，朱德、周恩来于 7 月 11 日不得不给项英连发两个电报，说明东方军的实际情况和闽西地形特点，指出东方军只有首先占领泉上，才有利于进攻清流。7 月 12 日，彭德怀、滕代远也致电项英，强调主力撤离泉上将不利于歼灭敌人，也难于达到夺取清流、连城之目的。到了这时，项英才勉强同意了朱德、周恩来、彭德怀、滕代远的作战方案。

7 月 19 日拂晓，围攻泉上土堡的红五师第十五团完成了坑道作业，将装满土硝的棺材推进坑道，炸毁土堡坚固的围墙。红十五团与兄弟部队相互配合，冲入土堡，歼灭守敌 1 个团，俘虏宁化新旧县长 2 人以及各县逃亡地主与反动武装，缴获大批粮食、食盐和现金。在此之前，盘踞在清流的敌卢兴邦主力 3 个团，在东方军围攻泉上、援军在延祥被歼的威迫之下，于 7 月 14 日弃城向永安溃退。红四师和独立红七师乘虚进占清流。

东方军入闽半个多月，在军事上取得了很大胜利，相继占领了清流、归化（今明溪）两县大片地区，为进一步发动群众、深入土地革命和发展闽西苏区创造了有利条件。但“左”倾教条主义的领导者却盲目要求扩大战果，反对主力红军发动群众和筹款，要求红军“用全力于决战方面，到白色统治区域去开展胜利的进攻，连续的战胜敌人，消灭敌人武力”①。他们在东方军取得泉上战斗胜利并占领了大片地区之后，“不叫

① 《苏区中央局关于争取和完成江西邻近省区革命首先胜利的决议》（1932 年 6 月 27 日），中央档案馆编《中共中央文件选集》（公开本）第 8 册，中共中央党校出版社 1991 年版，第 249 页。

部队做群众工作，让立即去进攻连城，限时限刻到达，并指定攻击点（从北向南攻击）”①。这种“左”倾教条主义的命令，不仅完全违背毛泽东在古田会议上制定的红军三大任务的原则，而且还丧失了巩固与发展闽西苏区的有利时机。东方军按照中央的命令，不得不撤出清流，南下连城。

驻守连城、新泉一带的敌人是第十九路军区寿年部，武器精良，训练有素，在国民党军队中算得上是第一流的部队，加以连城城防工事坚固，易守难攻，给东方军执行这一任务构成了很大困难。

为了执行中央的命令，彭德怀率领侦察排亲到前线侦察，发现如果按照中央指定的由北向南进攻，地形十分不利，连攻击点也找不到。于是他和滕代远将实际情况电告朱德、周恩来转报项英，要求改变作战方案。这一要求经过反复争论，终于获得批准。

彭德怀、滕代远提出的作战方案是：东方军由清流南下，迂回到连城以南地区，首先袭击扼守通往长汀、连城、龙岩三岔路口的战略要地朋口，调动驻附近莒溪和连城的敌军主力出援，在运动中予以各个击破。

7 月 30 日，彭德怀、滕代远指挥东方军红四师和红十九师分别包围朋口、莒溪，向守敌发动进攻；红五师和红三十四师在外围执行牵制连城敌军、打击增援部队的任务。果然，敌十九路军七十八师师长区寿年立刻命令驻连城之第四六六团钟经瑞部火速增援莒溪、朋口。7 月 31 日清晨，红五师抢先控制了朋口东侧高他，截住援敌钟经瑞部，将其全部歼灭。随后，东方军向被包围在朋口、莒溪的守敌第四六七团丁荣光部发起攻击。同日下午，歼灭丁荣光团。

战斗结束以后，彭德怀、滕代远率领红四师、五师、十九师、三十四师会师于连城以东的下堡，欢庆八一建军节六周年。

区寿年在连城获悉其两个主力团被歼，极为恐慌，急电驻漳州总部。十九路军总部担心区寿年师全部被歼，乃令其放弃连城，向永安撤退。8

① 《彭德怀自述》，人民出版社 1981 年版，第 180 页。

月 2 日，区寿年师尚存的 4 个团及师直属队刚撤至连城以东的姑田镇，东方军红四师、五师、三十四师即追击而至，于 8 月 3 日清晨向敌发起进攻。区寿年师顿时大乱，丢盔弃甲夺路向永安奔逃。东方军乘胜追击，在永安小陶再歼其 1 个团。

朋口、莒溪之役，共歼敌十九路军精锐部队 1 个旅 3 个团，俘敌官兵 2000 余人，使十九路军遭受自参加反共内战以来最严重的打击。战斗结束以后，东方军进据连城。驻守朋口以南的十九路军第六十师沈光汉部唯恐红军继续南下，匆忙从新泉一线撤回龙岩。红军遂顺利收复新泉一带苏区。

在福州鼓山避暑的十九路军总指挥蔡廷锴闻讯极为震怒，他在多年以后的回忆录中写道："但区师有八团兵力，因何无力抵御，我甚愤怒。后两日据报，区师放弃连城，退守永安，损失约两团之众。即令其就地整理，命六十师沈光汉部向永安移动。"①

东方军收复连城、新泉，开辟了泉上、清流、归化数百里新区，完成了第一阶段在闽西的作战任务。但是"左"倾错误的领导者仍然不允许主力红军做群众工作，进一步巩固和发展苏区，而于 8 月 13 日电令东方军主力部队立即北上进攻洋口、延平（今南平）。

对此，彭德怀十分不满，认为东方军"在闽西占领的地区确实不小，已有八九个县，都是猴子摘苞谷，取一个丢一个，一个也没有巩固起来"②。

8 月 16 日，东方军除留红三十四师驻守连城外，其余各部按照中央的命令北上，经清流、归化，向沙县、顺昌、延平进军，开始了第二阶段的作战。

东方军在闽西纵横驰骋，英勇战斗，收复了大片老苏区，开辟了数百里新苏区，虽然因受"左"倾错误的不断干扰这些胜利成果未能得到巩固，但在政治上扩大了影响，在军事上沉重打击了十九路军。这对于

① 《蔡廷锴自传》，黑龙江人民出版社 1982 年版，第 310 页。

② 《彭德怀自述》，人民出版社 1981 年版，第 181 页。

促进十九路军官兵的觉醒，促使他们逐步走上消极反共和抗日反蒋的道路，有着不可低估的意义。同时，东方军的胜利鼓舞了闽西苏区军民，在一定程度上加强了中央苏区在东线的防御，为即将展开的第五次反“围剿”准备了一定的条件。

二　福建事变失败与蒋军强化第五次“围剿”

在彭德怀率领的东方军入闽作战前后，国民党营垒里的两股政治势力为了各自的目的，酝酿着新的计划。以蒋介石为代表的统治集团，不顾日本侵略中国的野心毕露，不顾其入侵的魔爪已经伸向东北、华北甚至华东沿海各地的严重事实，坚持所谓“攘外必先安内”政策，顽固地实行反共内战方针，调兵遣将，积极准备发动对苏区和红军的第五次“围剿”。而以陈铭枢、蒋光鼐、蔡廷锴等人为代表的十九路军将领和一部分第三党人士，对蒋介石出卖民族利益和排除异己的政策越来越不满；同时由于受到中国共产党提出的合作抗日主张的影响，他们密谋举事，反蒋抗日，建立与蒋介石政权相对抗的新政府。

1933 年 5 月，蒋介石撤销赣粤闽边区“剿共”司令部，在南昌成立“军事委员会委员长南昌行营”，亲自坐镇指挥对中央苏区的第五次“围剿”。这次“围剿”，蒋介石直接用于进攻红一方面军和中央苏区的兵力达 50 万人。鉴于前四次“围剿”失败的教训，蒋介石更加强调“三分军事，七分政治”的方针，在政治上进一步实行法西斯统治，在军事上采取持久的“堡垒主义”的新战略，企图依托堡垒向苏区逐渐推进，最后寻求与红军主力决战，以达到消灭红军和摧毁中央根据地之目的。

敌人的“围剿”部署是：北路军共 33 个师又 1 个旅，顾祝同任总司令，担任对中央苏区的主攻；南路军共计 11 个师另 1 个旅，以陈济棠为总司令；西路军共 9 个师另 3 个旅，何键任总司令；东路由十九路军总指挥蔡廷锴负责，指挥所部及福建地方军共 7 个师又 2 个旅，扼守闽西和闽西北地区，阻止红军向东发展。

1933年9月25日，敌人趁红一方面军分离作战之机，首先在北线向黎川进攻，开始对中央苏区发动第五次“围剿”。由于王明“左”倾错误的领导者拒绝采取积极防御、诱敌深入的战略，提出“御敌于国门之外”的错误方针，继续实行军事冒险主义，因而使反“围剿”一开始就不断受挫。9月28日，黎川失守；10月9日，硝石战斗失利；11月11日，进攻浒湾、八角亭遭受重大伤亡。这一系列冒险主义的进攻，不仅未能御敌于苏区之外，反使部队遭到很大损失，北线战场完全陷入被动局面。

这个时候，东线战场的闽西地区却呈现出另外一种宁静的气氛。这主要是因为担负堵截红军任务的十九路军已经同红军经过多次协商谈判，双方达成了秘密协议。

十九路军与红军最初的接触，是蒋军在攻击黎川、发动第五次“围剿”3天之前的9月22日，蔡廷锴的代表陈公培在延平附近前线的王台秘密会见了东方军司令员彭德怀，表明了十九路军决心反蒋抗日的意向。彭德怀立刻把这一情况向党中央汇报，并向蒋光鼐、蔡廷锴表示，欢迎十九路军响应中共号召，与红军停战合作，请他们再派代表到瑞金，同中共中央负责人进行高一级的会谈。① 作为王台谈判的积极结果是，红军与十九路军首先在延平前线进入休战状态。

10月初，蒋光鼐、蔡廷锴委派的全权代表、十九路军总部秘书长徐名鸿在陈公培的陪同下到达瑞金。毛泽东、周恩来、朱德等在瑞金热情接待他们，表示苏维埃政府和红军支持十九路军的抗日反蒋斗争。

周恩来在毛泽东的支持下具体领导了这次谈判。苏维埃政府与红军方面派苏区中央局宣传部长潘汉年为全权代表，同徐名鸿进行具体商谈。10月26日，双方在一些主要的重大问题上达成协议，签署了《反日反蒋的初步协定》。②

这个协定一开头就指出，“中华苏维埃共和国临时中央政府及工农红军与福建省政府及十九路军双方为挽救中华民族之垂亡，反对帝国主义

① 参见《彭德怀自述》，人民出版社1981年版，第182页。

② 参见福建省档案馆编《福建事变档案资料》，福建人民出版社1984年版，第195页。

殖民地化中国之阴谋，并实现苏维埃政府及红军屡次宣言，准备进行反日反蒋的军事同盟，因此订立下列初步协定”。协定共十一条，比较主要的具有实质性内容的是第一条至第四条：“(一) 双方立即停止军事行动，暂时划定军事疆界线（如附件），各在该线不得控置主力部队。同时十九路军，必须运用各种方式排除或消灭存在福建与苏区接壤地间妨碍贯彻本协定之一切障碍势力。(二) 双方恢复输出输入之商品贸易，并采取互助合作原则。(三) 福建省政府及十九路军方面立即释放在福建各牢狱中政治犯。(四) 福建省政府及十九路军方面赞同福建境内革命的一切组织之活动（如民众抗日反帝团体，及革命民众一切武装组织），并允许出版，言论，结社，集会，罢工之自由。”①

协定还同意互派全权代表，常川互驻，并规定在协定签订后福建省政府及十九路军即根据协定原则发表反蒋宣言，立即进行反日反蒋军事行动之准备。

协定签订以后，陈铭枢、蒋光鼐、蔡廷锴等加紧发动事变的准备工作。经过曲折复杂的斗争，十九路军将领挫败了蒋介石的破坏与阻挠，1933 年 11 月 20 日终于在福州召开中国全国人民临时代表大会，公开举起了抗日反蒋的旗帜，并在 11 月 22 日宣布成立中华共和国人民革命政府。

为了进一步贯彻《反日反蒋的初步协定》的精神，切实停止与红军的武装冲突，加强与苏区的交通贸易，福建人民政府一成立就派闽西善后处代表陈小航专程由龙岩前往汀州，与苏维埃临时中央政府代表张云逸及福建省苏维埃政府代表方方举行谈判，并在 11 月 27 日签订了《闽西边界及交通条约》。

按照这个边界条约，苏区与福建人民政府方面商定，连城全县归苏区，龙岩全县归闽方；上杭县境内以华家亭（即北三区）为中立区，在此以东地区为闽方，以西为苏区，白砂政权属于苏区，但双方不得驻军；永定县境内以永定河为界，河东为闽方，河西为苏区。同时规定，“为保

① 福建省档案馆编《福建事变档案资料》，福建人民出版社 1984 年版，第 195 页。

障和平起见，在交界十里以内双方不得驻兵”；恢复通商，“准许双方商人自由买卖”；决定建立由龙岗至金砂和龙岩到新泉两条交通干线。[①]

由于苏维埃政府与福建人民政府签订了上述一系列协定和条约，闽西的苏维埃区域成了中央苏区巩固的侧翼；同时，十九路军也视其占领的闽西地区为安全的后方。在蒋介石发动第五次“围剿”将近半年时间里，江西和福建其他各处战场上炮声隆隆，刀光剑影，而闽西地区相对地保持了宁静的局面。

但是，这种宁静是暂时的，随之而来的将是一场血肉的搏斗。

十九路军在福州发动事变的当天深夜，蒋介石从南昌行营第一厅厅长贺国光处获悉这个消息，十分惊恐。他唯恐各派反蒋势力联合起来，更怕十九路军与红军合作，严重动摇他们的统治地位。因此他被迫暂缓对江西苏区的第五次“围剿”，立即从北路军抽调 9 个师、从沪宁杭地区抽调 2 个师，向福建人民政府和十九路军大举进攻。同时，蒋介石采取各种手段，分化瓦解和收买十九路军将领。

1933 年 12 月中旬，蒋军各参战部队分路进入闽北，完成了对十九路军的战略包围。1934 年 1 月 5 日，蒋军首先向延平发起攻击，第二天攻占延平。1 月 7 日，水口失守；1 月 12 日，蒋军占领古田。1 月 16 日，蒋军第二路总指挥蒋鼎文率部进占福州。十九路军沿着福厦公路溃退。

应当指出，王明“左”倾教条主义的领导者，对于蒋光鼐、蔡廷锴等国民党营垒里的抗日反蒋的上层人士始终不信任，并且认为这些“反革命在野派”是更危险的敌人，因此在福建事变以后没有采取积极措施支援十九路军。

蒋介石正是利用了这一时机，对中央苏区暂取守势，催动大军从与红军作战的战场转而向十九路军进攻，使刚刚诞生的福建人民政府面临覆灭的危机。1933 年底，福建人民政府已岌岌可危，“左”倾错误的中央领导者才有唇亡齿寒之感，认为必须援助十九路军，才能减轻蒋军对

---

① 参见福建省档案馆编《福建事变档案资料》，福建人民出版社 1984 年版，第 144—145 页。

中央苏区的压迫，因此命令再以红三军团为主组成东方军，第二次入闽作战予以支援。但为时已晚，当彭德怀率领东方军于 1934 年 1 月 25 日攻取沙县、2 月 9 日占领将乐的时候，十九路军已经全面崩溃。

福建事变的领导人率领十九路军残部，经泉州、漳州，向他们的最后一块基地闽西节节败退。1934 年 1 月中旬，李济深、陈铭枢、蒋光鼐、蔡廷锴等相继到达龙岩，清点幸存官兵，仅剩 4000 余人。2 月间，这些风云一时的领导人在蒋军追迫、部将叛降、粤军坐视不救的困境中被迫分途逃亡，所余部队也随之瓦解。

蒋介石在打垮了十九路军和福建人民政府以后，立刻回过头来，重新部署，强化对中央苏区的第五次“围剿”。除了维持原来江西、湖南、浙江一线各路“围剿”部队的兵力外，蒋介石特别加强了东线闽西战场的攻势。1934 年 2 月，蒋介石任命蒋鼎文为东路军总司令，设司令部于漳州，辖 10 个师，即第三师李玉堂部、第九师李延年部、第十师李默庵部、第三十六师宋希濂部、暂编第五十二师卢兴荣部、第五十六师刘和鼎部、第八十师陈明仁部、第八十三师刘戡部、第八十七师王敬玖部和新编第十一师周志群部。[①]

上述这些部队大部分驻在闽西南地区。蒋介石的计划是，“把重兵放在北路和东路，采取稳扎稳打，逐步前进的办法。第一步先攻下宁都、长汀，然后再进攻瑞金、兴国，压迫共军于赣江而消灭之”[②]。

驻闽蒋军按照这一计划，在完全平定了闽变以后，各师分别向各自攻击地域推进。以第九师驻漳州附近，第十师驻龙岩、永定、上杭一带，第八十三师先驻龙岩西北地区，然后开驻连城，第三师也由漳州调驻连城一带，第三十六师由闽南推进至新泉驻防，其他各师则分驻于福州或闽北地区。

---

① 参见宋希濂：《第五次“围剿”中的朋口战役》，《文史资料选辑》（合订本第 16 卷），中国文史出版社 1986 年版，第 198 页。

② 宋希濂：《第五次“围剿”中的朋口战役》，《文史资料选辑》（合订本第 16 卷），中国文史出版社 1986 年版，第 201 页。

从5月到8月，驻闽西各部蒋军对红军严密警戒，以主要的力量修建龙岩至新泉、朋口的公路，并在各进攻沿线层层构筑堡垒，由东向西缓慢推进，对闽西苏区紧缩包围，与江西北线战场互为掎角之势，大举进行“围剿”。

这期间，中央红军主力集结于赣南和闽赣边区。在敌人新的进攻面前，中革军委不但要求红军在重要城镇、大居民点、交通要道构筑碉堡，处处设防，企图以阵地防御结合“短促突击”顶住强敌进攻，甚至要求红军主力向敌人堡垒阵地作冒险的进攻。在这种错误方针指导下，红军主力接连遭受挫折。4月间，中央红军按照“左”倾错误方针，坚持了历时18天的广昌保卫战，虽然给了敌人以重大杀伤，但自身伤亡5000余人，付出了惨重代价。5月中旬，红军进行了建宁保卫战，6月至7月间在古龙冈以北地区又进行反击战。这些战斗都未能阻止敌人的进攻。敌人相继占领了建宁和古龙冈以北地区。苏区进一步缩小。

敌人为了加紧对中央苏区中心地区“围剿”，重新调整了部署：北路军以14个师分别向兴国、古龙冈、头陂、宁都、石城推进；以蒋鼎文指挥的东路军为主的6个师由朋口、连城向长汀推进；南路军3个师由筠门岭向会昌、于都推进。

由于主力红军集中于北线战场，闽西苏区依靠极为有限的地方红军，在苏区群众的支持下，节节抗御蒋军6个正规师的强大进攻。至1934年8月，闽西苏区各县大部分被敌人侵占，只剩下长汀、兆征、宁化、武平等接近江西边境的狭长地区，第五次反“围剿”面临着极其严峻的局面。

三　松毛岭战役·温坊战斗①

建宁战役以后，蒋介石为最后占领苏区中心地区，调整部署，制定

① 本章第二、四、五节关于松毛岭战役以及红军从长汀县河田出发长征等相关内容，可参见作者论文《第五次反“围剿”松毛岭战役述评》（《东南学术》2016年第5期）。该文后收入中共龙岩市委党史研究室编《纪念红军长征胜利80周年理论研讨会论文集》（中共党史出版社，2017年）。

了“六路进攻”计划，调集31个师，分兵六路，向中央苏区实施全面进攻。其时，苏区经济、部队供应和人民生活已经十分困难，红军继续在内线作战取得决定性胜利已完全没有可能。但是，博古、李德拒绝接受朱德、彭德怀等高级将领的正确意见，仍然坚持单纯防御战略，实行“短促突击”，同敌人拼消耗，命令中央红军各军团及一切地方武装实行“六路分兵”，“全线抵御”。

作为博古、李德指挥下中央红军“六路分兵”的其中一路，汀州方向防御战的松毛岭战役就是在这样的背景下展开的。松毛岭战役从1934年9月1日开始，至29日结束，前后两个阶段。前一阶段为温坊战斗，后一阶段为松毛岭战斗。之所以称“松毛岭战役”，是因为这两次战斗是为阻击国民党军之东路进攻，保障红军长征之前的准备并打击敌人的同一战略目标、执行同一作战计划的行动，又因为这两次战斗红军的指挥部设在松毛岭。国民党军的指挥部则设在朋口，所以当时国民党军指挥官之一宋希濂谓之“朋口战役”。

国民党军“六路进攻”之一的东路军之第二路军，由东路军总司令蒋鼎文兼总指挥，指挥部设在漳州，下辖李延年所率第四纵队之第三师（师长李玉堂）、第九师（李延年兼师长）、第八十三师（师长刘戡）、第三十六师（师长宋希濂）和地方部队第五十二师（师长卢兴荣）、第十师（师长李默庵）。这6个师共约6万人，分布于漳州、龙岩、上杭、新泉、连城一线，从1934年上半年开始以“堡垒战术”层层筑碉修路，向中央苏区中心地区推进。

8月间，李延年第四纵队等部由连城出发，向汀州推进。其战略目标是“先占领汀州，尔后会同北路军、南路军总攻瑞金”①。而进占汀州，必须先占领战略要地朋口、温坊。8月15日前后，李延年所率四个师推进至新泉、连城和朋口周围地区。蒋鼎文的东路军总司令部也由漳

① 中国工农红军第一方面军史编审委员会编《中国工农红军第一方面军史》，解放军出版社1993年版，第457页。

州移驻龙岩就近指挥。[①]

对于国民党军的企图，红军方面十分清楚。担任汀州防御战斗任务的红军部队共 4 个师，约 34000 人，即红一军团（军团长林彪、政治委员聂荣臻）所属第一师（师长李聚奎、政委黄甦）、第二师（师长陈光、政委刘亚楼），红九军团（军团长罗炳辉、政委蔡树藩）所属第三师（师长罗炳辉兼任、政委刘英）以及红二十四师（师长周建屏、政委杨英）。红九军团和红二十四师归红一军团指挥，而整个战役由红军总司令朱德统筹负责。现有史料表明，从 8 月 2 日开始，朱德对战役实施部署和调度，启动了松毛岭战役第一阶段温坊战斗的前期准备工作。

汀州方向防御战的敌我态势很清楚，国共双方都调集了各自精锐主力。国民党军在兵员数量上较红军多，装备精良，辅以飞机火炮支援，且挟其各路进攻节节取胜的优势，采取稳扎稳打的“堡垒战术”，向汀州方向推进。处于内线防御态势的红军，是否仍然坚持博古、李德制定的“以堡垒对堡垒”进行“短促突击”战术，实行防守中的保守主义，还是摒弃已被实践证明是错误的“短促突击”，采取符合实际的在运动中消灭敌人的积极防御战术以挫败敌人的进攻，成为摆在朱德和红军将领面前的重大抉择。

朱德选择了后者。朱德作出这一选择有两个重要的因素。一个因素是李德困于四面告急，广受批评，抱病消极，由朱德担负起战争的指挥责任，使朱德有可能改变消极防御战术。[②] 另一个因素是红一军团军团长林彪在广昌战役失败以后对于“短促突击”表示反对，强烈要求采取运动战战术，“于运动战中以我主力军大量的消灭敌人，每次消灭他几个师”。[③] 这就保证了战役指挥思想的一致，为取得战斗的胜利提供了条件。

---

① 参见宋希濂：《第五次“围剿”中的朋口战役》，《文史资料选辑》（合订本第 16 卷），中国文史出版社 1986 年版，第 202 页。

② 参见中共中央文献研究室编《朱德传》，人民出版社、中央文献出版社 1993 年版，第 323 页。

③ 余伯流、凌步机：《中央苏区史》，江西人民出版社 2001 年版，第 1096 页。

还有一个原因是，朱德早就已经掌握李延年纵队会攻汀州的动向，判断敌军骄纵轻狂，不满足于步步为营式的筑垒前进而采取轻率急进的行动，有利于集中红军主力在运动战中予以打击。8月2日、3日、5日、8日、11日，朱德多次电令红一军团、红九军团向李延年纵队推进方向集中，“准备在朋口敌人进攻时，适时突击之”。8月16日，朱德再次下令红一军团作好向朋口方向转移的准备，并特别指令“防止过早暴露我主力的部署”；8月23日，朱德又电令红一军团集结于长汀以北宁化县曹坊地区待命。8月24日，朱德又电令红一军团以一个师公开行动全部西移江西兴国老营盘方向，而主力继续隐蔽集结。①显然，这是朱德的声东击西之计，给敌人以红军在东线空虚的假象。

李延年纵队果然中计，集中四个师的兵力向朋口、温坊一线快速推进。朱德抓住这一时机，于8月26日电令红一军团“秘密地迅速东返，于29日上午集中河田地域”，会合红九军团和红二十四师，“在朋口西侧的童坊及河田地域隐蔽集结”；同时，又指示红一军团一部即十五师伪装成整个军团于27日从宁化向西石城方向转移，“以迷惑李敌以为红军主力已远离闽西”；又另电示红九军团和红二十四师伪装成地方部队“休息整理”或“修补工事”，“诱使李敌纵队大胆地向长汀跃进”。②

从这个时候开始，李延年纵队在骄纵麻痹和毫无知觉的情况下，放胆从朋口向中屋村（原名钟屋村，现名中复村）、长汀方向推进。朱德断定，李纵队向长汀急进必将经过朋口以西10余里的温坊，这一区域地势险峻，可以埋伏大部队，有利于在运动战中歼击敌人。8月28日、30日，朱德连续给红一军团、红九军团、红二十四师发出电报，对温坊战斗作出一系列部署，采取隐蔽集结和伪装行动到达指定地点，指令战斗

---

① 参见中共中央文献研究室编《朱德年谱》（新编本）上册，中央文献出版社2006年版，第387—388页。

② 中共中央文献研究室编《朱德年谱》（新编本）上册，中央文献出版社2006年版，第388—389页。

行动由林彪、聂荣臻指挥并“在行军及到达宿营地时应保持绝对秘密”。[①]

8 月 31 日，朱德获得情报，李延年纵队一部将由朋口向温坊前进。当天晚上 24 时，朱德急电林彪、聂荣臻：“敌李纵队于明一号起向温坊中屋村筑碉前进”，“一、九军团及二十四师应在温坊中屋村间实行突击李纵队的任务”。[②] 同时对作战的各项技术作了十分具体的布置。根据朱德的部署，红一、九军团和二十四师迅速隐蔽集结于温坊附近指定地点，等待敌人进入伏击圈。

9 月 1 日中午，李延年纵队之第三师李玉堂部第八旅旅长许永相，率领其 3 个团进入红军布置的伏击圈。当天晚上，红军向猝不及防的敌军发起猛烈攻击。为确保战斗彻底胜利，朱德又于 9 月 2 日零时三十分致电林彪、聂荣臻，指令务须于“二日拂晓前解决战斗”，并继续袭扰敌人和侦察攻击，扼守要点，断敌退路，防止敌人突围与朋口之敌来援。[③] 9 月 2 日凌晨，战斗结束，全歼进入温坊地区敌第八旅两个团，红一军团俘敌 1600 人左右，仅该旅旅长许永相和约一个营部队脱逃。

为防止敌人报复和反扑，朱德于 9 月 2 日凌晨接到林彪、聂荣臻告捷电报后立刻于凌晨和早晨八点两次复电，指示部队分别转移到附近山地隐蔽，并作好战斗准备，再次打击并消灭朋口李延年三师来援部队。[④]

不出朱德所料，9 月 2 日上午亲赴朋口督战的东路军总司令蒋鼎文，在召开了 3 个小时紧急会议之后，决定派李延年纵队第九师和第三师共 3 个团，再次开赴温坊寻求报复，与红军决战。[⑤] 敌人的部署刚刚确定，

---

① 参见中共中央文献研究编《朱德年谱》（新编本）上册，中央文献出版社 2006 年版，第 389、390 页。

② 中共中央文献研究编《朱德年谱》（新编本）上册，中共中央文献出版社 2006 年版，第 390 页。

③ 参见中共中央文献研究室编《朱德年谱》（新编本）上册，中央文献出版社 2006 年版，第 391 页。

④ 参见中共中央文献研究室编《朱德年谱》（新编本）上册，中央文献出版社 2006 年版，第 391 页。

⑤ 参见《蒋总司令视察连城前方记》，《福建民报》1934 年 9 月 21 日第 3 版。

远在瑞金的中革军委就获悉了这一情报。9月3日凌晨2时，朱德急电林彪、聂荣臻，指令红一、九军团及二十四师在有利条件下“应在温坊阵地前，给敌以短促突击，以消灭其先头部队”①。

9月3日上午9时至下午4时，红军各师团按照朱德的部署，将进攻温坊之敌包围，再次给以沉重打击。据聂荣臻回忆，战斗十分激烈。红二师四团一营连续冲锋6次，占领敌人据守的8个山头和3座半截子碉堡；三营连续突击，攻占敌人6个阵地。其他部队也都奋勇当先，不怕牺牲，直至战斗胜利。②

温坊战斗短短3天，却准备了一个月。在朱德直接指挥下，红军以4个师的兵力，沉重打击了国民党军东路军的进攻，打死打伤敌人2000多人，俘虏2400多人，取得了第五次反“围剿”近一年来最大一次胜利。但是，国民党军的“六路进攻”尚未结束，红军在对敌东路军进攻的汀州方向防御战也只是告了一个段落。温坊战斗只是完成了松毛岭战役的第一阶段，此后即将展开的是更为艰苦卓绝的松毛岭战斗。

四　松毛岭战役·松毛岭战斗

温坊战斗结束以后，红军各参战部队随即于9月4日转移至松毛岭周围各处。红一军团军团部和二师驻中屋村，红一军团一师驻管溪管科(畲)，红九军团驻吴家坊，红二十四师驻三溪，以待新的作战任务。③

温坊战斗前后，中央红军按照“六路分兵”计划，继续在各个方向作“全线抵御”，浴血苦战。特别是在北线的四路各个战场，战斗打得极为艰苦惨烈。8月28日，陈毅、袁国平率红三军团第六师和红二十一师在兴国老营盘地区节节抗击，陈毅负伤，老营盘失守。

---

① 中共中央文献研究室编《朱德年谱》(新编本)上册，中央文献出版社2006年版，第391页。

② 参见《聂荣臻回忆录》上册，战士出版社1983年版，第199—200页。

③ 参见林彪、聂荣臻：《关于温坊附近战斗情况及我在中屋村等地的部署情况报告》(1934年9月4日)，江西省委党史研究室编《江西党史资料》第21辑(下)，第149页。

在此情况下，9 月 8 日，朱德致电红一、九军团，指出敌李延年纵队在温坊战斗挫败以后，“现已改为稳进，我军在东南战线已少较大的机动可能”；而北线敌周浑元纵队“则已逼近高兴圩，直接威胁兴国”。因此命令红一军团西移兴国方向抗击周浑元纵队，红九军团与红二十四师主力仍留在东线“钳制与抗击李（延年）纵队”。①

显然，中革军委把第五次反“围剿”最后阶段的主要战场放在北线的四路，东路仅留罗炳辉、蔡树藩率领红九军团第三师和红二十四师驻守松毛岭，以抗御敌军的进攻。9 月 11 日，红一军团奉命从中屋村出发，向兴国方向转移。此前一天，朱德和周恩来致电罗炳辉称，“九军团目前正在东南战线领导两个师抗击李（延年）敌，责任极重”，因为你不可能抽身到瑞金晤谈，特委托林彪在 9 月 11 日早上“与你约地会谈，为你解决与转达一切问题”②。

不过，现存史料未曾见到林彪与罗炳辉这次谈话的内容。但是可以明确的是，朱德、周恩来所说红九军团“责任极重”，是指罗炳辉所率这 2 个师都刚组建不久，总数大约 14000 人，加上地方武装参战的青壮年约 2000 人，总共大约 16000 人，依靠这些力量承担“六路分兵”中之一路，在东线战场抗击国民党军东路军 4 个师的进攻，是极为艰巨的任务。红一军团转移江西之后，罗炳辉、蔡树藩即率这 2 个师布防于松毛岭一线。松毛岭西南主峰为白衣洋岭（现名白叶杨岭），是通往长汀的重要隘口，红军主力即在这一线作了重点布防。红军扼守的另外一处主阵地是松毛岭西北侧的金华山。这样就构成为金华山——松毛岭——白衣洋岭的前沿防线。

在国民党军方面，东路军李延年纵队在温坊战斗的失败，引起了蒋介石的重视。9 月中旬，蒋介石委派北路军总司令顾祝同飞抵龙岩，协

① 参见中共中央文献研究室编《朱德年谱》（新编本）上册，中央文献出版社 2006 年版，第 394 页。

② 中共中央文献研究室编《朱德年谱》（新编本）上册，中央文献出版社 2006 年版，第 395 页。

助蒋鼎文策划向汀州方向进攻的部署。按照顾祝同新的作战方案，调第三十六师宋希濂部主攻白衣洋岭主阵地；第九师集结于朋口以西地区，以一部在三十六师右翼协助进攻；第八十三师集结于连城、朋口之间，担任右翼警戒，并派一部向连城以西地区活动。①

宋希濂在领受主攻任务之后，经过实地考察，发现白衣洋岭形势险要，“红军利用这线山岭居高临下的有利地形，在最高的几个山峰上构成主阵地带，阵地布置相当周到”。在宋希濂看来，红军阵地极为巩固且隐蔽，且火力交叉，沟壕纵横，警戒严密，很难摧毁攻取。他随即向龙岩顾祝同作了报告，请求在南昌的空军给予支援。②

9 月 24 日，国民党军东路军司令部下达向长汀方向发起总攻的命令。③ 在开始几天，国民党军主要是扫清外围，谨慎推进，先后占领了松毛岭东侧一些据点。从 9 月 27 日开始，国民党军全线发动强攻。上午 6 时，主攻白衣洋岭的敌三十六师和第十师一部进入阵地；7 时，炮兵向红军阵地轰击；8 时以后，从南昌起飞的两批 6 架、9 架飞机先后向红军主阵地扫射和轰炸。下午，敌人又一次出动飞机向红军阵地轰击。红军在白衣洋岭及附近各山头阵地与敌人作反复冲击拼杀，战斗极为激烈。据宋希濂回忆，“双方争夺异常激烈，有的山头彼此反复冲击达五六次。由于我部在火力上占绝对优势，加上又有空军的支援，红军遭受相当大的伤亡”。④ 当天下午，红军放弃白衣洋岭阵地。国民党军也付出了惨重代价，宋希濂被红军枪弹击伤，险些丧命。

在松毛岭北侧金华山阵地上，坚守阵地的红九军团第三师展开了悲

① 参见宋希濂：《第五次“围剿”中的朋口战役》，《文史资料选辑》（合订本第 16 卷），中国文史出版社 1986 年版，第 204 页。

② 参见宋希濂：《第五次“围剿”中的朋口战役》，《文史资料选辑》（合订本第 16 卷），中国文史出版社 1986 年版，第 205 页。

③ 参见《长汀指日可下》，《福建民报》1934 年 9 月 29 日第 6 版。

④ 参见宋希濂：《第五次“围剿”中的朋口战役》，《文史资料选辑》（合订本第 16 卷），中国文史出版社 1986 年版，第 207 页。

壮激烈的防御战。据当时战场指挥员红三师第七团团长刘华香回忆，“敌人不顾大量伤亡，硬要突破我军防线，投入的兵力也越来越多，战斗打得异常艰苦，连续搏杀了几天，双方人员伤亡都非常惨重”①。9 月 29 日，金华山被敌人攻占。同一天，红军在各前沿阵地与敌人反复冲杀搏斗。当天傍晚，敌人又分别占领了大园山、大洋山等阵地。红九军团和红二十四师全部退出松毛岭一线，向中屋村转移。②

其实，松毛岭战斗一直在朱德的密切关注和直接指挥下展开。对于这场战斗，根据当时的战场情况，朱德并未如温坊战斗那样主动出击，歼敌于运动之中，而是构筑坚固的工事，坚守防御。但根据敌我兵力悬殊的总体评估，朱德也并未要求红九军团和红二十四师死守阵地，而是保持实力，避免损失，适时撤退。

9 月 25 日，朱德致电罗炳辉和蔡树藩，指出敌李延年纵队“目的是在占领我们的中心瑞金”，要求红九军团和其他各路红军，从 9 月 26 日开始，“一方面你们应给敌人相当的损失和抵抗，另一方面应很爱惜地使用自己的兵力，并且坚决避免重大的损失”。朱德还明确指示：在敌人飞机大炮轰炸及我工事不十分巩固的情况下，“指挥员应适时放弃先头阵地，以便于我们阵地的纵深内实行突击”；“在失利时，应有有组织地退出战斗的计划”。③

显然，红九军团和红二十四师的松毛岭战斗并不是在一败涂地的情况下“败退”，而是在付出重大牺牲处于不利的情况下“有组织地退出战斗”。

松毛岭战役是中革军委战略计划“六路分兵”“全线抵御”当中的一路。可以说，红军第五次反“围剿”历经 100 多次战斗，由于执行“左”

---

① 刘华香：《红七团喋血松毛岭》，闽西革命历史博物馆、连城县保卫中央苏区战地遗址保护协会编《巍巍松毛岭》，中共党史出版社 2012 年版，第 198 页。

② 参见《李延年部进钟屋村后继续追击》，《福建民报》1934 年 10 月 1 日第 3 版。

③ 中共中央文献研究室编《朱德年谱》（新编本）上册，中央文献出版社 2006 年版，第 399—400 页。

倾错误的单纯防御路线和“短促突击”战术，几乎都遭到了失败，但是松毛岭战役在整体上说来是取得了胜利。

松毛岭战役的第一阶段温坊战斗，遵循了积极防御的原则，红军主力在运动中寻找敌人弱点各个击破，大量杀伤敌人，取得了彻底的胜利。第二阶段的松毛岭战斗，则以阵地防御为主，在敌我力量悬殊的情况下，为阻止和迟缓敌人进取长汀的图谋，付出了重大牺牲，但在危急关头遵循战役计划和朱德的指挥，最大限度保存有生力量，主动撤出战斗，完成了战役赋予的任务。

特别需要指出的是，战役第一阶段的温坊战斗，大胆实施在运动中寻找敌人弱点，以待敌人脱离堡垒之机果断出击，控制主动，歼灭敌人，堪为第五次反“围剿”的典范。在实施这一战术之初，红九军团首长还怀疑“敌人从来没有用以两团兵力而远离其堡垒前进”的行动，以为“必系我军的侦察不精确，一时为其所欺骗”①。而红军正是利用了敌人这一疏忽给予其致命一击。对此，陈云在传达遵义会议精神时，对温坊战斗作了很高的评价：“在退出苏区以前不久之东方战线上打击李延年纵队之温坊战斗是极大的胜利（俘获人枪千余），但是这个胜利的获得，正是由于一军团首长不照军委命令——死守温坊来打击敌人——而自动的进行机动，从温坊退进苏区二十里（可是他们恐军委的责备而两天两晚睡不着觉），才能使敌人大胆前进，远离堡垒，而给以打击”②。可以说，陈云的评价反映了遵义会议对温坊战斗的评价，意义重大。而事实上，从战斗部署、战术运用和意义来说，温坊战斗比第二阶段的松毛岭战斗在整个战役中的作用更为突出，历史意义要大得多。

总之，松毛岭战役历时 2 个月，在敌我兵力和装备悬殊的情况下，在朱德直接指挥下，抵制了“左”倾错误的单纯防御路线和“短促突击”

---

① 《九军团温坊附近两次战斗详报》（1934 年 9 月 1 日至 3 日），中共江西省党史资料征集委员会、中共江西省委党史研究室编《中共苏区第五次反“围剿”》上册，1992 年内部版，第 138 页。

② 陈云：《遵义政治局扩大会议传达提纲》（1935 年 2 月或 3 月），《陈云文选》第 1 卷，人民出版社 1995 年版，第 41 页。

理论，实施积极的防御路线，在运动中歼灭敌人，在一定程度上阻滞了东线敌人的进攻，对保卫中央苏区中心区域，对中共中央和中央红军长征的准备，发挥了积极作用。尽管温坊战斗被认定为是“个别战斗的胜利，补救不了整个战略指导方针的错误”①，但这并不影响对这次战役本身的评价。

另外，在整个战役期间，据目前所见，从8月2日至10月8日，朱德分别发给红一、九军团和红二十四师24份电报，直接指挥了参战部队的全部行动；另于10月1日撰写了《在堡垒主义下的遭遇战斗》，总结并阐述温坊战斗取得胜利的经验教训与作战原则，指出这次战斗取得胜利的主要经验是经过“长期并精细准备”，是运动战的高度机动灵活和“迅速的隐蔽的转移”，是在敌强我弱情况下集中优势兵力迅速果断、各个击破打歼灭战，是发挥了红军“夜间战斗相当熟悉”的长处，是“火线上瓦解白军”和政治宣传的优势，等等。② 这些电报和文章，体现了朱德的军事理论和战略战术思想，以及同“左”倾军事方针相对立的原则，应当充分肯定，值得研究。

五　红军长征与闽西革命根据地失陷

红九军团、红二十四师在松毛岭与敌人激战前后，整个中央苏区由于王明“左”倾错误的领导，已经大部分失守。中央红军由10万减至8万，被装备精良的几十万国民党军队压缩在瑞金、长汀、于都、宁化、石城的狭小地带。中共中央和中革军委不得不一面组织兵力节节抵抗，一面具体部署战略大转移。10月1日，中革军委发布第5号命令，确定将中央红军主力整编成野战军，以便实行战略移转。

---

① 《聂荣臻回忆录》上册，战士出版社1983年版，第200页。

② 参见中共中央文献研究室编《朱德传》，人民出版社、中央文献出版社1993年版，第326页。

按照中央的部署，红九军团和红二十四师从松毛岭撤出战斗以后，采取游击战术，且战且退。9 月 27 日国民党军东路军攻占白衣洋岭和松毛岭周围阵地，中屋村失守。[①] 9 月 29 日，国民党军东路军占领中屋村西十里之红军高山坚固阵地，红军向河田撤退。[②]

10 月 2 日，罗炳辉、蔡树藩按照朱德的命令，将红九军团第八、九、七十二团分别部署于长汀县坳头岭、大田吴、南山坝，第三师移至马坑，红二十四师主力移驻岭下，后方机关移驻河田。党政机关和负责人“早三天已搬走”，[③] 即 9 月 28 日即已撤到河田。

10 月 4 日，国民党军东路军占领南山坝，红九军团、红二十四师退守河田。[④] 另据《福建民报》报道，国民党军东路军先头部队于 10 月 6 日进占河田，红九军团与红二十四师及在河田西北之蔡坊、策田隐伏。[⑤]

与此同时，朱德于 10 月 5 日致电罗炳辉、蔡树藩，对红九军团等部在长汀河田地区行动再次作出部署，指出敌李延年纵队将于 10 月 6 日进攻河田，“我军不应与之决战”，但在有利条件下应进行侧击，不利时红

---

① 参见《福建民报》9 月 29 日第 6 版《长汀即日可下》：“东路军二十六晨，向匪攻击，已收复大头坑岭等处，匪伤亡二千余人，匪大本营中屋村，亦于二十七日收复。”

② 参见《福建民报》10 月 1 日第 6 版《中央将再增兵两师肃清闽西残匪》：“东路军攻破长汀匪大本营中屋村各情，已见本报。兹闻我军已于二十九日上午九时，完全开抵该处，布置周密后，即复向前追击前进，当于是日下午一时，复占领中屋村西十里之匪高山坚固阵地，匪伤亡极多，残部纷向河田溃退。”

③ 参见罗炳辉、蔡树藩：《对九军团之守备部署》（1934 年 10 月 2 日），军事科学院《罗炳辉军事文选》编辑组编《罗炳辉军事文选》，军事科学出版社 2011 年版，第 150 页。

④ 参见《福建民报》10 月 7 日第 6 版《李延年部克南山坝》：“支（四日）晨，我李（延年）纵队由中屋村以西向南山坝冲进，……激战至午后二时，阵地完全为我军占领，……河田在望，计日可达。”

⑤ 参见《福建民报》10 月 9 日第 6 版《北路剿匪军收复石城　东路军亦克河田》：昨日蒋总司令鼎文来电报告，“李纵队（李延年部）亦于（六日）午先头一部，进占河田。伪九军团与伪二十四师及独四师，在河田西北之蔡坊、策田隐伏”。本篇报道所指“独四师”，查当时红军参战部队，并没有独四师，应为误报。

九军团、二十四师撤至河田以东及以北地区。①

10 月 6 日，罗炳辉、蔡树藩复电朱德：红九军团以一个连分为几个小股，“沿河田大路”作运动防御，破坏至长汀沿线桥梁；“主力在河田东北面适当地域隐蔽集结”，寻找时机“准备夜间坚决袭击”。②

10 月 7 日，朱德向中央红军各军团下达长征集结令。上午 10 时，朱德电令罗炳辉、蔡树藩，要点如下：

1. 红九军团包括医院、兵站及轻伤病员准备转移，“于九日晨到达古城、瑞金之间地域”；

2. “今七日夜应秘密转移到汀州地域，八日在该处隐蔽配置”；

3. “八日夜向古（城）、瑞（金）间前进，九日即在该地隐蔽配置”；

4. 罗炳辉、蔡树藩应于九日晨赶到瑞金中革军委；

5. “二十四师主力仍留河田以北地域，并向河田、大田屋（吴）、南山坝进行积极的游击活动”，拆毁河田以西汀州河的全部桥梁，在河田东、南方向埋设地雷；

6. “九军团的移动应在第二十四师掩护下，保守绝对的秘密，除二十四师首长可知道外，不得使其部属知道”；

7. “九军团的移动必须在黄昏与夜间行之”，防止敌人空军侦察，务使敌人不能发现红九军团转移；

8. 红二十四师“从今晚起”直接受军委指挥。③

朱德 10 月 7 日的这份电报十分重要，可以澄清过去对于红九军团从长汀出发长征的许多疑问。据此可以肯定，红九军团在 10 月 7 日的夜间从长汀河田附近出发，踏上了长征之路。

红军开始长征的行动极为秘密，白天宿营，晚上行军。因此，敌人

---

① 参见 中共中央文献研究室编《朱德年谱》（新编本）上册，中央文献出版社 2006 年版，第 403 页。

② 军事科学院《罗炳辉军事文选》编辑组编《罗炳辉军事文选》，军事科学出版社 2011 年版，第 152 页。

③ 参见中共江西省委研究室等编《中央革命根据地历史资料文库·军事系统》第 13 卷，中央文献出版社、江西人民出版社 2015 年版，第 3880—3881 页。

对于中央红军这样的大规模行动毫无所知，仍然一面修筑碉堡，一面谨慎地向长汀、瑞金推进。红二十四师和福建地方红军奉命节节抗御，务使保证汀州在10月底以前不致陷于敌手。因此，敌东路军在占领松毛岭之后行进极为缓慢。

10月4日上午，敌李延年纵队从中屋村向南山坝攻击。红二十四师及地方红军依仗南山坝西部及西北高地，凭险筑垒，顽强抵抗。战至下午，红二十四师向河田撤退。

南山坝到河田不过10多公里，由河田至长汀也仅20多公里，按正常行军速度，一两天即可到达。国民党的报纸也狂妄吹嘘：“河田在望，计日可达”，“河田一过，一片平原，无险可守，我军朝下河田，夕即收复长汀”。①

但是敌军由于不明红军的实力与部署，不敢贸然深入苏区中心，因此自10月6日攻占河田以后的20多天中，五六个师的国民党军队屯兵于中屋村至河田的狭小地域，踟蹰不前。直至10月30日，李延年确信长汀方面已经没有多少红军部队后，才下令驻中屋村之第三师、九师、十师、三十六师、八十五师之一部约5万人向长汀推进，“限各部于一星期内，攻下长汀”；如长汀没有红军，“限二日到达”。11月1日晨，敌东路军司令部正式下达向长汀攻击的命令。李延年纵队数万大军向长汀开进。11月2日中午，敌第九师进入汀州。②

在此期间，地处闽西北的宁（化）清（流）归（化）苏区，中央红军及地方红军游击队、苏区群众同样展开了艰苦的反“围剿”战争。10月10日前后，驻守于宁化凤凰山（时属太雷县）、大王一带休整的红三军团和红一军团第十五师各一部，以及红三军团后方医院、红九军团后方机关从曹坊、滑石等地，中直军委直属炮兵营从淮阳出发，踏上了长

① 《李延年部克南山坝》，《福建民报》1934年10月7日第6版。

② 参见《蒋委员长嘉奖东路军克复汀城》，《福建民报》1934年11月7日第6版。

征之路。[①]

实际上，汀州只是一座空城，城内的红军及福建省委、省苏机关早已撤离。在红军长征前夕，中央决定刘少奇随军出发，由万永诚[②]接任福建省委书记兼福建军区政委，龙腾云为军区司令员，吴必先任省苏主席。敌人进占汀州之前，福建省党政军机关已经撤至城南梁屋头，随后又迁往长汀西南靠近江西边境的四都，领导各县游击队、省保卫队及军区所属部队共3000余人坚持斗争。

此后不久，敌五十二师卢兴荣部于11月26日占领清流，复于11月30日进占宁化县城。至此，闽西苏区各县县城全部沦陷。[③]

1934年12月，国民党把福建划为四个绥靖区。西绥靖区司令部设长汀，以卫立煌为司令，李默庵为副司令，统率第十师、三十六师、八十三师对闽西境内的红军实行"清剿"。[④]

在敌军大兵压境、红军主力已经长征西行的情况下，万永诚没有吸取王明"左"倾教条主义错误的教训，仍然主张部队集中行动，以与敌人作拼死决战。因此，福建省级机关及其所属部队被围困在闽赣边境的狭小地域，连续受到敌人袭击，损失严重。

1935年2月，留在苏区以项英为书记的中央分局根据党中央从贵州发来的电报指示，决定分局各领导同志分散行动，到各地领导开展灵活机动的游击战争。不久以后，中央分局委员毛泽覃率领一部分红军，突围到达四都，与万永诚等会合。毛泽覃向万永诚转达了中央的指示，建议"放弃四都，将部队编成几个支队，四处袭击敌人，领导中心退到闽

① 参见中共福建省委党史研究室：《福建工农红军反展历程》，中央文献出版社2007年版，第231—232页。

② 万永诚，原为上海纱厂工人，参加过上海三次工人武装起义。1927年入苏联莫斯科东方大学中国军事政治特别班学习，后转入苏联莫斯科步兵学校，任中国连团支部书记。1930年回国，六届三中全会后任中共江南省军委书记，1933年任福建军区政委，1935年4月10日牺牲于福建武平县大禾乡梅子坝。

③ 参见国民党军东路军总司令部：《1934年11月份剿匪军事工作报告》。

④ 参见《省四个绥靖区所辖县份已确定》，《福建民报》1934年12月16日第6版。

粤赣边的深山中去”[①]。但是万永诚不接受这一建议，坚持将省军区直属部队第十九团、二十团集结于四都山区，以图歼击敌“清剿”部队。结果，这两个主力团先后被敌人击溃，福建省级机关陷入困境。

此后，万永诚、毛泽覃、龙腾云、吴必先等率领机关及仅存的五六百人，不得不在长汀、武平、会昌边境的崇山密林之间活动。敌第三十六师、第八师及闽西团匪钟绍葵部每天都在附近搜索，各条通道已被敌人层层封锁。他们曾经组织过几次突围，但都没有成功，部队伤亡很大。

4 月上旬，他们在长汀西南边境之腊口西分水坳再次突围。万永诚、龙腾云率领一部向南冲入武平境内，毛泽覃率一部向瑞金方面突围，吴必先率一部往长汀方向突围。他们虽然分头冲了出去，但很快又被从四面包抄过来的敌人所堵截追击。4 月 10 日上午，万永诚等百余人在武平北部大禾附近的梅子坝山谷里被敌第八师陶峙岳部唐团包围。万永诚、龙腾云率领已经疲惫不堪的指战员同敌人展开了最后的搏斗。战斗持续至 4 月 11 日早晨，万永诚、龙腾云及大部分指战员壮烈牺牲，其余数十人被俘。[②] 半个月以后，毛泽覃也在瑞金县黄鳝口附近与敌二十四师遭遇，于 4 月 25 日在战斗中阵亡。吴必先率领的一部分人员突围以后，在长汀县濯田之鸡冠峰被敌三十六师逮捕，后来在江西九江被敌人杀害。

至此，闽西苏维埃区域的党政军最高领导机关完全瓦解，红色区域全部沦于敌手。此后，闽西苏区人民在中国共产领导下，在新的战场上用新的形式与敌人进行了艰苦的三年游击战争。

---

① 参见刘仁荣：《毛泽覃》，中共党史人物研究会编《中共党史人物传》第 3 卷，陕西人民出版社 1981 年版，第 327 页。

② 参见《宋希濂电省报告剿匪情况》，《福建民报》1935 年 4 月 21 日第 6 版。

第十四章　三年游击战争

一　开辟新战场

红军长征以前，中共中央决定在中央苏区设立中央分局，由项英、陈毅、贺昌、瞿秋白、邓子恢、张鼎丞、谭震林等组成，项英为书记；同时成立以陈毅为主任的中央政府办事处。在军事方面，成立中央革命根据地军区，由项英任司令员兼政委。这些机构的任务是，在红军主力转移以后，全面领导留在苏区坚持斗争的党政机关和部队，配合红军主力的行动，牵制敌人，保卫苏区。

但是，红军主力长征以后，国民党数十万大军相继侵占了赣南、闽西全部苏维埃区域，各级红色政权很快被瓦解。剩下来的武装部队，除了直属中央军区的红二十四师和独立第三团、七十一团随同中央分局集结在会昌、于都边境山区，其他属于江西军区、福建军区、赣南军区、闽赣军区的各独立团和游击队则被敌人分割封锁，分布在闽、赣两省各地坚持斗争。因而中央分局和中央军区实际上未能发挥统率的作用。

1935 年 2 月，中央分局按照中央指示，命令主要负责人分散突围，到各地领导游击战争。此后，各地红军游击队在当地党组织的领导下，各自为战，在难以想象的困难条件下艰苦奋斗，创造性地开展各种形式的游击战争。

在形势发生急剧变化，革命处于十分危急的关头，闽西党组织和红军在与中央完全断绝联系的情况下，面临的首要问题是如何保存自己，开辟新的战场，继续坚持斗争。

还在红军长征以前，党中央为了牵制敌东路军的进攻，曾经派遣福建军区独立第八团、独立第九团挺进闽西敌后，骚扰和打击敌之后方据点。

红八团原来是福建军区泰拔军分区直属部队，清一色的闽西子弟兵。中央任命丘金声为团长，丘织云为政委，要求他们务于 1934 年 5 月 15 日以前开抵漳州至龙岩的公路沿线，袭击和破坏敌东路军这条唯一的后方补给线。4 月间，这支 400 余人的精干部队从上杭泰拔出发，经过永定古木乡，于 5 月 4 日越过敌人的封锁线，向敌占区进发。①

红八团到达永定县金丰大山，一方面派出侦察队到漳龙沿线了解敌情，一方面就地开展游击战争。一个月以后，部队继续向龙岩挺进，在龙岩冷水坑隐蔽休息，与龙岩县委取得了联系。6 月 15 日，红八团在当地群众支持下袭击驻守白土的民团与敌八十师一部。白土距离蒋鼎文司令部的驻地龙岩仅 10 多公里，这一战震动了闽西。这是红八团执行中央命令开展敌后游击战争的重要揭幕战。

此后，红八团活跃在漳龙线上，积极打击敌人，破坏他们的运输，迫使东路军司令部不得不抽调第八十师和沿线各县保安团，专门负责龙岩大池到南靖和溪地段的交通安全，防备红八团的袭击。

红八团采取灵活机动的战术，在永定、龙岩、南靖、漳平等县敌占区广泛开展游击战争，消灭了大批国民党军队和地主武装，缴获敌人的武器装备自己，使部队逐渐扩充到 600 多人。

除了执行军事任务，红八团在漳龙公路沿线两侧广大地区发动群众斗争，恢复了龙岩白土、红坊、铁山、适中和永定培丰等处地方工作，配合龙岩县委保卫土地革命果实，建立公开或秘密的革命群众组织和游击小组。

通过这些斗争，红八团在闽西敌后重新建立起了以永定金丰大山为

① 参见伍洪祥：《坚持闽西三年游击战争的红八团》，陈丕显主编《南方三年游击战争·闽西游击区》，解放军出版社 1991 年版，第 385—386 页。

中心的永东游击根据地、以朗车为中心的岩南漳游击根据地和以科岭为中心的岩永靖游击根据地，为以后长期坚持斗争奠定了基础。

红九团是根据中央军委的部署开赴闽西敌后的另一支部队，团长吴胜，政委方方。为了加强红九团的力量，另将宁化独立营也补充并入。出发之前，朱德、周恩来等军委领导在瑞金给方方布置的任务是，“带着独九团到永安，和七军团接防，然后在这一带发展游击战争，破坏敌人漳宁筑路计划，最后向泉州推进”①。他们还告诉方方，在红九团右翼的漳龙公路一线，有红八团作呼应，可以相互策应行动。

1934 年 4 月，方方和吴胜根据中央军委的指示，率领红九团在永安接替了红七军团的任务，打击了永安、连城一带大刀会、童子兵等地主武装，将收缴的大批物资抢运回苏区，然后经永安洪田向连城姑田移动。5 月中旬，红九团袭击驻姑田之地主武装华仰侨部，然后连续扫荡连城县赖源、宁洋县②大吴地和永安县西洋、林田、大陶、小陶等地团匪，基本完成了中央交给的第一阶段的任务。

这时，敌东路军加紧向清流、连城进攻，第五次反“围剿”进入最后的艰苦时期。红九团与中央苏区的联系已被阻隔，于是决定：“在连城、宁洋、龙岩三县的边界，建立一个据点，以便向漳平、宁洋突击”，破坏漳、宁之间敌人的交通，完成军委交给的第二项任务。③ 经过两个月连续战斗，红九团打退了敌保安队李敬慎团的进攻，建立了以宁洋之达成社、陈东坑、凤村为中心的纵横 300 里的游击根据地。

不久，福建军区第三作战分区司令员兼政委朱森率领的明光独立营转移到宁洋，与红九团会合协同作战。朱森是从国民党军俘虏过来的中级军官，担任过红二十四师参谋长，有相当的军事知识，但旧军队的积习未除，革命意志薄弱。他的到来，给红九团的行动造成了许多不利。

---

① 方方：《三年游击战争》，陈丕显主编《南方三年游击战争·闽西游击区》，解放军出版社 1991 年版，第 354 页。

② 1956 年宁洋县撤销建制，其县城双洋现属漳平市。

③ 参见方方：《三年游击战争》，陈丕显主编《南方三年游击战争·闽西游击区》，解放军出版社 1991 年版，第 358 页。

方方等坚持与朱森的错误做斗争，率领红九团在宁洋、连城、龙岩边界地区开拓了新的根据地。

1934 年 11 月 7 日，红九团在宁洋县沙田建立了岩连宁县革委会。这时，红军主力已经长征，但红九团还不了解这一急剧变化的形势。不久，敌八十师与宁洋保安团向沙田大举进攻。为了保存力量，坚持斗争，方方等不顾朱森的反对，坚决主张红九团挺进闽南地区，与红八团配合，执行第三项作战任务。

1935 年 2 月，红九团主力由岩连宁边区南下，冒着刺骨的寒风，在雨雪纷飞的恶劣气候下渡过万安河，在龙岩以西 10 多公里的龙门附近越过敌人重兵防守的公路，攀上公路一侧的高山茫荡洋。他们这才获悉张鼎丞已经到达永定金砂，大喜过望，立刻向金砂方向运动。

张鼎丞从中央苏区突回永定，也有一番曲折。早在 1934 年 2 月，张鼎丞受到王明“左”倾错误的打击，被解除福建省苏维埃政府主席职务，调往瑞金，担任临时中央政府粮食部副部长。红军长征的时候，中央决定他留在苏区，并命令他立即把尚未来得及运走的粮食发还群众。等他完成任务赶回瑞金，红军主力已经西行远征。后来，项英和陈毅决定派他重返闽西，领导苏区群众坚持武装斗争。

1934 年 12 月初，张鼎丞从赣南抵达福建省委所在地长汀四都，随后又决定回到杭永岩一带去开辟游击战争。省委书记万永诚委任他为省委特派员，让他孤身一人前行，连一支枪也没有给他。张鼎丞只得找了刘永生、陈茂辉、范乐春等几位老部下，到军区修械所凑集了 8 支旧枪和一些土造的手榴弹，带上一部分红军家属，每人背上 2 升大米，向永定进发。

1935 年 1 月，张鼎丞等冲破层层封锁，抵达永定赤寨，与永定县委会合。他了解到红八团经过 8 个多月的奋斗，已经在漳龙公路沿线及龙岩、连城、南靖、永定等县开辟了几块游击根据地，于是派永定县委书记郭义为到龙岩白土，向红八团传达和通报了主力红军转移的情况，指出今后的斗争将非常艰苦，要准备完全独立自主地坚持革命战争。没过多久，张鼎丞又获悉红九团已经从岩连宁边区穿过龙门公路，到达茫荡洋，立刻派郭义为前往联系。于是，红九团开向永定金砂休整。

3 月间，红八团由龙岩抵达永定下洋长岭下，与红九团胜利会师。张鼎丞随即在长岭下召集红八团、红九团领导干部开会。他在分析了红军长征以后的形势时指出，“今后斗争环境将更困难，但是，我们只要坚决依靠群众，与群众保持密切联系，人民就会坚决拥护我们”。他特别指出，今后和上级的联系困难了，要靠我们独立自主地领导革命斗争，要十分注意保存革命的有生力量。①

张鼎丞的意见，阐明了在新的形势和环境下如何紧密地依靠群众，独立自主地开展游击战争，以最小的代价换取最大胜利这样一个紧迫而现实的问题，使到会同志受到了启发和教育。在会上，两支部队的领导人都迫切希望产生一个统一的领导机关，领导闽西的游击战争。经过讨论，确定成立闽西军政委员会，并一致推举张鼎丞任主席。

正当红八团、红九团在永定会师的时候，另外一支红军部队正由赣南向永定方向突围靠拢。这就是陈潭秋、邓子恢、谭震林率领的红二十四师的一个营。1935 年 2 月 21 日，邓子恢和瞿秋白、何叔衡等在福建省委保卫队护送下，由长汀四都向永定转移。但是由于暴露了目标，他们在渡过汀江以后，于 2 月 24 日在长汀县水口附近的小迳村被敌人包围。结果，何叔衡在突围战斗中牺牲，瞿秋白被捕，不久被敌人杀害于长汀；邓子恢率领少数战士突出重围，重返四都省委机关。此时正值陈潭秋、谭震林按照中央分局的决定，准备率领红二十四师 1 个营 500 余人分散转移到闽西开展游击战争，于是邓子恢便和他们一起率领这支精干的部队向永定突围。

这是一支经过了残酷战争考验的部队，战斗力很强。他们白天宿营，晚上行军，在敌人严密的封锁线上艰难地行进。尽管他们一路谨慎，但狡猾凶残的敌人很快就发现了这支队伍的行动，出动大批部队沿途追踪

① 参见伍洪祥：《坚持闽西三年游击战争的红八团》，《福建党史通讯》1986 年第 3—5 期。

堵击。几天之后的一个晚上，他们进抵汀江岸边，正要涉水渡河时，敌人跟踪而至，当即发生激烈战斗。陈潭秋、邓子恢、谭震林指挥部队一面阻击敌人一面强渡汀江。刚刚过河，又遭到对岸敌军的截击。天亮以后，他们到达涂坊附近，再次与敌人遭遇，展开了一场血战。经过这样连续不断的苦战，他们虽然伤亡不少，但终于又一次胜利地突破了敌人的封锁，经南阳进入上杭县境，走完大约一半行程。在他们抢渡汀江支流旧县河的时候，在石圳潭再次与敌人遭遇。为了减少人员伤亡，他们决定分成两支队伍行动。陈潭秋和温仰春率领一部经上杭天门岭、黄螺地向永定进发；邓子恢和谭震林率领一部翻越双髻山，向同一目的地行进。又经过半个多月的艰难跋涉，他们历尽艰辛，终于走完了本来只要六七天就可以走完的路程，先后到达永定大阜山，与张鼎丞以及红八团、红九团的战友们会师。陈潭秋在战斗中受了伤，队伍只剩下 100 多人。从此，这几支在战火中保存下来的来自不同方面的红军游击队的精华，在新的战场上又展开了不屈不挠的斗争。

张鼎丞和陈潭秋等会合以后，部队力量加强，斗争信心也更加坚定。但是，他们面临着的是十分艰苦而复杂的局面，尤其是敌人在军事上处于绝对优势。闽西南十几个县驻扎着国民党军 8 个正规师，即第十师李默庵部、第三师李玉堂部、第九师李延年部、第三十六师宋希濂部、第五十二师卢兴荣部、第八十三师刘勘部、第七十五师宋天才部、第八十师陈琪部。这些部队分别归属闽西绥靖区司令李默庵和闽南绥靖区司令李延年指挥。另外，还有由各县的民团、壮丁队、“铲共团”等组成的庞大的“清剿”武装。国民党当局依仗其军事上的优势，一方面对闽西南红军游击队进行反复的军事“围剿”，一方面在政治上施行“隔离政策”和“瓦解政策”，企图切断红军游击队与群众的血肉联系，从内部破坏共产党组织的指挥系统。

在红军游击队方面，此时留在闽西的武装部队有红八团、红九团、明光独立营和从江西突围到达的红二十四师 100 多人，总共只有 1500 余人。由于长期战争，大多数群众对红军的胜利前途信心不足，情绪消沉。

所有这些，给张鼎丞、邓子恢、谭震林等闽西南党的领导人提出了一个十分严峻的问题，这就是能否领导1500名指战员打破国民党军8个正规师的残酷“清剿”，并坚持到最后胜利。

1935年4月，陈潭秋以中央分局代表的名义，在永定县赤寨召开了闽西南党的领导干部会议，即闽西南军政委员会第一次会议。陈潭秋在会上提出，根据目前形势和党中央最近的电报指示，留在中央苏区的红军游击队，不应再搞大兵团作战，而应就地分散坚持游击战争；要充分认识和相信苏区广大干部群众，他们经过长期土地革命斗争的锻炼和考验，是能够克服任何困难的。同时指出，闽西南地区有张鼎丞、邓子恢等一大批与群众血肉相连的干部，又有经过战斗考验的红军游击队，再加上闽西南地区山高林密的有利地形，我们的党和红军游击队一定能够坚持斗争，保存自己，发展自己，消灭敌人，收复失地，直到最后胜利。①

会议经过反复讨论，一致赞同陈潭秋的意见，研究确定了党在闽西南斗争的基本方针和任务：“我们的战略方针就是开展广泛的、灵活的、群众性的、胜利的游击战争。在军事上粉碎敌人的‘清剿’，保存有生力量，锻炼现有部队；在政治上保持党的旗帜，保持党与群众的密切联系；在组织上保持党的纯洁性、战斗性，保持各地领导骨干的安全与团结”②。制订这一方针的基本出发点，是为了保存和积蓄力量，等待有利时机，由局部地恢复小片根据地逐步发展为大面积地恢复根据地，开展新的局面。

最后，会议选举成立闽西南地区党的领导机构。大家一致赞同陈潭秋的提议，把两个月前成立的闽西军政委员会加以充实，改称为闽西南军政委员会，选举张鼎丞为主席，邓子恢为财政部长兼民运部长，谭震林为军事部长，郭义为任党务部长。同时，在闽西地区成立4个县委，

---

① 参见温仰春：《谈闽西南地区红军三年游击战争的情况》，1977年9月20日。

② 张鼎丞、邓子恢、谭震林：《闽西三年游击战争》，陈丕显主编《南方三年游击战争·闽西游击区》，解放军出版社1991年版，第324页。

永定县委书记范钦洪，永东县委书记马发贤，上杭县委书记廖海涛，龙岩县委书记魏金水。后来，各县委改称县军政委员会，并发展增加了岩南漳县、永埔县、新汀杭县、永和靖县、岩连宁县。

为了适应游击战争，发挥各部队独立作战的能力，会议决定把闽西南地区划分为3个作战分区。以留在岩连宁地区活动的红九团第三营和明光独立营成立第一作战分区，罗忠毅为司令员，方方任政治委员。这个分区的活动范围是岩连宁地区。以红八团和龙岩游击队成立闽西南第三作战分区，丘金声为司令员，丘织云为政委，魏金水为政治部主任，在龙岩、南靖、漳平一带活动。以红九团第一营、第二营和永东游击队成立第二作战分区，吴胜任司令员，谢育才任政委，赖荣传为政治部主任，任务是开辟永定、平和、饶平、云霄、漳浦各县边区，打通与闽南红三团的联系。

为了加强对各地工作的领导，并避免领导人过于集中而造成损失，军政委员会决定几位主要领导人分散活动。张鼎丞留在永定，邓子恢和郭义为到永东金丰大山与各方联络，谭震林到上杭，方方仍回岩连宁地区领导第一分区的工作，谢育才和吴胜率领红九团向闽南活动。

闽西南军政委员会第一次会议正确地分析了形势，及时地纠正了王明"左"倾错误在军事方面的冒险主义，制订了开展游击战争的正确方针与任务。同时，在组织上建立了各级军政委员会，划定了部队的作战地区。所有这些，为以后红军游击队坚持长期的游击战争，并克服重重艰难险阻进而取得胜利，有着十分重要的意义。会议结束以后，集中在永定的各部分红军，按照会议的部署，分头向指定的作战地区移动，开展独立的斗争。

二　反"清剿"斗争

1935年，是闽西三年游击战争最为艰苦的一年。国民党军在4月至7月对红军游击队发动了第一次"清剿"，8月至12月又进行第二次"清剿”，连续不断地向红军游击队进攻，妄图彻底剪除他们的心腹之患。①

国民党军在“清剿”初期采取了分进合击的战术，扬言在3个月内消灭闽西“残匪”。他们集中强大兵力，深入各游击根据地，只要发现红军游击队，不论地形如何险要，也不顾伤亡多重，都是猛追猛打。他们提出“以十换一，就是胜利”的口号，妄图与红军拼消耗以消灭红军游击队。后来，敌人又改变战术，“驻剿”“堵剿”“搜剿”“追剿”并用，并在各城镇乡村、高山或要道修筑炮楼碉堡，严密地实行封锁，企图以此围困和消灭红军。②

1935年第二期“清剿”开始以后，国民党当局又提出“三分军事，七分政治”的口号，强化反动统治。敌人组织了保甲制，实行所谓“连坐法”，强迫群众与红军脱离联系，并且互相监视，否则整个村庄都将连坐而遭毁灭。另外，实行移民并村，强迫群众迁居到大集镇，像集中营一样地禁闭起来。为了防止红军下山活动，敌人强令白土、肖坑、金丰大山、楮树坪等游击据点群众将附近的树木统统焚烧或砍光。同时，敌人为了对红军游击队实行经济封锁，在群众中强制实行计口售粮，禁止外出耕田的群众多带饭食。

敌人还实行“自首”政策，发布所谓“自首自新条例”，引诱红军中的动摇分子投降。敌人的瓦解政策给红军造成相当损失，特别是在第一期“清剿”期间，闽西南军政委员会副参谋长朱森、龙岩县革委会主席陈信材等叛变投敌，并带领敌人四处搜捕红军游击队和基点村群众，给群众造成了恐慌。但是，不管敌人的“清剿”计划如何严密，手段如何残酷与毒辣，红军游击队在闽西南军政委员会领导下，在各游击区域顽

① 关于国民党1935年在闽西的“清剿”，有几种不同的记载。方方在1937年6月代表闽西南军政委员会到延安给中央的书面报告中说，4月至7月为第一期，同年8月至12月是第二期。张鼎丞在《中国共产党创建闽西革命根据地》中说，1月至5月为第一期，7月至12月为第二期。当时的《福建民报》报道，国民党当局的部署是1月至4月为第一期，5月至7月为第二期，8月至年底为第三期。本书采用的是方方报告的说法。

② 参见张鼎丞：《中国共产党创建闽西革命根据地》，福建人民出版社1982年版，第68—69页。

强战斗，创造了许多对付敌人的战术，保存了自己，打击了敌人。

闽西南军政委员会第一次会议之后，方方和罗忠毅率领明光独立营从永定金丰大山的雨顶坪出发，甩开了敌人的追击和堵截，穿越漳龙公路，重返岩连宁边区活动。他们找到了原来留在那里坚持斗争的红九团第三营，又同宁化军分区政委温含珍、参谋长丘尚聪率领的独立第十七团、十八团余部会合，增补温含珍为第一作战分区副政委兼政治部主任、丘尚聪为副司令员兼参谋长。

为了进一步开展工作，在岩连宁边区站住脚跟，第一作战分区召集干部会议，讨论目前的行动方针与任务。会议认为，目前部队力量薄弱，主动出击已不可能，收复老的根据地也没有必要。目前最中心的任务是如何保存实力，如何收容被打散的独立第十七团、十八团的落伍伤病人员。因此决定：丘尚聪与营长刘汉率第三营向永安、清流边界游击；温含珍与明光独立营营长贺万得率该部在连城南部与宁洋边区活动，着重打击当地团匪华仰侨、周焕文部；方方与罗忠毅率分区司令部掌握全局，开辟新的据点。①

部队分散出发以后，方方率领警卫排、通信班、侦察班等司令部直属队，在龙岩北部地区敌人的包围圈内神出鬼没地活动。这时，国民党军正发动第一次“清剿”，在雁石、白沙、溪口、梅村、小溪等主要据点屯集了好几个团的兵力，在地主民团带领下疯狂地搜寻红军游击队。

这一带地区山高林深，历来是绿林土匪的啸聚之地。方方等分析了土匪的特点，决定加强对土匪的联络与争取工作，与土匪取得互不侵犯的默契，并教育他们为人民做事。经过一个时期的工作，方方、罗忠毅率领的部队获得了当地绿林的好感，在群众的支持与掩护下在岩东北地区敌人的眼皮底下建立了新的基地，在大罗坪、天宫山、赤高坪、焦营坑等地开辟了游击根据地。

1935 年 8 月，敌人开始进行第二期“清剿”。敌人在岩连宁边区的部

---

① 参见方方：《三年游击战争》，陈丕显主编《南方三年游击战争·闽西游击区》，解放军出版社 1991 年版，第 369 页。

署是：在白沙驻1个团，向方方等所在的第一分区司令部驻地大罗坪出击；在雁石驻1个团，向天宫山搜索，并防止一分区红军与岩南漳边区的红八团联络；在溪口驻1个团，向赤高坪、焦营坑进攻。方方等分析了敌情，认为敌人这样平均分派兵力的部署，表明他们并不了解红军游击队的主力在什么地方，因此决定乘敌人盲目行动的机会，将部队拉出敌人的包围圈，到外线去分散隐蔽。同时，留下少量轻便的武装在内线活动，迷惑和牵制敌人的进攻。

8月中旬，敌人果然出动大部队按计划向岩连宁边区各游击根据地进攻，但这时方方等已经率领主力转移到外线。敌人盲目行动，到处扑空，不出10天，就发觉中了“空城计”，纷纷撤回据点，并立刻转过身来，更加疯狂地“搜剿”红军游击队。敌人把主要力量放在龙岩白沙、溪口，宁洋小溪，连城姑田，永安小陶，在这二三百里范围内撒开大网，逐步向红军活动据点推进。同时，实行移民并村，限制群众活动，断绝群众对红军的支援。

第一作战分区的红军游击队没有料到敌人来得那么快，缺乏必要的准备和警惕，以致遭受到敌人的打击。明光独立营在与敌人作战中溃散，营长贺万得牺牲，分区参谋长丘尚聪仅率10余人冲出重围。红九团第三营也受到敌人突然袭击被迫分散活动。

9月12日（中秋节）晚上，方方和罗忠毅得到这一消息，万分焦虑，立刻与司令部其他干部分头到宁洋西南和连城南部收集被打散的部队。他们历尽艰辛，饿着肚子在深山丛林中寻觅战友。经过两个月时间寻找，明光独立营仅存五六十人，红九团第三营也只剩七八十人，整个分区损失兵力2/3。[①] 第一作战分区在方方、罗忠毅等领导下，一方面时刻准备着应付敌人的“清剿”，一方面与疾病、饥饿做斗争，以惊人的毅力保存自己。

1935年12月，在岩连宁边区“清剿”的敌军相继撤退。为了解决部

① 参见方方：《三年游击战争》，陈丕显主编《南方三年游击战争·闽西游击区》，解放军出版社1991年版，第372页。

队的粮食和冬衣问题，一分区司令部把部队分成四股，每股四五十人，分别由方方、罗忠毅、刘汉、温含珍、丘尚聪等率领，单独分散活动，一面打击各处最反动的顽固分子，一面帮助被迫移民归来的群众重整家园。这样，他们度过了最为艰苦的一年。

原来活动在漳龙公路两侧的红八团，按照闽西南军政委员会的部署，仍然开赴这一地区坚持游击战争。1935 年 4 月，红八团由永定向龙岩进发，在南阳坝消灭地主民团以后，又挺进至漳平县城附近之拱桥一带游击。敌人集中几个团的兵力向红八团进攻。为了摆脱敌人，红八团决定分兵活动，团政委丘织云和副团长王胜率团部及主力向安全地带转移；政治处主任伍洪祥率第二连、第四连向龙岩附近罗桥、陈坑、陆家地一带行动，吸引敌人的注意力，掩护团部及主力行动。

部队分兵之后，伍洪祥率两个连边打边撤，渡过龙川河，转移至龙岩西北的铜钵一带与龙岩县游击大队会合。敌人发觉这支部队以后，紧追不舍。伍洪祥率部向紫金山紧急转移，计划从那里转向白土，再与团部取得联系。部队在考塘附近穿越汀漳公路时，意外地与防守的敌军相遇。在形势十分危急的情况下，伍洪祥召开连队干部会议，要求大家坚定沉着，服从命令听指挥。会议研究决定，乘敌人尚未布防就绪，分段强行冲越公路，一过公路立刻奔上紫金山集合。①

按照这一部署，部队立刻行动，乘着黑夜顺利到达紫金山。但由于这次行动，部队的目标已经暴露。敌人迅速出动几个团封锁与包围了这一地区。伍洪祥等仔细分析了敌情，率领部队隐蔽在敌人重点防区附近，出敌不意地在赤水、龙门方向突出敌人包围圈，安全地完成了转移任务。

与此同时，丘织云、王胜等率领团部和红八团主力分散在漳龙公路两侧和岩南漳边区活动。他们神出鬼没，声东击西，破坏敌人的交通，袭击龙岩飞机场，搞得敌人寝食不安。他们时而化装成国民党军闯入敌人炮楼，收缴民团的枪支弹药；时而又化装成国民党军巡逻队，收容敌

---

① 参见伍洪祥：《坚持闽西三年游击战争的红八团》，陈丕显主编《南方三年游击战争·闽西游击区》，解放军出版社 1991 年版，第 389 页。

军散兵，缴取敌人武器，打得敌人胆战心惊，草木皆兵。[①]

红八团在第一期反“清剿”斗争胜利以后，集中在龙岩与漳平边界的朗车整训，总结经验教训。通过检查和总结，提高了部队政治工作和战略战术水平。大家认识到，敌人在新的“清剿”中必定会集中更大的兵力，更加疯狂和残酷地向红军进攻，游击区域将面临严重的摧残，游击根据地也可能被敌人占领。因此，他们决定采取更加灵活的成略战术，以分散为主，以连排为作战单位，充分发挥独立作战精神，紧紧依靠地方党组织和人民群众，打破敌人的第二期“清剿”。[②]

1935 年 9 月初，红八团在朗车整训结束以后，利用敌人第二期“清剿”尚未完全展开的机会，向漳平、华安边界开进，深入到白区，一方面扩大政治影响，同时打土豪筹款，解决部队给养，并相机向华安、漳州方面出击。

但事实上红八团对敌情估计不足，判断不很准确。敌人的第二期“清剿”这时已经全面展开，敌第九师 1 个团已进驻漳平县城，在华安一带也集结了一定数量的正规部队。因此，红八团在进抵漳平与华安交界的梅营时，就遇到了华安县自卫队的阻击。第二天下午，敌第十师 1 个团又追踪而来，红八团被迫仓促迎战。这时，红八团团长丘金声刚好率领一个连队追击敌自卫队尚未返回，政委丘织云和副团长王胜立刻指挥部队作战。丘织云在前沿观察敌情时不幸被敌人机枪击中，壮烈牺牲。

初战失利，部队陷入被动。丘金声与接替政委职务的伍洪祥等率部激战到天黑，迅速向游击根据地撤退。在地方党组织的协助下，部队经漳平永福后盂村突出敌人的包围圈，摆脱了敌人的追击。

团党委根据敌人第二次“清剿”来势凶猛、兵力占绝对优势的情况，决定采取化整为零、分散行动的游击战术，开展机动灵活的斗争。命令

① 参见伍洪祥：《坚持闽西三年游击战争的红八团》，陈丕显主编《南方三年游击战争·闽西游击区》，解放军出版社 1991 年版，第 390 页。

② 参见伍洪祥：《坚持闽西三年游击战争的红八团》，陈丕显主编《南方三年游击战争·闽西游击区》，解放军出版社 1991 年版，第 390 页。

第一连分布在以永福为中心的岩南漳边区；二连在龙岩到适中公路两侧地区与团部基干连配合行动；三连开赴适中西南的岩永靖边区；四连到永定东部金丰地区；团部基干连留在龙岩城附近，由丘金声直接指挥行动。部队分散以后，完全摆脱梅营失利以后的被动局面，在地方党组织和群众的支持下，积极主动地展开反对敌人第二期“清剿”的斗争。

红八团 5 个连队分散在各地，紧紧依靠当地党组织和群众，创造了许多对付敌人的方法。针对敌人的保甲制度，红军提出了争取利用保甲长的“白皮红心”策略，并设法与敌人强迫组织起来的壮丁队取得联络，争取他们保持中立，或者订立互不侵犯条约，从而瓦解敌人的反共阵线，打破军事经济封锁。

老苏区广大人民群众在极端困难的情况下，冒着生命危险支援红军，给红军送粮送盐，传递消息，千方百计阻挠敌人的“清剿”。不少群众为了支援红军，受到敌人残酷迫害，有的牺牲了生命，有的甚至整个村庄被焚毁，但无论怎样艰难，群众对红军的支持始终没有中断。红八团由于采取了正确的方针策略，取得了群众的支持帮助，不仅保存了自己，而且到处袭击敌人，出奇制胜，壮大了革命力量。

吴胜、谢育才率领的红九团第一、二营，于 1935 年 4 月从永定五指山出发，向闽西南的平和地区进发。为了迷惑敌人，红九团在出发以后突然改变方向，转入广东境内，袭击大埔县南桥民团，补充了给养，然后又转身向永定与平和交界的象湖山挺进，5 月中旬翻越这座海拔 1000 多米的高山，进入平和县国民党严密控制的地区。①

为了避免暴露目标，部队选择高山密林的小道行进。当时正值南方雨季，连绵不断的大雨和暴涨的山洪给行军造成了许多困难。5 月下旬，红九团进入平和秀峰山、白花洋地区。由于雨季行军困难，病号增多，部队不得不暂时停下来休整了近 1 个月。6 月下旬，红九团与战斗在闽粤

① 参见王直：《艰难的历程》，福建人民出版社 1979 年版，第 44 页。

边境的红三大队会合，进行短期整训后即从秀峰山、长乐地区继续向前进发。

驻守这一地区的敌第八十师陈琪部发觉了红九团的行踪，马上派1个团扼守九峰镇，企图伏击红军。红九团在红三大队配合下立刻转身南下，在广东饶平境内绕了一个圈，再乘敌不备返回平和，绕过九峰镇，进入诏安北部的官陂山区。这时获悉敌第八十师主力在南靖方向，而在平和大溪只设立一个临时兵站，留守的是一个新兵连。吴胜、谢育才和政治处主任赖荣传研究了敌情，决定奔袭大溪兵站，扩大政治影响，解决粮饷弹药，加快步伐与红三团汇合。

团部组织了一支精干的便衣突击队，顺利解决了兵站，占领大溪。红九团在大溪休息一天，全部换上缴获来的军服，伪装成国民党军，大白天沿着大道向东急行军，顺利通过了敌人控制的平和县安厚、云霄县马铺，于6月底进抵五寨、南胜一带红三团游击根据地的中心平和县三坪地区，与红三团胜利会师，终于完成了打通与闽南联系的任务。[①]

两支部队会合以后，吴胜向中共闽粤边特委转达闽西南军政委员会关于统一闽西南地区党政军领导的建议。但由于过去闽西与闽粤边地区党和红军的组织系统没有隶属关系，中央也未明确作出统一的决定，因此中共闽粤边特委不同意由闽西南军政委员会统一领导。

随后，红九团与红三团商定在闽粤边地区协同作战，对付敌人的“清剿”。红九团经常采用远程奔袭的战术，结合便衣短枪活动，在平和、永定、南靖、漳浦、云霄、诏安和广东饶平各县边境消灭敌人据点，发动群众没收地主恶霸的粮食财产，组织地方游击小组，到处打击敌人，扩大了政治影响。敌人受到震动，从5月下旬开始先后调动闽粤两省军队联合进攻红九团、红三团和粤东游击队。粤敌独立第一师黄任寰部、第九师邓龙光部分路由粤东向闽西南边境压迫收缩，敌第八十师陈琪部则集中于闽南云和诏地区大举发动“清剿”。

---

① 参见王直：《艰难的历程》，福建人民出版社1979年版，第69页。

红九团领导人由于在打通闽南以来不断取得胜利，滋长了骄傲情绪，过高估计自己的力量，对敌人进攻的严重情况估计不足，致使部队在后来的战斗中受到许多不必要的损失，逐渐陷于被动。

1935年9月，红九团被迫仓促撤离闽南，向永定东部转移。9月20日，部队经平和北部转入永定东南之楮树坪，与永东游击队联络。由于缺乏警惕，部队仍然集中行动于水竹里、大洋寨附近。9月22日，敌第十师五十九团跟踪而至，将红九团包围。敌人来势凶猛，占领了路口、山隘。红九团立刻同十数倍的敌军展开激战。9月24日，团政治处主任赖荣传阵亡，部队受到很大损失。[①]

红九团在水竹里战斗受挫后又接连受到损失。11月间，红九团在永定湖雷一带被敌人跟追11天，但仍然因为集中行动而未能摆脱敌人。由于得不到群众支援，指战员3天没有吃饭睡觉，红九团终被敌人击溃，损伤过半。团长吴胜被俘，1936年1月22日被敌人杀害于龙岩[②]。

闽西南军政委员会对于红九团领导方针的错误予以严肃批评，指出红九团的失利主要是对敌人“清剿”的严重性估计不足，对开展群众的游击战争的意义没有真正了解，因此红九团的主要领导同志“不愿意深刻的去估计敌我力量之对比，很郑重的保存自己的有生力量，运用灵活的游击战术，去发动与领导群众的斗争，以群众的游击战争去粉碎敌人的‘清剿’”[③]。

尽管红九团在从闽南返回途中受到严重的挫折，但就整个闽西来说，“由于闽西党采取了正确的方针和灵活的政策，密切联系群众，到1935

---

① 关于这次战斗情况，分别参见：《闽西南军政委员会关于撤销谢育才同志职务，开展反右倾机会主义退却逃跑的决定》（1936年3月20日），《闽西革命史文献资料》第9辑，第80—81页；王直：《艰难的历程》，第85—86页；《福建民报》1935年9月28日第6版《吴胜股全部焚毙大洋寨》。

② 参见《福建民报》1936年2月1日第6版。

③ 《闽西南军政委员会关于撤销谢育才同志职务，开展反右倾机会主义退却逃跑斗争的决定》（1936年3月20日），福建省档案馆等编《福建军事斗争史料选编（1934年10月—1938年12月）》，1983年编印，第142页。

年冬，情况便逐渐好转”①。其他各部红军游击队都发展壮大，各县也都建立了100多人的游击队。因此，“第二期的‘清剿’，敌人虽然用尽了一切方法，动员了一切力量，延长了相当长久的时间，又不能不宣告惨败”②。

三　建立抗日反蒋统一战线

1935年冬，日本帝国主义继侵占我国东北三省之后，又发动了旨在吞并华北五省的华北事变。自此，民族危机空前严重，全国人民抗日救亡运动迅速高涨。但是，蒋介石无视全国人民的抗日救国热情，在11月召开的国民党五中全会上依然侈谈：“和平未到绝望时期，绝不放弃和平；牺牲未到最后关头，亦不轻言牺牲。”

为了揭露日本帝国主义侵略野心和国民党政府的妥协政策，中共中央于11月13日发表《为日本帝国主义并吞华北及蒋介石出卖华北出卖中国宣言》。11月28日，中华苏维埃共和国中央政府和中革军委又发出《抗日救国宣言》，呼吁“在亡国灭种的前面，中国人民决不能束手待毙”，提出“不论任何政治派别、任何武装队伍、任何社会团体、任何个人类别，只要他们愿意抗日反蒋者，我们不但愿意同他们订立抗日反蒋的作战协定，而且愿意更进一步同他们组织抗日联军与国防政府”。这个宣言还提出了抗日救国十大纲领。

12月9日，北平爆发了“一·二九”爱国学生运动，全国掀起了抗日反蒋的巨大浪潮。在此民族危亡之际，中国工农红军在长征到达陕北以后挥戈东渡黄河，挺进山西抗日前线。而蒋介石政府仍然坚持其内战政策，调集大军围攻红军，阻挠红军的抗日行动。蒋介石的倒行逆施受

① 张鼎丞、邓子恢、谭震林：《闽西三年游击战争》，陈丕显主编《南方三年游击战争·闽西游击区》，解放军出版社1991年版，第330页。

② 《方方关于闽西南斗争和工作状况给中共中央的报告》（1937年6月），陈丕显主编《南方三年游击战争·闽西游击区》，解放军出版社1991年版，第234页。

到了举国上下的一致谴责。

这时，蒋介石为了镇压华北抗日运动，先后从闽西南调走 4 个师北上。留在闽西南的国民党“清剿”部队除了原来的第三师、第九师、第八十师、第五十二师以外，又新从闽东调来由福建教导团改编的新十师之三十七旅陈德法部。由于国民党军队大批北调，闽西南红军游击队的武装斗争得以迅速发展。于是，地主、富农恐慌，民团反动派动摇，各地群众抗日反蒋斗争情绪日益高潮。

正在这时，张鼎丞、邓子恢转移到上杭双髻山，与谭震林会合，并且得到了白区地下党组织转来的党中央“关于建立抗日反蒋统一战线”的指示。中央“命令福建红军联合福建白色军队及全体民众团结起来，武装保卫福建，武装保卫漳州厦门，配合全国红军抗日讨蒋，以挽救中国的危亡”[①]。他们得到中央这一指示，极为感奋，立即于 1936 年 1 月 1 日召开闽西南军政委员会第二次会议，研究贯彻中央的指示精神。

这次会议根据全国形势和中央指示，详细分析了福建与闽西南地区政治军事状况，认为在民族危机日益严重的情况下，“福建同样危急万分，因为福建处在台湾对面，是南中国的要区，日本的南进政策，福建便首当其冲”[②]。目前国民党在福建的政策，一方面加紧“清剿”红军游击队，残酷迫害和屠杀革命民众，另一方面对日本屈膝献媚。而日本帝国主义正是利用了国民党的内战政策，更将配合其在华北的进展，向南扩张，公开占领福建，并首先企图染指福州、厦门。会议认为闽西南党组织目前动员群众的中心口号是“武装保卫福建”“武装保卫福州、厦门”。当前最迫切的任务是建立抗日讨蒋统一战线，具体地说，就是要“广泛的开展群众的游击战争，彻底粉碎日本及其走狗对闽西南的新的‘清剿’，使能更胜利地扩大和培养闽西南民众对日作战的武装力量，创

① 《闽西南军政委员会为加强抗日讨蒋的领导重新改组的布告》（1936 年 1 月 3 日），陈丕显主编《南方三年游击战争・闽西游击区》，解放军出版社 1991 年版，第 32 页。

② 《闽西南军政委员会关于目前新的形势与新的任务决议》（1936 年 1 月 5 日），陈丕显主编《南方三年游击战争・闽西游击区》，解放军出版社 1991 年版，第 34 页。

造对日作战根据地”①。

根据这一任务，闽西南军政委员会作出《关于目前新的形势与新的任务决议》，要求各地党和红军深刻了解当前的形势与任务，巩固发展红色武装，保存这一抗日讨蒋的主要力量，并深入发动群众斗争，开拓更广阔的活动区域，创造新的据点；在战略战术上，避免与敌人作大规模的战斗，“更细心的、灵活的来研究运用巧妙的游击战术”。

这个决议特别强调在新的形势下必须大胆地学习和运用统一战线的策略，指出“我们不要把口号只限于土地革命与恢复苏区，不要只限于争取工农阶级，我们必须在‘抗日讨蒋’，在‘武装保卫福建’、‘武装保卫漳州、厦门’这些战斗口号之下，来团结更宽广的群众，来与一切阶级、党派、军队、团体、个人联合行动”②。决议同时又指出，在执行这一任务时，要十分注意巩固发展党的组织，加强红色武装，反对“左”的或右的错误倾向。

决议根据中央的指示，认为尤其要注意争取和促进小资产阶级加入抗日反蒋阵营，同一切爱国爱民党派、团体、人民建立联合战线，团结一般学生、教员、职员、小商人进行示威、罢课、抵制日货、组织抗日救国会等工作。同时指出，“在目前各县首先就应大胆向知识分子开门，吸引他们签名加入民族武装自卫委员会，成立县分会筹备处，经过他们去在各阶级、各党派、各团体之间公开进行活动”③。

闽西南军政委员会根据会议精神，又于1月5日发布了《抗日讨蒋纲领》。纲领以通俗的六言体形式，分析形势，阐明中共和红军的主张，号召各阶级、各党派、各部队，在日寇侵凌国家危亡之秋，彼此不计前仇，团结一致，以挽救国家危亡，争取民族之生存与发展。

① 《闽西南军政委员会关于目前新的形势与新的任务决议》（1936年1月5日），陈丕显主编《南方三年游击战争·闽西游击区》，解放军出版社1991年版，第36页。

② 《闽西南军政委员会关于目前新的形势与新的任务决议》（1936年1月5日），陈丕显主编《南方三年游击战争·闽西游击区》，解放军出版社1991年版，第37—38页。

③ 《闽西南军政委员会关于目前新的形势与新的任务决议》（1936年1月5日），陈丕显主编《南方三年游击战争·闽西游击区》，解放军出版社1991年版，第38页。

闽西南军政委员会制订的这一系列方针和纲领，顺应了历史发展的潮流，大胆改变与修订了党在土地革命战争时期的基本任务，这对于缓和闽西南地区的紧张局势，唤起民众，促进实现抗日统一战线，加强党的组织与红军武装，都有着不可低估的意义。

为了更有利于执行党的上述新任务，会议决定将闽西南红军游击队改称为“中国工农红军闽西南抗日讨蒋军”，共编为4个支队。岩连宁地区的武装为第一支队，红八团为第三支队，红九团为第五支队，上杭游击队为第七支队，各县游击队则编为人民抗日义勇军。同时，为了加强领导，充实了闽西南军政委员会，以张鼎丞、邓子恢、谭震林、简载文、方方、谢育才、丘金声、伍洪祥、廖海涛、张思垣、黄火星等为委员，选举张鼎丞为主席，邓子恢、谭震林为副主席。

会议之后，闽西南军政委员会为了进一步促进抗日反蒋统一战线，又先后发布会议各种决议和《告三十七旅官兵书》《告闽西南民团壮丁队书》《关于反移民斗争的指示》《关于争取土匪工作的决定》《关于争取白军工作的决定》等大量重要文件。这些文件作出了一系列新规定，主要的有：停止打土豪，把筹款改为募捐；同各阶层、各党派（包括地主、富农、国民党、三青团）在抗日反蒋的原则下实行联合；提出了“争取保甲长，改变保甲制度为赤色联盟”“争取壮丁队为农民自卫队”“争取白色碉堡为隐蔽的赤色碉堡”等口号。①

由于闽西南军政委员会正确执行了党的方针策略，争取了许多保甲长和白色碉堡与红军合作。他们有的表面上挂着国民党的招牌，实际上却为红军游击队服务，成为“白皮红心”；有的则严守中立，与红军订立了“君子协定”，互不侵犯。这样，“顽固分子更加孤立了，两面派增加了，民团不敢猖獗了，地主富农比以前老实了”②。

---

① 参见张鼎丞、邓子恢、谭震林：《闽西三年游击战争》，陈丕显主编《南方三年游击战争·闽西游击区》，解放军出版社1991年版，第331页。

② 张鼎丞、邓子恢、谭震林：《闽西三年游击战争》，陈丕显主编《南方三年游击战争·闽西游击区》，解放军出版社1991年版，第333页。

但是，国民党当局并没有就此停止对红军的进攻，他们在1936年春节以后重新发动了第三期“清剿”。然而，刚调到龙岩的敌新十师一开始就受到了红军第三支队的打击。为了挽救新十师受挫以后龙岩的动荡局面，国民党当局增调第八十师和第三师到龙岩、漳平，加强对红三支队的进攻。

国民党当局在第三期“清剿”一开始就广泛实行土围子政策，强迫移民，烧屋搜山，控制粮食，严密保甲制度，企图“荡平”红军游击队。闽西南军政委员会立刻发出通知，要求各作战分区紧急动员起来，贯彻第二次军政委员会会议精神，结成抗日讨蒋统一战线，要求部队运用游击战争，依靠群众，保存有生力量。同时，要加强政治工作和统战工作，争取土匪、壮丁队、白军、民团。①

闽西南红军各作战分区和各个支队按照这些指示精神，运用游击战术，坚决打击敌人的进攻。3月间，第三支队在白土东坑与敌第八十师遭遇，发生战斗。激烈的枪炮声震天动地，一直传到10多里以外的龙岩城。这一仗，打死打伤敌人近100人，迫使他们缩回龙岩。在此前后，第一支队在岩连宁边区一举消灭敌第五十二师1个加强连，随即又攻占龙岩之溪口、涂潭，消灭地主武装200多人，消灭驻铜钵山后的敌第三师1个排。敌人在受到连续打击之后，不敢再贸然出动，各区乡民团更是缩到碉堡中，不敢下乡。显然，敌人的第三期“清剿”已是强弩之末了。

闽西南党组织和红军游击队在反“清剿”斗争不断胜利的形势下，广泛发动群众，开展合法的或两面政策的斗争，许多乡村群众甚至一部分保甲长也一起公开要求减免捐税，有些地方还发展为抗捐、瞒报壮丁、逃避征兵等斗争。原先被迫移民并村的群众也陆续搬回家乡。红军不仅可以在一般山区公开活动，便衣武装还可以在大乡村自由出入，甚至还可以住到一些碉堡中去。党组织和红军队伍都有了较大的发展。

---

① 参见《闽西南军政委员会一年来工作的检阅和目前形势与任务的报告》（1936年），陈丕显主编《南方三年游击战争·闽西游击区》，解放军出版社1991年版，第186—187页。

为了便于领导正在蓬勃开展的抗日反蒋新局面，闽西南军政委员会迁移到了龙岩石门炉。张鼎丞、邓子恢、谭震林、方方等领导人都集中到一起工作。

这时，由于国际国内矛盾急剧变化，国民党内部派系斗争更加激烈。1936年6月上旬，爆发了粤桂两派反对蒋介石统治的西南事变（或称两广事变）。6月2日，以陈济棠、李宗仁为首的国民党西南执行部和西南政务委员会通电全国，宣称："国家之土地，先民所遗留，亦民族所托命，举以资敌，宁异自杀。属部属会，以为黄河以北，寸土不容予人。切冀中枢毅然决然，从事抗战，用以至诚。吁请钧府钧部，领导全国，矢抵抗之决心，争最后之一着。"通电要求蒋介石中央政府出兵抗日。6月4日，数十名国民党西南将领联名通电响应，请缨抗战。6月8日，事变发动者联合进兵湖南，以图造成迫蒋抗日的声势。蒋介石立刻调动大军南下讨伐。闽西南一部分国民党军也暂时停止了对红军的第三期"清剿"，开赴广东讨伐陈济棠。

西南事变发生后，闽西南军政委员会研究了事变的动向，讨论对付的策略。他们认为："两广事变是敌人内部的分裂，反蒋抗日的口号，我们应该予以支持。蒋介石大军南下，战争可能象〔像〕过去的军阀战争那样延续下去。因此，我们的军事方针便是集中力量截击蒋军后方及其后续部队，促其在事变中失败。"①

基于对形势的这一估量，他们决定在军事上集中闽西南红军4个支队，袭扰蒋军后方，声援西南事变。同时，军政委员会在此后的一个多月内，在党内和机关报上先后发布了《关于西南事变与目前党的紧急任务的决定》《闽西南军政委员会为西南事变宣言》《为西南出师北上告白军官兵同胞书》，肯定了西南事变的进步意义，认为这是"西南反蒋军已经响应工农红军，举起抗日救国旗帜，而出师北上"，"是打倒卖国贼蒋介石的战争，是中国民族自救救国的战争，它的胜利就是中国民族的胜

---

① 张鼎丞、邓子恢、谭震林：《闽西三年游击战争》，陈丕显主编《南方三年游击战争·闽西游击区》，解放军出版社1991年版，第334页。

利，它的失败就是中国民族的失败”。[①]

很明显，闽西南军政委员会过高地估计了两广部队的抗日情绪，忽视了他们的反共本质和借抗日之名行反蒋之实的虚伪性，否认了西南事变是反动统治阶级内部争权夺利的军阀混战性质。因而，他们在军事上过早地集中部队，去执行牵制蒋军援助两广军队的任务，失去了巩固发展游击根据地的机会；在政治上布置白色碉堡暴动，重新在游击区没收地主土地，镇压乡保长和地主豪绅，因而暴露了党组织在国民党军中的工作基础，打击了一批本来可以团结和争取的力量，使得在1936年上半年刚刚开始建立的抗日反蒋统一战线受到了损害。

后来，张鼎丞等重新认识和估价闽西南党组织在这一问题上的失误，正确地总结了这一历史教训，认为“这种种政策，在当时来说，都是‘左’倾的，同时也违反了我们自己关于建立抗日反蒋统一战线的诺言，多树了敌人。于是，上半年开始缓和的形势又逐渐紧张起来”[②]。当然，闽西南军政委员会的领导之所以在西南事变问题上作出某些不正确的判断和决策，在客观上与他们长期远离中央，得不到中央指示，不了解全国政治军事形势有关。

西南事变是短命的。仅仅一个月之后，在蒋介石的军事威胁和金钱收买下，西南事变开始破产，陈济棠所部空军司令黄光锐和第一军军长余汉谋相继率部投靠蒋介石。不久，陈济棠出走香港，李宗仁、白崇禧委曲求全，与蒋介石言归于好。9月中旬，喧嚣一时的西南事变悄然收场。

蒋介石在平息了西南事变之后，重又腾出手来对付红军和南方各省游击队，在闽西部署第四期“清剿”。9月26日，国民党的《福建民报》宣称，过去“剿共”不能进展的主要原因，是因为军事政治未能取得一致步骤，因此，“驻闽绥靖主任蒋鼎文，自粤垣返漳后，决以三分军事，

① 《闽西南军政委员会为西南事变宣言》，《捷报》1936年6月26日第6期。

② 张鼎丞、邓子恢、谭震林：《闽西三年游击战争》，陈丕显主编《闽西三年游击战争·闽西游击区》，解放军出版社1991年版，第335页。

七分政治，剿抚并施，闽西南剿匪军事，已积极布置”。蒋鼎文在漳州先后召集驻龙岩第三师师长李玉堂、独立三十七旅旅长陈德法和驻上杭第五十二师师长卢兴荣研讨“清剿”计划，随后在闽西展开了大规模的“清剿”。

不久以后，蒋介石下令驻闽西南的中央军各部北上，由被蒋介石收买的粤军余汉谋之黄涛部第一五七师、曾友仁部第一五八师接防。10 月 28 日，蒋鼎文的驻闽绥靖公署由漳州北迁建瓯；11 月上旬，粤军分批进驻闽西南地区。①

闽西南军政委员会认为粤军虽然已经公开出卖了“抗日”的主张，帮助蒋介石到闽西进攻红军，但由于他们“受过西南抗日的洗礼，受过革命群众抗日的熏陶”，加以蒋介石的分化瓦解，他们对红军作战的能力已大大削弱。② 因此，军政委员会决定对入闽粤军采取先打后拉的策略。

12 月间，闽西南军政委员会将第三、五、七支队集中于永定。同时将军政委员会机关迁到永定，加强对部队的指挥；留邓子恢在龙岩，指挥龙岩、岩南漳、岩连宁三县工作。部队集中到永定以后，未能继续坚持游击战争的战略战术，而是集中行动，在湖雷、陈东坑一带与粤军正面展开战斗。红军的正面对抗虽然打击了粤军的气焰，但自己也受到不小的损失。紧接着，粤军以更大的兵力，对红军展开了更为凶残的第四期“清剿”。

面对新的困难，军政委员会立刻重新分析和估量了形势，决定马上改变红军集中作战的方法，重新分散游击，尽快扭转不利局面。各支队分散以后，按照军政委员会的指示，一方面在军事斗争与群众斗争相结合、合法斗争与非法斗争相结合方针的指引下开展灵活机动的游击战争，在军事上给粤军以打击；另一方面发动社会人士，反对粤军烧山移民、

① 参见《第四路军一五七师陈团已开抵漳州接防》，《福建民报》1936 年 11 月 7 日第 12 版。

② 参见《闽西南军政委员会方方报告》（1937 年 6 月），陈丕显主编《南方三年游击战争·闽西游击区》，解放军出版社 1991 年版，第 236—237 页。

毁灭闽西南经济等暴行，并对粤军士兵宣传“停止内战共同抗日”的主张。粤军由于在政治上、军事上处处被动，因此尽管倾其全力对付红军，但在1936年冬季以后，他们在闽西的“清剿”已难以奏效。

四 闽西南地区实现第二次国共合作

1936年12月12日，爆发了震惊中外的西安事变。12月19日，中华苏维埃中央政府和中共中央发表《对西安事变通电》，指出：“以目前大势，非抗日无以图存，非团结无以救国，坚持内战，无非自速其亡!”建议立即召集和平会议，团结全国，讨论国策，共赴国难。西安事变和平解决以后，中共中央又于1937年2月10日致电国民党三中全会，提出停止内战、一致抗日等五项国策的建议；同时表示，在此国策前提下，中共将在全国范围停止推翻国民政府的武装行动，停止没收地主土地的政策，工农政府改名为中华民国特区政府，红军改称为国民革命军，愿意接受南京政府之指导，坚决执行抗日民族统一战线的共同纲领。

闽西南军政委员会从香港、汕头的华侨及国民党的报纸上和党中央的电文中得悉这些消息，感到中国革命已经进到一个伟大的历史转折关头。但是，他们与党中央的联系已经中断一年多时间，对中央的具体方针策略不甚明了，因此决定派方方去延安，向党中央汇报和请示工作。

4月间，方方刚出发不久，闽西南军政委员会收到了闽南红三团转来的中共南方工作委员会（以下简称“南委”）1937年3月5日《给闽粤边特委的指示信》，同时还转来了党中央1936年9月17日的《关于抗日救亡运动的新形势与民主共和国的决议》等重要文件。中央的决议认为，中国人民的抗日救亡运动已进入一个新的阶段，党应扩大抗日民族统一战线，推动南京政府及其军队参加抗日战争。南委的指示信则进一步明确地指出，党中央已将“抗日反蒋”的口号改为“逼蒋抗日”，国共两党已派出代表，具体洽商合作事宜。“南方党与红军游击队在这一紧急任务下，应加紧共同一致动员，向国民党军队进行协作谈判。”①

南委的指示信对举行国共合作谈判提出了原则性意见，指出：“谈判的内容，应在抗日救国战斗纲领，和不干涉政治上的活动与组织上的存在和发展及宣传鼓动，与批评自由三原则下提出：（1）红军和游击队停止游击行动；（2）红军和游击队的名义可改变为民族自卫军或抗日讨贼军，在抗日行动中可受粤军指挥；（3）在未得中央红军调动集合命令以前在原有地区驻守，双方不得侵犯；（4）在对日作战进入友军区域，红军给养能得保证，红军不干涉友军地方的一切行政事件〔务〕，并遵守友军一切关于社会法律和命令”②。

南委的指示信还指出，谈判的方式与协定内容应完全尊重双方意见，在未达成协定之前，我们的党和红军可以首先与粤军争取建立和平关系，向各界人士发出公函信件，运用各种方式，“以最大的诚恳、最大的宽容去进行一切有利于抗日救国的推动”。同时，各地党组织和红军在谈判中应保持高度警惕，丝毫不能削弱党和红军的组织。③

党中央和南委的指示，对于促进闽西南国共和谈起了关键作用。闽西南军政委员会收到这些文件之后，即于 4 月 25 日召开常委扩大会，传达上述文件精神，讨论贯彻执行的措施。会议根据闽西地区的实际情况，决定首先开展一个和平运动，采取各种方式创造合作谈判的气氛。

会议之后，闽西南军政委员会先后多次致函粤军和各界人士，开诚布公地表明态度。5 月 15 日，闽西南军政委员会同时发布了《关于闽西人民抗日救国纲领》《三致粤军公函》，同一天还发出由张鼎丞、邓子恢、谭震林签署的《致闽西南各界人士书》。这些文件集中表达了闽西南军政委员会对于举行和平谈判和促进国共合作的诚意，提出了一系列积极的

---

① 福建省档案馆等编《福建军事斗争史料选编（1934 年 10 月—1938 年 2 月）》，1983 年编印，第 438 页。

② 福建省档案馆等编《福建军事斗争史料选编（1934 年 10 月—1938 年 2 月）》，1983 年编印，第439 页。

③ 参见《福建军事斗争史料选编（1934 年 10 月—1938 年 2 月）》，1983 年编印，第 439—440 页。

建议。

闽西南军政委员会在这些文件中指出，现在国家民族已处于生死存亡的危急关头，如果不立即停止内战，联合抗日，而仍然从事于自相残杀的内战，那么，等到日寇占领福建的时候，等到做了亡国奴之后，才来抗战，是已经来不及了。为此，他们再一次向国民党军政当局和各界人士呼吁："彼此停止敌对行动，以保证双方救国力量，避免社会摧残，并要求闽西南地方当局及各界人士，共同向粤军呼吁和平，清除过去对内分歧意见，以求得内部团结，共救危亡。"①

闽西南军政委员会诚恳希望粤军和各县地方部队采纳这些建议，彼此捐弃前嫌，双方互派代表坐到一起举行和平谈判，为共同建立南中国的抗日联军、保卫南方国防前线的福建而战。

为了表示谈判诚意，闽西南军政委员会在《三致粤军公函》中提出了双方应当遵循的原则。对国民党军政当局的要求如下：

一、粤军立即决心抗日，集中兵力捍卫闽南，驱逐日寇及浪人汉奸出境，彻底消灭日寇走狗军队如东亚同盟军、福建自治军等组织。

二、粤军及地方部队自动停止"清剿"，停止向闽西南红军及义勇军进攻，停止移民烧杀和逮捕无辜。

三、开放闽西南人民救国运动，扶助工农商学兵各界民众生活改善的要求，复兴闽西南事业。

四、保证闽西南人民居住、行动、言论、集会、结社、出版等民主自由，释放一切政治犯。

五、在合作以后，双方各自保存宣传鼓动及对于对方的批评自由。

另一方面，闽西南军政委员会表示，在国民党军政当局接受上述五项要求的前提下，愿意执行下列和平条件：

一、闽西南红军游击队停止对国民党军队及地方武装的一切敌对

---

① 《张鼎丞、邓子恢、谭震林为停止内战一致抗日致闽西南各界人士书》（1937 年 5 月 15 日），陈丕显主编《南方三年游击战争·闽西游击区》，解放军出版社 1991 年版，第 218 页。

行为。

二、在抗日行动中，在军事上愿受粤军指挥，但红军内部编制、纪律、人员不受任何干涉，红军名称是否改变，在必要时可以考虑。

三、在未接到红军总司令部调动命令以前，闽西南红军由双方商定驻防地区，互不侵犯，驻防地区应保证红军给养。

四、红军为对日作战需要进入国民党军队区域时，只要给养有保证，不干涉当地行政制度，并遵守友军一切关于社会的法令。

闽西南军政委员会特别申明了自己的原则立场，这就是："我们决不能同意贵军根据南京亲日派'根绝赤祸'宣言所提出的投诚收编办法"，"尤其不能让闽西南红军被人解散或混编"。同样，也决不能让共产党溶解于任何党派，更不能向任何党派"投诚自新"。①

在此前后，闽西南军政委员会履行诺言，向所属部队发出指示，修改土地革命时期的政治纲领和政策，停止没收地主土地，停止打土豪筹款，除了必要的自卫以外，停止一切敌对的军事行动。

闽西南军政委员会发起的抗日合作运动，赢得了闽西各界人士和广大群众的支持，在闽西造成了一股强大的抗日救亡的声势。甚至一贯反共的龙岩豪绅首领郑丰稔也因此受到感动，他在闽西旅漳、厦同乡会的一次士绅会议上说："我是一个坚决的反共分子，可是反了十年也没有反出什么名堂，现在共产党提出和平合作，我们就应当赞成"。他还通过关系向闽西南军政委员会表示："如果国民党当权的军政人员不愿和平的话，我们地方人士和你们谈判停战，实现和平合作。"②

由于"停止内战、一致抗日"已成举国一致的要求，这就在政治上给国民党军政当局造成了强大的压力，创造了国共和谈的良好气氛。

这时，原国民党军第十九路军的营长谢再发从香港回到闽西家乡。

---

① 《闽西南军政委员会三致粤军公函》（1937 年 5 月 15 日），蒋伯英主编《邓子恢闽西文稿（1916—1956）》，中共党史出版社 2016 年版，第 337 页。

② 魏金水：《谈判桌上的斗争》，中共福建省委党史资料征集编写委员会研究室编《从和谈到北上抗日》，福建人民出版社 1985 年版，第 19 页。

谢再发出身贫苦，参加过反蒋的福建事变，曾经与闽西共产党组织有过密切联系。十九路军被蒋介石瓦解之后，谢再发不愿受编，把跟随自己的几十个人转给了龙岩地方红军，只身前往香港避难。他这次回来，准备利用他与粤军的老关系，促成闽西南国共合作。

闽西南军政委员会研究了这一情况，决定首先派岩南漳县军政委员会主席魏金水出面，通过谢再发与粤军作试探性接触。5月间，魏金水到达龙岩适中谢再发家里，与在那里等候的粤军第一五七师九三七团一营营长吴琪会面。吴琪直率地说："蒋介石打内战，我也是反对的。如果上边不谈判合作，我们就直接谈……从今天起，你我在适中地区先实现停战和谈。"魏金水欣然回答说："好，那就一言为定。"① 在魏金水、谢再发的鼓动下，吴琪答应回去积极策动粤军与闽西南红军实现全面和谈。

闽西南军政委员会听取了魏金水的汇报之后，认为这次接触的成功，是实现闽西国共合作抗日的重要开端，虽然要实现全面停战还须经过艰苦曲折的努力和斗争，但一定要充分利用这一有利时机，创造和谈局面。于是决定派原红九团政委谢育才为总代表，负责与粤军及国民党在龙岩的第六行政专员公署谈判，"谢代表出去谈判时用代表的资格发表谈话，传播我们党与红军的主张和精神态度"②。

与此同时，闽西南军政委员会指示各县委、区委和各主力支队分别派代表与各县区公署、联保办事处、保甲长及当地驻军进行局部的和平谈判，谈判条件限于局部地区的军事政治问题。于是，永定方面红军派温仰春、张思垣到永定县城和湖雷，上杭红军代表到上杭县公署及白砂驻军张营，岩平宁地区的红一支队代表往龙岩县白沙粤军驻地，岩永靖县委和红三支队代表往当地驻军林营和区公署，永和靖县委和红五支队

---

① 魏金水：《谈判桌上的斗争》，中共福建省党史征集编写委员会研究室编《从和谈到北上抗日》，福建人民出版社1985年版，第21页。

② 《闽西南军政委员会关于闽西南和平谈判三个月来的各方面动员工作致张云逸、南委转中央的报告》（1937年9月17日），陈丕显主编《南方三年游击战争·闽西游击区》，解放军出版社1991年版，第267页。

代表往当地驻军王营及各区公署，分别举行谈判，并且都取得了很好的结果。①

闽西南军政委员会为了争取更为广泛的支持，另以张鼎丞、邓子恢的名义致函旅居漳、厦的闽西同乡各界人士，并派代表去商谈闽西南和平问题，联系捐募临时给养。闽西同乡各界人士对此极力支持，立刻召集同乡会代表会议，一致声明："要为民族利益对日抗战，即要拥护闽西的和平；要复兴闽西也须要拥护这个和平，在日寇进攻漳、厦时，旅外人士要回闽西，更必须拥护这种和平。"② 同乡会代表会议还通电国民党省政府，呼吁和平。

1937 年 6 月 15 日，谢育才在谢再发和吴琪的陪同下，由龙岩适中到达漳州，面见粤军第一五七师师长黄涛。但是黄涛对于国共和谈毫无诚意，他只是想借谈判为手段，在和平合作的幌子下分割吞并红军游击队。谢育才一到漳州，黄涛就放出空气，要闽西红军"自新"，给红军施加压力。因此，他虽然对于谢育才的到来表示欢迎，但并未作出实质性的承诺。他要谢育才回到闽西去，同驻在龙岩的他的部属第四六九旅旅长练惕生作具体谈判。

谢育才返回龙岩后，按照闽西南军政委员会在《三致粤军公函》中提出的谈判条件，与练惕生举行谈判。经过多次交涉，练惕生大体同意了这些条件的原则，但是在红军集中地点问题上，练惕生坚持要求红军按他们指定的地点集中。闽西南军政委员会不同意，坚持集中地点应由红军自己选定。练惕生无奈，要求与邓子恢直接对话。

7 月 10 日，邓子恢、谢育才在谢再发、吴琪陪同下，由适中驱车直入龙岩城。龙岩群众听说邓子恢亲赴龙岩谈判，拥上街头，鸣放鞭炮，

---

① 参见《闽西南军政委员会关于闽西南和平谈判三个月来的各方面动员工作致张云逸、南委转中央的报告》（1937 年 9 月 17 日），陈丕显主编《南方三年游击战争·闽西游击区》，解放军出版社 1991 年版，第 267 页。

② 《闽西南军政委员会关于闽西南和平谈判三个月来的各方面动员工作致张云逸、南委转中央的报告》（1937 年 9 月 17 日），陈丕显主编《南方三年游击战争·闽西游击区》，解放军出版社 1991 年版，第 268 页。

夹道欢迎，抗日情绪十分高涨。

谈判在粤军第四六九旅旅部举行。闽西南军政委员会和红军代表为邓子恢、谢育才，粤军代表是练惕生和他的参谋主任王晓侯。席间，邓子恢阐明了中共和红军方面的基本立场，指出现在国难当头，大敌当前，国共两党应当团结一致，共同抗日。谈判到最后，双方依然在红军集中点编地点上发生分歧。邓子恢警觉到国民党坚持要红军集中在同一地点，包藏着阴谋缴械和扣留红军游击队的祸心，因而坚持分两地集中。为了这一点，双方几经交锋，各执己见，谈判陷入僵局。

正当相持不下的时候，从闽南传来了红三团在漳浦陷入粤军预设的奸计被包围缴械的惊人消息。[①] 邓子恢为此向粤军提出严重抗议，指责黄涛背信弃义的卑劣行径。为了顾全大局，防止亲日派从中捣鬼，邓子恢仍然克制着激愤的感情，坐到谈判桌上继续作斗争。他指出："由于贵军背信弃义，制造了漳浦事件，部队很不放心，因此坚决主张分地集中。兄弟个人是相信在闽西不会有漳浦事件发生，但对部队很难说服。"[②]

经过邓子恢和谢育才的坚决斗争，练惕生不得不同意红军方面的意见。但在集中的具体地点上，练惕生又提出红军开到龙岩白土。邓子恢、谢育才考虑到白土在公路线上，交通方便，易受敌人包围，因而反对在白土集中，提出在交通不便的原红军游击区内的龙岩之白沙和永定平和边境之下洋、芦溪两地分别集中。争执很久，不得结果。练惕生委托龙岩商会会长出面斡旋。邓子恢向商会揭露了粤军企图在闽西制造第二个漳浦事件的阴谋。龙岩各界对此都同情与支持红军，纷纷谴责粤军的不是。

最后，练惕生被迫答应了闽西南军政委员会的条件，订立了口头协定，商定红军游击队从 8 月 23 日开始分别在白沙和下洋、芦溪集中，并

---

① 1937 年 7 月 16 日，国民党第一七五师假借抗日合作，利用了中共闽粤边特委代理书记何鸣的右倾麻痹思想，在闽南漳浦把准备受编的红军独立第三团包围缴械，制造了震惊全国的"漳浦事件"。

② 张鼎丞、邓子恢、谭震林：《闽西三年游击战争》，陈丕显主编《南方三年游击战争·闽西游击区》，解放军出版社 1991 年版，第 411 页。

在11月底以前进行集训。7月29日晚，邓子恢、谢育才与粤军代表练惕生、国民党第六专署代表张策安三方，在龙岩商会就正式谈判条文达成协议，鉴字生效。[①] 8月中旬，闽西各地红军游击队基本集中完毕。8月下旬，部队分头在集中地点接受点编。这样，闽西南地区第二次国共合作的局面基本实现。

9月22日，国民党中央通讯社发表《中共中央为公布国共合作宣言》。第二天，蒋介石也发表了承认中国共产党合法地位和两党合作的谈话。至此，全国范围内的抗日民族统一战线正式形成。

9月中旬，方方从延安回到闽西，20日前后抵达龙岩白沙。10月上旬至中旬，闽西南军政委员会在白沙召开了闽粤赣边区临时党代表大会。会议传达并接受了中央指示，于10月12日提出了总结报告大纲。总结报告大纲分析了国内外和华南形势，提出党应当在三省边区开展抗日救亡运动，巩固扩大抗日民族统一战线，把红军游击队建设成为华南抗日的支柱和后备军，建立坚强的抗日根据地，加强和发展党的组织建设工作。

中共闽粤赣边区临时代表大会根据中央的指示，决定取消闽西南军政委员会，成立中共闽粤赣边省委，选举张鼎丞为省委书记，方方为组织部长，邓子恢为宣传部长，谭震林为军事部长。

闽西南国共和谈以后，国民党顽固派仍然处心积虑要消灭红军游击队。这时，日军窥视福建，厦门前线战事在即，粤军练惕生旅奉命移师闽南。粤军走后，国民党当局成立了“汀漳师管区”，以涂思宗为司令，负责闽西南地区军务。

按照军政部长何应钦的电令，集中点编以后的闽西南红军暂由涂思宗负责指导军事训练，由省政府和龙岩专署负责给养军饷。但涂思宗上任之后千方百计要把红军划归师管区编制，想吃掉这支部队。龙岩专员张策安也强行要求红军改编为保安团，由他来指挥，并以扣发军饷相威

---

① 参见邓子恢：《答复张专员在党政军联合纪念周的报告词》（1937年11月15日），陈丕显主编《南方三年游击战争·闽西游击区》，解放军出版社1991年版，第283页。

胁。于是，围绕着部队番号及军费问题，中共闽粤赣边省委与国民党军政当局又展开了一场斗争。

尤其是张策安利用拨发军饷的大权，不断玩弄阴谋，制造事端，给红军游击队施加压力。9 月底，公然迫令红军改编为保安团归省保安处指挥，并推翻谈判协议，勒令红军全部集中于龙岩城重新点编。红军方面婉辞拒绝，张策安即提出停发军饷，并扬言调 6 个保安团对红军“清剿”。[①]

红军方面为维护和平，避免冲突，作出了某些让步，同意在 10 月份全部集中于龙岩县境内，并与军政当局商定驻扎于雁石、铁石洋、白沙三处。同时，闽粤赣边省委又利用涂思宗炫耀到延安参观、伪装进步的一面，以及他与张策安之间的矛盾，请他出面调停。结果，涂思宗和张策安都只得同意把红军游击队改称为闽西南抗日义勇军，并答应按 1200 人的编制，每月由龙岩专署发给 1.5 万元经费。

但是张策安出尔反尔，10 月中旬又拒绝发饷，并于 10 月 18 日不辞而别，离开龙岩赴福州。为此，闽粤赣边省委派邓子恢出面交涉。10 月 30 日，邓子恢致信张策安表示强烈不满：“值兹时局紧张，省府不独对我们给养补充问题仍然没有确切答复，反而不照过去谈判原则，随便把敝部拨归别人指挥，故以难题加人身上，这不是诚意合作抗日救国的态度。”[②]

为了保证部队给养，闽西南抗日义勇军一方面公开发表宣言，揭露当局破坏协议；一方面呼吁商会支持，暂时垫支部分军饷，不足之数再向地主、富农和官僚家属筹措，说明等当局发下军饷当即如数偿还。

共产党和抗日义勇军方面维护民族团结、克己忍让的态度，不仅得到了闽西各界人士的广泛同情，而且造成了对国民党当局的政治压力。11 月初，张策安由福州返龙岩，不仅仍然坚持扣发军饷，而且增兵戒

① 参见邓子恢：《答复张专员在党政军联合纪念周的报告词》（1937 年 11 月 15 日），陈丕显主编《南方三年游击战争·闽西游击区》，解放军出版社 1991 年版，第 285 页。

② 邓子恢：《给龙岩专员张策安的信》（1937 年 10 月 30 日），蒋伯英主编《邓子恢闽西文稿（1916—1956）》，中共党史出版社 2016 年版，第 359 页。

严，制造紧张气氛。当时正值红军代表张云逸在龙岩，他亲自与张策安交涉，请其维持给养至中央解决之日。张策安却只答应代发5天军饷，5天以后不负责任。[①]

10月26日，日军侵占金门，窥视漳厦，闽南局势顿显紧张。国民党当局企图利用这一机会，再次阴谋搞垮抗日义勇军。10月28日，福建省政府主席陈仪让粤军师长黄涛出面，命令闽西南抗日义勇军开赴闽南前线对日作战，并告以由粤军派汽车到闽西接运部队。

张鼎丞、邓子恢、谭震林仔细研究了这个命令，估计其中必有阴谋，认为国民党方面或是以抗日为名，借刀杀人，或是部队被黄涛的汽车运到漳州，扣留缴械。但是，他们感到如果拒绝执行，势必给国民党以口实，在政治上十分被动。研究再三，决定先调驻芦溪之第二营出平和、漳浦之线，相机抗敌。[②] 他们致电黄涛，说明义勇军立即整装待发，但决定步行，不经漳州，由平和、漳浦直达东山前线，不必派车运送。

同一天，中共闽粤赣边省委特地发表《为对日抗战保卫漳厦宣言》，大量散发，造成舆论，以示抗日决心。这样一来，国民党当局感到难以下台，即于10月30日电令抗日义勇军限于11月1日赶到漳浦。显然，抗日义勇军在如此短促的时间内是不可能步行抵达的。11月1日中午，当局又突然命令抗日义勇军停止出发，并说“不得擅自移动，恐滋误会”。[③]

张策安一计未成，又生一计。他在11月7日《闽西日报》发表谈话，公然宣称：“政府非至万不得已情形下，决不愿在此非常时期发生不幸事件。”这个谈话意味着他将对抗日义勇军采取武力行动，为进攻中共武装制造舆论。果然，谈话发表以后，龙岩城增兵戒严。11月8日晚上，

---

① 参见邓子恢：《答复张专员在党政军联合纪念周的报告词》（1937年11月15日），蒋伯英主编《邓子恢闽西文稿（1916—1956）》，第373页。

② 参见《前驱》短评：《是借端构陷还是言行矛盾》，福建省档案馆等编《福建军事斗争史料选编（1934年10月—1938年2月）》，1983年编印，第643页。

③ 参见《前驱》短评：《是借端构陷还是言行矛盾》，福建省档案馆等编《福建军事斗争史料选编（1934年10月—1938年2月）》，1983年编印，第643—644页。

龙岩城外通往红军驻地雁石、白沙的建龙桥被纵火烧毁。11 月 9 日，国民党保安团开赴雁石、白沙，迫令抗日义勇军后撤。同时，他们又播放谣言，企图使人相信建龙桥为义勇军所毁，保安团与义勇军已在雁石开火，弄得满城风雨，人心惶惶。①

中共闽粤赣边省委识破了当局的阴谋，为了戳穿这一奸计，维持抗日合作的局面，乃命令抗日义勇军在 11 月 10 日午后自动撤离雁石。“自义勇军退出雁石后，岩城谣言迎刃而解，奸徒亦失却借口，满天风云豁然开朗，共产党顾全大局为和平而奋斗之精神，从此更得一明证矣。”②

1937 年 10 月 2 日，中国共产党与国民党谈判达成协议，决定将南方八省的红军游击队改编为国民革命军陆军新编第四军，以叶挺为军长，项英为副军长。随后，国民政府正式颁发了成立新四军的命令。

新四军成立以后，军部于南昌命令闽西南、闽粤边、闽赣边红军游击队改编为新四军第二支队。邓子恢调任军政治部副主任，张鼎丞为二支队司令员，谭震林为副司令员（不久后调任第三支队副司令员）。

1938 年 1 月，张鼎丞、邓子恢、谭震林率领各部队开抵龙岩白土集中待命。闽粤边红三团和闽赣边汀瑞游击队也相继到达白土会合。各部队会师以后，正式颁布了改编命令，调整干部，成立支队司令部和各有关机构，同时派出部队到各处开展抗日宣传活动。

白土成了闽粤赣边区令人瞩目的抗日救亡运动的中心，各地党组织和厦门、漳州、潮州、汕头、梅县的进步党派、抗日团体、爱国知识分子，以及海外侨胞，纷纷慕名而来，投奔新四军，参加抗日战争。二支队很快由 1000 余人发展至 2000 余人。

2 月 20 日，新四军军部命令江南所属各部立即开赴安徽歙县岩寺集

---

① 参见《前驱》短评：《如何避免不幸事件》（1937 年 11 月 15 日），福建省档案馆等编《福建军事斗争史料选编（1934 年 10 月—1938 年 2 月）》，1983 年编印，第 644 页。

② 《前驱》短评：《如何避免不幸事件》（1937 年 11 月 15 日），福建省档案馆等编《福建军事斗争史料选编（1934 年 10 月—1938 年 2 月）》，1983 年编印，第 644 页。

中，准备奔向抗日前线。2 月 27 日，新四军二支队以及各界代表和当地群众 6000 余人，在白土镇广场上举行北上抗日誓师大会。闽西国民党军政界有关人士涂思宗、张策安等也都应邀出席。张鼎丞和邓子恢相继发表演说。各界来宾代表也都讲了话，纷纷表示欢送闽西子弟兵北上抗日。

同时，新四军二支队发表《全体指战员为出发抗敌告别父老书》，庄重宣称：为着祖国的河山，为着自己的生存，为着子孙的前途，“让我们向前线上迈进，让我们和全国的抗战力量结成一条不可挣断的锁链，冲！冲！向前冲！把日本鬼子赶出中国去！”

1938 年 3 月 1 日，张鼎丞、邓子恢、谭震林率领新四军二支队全体指战员，离开白土，向皖南开进。

新四军二支队北上以后，闽西地区这块红色根据地的人民，在以方方为书记的中共闽西南潮梅特委领导下，展开了新的斗争。闽西革命斗争的历史又掀开了新的一页。

闽西革命根据地重要史实年表

1919 年

5 月 4 日　五四运动在北京爆发。其后，各种新思想在闽西青年一代中广泛传播。

1921 年

春　张觉觉、邓子恢等在龙岩组织奇山书社，阅读革命书刊，寻求改造社会的良方。

1923 年

7 月　闽粤边防督办李烈钧部之苏世安师在上杭、龙岩等地大肆劫掠，人民深受其害。

9 月 1 日　奇山书社创办的《岩声》报出版。该报的宗旨是“改造旧社会，宣传新文化”。

1924 年

5 月　旅居厦门集美读书的闽西籍进步学生李觉民等创办《新龙岩季刊》，宣传革命，抨击社会黑暗。

8 月　统治龙岩之赣南军阀赖世璜在适中勒索捐税，大肆焚掠，烧毁房屋 30 余座，杀害民众数十人。

1925 年

本年　驻上杭之军阀李凤翔部巧取豪夺，征税 7 次，预征田赋税竟达 6 年之多。

年底　第五届广州农讲所学员赖玉珊、赖秋实回到家乡永定，开展革命活动。

1926 年

3 月　旅居广州的闽西进步青年学生创办《汀雷》杂志，号召闽西人民投身革命，打倒军阀豪绅的反动统治。

春夏　共产党员阮山、林心尧从厦门回到永定，筹建了闽西最早的党组织中共永定支部。

7月9日　国民革命军10万余人分三路从广东出师北伐，东路北伐军经粤东向闽粤边境推进。

10月7日　东路北伐军下达总攻击令。10月10日，北伐军占领永定，17日夺取龙岩，29日攻占长汀。北洋军阀一部分倒戈投诚，残部仓皇向闽浙边境逃窜。

10月　第六届广州农讲所学员郭滴人、朱积垒等随同北伐军回到家乡，开展农民运动。

年底至翌年初　以共产党员和国民党左派为骨干的闽西各县国民党县党部相继成立。

1927年

1月　共产党员谢秉琼、林心尧在上杭成立汀属政治监察署，指导汀属各县农民运动。

2月　共产党员张旭高等在龙岩建立岩平宁政治监察署。

4月3日　国民党右派在福州南校场举行“拥蒋护党大会”，策动政变，宣布“清党”反动纲领。4月8日，“拥蒋护党执行委员会”下令在全省各地通缉共产党员和国民党左派。

4月12日　蒋介石在上海发动反革命政变。于是，福建全省形势急转直下，笼罩着严重的白色恐怖。

4月15日　龙岩国民党右派响应反革命政变，捣毁国民党县党部，围攻岩平宁政治监察署。

5月7日　上杭国民党右派实行“清党”反共，杀害周继英、包究生等共产党员及工农运动领导人。至此，闽西革命运动转入低潮。

8月1日　南昌起义爆发。8月上旬，南昌起义军南下。9月5日，贺龙率起义部队第二十军由瑞金进抵长汀；9月10日，叶挺率起义军第十军抵达长汀。

8月7日　中共中央在汉口召开八七会议。会后，党中央向中共闽南特委发出指示信。指示闽西南党组织在农村发动农民武装暴动，开展土地革命。

9月上旬　南昌起义军由长汀进抵上杭。周恩来、朱德等会见闽南特委负责人罗明及闽西各县党的领导人，指示开展武装斗争。

9月中旬　南昌起义军撤离上杭，向粤东潮汕进军。

9月间　中共中央南方局命令闽南特委领导农民暴动，在有农运基础的地方首先发动斗争。

10月15日　中共中央指示闽南特委，立刻派人到农村去，领导农民抗租抗捐，发动农民暴动，占据几个县城，形成暴动中心势力。

11 月　八七会议的精神传达到闽西。闽西党组织着手布置武装暴动，在秘密农会中宣传土地革命。龙岩县城在郭滴人等领导下，公开进行反抗军阀陈国辉的斗争。

12 月上旬　中共福建临时省委成立。同月，中共平和临时县委率领 600 多农民汇集于国民党县公署，举行抗捐斗争。

冬　张鼎丞等领导永定农民发动反抗驻军勒索 3 万元捐款的斗争。

1928 年

1 月　中共永定县委领导城区农民抗缴冠婚、丧祭、屠宰捐获得胜利，并在全县大力发展农会，组织农民武装"铁血团"，准备武装斗争。

2 月 11 日　平和县委在县城召开第一区农民代表会议，各乡代表在赴会途中遭到敌人袭击，5 人被捕，代表被迫退回。第二天，县委决定成立工农革命军一个团，以朱积垒为团长，武装反抗国民党反动派。

2 月 24 日　平和临时县委向省委报告，决定于 2 月 28 日举行暴动，要求省委加强指导。由于准备不周，暴动推迟于 3 月 8 日举行。农民武装在朱积垒等领导下，一举攻占县城，释放被关押的同志。由于缺乏作战经验，农民武装于当天撤出县城。3 月中旬，张贞部围攻长乐乡，平和暴动失败，农民武装转入游击斗争。

3 月 4 日　龙岩县后田农会向地主土劣索还钱据田契，废除租债。地主不肯交出，唆使走狗殴打农会会员，并阴谋杀害农会领导人。中共龙岩县委领导农民武装于当天晚上举行暴动。3 月 7 日，龙岩县委进一步号召全县农民响应，扩大斗争范围。3 月 9 日，敌陈国辉部围攻后田农军，暴动失败。农民武装撤出后田，编为游击队开展游击战争。

6 月 25 日　驻上杭之郭凤鸣部进犯蛟洋农民武装，中共上杭县委与北四区区委领导农民自卫军奋起抵抗，举行暴动。后来，由于农军火力不继，被迫转移至山区活动。

6 月 2 日　驻永定之张贞部江湘支队包围袭击中共溪南区委，逮捕 5 人。中共永定县委立即召开党代表会议，成立以张鼎丞为总指挥的暴动指挥部，决定举行全县武装暴动。

6 月 29 日　阮山、熊振声、卢肇西等率领农军分别在永定湖雷、陈东、岐岭一带乡村举行暴动。驻永定城之敌江湘支队出动镇压。7 月 1 日，张鼎丞等率各路农军乘虚向永定县城发动进攻，占领县城，救出被捕同志；随后又撤出永定城，转至溪南农村开展土地革命。

7 月上旬　邓子恢由上杭赶到永定溪南，与张鼎丞等共同研究决定，立刻在暴动区域各乡建立苏维埃政权，成立红军，开展游击战争。7 月 10 日，永定县委将这一计划报告省委。

7 月 9 日　福建临时省委召集第十一次常委会议，研究闽西暴动形势与工作方针，决定成立中共闽西特委，领导各县斗争，并派省委宣传部长王海萍前往指导。

7 月 15 日　在中共福建临时省委常委王海萍指导下，中共闽西特委在永定溪南成立，由郭柏屏任书记，张鼎丞任组织部长，邓子恢任宣传部长。同一天，成立闽西暴动委员会，王海萍为总指挥。

7月25日 福建临时省委致信闽西特委和永定县委，指示立刻在割据区域建立红色政权，没收和分配土地，由乡村割据进而夺取县城。

8月至9月 永定溪南区各乡和区苏维埃政府相继成立，颁布土地法、劳动法、肃反条例、婚姻条例等各项法令，并在邓子恢、张鼎丞等领导下，很快完成了全区近2万人口的土地分配。

8月6日 王海萍、傅柏翠率领永定、上杭、龙岩三县农民武装进攻龙岩。战斗失利，农军被迫撤至后田。8月8日，三县农军分路进攻坎市，农军再次受挫，转回永定溪南苏区。

8月8日 中共中央致信福建临时省委，指出闽西各县农民运动目前应着重发动农民最迫切的经济斗争，在斗争中组织农会，宣传党的纲领；在未夺取政权以前，工农革命军可分散游击，不必编成正规部队。8月11日，福建临时省委常委会议讨论并接受了中央这一指示，并于同一天向闽西特委发出指示信，认为目前永定难于实现全县的暴动与割据，要求根据实际情况，创造条件，以便在将来条件成熟时再实现这一割据。8月下旬，中共福建省委正式成立。

11月上旬 闽西特委鉴于当前敌强我弱的不利条件，决定暂时停止大规模的武装斗争，各县武装分散到各地开展游击斗争。

11月12日 福建省委候补书记罗明与团省委书记陈柏生抵达永定溪南，召集闽西特委扩大会议，传达党的六大的决议。第二天，特委转移至永定合溪继续召开会议。会议根据六大精神确定了闽西斗争的总策略。

11月27日 罗明在龙岩中甲召集县委扩大会议，传达六大的决议，分析8月6日攻城失败以后的形势，制订新的斗争策略。随后，罗明又继续前往上杭、长汀等地传达六大精神。

1929年

1月14日 为了击破湘赣之敌对井冈山的第三次“会剿”，毛泽东、朱德率红军第四军从井冈山向赣南、闽西进军。

3月11日 红四军从江西瑞金进抵闽西长汀县楼子坝。3月14日，红四军在长汀城南之长岭寨与守敌郭凤鸣部激战，击毙郭凤鸣，郭部溃败，红军进占长汀。

3月18日 国民党福建省政府召集紧急会议，磋商对付红军办法，决定：（一）电令各地兵马驰援闽西；（二）拨子弹1万发接济郭凤鸣部。

3月20日 红四军前委在长汀召开扩大会议，分析了形势，确定红四军目前任务是在闽西、赣南20余县开展游击战争，深入土地革命，建立红色政权，造成公开的割据。

3月28日　中共福建省委作出《闽西斗争工作大纲草案》，认为闽西在红四军的帮助下有造成割据局面的可能，应当以永定、上杭、龙岩、长汀为中心，组织地方武装，深入土地革命，建立苏维埃政权。

3月间　红四军在长汀工作十七天，帮助建立了长汀县革命委员会、长汀县赤卫队和工会、农会，发动长汀周围乡村广大群众开展土地革命。同时，永定、龙岩、上杭等地农民在红四军入闽鼓舞下，纷纷起来开展武装斗争。

3月底　福建省委派巡视员谢汉秋赶到闽西指导工作。4月中旬，谢汉秋在上杭召集岩、永、杭、武、汀五县党代表会议，重建闽西特委，以邓子恢为书记，李任予为军委。

4月1日　红四军离开长汀，开赴赣南发展土地革命。

4月5日　毛泽东以前委名义致信中共中央，对中央2月7日指示信即“二月来信”提出不同意见。

4月　驻龙岩之敌陈国辉部主力随同张贞之新编第一师开往粤东，参加军阀混战。红四军前委获悉这一情况，于5月中旬制定“闽西六月游击计划”，决定重返闽西，趁敌人力量空虚的有利时机在闽西发动新的斗争，创建闽西革命根据地。

5月20日　红四军在长汀水口渡过汀江，摆脱了敌人的围追，于5月22日抵达闽西重要城市龙岩附近之小池。第二天，红四军攻占龙岩，守敌陈国辉部退守漳平永福。同日下午，红四军又撤出龙岩，改向永定进发，5月25日攻占永定，随后成立了以张鼎丞为主席的永定县革命委员会。

5月底至6月中旬，红四军党内在关于党对军队绝对领导和军队建设等问题上发生分歧和争论，先后在永定湖雷、上杭白砂召开前委会议。

6月3日　红四军在闽西地方武装配合下，第二次攻占龙岩。

6月10日　红四军开抵新泉休整。在新泉，闽西地方武装一部升编为红四军第四纵队，纵队长傅柏翠（后为胡少海），纵委书记兼政治部主任李任予（后为谭震林）。

6月14日，毛泽东在新泉写了《给林彪的信》，从历史、理论等方面阐述关于红军党内存在的问题和纠正方法。

6月16日　蒋介石电令赣、闽、粤三省国民党军队，务于半个月内集结于闽西边境，“会剿”红四军和闽西苏区。

6月19日　红四军分三路猛攻龙岩，敌省防军第一混成旅陈国辉部溃败，大部被歼。红军第三次占领龙岩。6月21日，龙岩县革命委员会成立，邓子恢为主席。

6月22日　中共红四军第七次代表大会在龙岩召开。会议对红四军党的建设与政治军事思想等重大问题展开讨论，改选了前委，陈毅当选为前委书记。

6月29日　蒋介石电令金汉鼎任闽、粤、赣三省“会剿”总指挥，开始对闽西苏区发动进攻。7 月 17 日，国民党省政府主席杨树庄在厦门“普安”号军舰召开军事会议，进一步部署进攻闽西的行动。

7 月 20 日　中共闽西第一次代表大会在上杭蛟洋文昌阁开幕，红四军前委代表毛泽东等三人出席。会议讨论通过了一系列重要决议，对闽西形势作了正确的分析，并制定了有关的方针与政策。会议选举了新的特委，邓子恢为书记，

7 月 29 日　由于国民党军三省“会剿”，形势日趋紧张，中共闽西一大提前结束。毛泽东、陈毅、朱德等随即在蛟洋召开前委紧急会议，决定红四军一部分留在闽西，一部分向敌人力量虚弱的地区出击，以击破敌三省“会剿”。会后，前委书记陈毅赴上海向中央汇报工作，由朱德代理前委书记，毛泽东到地方养病并指导地方工作。

8 月 1 日　朱德率红四军第二、三纵队向闽中出击，在宁洋、漳平、大田、永春、德化等地区打击敌人，牵制了“会剿”之敌。与此同时，第一、四纵队留在闽西，与当地武装密切配合，开展游击战争。9 月 6 日，第二、三纵队回师闽西，攻占龙岩，从而打破了敌人第一次“会剿”。

9 月 20 日　红四军与闽西红军攻占上杭。

9 月 28 日　在周恩来主持下，中共中央在听取了陈毅关于红四军各方面情况的详细汇报后，写了《给红四军前委的信》（九月来信），对解决红军党内分歧和军队建设等问题作出指示。

9 月　龙岩县工农兵代表大会选举成立了以郭滴人为主席的龙岩县苏维埃政府。

10 月 2 日　上杭县第一次工农兵代表大会在上杭召开，成立县苏维埃政府，李立民任主席。

10 月 6 日　福建省委致函红四军前委，转达中央指示，认为红四军应全部开入粤东东江地区，利用两广军阀混战的有利时机，在东江开辟新的局面。10 月 13 日，省委组织部长谢汉秋专程到达上杭，传达这一指示。于是，红四军于 10 月 20 日开始向东江出击。

10 月 15 日　中共闽西特委第一次扩大会议在上杭召开，讨论目前形势与任务，研究中共闽西“一大”未能完成的组织、宣传、职工工作等三个问题。

10 月 22 日　陈毅携党中央九月二十八日给红四军前委的指示信，回到正在粤东梅县松源的前委机关，传达中央“九月来信”，随后多次致信毛泽东请其重返红四军。

11 月上旬　红四军在梅县作战失利后，决定重返闽西，11 月 18 日到达上杭官庄，23 日占领长汀。

11 月 26 日　毛泽东由蛟洋抵长汀，重新主持红四军前委工作，并着手准备召开红四军第九次党代表大会。

12 月底　红四军党的第九次代表大会在上杭古田召开。会议通过了毛泽东为大会起草的决议案（即古田会议决议），选举了以毛泽东为书记的前敌委员会。

1930年

1月初　朱德率红四军第一、三、四纵队由古田出发连城，解决经济问题。途中获悉闽粤赣三省国民党军发动对闽西的第二次“会剿”，乃改变计划，向赣南进军。

1月5日　毛泽东在古田给林彪复信，详细分析形势与党的方针策略。这份长篇通讯，即著名的《星星之火，可以燎原》。

1月9日，毛泽东率第二纵队从古田出发，开赴赣南，与朱德会师。

1月上旬　闽西特委决定筹办红军学校。3月间，福建省委将学校改名为福建红军学校。4月10日，党中央确定校名为中国红军军官学校第一分校。校长贺沈洋，政委邓子恢。

1月8日　福建省委致信闽西特委，认为闽西一年来的斗争及根据地的形成，对全省以至全国都有重大的意义。同时，对闽西今后的工作作了布置。

2月下旬　中共闽西特委在龙岩召开第二次扩大会议，讨论通过了土地问题、工人运动等重要决议。

3月18日　闽西第一次工农兵代表大会在龙岩举行，选举成立了以邓子恢为主席的闽西苏维埃政府，讨论颁发了各种政策法令，从而标志着闽西革命根据地形成。

3月26日　恽代英在党中央机关刊物《红旗》第87期发表《闽西苏维埃的过去与将来》，高度评价闽西苏区的成就与意义。认为闽西苏区的影响“在全福建乃至东江赣南工农群众中间都普遍的扩大”。

4月10日　中共中央决定将由闽西地方武装编成的红九军改为红十二军，直属中央指挥。中央要求红十二军成立以后，即与两广革命力量相配合，向广州进军，夺取广州。

4月28日　中共中央再次指示福建省委和闽西特委，强调“红十二军发展的方向是东江，是争取广州”。

5月16日　红十二军根据中央的指示，由龙岩誓师出发东江。随后，闽西苏维埃政府又将岩、永、杭三县群众武装编成红二十军。红十二军在东江遭到挫折，于6月间撤回闽西。

6月初　红四军在赣南发动群众，开辟了新的苏区以后，经寻乌到达武平，返回闽西苏区。

6月9日至中旬　红四军前委与闽西特委在上杭南阳和长汀举行联席会议。会议由中央代表涂振农传达中央指示，总结了近一年来的土地革命经验，讨论通过了《富农问题》和《流氓问题》决议案。

6月11日　中共中央政治局会议在李立三主持下，通过《新的革命高潮与一省或几省的首先胜利》决议案。这个决议系统地反映了党内“左”倾错误的主张，标志着李立三“左”倾错误统治了党中央领导机关。

6月22日 根据中央的指示，红四军与闽西红十二军、赣南红三军在长汀合编为红一军团，奉命北上，执行中央关于夺取南昌，会师武汉的任务。同时，另以红四军第四纵队与红十二军第一纵队合编为红二十一军，留在闽西苏区活动。

6月 闽西苏维埃政府为调节粮食市场，稳定苏区经济，决定成立粮食调剂局。

7月8日至20日 中共闽西第二次代表大会在龙岩召开。由于受到李立三“左”倾错误的影响，会议在一些重要的方针策略方面作出了错误的决定。邓子恢、张鼎丞等同志对此作了抵制与斗争。邓子恢因此被解除闽西苏维政府主席与红二十一军政委职务。

8月6日 中共福建省委根据中央指示，合并党团组织，成立总行动委员会。9月上旬，闽西党团组织合并成为闽西总行动委员会。从此，李立三“左”倾错误得以进一步贯彻。

8月9日 红二十一军根据中央关于夺取汕头、广州的指示，从龙岩出发向广东东江进攻。由于广东敌人兵力强大，红二十一军几经艰苦奋战，受到严重挫折，于9月中旬返回闽西苏区。

8月间 留在闽西的红二十军坚持在各县开展游击战争，打击苏区内部及周围的地主武装。8月22日，红二十军第五纵队克复长汀。以后又于9月10日、10月19日两次攻占长汀，保卫了苏区的稳定与安全。

9月上旬 闽西第二次工农兵代表大会在龙岩召开。会议根据李立三“左”倾错误的方针，在政治、军事、经济等方面都作出了错误的决定，要求在全苏区进一步开展所谓“反富农”斗争，在军事上“集中一切力量，扩大斗争到广东去”，争取闽粤桂三省的首先胜利。

9月中旬 在中央巡视员指导下，闽西总行委与红二十一军军委召开联席会议。会议继续打击抵制“左”倾错误的同志，压制正确意见，坚持主张再行出击东江，即使丧失闽西苏区也在所不惜。为贯彻这一方针，会议决定成立以李任予为主席的闽西革命军事委员会。

10月1日 中央派往闽西工作的施简到达龙岩，并于10月4日和10月7日召集了闽西苏维埃政府第五次常委会议、闽西总行委与红二十一军军委、红军军官学校校委联席会议。会议决定在向东江发展的总路线下，首先向闽南发展夺取漳州，再转向东江。同时，决定将红二十军与红二十一军合并，组成红军新十二军；成立以施简为主席的闽西工农革命委员会。

10月20前后 左权由中央抵龙岩，就任新十二军军长。

11月初 左权率新十二军一部经永定、平和进攻漳州，中途遭到敌人阻击受挫。新十二军及时撤回闽西，改向敌人薄弱的长汀进攻，于11月21日攻占长汀。

11月1日 福建省总行委根据党的六届三中全会精神，恢复党团组织。与此同时，中共中央南方局组织部长陈舜仪到达闽西，于11月上旬先后召开党团特委扩大会议，取消总行委，恢复党团组织，纠正李立三“左”倾错误。重新恢复的中共闽西特委书记为郭滴人。

12月上旬 邓发奉中央命令到达龙岩。不久，召集闽粤赣第一次党代表大会，传达贯彻中共六届三中全会精神，总结过去由于执行李立三“左”倾错误的教训。大会选举成立了以邓发为书记的中共闽粤赣特委，以领导三省边区的土地革命。会议开除了不执行党的任务和纪律的傅柏翠的党籍。

12月7日　闽粤赣特区苏维埃大会筹备委员会成立会议在龙岩召开，由罗寿春担任筹备委员会主席，并决定于1931年1月21日成立闽粤赣特区苏维埃政府（后来由于敌人发动第一次“围剿”，这一计划未能实现）。

12月上旬　蒋介石抵南昌，指挥国民党军队对中央苏区发动第一次“围剿”。12月16日，国民党在江西战场向苏区中心区域发动进攻。1931年1月上旬，中央红军打破了敌人第一次“围剿”。

12月15日　敌四十九师张贞部向龙岩进攻，在闽西战场发动第一次“围剿”。同日，龙岩失陷。随后，张贞部进攻坎市，12月18日占领永定。

12月下旬　敌省防军第二混成旅卢新铭部和独立第十四旅周志群部加紧从闽西北方向“围剿”闽西苏区，相继占领长汀、连城。

12月底　闽西红军与东江红军第四十八团调整作战部署，集中优势兵力，向弱小与分散之敌实行反击。

1931年

1月1日　东江红十一军第四十八团与永定地方武装6000余人，向永定之敌发起反攻。敌杭永武连四县保安总队罗介人部受到沉重打击。红军占领永定。2月，红军新十二军由上杭古蛟地区出击，向龙岩大小池反攻，歼敌四十九师第二九二团林百龙部。坎市、船巷、白土等处红色武装也相继向敌人发动攻击。敌人对闽西苏区的第一次“围剿”悄然收场。

1月　中共六届四中全会在上海召开。王明等人在共产国际代表的支持下，夺取了中央领导权，从而在党内开始了长达四年的“左”倾冒险主义的统治。同月，闽西红军新十二军内逮捕十多名无辜的红军指战员，毫无根据地指控他们为“社会民主党”分子。

2月4日　在厦门召开的中共福建省委常委扩大会议作出《对四中全会与党内斗争问题的决议案》，完全接受王明“左”倾冒险主义。会后，福建省委派张竹荣、卢肇西前往闽西苏区传达四中全会和省委的决议。

2月14日　闽西各县苏维埃政府裁判肃反委员会联席会议错误地认为，苏区与红军内部存在着社会民主党、改组派、第三党的活动，必须立刻开展肃反斗争。

2月21日　闽西苏维埃政府发出第十九号（裁字第一号）通告，强调肃反工作在当前已十分紧迫，要求各级政府“迅速消灭这些最危险的敌人”。

2月下旬　中共闽粤赣特委在邓发主持下，召开第一次常委扩大会议。会议按照四中全会精神制订的方针政策，认为闽粤赣党的任务应“与整个党的任务一致，争取一省几省首先胜利”，强调反“右倾”斗争，号召开展“反富农”和肃反，提出了“重新分配一切土地”的口号。同时，会议也批判了过去李立三“左”倾错误所造成的危害。

3月1日至2日　闽西苏维埃政府在永定虎冈召开审判“社会民主党分子”代表大会，错误地判处林梅汀等17名党和红军的干部死刑。会议还宣布了今后惩办“社党”分子的三条原则，从而使得闽西肃“社党”运动发展得更为严重。

3月6日　闽西苏维埃政府第23号通告指称傅柏翠为“社会民主党领袖”，在北四区“企图破坏革命，倾覆苏维埃，瓦解红军”，号召北四军群众向革命的叛徒开展斗争，“为苏维埃政权而奋斗，为土地革命而战争”。

3月15日　四中全会中央代表团由上海抵达闽西虎岗，进一步贯彻王明“左”倾冒险主义。

3月21日　苏区中央局对闽西工作作出决议，批评闽西党团组织执行四中全会路线不坚决。3月22日和24日，共青团与党的闽粤赣特委先后召开扩大会议，接受中央局的批评，决定进一步贯彻四中全会的“国际路线”。

3月27日　国民党军政部长兼南昌行营主任何应钦下达攻击令，以二十万兵力发动对中央苏区的第二次“围剿”。5月16日，红一方面军在江西吉安富田伏击进攻之敌，大获全胜。随后，红一方面军又先后在白沙、中村、广昌连战皆捷。5月31日，红三军团与红十二军攻占建宁，从而打破了敌人的第二次“围剿”。

3月中下旬　四十九师张贞部、六十二师香翰屏部配合江西战场国民党军队的行动，对闽西苏区发动第二次“围剿”，先后占领坎市、峰市、湖雷、永定县城。

3月29日　闽西苏维埃政府在永定虎冈召开各县区苏主席和经济土地委员、雇农工会主任、贫农团主任联席会议，认为过去的土地政策有利于地主富农，决定重新分配一切土地。

4月4日　中共中央根据闽西的报告，给闽粤赣特委发出指示信，认为闽西“社党”活动十分严重，要求采取最严厉的手段加以镇压，并在“肃反”斗争中反对右倾。

4月5日　中共闽粤赣特委根据“地主不分田，富农分坏田”的“左”倾错误方针作出《没收豪绅地主财产及收回其土地的决议》，认为这一工作是目前一切任务的中心。闽西苏维埃政府随即开展试点工作，并向全苏区推行。

4月间　红军新十二军与各县地方武装采取游击战术，打击敌人的第二次“围剿”，分别向永定坎市和长汀温坊、濯田之敌进攻。但由于敌我力量悬殊，这些军事行动未获预期效果。

5月中旬　卢新铭部占领长汀濯田，切断了闽西与赣南苏区的联系。5月20日，四十九师攻占龙岩小池，龙岩县苏区几乎尽为敌人占领。

5月21日　闽西苏维埃政府在永定虎岗召开第三次扩大会议。会议分析了闽西苏区所面临的严重形势，确定当前的总任务是：“巩固闽西现在的苏区红军，恢复失去的苏区，特别是克复坎市、湖雷、龙岩，以巩固中央苏区的后方，与各地斗争配合起来，冲破帝国主义国民党军阀第二次的围攻。”

5月27日　杭武县赤卫团第三大队长李真等为反抗上级乱抓乱杀，营救被关押的同志，在第三区坑口扣押闽西苏维埃政府特派员罗寿春，是为“坑口事变”。闽西苏维埃政府即调新十二军前往镇压。5月29日，第三大队除少数逃亡以外，大部分被击毙或缴械拘捕。

5月至6月间　肃“社党”运动愈趋严重，许多优秀的党和红军的干部被无辜逮捕杀害。此期间，无中生有地先后两次破获“社会民主党”闽西特委，两次破获“社党”青委，四次破获“社党”龙岩县委，两次破获社党永定县委，两次破获新十二军“社党”军委。由于错误的“肃反”运动，共青团组织大部陷于瘫痪，新十二军的战斗力也大受削弱。

6月上旬　国民党军加紧对闽西苏区的第二次“围剿”。四十九师进一步进攻永定太平区和圹背区，包围闽西苏维埃政府驻地虎岗和新十二军。但由于中央红军攻克建宁，在江西战场上击破了敌人对中央苏区的“围剿”；加以国民党新军阀内部矛盾加剧，张贞部在受到闽西苏区军民不断袭扰打击之后，陆续向龙岩一带撤退。

6月16日　闽西红军攻克长汀，卢新铭旅败走童坊。6月21日，广东军阀香翰屏部从永定丰稔撤回峰市。6月下旬，红一军团之红十二军进抵长汀、宁化之间，6月27日占领宁化，7月1日再占汀州。同时，闽西新十二军配合行动，向北线扩展至宁化、清流一线。于是，国民党对闽西苏区的第二次“围剿”完全失败。

6月22日　蒋介石在南昌举行军事会议，部署对中央苏区的第三次“围剿”。6月30日，红一方面军临时总前委判明敌军进犯情况，迅速制订了打破“围剿”的方针。经过两个多月连续作战，红一方面军先后在莲塘、良村、黄陂、方石岭诸役沉重打击了来犯之敌，于9月中旬打破了敌人在江西战场对中央苏区的第三次“围剿”。

7月8日　国民党福建省政府召开海陆联防会议，部署对福建各苏区的“围剿”，调动四十九师张贞部、六十二师香翰屏部、新编第二师卢兴邦部和各县保安队、“救乡团”等地方民团，共三万余兵力，投入对闽西苏区的第三次“围剿”。

7月上旬　国民党军开始发动攻击。8月2日，新编第二师之马鸿兴团入据汀州。8月9日，四十九师占领闽西苏维埃政府驻地虎岗，8月20日入占永定。

7月21日　共青团苏区中央局派往闽西的巡视员陆定一在《列宁青年》发表《敌人进攻白砂中我们的教训》，介绍中央红军前两次反“围剿”的经验。在此之前，中共闽粤赣省委研究决定，采取诱敌深入、各个击破的战略战术，打击敌人的“围剿”。

8月9日　集结于汀杭边界的红军新十二军向回龙出击，然后迅速沿汀江而下，击溃驻上杭庐丰的钟绍葵部。8月13日，新十二军在蓝家渡再败钟绍葵，然后转向上杭以北之白砂，扭转了被动局面。

8月29日　中共中央致信闽粤赣苏区省委，严肃批评闽西苏区在肃反工作方面的错误和土地革命方面侵犯中农利益的偏向，指示立刻加以纠正。

9月上旬　闽西红军转入反攻阶段。9月6日，新十二军在连城朋口击败马鸿兴部；9月8日进占长汀钟屋村，9月11日攻占汀州。9月18日，新十二军向连城发动进攻，卢新铭旅弃城退往姑田、小陶。至此，闽西苏区的第三次反“围剿”胜利结束。新十二军与老十二军在长汀会师，合并为红军第十二军。不久，闽西苏维埃政府由上杭白砂迁入长汀。

9月29日　闽西苏维埃政府第九十七号通告宣布原肃反委员会主席林一株等九人为闽西“社会民主党”负责人，分别处以死刑。

10月21日　陆定一在共青团闽粤赣省委出版的《列宁青年》发表《肃清反中农情绪》，严肃批评闽西苏区前一阶段在重新分配土地中反中农情绪的“‘左’倾机会主义”。

11月29日　红十二军由汀州向连城进发，第二天分三路包围连城，歼敌卢新铭旅之易启文团，俘副团长张敬扬以下200余人。

12月中旬　苏区中央局书记周恩来由上海进入闽西苏区。12月18日，周恩来在由永定赴长汀的途中致信中央，指出了闽西苏区在肃反工作中的严重错误，认为必须“与此严重问题斗争”。

1932年

1月21日　中共中央就肃反问题给闽粤赣省委发出指示信，认为闽西苏区的肃反造成了非常严重的状况，若不及早纠正，苏区的发展与巩固是绝不可能的。中央指出，中央一刻也不能容忍这种错误的继续存在，闽西党组织必须立刻同这种错误作斗争，并彻底加以纠正。

2月　福建军区指挥部成立，司令员罗炳辉、政委谭震林。其任务是指挥红十二军和独立师，及各县独立武装，配合工农群众的力量，巩固和发展福建全省的苏维埃政权。

2月23日　红十二军由汀州、连城南下，分三路进攻武平，击败新编独立旅钟绍葵部，占领武平城。红十二军趁胜进击，2月26日又一举占领上杭。

3月2日　《红色中华》第十二期发表周恩来撰写的《红军十二军占领杭武的意义》，高度评价这一胜利的意义，认为这是革命战争的新胜利，闽西苏区的新局面。

3月初　中共闽粤赣苏区第二次全省代表大会在长汀召开，苏区中央局代表任弼时作政治报告，并且传达了中央局2月19日的《目前政治形势的分析与苏区党的紧急任务的决议》。大会根据中央局的指示与决议，讨论通过了《目前政治形势与闽粤赣苏区党的任务决议案》《关于党的建设问题决议》《苏维埃工作决议》等重要文件。大会重新选举了中共闽粤赣省委（后来也称福建省委），罗明任代理省委书记。

3月18日至21日　福建省第一次工农兵代表大会在长汀召开。会议听取了中央代表任弼时的政治报告和张鼎丞关于闽西苏维埃政府一年来工作报告，讨论通过了《土地法》《劳动法》以及财政、苏维埃建设等重要决议。会议选举成立了福建省苏维埃政府，张鼎丞等三十五人为执行委员，钟友勋等十三人为候补执委。3月22日，福建省苏维埃政府执行委员会第一次会议选举张鼎丞等九人为主席团，张鼎丞为主席。

3月20日　苏区中央局和中革军委根据毛泽东的建议，命令由红一军团与红五军团组成的红军东路军向福建进军，其任务是打击福建国民党军和侵入闽西苏区的粤军，巩固闽西，筹措经费。

3月下旬　红军东路军经长汀挺进建宁、泰宁、宁化、沙县地区。3月30日，毛泽东致电苏区中央局，建议东路军继续东进，夺取漳州。

4月3日　红一军团由长汀向龙岩出发。4月10日，红一军团歼敌四十九师两个团，占领龙岩城。4月14日，红五军团由赣赶抵龙岩，与红一军团会师。

4月20日　红军东路军攻占漳州，歼敌四十九师大部，俘1600余人。其后，东路军在闽南各县发动群众斗争，肃清残敌。5月28日，东路军完成了在闽南的任务，撤离漳州，返回中央苏区。

6月6日　福建省苏维埃政府土地部长联席会议根据苏区中央局2月8日关于查田运动的决定作出决议，一方面在新苏区解决土地分配，一方面在老苏区马上成立各级检查委员会，开展查田运动。同月，省苏维埃政府发布第十二号训令，重申这一决定。

6月上旬　蒋介石调动第十九路军在闽南登陆，并以漳州为基地，设立由蒋光鼐为主任的驻闽绥靖公署，配合国民党其他各部对中央苏区的第四次“围剿”。不久，粤军沿韩江而上，向上杭、永定、武平一线逼近，闽军卢兴邦部向宁化方面压迫，十九路军则向龙岩推进，形成了对闽西苏区三面进逼的态势。

7月7日　龙岩地方武装独立第三团向驻新田之地主民团郭济潮部发动进攻；永定独立第一团进攻坎市、龙潭之敌，直下金丰、陈东坑。

7月8日　红军独立第七师占领宁化，然后趁胜向清流推进，占领清流。

7月13日　福建省苏维埃政府颁发《检查土地条例》。查田运动在闽西苏区全面展开。

7月31日　武北游击队进攻千家村之团匪张元昌部，击溃援敌钟绍葵。同日，红军独立团与地方武装进攻驻桃地之敌。敌溃退。红军乘胜追击至拾信、乌浩，直逼武平城下。

9月26日至28日　福建省苏维埃政府执委扩大会议在中央代表项英指导下，批评福建查田运动及其他工作犯了“严重的不可允许的错误”，必须立刻加以纠正，迅速把查田运动开展起来。

9月26日　红军独七师在安远市击溃周志群部后，追击逃窜之敌，10月7日再次占领清流。

9月　国民党十九路军侵占龙岩，进而占领坎市，向闽西苏区纵深之新泉方向推进。

10 月 29 日　闽西红军在福建军区指挥下，分两路出击，占领连城、归化（今明溪）。

11 月 26 日　闽粤赣省委发布《关于苏区紧急动员工作检阅的总结》，指出敌人正加紧向中央苏区进攻，残酷的斗争就要开始，号召全党同志应牺牲一切，集中一切力量紧急行动起来，击破敌人第四次“围剿”。

12 月　何应钦指挥 30 多个师，分三路准备对中央苏区发动第四次“围剿”。其中由蔡廷锴任总指挥的左路军为驻闽第十九路军六个师又一个旅，任务是就地“清剿”，策应中路军行动。

1933 年

1 月　陈诚指挥的中路军以 16 万之兵力，开始向中央苏区发动第四次“围剿”。周恩来、朱德率中央红军主力集结于黄陂地区，于 2 月 27 日伏击进犯之敌，歼敌近两个师。3 月 21 日，红军主力又在草台冈歼敌两个师，从而基本打破了敌人在江西战场的第四次“围剿”。

1 月 21 日　福建省委代理书记罗明在连城新泉向省委写了《对工作的几点意见》。这份意见书根据敌人正大举向闽西苏区进攻的形势及党的工作任务，就红军行动方针、战略战术、动员群众与根据地建设诸方面提出了正确的见解。

1 月下旬　罗明又在上杭旧县给省委写了《关于杭永情形给闽粤赣省委的报告》，详细分析了敌人进攻的形势与群众情绪，就当前工作和党的领导方针提出了十分中肯与切合实际的意见。同时，新泉县委书记杨文仲也致信省委，坦率陈述他对党在苏区工作方面的意见。

1 月底至 2 月上旬　进攻中央苏区之敌左路军（主力为十九路军及广东部队），在闽西战场发动全面进攻。各地民团积极配合，骚扰苏区边境。闽西苏区军民在各条战线展开了英勇的战斗。

2 月 14 日　粤敌一个团从上杭庐丰经横岗、黄潭入泰拔，配合敌主力向苏区大举进攻。福建军区指挥地方红军奋勇反击，击退企图强渡黄潭河之敌。

2 月 15 日　中共苏区中央局在研究了罗明和杨文仲给省委的报告之后，作出《关于闽粤赣省委的决定》，认为省委中形成了以罗明为首的机会主义路线，情况非常严重。中央局决定立刻在党内开展反对“罗明路线”的斗争，撤销罗明省委代理书记和省委驻杭永岩全权代表职务。

2 月 19 日　红军独立第十师在武平击溃驻中堡之钟绍葵部及当地团匪。2 月中旬，红军独立第九师在林地袭击敌军，捕获敌清流县团总局长。2 月 26 日，独九师再次击溃曹坊、吴家地之股匪 300 余人。

2 月 20 日　少共苏区中央局发出《关于开展反罗明路线斗争的决定》，认为少共福建省委书记陈荣未能按照中央路线对“罗明路线”作彻底斗争，宣布撤销陈荣的职务，并要求团省委将反对“罗明路线”的斗争发展到全省各级团组织。

2 月 24 日　中共闽粤赣省委作出《对〈中央局关于闽粤赣省委的决定〉的决议》，表示拥护苏区中央局关于反对“罗明路线”的决定，并决定撤销新泉县委书记杨文仲职务，在省委及各级党组织揭发批判“罗明路线”。

2 月 28 日至 3 月上旬　中共闽粤赣省临时代表大会在汀州召开。会议在紧张的气氛中，对罗明、张鼎丞等进行错误的批判斗争。会议根据苏区中央局决定的精神作出了决议。会后，闽粤赣省委改组，由陈寿昌任书记。

2 月底至 3 月初　国民党十九路军和广东军阀加紧进攻闽西苏区，占领新泉、芷溪，形势趋于紧张。3 月 8 日，闽粤赣党团省委联合发出《告群众书》，号召苏区人民动员起来，保卫汀连宁苏区，打破敌第四次“围剿”。

3 月 6 日　福建军区将闽西苏区各部地方红军统一整编，在上杭旧县成立红军第十九军。另将各县赤卫队改编为独立团，把全苏区军事系统划为宁清归、岩永杭、汀清连三个军分区，以适应反“围剿”战争的需要。

3 月中旬　少共闽粤赣省委在中央局代表王盛荣指导下，召开省委扩大会议。会议进一步指斥过去团省委在陈荣领导下，未能对“罗明路线”作坚决的斗争，号召全省团组织立即开展这一斗争。

3 月 21 日　国民党十九路军一个团由连城芷溪出发，企图袭扰福建军区后方基地南阳。驻南阳的福建军区随营学校师生奋勇迎击，打退了敌人的进攻。

3 月 31 日　国民党十九路军六十师一部再次侵袭南阳，途经马洋洞时，受到红十九军打击而败退。4 月 7 日，六十师三个团第三次向南阳进犯。红十九军在马洋洞设伏，将敌击溃。此后，红十九军与各县独立团开始向敌人反击。

5 月 3 日　红十九军向占领上杭的广东敌军发起进攻，水西渡一役，歼敌一个营，残敌仓皇向城内溃逃，溺毙汀江者 200 余众。在红军不断打击下，入侵苏区之敌相继撤至虎岗、坎市、龙岩一线，从而基本打破了第四次“围剿”。

6 月 12 日　中共闽粤赣省委召开扩大会议。会议认为福建军区政委谭震林是红军内“罗明路线”的代表之一，应当给予无情打击，并且决定，撤销谭震林的职务，谭震林坚持自己的正确主张，递交了书面声明，断然否定与驳斥“左”倾教条主义的批判。

7 月 1 日　中央命令以红三军团第四、五两个师与福建军区红十九师组成东方军，由彭德怀、滕代远率领入闽作战。7 月 5 日，东方军由江西进抵宁化以西地区。

7 月 14 日　驻清流之国民党地方武装卢兴邦主力三个团弃城撤往永安，红四师与红独立七师占领清流。

7 月 19 日　红军东方军红五师攻克宁化泉上土堡，全歼守敌一个团。

7 月 30 日　红军东方军在连城朋口歼十九路军区寿年师两个团。8 月 3 日，区寿年师余部四个团在向永安败退途中，在姑田再次受到东方军追击，被歼一个团。是役，十九路军受到严重打击，被迫撤往龙岩。闽西苏区的连城、宁清归等地区于是得以恢复。

9月22日　蔡廷锴的代表陈公培在延平附近王台秘密会见彭德怀，表明十九路军反蒋抗日的意向。10月26日，十九路军全权代表徐名鸿在瑞金与苏维埃及红军代表潘汉年达成《反日反蒋初步协定》。

9月25日　国民党调动50万兵力向中央苏区发动第五次"围剿"，首先在北路进攻江西黎川。9月28日，黎川失守；10月9日，红军在硝石战斗失利；11月11日，敌军进攻浒湾、八角亭，红军受到重大伤亡。此后，在王明"左"倾错误的领导下，中央苏区第五次反"围剿"战争愈益陷于被动。

10月28日—11月2日　中共福建省第三次党代表大会在长汀召开，苏区中央局代表张闻天作政治报告。会议分析了当前形势，总结第四次反"围剿"工作，部署第五次反"围剿"。会议选举陈潭秋为省委书记。

11月22日　陈铭枢、蒋光鼐、蔡廷锴等十九路军将领在福州发动事变，宣布成立中华共和国人民革命政府。11月27日，福建政府与红军代表在长汀达成《闽西边界及交通条约》，双方划定了驻军范围，建立交通干线。

12月中旬　蒋介石调集十一个师进入闽北地区，完成了对福州的战略包围，决定武力镇压福建政府与十九路军。

1934年

1月初，中共福建省委书记陈潭秋因为在扩大红军"突击月"表现了"机会主义的动摇"被撤销职务。

1月5日　蒋军向驻延平的十九路军发动攻击，次日攻占延平。1月16日，蒋军第二路总指挥蒋鼎文率部进入福州。

1月中旬　李济深、陈铭枢、蒋光鼐等反蒋爱国人士和十九路军将领相继到达龙岩。2月间，十九路军在蒋军追击下全部溃败，终至瓦解。

2月8日　由于张鼎丞始终坚持正确主张，反对王明"左"倾错误，被认为是"罗明路线"的执行者，一再受到打击，在福建省苏维埃政府第二次执委扩大会议上被撤销福建省苏维埃政府主席的职务。

2月　蒋介石任命蒋鼎文为东路军总司令，设司令部于漳州，辖九个师另一个旅。敌东路军进入闽西南地区后，相继进抵龙岩、上杭、连城、朋口、新泉一线，层层构筑碉堡，由东向西紧缩包围圈，准备向苏区大举进攻。

4月　中央军委派遣福建军区红军独立第八团挺进闽西敌后，骚扰与打击敌人后方漳州至龙岩的军事补给线。红八团从上杭泰拔出发，5月4日越过敌人封锁线，随后到达永定县金丰大山。

5 月中旬　福建军区红军独立第九团奉中央命令，在永安接替了红七军团防务之后，向连城姑田移动，在连城、永安、宁洋边界开展游击战争。

6 月中旬　红八团由永定金丰大山继续向漳龙公路方向移动。6 月 15 日，红八团袭击驻白土民团与敌八十师一部，震动了敌人。随后，红八团采取灵活机动的游击战术，在漳龙公路两侧发动群众，打击敌人，相继建立了永东、岩南漳、岩永靖游击根据地。

6 月至 7 月间　红九团在龙岩、连城、宁洋三县边界地区广泛开展游击战争，建立了游击根据地。11 月 7 日，红九团在宁洋县沙田建立岩连宁县革命委员会。

7 月—8 月　蒋介石集中兵力于中央苏区北线与东线两个方向，向石城、瑞金、长汀发动全面进攻。进攻长汀方向之蒋军为东路军蒋鼎文所率之李延年纵队 4 个师。

8 月 2 日　中革军委主席、红一方面军总司令朱德开始部署和指挥阻击国民党东路军的松毛岭战役。

8 月下旬　红一军团位于长汀与宁化边境之曹坊，红九军团与红二十四师集结于长汀与连城交界的松毛岭以西地区。敌人侦知这一情况，不敢贸然出击。

8 月 24 日　朱德下令红一军团开赴赣南援助红三军团，意在声东击西。敌李延年部发现这一动向，即率四个师由连城朋口向温坊进击，企图夺取松毛岭，进取河田、长汀。朱德发现敌人中计，立刻改变计划，命令红一军团改向松毛岭方向前进，会合红九军团及红二十四师，相机打击李延年部。

9 月 1 日　李延年纵队第八旅旅长许永相率三个团由朋口向松毛岭东侧温坊前进。根据朱德的命令，在林彪、聂荣臻指挥下，红一军团、红九军团及红二十四师于当晚发起温坊战斗，趁敌不备，袭击驻温坊之敌许永相旅，全歼其两个团。9 月 3 日，红军再歼温坊增援之敌第五十团，重创敌第三师李玉堂部。

9 月 8 日　为加强中央苏区北线战场，朱德电令红一军团西移江西兴国，红九军团与红二十四师仍留在长汀松毛岭一线钳制与抗击李延年纵队。

9 月中旬　蒋军北路军总司令顾祝同在龙岩召集师以上军官会议，重新部署东路军对中央苏区的进攻。

9 月 24 日　蒋军东路军司令部下达向长汀松毛岭方面总攻的命令。9 月 27 日，李延年纵队一〇六旅、一〇八旅开始向松毛岭红军阵地发起进攻。当天下午，红军主阵地白衣洋岭陷落。

9 月 26 日　朱德电令红九军团军团长罗炳辉、政委蔡树藩慎用兵力、避免重大损失，在失利时有组织地撤退。

9 月 29 日　敌第九师、三十六师再次向松毛岭发动攻击。当天晚上，红军主动撤出战斗。松毛岭失守。国民党军占领中屋村及周围地区。

10 月 4 日　敌李延年纵队由中屋村攻占南山坝，红二十四师退守河田。10 月 6 日，敌军进抵河田。

10 月 7 日　中革军委下令各军区地方红军接替各战线防御任务，主力红军向兴国、于都、瑞金集结。红九军团、红三军团奉命由长汀、宁化撤到江西。红二十四师及地方武装担负起防御敌军强大进攻的艰巨任务。

10 月中旬　中央红军撤离中央苏区，举行长征。

11 月 1 日　敌东路军司令部下令向长汀总攻击。11 月 2 日，国民党东路军李延年纵队第九师进占长汀。

11 月 26 日　国民党军占领清流，11 月 30 日占领宁化。

12 月初　张鼎丞从赣南抵达福建省委所在地长汀四都。随后，偕同刘永生、陈茂辉、范乐春等向永定进发，到闽西老苏区开展敌后游击战争。

1935 年

1 月　张鼎丞等冲破敌层层封锁线，抵达永定赤寨，与永定县委会合。

2 月 21 日　瞿秋白、何叔衡、邓子恢等奉命留在苏区，他们从福建省委所在地长汀四都向永定突围。2 月 24 日，在长汀水口附近小迳村被敌包围。何叔衡在突围战斗中牺牲；瞿秋白被捕，6 月 18 日被杀害于长汀；邓子恢率少数人员突围，重返四都省委机关。

3 月　邓子恢会同陈潭秋、谭震林率一个营再次向永定方向突围，4 月抵达永定大阜山与张鼎丞等会合。陈潭秋在永定赤寨召开留在闽西的党与红军主要领导同志会议，决定成立闽西南军政委员会，以张鼎丞为主席，统一领导闽西南地区的游击战争。会议讨论确定了今后斗争的方针与任务。会后，领导同志与各部队分赴各地开展工作。

4 月至 7 月　国民党以 8 个正规师及各县地主民团对红军游击队发动第一次“清剿”。这期间，闽西南军政委员会副参谋长朱森叛变。

4 月　方方、罗忠毅率明光独立营从永定金丰大山出发，经龙岩东部地区转回岩连宁边区，会同原来留在那里的部队组成第一作战分区，开展游击战争。

4 月　丘织云、王胜率红八团由永定开赴漳龙公路沿线两侧，神出鬼没地打击敌人。

4 月　吴胜、谢育才率红九团一部从永定五指山向闽南平和方向出发，开辟新的游击区，并设法与闽南红三团取得联系。

5 月下旬　红九团进入平和县秀峰山、白花洋地区。6 月下旬，该团与战斗在闽粤边境的红三大队会合。

6 月 25 日　红九团抵达平和县三坪地区，与红三团胜利会师，完成了打通闽南游击区的任务。随后，这两支部队在闽粤地区协同作战，应付敌人的“清剿”。

8 月至 12 月　国民党在第一次“清剿”失败后，又采取更毒辣的手段，对闽西南红军游击队进行第二次“清剿”。红军面临更为艰苦的局面。

8月中旬　敌人出动大部队向各游击根据地进攻。9月中旬，第一作战分区在岩连宁地区受到敌人袭击，明光独立营营长贺万得牺牲，其他各部队也被打散。方方等同志四处寻找收集失散人员，仅存三分之一。

9月初　红八团由龙岩朗车向漳平、华安边界开进，以扩大红军政治影响，解决经济给养。部队在梅营遭敌袭击，团政委丘织云牺牲而被迫返回游击根据地，后分散开展游击活动。

9月　由于敌人不断地“清剿”，在闽南活动的红九团陷于被动，不得不向永定转移返回闽西游击区。9月20日至24日，红九团在永定县东南部边区被敌人包围，政治部主任赖荣传牺牲，部队伤亡严重。

11月　红九团在永定湖雷一带再次被敌人跟踪袭击。部队历经艰苦奋战，损伤过半，团政委吴胜被俘，押送到龙岩被杀害。

12月　闽西南军政委员会接获党中央关于建立抗日反蒋统一战线的宣言和方针政策。

1936年

1月1日　闽西南军政委员会在上杭双髻山召开第二次会议。会议根据中央关于建立抗日反蒋统一战线的指示，制定了新的方针政策，确定把闽西南红军游击队编为抗日讨蒋军四个支队。会议重新选举了闽西南军政委员会，张鼎丞为主席，邓子恢、谭震林为副主席。

3月　国民党发动第三次“清剿”。抗日讨蒋军第三支队在白土东坑与敌八十师遭遇，发生激战，毙伤敌近百人。此后，第一支队在岩连宁边区消灭敌五十二师一个加强连，攻占龙岩之溪口、涂潭，恢复与发展了游击根据地。

6月上旬　国民党内部矛盾加剧，以陈济棠、李宗仁为首的西南执行部与西南政务委员会，以抗日为名，通电反蒋。这就是“西南事变”。

6月至7月　闽西南军政委员会在党内及机关报上先后发表《关于西南事变与目前党的紧急任务的决定》《闽西南军政委员会为西南事变宣言》《为西南出师北上告白军官兵同胞书》等重要文件，过高估量了西南事变的进步性，对其统治集团内部的权力争斗及反共性则估计不足。

9月26日　蒋介石在平息西南事变之后，又腾出手来对付南方红军游击队。驻闽绥靖主任蒋鼎文宣称决心以三分军事、七分政治剿灭闽西南红军。

12月　闽西南军政委员会将抗日讨蒋军主力三个支队集中于永定，与粤军作正面作战，部队受到挫折。随后决定改变策略，重新分散游击，扭转了被动局面。

12月12日　西安事变爆发。12月19日，中共中央发表《对西安事变通电》，建议召集和平会议，共赴国难。西安事变和平解决后，中共中央进一步向国民党提出停止内战，一致抗日的主张。

1937 年

3 月 5 日　中共南方工作委员会发出《致闽粤边特委的指示信》，同时转来党中央有关指示。中央和南委指示认为，中国人民的抗日救亡运动已进入一个新的阶段，党应扩大同各党派各军队的抗日民族统一战线，推动蒋介石政府及其军队参加抗日战争。南委指示将“抗日反蒋”口号改为“逼蒋抗日”，并派出代表与国民党当局谈判。

4 月 25 日　闽西南军政委员会召开常委扩大会议，讨论中央和南委指示，决定在闽西南积极推进国共合作抗日的局面。

5 月 15 日　闽西南军政委员会发布《关于闽西南人民抗日救国纲领》《三致粤军公函》等文件，对实现国共合作共同抗日提出各种建议与措施。

6 月 15 日　闽西南军政委员会派谢育才为代表，到达漳州与粤军第一五七师师长黄涛商谈国共合作。

7 月 7 日　卢沟桥事变爆发，抗日战争全面开始。

7 月 10 日　邓子恢、谢育才由适中抵龙岩，与粤军代表练惕生作进一步谈判。

7 月 29 日　邓子恢与粤军代表练惕生、国民党专署代表张策安三方，在龙岩正式谈判达成协议并签字生效。

8 月中旬　闽西南各部红军游击队分别在白沙、下洋、芦溪等地集中点编。国民党军政当局派员出席了点编仪式。

10 月 10 日前后　闽粤赣边区临时党代表大会在龙岩白沙举行。会议讨论了中央指示，制订了关于巩固发展抗日统一战线的方针。会议决定，取消闽西南军政委员会，成立中共闽粤赣边区省委，选举张鼎丞为省委书记。

1938 年

1 月 6 日　新四军军部由武汉迁至南昌，军长项英，副军长叶挺。邓子恢被任命为新四军政治部副主任。新四军军部命令闽西南红军游击队改编为新四军第二支队，张鼎丞为司令员，谭震林为副司令员。同月，新四军二支队集中于龙岩县白土，进行整编训练，

2 月 20 日　新四军军部命令江南所属各部立即开赴安徽歙县岩寺集中。2 月 27 日，新四军二支队以及各界代表与当地群众 6000 余人，在白土镇广场举行北上抗日誓师大会。国民党军政当局负责人涂思宗、张策安等应邀出席。

3 月 1 日　张鼎丞、邓子恢、谭震林率领新四军二支队离开白土，踏上了开赴苏皖抗日前线的征途。

1988年版后记

萌发写这本书的念头，还是9年以前。那时正参加筹备纪念红四军入闽与古田会议50周年的工作，看到各方面对党史材料的迫切需求，人们很需要一部全面介绍闽西苏区的历史著作。于是，我同古田会议纪念馆过去的同事蓝荣田同志商议，一起尝试写一本这样的书。

花了一两个月时间，一本12万字的《闽西革命根据地史话》匆匆草就，并在中共龙岩地委的支持下，印刷3000册，内部发行。想不到那本小册子还颇受欢迎，印出不久，即被索取一空。不过，那毕竟是一本通俗读物，自己也不满意，于是又试图写一部学术专著。不久，我调到中共福建省委党校党史研究室，研究方向选定为中共党史人物以及福建现代革命史。这就为搜集、整理闽西党史资料，从事闽西革命根据地史的研究、编写工作提供了很好的机会。

经过进一步的考察研究，发现过去我对闽西苏区的了解十分肤浅。我决定一切从头开始，阅读了3000余件历史文献，以及所能找到的主要当事者的回忆录。但是，著述一部两军对垒长达10年，而且涉及国共两党最高领导层的闽西土地革命战争的历史，仅仅了解中共及红军方面的资料还是不够的，只有通过对各方面的丰富资料的综合、分析，才能对错综复杂的历史现象作出准确的阐述。我又到南京中国第二历史档案馆及北京图书馆等单位，查阅了国民政府行政院、国民政府文官处秘书局、国民党中央秘书处，以及国民党福建省政府、各地驻军的来往文电和各种报刊。通过对上述各方面材料的研究，我对闽西苏维埃运动的全部历史才有了比较完整的了解。

同时，最近几年，革命根据地史的研究工作越来越受到人们关注。井冈山、湘鄂赣、湘赣、闽浙赣、中央、川陕等根据地的专史或历史长编不断涌现，有的还出了几个版本，全国中共党史研究会和一些省区还先后多次召开了全国性或区域性的土地革命时期革命根据地历史学术讨论会，足见党史学界对此十分重视。这无疑是对我的鼓舞和鞭策，促使我尽快地把这本书写出来。

在完成了对各种史料的收集与研究以后，我从 1985 年 12 月开始，断断续续花了 10 个月时间，写完了这部书的初稿。为了尽可能反映历史真实，写出闽西苏区的特色，写出闽西苏区在中共党史上的特殊地位与作用，书中述及的重大史实，基本上运用历史档案文献加以客观分析与论述，同时适当参考历史当事者的第一手回忆资料，使之更为系统完整，力求通过对这一历史的阐述，总结闽西土地革命战争丰富的历史经验与教训；并由这一局部的历史，阐发中国共产党领导开展土地革命战争的普遍规律。

在本书撰写过程中，得到了一些革命老前辈、党史专家及同行们的鼓励支持与帮助。这里特别要感谢中国共产党的早期活动家、福建党团组织和闽西革命根据地的创始人之一、第六届全国政协常委罗明同志在逝世前几个月抱病为本书题词；感谢原福建省委书记、闽西苏区时期党团组织与红军的领导人之一伍洪祥同志，他审阅全稿，提出了许多宝贵的修改意见，并为本书题词；感谢我国著名中共党史专家、全国中共党史研究会和党史人物研究会副会长、中国人民大学党史系名誉主任胡华教授为本书撰写了序言。

此外，还要感谢张广敏、杨敏雅同志在本书写作过程中所提供的热情帮助。

限于水平，这本书一定还存在许多不足之处，欢迎读者批评指教。

作　者

1987 年 7 月于福州小柳村

后　记

本书于1988年由福建人民出版社出版，写作的时间是1986年，距今已经30多年。

2016年7月5日，福建人民出版社告知出版社计划对本书修订出版，认为本书虽然已出版多年，但全书思想内容及相关论述与史实基本正确，在今天仍不失其历史与学术价值，对于深入研究与宣扬闽西革命根据地历史和与此相关的中央苏区历史以及土地革命战争史有积极意义。

于是，从2016年9月1日开始，我着手对本书的修订工作。

30多年来，随着时代的发展，学术界积淀了丰富的思想理论和新的研究成果，国内外公布发表了大量档案史料。我仔细检视了原版本的思想内容与篇章结构，汲取新的成果和史料，对照对原版本作了如下修订：

一、基本保留原书篇章结构和内容，适当增补和调整了部分章节。如在原第三章与第四章之间，增设了一章“红四军第二次入闽与闽西苏区的创立”，以加强这方面内容的阐述，并在这一章中增设一节“前委瑞金会议与‘闽西六县游击计划’”，突出红军入闽作战的规划及其对后来中央苏区形成的影响。在原第五章（现第七章）“闽西苏区在巩固中发展”，增加了“‘剪刀问题’与粮食调剂政策”“农村合作经济的初创”“创建农村革命根据地金融事业”等三节，丰富了根据地经济建设方面的内容。在第九章“第三次反‘围剿’”之后，增补了一节“傅柏翠叛变及其危害”，以补充这一事件对闽西苏区的伤害及影响。对有些章、节的标题作了修改。

二、根据新发现的史料和新的研究成果，对内容作了修改和补充。

如对于闽西苏区土地政策从初创到成熟以及受到“左”倾错误的影响，作了更为细致的梳理和补充，以加强对于闽西苏区土地政策的论述；对于第五次反“围剿”松毛岭战役的论述和评价作了更全面的评述；对于红九军团从长汀河田地区出发长征的时间、地点作了更具体准确的考订；补写了原版本缺漏的“中共福建省第三次代表大会”等部分历史内容。

三、在史实考订、文字表述、注释的规范方面做了大量工作，以求完善；对全书涉及的主要史实和引文，重新查阅史料予以核实确认；对全部注释按规范要求补缺补齐。

特别需要说明的是，本书1988年版在写作期间与出版之前，得到了老一辈革命家罗明、伍洪祥和我国中共党史学界前辈胡华教授的关心支持，分别于1986年、1987年为本书题字、作序。他们现在都已作古。当此本书修订出版之时，对他们表示深深的敬意和感念。他们的题字和序文以及原版后记，也一并保留在本书出版。

对福建人民出版社30多年来对我学术研究与著作出版的支持深表敬意和感谢。

蒋伯英

2018年7月28日